불교성전

불교성전
佛敎聖典

동국역경원

머리말

이천여 년 전에 결집結集된 불타佛陀의 설법을 오늘 우리 언어권言語圈에 재생시키는 일은 시대적인 요청이기에 앞서 이 나라 불교도佛教徒의 역사적인 사명이다. 가치의식이 뒤바뀌고 인간의 언어가 한낱 소음으로 타락해 버린 현실이기 때문에 더욱 그렇다. 불타가 신앙이나 예배의 대상이 아니라 길을 가리키는 길잡이였음을 상기할 때, 그분의 목소리는 뿌리를 내리지 못하고 끝없이 방황하는 현대의 정신적인 유랑민들에게 영혼의 모음母音이 될 것이다.

불타의 설법 정신은 인간의 자각에 있었다. 그러므로 들어서 이해할 수 없는 설법은 무의미하다. 어떻게 하면 보다 쉽고 바르게 지혜와 자비의 뜻을 전달할 것인가. 이것은 곧 불타의 설법 정신에 직결된다. 그 많은 대장경 안에서 샅샅이 가려내어 한정된 지면에 옮기는 작업은, 실로 산을 헐어 금을 캐기보다 어려운 일이었다. 그리고 불교 용어에 익숙지 않은 일반 독자에게 저항 없이 읽혀야 한다는 것이 이 성전聖典을 만든 우리들의 염원이다. 그래서 다음과 같은 입장에서 이 성전을 편찬했다. 첫째, 종래의 현학적이고 사변적인 교리의 나열에서 탈피, 읽어서 생활에 지혜와 교훈이 될 수 있는 설법을 중심으로 엮었다. 불타의 육성肉聲에 가까운 초기 경전과 율장律藏, 그리고 대승보살 정신을 구현한 대승경전 가운데서 광범위하게 가려 뽑았다. 둘째, 올바르고 전체적인 불교를 이해시키고자 어떤 종파에 치우치거나 구애됨이 없이 통불교적인 입장을 지켰다. 셋째, 불교의 기본 정신인 지계持戒·선정禪定·지혜智慧를 날로 하고, 수행의 단계인 믿음과 이해와 행동과 깨달음, 즉 신信·해解·행行·증證을 씨로 엮으면서 불佛·법法·승僧 삼보를 세웠다.

  이 불교성전은 대장경이란 울창한 숲에서 따놓은 몇 개의 잎사귀에 지나지 않는다. 그러나 소담스런 나뭇잎은 두루 모은 셈이다. 따라서 일반인에게는 다양하면서도 통일성 있는 불교 입문서가 될 것이고, 불교인들에게는 신앙과 수행의 길잡이가 되어 줄 것이다.

  우리는 이 작업으로써 결코 만족하지 않는다. 사람이 한 일이라 뜻 아닌 잘못도 없지 않을 것이다. 앞으로 더욱 온전한 성전이 나와야 할 것이고, 그러기 위해서는 이런 성전이 하나의 디딤돌이 될 줄 믿는다. 이 성전을 읽는 사람들이 자신의 존재 의미를 새롭게 자각하고 살아가는 데에 힘을 얻는다면, 이 인연으로 언젠가 해탈의 길에서 환하게 꽃을 피우게 될 것이다.

1972년 기을
불교성전 편찬회

재개정판 **머리말**

　이 성전은 50년 전에 처음 만들어졌다. 부처님의 가르침을 기록한 많은 문헌들 중 쉽고 빼어난 부분들을 가려 뽑아서 한글로 옮겼다. 경전 역경사업을 주관하는 동국대학교 역경원의 헌신적인 노력이 밑받침이 되었다. 팔만대장경을 압축해서 '한 권으로 읽는 불교경전'으로 편집하는 일도 쉽지 않지만, 부처님 가르침의 정수를 한글로 옮기는 작업도 대작불사大作佛事였다.

　초판 발행 30년 후에 개정판이 나왔다. 그리고 20년 후에 다시 재개정판을 만들게 되었다. 그간 번역 주체들이 양적·질적으로 팽창됨으로써 우리 사회 전반에 걸쳐 경전 번역 역량이 강화되었다. 불교성전 재개정판은 이런 흐름을 반영했다.

　재개정판은 그간의 판본을 보다 자연스러운 한글 문장으로 바꾸는 일에 주력했다. 번역의 의미가 명료하지 않은 부분은 명쾌하게 바꾸고, 한글의 문장 구조에 익숙하도록 다듬었다. 종단을 비롯해 학계와 출판계의 여러 번역본을 참조해서 불자들과 교양인들이 공유할 수 있는 한글본을 지향했다.

　일반 독자들을 위한 '읽는 재미'의 보강도 재개정판의 중요한 특징이다. 중요한 사건임에도 불구하고 간결하게 처리된 사건들은 '사라진 요소'들을 불러와 맥락을 풍요롭게 재구성했다. 살인마 앙굴리말라에 대한 에피소드가 대표적이다. 살인마를 교화시키는 부처님의 노력을 조명하는 기존 판본과는 달리 앙굴리말라의 내력을 덧붙여 소개함으로써 이야기의 교훈성과 재미를 함께 알리고자 했다.

 부처님에 대한 인간적 접근 또한 재개정판의 색다른 면모이다. 출가 당시의 번민, 깨달음을 얻는 순간의 신체와 정신의 변화, 성도 후 까삘라 왕국으로 돌아와 야쇼다라 부인을 만나는 장면, 아들 라훌라를 출가시키는 대목 등은 독자들이 흥미와 호기심을 가지고 볼 수 있도록 이야기를 보완했다.

 재개정판 역시 온전한 성전을 위한 디딤돌이다. 아름답고 완전한 한글 불교성전의 탄생을 위해 앞으로도 꾸준히 노력하고자 한다. 부처님 말씀이 보다 쉽고, 간결하고, 감동적으로 전달될 수 있도록 발원하고 또 발원한다.『금강경』한 구절을 소개하면서 재개정판 머리말을 마친다.

 "어떤 사람이 이 법문 중에서 '중요한 어느 한 구절(四句偈)'만이라도 이해하고 다른 사람에게 말해 준다면 그 공덕은 칠보로 보시한 공덕보다 훨씬 뛰어날 것이다."

2021년 초봄
불교성전 편찬회

| 차례 |

머리말 / 4
재개정판 머리말 / 6
일러두기 / 18

**제1편
부처님의 생애**

제1장 출가 이전 / 23
1. 탄생 • 23 2. 명상에 잠긴 싯다르타 • 29 3. 네 개의 문 • 32 4. 학문에 대한 회의 • 37 5. 결혼 • 40

제2장 성도하기까지 / 46
1. 출가 • 46 2. 구도의 길 • 49 3. 스승을 찾아서 • 54 4. 성도 • 59

제3장 교화에서 열반까지 / 67
1. 최초의 설법 • 67 2. 교화 활동 • 73 3. 살인자의 귀의 • 81 4. 샤꺄족의 귀의 • 86 5. 여성의 출가 • 95 6. 데와닷따의 반역 • 99 7. 시드는 가지 • 102 8. 열반 • 105

**제2편
초기 경전**

제1장 지혜와 자비의 말씀 ① / 113
1. 네 가지 진리 • 113 2. 계戒·정定·혜慧를 닦아라 • 116 3. 고행과 바

른 수행 • 118 4. 신통을 금하다 • 122 5. 적을 막는 길 • 124 6. 마음의 주인이 되라 • 127 7. 법이 쇠퇴하지 않으려면 • 129 8. 악인은 침묵으로 대하라 • 132 9. 수행자와 여인 • 134 10. 사성四姓에서 뛰어난 사람 • 135 11. 사문의 과보 • 137 12. 청정한 계행戒行의 과보 • 139 13. 계행과 정진으로 얻은 자유 • 141 14. 허물어진 탑에는 흙을 바를 수 없다 • 144

제2장 지혜와 자비의 말씀 ② / 146
1. 탐욕의 재앙 • 146 2. 세속에서 떠나는 법 • 149 3. 백골로 돌아갈 육신 • 152 4. 최상의 법륜法輪 • 155 5. 정견正見과 사견邪見 • 159 6. 뗏목의 비유 • 162 7. 네 것이 아닌 것은 버려라 • 164 8. 욕심이 없는 사람이 얻는 도 • 167 9. 검은 업과 흰 업 • 170 10. 설법과 침묵 • 172 11. 독 묻은 화살 • 173 12. 길을 가리킬 뿐이다 • 176

제3장 지혜와 자비의 말씀 ③ / 180
1. 괴로움을 없애려면 • 180 2. 너무 조이거나 늦추지 마라 • 182 3. 법을 보는 이는 여래를 본다 • 184 4. 복 짓는 사람 • 186 5. 바다의 진리 • 189 6. 법다운 보시 • 192 7. 피할 수 없는 죽음 • 195 8. 강물에 떠내려가는 통나무처럼 • 199

제4장 성인의 길 / 202
1. 비를 뿌리려거든 • 202 2. 무소의 뿔처럼 • 205 3. 나도 갈고 뿌린 후에 먹는다 • 208 4. 천한 사람 • 211 5. 평안한 사람 • 214 6. 성인의 길 • 216 7. 인간의 육체 • 219 8. 출가는 인온한 길 • 221 9. 번뇌의 화살 • 223 10. 흔들리는 평안 • 225 11. 무엇이 최고인가 • 226 12. 연꽃처럼 • 228 13. 수행자 • 229

제5장 진리의 여울 / 232

1. 잠 못 드는 사람에게 • 232   2. 무엇을 웃고 무엇을 기뻐하리 • 237
3. 음욕보다 더한 불길은 없다 • 241

제6장 전생에 쌓은 수행 / 246

1. 니그로다 사슴 • 246   2. 가난한 여인의 등불 • 249   3. 시 한 편과 바꾼 목숨 • 251   4. 죽은 소에게 풀을 먹이다 • 255   5. 왕위를 보시하다 • 256   6. 말 많은 왕 • 259   7. 배은망덕 • 260   8. 원망을 원망으로 갚지 마라 • 263   9. 비둘기 대신 자기 몸을 주다 • 267

제7장 어리석음의 비유 / 269

1. 화 잘 내는 사람 • 269   2. 옹기장이 대신 나귀를 사오다 • 270   3. 물이 보기 싫거든 물가를 떠나라 • 272   4. 연주의 대가를 못 받은 악사 • 273   5. 누각의 삼층만 지으려는 부자 • 274   6. 가난한 아이의 욕심 • 275   7. 귀한 목재로 숯을 굽다 • 276   8. 나귀의 젖을 짜려는 사람들 • 277   9. 과일을 따려고 나무를 베다 • 278   10. 재산은 놓아두고 문만 지키다 • 279   11. 참깨를 볶아 심다 • 280   12. 머리를 끌고 가는 꼬리 • 281   13. 떡 한 개로 입을 봉한 부부 • 281   14. 입을 걷어차다 • 283   15. 한꺼번에 짜려던 우유 • 284   16. 물속에 비친 금덩이 • 285   17. 거울 속의 사람 • 286

제8장 효행孝行 / 288

1. 번뇌와 업과 악행 • 288   2. 대인 관계 • 291   3. 어진 아내의 길 • 294

제9장 티끌을 벗어난 대장부 / 299

1. 출가 생활 • 299   2. 열 가지 선악 • 300   3. 허공에 침 뱉기 • 301   4.

큰 공덕 • 302 5. 스무 가지 어려움 • 303 6. 전생을 잘 알려면 • 304 7. 힘세고 밝은 것 • 304 8. 도를 얻으려면 • 305 9. 칼날에 묻은 꿀 • 306 10. 진흙에 더럽혀지지 않는 연꽃 • 307 11. 사람으로 태어나기 어렵다 • 309 12. 목숨은 호흡 사이에 • 310 13. 문틈에 비친 먼지처럼 • 311

제10장 최후의 교훈 / 312

1. 계율은 스승이다 • 312 2. 마음의 임자가 되라 • 314 3. 빛깔과 향기를 다치지 않게 • 315 4. 독사가 방 안에서 자고 있는데 • 316 5. 부끄러워할 줄 알라 • 317 6. 참는 덕 • 317 7. 순박하고 정직하라 • 318 8. 욕심이 적으면 근심도 적다 • 319 9. 무리를 좋아하면 무리의 괴로움을 받는다 • 320 10. 낙숫물이 돌을 뚫는다 • 321 11. 무명 속의 밝은 등불 • 322 12. 여래는 길잡이 • 323

제11장 동서東西의 대화 / 324

1. 현자와 제왕의 대화 • 324 2. 수레의 비유 • 325 3. 나이에 대한 문답 • 329 4. 자아에 대한 문답 • 330 5. 윤회에서 벗어남에 대한 문답 • 332 6. 지혜의 특징 • 333 7. 무아와 윤회 • 333 8. 명칭과 형태(명색名色) • 336 9. 부처님의 실재 • 338 10. 부처님은 가장 높으신 분인가 • 339 11. 부처님의 증명 • 340 12. 출가자에게 육신은 소중한가 • 341 13. 계율은 어떻게 만들어졌는가 • 342 14. 지혜가 있는 곳 • 343 15. 수행의 목적 • 343 16. 염불에 의한 구제 • 346 17. 모르고 짓는 악행 • 347 18. 해탈하면 지식은 없어지는가 • 348 19. 여러 가지 정신 작용 • 350 20. 업의 증명 • 351 21. 윤회의 주체(자아自我) • 353 22. 사후의 시간 • 354 23. 열반의 즐거움 • 355 24. 해탈을 얻은 사람 • 356 25. 윤회란 무엇인가 • 357

제3편
대승경전

제1장 피안에 이르는 길 / 361
1. 집착 없는 보시 • 361 2. 형상에 집착하지 말라 • 363 3. 얻은 것이 없어야 한다 • 365 4. 실체와 이름 • 367 5. 전교傳敎의 공덕 • 368 6. 색은 곧 공이다 • 369 7. 반야바라밀의 수행 • 372 8. 반야바라밀의 방편 • 374 9. 마하살 • 376 10. 반야바라밀은 여래의 어머니 • 377 11. 보리에 회향하는 공덕 • 379 12. 모든 법은 깨끗하다 • 381 13. 지혜의 완성 • 383

제2장 유마힐의 설법 / 385
1. 좌선 • 385 2. 설법 • 386 3. 걸식 • 388 4. 지계持戒 • 389 5. 출가의 공덕 • 391 6. 중생 그대로가 진여 • 392 7. 깨달음 • 394 8. 도량道場 • 396 9. 중생이 앓으니 보살도 앓는다 • 397 10. 보살의 수행 • 401 11. 구도자 • 402 12. 중생에 대한 관찰 • 404 13. 보살의 자비 • 405 14. 절대평등의 경지 • 407

제3장 보살의 덕 / 412
1. 보살의 덕 • 412 2. 진실한 관찰 • 416 3. 마음이란 • 417 4. 네 부류의 사문 • 421 5. 대승 보살의 방편 • 424

제4장 스리말라데위의 서원 / 427
1. 스리말라데위의 수기 • 427 2. 열 가지 서원과 세 가지 큰 발원 • 429 3. 바른 법을 거두어들이는 일 • 431

제5장 극락세계 / 435

1. 법장비구의 발원 · 435 2. 법장비구의 수행 · 438 3. 무량광 무량수 · 439 4. 악에 젖은 세상 · 442 5. 부모를 가둔 아자따삿뚜 · 445 6. 웨데히의 소원 · 448 7. 극락왕생의 청정한 업 · 449 8. 극락왕생의 길 · 450

제6장 지식과 지혜 / 452

1. 분별을 떠나야 부처를 본다 · 452 2. 분별의 지혜로는 헤아릴 수 없다 · 454 3. 모든 것은 한 찰나도 머물지 않는다 · 455 4. 육바라밀을 성취하려면 · 458 5. 분별심은 지혜가 아니다 · 460 6. 강가강의 모래처럼 · 461 7. 육식은 곧 살생 · 463

제7장 마음과 생각 / 467

1. 마음은 어디에 · 467 2. 보는 것은 마음 · 471 3. 생멸이 없는 마음 · 477 4. 마음은 돌려보낼 수 없다 · 481 5. 맺힘을 푸는 일 · 483 6. 도를 얻은 체험담 · 487

제8장 원만한 깨달음 / 490

1. 헛꽃임을 알라 · 490 2. 환인 줄을 알면 · 492 3. 한마음이 청정하면 온 세계가 청정하다 · 494 4. 원각 묘심 · 498 5. 애욕은 생사의 근원 · 500

제9장 영원한 생명 / 503

1. 헤아리기 어려운 여래의 지혜 · 503 2. 여래께서 세상에 출현하신 까닭 · 504 3. 삼승은 일불승의 방편 · 506 4. 집을 나갔던 아들 · 508 5. 한 구름에서 내리는 비이지만 · 511 6. 신통력으로 만든 성 · 512 7.

뿌르나의 변재 • 514 8. 여래의 방에 들어가 법을 설하라 • 516 9. 보살이 가까이해야 할 곳 • 517 10. 땅에서 솟아오른 보살들 • 519 11. 한량없는 여래의 수명 • 522 12. 독경의 공덕 • 526 13. 여래의 은혜를 갚으려면 • 528 14. 관세음보살을 부르는 공덕 • 528

제10장 열반의 기쁨 / 531
1. 강물은 바다로 • 531 2. 멸하지 않는 법의 성품 • 533 3. 가짜 약 • 535 4. 네 가지에 의지하라 • 537 5. 바다의 구명대 • 539 6. 생과 사의 비유 • 541 7. 꽃밭에 숨은 독사 • 544 8. 네 가지 그지없는 마음 • 546 9. 자비심이 곧 여래 • 548 10. 적멸의 즐거움 • 550 11. 선지식 • 551 12. 인연 따른 해탈 • 553 13. 삼매의 선행 • 555 14. 불성 • 556 15. 보리심을 내는 일 • 558 16. 칠보산의 비유 • 560 17. 샬라 숲을 빛내는 사람들 • 562

제11장 보살의 길 / 565
1. 깨달음을 찬탄하는 노래 • 565 2. 모든 것은 자성이 없다 • 568 3. 덧없이 흘러가는 존재 • 570 4. 업의 본성 • 571 5. 분별없는 본성 • 572 6. 여래의 복밭 • 573 7. 젖은 나무는 타지 않는다 • 574 8. 듣는 것만으로는 이룰 수 없다 • 574 9. 중생의 성질에 맞는 법 • 575 10. 한 마음 한 지혜 • 576 11. 부처님의 경지는 허공과 같다 • 577 12. 보살의 청정한 일상 • 579 13. 보살의 열 가지 행 • 584 14. 즐거운 행 • 585 15. 이롭게 하는 행 • 587 16. 어기지 않는 행 • 589 17. 굽히지 않는 행 • 590 18. 어리석음과 흔들림으로부터 벗어나는 행 • 591 19. 잘 나타내는 행 • 593 20. 집착 없는 행 • 594 21. 얻기 어려운 행 • 596 22. 법을 잘 말하는 행 • 598 23. 진실한 행 • 600 24. 보살의 회향 • 602 25. 보현보살의 수행과 서원 • 605 26. 예배와 찬탄 • 605 27. 법공양 • 607 28. 참회 • 608 29. 같이 기뻐함 • 609 30. 설법을 간청하

다 • 610 31. 본받아 배움 • 611 32. 중생에게 내가 맞춘다 • 612 33. 회향 • 614 34. 서원의 공덕 • 615

제4편
교단의 규범

제1장 계율이 마련된 연유 / 619
1. 웨란쟈에서 생긴 일 • 619 2. 수딘나의 음행 • 622

제2장 오계五戒와 십계十戒 / 627
1. 신도의 계율 • 627 2. 사미십계 • 628 3. 팔관재계八關齋戒 • 633

제3장 보살계 / 636
1. 보름마다 외워라 • 636 2. 열 가지 중한 계(十重大戒) • 637 3. 마흔여덟 가지 계(四十八輕戒) • 640

제4장 화합의 법문 / 654
1. 파계에 대한 시비 • 654 2. 여섯 가지 화합 • 655 3. 양쪽 말을 들어 보라 • 657

제5편
조사어록

제1장 마음 닦는 법 / 663
1. 불타는 집 • 663 2. 불성은 어디에 • 665 3. 신통변화 • 668 4. 돈오

와 점수 • 671 5. 본래면목 • 672 6. 이 몸 이때 못 건지면 • 675

제2장 마음을 살피는 일 / 678
1. 모든 것의 근본 • 678 2. 삼독 • 681 3. 삼 아승기겁 • 683 4. 정념正念 • 684 5. 해탈의 나루터 • 685 6. 이심전심以心傳心 • 687 7. 대장경을 외울지라도 • 688 8. 스승을 찾아라 • 689 9. 이 몸이 곧 법신 • 691 10. 백정도 성불할 수 있다 • 693

제3장 본원 청정심 / 695
1. 부처란 마음이다 • 695 2. 무심無心 • 698 3. 본원 청정심 • 699 4. 목마르기 전에 샘을 파라 • 701

제4장 참선에 대한 경책 / 703
1. 못 깨치더라도 다른 길 찾지 마라 • 703 2. 장 서방이 마시고 이 서방이 취하는 도리 • 704 3. 보고 듣는 놈은 어디에 있는가 • 706 4. 조용한 환경에 탐착하지 마라 • 707 5. 고양이 쥐 잡듯이 • 708 6. 문자나 말에 팔리지 마라 • 709 7. 간절한 마음으로 정진하라 • 710 8. 깨치기를 기다리면 깨치지 못한다 • 711 9. 화두로 병을 물리쳐라 • 711 10. 물에 비친 달처럼 • 714 11. 파도가 곧 물이로다 • 715

제5장 육조의 법문 / 718
1. 반야 • 718 2. 정혜 • 721 3. 일행삼매 • 723 4. 무념 무상 무주 • 724 5. 좌선과 선정 • 726 6. 오분법신향 • 728 7. 무상참회 • 729 8. 사홍서원 • 730 9. 삼귀의 • 732 10. 마음이 밝아야 경을 알 수 있다 • 733

제6장 상단법어上壇法語 / 737
1. 주리면 먹고 고단하면 잔다 • 737 2. 바로 이것 • 738 3. 정월 초하

루·739 4. 일 없는 사람·739 5. 크게 치면 크게 울린다·741 6. 하늘에 구름이 깨끗하니·741 7. 시든 꽃잎·742 8. 최 상서崔尙書 우우瑀에게 보낸 글·743 9. 방산 거사方山居士에게 보낸 글·746 10. 화두 참구하는 법·749 11. 기슭에 닿았거든 배를 버려라·751 12. 공부 열 가지·753 13. 병문안·755

제7장 선가의 거울 / 756

1. 한 물건·756 2. 선과 교·758 3. 일 없는 도인·758 4. 격 밖의 선지·759 5. 간절한 마음·760 6. 화두의 열 가지 병·761 7. 일상의 점검·762 8. 제 성품을 더럽히지 마라·763 9. 참선과 계행·764 10. 자비와 인욕·765 11. 첫째가는 정진·766 12. 출가행·767 13. 한 개의 숫돌·768 14. 네 마리 독사·769 15. 대장부의 기상·770 16. 자유인·771

제8장 출가 사문에게 보내는 글 / 773

1. 그대 어째서 아직도·773 2. 초발심 수행자의 생활규범·776 3. 수행자에게 보내는 글·785

찾아보기 / 791
출전 찾아보기 / 807

일러두기

1. 발췌 번역한 경전은 반드시 그 경 이름을 발췌문이 끝나는 곳에 밝혔다.
2. 용어는 될 수 있는 대로 쉬운 말로 풀었고, 굳어진 말은 그대로 쓰되 주석을 장章별로 처리하였다.
3. 내용을 손쉽게 찾아볼 수 있도록 책 끝에 '찾아보기'를 달았다.
4. 고유명사의 표기는 산스끄릿이나 빨리어의 원음을 따르고, 그중 재래음에 가까운 쪽을 택했다. 산스끄릿이나 빨리어의 한글 표기 원칙은 아래와 같다.

불교 원전 언어인 산스끄릿, 빨리어와 관련해서 한글 표기 통일안을 내기 위해 많은 전공자들이 나름의 제안을 하고 있으나 완전하지 않다. 그것은 기본적으로 두 언어의 자모가 한글과 완전히 대응하지 않기 때문이다.
이에 따라 두 언어를 한글로 표기하는 경우 거의 예외없이 나름의 기준과 방식을 범례로 제시하고 있는 실정이다.
이 책의 산스끄릿, 빨리어 발음은 다음과 같다.

ka	*kha*	*ga*	*gha*	*ṅa*
까	카	가	가	응아
ca	*cha*	*ja*	*jha*	*ña*
짜	차	자	자	냐
ṭa	*ṭha*	*ḍa*	*ḍha*	*ṇa*
따	타	다	다	나
ta	*tha*	*da*	*dha*	*na*
따	타	다	다	나
pa	*pha*	*ba*	*bha*	*ma*
빠	파	바	바	마
ya	*ra*	*la*	*va*	
야	라	라	와	
śa	*ṣa*	*sa*	*ha*	
샤	싸	사	하	

제1편
부처님의 생애

태자는 그 자리에서 깊은 생각에 잠겼다.
'사람은 왜 병에 걸려 고통을 받아야만 할까?
늙음의 고통이나 질병의 고통은 왜 생기는 것일까?
그러한 고통에서 벗어나는 길은 없을까?'

－『불본행집경佛本行集經』－

제1장

출가 이전

1. 탄생

샤꺄무니(Śakyamuni) 부처님은 이 세상에서 팔십 년 생애를 살았지만 그가 끼친 영향은 세월이 갈수록 빛을 더하고 있다. 그는 불교의 창시자이기에 앞서 인간의 무한한 가능성을 몸소 체험하고 그 자각自覺을 선언한 최초의 인간이었으며, 생명과 존재의 실상을 깨닫고 지혜와 자비의 길을 열어 보인 구도자였다. 그가 일찍이 이 지상에 우리와 같은 인간으로 살았다는 사실은 우리 모두의 보람이다.

히말라야 남쪽 기슭, 지금의 네팔 타라이(Tarai) 지방에 샤꺄(Śākya)족이 살고 있었다. 그들은 까삘라(Kapila)라는 작은 왕국을 이루고 있었는데, 까삘라는 쌀을 주식으로 하는 농업국이었다. 숫도다나(Śuddhodana)왕은 정치를 잘해 백성이 모두 편안했다. 하지만 이웃에 꼬살라(Kosala)와 같은 큰 나라가 있어 침략을 받지 않을까 늘 두려웠고, 왕권을 이을 왕자가 없는 게 걱정이었다.

어느 날 마야 왕비(Māyādevī)는 기이한 꿈을 꾸었다. 여섯 개의 이를 가진 눈부시게 흰 코끼리가 왕비의 오른쪽 옆구리로 들어왔다. 왕비에게는 곧 태기가 있었다. 사람들은 아들을 낳을 꿈이라며 훌륭한 왕자의 탄생을 기대했다. 해산달이 가까워지자 마야 왕비는 그 나라의 풍습에 따라 친정인 꼴리야(Koliya)성으로 길을 떠났다. 늦은 봄 화창한 날씨였다.

왕비 일행은 까삘라와 꼴리야의 경계에 이르렀다. 저 멀리 히말라야의 웅장한 봉우리들이 흰 눈을 이고 우뚝우뚝 솟아 있었다. 일행이 도착한 작은 동산에는 이름 모를 꽃들이 다투어 피어났다. 뭇 새들은 왕비 일행을 축복하는 듯 지저귀며 날아다녔다. 왕비가 말했다.

"여기가 어디냐?"

"룸비니(Lumbinī) 동산이라 하옵니다."

"아름답구나. 잠시 쉬어가자."

마침 가까운 곳에 아쇼까(Aśoka)나무 꽃이 활짝 피어 진한 향기를 뿜고 있었다. 왕비는 아름다운 꽃가지를 만지려고 오른손을 뻗쳤다. 그 순간 갑자기 산기를 느꼈다. 일행은 나무 아래 휘장을 쳐 부랴부랴 산실을 마련했다.

왕자는 왕비의 옆구리를 통해서 세상에 나왔다. 마치 어머니의 꿈에 흰 코끼리가 옆구리를 통해 들어온 것처럼, 아기는 자기가 들어온 곳으로 다시 나왔다. 그리고 태어나자 일곱 발자국을 걸어가서 소리쳤다. '천상천하天上天下 유아독존唯我獨尊!' 왕자가 산모의 옆구리를 통해 출산했다는 이야기는 당대 인도인들의 신분제도에 따른 신화를 반영한 것이다. 웨다(Veda) 성전에 따르면 사람은 신격인 범천梵天(Brahmā)의 신체에서 각각 출생하는데 계급에 따라서 태어나는 위치가 다르다. 성직자인 브라만 계급은 입으로, 왕족인 크샤트리아 계급은 옆구리로, 평민인 바이샤 계급은 허벅지와 무릎을 통해, 그리고 최하층민인 수드라 계급은 발바닥을 통해 태어난다. 까뻴라의 왕자가 그 어머니의 옆구리를 통해 태어났다는 이야기는 아기의 신분을 나타내 주는 설화인 셈이다.

또한 태어난 아기가 '이 세상에서 가장 존귀한 것은 오직 나!'라고 외친 것은 '모든 생명이 저마다 차별 없이 존귀하다'는 부처님 가르침의 핵심을 상징적으로 보여 주는 것이다. 그 가르침은 인류사의 혁명적 선언이었으며 암울한 정신세계에 새로운 빛을 비추는 일대 사건이었다. 왕자의 탄생은 그런 점에서 새로운 길의 시작이었다. 인류사의 새로운 길이 실제로 길 위에서 이루어졌다.

왕자는 길에서 태어났다. 그의 태가 떨어진 곳은 화려한 궁전의 안락한 침실이 아니었다. 그 어머니가 걸어가는 도중이었고, 꽃과 새와 풀과 나무가 노래하는 자연의 품 안이었다.

아무것도 가진 것 없이 모든 것을 가지는 자연이 그의 집이요, 길이요, 가르침의 원천이었다. 특히, 나무는 그의 생애에서 주요 등장인물처럼 함께했다. 땅과 하늘을 이어 주고, 풍성한 열매를 주며, 시원한 그늘을 드리우는 나무는 부처님 삶의 동반자이자 증언자였다. 왕자는 아쇼까나무 아래서 태어나고, 보리수 아래서 깨달음을 얻었으며, 샬라(Śāla)나무 아래서 열반에 들었다. 나무가 뭇 생명을 위해 공덕을 베푸는 것처럼, 부처님의 생애 역시 중생 교화를 위해 헌신했다. 부처님은 깨달음을 얻은 후 인도의 주요 지역을 돌며 사람들을 깨우쳤다. 이것이 바로 길 위의 위대한 인생이다. 이보다 위대한 생애는 다시없다.

'모든 일이 다 이루어지라'는 뜻에서 왕자의 이름을 '싯다르타(Siddhārtha)'라고 지었다. 그러나 뜻하지 않은 불행이 닥쳐왔다. 왕자를 낳은 지 이레 만에 마야 왕비가 세상을 떠나고 말았다. 위대한 성자를 낳은 어머니는 아들의 탄생과 자신의 목숨을 맞바꿨다. 태자의 양육은 왕비의 동생인 마하빠자빠띠(Mahāpajāpatī)가 맡았다. 까뻴라의 풍습에 따라 이모가 태자의 새어머니로 들어왔다. 왕은 이름난 점성가를 불러 태자의 장래를 알아보고 싶었다.

"태자의 장래가 어떠한고?"

"대왕마마, 태자는 훌륭한 위인이 되실 관상입니다. 왕위에 오르면 무력을 쓰지 않고 온 세상을 다스리는 전륜성왕轉輪聖

王(cakravartin)이 되실 것입니다."

"오호, 전륜성왕이란 위대한 왕이 아니더냐? 기쁜 일이로다!"

왕과 신하들은 기뻤다. 어느 날 아시따(Aasita) 선인仙人이 까뻴라성으로 찾아왔다. 그는 히말라야 깊숙한 곳에서 세상과 인연을 끊고 수도에만 전념하고 있었는데 천신들이 '부처님이 세상에 출현했다.'고 말하는 소리를 들었다. 까뻴라의 왕궁에 태자가 태어난 것을 천안天眼으로 알게 된 선인은 태자의 얼굴을 직접 보려고 왕궁을 찾아온 것이다. 덕망이 높은 아시따 선인이 찾아온 것을 기뻐한 왕은 태자를 보도록 허락했다.

백 살도 훨씬 넘어 백발이 성성한 선인은 태자를 팔에 안고 얼굴을 유심히 들여다보았다. 곁에 있던 사람들은 숨을 죽이고 지켜보았다. 말없이 태자의 얼굴만 들여다보던 아시따 선인의 눈에 갑자기 눈물이 흐르기 시작했다. 사람들은 불길한 예감이 들었다. 왕은 선인에게 물었다.

"태자를 본 사람마다 크게 기뻐하는데, 선인은 왜 말 한마디 없이 울기만 하시오?"

"대왕마마, 염려치 마시옵소서. 태자는 전륜성왕의 상을 갖추고 있으니 앞으로 위대한 왕이 되실 것입니다. 하지만 대왕마마, 태자는 그보다 더 뛰어난 상을 가지고 계십니다. 태자는 장차 모든 중생을 구제할 부처님이 되실 분입니다."

"부처님?"

"그러하옵니다, 대왕마마. 부처님이 이 세상에 출현한다는 것은 참으로 귀하고 드문 일입니다. 태자는 지상에 한번도 나투신 적 없는 위대한 성자가 되실 것입니다. 하지만 대왕마마, 저는 이제 너무 늙었습니다. 태자가 도를 이루어 부처님이 되실 그때까지 살지 못하옵니다. 이 한 몸 가는 것은 서럽지 않으나 부처님을 뵙지 못하고 가려니 그것이 슬퍼서 눈물이 나는 것입니다."

그런 뒤에 데리고 온 어린 제자에게 당부했다.

"네가 커서 부처님이 출현하셨다는 소문을 듣거든 지체 말고 찾아가 그분의 제자가 되어라."

싯다르타 태자가 전륜성왕보다 뛰어난 상을 가졌다는 아시따 선인의 말을 듣고 왕과 신하들은 기뻤다. 그러나 왕위를 이어받아 나라를 다스리지 않고 출가하여 부처님이 되리라는 예언이 기쁘지만은 않았다. 이웃나라인 꼬살라의 침략을 두려워하던 까삘라의 샤꺄족들은 전륜성왕이 출현하여 온 세상을 평화롭게 다스려 줄 것을 고대하지 않았던가. 그러므로 태어난 왕자가 나라를 다스릴 왕이 아니라 사람들의 마음을 다스릴 성자가 되리라는 예언이 마냥 좋지만은 않았다.

―『불본행집경佛本行集經』「수하탄생품樹下誕生品」외

2. 명상에 잠긴 싯다르타

어머니를 일찍 여읜 태자는 많은 사람의 사랑을 받았다. 이모인 마하빠자빠띠도 태자를 지극히 사랑하고 잘 보살폈다. 마하빠자빠띠는 그 뒤 왕자와 공주를 낳았지만 싯다르타에 대한 사랑은 조금도 변함없었다.

태자는 총명했다. 하나를 들으면 열을 알았다. 특별한 재능과 비범한 능력을 타고난 것 같았다. 하지만 태자는 고독했다. 혼자 있는 걸 좋아했다. 왕은 이따금 태자의 얼굴에서 쓸쓸한 그늘을 보았다. 세상 떠난 어머니를 그리워해서인가 하고 생각할 때마다 태자가 더욱 애처로웠다.

태자가 열두 살 되던 해 봄이었다. 숫도다나왕은 신하들과 함께 들에 나가 '농민의 날' 행사를 참관했다. 왕은 그해 봄에 첫 삽을 흙에 꽂았다. 이는 농업국인 까삘라 왕국의 밭갈이 시작을 알리는 풍습이었다. 어린 태자도 부왕을 따라 농부들이 사는 마을까지 내려갔다. 왕궁 밖의 전원 풍경은 싱그럽고 아름다웠다. 태자는 농부들이 땀 흘리며 일하는 모습을 보자 그들의 처지가 자기와는 다르다는 것을 생각했다. 뜨거운 햇볕 아래서 고된 일을 하고 있는 농부들을 본 싯다르타의 마음은 잠시 어두워졌다.

쟁기 끝에 파헤쳐진 흙 속에서 벌레가 꿈틀거렸다. 이때 새 한 마리가 날아들더니 벌레를 쪼아 물고 공중으로 날아갔다.

순식간에 한 생명이 사라졌다. 살려고 발버둥 치던 벌레는 왜 새의 입 속으로 들어갔나? 새는 왜 벌레를 잡아먹나? 어린 싯다르타는 충격을 받았다. 그곳에 더 머물 수가 없었다. 방금 눈앞에서 일어난 일을 생각하면서 일행을 떠나 숲으로 발길을 옮겼다. 숲속 깊숙이 들어가니 아름다운 나무가 보였다. 잠부 나무였다. 나무는 땅과 하늘을 이어 주는 기둥 같았다. 시원한 그늘을 드리워서 걱정거리가 많은 사람들의 머리를 식혀 주는 것도 같았다. 바람이 부드럽게 불어오자 나뭇잎들이 속삭였다. '싯다르타야, 무슨 문제가 있니? 몸에 열이 있구나. 여기 시원한 그늘에 와서 앉아라.'

어린 태자의 가슴에 여러 갈래의 문제가 한꺼번에 뒤얽혔다. 태자의 눈에는 아직도 또렷하게 어른거렸다. 먹고살기 위해 뙤약볕 아래서 땀을 흘리며 일하던 농부들, 흙 속에서 나와 꿈틀거리던 벌레, 그 벌레를 물고 사라진 날짐승……, '어째서 살아 있는 것들은 서로 먹고 먹히며 괴로운 삶을 이어 가야만 할까? 무슨 이유로 그렇게 살아가야 하는 것일까?' 그의 눈에는 삶 자체가 괴로움이었다. 소년 싯다르타는 한번 의문을 품기 시작하면 끝까지 파고드는 성미였다. 그는 깊은 생각에 잠긴 채 다른 일은 모두 잊어버렸다.

"큰일 났다, 태자님이 안 보인다!"
"큰일 났다, 태자님이 없어졌다!"
행사가 끝나 왕을 모시고 궁중으로 돌아가려던 신하들은

어린 태자의 모습이 보이지 않자 안절부절못했다. 사방으로 흩어져 여기저기 찾아 헤매던 끝에 큰 나무 아래 앉아 깊은 명상에 잠겨 있는 태자를 보았다. 소년의 모습은 단정했다. 평화스럽고 거룩했다. 아무리 태자라지만 아직 열두 살 소년인데, 정말로 그는 거룩했다. 신비한 빛이 태자 주변에 은은히 어리어서 신들은 감히 태자에게 말을 걸 수가 없었다. 왕 역시 태자를 불러일으키지 못했다. 왕은 조심스레 아들 곁으로 다가가서 말했다.

"싯다르타, 이제 해도 저물었으니 그만 일어나 궁으로 돌아가자."

태자는 비로소 왕의 얼굴을 쳐다보고 나무 아래서 일어섰다. 부왕의 마음은 무겁고 답답했다. 모든 일을 잊어버리고 명상에 잠긴 열두 살짜리 아들에게서 벌써 성자의 모습이 보이지 않는가. 한편으로는 대견스러웠지만 다른 한편으로는 태자가 자기에게서 멀어질 것만 같아 안타까웠다.

"태자는 장차 모든 중생을 구제할 부처님이 되실 분입니다."

왕은 까맣게 잊었던 아시따 선인의 예언을 다시 생각했다. 아직 어릴 때 싯다르타의 마음을 돌이키지 않으면 영영 떠나가 버릴 것만 같았다.

옛날부터 인도의 수행자들은 흰 눈을 머리에 이고 하늘 높이 솟아 있는 히말라야를 멀리 바라보면서 명상을 즐겼다. 그들은 무더위를 피해 우거진 숲속과 나무 그늘 아래서 깊은 명상에 잠기거나 제자들과 대화를 나누었다. 인도 사람들은 숲속의 수행자와 사상가를 존경했다. 아내와 아이들을 위해 생계를 꾸려 나가다가도 틈만 있으면 숲속을 찾아가 성자들의 말씀을 들었다. 아들이 나이가 차서 집안일을 돌보게 되면 그들은 가정을 떠나 숲으로 들어가곤 했다. 수행자나 성자들과 함께 여생을 보내기 위해서였다. 인도의 종교와 사상은 이처럼 히말라야가 바라보이는 대자연 속에서 이루어졌다. 어린 싯다르타 태자가 숲에서 홀로 명상하는 경험도 인도의 이러한 수행 문화와 관련이 깊다.

―『불본행집경佛本行集經』「이모양육품姨母養育品」외

3. 네 개의 문

싯다르타는 숲속에서 명상에 잠겼다가 돌아온 뒤부터 남의 눈에 뜨이지 않는 곳에서 홀로 깊은 생각에 잠기는 일이 잦았다. 그럴수록 숫도다나왕의 마음은 점점 어두워졌다.

왕은 태자를 즐겁게 하여 홀로 사색에 빠지는 일이 없도록 항상 마음을 썼다. 대신의 자녀들 중 같은 또래를 곁에 머물게 하여 그를 즐겁게 해 주려고 애썼다. 그럴수록 싯다르타는 홀로 있고 싶어 했다.

오랫동안 궁전에만 있던 싯다르타는 궁전 밖에 나가 바람을 쐬고 싶었다. 그 뜻을 부왕에게 말씀드리자 왕은 기꺼이 허락했다. 왕은 곧 화려한 수레를 마련하게 하는 한편 신하들에게 분부했다.

"태자가 가는 곳마다 값진 향을 뿌리고 아름다운 꽃을 장식해서 태자의 마음을 기쁘게 하라."

싯다르타를 태운 수레가 동쪽 성문을 막 벗어났을 때였다. 머리는 마른 풀처럼 빛바래고 몸은 지팡이처럼 바짝 마른 노인이 숨을 헐떡거리면서 저쪽에서 오고 있었다. 화려한 궁중에서만 자란 태자는 이렇게 불쌍한 노인을 본 적이 없었다. 그는 시종에게 물었다.

"왜 저 사람은 저토록 비참한 모양을 하고 있느냐?"

시종은 대답했다.

"태자마마, 사람이 늙으면 누구나 저렇게 된답니다. 나이 먹으면 점점 기운이 빠지면서 숨이 차 헐떡거리게 되고, 눈이 어두워져 앞을 잘 못 보게 되며, 이가 빠져 굳은 것은 먹을 수도 없습니다. 그래서 결국에는 저렇게 초라하게 되고 말지요."

태자의 마음에 어두운 그늘이 드리워졌다. '사람이 늙으면 누구나 저렇게 된다?' 싯다르타는 침통하게 혼잣말을 했다.

"그렇다면 나도 결국은 저 같은 늙은이가 되겠구나!"

시종은 자신도 모르게 태자의 말을 받았다.

"그렇습니다, 태자마마. 이 세상에 태어난 사람이면 태자이건 시종이건 신분의 높고 낮음을 가릴 것 없이 누구나 저런 노인의 모양을 면할 수 없습니다."

시종의 말을 듣고 난 태자는 한동안 멍하니 먼 하늘을 바라보다가 힘없는 소리로 말했다.

"수레를 왕궁으로 돌려라!"

모처럼의 소풍길에서 되돌아선 태자의 마음에는 또 한 겹의 어둠이 내렸다. 싯다르타의 번민하는 모습을 본 부왕은 아시따 선인의 예언대로 싯다르타가 혹시나 출가하지 않을까 전전긍긍했다. 부왕은 태자의 생활이 전보다 한층 더 호화롭고 기쁨에 차도록 마음을 썼다.

어느 날 태자는 답답한 궁중을 또 벗어나 자연을 즐기고 싶어 했다. 왕은 신하들에게 명령을 내려, 이번에는 길가에 궂은 것은 하나도 눈에 띄지 않도록 단단히 당부했다. 수레는 남쪽 성문 밖으로 나갔다. 얼마쯤 가다 보니 길가에 누더기를 뒤집어쓴 채 쓰러져 신음하는 사람이 있었다. 얼굴은 파리하고 팔다리는 뼈만 앙상했다. 싯다르타는 수레를 멈추게 하고 시종에게 물었다.

"저 사람은 왜 저러고 있는가?"

시종은 솔직하게 대답하지 않을 수 없었다.

"태자마마, 저 사람은 지금 병에 걸려 앓고 있습니다. 육신을 가진 사람은 한평생 사는 동안 전혀 앓지 않고 지낼 수 없습니다. 앓는다는 건 괴로운 일입지요. 저 사람은 지금 아픔을 못 이겨 신음하고 있는 중입니다."

태자는 그 자리에서 깊은 생각에 잠겼다. '사람은 왜 병에 걸려 고통을 받아야만 할까? 늙음의 고통이나 질병의 고통은 왜 생기는 것일까? 그러한 고통에서 벗어나는 길은 없을까?' 그날도 태자는 도중에서 돌아오고 말았다. 날씨는 맑게 개어 화창했지만 태자의 눈에는 모든 것이 병들어 빛이 바래 보였다.

또 어느 날 싯다르타는 서쪽 성문을 벗어나 들로 나갔다. 수레를 끌고 달리는 말처럼 오늘만은 어쩐지 그의 마음도 가벼웠다. 태자의 수레가 들길을 지나 인적이 드문 고요한 숲에 이르렀다. 바로 그때, 죽은 시체를 앞세우고 슬피 울며 지나가는 행렬과 마주쳤다. 깜짝 놀란 싯다르타는 시종에게 물었다.

"저건 무엇이냐?"

시체인 줄 뻔히 알고 있는 시종은 태자의 반응이 두려워 입을 열지 못했다. 태자는 다시 물었다.

"도대체 무엇이기에 대답을 망설이느냐?"

시종은 하는 수 없이 말문을 열었다.

"죽은 사람입니다, 태자마마. 죽음이란 생명이 끊어져서 영원한 이별을 가져다주는 가장 슬픈 일이옵지요."

싯다르타는 마치 자기 자신의 죽음을 본 것처럼 가슴이 내려앉았다. 지금 자기는 살아 있는 게 아니라 순간순간 죽음의 길을 걷고 있다는 사실을 비로소 깨달았다. 해가 기운 뒤에야 수레가 돌아오는 것을 보고 부왕은 흐뭇하게 생각했다. 그러나 수레가 가까이 다다랐을 때 싯다르타의 얼굴은 심각하게 어두워져 있었다. 이날부터 그는 혼자 있는 시간이 더욱 잦았다.

며칠 뒤 싯다르타는 북쪽 문을 거쳐 밖으로 나갔다. 북쪽 성문을 나서자 우람한 수목들이 숲을 이루고 있었다. 숲속으로 난 오솔길로 텁수룩한 머리에 다 해진 누더기를 걸친 사람이 걸어오고 있었다. 옷은 비록 남루하지만 걸음걸이는 의젓했고 얼굴에는 거룩한 기품이 감돌며 눈매가 빛났다. 수레 가까이 온 그 사람은 태자를 쳐다보았다. 그 모습이 너무도 의젓했으므로 태자는 자신도 모르게 수레에서 내려 그에게 머리를 숙였다.

"당신은 어떤 분이십니까?"

그 사람은 낭랑한 음성으로 대답했다.

"나는 출가出家 사문沙門이오."

출가 사문이란 세상의 모든 일을 버리고 집을 나와 도를 닦는 수행자를 말한다. 싯다르타는 다시 물었다.

"출가하면 무엇이 좋습니까?"

"나는 일찍이 세상에서 늙음과 질병과 죽음의 고통을 자신과 이웃을 통해 맛보았소. 그리고 모든 것이 덧없다는 것을 알았소. 그래서 부모와 형제를 이별하고 집을 떠나, 고요한 곳에서 이 고통으로부터 벗어나기 위해 수도를 했소. 내가 가는 길은 세속에 물들지 않는 평안의 길이오. 나는 이제 그 길에 이르러 영원한 평안을 얻었소."

이 말을 남기고 사문은 태자의 곁을 떠나 휘적휘적 가버렸다. 사문의 말을 듣고 난 싯다르타의 가슴에는 시원한 강물이 흐르는 듯했다. 그의 눈에는 감격의 눈물이 맺혔다. 사문의 뒷모습을 바라보는 태자의 마음에 무엇인가 굳은 결심이 생겼다.

—『불본행집경佛本行集經』「출봉노인품出逢老人品」외

4. 학문에 대한 회의

숫도다나왕은 태자를 위해서라면 무슨 일이든 가리지 않았다. 태자에게는 어떤 괴로움이나 불편도 주지 않으려고 했다. 부처님께서는 뒷날 태자 시절을 회상하면서 이렇게 말씀하셨다.

"나는 이루 말할 수 없이 호사스런 나날을 보냈다. 아버지의 왕궁에는 커다란 연못이 있었는데 거기에는 형형색색의 연꽃이 피어 있었다. 나는 까시(Kāsi) 지방에서 나는 향밖에는 쓰지 않았다. 내가 입던 옷감 역시 까시에서 생산되는 것이었다. 내가 밖으로 나갈 때는 언제나 양산을 들어 주는 시종이 따랐다. 게다가 나는 겨울과 여름과 장마철에 따라 편리하도록 꾸며진 궁전을 세 채나 가지고 있었다. 나는 아름다운 여자들에게 둘러싸여 장마철에도 지루하지 않게 보낼 수 있었다. 이 모두가 나를 즐겁게 하기 위해 마련된 것이었다."

태자 시절이 얼마나 호사스러웠던가를 짐작할 만하다. 그러나 한번 깊이 품은 인생에 대한 회의는 그런 호사와 즐거움으로 메워질 수 없었다. 쾌락이 지나간 다음의 허전함은 태자의 회의를 더욱 깊게 할 뿐이었다.

출가한 사문을 만난 뒤부터 태자는 혼자 있기를 더욱 좋아했다. 왕은 태자의 관심을 돌리기 위해 태자에게 심오한 학문을 가르치기로 했다. 숫도다나왕은 나라에서 가장 학식이 뛰어난 위슈와미뜨라(Viśvāmitra)라는 학자를 모셔다 태자의 스승으로 삼았다. 태자에게 글을 가르치던 첫날, 스승은 태자의 총명함에 놀랐다. 지금까지 많은 왕자들을 가르쳐 보았지만 싯다르타처럼 뛰어난 천재를 보지 못했다. 태자는 인도의 가장 오래된 고전인 웨다 성전을 줄줄 욀 만큼 기억력도 비상했다. 스승 위슈와미뜨라가 알고 있는 깊은 학문도 거의 다 배우게 됐다.

싯다르타의 학문은 나날이 깊어 갔다. 숫도다나왕은 스승을 불러 싯다르타에게 제왕帝王의 길도 가르쳐 줄 것을 부탁했다. 얼마 후에는 끄샨띠데와(Kṣantideva)라는 군사학의 대가를 불러 무예와 병법도 가르쳤다.

태자는 무예와 병법에도 뛰어난 소질을 보였다. 처음 배우는 지식이었지만 모두가 신기하기만 했다. 싯다르타는 새것을 알고 싶어 하는 소년다운 호기심으로 더욱 열심히 공부했다. 스승으로부터 이런 소식을 전해 들은 왕은 몹시 기뻤다.

총명한 태자가 자기의 뒤를 이어 까삘라를 잘 다스려 주기만 한다면 더 이상 바랄 게 없었다. 그러나 부왕의 안심은 오래가지 못했다. 태자는 지식이 풍부해질수록 회의가 없어지기는커녕 더욱 깊어 갔다. 학문이란 한낱 지식을 넓혀 줄 뿐 인생의 근본적인 문제에 대해서는 무력하다는 것을 알게 되었다. 사람은 어째서 늙고, 병들어 죽어 가는가? 무엇 때문에 태어나는 것일까?

태자는 인생의 중요한 문제에 대해 입을 다물고 있는 학문을 좋아하지 않았다. 어디엔가 자신의 의문을 풀어 줄 수 있는 길이 있을 것만 같았다. 이제 싯다르타는 스승으로부터 배울 게 없었다. 스승 역시 그 이상 가르쳐 줄 게 없다면서 떠나갔다. 태자는 또다시 명상에 잠겼다. 불안해진 숫도다나왕은 어떻게 하면 태자의 마음을 궁중에 붙잡아 둘 수 있을까 하고 궁리한 끝에 한 가지 좋은 생각을 떠올렸다. 아름다운 여성이 태자의 아내가 되어 곁에 있으면 명상에 잠길 겨를도, 출가하여 사문이 되려는 생각도 없어지고 말 것이라고 믿었다. 태자를 결혼시키자!

—『불본행집경佛本行集經』「습학기예품習學技藝品」

5. 결혼

싯다르타가 열아홉 살이 되자 부왕은 서둘러 태자비를 물색하기로 했다. 태자는 결혼이 마음에 내키지 않았지만 부왕의 간곡한 권유를 뿌리칠 수 없었다. 가문 좋고 아름답고 슬기로운 규수를 물색한 끝에 같은 샤꺄족 대신의 딸 야쇼다라(Yaśodharā)를 태자비로 정했다.

태자는 결혼한 다음에도 사색에 잠기거나 침울한 생각에 빠질 때가 많았다. 그때마다 슬기로운 야쇼다라는 태자의 마음을 위로하는 데 정성을 다했다. 수많은 궁녀들이 그의 둘레에 몰려들어 춤과 노래로 즐겁게도 했지만 그의 마음속 깊이 자리 잡은 생각은 어쩔 수 없었다.

인간이 영원히 살 수 있고 모든 사람이 행복하다면, 그 역시 마음껏 쾌락을 즐길 수 있었으리라. 그러나 태자는 이 세상에 태어나면서부터 인생의 덧없음을 몸소 겪었다. 어머니의 죽음은 싯다르타로 하여금 어린 시절부터 인생의 근원적인 문제로 눈을 돌리게 했다. 인간은 누구나 죽는다. 살아 있다고 하지만 언제 죽을지 아무도 모른다. 죽으면 어떻게 되는 것일까. 젊고 아름다운 사람을 볼 때마다 싯다르타의 눈에는 그가 늙었을 때의 추해진 모습이 떠오르곤 했다. 태자는 인생의 근원적인 병을 혼자서 앓았다. 아내인 야쇼다라도 어쩔 도리가 없었다.

그가 뒷날 부처님이 되었을 때 제자들에게 이런 말씀을 하신 적이 있다.

"어리석은 사람은 자신의 병을 피할 수 없다는 것을 모른다. 그래서 앓는 사람을 보면 싫어한다. 나는 지금 앓고 있지 않지만 언젠가는 앓게 되리라는 것을 알기 때문에 병든 사람을 싫어하지 않는다. 또 어리석은 사람은 자신이 늙어 가는 것을 모른다. 그래서 늙은 사람을 보면 싫어한다. 나는 내가 늙어 가는 것을 알기 때문에 노인을 싫어하지 않는다."

싯다르타는 젊은 나이에도 불구하고 늙고, 병들고, 죽어 가는 자신의 모습을 보았다. 괴로움을 짊어지고 시시각각 죽음을 향해 걸어가고 있는 자신의 모습을 깊은 사색 속에서 역력히 보았던 것이다.

태자의 기억 속에는 전에 성문 밖에서 만났던 사문의 모습이 또다시 떠올랐다. 문득 그 사문을 다시 보고 싶었다. 싯다르타는 야쇼다라가 곁에 있는 것도 잊어버리고 자주 명상에 잠겼다. 결혼 생활도 태자의 마음을 붙잡을 수는 없었다.

싯다르타의 나이 스물아홉이 되었다. 야쇼다라와 결혼한 지도 십 년이 지났다. 어느 날 그는 생각했다. '결혼 때문에 출가가 십 년이나 늦어졌구나. 이러다가는 몇 해가 더 늦어질지 모른다. 나는 자꾸 늙어 갈 테고 죽음으로 가까이 갈 텐데…….' 싯다르타의 마음은 초조해졌다. 이대로 살다 죽는다면 아무런 보람도 없으리라 생각하자 그의 앞에 새로운 길이 보이기 시작했다. 싯다르타는 혼자서 외쳤다. '그렇다! 나도 출가 사문의 길을 찾아 나서자.' 이렇게 마음을 정하고 나니 초조함이 사라지고 괴로움도 조금씩 누그러졌다.

이제 싯다르타에게는 출가 시기만이 문제였다. 그러나 자기가 떠나 버린 뒤의 일을 생각하니 걱정이 밀려왔다. '부왕의 실망이 얼마나 클 것인가. 다행히 이모인 마하빠자빠띠에게서 태어난 동생이 있으니 왕위를 계승하는 문제는 걱정이 없다. 그러나 내가 출가해 버린 걸 아신 부왕은 얼마나 애통해 할 것인가. 그리고 아내 야쇼다라는 또 얼마나 슬퍼할 것인가.'

싯다르타는 매일매일 잠을 이룰 수 없었다. 후일 부처님께서는 이때의 심정을 말씀하셨는데 그걸 전하는 바람결이 노래처럼 곡조를 바꾸어 사람들에게 들려주었다.

나는 아직 젊은 청년이었네.
머리칼은 검고 청춘의 즐거움으로 가득 차 있었지.
내 앞에는 영화로운 제왕의 자리가 또한 기다리고 있었네.
하지만 나는 영원한 진리를 찾아
부모와 아내가 눈물로써 만류하는 것을 뿌리치고
인생의 봄을 등졌도다.
왕궁을 빠져나와 머리를 깎고 가사를 입은 후,
싯다르타 왕자는 출가 사문의 길을 떠났노라.

숫도다나왕은 아시따 선인의 예언이 실현되지 않기를 바랐다. 태자가 자기의 왕위를 이어받아 훌륭한 제왕이 되기를 간절히 원했던 것이다. 모든 소원을 이루게 하는 사람이라는 뜻에서 태자의 이름을 싯다르타라고 지은 것도 왕의 소원 때문이 아니었던가. 그러나 '모든 일이 다 이루어지라'는 왕의 바람과는 달리, '모든 것을 버리겠노라'며 출가를 결심한 태자는 예고도 없이 부왕 앞에 나타났다.

"아바마마, 저는 아무래도 사문의 길을 가야겠습니다. 출가를 허락해 주십시오."

왕은 눈앞이 캄캄했다. 가슴이 벌벌 떨렸다. 그러나 정신을 차려야 했다. '나는 왕이기 이전에 아버지 아닌가!' 아버지는 다시 한 번 아들의 뜻을 돌려 보려고 했다.

"사랑하는 태자야, 무슨 소원이든 다 들어줄 테니 제발 출가할 뜻만은 버려다오."

"그러시다면 제게 한 가지 소원이 있습니다."

"오, 그 소원이 무엇이냐?"

"이 소원만 이루어 주신다면 저는 출가의 뜻을 버리겠습니다."

숫도다나왕의 얼굴이 밝아졌다.

"어서 소원을 말해 보아라."

왕의 표정과는 달리 싯다르타의 얼굴은 돌처럼 굳어 있었다. 나직하면서도 힘 있는 말이 그의 입에서 흘러나왔다.

"아바마마, 제 소원은 죽음을 뛰어넘는 일입니다. 늙고 죽어 가는 고통에서 벗어날 수 있는 방법을 가르쳐 주시면 저는 이 자리에서 출가의 뜻을 버리겠습니다."

왕은 어처구니가 없었다. 그러나 진지하고 슬픈 태자의 표정을 보자 화를 낼 수도 없었다. 모든 소원을 다 들어주겠다던 왕도 어쩔 도리가 없었다. 국왕인 자신도 늙음과 죽음 앞에서는 무기력하다는 것을 인정해야 하지 않는가.

"안 된다. 절대로 안 된다. 그리는 못한다!"

왕은 절망에 빠져 비명에 가까운 소리를 질렀다. 태자는 일단 자리에서 물러나왔다. '아바마마, 너무 슬퍼하지 마옵소서. 태자는 전륜성왕의 길보다 더 높고 바른 길을 가고자 하나이다. 조만간 제가 보이지 않더라도 상심하지 마옵소서.' 돌아나오는 길에 마음속으로 이렇게 혼잣말을 하였다.

마음의 준비도 굳게 되었고 왕에게도 출가의 결심을 알린 뒤라 싯다르타는 이제 왕궁을 떠날 기회만을 찾고 있었다. 태자는 아내 야쇼다라와 이모인 마하빠자빠띠에게는 출가의 결심을 말하지 않기로 했다. 연약한 여인들의 가슴에 상처를 주고 싶지 않았다.

이 무렵 궁전 안에 기쁜 소식이 전해졌다. 야쇼다라가 아들을 낳은 것이다. 숫도다나왕의 기쁨은 이루 말할 수 없었다. 큰 잔치를 베풀고 왕손의 탄생을 축하하도록 했다. 그런데 정작 이 경사를 기뻐해야 할 싯다르타는 보이지 않았다. 해가지고 어둠이 내릴 무렵에야 그는 궁전으로 돌아왔다. 그날도 숲속에 들어가 온종일 혼자 명상에 잠겼다 돌아오는 길이었다. 궁전 앞에 이르러 사람들이 웅성거리며 즐거워하는 광경을 보자 싯다르타는 비로소 궁중에 경사가 난 줄 알았다.

"태자마마에게 새 왕자가 생기셨다!"

"만세, 만세!"

"까삘라의 미래를 축복하세, 축복하세!"

자기에게 아들이 생겼다는 소식을 들은 싯다르타는 '오, 라훌라(Rāhula)!' 하고 탄식했다. 라훌라는 장애障碍라는 뜻이다. '출가할 길에 아이가 생기다니!'

태자가 탄식한 말은 그대로 아이의 이름이 되었다. 싯다르타는 아들이 태어났다는 소식을 듣고 '라훌라!'라고 탄식했지만 한편으로는 이제야말로 기회가 왔다고 결심했다. 당시 인도의 풍습으로는 대를 이을 후계자가 있어야 출가가 떳떳하게 여겨지던 터였다.

—『불본행집경佛本行集經』「상식납비품常飾納妃品」외

제2장

성도하기까지

1. 출가

마침내 그날 밤이 되었다. 싯다르타는 왕궁을 떠나기로 결심했다. 마지막 밤이나마 사람들 마음을 기쁘게 해 주고 싶었다. 야쇼다라와 함께 궁녀들의 노래와 춤을 즐겁게 구경했다. 잔치가 끝나고 밤이 깊었을 때 싯다르타는 잠든 아내와 어린 아기를 번갈아 보았다. 세상에서 가장 행복하고 평화로운 기운이 어머니와 아기의 잠든 얼굴에 깃들어 있었다. '야쇼다라여, 모쪼록 슬퍼하지 말고 잘 지내시오. 아가야, 너도 무럭무럭 잘 자라거라.' 한 여인의 남편이자 한 아이의 아버지인 싯다르타는 그의 가족을 향해 이렇게 눈으로 이야기했다. 그러고는 곧바로 고개를 돌렸다.

사람들이 깊이 잠든 한밤중에 그는 자리에서 일어났다. 그토록 법석이던 궁중은 무덤처럼 적막했다. 드넓은 대청마루에서는 지난밤 노래하고 춤추던 궁녀들이 여기저기 쓰러져 자고 있었다. 어떤 궁녀는 이를 갈면서 자는가 하면 또 다른 궁녀는 입을 벌린 채 침을 흘리며 자고 있었다. 이불을 걷어차 버리고 추한 모양으로 자는 여자도 있었다. 피로에 지쳐 곯아떨어진 궁녀들의 몰골은 아름답게 치장했을 때와는 너무도 달랐다. 싯다르타는 그들이 가엾었다.

싯다르타는 밖으로 나와 시종의 집으로 갔다. 낮은 목소리로 시종 찬다까(Chandaka)를 깨워 말을 끌고 나오도록 했다. 싯다르타는 말에 올랐다. 그가 말을 타고 궁중을 빠져나가는 것을 찬다까 외에는 아무도 몰랐다. 찬다까는 태자의 엄숙하고 비장한 표정을 보고서 입을 열 수가 없었다. 성문을 나올 때 태자는 맹세했다. '생사의 문제를 해결하기 전에는 다시 이 문으로 들어오지 않으리라.' 싯다르타는 마침내 오랜 세월을 두고 갈망하던 출가를 결행했다. 태자의 행차치고는 외로운 길이었다. 하지만 어쩌랴. 출가 사문의 길은 원래 혼자서 가는 고독한 길인 법이다.

싯다르타는 성을 벗어나자 길을 재촉했다. 말발굽 소리가 밤하늘에 울려 퍼졌다. 이따금 숲에서 밤새들의 울음소리가 들려올 뿐 태자와 찬다까는 한마디 말도 없었다. 아노마(Anoma)강을 건너 아누삐야(Anupiya) 망고숲에 도착하자 먼동이 트기 시작했다. 새벽의 맑은 강바람이 상쾌하게 불어왔다.

싯다르타는 말에서 내려 시종의 손을 잡으면서 부드럽게 말했다.

"찬다까야, 수고했구나."

이 길이 태자의 출가임을 알아차린 찬다까는 흐느껴 울었다. 싯다르타는 강물에 얼굴을 씻고 허리에서 칼을 뽑아 치렁치렁한 머리칼을 손수 잘랐다. 찰기 있게 빛나는 태자의 검은 머리칼들이 강물 위로 뭉텅뭉텅 떨어져 내렸다. 까뻴라 왕자의 영광과 화려한 세월들이 일순간에 사라지는 중이었다. 찬다까는 눈물을 흘리며 말없이 지켜보았다. 싯다르타는 몸에 지녔던 패물을 찬다까에게 내주며 말했다.

"이 목걸이를 부왕께 전하여라. 그리고 싯다르타는 죽은 것으로 생각하시라고 말씀드려라. 내 뜻이 이루어지기 전에는 죽는 한이 있더라도 돌아가지 않을 것이다. 나는 왕위 같은 세속의 욕망은 털끝만큼도 없다. 다만 생로병사의 괴로움에서 벗어나기 위해 이 길을 걷는다고 말씀드려라."

그리고 다른 패물을 주면서 아울러 부탁했다.

"이것은 이모님과 야쇼다라에게 전하여라. 내가 출가 사문이 된 것은 세속을 떠나기 위해서가 아니라 지혜와 자비의 길을 찾기 위해서라고 말해다오."

그때 마침 사냥꾼이 그들 곁을 지나갔다. 태자는 사냥꾼을 불렀다. 그리고 자기가 입고 온 호화스러운 태자의 옷을 벗어서 사냥꾼에게 주고 사냥꾼의 해진 옷을 얻어 입었다. 머리를 깎고 해진 옷을 걸친 싯다르타는 누가 보아도 까삘라의 태자가 아니었다. 그는 영락없는 사문의 모습이었다.

"찬다까야, 여기서 헤어지기로 하자. 만나면 헤어지는 게 이 세상 인연 아니냐. 그럼 잘 가거라."

찬다까는 자리에 주저앉아 통곡했다. 싯다르타는 마지막으로 타고 온 백마 깐타까(Kanthaka)를 쓰다듬어 주었다.

"깐타까야, 그동안 나를 위해 수고가 많았다. 잘 가거라."

백마 깐타까도 이별을 서운해 하는 듯 눈물을 흘렸다.

―『불본행집경佛本行集經』「사궁출가품捨宮出家品」외

2. 구도의 길

구도求道의 길을 찾아 왕궁을 나온 싯다르타는 가까운 숲으로 들어갔다. 그는 어떤 나무 아래 단정히 앉아 정신을 집중하기 시작했다. 싯다르타는 죽어도 물러서지 않겠다는 굳은 결심으로 최초의 싸움에 임했다. 머리 위로 태양이 높이 솟아올랐다. 그는 심한 갈증과 허기를 느꼈지만 움직이지 않았다. 이름 모를 새들이 지저귀고 이따금 사나운 짐승들의 포효가 들려왔다. 뜻을 굳게 세운 싯다르타는 조금도 흔들림이 없었다. 해가 기울고 어두운 밤이 되어도 그곳을 떠나지 않았다. 정신을 집중하려 애썼다. 그러나 온갖 기억들이 되살아나 그의 머릿속을 어지럽혔다.

　밤이 깊어 갈수록 숲은 무거운 정적으로 가라앉았다. 그는 마음을 더욱 굳게 가다듬었다. 첫 밤을 새고 나자 싯다르타는 자기 뜻대로 수행이 되는 듯한 생각이 들었다. 하지만 어지러운 기억들은 여전히 지워지지 않았다. 다음 날도 그다음 날도 같은 상태가 계속되었다. 허기가 져서 참을 수 없게 되면 가까이서 흐르는 개울물을 마실 뿐 아무것도 먹지 않았다. 그렇게 하면서 싯다르타는 이 우주의 진리를 깨닫지 않으면 안 된다고 더욱 굳게 결심했다.

　어떤 날 밤에는 비가 내렸고 비가 개고 나서는 쌀쌀한 바람이 숲에 몰아쳤다. 비에 흠뻑 젖은 싯다르타는 이가 딱딱 부딪치도록 추위에 떨었다. 속이 비어 추위를 이겨내기 어려웠다. 왕궁의 따뜻한 방이 생각났다. 싯다르타는 부질없는 생각을 떨치면서 어떠한 유혹에도 뜻을 굽히지 않았다. 이런 상태로 꼬박 일주일을 같은 자리에 앉아 있었다. 그러나 깨달음을 얻지는 못했다. 깨달음이 쉽게 얻어지지 않는다는 것을 비로소 알게 되었다.

　혼자서 진리를 구하는 것보다 수행의 힘이 뛰어난 사람들에게 가르침을 받아야겠다고 마음먹었다. 조급하게 굴어서도 안 되겠다고 생각했다. 마음의 여유를 가지고 차근차근 닦아 나가는 게 현명한 방법이라고 생각했다. '같은 자리에만 앉아 있어선 안 되겠구나!' 싯다르타는 여드레 만에 그 자리를 떨치고 일어났다.

  숲에서 가까운 마을로 밥을 빌러 내려갔다. 싯다르타는 이제 완전한 수행승의 모습이었다. 여윈 얼굴에 해진 옷을 걸치고 걸음걸이도 휘청거렸다. 그러나 눈빛만은 형형하게 빛나고 얼굴에는 맑고 깊은 의지가 서렸다. 몸의 고통은 참기 어려웠지만 마음은 차분히 가라앉았다. 그는 괴로운 수행을 통해 인내의 의미를 깨달아 가는 중이었다. 의지가 약한 사람이었다면 벌써 쓰러졌을 것이다. 목숨을 걸고 도道를 찾는 싯다르타에게 육신의 고통은 장애가 될 수 없었다.

  싯다르타는 가까이 있는 수행승한테서 박가와(Bhaggavā)라는 선인仙人의 이야기를 듣고 그가 고행하고 있다는 숲을 찾아갔다. 그 숲은 마을에서 멀리 떨어져 사람들의 발걸음이 미치지 않는 한적한 곳이었다. 청정한 기운이 감도는 고요한 숲은 두려운 생각마저 들게 했다. 싯다르타는 처음으로 자신의 스승이 될 만한 사람을 찾아가는 길이었다. 그러나 박가와 선인의 제자들을 보고는 실망감이 들었다. 그들은 남이 흉내 낼 수 없는 어려운 고행을 하고 있었다. 어떤 사람은 가시로 몸을 찔러 피가 흐르고, 흐르는 피가 검붉게 굳어 있는데도 참고 누워 있었다. 몸무게에 눌리면 눌릴수록 가시는 살 속으로 더욱 파고들었다. 또 어떤 고행자는 더러운 쓰레기 더미 속에 누워 있었다. 그는 더럽고 냄새나는 것에 무관심한 듯했다. 혹은 타오르는 불꽃에 몸을 벌겋게 달구고 있는 사람도 보였다. 한쪽 발로 딛고 서 있는 사람, 물속에 들어가 숨을 죽이고 있는 사람도 있었다. 그들 가운데는 발가벗고 종일토록 물구나무를 서는 고행자도 있었다. 하루에 한 끼만 먹는 이도 있었고, 이틀에 한 끼, 사흘에 한 끼밖에 먹지 않는 사람도 있었다.

수행승은 혹독하게 고행할수록 존경을 받았다. 그들은 고행을 참아내는 일로써 수행을 삼았다. 그 참을성에는 감동할 만하지만 싯다르타는 그런 고행을 이해할 수 없었다. 고행자들의 얼굴은 하나같이 어두운 그늘이 덮여 처참하고 불결했다.

싯다르타는 박가와에게 물었다.

"무엇 때문에 이 같은 고행을 합니까?"

선인은 당연하다는 표정으로 말했다.

"천상에 태어나기 위해서요."

싯다르타는 하마터면 웃을 뻔했다. 모처럼 찾아간 스승이었으므로 실망은 더욱 컸다.

'즐거움을 얻기 위해 괴로움을 참는다고? 설사 천상에 태어난다 할지라도 천상의 즐거움이 다하면 다시 인간 세계에서 고통을 겪어야 하지 않는가. 게다가 천상에 태어난다는 것을 무엇으로 보장할 수 있단 말인가.'

싯다르타는 그들의 고행이 더욱 어리석게 보였다. 싯다르타가 생각에 잠겨 있는 것을 본 박가와 선인은 다시 입을 열었다.

"처음 고행은 어렵지만 수행을 쌓으면 참아내기 어렵지 않게 되오."

 선인은 싯다르타가 잠자코 있는 것이 심한 고행에 놀라 의기가 죽은 것으로 생각했던 모양이다. 싯다르타는 조용히 말했다.

 "고행에 대해서는 존경합니다. 하지만 어떤 보상을 바라고 고행을 한다면 괴로움은 영원히 떠나지 않을 것입니다. 영원히 되풀이될 괴로움과 즐거움을 어떻게 하겠습니까?"

 선인은 시원하게 대답하지 못했다. 하룻밤을 그곳에서 머문 다음 싯다르타는 다시 길을 떠났다. 박가와의 제자들로부터 남쪽으로 가면 알라라 깔라마(Ālāra Kālāma)라는 훌륭한 선인이 있다는 말을 들었다. 그를 찾아가기로 했다. '이곳에 온 게 무익하지만은 않았어. 고행승들을 만난 건 새로운 경험이었지. 하지만 이건 바른 길이 아니야. 다른 스승을 찾아가 보자.'

 알라라 깔라마의 덕망은 싯다르타도 전부터 듣고 있었다. 그가 있는 곳까지는 길이 멀었다. 몇 개의 강을 건너고 산을 넘어야 했다. 도중에 강가(Gaṅgā)강을 건너 라자그리하(Rājagṛha)에 들르게 되었다. 라자그리하는 마가다(Magadha) 왕국의 수도로 인구도 많고 집들이 까삘라보다도 훨씬 호화로웠다. 마가다는 빔비사라(Bimbisāra)왕이 다스리는 나라였다.

─『과거현재인과경過去現在因果經』2

3. 스승을 찾아서

싯다르타는 라자그리하에서 걸식을 하고 있었다. 사람들은 그 빼어난 모습과 기품 있는 행동을 보고 그가 까삘라 왕국의 태자임을 첫눈에 알아보았다. 삽시간에 소문이 퍼졌다.

"까삘라의 왕자가 출가를 했다는데!"

"그러게 말이야, 왜 그 좋은 궁전을 놔두고 고생을 하는 거지?"

"전륜성왕이 될 분이라던데……."

"아니야, 부처님이 되실 거라는 예언이 있었대."

"훤칠한 대장부로 잘생기셨다지?"

"나도 한번 보고 싶다!"

싯다르타는 소문에 개의치 않았다. 그는 빤다와(Pāṇḍava)산 동쪽에 사문들이 모이는 곳을 찾아가 자리를 잡고 앉아 명상에 잠겨 있었다. 소문을 들은 빔비사라왕은 기쁜 마음으로 싯다르타를 찾아갔다. 싯다르타는 자기를 찾아온 분이 이 나라의 왕인 줄 알았다. 일어나 왕을 정중히 맞이했다. 왕도 싯다르타를 보고 수행자에 대한 예로써 인사를 했다.

"태자가 출가했다는 소문을 듣고 놀랐소. 태자의 부왕께서는 얼마나 가슴 아파하시겠소. 태자처럼 젊고 기품 있는 사람이 사문이 되어 고생한다는 것은 참으로 아까운 일이오. 나와 함께 우리나라에서 사는 게 어떻겠소? 마음에 드는 땅을 드리고 편히 살 수 있도록 해 드리겠소."

그러나 싯다르타는 정중하게 사양했다.

"왕이시여, 친절한 말씀은 고맙습니다. 그러나 저는 이미 세상의 모든 욕망을 버리고 출가한 몸입니다."

"그렇다면 무슨 목적이 있어 출가를 하셨소?"

"늙고 병들고 죽는 괴로움에서 벗어나 내 자신과 이웃을 구제하기 위해서입니다."

"그것을 이룰 수가 있겠소?"

싯다르타는 조용히 대답했다.

"되고 안 되고는 해 보지 않고는 모릅니다. 저는 그것을 알기까지 죽어도 물러서지 않을 각오입니다."

싯다르타의 높은 뜻과 굳은 결심을 보고 빔비사라왕은 크게 감동했다.

"태자의 굳은 결심이 반드시 이루어지기를 빌겠소. 만약 그러한 도를 얻으면 나에게 그 법을 알려 주기 바라오."

왕은 마음속 깊이 태자를 존경했다. 저런 믿음직한 젊은이가 왕이 되어 나라를 다스린다면 태평한 세월을 누릴 것이라고 믿었다. 이런 생각은 왕만 하는 게 아니었다. 라자그리하에서 싯다르타를 만나는 사람이면 누구나 그 인품과 정신력에 깊은 감동을 받았다. 그러나 라자그리하는 싯다르타가 머물 곳이 아니었다. 덕망 높은 스승을 찾아가기 위해 잠시 쉬어가는 곳이었다.

싯다르타는 라자그리하를 떠나 알라라 깔라마가 있는 곳에 이르렀다. 알라라는 나이가 많았으나 아직도 건장했다. 그는 싯다르타를 기꺼이 맞이했다. 늙은 선인은 차근차근 이야기를 들려주었다. 싯다르타는 이 백발의 선인에게서도 역시 아쉬움을 느꼈지만 그래도 얻을 것이 많다는 것을 알고 기뻐했다. 오랜만에 스승을 만난 것 같아 흐뭇했다. 그는 그곳에 머물면서 스승의 가르침에 따라 수행했다. 그것은 마음의 작용이 정지된 무념무상無念無想의 상태에 이르는 수행이었다. 그는 밤잠을 안 자고 열심히 수행했다. 그때 알라라 스승에게는 수백 명의 제자가 있었다. 싯다르타는 다른 제자들이 도저히 따를 수 없는 정열과 용맹심을 가지고 수도에 열중했다. 마침내 싯다르타는 스승이 가르쳐 준 경지에 이르렀다. 스승은 깜짝 놀랐다.

"자네 같은 천재를 만나 기쁠 따름이네. 자네는 이미 내가 얻은 경지에 도달하였네. 이제는 나와 함께 우리 교단을 이끌어 나가세."

싯다르타는 만족할 수 없었다. 보다 높은 경지가 있을 것이라고 확신했다. 그는 무념무상의 상태가 최고의 깨달음의 경지가 아님을 알았던 것이다. 그는 스승과 하직하고 보다 높은 수행을 위해 다시 길을 떠났다.

어느 날, 싯다르타는 자기를 찾아온 사람들을 만났다. 그들은 까삘라에서 부왕이 보낸 사신들로서 태자가 떠나온 뒤 까뻴라가 온통 슬픔에 잠겼다는 이야기를 전했다.

"태자마마, 우리 까뻴라는 슬픔에 빠져 사방이 온통 눈물바다이옵니다. 대왕께서는 몸져누우시고, 태자비께서는 아침에는 속울음을 우시다가 저녁에는 통곡을 하십니다. 차마 눈을 뜨고 볼 수가 없고, 열린 귀로 들을 수가 없사옵니다. 가정이 깨어지고 나라가 걱정인데 수행이 다 무엇입니까? 제발 저희와 함께 왕궁으로 돌아가소서."

그러나 싯다르타는 뜻을 굽히지 않았다. 까뻴라의 사신들에게 담담하고 결연하게 말했다.

"어떤 일이 있어도 돌아갈 수 없다. 내 뜻이 이루어지기 전에는 죽어도 돌아가지 않으리라. 인간은 이별과 죽음을 피할 수 없는 것. 생사를 두려워하는 한 불행에서 벗어날 수 없다. 나는 내 자신만이 아니라 부왕과 이모와 아내와 그 밖의 모든 사람들을 구하려고 출가했다. 하지만 수행이 아직 멀었으니 방해하지 말고 어서 돌아들 가거라."

사신들은 태자의 굳은 의지를 확인하고 어쩔 수 없이 돌아가야만 했다. 왕궁의 일이 또 걱정이었지만 태자의 굳은 결의를 보니 한편으론 응원하는 마음이 저절로 생겼다.

'도를 이루기 전에는 차라리 죽겠단다.'

'오, 태자마마, 이토록 용맹하시다니!'

'사자보다 굳세게 달리고, 용을 잡아먹는 금시조보다 높이 날아오르소서.'

'모쪼록 더없이 높고 밝은 깨달음을 얻으소서.'

그 뒤 싯다르타는 웃다까 라마뿟따(Uddaka-Rāmaputta)라는 스승을 찾아가 그에게서 가르침을 받았다. 웃다까는 칠백 명의 제자들을 거느리고 사유思惟를 초월하고 순수한 사상만 남는 비상비비상처非想非非想處의 경지에 이르는 길을 가르치고 있었다. 싯다르타는 얼마 안 되어 또 웃다까 스승의 경지에 이르게 되었다. 웃다까는 젊은 수도승 싯다르타를 두려워하면서 그 이상의 높은 경지는 없다고 했다. 싯다르타는 자기가 출가한 궁극의 목적이 여기에 있지 않음을 잘 알고 있었다. 그리하여 더 이상 그곳에 머물지 않고 다시 길을 떠났다.

세상이라면 불완전한 스승도 용납될 수 있지만 진리의 세계에서는 용납될 수가 없다. 그는 보다 완전한 스승을 찾아 헤매었다. 그것은 싯다르타의 지나친 욕심이었다. 이 세상에서 완전무결한 스승이란 있을 수 없다는 것을 그는 뒤늦게야 알았다. 어디를 찾아가 보아도 그럴 만한 스승은 없었다. 그도 그럴 것이, 그 무렵 인도에서 가장 으뜸가는 수행자로 알라라와 웃다까 두 선인을 제외하고는 아무도 없었기 때문이다. 싯다르타는 외로웠다. 더 이상 의지하고 배울 스승이 없어서 허전했다.

그는 문득 생각했다. '어디를 찾아가 보아도 내가 의지해 배울 스승은 없다. 이제는 내 자신이 스승이 될 수밖에 없구나. 그렇다, 나 혼자 힘으로 깨달아야만 한다.' 싯다르타는 지금까지 밖으로만 스승을 찾아 헤매던 일이 오히려 어리석게 생각되었다. 가장 가까운 데 스승을 두고 먼 곳에서만 찾아 헤맨 것이다. 이제는 내 자신밖에 의지할 데가 없다고 생각을 돌이키자 자기 자신의 존재 의미가 새로워졌다.

'나의 스승은 나다!'

싯다르타는 우선 머물러 수행할 곳을 찾아야 했다. 마가다 왕국의 가야라는 곳에서 멀지 않은 우루웰라(Uruvela) 마을의 숲이 마음에 들었다. 아름다운 숲이 우거진 이 동산 기슭에는 네란자라(Nerañjarā)강이 잔잔히 흐르고 있었다. 싯다르타는 이곳을 수행 장소로 정했다.

―『불본행집경佛本行集經』「문아라라품問阿羅邏品」외

4. 성도

이때 웃다까 교단에서 수도하던 다섯 사문이 싯다르타의 뒤를 따라오고 있었다. '우리는 오랫동안 수행했지만 스승의 경지에 이르지 못했다. 그러나 이 젊은 사문이 짧은 기간에 스승과 같은 경지에 이르렀다. 그러고도 만족하지 않고 보다 높은 경지를 향해 수행하려고 하지 않는가. 이분은 결코 범상한 인물이 아니다. 반드시 최고 경지에 도달할 분이다.' 이렇게 판단한 그들은 서로 의논한 다음 웃다까의 교단에서 나와 싯다르타의 뒤를 따라온 것이다.

 싯다르타는 결심했다. '사문들 가운데는 마음과 몸은 쾌락에 맡겨 버리고 탐욕과 집착에 얽힌 채 겉으로만 고행하는 사람이 있다. 이런 사람은 마치 젖은 나무에 불을 붙이려는 어리석은 사람과 같다. 몸과 마음이 탐욕과 집착을 떠나 고요히 자리 잡고 있어야 그 고행을 통해 최고의 경지에 이를 수 있으리라.' 이와 같이 고행에 대한 근본적인 태도를 굳게 결정한 뒤, 싯다르타는 혹독한 고행을 다시 시작했다.

 아무도 이 젊은 수행자의 고행을 따라할 수 없었다. 싯다르타는 그 당시 인도의 고행자들이 수행하던 가운데서도 가장 어려운 고행만을 골라 수행했다. 먹고 자는 것도 잊어버릴 정도였다. 몇 톨의 낟알과 한 모금의 물로 하루를 보내는 때도 있었다. 그의 눈은 해골처럼 움푹 들어가고 뺨은 가죽만 남았다. 몸은 뼈만 남은 앙상한 몰골로 변해 갔다. 죽지 않고 살아 있다는 것이 이상하게 느껴질 정도였다. 그러나 싯다르타는 여전히 번뇌를 끊지 못했으며 삶과 죽음을 뛰어넘지도 못했다. 그는 여러 가지 무리한 고행을 계속했다. 곁에서 수행하던 다섯 사문은 너무도 혹독한 싯다르타의 고행을 보고 경탄할 뿐이었다. 이렇게 뼈를 깎는 고행이 어느 정도 수행에 보탬을 주기는 했지만, 그가 근본적으로 바라는 깨달음에는 아직도 이르지 못했다. 번뇌의 불꽃은 꺼지지 않았고 생사의 매듭도 풀리지 않았다.

싯다르타는 언젠가 남들이 하는 고행을 보고 비웃던 생각이 떠올랐다. 그러나 지금 자기가 닦고 있는 고행은 죽은 후에 하늘에 태어나기 위해서가 아니었다. 오로지 육신의 번뇌와 망상과 욕망을 없애 버림으로써 영원한 평화의 경지인 열반을 얻는 것이었다. 모든 사람들에게 자기가 얻은 평화를 주기 위해서였다. 깨닫지 못할 바에야 차라리 죽는 편이 낫다고 그는 거듭 결심했다. 그는 이따금 모든 고뇌와 집착에서 벗어나 해탈의 삼매경에 들어간 것 같은 생각이 들 때도 있었다. 그러나 삼매는 곧 흩어지고 현실의 고뇌가 파고들었다.

고행을 시작한 지도 다섯 해가 지나갔다. 아무도 흉내 낼 수 없는 지독한 고행을 계속해 보았지만 자기가 바라던 최고의 경지에는 이르지 못했다. 어느 날 싯다르타는 지금까지 해 온 고행에 대해 문득 회의가 생겼다. '육체를 괴롭히는 일은 오히려 육체에 집착하는 게 아닐까? 육체를 괴롭히기보다는 차라리 육체를 깨끗하고 건강하게 해야 깨달음의 경지에 오를 수 있지 않을까?' 싯다르타는 수행의 방법에만 얽매인 나머지 자기 자신이 점점 형식에 빠진다는 것을 알아차렸다. 육체의 고행에 몰입하는 것보다 마음을 고요하고 깨끗하게 가지는 일이 더 중요하다고 생각했다.

그는 고행을 중지했다. 단식도 그만두기로 했다. 지쳐 버린 육체를 회복하기 위해서 네란자라강으로 내려가 맑은 물에 몸을 씻었다. 그때 마침 강가에서 우유를 짜고 있던 소녀에게서 한 그릇의 우유를 얻어 마셨다. 소녀의 이름은 수자따(Sujātā)라고 했다. 우유의 맛은 비길 데 없이 감미로웠다. 몸에서 새로운 기운이 솟아나는 듯했다. 멀리서 지켜보던 다섯 수행자는 크게 실망했다. '그토록 고행을 쌓고도 최고의 경지에 이르지 못한 사람이 어찌 세상 사람이 주는 음식을 받아먹으면서 최고의 경지를 깨달을 수 있겠는가.' 그들은 고행을 그만둔 싯다르타가 타락했다고 하여 그의 곁을 떠나 바라나시(Vārāṇasī)의 교외에 있는 녹야원鹿野苑으로 가 버렸다.

싯다르타는 홀로 숲속에 들어가 커다란 보리수 아래 단정히 앉았다. 숲 전체가 아름다운 향기로 넘쳤다. 삡빨라(Pippala)나무라고 부르는 이 나무는 바람에 천천히 흔들리는 시원한 그늘을 드리우고 있었다. '사람은 어떻게 하면 시원해지나?', '번뇌의 뜨거운 열기를 어떻게 하면 다스리나?' 이런 질문에 대답이라도 하듯 나무는 속삭였다. '싯다르타여, 여기로 오세요. 여기 평안하게 앉으세요. 옛날, 숲속의 잠부나무 아래 앉았을 때처럼, 깊고 고요한 명상에 들어가세요.'

맑게 갠 날씨였다. 앞에는 네란자라강이 잔잔히 흐르고 있었다. 싯다르타의 마음은 날듯이 홀가분했다. 모든 것이 맑고 아름답게 보이기만 했다. 싯다르타는 오랜만에 마음의 환희를 느꼈다. 그는 다시 비장한 맹세를 했다. '이 자리에서 육신이 다 죽어 없어져도 좋다. 우주와 생명의 실상實相을 깨닫기 전에는 이 자리를 떠나지 않으리라.'

싯다르타는 평온하고 가벼운 마음으로 깊은 명상에 잠겼다. 그는 열두 살 소년 시절 시도했던 방법을 동원했다. 활기찬 에너지를 모아 일으키자 몸과 마음이 고요해지면서 의식이 집중되어 갔다. 어느 순간 감각적 쾌락으로부터 초연해지면서 기쁨과 행복이 찾아왔다. 그것은 소년 시절에 이미 경험한 바 있는 초선初禪이었다. 왕과 신하들이 어린 태자에게서 거룩한 모습을 보았던 바로 그 경지였다. 그러나 명상의 깊은 심연을 어찌 다 헤아리랴. 마음에 잠시 행복이 찾아온다 해서 생로병사의 고통이 근본적으로 해결되는 것은 아니었다.

싯다르타는 자신을 더욱 낮게 가라앉히면서 제2선, 제3선을 지나 마침내 제4선의 경지까지 나아갔다. 여기가 형색이 감각되는 색계의 끝이었다. 언어가 끊어지더니 신체 활동이 완전히 멈추었다. 숨이 없어져 버렸다. 가슴 은은하게 뻐근한 행복감도 사라졌다. 싯다르타는 행복감도 무상하다는 것을 확실히 알았다. 이 단계에서 그는 자신의 과거를 상기하기 시작했다. 한 생, 두 생, 스무 생……, 서른 생……, 백……, 천……, 십만……, 세계가 아주 오랜 기간 일어나고 무너지는 것을 되풀이하는 동안 그는 자신의 전생들을 남김없이 상기할 수 있었다.

싯다르타의 용맹정진은 여기서 멈추지 않았다. 이미 언어가 끊어지고 신체 활동 기능이 가라앉은 사이, 의식만이 반짝거리면서 무한을 여행하고 있었다. 우주가 태초에 대폭발을 하는 것처럼, 의식이 폭발적으로 팽창하기 시작했다. 우주 공간 모든 곳(空無邊處)을 보고 의식이 무한정으로 확장되는 경지(識無邊處)에 들었다. 그러다가 아무것도 없는 상태(無所有處)를 지나 아무것도 없다는 인식마저 없어진 상태에 이르렀다. 옛 스승 웃다까 라마뿟따로부터 배운 사유思惟를 초월하고 순수한 사상만 남는 비상비비상처非想非非想處의 경지였다.

그러나 여기가 끝이 아님을 싯다르타는 알고 있었다. 그는 더욱 깊은 명상으로 자신을 밀어붙였다. 어느 순간 인식 활동과 의식의 느낌 자체가 완전히 사라졌다. 언어의 소멸과 신체 활동의 소멸에 이어 정신 활동마저 사라져 버린 것이다. 이제 인식과 느낌이 완전히 꺼졌다. 세계가 없어졌다. 절대 무, 절대 평화, 절대 고요였다. 이제껏 한번도 경험한 적 없는 최고의 평온, 최고의 행복에 마침내 도달했다. 싯다르타는 언어와 신체와 정신이 다 사라진 가운데서도 지금의 상태가 최상의 깨달음이라는 것을 깨달았다. 이 깨달음의 언어로 그는 말했다.

"해야 할 일을 다했다. 종교적인 삶이 완성됐다. 내가 다시는 이 세계에 태어나지 않는다는 것을 완전히 알아차렸다."

그때 사방이 신비로운 고요에 싸이고 하늘에서는 샛별이 돋기 시작했다. 명상에 잠긴 싯다르타의 얼굴에는 이제 막 맑고 밝은 빛이 깃드는 중이었다. 네란자라강 너머로 먼동이 트기 시작했다. 자연의 새벽이 열리는 것처럼 인간 정신의 새벽도 처음으로 열리는 중이었다. 싯다르타는 새로운 광명이 온몸을 감싸 오는 것을 느꼈다. 집착을 벗어나서 번뇌와 망상을 끊으면 무엇에도 속박되지 않고 영원히 자유로워진다는 것을 꿰뚫어 알게 되었다.

이제는 두려워할 아무것도 없었다. 모든 이치가 그 앞에 밝게 드러났다. 태어나고 죽는 일까지도 환히 깨닫게 되었다. 온갖 집착과 고뇌가 자취도 없이 풀려 버렸다. 싯다르타는 드디어 더없이 높고 밝은 깨달음을 얻었다. 그토록 어려운 수도의 길이 끝난 것이다. 싯다르타는 자신이 '부처'가 되었다는 확고한 신념을 가질 수 있었다. 스물아홉에 태자의 몸으로 까삘라의 왕궁을 버리고 출가한 젊은 수도자는 목숨을 걸고 찾아 헤매던 끝에 더 이상 도달할 수 없는 최고의 진리를 깨달은 것이다.

싯다르타가 '깨달은 사람'이 되었을 때는 출가 육 년 만인 서른다섯 살이었다. 이제는 인간적인 갈등과 번뇌가 깨끗이 사라졌다. 이 세상에서 그 누구도 경험할 수 없었던 으뜸가는 열반의 경지를 스스로 깨달아 얻었다. 이렇게 해서 인류의 스승 부처님이 나타나신 것이다.

진리를 깨달아 부처님이 된 싯다르타의 마음속에는 새로운 생각이 솟아났다. 그가 처음 출가하여 수행한 동기는 우선 자기 자신의 구제에 있었다. 생로병사라는 인간 고뇌의 실상을 해결하고자 사랑하는 처자와 왕자의 지위도 내던지고 뛰쳐나왔던 것이다. 이제 보리수 아래서 최상의 깨달음을 얻게 되자 자기 자신의 문제는 해결되어 그 이상 아무것도 구할 필요가 없었다. 이제부터의 문제는 자기가 깨달은 진리를 세상 사람들에게 널리 전해 해탈의 기쁨을 함께 나누는 일이었다. 많은 사람이 겪고 있는 고통이 곧 자기 자신의 것처럼 느껴졌다. 우주의 진리를 밑바닥까지 들여다본 부처님의 자비였다. 그는 이제부터 중생을 구제하는 길에 나서기로 새로운 뜻을 세웠다.

—『불본행집경佛本行集經』「성무상도품成無上道品」 외

제3장

교화에서 열반까지

1. 최초의 설법

부처님께서는 맨 먼저 누구에게 설법할 것인가를 생각했다. 알라라와 웃다까가 떠올랐으나 그들은 얼마 전에 세상을 떠나고 말았다. 그다음으로 떠오른 사람이 네란자라 강가에서 함께 수행하던 다섯 사문이었다.

부처님께서는 그들이 고행하고 있을 녹야원鹿野苑으로 발길을 옮겼다. 녹야원이 있는 바라나시까지는 여러 날이 걸리는 먼 길이었다. 부처님께서 혼자서 그 길을 걸어가시는 도중에 순세외도 우빠까(Upaka)를 만났다. 그 수행자는 부처님의 얼굴을 유심히 쳐다보면서 말했다.

"당신의 얼굴은 잔잔한 호수와 같이 맑습니다. 당신의 스승은 누구이며 어떤 가르침을 받고 있습니까?"

"나는 모든 것을 이겨냈고 이 세상의 진리를 다 알게 되었고, 나는 스스로 깨달았으므로 내 스승은 없소. 또 나와 견줄 사람은 아무도 없소."

부처님께서 자신 있게 대답했다. 하지만 그 수행자는 부처님을 무시하고 다른 길로 가 버렸다. 녹야원으로 가는 도중 부처님께서는 하루 한 끼씩 얻어먹으면서 쇠약해진 몸을 다스렸다.

부처님께서 녹야원에 이르렀을 때 다섯 사문은 전과 다름없이 고행을 계속하고 있었다. 간혹 싯다르타의 이야기가 나오면 다들 그의 타락을 비난했다. 그들 가운데 하나가 가까이 걸어오고 있는 부처님을 알아보았다.

"저기 고따마(Gotama)가 오는군."

고따마는 싯다르타의 성이다.

"그럴 리가 있나?"

다른 사람이 말했다.

"아니, 틀림없는 고따마야."

"왜 찾아왔을까?"

"자신의 타락을 후회한 모양이지? 고행을 하다가 도중에 그만둔 사람이니까."

"우리는 고따마가 가까이 오더라도 모른 척하세."

"그래, 타락한 사문에게 우리가 먼저 머리를 숙일 건 없지."

이제 막 성도한 성자는 그들이 앉아 있는 곳까지 천천히 걸어갔다. 모른 척하자고 다짐했지만, 그들은 이상한 힘에 끌려 자신들도 모르게 자리에서 일어나고 말았다. 그러고는 공손히 머리를 숙여 인사를 드렸다. 성자는 그들에게 조용히 말했다.

"그대들은 내가 와도 일어서서 맞지 않기로 약속까지 했으면서 왜 일어나 인사를 하는가?"

다섯 사람은 서로 마주보며 놀랐다. 성자가 그들의 마음을 이미 환히 알고 있었던 것이다. 그들은 서둘러 성자가 앉을 자리를 마련했다.

"고따마여, 멀리서 오시느라고 고단하시겠습니다."

성자는 엄숙하게 말했다.

"이제부터는 내 성을 고따마라고 부르지 마라. 나를 여래如來라고 불러라. 나는 이제 여래가 되었다."

여래란 진리의 세계에 도달한 사람이란 뜻도 되고, 진리의 세계에서 설법하러 온 사람이란 뜻도 된다. 또한 부처님의 다른 이름이니 다섯 사문을 만나는 이 순간부터 위대한 성자를 가리키는 바로 그 이름이 되었다. 그리하여 '가장 높고 바른 깨달음'에 이르신 부처님께서는 다섯 사문을 향해 최초의 설법을 하셨다.

"수행의 길을 걷고 있는 사문들이여, 이 세상에는 두 가지 극단으로 치우치는 길이 있다. 사문은 그 어느 쪽에도 치우치지 말아야 한다. 두 가지 치우친 길이란, 하나는 육체의 요구대로 자신을 내맡겨 버리는 쾌락의 길이고, 또 하나는 육체를 너무 지나치게 학대하는 고행의 길이다. 사문은 이 두 가지 극단을 버리고 중도中道를 배워야 한다. 여래는 바로 이 중도를 잘 알아차렸다. 여래는 그 길을 통해서 마침내 열반에 도달한 것이다."

이 설법은 부처님 자신의 절실한 체험에서 우러난 말씀이었다. 그 자신도 출가하기 전까지는 까삘라의 왕궁에서 지나치게 쾌락을 누려 왔다. 왕궁을 버리고 출가한 뒤에는 극심한 고행으로 육체를 학대하지 않았던가. 그러나 두 가지가 다 잘못된 길이라는 것을 스스로 깨달았다. 그 결과, 쾌락의 길과 고행의 길을 넘어선 곳에서 가장 올바른 길을 찾아낸 것이다. 부처님께서 다시 말씀을 이으셨다.

"사문들이여, 그렇다면 중도란 무엇인가. 그것은 여덟 가지로 되어 있다. 바른 견해(正見), 바른 생각(正思), 바른 말(正語), 바른 행위(正業), 바른 생활(正命), 바른 노력(正精進), 바른 기억(正念), 바른 선정(正定)이다."

부처님께서는 가장 높고 바른 깨달음에 이르는 실천 윤리인 팔정도八正道를 말씀하셨다. 사람이라면 누구나 할 수 있는 바른 길(正道)이 처음으로 열렸다. 이 수행은 일상 삶에서 누구나 실천할 수 있는 쉬운 가르침이었다. 입으로만 도를 말하고 실제로 실천하지 않는 게 많은 수행자들의 문제지만, 입으로 도를 말하지 않아도 몸으로 팔정도를 실행하면 마침내 최고의 진리에 이른다는 말씀이었다. 팔정도는 이른바 진리에 이르는 정답이었다. 그러나 부처님께서는 정답을 가르쳐 줄 뿐이지 정답을 실행하는 것은 각자의 노력이라고 강조하셨다. 위대한 성인이 나를 대신해서 높은 깨달음에 이르게 한다는 말씀이 아니었다. 그를 신처럼 믿기만 하면 저절로 도를 터득한다는 말씀도 하지 않으셨다. 그런 방법은 오히려 경계해야 한다고 말씀하셨다.

"자, 여기 바른 길이 있다. 내가 이 길을 보여 주노라. 이 길을 걸어가면 더없이 밝고 높은 진리의 세계에 이르노라. 수행자여, 진리를 배우고자 하는 세상의 모든 학인이여, 이 길을 가겠느냐?"

부드럽고 차근차근 말씀하시는 부처님의 설법을 듣고 있던 다섯 사문은 어느 순간 그 길의 이치를 깨닫게 되었다. 그들은 기뻐하면서 부처님께 진심으로 감사의 예배를 드렸다. 그들은 최초의 제자가 되었다. 부처님께서 설법하고 계실 때 숲에서 살던 사슴들도 떼 지어 나와 부처님의 말씀을 한 곁에서 조용히 듣고 있었다. 녹야원鹿野苑의 이름은 그래서 부처님 가르침이 처음으로 전해진 곳으로도 쓰인다.

부처님께서는 다섯 제자와 함께 녹야원에서 한동안 머무셨다. 어느 날 새벽 부처님께서 강물에 얼굴을 씻고 강변을 조용히 거닐고 계셨다. 그때 저쪽 강기슭에서 이리저리 뛰어다니는 한 젊은이가 보였다. 그는 미친 사람처럼 마구 고함을 치며 뛰어다녔다.

"아, 괴롭다. 괴로워!"

그 소리는 가슴을 쥐어짜는 듯했다. 부처님께서는 말없이 강 건너에 있는 그 젊은이를 바라보고 계셨다. 이윽고 젊은이는 어떤 힘에 이끌리듯 강을 건너 부처님 곁으로 왔다. 그는 부처님 앞에 무릎을 꿇고 앉더니 하소연을 했다.

"이 괴로움에서 저를 구해 주십시오."

"여기에는 괴로운 것이 아무것도 없소. 대체 무엇이 그렇게도 괴롭소?"

이 젊은이는 바라나시에 살고 있는 큰 부자의 외아들 야사(Yasa)였다. 야사는 왕 못지않게 호화로운 생활을 하고 있었다. 전날 밤 야사의 집에서는 큰 잔치가 베풀어졌다. 흥겨운 잔치가 끝나고 사람들이 깊은 잠에 빠졌을 때 그는 잠에서 깨어났다가, 그토록 아름답던 시녀들이 제멋대로 흐트러져 추한 모습으로 자고 있는 것을 보고서 집을 뛰쳐나와 괴롭다고 외치면서 거리를 헤맨 것이다.

그러나 부처님을 만나 이야기하는 동안 미칠 것 같던 그의 마음은 점차 안정이 되었고 지나치게 자기 자신에게 집착한 것이 다시없이 어리석은 일임을 알았다. 부처님께서는 야사에게 인생의 괴로움을 이야기하고 그 괴로움에서 벗어나는 길을 가르쳐 주셨던 것이다. 야사는 그 길로 머리를 깎고 출가出家하여 부처님을 따르는 제자가 되었다. 그 뒤 아들의 소식을 전해 듣고 부처님을 찾아온 야사의 아버지는 부처님의 설법을 듣자 곧 신도가 되었다. 그가 부처님께 귀의한 최초의 신도였다.

야사와 같은 상류 가정의 아들이 출가하여 부처님의 제자가 되었다는 소문은 삽시간에 바라나시에 퍼졌다. 더구나 야사처럼 재주 있고 학식이 있는 유망한 청년이 출가하여 부처님 아래에서 비구比丘가 된 사건은 바라나시의 젊은 청년들에게 커다란 충격을 주었다. 그 뒤 부처님을 찾아온 야사의 친구들이 뒤를 이어 출가하여 부처님의 제자가 되었다.

—『불본행집경佛本行集經』「전묘법륜품轉妙法輪品」외

2. 교화 활동

보리수 아래서 지혜의 눈을 뜬 부처님께서는 하루도 쉬지 않고 여기저기 다니면서 지혜롭게 사는 길을 말씀하셨다. 부처님께서 설법하실 때마다 부처님을 따라 출가하는 사람의 수는 점점 늘어갔다. 그리고 출가할 수 없는 처지에 놓인 사람들은 부처님을 믿는 신도가 되었다. 부처님의 설법을 듣고 깨달은 다음 아라한(arahant)의 지위에 오른 제자가 오십여 명이 되었을 때 부처님께서는 그들을 한자리에 모아 놓고 전도 선언을 말씀하셨다.

"수행자들이여, 세상을 불쌍히 여기는 마음을 가져라. 신과 인간의 이익과 번영과 행복을 위해서 길을 떠나라! 둘이 가지 말고 홀로 가라! 수행자들이여, 처음도 아름답고 중간도 아름답고 마지막도 아름다우며, 말과 내용을 갖춘 가르침을 설해라! 완전히 이루어지고 두루 청정한 삶을 널리 알려라!"

이와 같이 하여 부처님의 가르침을 이 세상에 널리 펴 중생을 괴로움에서 구제하는 교화 활동이 시작되었다. 제자들을 떠나보내기 전에 부처님께서 다음과 같이 덧붙여 말씀했다.

"수행자들이여, 출가한 사람으로서 법을 펼 때 남에게 존경받겠다는 생각을 해서는 안 된다. 남을 도울 줄 모르고 법에 의하여 먹고 살려 하면 법을 먹는 아귀와 같이 된다. 또 너희가 전하는 법을 듣고 사람들은 기뻐하리라. 그럴 때 너희들은 교만해지기 쉽다. 사람들이 법을 듣고 기뻐하는 것을 보고 자기의 공덕처럼 생각하면 그는 벌써 법을 먹고 사는 아귀가 된다. 그러므로 법을 갉아먹고 사는 아귀가 되지 않도록 항상 겸손해야 한다."

부처님 자신은 바라나시를 떠나 마가다로 향했다. 길을 가던 도중, 길가에서 깊이 들어간 숲속의 한 나무 아래서 잠시 좌선을 할 때였다. 이때 한 떼의 젊은이들이 숲속 여기저기에서 무엇인가를 찾아다니고 있었다. 나무 아래 조용히 앉아 있는 부처님을 보고 그들이 물었다.

"한 여자가 도망가는 것을 보지 못했습니까?"

사연인즉, 그들은 이 근처에 사는 지체 있는 집안의 자제들인데, 삼십 명이 저마다 자기 아내를 데리고 숲에 놀이를 왔다고 했다. 그 가운데 한 사람의 독신자만은 기생을 데리고 왔는데, 다들 노는 데만 정신이 팔려 있는 동안 기생은 여러 사람의 옷과 값진 물건을 가지고 달아나 버렸다. 그래서 그 여인을 찾고 있는 중이라고 했다.

이와 같은 사정을 듣고 부처님께서 그들에게 말씀하셨다.

"젊은이들이여, 달아난 여인을 찾는 것과 자기 자신을 찾는 것 중에 어느 것이 더 중요한가?"

놀이에 팔려 자기 자신을 잊어버리고 여인을 찾아 헤매던 그들은 부처님 말씀을 듣고 제정신으로 돌아왔다.

"자기 자신을 찾는 일이 더 중요합니다."

"그럼, 다들 거기 앉아라. 내가 이제 그대들을 위해 자기 자신을 찾는 법을 가르쳐 주겠다."

그들의 마음은 아직 세상에 물들지 않았으므로 이치에 맞는 부처님의 말씀을 듣고 곧 이해했다. 삼십 명의 청년은 설법을 들은 뒤 그 자리에서 출가했다.

그 무렵 네란자라 강변에 있는 우루웰라 마을에는 까샤빠(Kāśyapa)라는 성을 가진 브라만 삼형제가 살고 있었다. 그들의 영향력은 대단하여 맏형은 오백 명, 둘째는 삼백 명, 셋째는 이백 명의 제자들을 각각 거느리고 있었다. 그들의 명망은 매우 높았다. 그들은 불의 신 아그니(Agni)를 섬기고 있으므로 불을 신성한 것으로 믿었다. 그러나 그 브라만 삼형제도 부처님을 한번 만나 뵙고는 지금껏 그들이 섬겨 오던 불의 신을 버리고 당장 부처님의 제자가 되었다. 삼형제와 함께 그들을 스승으로 받들던 천 명의 제자들까지 부처님께 귀의했다. 이렇게 되자 마가다 왕국에서 가장 큰 교단이 그대로 부처님의 교단이 되었다.

이제 부처님께서는 천 명이 넘는 제자를 거느리고 라자그리하로 가시게 되었다. 라자그리하는 예전에 부처님께서 까삘라를 떠나 출가의 길에 올랐을 때 들른 적이 있던 곳이고, 또 자신의 성도成道를 기다리는 빔비사라왕이 있는 곳이다. 라자그리하로 가는 도중 일행은 산을 넘게 되었다. 산 위에 올라섰을 때 부처님께서는 천 명의 제자들을 향해 설법을 하셨다.

"보라, 모든 것은 지금 이글이글 타오르고 있다. 눈이 타고 있다. 눈에 비치는 형상이 타고 있다. 그 형상을 인식하는 생각도 모두 타고 있다. 눈으로 보아서 생기는 즐거움도 괴로움도 모두 타고 있다. 그러면 그것은 무엇으로 인해 타고 있는가. 탐욕의 불, 성냄의 불, 어리석음의 불로 인해 타고 있는 것이다. 수행자들이여, 이것을 바로 보는 사람은 모든 것에 대한 애착이 없어지리라. 애착이 없어지면 그는 영원한 안락을 누릴 것이다."

이 설법은 제자들에게 새로운 눈을 뜨게 했다. 지금까지 불을 섬겨 오던 그들에게 주는 감명은 말할 수 없이 컸다. 그들은 지금까지 타는 불을 섬겨 왔지만 인간의 마음속에서 타고 있는 탐욕과 성냄과 어리석음의 불은 모르고 지나왔던 것이다. 이 자리에서 까샤빠 형제와 천 명의 제자들은 크게 깨달았다. 탐욕, 성냄, 어리석음. 이 세 가지는 부처님께서 사람들에게 늘 경계하라고 이르신 세 가지의 해악이었다. 이런 탐진치貪瞋癡의 삼독심三毒心만 다스리고 제거해도 마음이 편안해진다고 하셨다. 욕심내고, 화내고, 어리석은 마음을 불길에 비유해서 말씀해 주시니 그것이 얼마나 위험한 것인지를 실감나게 알게 되었다. 삼독의 불길을 사그라뜨리는 부처님의 말씀은 마치 거대한 나무 그늘처럼 제자들의 마음을 시원하게 해 주었다. '욕심내지 마라. 화내지 마라. 어리석은 일을 하지 마라. 매일매일, 매 순간, 생각하고 말로 하고 실천하라. 꼭 그렇게 하라. 수행자는 물론이요, 배우지 않은 사람도 쉽게 할 수 있느니라.'

부처님과 그 일행이 라자그리하로 오신다는 소문은 빔비사라왕에게까지 알려졌다. 왕은 곧 신하들을 데리고 부처님을 영접하러 성 밖으로 나갔다. 부처님의 모습을 보자 왕은 부처님 발 앞에 엎드려 절했다. 부처님께서는 빔비사라왕과 다시 만나게 된 인연에 감회가 깊었다. 왕과 신하들을 위해 어떻게 하는 것이 나라를 잘 다스리는 길인가를 말씀하셨다. 부처님의 설법을 듣고 난 빔비사라왕은 갑자기 자기 눈이 열리는 듯한 큰 감동을 받았다. 왕은 그 자리에서 자기의 심정을 이렇게 고백했다.

"내가 아직 태자로 있을 때 나에게는 다섯 가지 소원이 있었습니다. 첫째는 왕위에 오르는 것, 둘째는 나의 영토에 부처님께서 오시는 것, 셋째는 내가 그 부처님을 섬기는 것, 넷째는 부처님께서 내게 설법해 주실 것, 다섯째는 부처님의 설법을 듣고 깨달을 수 있었으면 하는 것들이었습니다. 오늘 부처님께서 이 나라에 오셨으니 이제는 그 다섯 가지 소원이 모두 이루어졌습니다. 나는 오늘부터 부처님께 귀의하겠습니다."

이때부터 빔비사라왕은 한평생 부처님을 섬기는 독실한 신도가 되었다. 그리고 라자그리하 밖에 있는 대숲을 부처님과 그의 교단에 바쳤다.

그러던 어느 날 라자그리하의 한 부자가 대숲에 계시는 부처님을 찾아왔다. 그는 부처님의 설법을 들은 다음 이곳에 집을 지어 드리겠다고 자청했다. 이때까지 부처님의 교단은 비와 햇볕을 피할 만한 집이 없었기 때문에 더러는 곤란을 느낄 때가 있었다. 부처님께서는 화려하게 꾸미지만 않는다면 집을 지어도 좋다고 허락하셨다. 이렇게 하여 지은 것이 죽림정사竹林精舍이고, 이 집은 부처님의 교단이 가지게 된 최초의 절이기도 하다. 이곳을 중심으로 교단은 나날이 번창하고 날이 갈수록 찾아오는 사람들의 수는 늘어만 갔다. 왕으로부터 천민에 이르기까지 부처님의 소문을 들은 사람들은 모두 이 대숲에 있는 절로 찾아왔다. 그리고 부처님을 뵙고 설법을 듣게 되면 누구나 신도가 되었다. 젊은이들 중에는 그 자리에서 출가하여 제자가 된 사람도 적지 않았다.

한편 부처님께서 라자그리하에 오셔서 설법을 시작한 지 얼마 안 되었을 때의 일이다. 라자그리하 사람들은 불안했다. 유능한 젊은이들이 모두 출가해 버리지 않을까 하는 걱정이 컸다. 아들이 출가한 집에서는 부모들이 '부처님이 우리 아들을 빼앗아 갔다.'고 원망했다. 게다가 산자야(Sañjaya) 종파의 제자였던 사리뿟따(Sāriputta)와 목갈라나(Moggallāna) 같은 유명한 수행자가 이백오십 명의 제자를 거느리고 부처님께 귀의해 버렸다. 어떤 사람은 부처님의 제자를 보고 비꼬았다.

"마가다의 수도 라자그리하에 한 위대한 사문이 나타났다. 지난번에는 산자야의 제자들을 유혹하더니 이번에는 또 누구를 유혹하려는가?"

한 제자로부터 이 말을 들은 부처님께서는 이렇게 말씀하셨다.

"이 같은 비난의 소리는 오래가지 못할 것이다. 또 비난하는 사람이 있으면 이렇게 대답해 주어라. 여래는 법에 의해 사람을 인도할 따름이다. 바른 법에 귀의하는 것을 시기하는 자는 누구인가. 바른 법을 시기하는 자는 모두가 바르지 못한 자들이다."

부처님께서는 스스로 '길을 가리키는 사람'이라고 말씀하셨다. 만나는 사람마다 괴로움에서 벗어나 지혜롭고 평화롭게 사는 길을 가르쳐 주셨기 때문이다. 자기 자신은 결코 신앙의 대상이나 예배의 대상이 아니라고 힘주어 말씀하셨다. 부처님의 설법은 언제나 듣는 사람의 수준에 따라 달랐다. 의사가 환자의 병을 알고 나서 그 증세에 따라 알맞게 치료해 주듯이, 찾아와 묻는 사람들의 형편을 보고 그에게 맞는 방법으로 설법하셨다. 듣고 배우는 사람의 능력에 맞추어 가르침을 주셨다. 작은 질문도 다 받으시고 친절하고 시원하게 궁금증을 풀어 주셨다. 잘못된 믿음을 가진 이들에겐 단호하셨다. 근본을 확실히 세워 마음 흔들리지 않게 다잡으셨다. 사람들은 이런 선생님을 처음 보았다. 그랬다. 부처님은 성인이신 동시에 선생님이셨다. 배우고 가르치는 일의 즐거움과 기쁨을 경험하는 사람들이 점점 많아졌다.

부처님께서 사왓티(Sāvatthi)의 기원정사祇園精舍에 계실 때였다. 삼대독자를 잃어버린 한 과부는 비탄에 빠져 먹지도 자지도 않고 울기만 했다. 어느 날 부처님을 찾아와 자신의 슬픔을 하소연했다.

"부처님, 저는 유복자를 잃고 살아갈 용기마저 잃었습니다. 저에게 이 슬픔에서 벗어날 길을 가르쳐 주십시오."

가만히 듣고 계시던 부처님께서는 이렇게 말씀하셨다.

"가엾은 여인이여, 내게 한 가지 방법이 있소. 지금 곧 가서 사람이 죽은 일이 없는 집을 일곱 군데 찾아내어 쌀 한 움큼씩만 얻어 오시오. 그러면 내가 그 슬픔에서 벗어나는 길을 가르쳐 주리라."

과부는 바삐 마을로 쌀을 얻으러 나갔다. 며칠이 지난 뒤 그 과부는 한 움큼의 쌀도 얻지 못한 채 맥이 빠져 부처님께로 돌아왔다.

부처님께서 물으셨다.

"사람이 죽지 않은 집이 있었습니까?"

그제야 과부는 부처님께서 하신 말씀의 깊은 뜻을 스스로 알아차리게 되었다. 부처님을 쳐다보는 과부의 얼굴에는 어느새 슬픔의 그림자가 사라졌다.

—『불본행집경佛本行集經』「가섭삼형제품迦葉三兄弟品」외

3. 살인자의 귀의

어느 때 부처님께서는 사왓티에 들어가 밥을 얻은 다음 성밖에 있는 숲길을 지나가다 소 치는 사람과 밭을 가는 농부들을 만났다. 그들은 길을 가는 부처님을 보자 만류했다.

"부처님, 그 길로 가시면 안 됩니다. 그 길에는 앙굴리말라(Aṅgulimāla)라는 무서운 살인귀가 있어 닥치는 대로 사람을 죽입니다. 사람을 죽인 다음 손가락을 잘라 목걸이를 만들어 걸고 다닙니다. 제발 그 길로 가지 마십시오."

이와 같이 거듭거듭 만류하였다.

"내게는 두려움이 없소."

부처님께서는 이렇게 말씀하시면서 길을 떠났다. 얼마 안

가서 앙굴리말라가 갑자기 칼을 치켜들고 나타나 부처님께로 달려왔다. 부처님께서는 태연하게 걸어가셨다. 앙굴리말라는 있는 힘을 다해 뛰었으나 이상하게도 부처님께 가까이 다가설 수가 없었다.

"사문아, 거기 섰거라!"

그가 소리쳤다. 부처님께서는 걸음을 멈추고 돌아서서 앙굴리말라를 바라보셨다. 그는 부처님의 자비스럽고 위엄 있는 모습을 대하자 한 발짝도 떼어 놓을 수가 없었다. 조금 전까지의 살기가 순식간에 사라져 버렸다. 이때 부처님께서는 조용히 말씀하셨다.

"앙굴리말라여, 나는 여기 이렇게 멈추어 있다. 너는 어리석어 무수한 인간의 생명을 해쳐 왔고 나를 해치려 하지만 나는 여기 이렇게 멈추어 있어도 마음이 평온하다. 너를 가엾이 여겨 여기에 왔다."

이 말을 듣자 앙굴리말라는 문득 악몽에서 깨어나 제정신으로 돌아왔다. 마치 시원한 물줄기가 훨훨 타오르던 불길을 꺼버린 듯했다. 그는 칼을 내던지고 부처님 앞에 꿇어 엎드렸다.

"부처님, 저의 어리석음을 용서해 주십시오. 그리고 오늘부터 저를 제자로 받아 주십시오."

그는 부처님을 따라 기원정사에 가서 설법을 듣고 지혜의 눈을 뜨게 되었다. 이튿날 앙굴리말라는 발우를 들고 밥을 빌러 나갔다. 그가 나타났다는 소문을 듣고 거리의 사람들은 두려움에 떨었다. 그가 밥을 빌고자 찾아간 집의 부인은 해산하기 위해 산실에 들었다가 그가 왔다는 이야기를 듣고 너무 놀란 끝에 해산을 못하고 말았다. 그 집 사람들에게 무서운 저주를 받은 앙굴리말라는 빈 발우를 들고 기원정사로 돌아와 눈물을 흘리면서 부처님께 도와주기를 호소했다. 부처님께서는 이렇게 말씀하셨다.

"앙굴리말라여, 너는 곧 그 집에 가서 여인에게 '나는 이 세상에 난 뒤로 아직 산목숨을 죽인 일이 없습니다. 이 말이 사실이라면 당신은 편안히 해산할 것입니다.'라고 말하라."

앙굴리말라는 놀라서 말했다.

"부처님, 저는 아흔아홉 사람의 목숨을 빼앗았습니다."

"도道에 들어오기 전은 전생이다. 세상에 난 뒤라는 말은 도를 깨친 뒤를 말한다."

그가 곧 그 집에 가서 부처님이 시킨 대로 했더니 부인은 편안히 해산을 했다. 그러나 그에게 원한이 있던 사람들은 돌과 몽둥이를 들고 나와 그를 치고 때렸다. 온몸이 피투성이가 되어 겨우 기원정사로 돌아온 그는 부처님께 여쭈었다.

"부처님, 저는 원래는 남을 해치지 않는다는 뜻에서 아힘사까(Ahiṁsaka, 不害)라는 이름을 가졌으면서 어리석은 탓으로 많은 생명을 죽였습니다. 그리고 씻어도 씻기지 않는 피 묻은 손가락을 모았기 때문에 앙굴리말라(손가락 목걸이)라는 이름을 얻었습니다. 그러나 이제는 부처님께 귀의하여 깨달음을 얻었습니다. 소나 말을 다루려면 채찍을 쓰고 코끼리를 길들이려면 갈고리를 씁니다. 그런데 부처님께서는 채찍도 갈고리도 쓰지 않으시고 흉악한 제 마음을 다스려 주셨습니다. 저는 오늘 악의 갚음을 받았고, 바른 법을 들어 청정한 지혜의 눈을 떴으며, 참는 마음을 닦아 다시는 다투지 않을 것입니다. 부처님, 저는 이제 살기도 원치 않고 죽기도 바라지 않습니다. 다만 때가 오기를 기다려 열반에 들고 싶을 뿐입니다."

앙굴리말라가 처음부터 살인귀는 아니었다. 그는 마음이 밝은 수행자로서 훌륭한 스승 밑에서 도를 닦는 아힘사까였다. 하루는 스승과 일행이 모두 외출을 하고 집에는 아힘사까와 스승의 부인만 남았다. 부인이 다가와 젊은 수행자를 유혹하였으나 아힘사까는 이를 거부했다. 무시당한 부인은 외출에서 돌아온 남편에게 아힘사까가 자기를 욕보이려 했다고 거짓말을 했다. 스승은 부인의 말을 믿고 제자에 대해 치를 떨었으나 그를 쉽게 벌 줄 수도 없었다. 제자를 벌하는 순간 자기 교단이 쑥밭이 될 게 뻔하기 때문이다. 그는 묘안을 생각했다.

"아힘사까야, 너는 나의 말을 믿느냐?"

"예, 스승님의 가르침을 믿사옵니다."

"너는 내 제자들 중에서도 가장 뛰어나다. 이제 네게 높은 깨달음에 가장 빨리 이르는 비결을 가르쳐 줄 테니 실행할 수 있겠느냐?"

"여부가 있겠습니까."

"너는 지금 당장 나가서 사람들을 닥치는 대로 죽여 백 명의 손가락을 꿰어서 목에 두르고 다녀라. 그러면 하늘나라에 다시 태어나리라. 아무에게도 말하지 말고 너 혼자만 행해야 하느니라."

"네, 분부를 받들겠습니다."

이렇게 하여 아힘사까가 살인귀가 되자 나라의 왕은 군대를 보내 아힘사까를 처단하려 했다. 아힘사까는 어느새 아흔아홉 사람을 죽이고 마지막 한 명을 남기게 되었다. 이를 안 어머니가 숲으로 아힘사까를 찾아가 애원했다.

"어머니, 여기는 어인 일이십니까? 이 아들은 이제 한 사람만 더 죽이면 마침내 도를 이루게 됩니다. 도를 이루면 어머니도 구원해 드릴 테니 조금만 기다려 주십시오."

"아들아, 지금 군인들이 너를 죽이러 오고 있단다. 네가 도를 이루기 전에 죽을 것이니 어쩌면 좋겠느냐. 그렇게 도가 좋거든 이 어미를 죽여 도를 이루려무나. 자, 마지막으로 나를 죽여라."

부처님께서 이를 천안天眼으로 보시고 사왓티성 밖의 숲길을 일부러 찾아가셨다. 그때 사람들이 부처님을 만류하여 이렇게 말했던 것이다.

"부처님, 그 길로 가시면 안 됩니다. 그 길에는 앙굴리말라라는 무서운 살인귀가 있어 닥치는 대로 사람을 죽입니다. 제

발 그 길로 가지 마십시오."

"내게는 두려움이 없소."

부처님께서 이렇게 말씀하신 데에는 살인귀를 구원하고자 하는 마음도 있었지만, 그 어머니를 가엾이 여겨 자식이 제 어머니 죽인 죄까지 받아 지옥에 떨어지지 않도록 하려는 마음도 컸다. 어머니는 자신이 지옥에 갈지언정 그 자식이 지옥에 떨어지는 것은 보지 못하는 법이다. 이런 어머니를 구원하지 않으면 누구를 구원하랴. 두려움이 없다는 것은 바로 이런 커다란 자비심을 말하는 것이다.

—『증일아함경增壹阿含經』「역품力品」

4. 샤꺄족의 귀의

까삘라의 숫도다나왕은 태자가 마가다 왕국의 수도인 라자그리하에서 위대한 부처님으로 존경받고 있다는 소식을 듣고 매우 기뻤다. 태자가 도를 이루어 부처님이 되었다는 소식은 숫도다나왕도 벌써부터 들어서 알고 있었다. 숫도다나왕은 하루빨리 아들의 모습을 보고 싶었다. 부처님께서는 라자그리하까지 와 계시면서도 고향인 까삘라에는 아직도 가려 하지 않으셨다. 숫도다나왕은 기다리다 못해 여러 번 사신을 보내어 자신의 뜻을 부처님께 알렸다. 그때마다 찾아간 사신들은 부처님의 설법을 듣고 그 자리에서 출가했다. 그들은 수행에만 힘쓸 뿐 사신의 임무는 까맣게 잊어버렸다.

그래서 왕은 이번에는 가장 신임하는 우다이(Udāyī) 대신을 특사로 보내게 되었다. 왕의 심정을 잘 알고 있는 우다이는 다음과 같이 맹세하고 길을 떠났다.

"제가 부처님을 만나 혹시 출가하게 되더라도 대왕의 간절하신 뜻은 꼭 전하여 모시고 오겠습니다."

우다이도 부처님의 설법을 듣고는 곧 출가했다. 그러나 그는 왕에게 맹세한 일만은 잊어버리지 않았다. 몇 달을 두고 기회를 살피던 우다이는 부처님 곁에 사람이 없는 틈을 타서 이렇게 말했다.

"부처님, 지금 까삘라에서는 숫도다나왕과 샤꺄족들이 부처님께서 오시기만을 고대하고 있습니다. 그들은 부처님의 가르침을 받고자 오래전부터 기다리고 있었습니다. 곧 까삘라로 가시는 것이 어떻겠습니까?"

부처님께서 말씀하셨다.

"나도 벌써부터 그런 생각을 하고 있었다. 이제 까삘라로 갈 때가 되었다. 떠날 준비를 하라."

우다이는 가슴이 벅찼다. '드디어 부처님께서 고향에 가시는구나! 대왕께서는 얼마나 기뻐하실 것이며 태자비께서도 부처님 맞는 기쁨에 매일매일 잠을 설치시겠구나! 잘됐다. 너무 잘됐다!' 우다이는 기쁨에 들떠 까삘라로 먼저 떠났다. 까삘라에서는 왕을 비롯하여 온 나라 안이 부처님을 맞을 준비에 바빴다. 다들 옛날의 태자를 보고 싶었다. 위대한 성자가 되신 부처님! 많은 사람들의 존경을 받는 부처님! 태자가 정든 까삘라를 떠난 지 어느덧 열두 해가 되었다. 부처님의 나이도 이제 마흔이 넘었다. 부처님께서는 제자들을 데리고 라자그리하를 떠난 지 두 달 만에 까삘라에 이르렀다.

까삘라에 도착한 부처님께서는 궁전에 들지 않고 출가 사문의 습관에 따라 이 집 저 집 밥을 빌며 다녔다. 황금 가마를 타고 다니던 위대한 태자가 고향에 돌아와 맨발로 걸식을 다니는 모습을 본 왕은 충격을 받았다.

"가문을 욕되게 하는 일을 그만두고 어서 들어와 궁전에 머물도록 하오."

왕의 머릿속에는 아직도 옛날의 싯다르타가 뚜렷이 남아 있었다. 부처님께서는 이렇게 대답하셨다.

"이것은 출가 사문이 옛날부터 지켜온 법도입니다."

부처님께서는 궁중에서 설법하시기 전에 이모와 야쇼다라 그리고 라훌라와도 만났다. 열두 해 만에 친족들과 만나는 감회가 새로웠다. 마음 착한 여인들은 눈물만 흘리고 있을 뿐이었다. 아내인 야쇼다라는 더욱 애달팠다. 지아비가 떠난 후 그녀의 삶은 많이 변했다. 태자가 화장터에서 시신 감싸던 옷을 주워 입고 다닌다는 말을 듣고는 자기가 입던 비단옷을 다 버렸다. 태자가 맨발로 걸어 다닌다는 이야기를 듣고는 방 안의 이불을 다 치웠다. 먹어도 먹는 게 아니요, 입어도 입는 게 아니었다. 자나 깨나 앉으나 서나 그리운 이가 다시 돌아오기를 오매불망 기다렸다. 이제 그가 왔다, 드디어 돌아왔다.

자기 발로 걸어 나간 남편이 이제 자기 발로 다시 왔으니 기다려야 했다. 그녀는 부처님 스스로 옛 아내의 방으로 와야 한다고 생각했다. 여인이 먼저 맨발로 뛰어나가 맞을 일이 아니었다. 그러나 부처님은 부왕이 간곡하게 부탁하기 전까지 조금도 움직이지 않으셨다.

"부처님, 야쇼다라의 방으로 직접 찾아가셔야 합니다. 그녀를 위로해 주소서."

부처님은 아무 말씀 없이 야쇼다라의 방으로 가셨다. 그리고 침상 가까운 의자에 소리 없이 앉으셨다. 희미한 어둠 속에서 조용한 흐느낌이 새어나오고 있었다. 그 소리는 점점 커지더니 마침내 통곡으로 변했다. 야쇼다라는 그리운 이의 발앞에 엎드려 하염없이 눈물을 흘렸다. 부처님의 발이 야쇼다라의 눈물로 흥건히 적셔지고 있었다.

"야쇼다라여, 울지 마시오. 이렇게 다시 만나지 않았소. 그대가 나를 보살피고 절개를 지켰던 것은 이번 생만이 아니라오."

부처님께서는 부왕과 왕궁의 사람들을 위해 설법하셨다. 설법을 듣고 난 그들은 출가 사문의 길을 이해하게 되었고 한편으로는 자랑스럽게 생각했다. 부처님께서 까뻴라에 오신 지며칠 안 되어 샤꺄족 출신의 청년들은 앞을 다투어 부처님의 제자가 되었다. 까삘라는 또 한번 발칵 뒤집혔다. 옛날 숫도다나왕과 야쇼다라 태자비가 겪었던 쓰라린 아픔을 많은 부모와 아내들이 똑같이 겪어야 했다.

부처님께는 아우가 있었다. 그는 부처님을 키워 준 마하빠자빠띠 왕비가 낳은 아들이다. 부처님께서 까삘라로 돌아왔을 때 장차 싯다르타 대신 왕위를 계승하게 될 아우 난다(Nanda)의 결혼식이 막 거행되려는 참이었다. 신부는 미인으로 알려진 순다리(Sundarī)였다.

부처님께서는 난다를 데리고 성 밖에 있는 니그로다(Nigrodha) 정사로 가셨다. 니그로다는 부처님과 그 제자들을 위해 숫도다나왕이 마련한 정사였다. 정사에 도착하신 부처님께서는 난다를 앞에 앉히고 천천히 말씀하셨다.

"난다야, 너는 지금 곧 머리를 깎고 출가해라."

청천벽력 같은 말씀이었다. 난다는 선뜻 대답을 못하고 주저하는 모습을 보였다.

"난다야, 너는 지금 눈앞에 보이는 여성의 아름다움에 사로잡혀 있구나. 너는 내 말대로 곧 출가하는 것이 좋겠다."

부처님께서는 손수 난다의 머리를 깎아 출가시켰다.

형님인 부처님의 뜻을 어기지 못하고 출가하여 니그로다 정사에 살게 되었지만 아리따운 순다리의 모습이 떠오를 때마다 난다는 괴로웠다. 이 괴로움은 난다가 출가한 뒤에도 오랫동안 계속되었다. 출가한 난다가 두고 온 순다리를 잊지 못하면서 이따금 멍하게 앉아 있는 모습을 보시고, 부처님께서는 어느 날 난다를 데리고 깊은 숲속으로 들어가셨다. 거기에서 흉하게 생긴 암원숭이 한 마리를 난다에게 보이며 물으셨다.

"이 암원숭이와 너의 순다리를 비교하면 어느 편이 더 아름다우냐?"

난다는 대답했다.

"말할 것도 없이 순다리가 훨씬 아름답습니다."

이번에는 신통력으로 이 세상에서는 볼 수 없는 아름다운 선녀를 보이시며 물었다.

"이 선녀와 순다리를 비교하면 어떠냐?"

난다는 입을 다문 채 아무 말도 못했다. 총명한 난다는 금세 깨달았다. 이후부터 난다는 출가 사문의 길만을 찾아 수행했다.

난다의 출가를 슬프게 여기는 사람은 순다리만이 아니었다. 싯다르타 태자가 떠난 다음 오직 하나밖에 없는 후계자로 믿고 있던 난다마저 출가했다는 소식을 들었을 때 숫도다나왕은 또 한번 쓰라린 고통을 겪어야 했다. 이제 남은 후계자는 손자인 라훌라밖에 없었다. 태자가 출가하기 직전에 태어난 라훌라는 어느덧 열두 살이 되었다.

"라훌라야, 네 아버지는 엄청난 재산을 가진 분이시란다. 아버지에게 가서 너에게 물려줄 재산을 달라고 청하여라. 유산을 받기 전엔 절대 물러나선 안 된다."

어머니인 야쇼다라가 아들에게 부처님께 그렇게 요청하라 일렀다.

"예, 어머님. 잘 알겠습니다."

열두 살 라훌라는 어느 날 부처님을 찾아와서 이렇게 말했다.

"아버지, 아버지의 그늘은 행복합니다. 아버지, 저에게 물려줄 재산을 주세요."

"나의 그늘이 정말 행복하냐?"

"예, 아버지는 우리 가정의 큰 나무 그늘이십니다."

"그것이 네 생각이더냐?"

"어머니가 이렇게 이야기하라 하셨습니다."

부처님께서는 빙그레 웃으시며 라훌라의 손목을 끌고 성 밖에 있는 니그로다 정사로 가셨다. 부처님께서 제자인 사리뿟따에게 이르셨다.

"이 아이를 출가시켜라."

마침내 라훌라도 아버지인 부처님을 따라 출가하게 되었다. 물려줄 재산은 물질적인 재산이 아니라 법의 재산이었던 것이다. 야쇼다라는 하늘이 두 번이나 무너지는 아픔을 겪었다. 아들을 통해 지아비의 마음을 어떻게 돌려 보려 했으나 오히려 어린 아들마저 자기 곁을 떠나게 되어 버렸다. 나이 어린 손자까지 출가하자 왕의 비통함도 이루 말할 수 없이 컸다. 그리하여 숫도다나왕은 부처님께 이제부터 미성년자의 출가는 반드시 부모의 허락을 받자고 제의했고 부처님도 그 의견을 받아들이셨다.

부처님께서 까삘라에 계시는 동안 난다와 라훌라 이외에도 오백 명에 가까운 귀족 청년들이 출가했다. 출가하는 청년들은 삭발을 하면서 이발사인 우빨리(Upāli)에게 그들이 지니고 있던 패물을 내주었다. 오랫동안 신세진 갚음이었다. 그러나 우빨리도 받았던 패물을 내버리고 출가해서 부처님의 제자가 되었다. 후세에 계율 지키기에 으뜸이라고 존경받는 우빨리 존자는 바로 이 까삘라의 이발사였다.

이 무렵 또 다른 두 형제가 출가했다. 그들은 야쇼다라의 사촌 형제였다. 이 두 형제 가운데서 아난다(Ānanda)는 일생을 바쳐 부처님을 공경하고 시봉하였으나, 다른 한 형제인 데와닷따(Devadatta)는 부처님 교단에 반역하여 부처님을 괴롭혔다.

까삘라와 이웃나라 꼴리야 사이에는 로히니강이 흐르고 있었다. 이 꼴리야는 예전부터 까삘라와 국교가 매우 두터운 사이였다. 같은 샤꺄족인데다 싯다르타를 낳은 마야 왕비와 그를 길러준 마하빠자빠띠, 그리고 태자비 야쇼다라까지도 모두가 꼴리야 출신이었다. 두 나라는 쌀을 주식으로 하는 농업국이었으므로 농사철에는 물이 많이 필요했다. 그런데 어느 해 여름 가뭄이 몹시 들어 로히니강 물은 바닥이 나고 강변에 있는 저수지 물도 얼마 남지 않았다. 까뻴라와 꼴리야 사람들은 저수지 양쪽에서 서로 물을 끌어들이려다가 큰 싸움이 벌어졌다. 양편이 다들 지나치게 흥분한 나머지 살기가 등등하여 서로 맞붙어 싸우려고 했다. 이 말을 전해 들은 부처님께서는 급히 로히니강으로 나가셨다. 부처님을 보자 그들은 들었던 연장을 놓으며 합장했다. 부처님께서 말씀하셨다.

"여러분은 물과 사람, 이 둘 중에 어느 편이 더 소중하다고 생각하십니까?"

"물론 사람이 더 중요합니다."

"여러분은 지금 물 때문에 서로 싸우고 있습니다. 내가 나타나지 않았더라면 지금쯤 아마 몇 사람이 크게 다쳤을지도 모릅니다. 이 일은 싸움으로 해결될 일이 아닙니다."

부처님께서는 다음과 같은 비유를 들어 인간의 어리석음을 깨우쳐 주셨다.

"옛날 깊은 산속에 사자 한 마리가 살고 있었습니다. 그 사자가 하루는 큰 나무 아래 누워 있을 때 바람이 불어 나무 열매가 사자의 얼굴에 떨어졌습니다. 사자는 잔뜩 화를 내며 꼭 혼을 내줘야지 하고 별렀습니다. 그런 지 사흘째 되던 날 한 목수가 수레바퀴에 쓸 재목을 찾아 이 산으로 올라오게 되었습니다. 사자는 좋은 기회라고 생각하고 '수레바퀴에 쓸 재목이라면 이 큰 나무를 베어 가시오.' 하고 목수에게 일러 주었습니다. 목수는 사자의 말대로 그 나무를 베었습니다. 그랬더니 넘어진 나무는 목수에게 '사자의 가죽을 바퀴에 쓰면 아주 질깁니다.'라고 속삭였습니다. 목수는 마침내 곁에 있던 사자도 잡아 버렸습니다. 사자와 나무는 이와 같이 하찮은 일로 다투어 자기의 목숨까지 잃고 말았던 것입니다."

부처님께서 이와 같은 비유를 들어 말씀하시자 양쪽 사람들은 부끄러워하면서 돌아갔다.

—『불본행집경佛本行集經』「난타출가인연품難陀出家因緣品」외

5. 여성의 출가

숫도다나왕은 늙어 병석에 눕게 되었다. 사랑하던 태자 싯다르타는 부왕의 기대를 저버리고 출가하여 위대한 성자가 되었고, 작은아들 난다 역시 싯다르타의 뒤를 따랐다. 그리고 손자 라훌라마저 출가하였으므로 늙은 왕의 마음은 더없이 쓸쓸했다. 부처님을 낳았다는 영광을 느끼면서도 손자마저 떠난 뒤부터는 마음이 텅 비어 외로움이 깊어 갔다. 숫도다나왕이 병석에 누웠다는 소식을 전해 들은 부처님께서는 곧 라자그리하를 떠나 까삘라로 가셨다. 병석에 나타난 부처님을 보았을 때 왕은 마지막 설법을 청했다. 부처님께서는 왕의 손을 잡고 이렇게 말씀하셨다.

"모든 근심은 푸시고 아무 일도 걱정하지 마십시오. 제가

지금까지 말한 법을 생각하시면서 마음을 평안히 가지십시오. 제가 많은 생애 동안 쌓은 공덕과 보리수 아래에서 깨달은 진리가 아버님을 고통에서 벗어나게 할 것입니다."

"이제 나의 소원이 이루어졌습니다. 내 아들 부처님이시여, 나는 행복합니다."

왕이 누워 있는 병석에는 부처님을 비롯하여 난다, 라훌라, 아난다와 같은 친족의 사문들이 모여 있었다. 늙은 왕은 옛날의 태자였던 부처님의 손을 꼭 쥔 채 마지막 설법을 듣고 조용히 숨을 거두었다.

왕이 돌아가신 지 얼마 안 되었을 때의 일이다. 그 무렵 부처님께서는 까삘라성 밖에 있는 니그로다 정사에 머물고 계셨다. 하루는 아무 예고도 없이 자기를 알뜰히 키워 주던 마하빠자빠띠 왕비가 정사로 찾아왔다. 왕비는 부처님께 공손히 예배한 다음 옛날의 아들에게 간곡하게 부탁했다.

"부처님, 이제는 나도 출가하여 부처님 곁에서 수행의 길을 걸으렵니다. 제발 나 같은 여성들도 출가할 수 있는 길을 열어 주소서."

"안 됩니다."

"제발!"

"안 됩니다."

"제발! 허락하소서!"

"안 됩니다."

부처님께서는 자기를 키워 준 이모의 간절한 소원조차 거절하셨다. 이런 일이 있은 뒤 부처님께서는 까삘라를 떠나 웨살리(Vesāli)로 옮겨 가셨다. 그때 웨살리 교외에 있는 마하와나(Mahāvana) 정사의 대중들은 부처님께서 오시기를 기다리고 있었다. 부처님께 세 번씩이나 출가를 신청했다가 세 번 다 거절당했지만 마하빠자빠띠는 결심한 뜻을 굽히지 않았다. 왕비는 며칠 뒤 스스로 머리를 깎은 다음 비단옷 대신 누더기를 걸치고 맨발로 부처님이 가신 길을 따라나섰다. 출가 사문의 모습을 하고 웨살리로 향하는 왕비를 보고 오백 명의 샤꺄족 여인들도 그 뒤를 따랐다. 여인들의 발은 돌부리에 채어 피가 흘렀다. 마하빠자빠띠와 그 일행은 부처님이 계시는 곳까지 걸어갔다. 그리고 다시 여성의 출가를 애원했다.

마하와나 정사 밖에서 여성들이 웅성거리며 애원하는 소리를 듣고 문을 연 사람은 부처님을 시봉하고 있던 아난다였다. 아난다의 얼굴을 본 마하빠자빠띠는 자기들이 여기까지 찾아온 뜻을 말하면서 여성의 출가를 부처님께서 허락해 주시도록 해 달라고 당부했다. 아난다는 곧 부처님께 알려 드렸다.

"부처님, 지금 밖에 까삘라에서 맨발로 걸어온 마하빠자빠띠 일행이 여성의 출가를 애원하며 있습니다."

그러나 부처님의 대답은 전과 마찬가지였다. 그러자 아난다는 마하빠자빠띠가 어린 태자를 키우느라 애썼던 과거를 회상시키면서 다시 여성의 출가를 간청했다. 그래도 부처님의 대답은 한결같았다. 세 번이나 거절당했을 때 아난다는 부처님께 이렇게 여쭈었다.

"부처님, 만일 여성일지라도 출가하여 부처님의 가르침대로 수행에 힘쓴다면 남자만큼 수행의 성과聖果를 얻을 수 있겠습니까?"

부처님께서는 침묵을 깨뜨리고 말씀하셨다.

"그렇다, 여인도 이 법에 귀의하여 지극한 마음으로 수행하면 성스러운 과보를 얻을 수 있다."

이 대답에 용기를 얻은 아난다는 다시 한 번 마하빠자빠띠의 은혜를 들면서 여성의 출가를 허락해 줄 것을 간청했다. 부처님께서는 말씀하셨다.

"출가한 사문은 청정한 계율을 닦고 세속의 애착을 떠나야 한다. 그런데 여인은 세속의 애착이 강하므로 도에 들어가기 어렵다. 그리고 여인이 출가하면 청정한 법이 이 세상에 오래 갈 수 없다. 그것은 잡초가 무성한 논밭에는 곡식이 자라지 못하는 것과 같다. 가정에 여인이 많고 사내가 적으면 도둑이 들기 쉽듯이, 이 교단에 여인이 출가하면 청정한 법이 오래가지 못하게 될 것이다. 그러므로 물을 넘치지 않게 하기 위해 둑을 쌓는 것과 같이 교단의 질서를 위해 따로 여덟 가지 특별한 계율(八敬戒)을 마련한다. 출가한 여인은 반드시 이 여덟 가지 계법을 지켜야 한다."

이와 같이 하여 마하빠자빠띠의 출가가 허락되었다. 최초의 비구니 교단이 이렇게 탄생됐다.

— 『불설구담미기과경佛說瞿曇彌記果經』

6. 데와닷따의 반역

데와닷따는 부처님의 가까운 친척이었다. 그는 야쇼다라의 동생이고 아난다의 형이었다. 그는 아난다와 우빨리가 출가할 때 함께 출가하여 부처님 교단에서 수행 중이었지만 남달리 야심이 컸다. 그는 부처님의 교단을 이어받으려는 뜻을 품고 있었다. 마가다의 태자 아자따삿뚜(Ajātasattu)의 후원을 얻게 되자 그의 야심은 더욱 커 갔다. 아자따삿뚜 태자와 데와닷따의 사이가 가까워지면서 여러 가지 소문이 돌고 있었다. 그때 부처님께서는 라자그리하의 죽림정사에 계셨다. 오랜만에 부처님을 가운데 모시고 둘러앉은 제자들은 데와닷따의 소문을 부처님께 알려 드렸다.

"부처님, 아자따삿뚜 태자는 아침저녁으로 오백 대의 수레에 음식을 실어다가 데와닷따와 그 무리들에게 공양한다고 합니다."

이 말을 들은 부처님께서 비구들에게 말씀하셨다.

"지금 데와닷따가 누리고 있는 명성과 이익을 부러워해서는 안 된다. 그와 같은 호화로운 사치는 데와닷따에게 아무런 이익을 주지 못하고 도리어 파멸을 가져다 줄 것이다. 마치 파초가 열매를 맺으면 시들어 버리는 것과 같다."

며칠이 지나 부처님께서 다시 제자들과 한자리에 앉아 설법을 시작하려고 할 때였다. 데와닷따와 그를 추종하는 무리들이 부처님을 찾아왔다. 그는 부처님께 중대한 제의를 했다.

"부처님께서는 연세도 많으신 데다 건강도 좋지 않으십니다. 교단을 제게 맡겨 주십시오."

교단의 내용과 데와닷따를 잘 알고 있는 부처님께서는 이렇게 말씀하셨다.

"데와닷따여, 잘 들어라. 내 아직 아무에게도 교단을 맡기려고 생각한 적이 없다. 맡긴다고 하더라도 여기 목갈라나와 같은 제자들이 있지 않느냐. 어찌 네가 교단을 맡을 수 있겠느냐."

부처님께 이와 같이 거절당한 데와닷따는 무서운 음모를 꾸미기 시작했다. 빔비사라왕을 옥에 가두고 왕위를 빼앗은 아자따삿뚜의 힘을 빌려 부처님을 죽이려 했다. 한번은 칼 잘 쓰는 자객을 보내어 부처님의 목숨을 빼앗으려 했다. 그러나 부처님의 곁에까지 간 그 자객은 어찌된 영문인지 몸을 꼼짝도 할 수가 없었다. 부처님께서 어찌하여 그렇게 떨고만 있느냐고 물으셨을 때, 자객은 그 자리에 엎드려 부처님께 용서를 빌었다. 부처님의 목숨을 해치려던 자객은 도리어 부처님의 충실한 제자가 되었다.

한번은 부처님께서 영취산에서 내려오시는 길이었다. 데와닷따의 무리들은 벼랑 위에 숨어 있다가 부처님께서 그 아래를 지나가는 순간 큰 바위를 굴려 내려뜨렸다. 그들은 바위가 부처님 머리에 떨어지도록 했으나 바위는 굴러 내려오다가 좁은 골짜기에서 멎고 말았다. 제자들은 걱정이 되어 부처님의 둘레에 모였다.

"여래는 폭력에 의해 목숨을 잃는 법이 없다."

부처님께서는 이렇게 말씀하시면서 태연히 길을 걸어가셨다. 데와닷따는 두 번이나 음모에 실패했으면서도 뜻을 돌리려 하지 않았다.

이번에는 라자그리하의 거리를 지나가는 부처님을 향해 아주 성질이 사나운 코끼리를 풀어놓았다. 멀리서 그 광경을 바라보던 사람들은 부처님의 신변을 매우 걱정했다. 그러나 부처님을 향해 달려가던 코끼리는 부처님 앞에 이르더니 갑자기 그 자리에 멈추었다. 그러고는 코를 아래로 드리운 다음 꿇어앉았다.

데와닷따의 음모는 세 번 다 실패로 돌아갔다. 어떠한 폭력도 여래의 법 앞에서는 무력했다. 그러나 데와닷따의 사건은 부처님의 일생에서 가장 큰 아픔이었다. 데와닷따로 인해 교단이 분열되는 일까지 일어났다. 교단을 분열시킨 데와닷따가 부처님의 가까운 친척이었다는 것이 부처님의 마음을 아프게 했다.

—『증일아함경增壹阿含經』「방우품放牛品」

7. 시드는 가지

부처님께서는 두루 다니시면서 설법하셨다. 해가 갈수록 많은 사람들이 부처님의 가르침에 귀의했다. 그러나 부처님의 육신은 차츰 쇠약해지고 있었다. 부처님께서 기원정사에 계실 때였다. 부처님께서 가장 아끼던 제자 사리뿟따가 마가다의 집에서 앓다가 죽었다. 곁에서 간호하던 어린 동생 쭌다(Cunda)는 죽은 사리뿟따의 유물인 발우와 가사를 가지고 부처님께 왔다. 부처님의 얼굴을 본 쭌다는 이제까지 참았던 설움이 복받쳐 흐느끼면서 사리뿟따의 죽음을 부처님께 알려 드렸다.

"부처님, 여기 사리뿟따의 발우와 가사가 있습니다."

곁에서 쭌다의 이야기를 듣고 있던 아난다도 같이 울었다. 사리뿟따는 부처님의 많은 제자 가운데서도 지혜가 으뜸인 수제자였다. 제자가 부처님보다 먼저 세상을 떠났으니 부처님의 슬픔도 말할 수 없이 컸다. 그러나 부처님께서는 담담한 표정으로 아난다와 쭌다의 슬픔을 달래 주셨다.

"너희들은 내가 항상 하던 말을 잊었느냐? 가까운 사람과는 언젠가 이별해야 하는 법이다. 세상에서 무상하지 않은 것은 없다. 모든 것은 세월을 따라 변해 간다. 아난다여, 저기 큰 나무가 있구나. 저 무성한 가지 중에서 하나쯤은 먼저 시들어 떨어질 수도 있지 않느냐. 그와 같이 사리뿟따도 먼저 간 것이다. 이 세상에 무상하지 않은 것은 없다. 너희들은 언제든지 너희들 자신에게 의지하라. 남에게 의지해서는 안 된다. 그리고 법에 의지하고 다른 것에 의지하지 마라."

사리뿟따가 죽은 지 얼마 안 되어 이번에는 목갈라나가 죽었다는 소식이 전해졌다. 목갈라나도 사리뿟따 못지않게 부처님 교단에서는 중요한 인물이었다. 노년에 이르러 유능한 두 제자를 잃었다는 사실은 부처님의 마음에도 적지 않은 슬픔을 가져다주었다. 부처님께서는 두 제자가 없는 모임에 참석할 때면 가끔 이런 말씀을 하셨다.

"사리뿟따와 목갈라나가 보이지 않는 모임은 어쩐지 텅 빈 것만 같구나."

부처님이라고 해서 아끼던 제자의 죽음에 서운한 생각이 들지 않는 것은 아니었다. 다만 그 슬픔에 집착하지 않을 뿐이었다. 그리고 인생이 덧없다는 것을 부처님께서는 이 세상에 태어나면서부터 느껴 왔던 것이다. 부처님께서는 사리뿟따의 죽음을 몹시 슬퍼하는 쭌다와 아난다에게 했던 말씀을 그 후로도 여러 수행자들의 모임에서 가끔 되풀이하셨다.

만년에 이르러 부처님의 주변에 몇 가지 비극이 벌어졌다. 아버지 숫도다나왕의 죽음과 가장 아끼던 두 제자의 죽음, 그리고 친척인 데와닷따의 배반, 이런 것들이 부처님의 심경을 더욱 아프게 했다. 게다가 또 하나의 큰 비극이 일어났다.

까삘라를 노려 오던 꼬살라가 마침내 쳐들어오고 있었다. 부처님께서는 이 소식을 듣고 뙤약볕이 내리쪼이는 큰길가의 고목나무 아래 앉아 계셨다. 군사를 이끌고 그 앞을 지나가려던 꼬살라의 젊은 왕 위루다까(Virūḍhaka)는 얼른 말에서 내려 부처님께 절한 다음 물었다.

"부처님, 우거진 나무도 많은데 왜 하필이면 잎이 하나도 없는 나무 아래 앉아 계십니까?"

부처님께서는 대답하셨다.

"친족이 없는 것은 여기 그늘이 없는 나무와 같은 법이오."

젊은 왕은 부처님의 뜻을 알아차리고 군대를 돌려 꼬살라로 돌아갔다. 위루다까는 얼마 후 다시 진군을 시작했다. 이번에도 그늘이 없는 나무 아래 앉아 계시는 부처님의 모습을 보고 왕은 다시 되돌아섰다. 세 번째 진군이 까삘라를 향했을 때 부처님의 모습은 보이지 않았다. 지난 세상에 진 빚은 어쩔 수 없이 받게 되는 것을 아셨기 때문이다. 위루다까왕은 서슴지 않고 까삘라를 공격했다. 살생을 엄격히 금하고 있던 샤꺄족은 전쟁에 약할 수밖에 없었다. 이렇다 할 저항도 못하고 샤꺄족은 멸망하고 말았다.

―『잡아함雜阿含 순타경純陀經』외

8. 열반

부처님의 연세도 여든이 되었다. 노쇠한 몸을 이끌고 강가(Gaṅgā)강을 건너 왓지족의 수도인 웨살리에 이르렀을 때 장마철을 만났다. 그해에는 인도 전역에 심한 흉년이 들어 많은 수행자들이 한자리에 모여 지내기가 어려웠다. 여럿이 한데 모여 밥을 빌기가 곤란했기 때문이다. 그래서 부처님께서는 제자들에게 웨살리 근처에 각각 흩어져 지내도록 하셨다. 부처님께서는 아난다만을 데리고 벨루와(Beluva) 마을에서 지내시게 되었다. 이때 부처님께서는 혹심한 더위로 몹시 앓으셨다. 그러나 부처님께서는 고통을 참으면서 목숨을 이어 가셨다. 병에서 회복한 지 며칠 안 된 어느 날 부처님께서는 나무 그늘에 앉아 쉬고 계셨다. 아난다는 곁에 와서 이렇게 말했다.

"부처님께서 무사하시니 다행입니다. 부처님의 병환이 중하신 걸 보고 저는 어찌 할 바를 몰랐습니다. 그러나 교단에 대해서 아무 말씀도 없이 이대로 열반에 드실 리는 없다고 생각하니 위안이 되었습니다."

부처님께서는 아난다에게 말씀하셨다.

"아난다여, 나는 이제까지 모든 법을 다 가르쳐 왔다. 법을 가르쳐 주는 데 인색해 본 적이 없다. 이제 나는 늙고 기운도 쇠했다. 내 나이 여든이다. 낡아빠진 수레가 간신히 움직이고 있는 것처럼 내 몸도 겨우 움직이고 있다."

부처님께서는 웨살리 지방에 흩어져 있는 비구들을 모이게 한 뒤 석 달 후에는 열반에 들겠다고 말씀하셨다. 그날 부처님께서는 거리에 걸식하러 나갔다가 거리의 여기저기를 돌아보시며 이것이 웨살리를 보는 마지막이라고 곁에 있는 아난다에게 말씀하셨다.

부처님께서는 웨살리를 떠나 빠와(Pāvā)라는 고을에 이르셨다. 여기에서 금세공金細工 쭌다가 올리는 공양을 드시고 나서 다시 병을 얻게 되었다. 이때 쭌다가 올린 음식은 부처님께 올린 마지막 공양이 되었다. 공양을 마치자, 부처님께서는 고통을 참으시면서 꾸시나가라(Kusinagara)로 다시 길을 떠나셨다. 많은 제자들이 걱정하며 뒤를 따랐다. 이 길이야말로 부처님께서 걸으신 최후의 길이었다. 꾸시나가라에 도착하자 부처님께서는 아난다에게 말씀하셨다.

"아난다여, 나는 지금 몹시 피곤해 눕고 싶다. 저기 두 그루의 샬라나무 사이에 가사를 네 겹으로 접어 깔아다오. 나는 오늘 밤 여기에서 열반에 들겠다."

아난다는 부처님께서 열반에 드신다는 말을 듣고 슬퍼서

견딜 수가 없었다. 부처님께서는 한쪽에서 울고 있는 아난다를 불렀다.

"아난다여, 울지 마라. 가까운 사람과 언젠가 한번은 헤어지게 되는 것이 이 세상의 인연이다. 태어난 것은 반드시 죽게 마련이다. 죽지 않기를 바라는 것은 어리석은 생각이다. 너는 그동안 나를 위해 수고가 많았다. 내가 간 뒤에도 더욱 정진하여 성인의 자리에 오르도록 하라."

아난다는 슬픔을 참으면서 부처님께서 열반에 드신 다음 그 몸을 어떻게 할 것인지를 여쭈었다. 부처님께서는 다음과 같이 말씀하셨다.

"너희 출가 수행자는 여래의 장례 같은 것에 상관하지 마라. 너희는 오로지 진리를 위해 부지런히 정진하라. 여래의 장례는 신도들이 알아서 치를 것이다."

그날 밤에 부처님께서 열반에 드신다는 소식이 전해지자 말라족 사람들은 슬퍼하면서 샬라나무 숲으로 모여들었다. 이때 꾸시나가라에 살던 늙은 수행자 수밧다(Subhadda)도 그 소식을 듣고 부처님께서 돌아가시기 전에 평소의 의문을 풀어야겠다고 허둥지둥 샬라나무 숲으로 달려왔다. 그러나 아난다는 청을 받아 주지 않았다.

"부처님을 번거롭게 해 드려서는 안 됩니다. 부처님께서는 지금 매우 피로하십니다."

하지만 부처님께서는 아난다에게 수밧다를 가까이 오도록

이르시고 이렇게 말씀하셨다.

"진리를 알고자 찾아온 사람을 막지 마라. 그는 나를 괴롭히기 위해서가 아니라 내 설법을 듣고자 온 것이다. 그는 내 말을 들으면 곧 깨닫게 될 것이다."

부처님께서는 수밧다를 위해 설법을 들려 주셨다. 수밧다는 부처님의 설법을 듣고 그 자리에서 깨달은 바가 있었다. 수밧다는 부처님의 마지막 제자가 된 것이다. 이제 부처님께서 열반에 드실 시간이 가까워 온 듯했다. 부처님께서는 모여든 제자들을 돌아보시면서 다정한 음성으로 물어보셨다.

"그동안 내가 한 설법의 내용에 대해서 의심나는 점이 있거든 묻도록 하라. 승단이나 계율에 대해서도 물을 것이 있으면 물어라. 이것이 마지막 기회가 될 것이다."

그러나 그 자리에 모인 제자들은 한 사람도 묻는 이가 없었다. 부처님께서는 거듭 말씀하셨다.

"어려워 말고 물어보라. 다정한 친구끼리 말하듯이 의문이 있으면 내게 물어보라."

이때 아난다가 말했다.

"지금 이 자리에 모인 수행자들 중에는 부처님의 가르침에 대해서 의문을 가진 사람이 없습니다."

아난다의 말을 들으시고 부처님께서는 마지막 가르침을 펴시었다.

"너희들은 저마다 자기 자신을 등불로 삼고 자기를 의지하

라. 진리를 등불 삼고 진리를 의지하라. 이 밖에 다른 것에 의지해서는 안 된다. 그리고 너희들은 내 가르침을 중심으로 화합할 것이요, 물 위에 기름처럼 겉돌지 마라. 함께 내 교법敎法을 지키고 함께 배우며 함께 수행하고 부지런히 힘써 도道의 기쁨을 함께 누려라.

나는 몸소 진리를 깨닫고 너희들을 위해 진리를 말했노라. 너희는 이 진리를 지켜 무슨 일에나 진리대로 행동하라. 이 가르침대로 행동하면 설사 내게서 멀리 떨어져 있더라도 그는 항상 내 곁에 있는 것과 같다.

죽음이란 육신의 죽음이라는 것을 잊지 마라. 육신은 부모에게서 받은 것이므로 늙고 병들어 죽는 것은 어쩔 수 없는 일이다. 여래는 육신이 아니라 깨달음의 지혜다. 육신은 여기에서 죽더라도 깨달음의 지혜는 진리와 깨달음의 길에 영원히 살아 있을 것이다. 내가 간 후에는 내가 말한 가르침이 곧 너희들의 스승이 될 것이다. 모든 것은 덧없다. 너희들은 게으르지 말고 부지런히 정진하라."

이 말씀을 남기고 부처님께서는 평안히 열반에 드셨다. 진리를 찾아 왕자의 자리도 박차고 출가하여 견디기 어려운 고행 끝에 지혜의 눈을 뜨신 부처님, 사십오 년 동안 수많은 사람들에게 여러 가지 방법으로 설법해 몸소 자비를 구현한 부처님께서는 이와 같이 열반에 드셨다.

부처님께서는 육신의 나이 여든으로 이 세상을 떠나가셨지만 그 가르침은 어둔 밤에 등불처럼 중생의 앞길을 밝게 비추고 있다. 이 지상에 인류가 살아 있는 한 부처님의 가르침도 영원히 살아 있을 것이다.

―『대반열반경大般涅槃經』

제2편
초기 경전

지혜롭고 성실하고 예의바르고 현명한 동반자를 얻었다면
어떠한 난관도 극복하리니,
기쁜 마음으로 생각을 가다듬고 그와 함께 가라.
그러나 그러한 동반자를 얻지 못했다면,
정복한 나라를 버리고 가는 왕과 같이,
무소의 뿔처럼 혼자서 가라.

- 『숫따니빠따(Sutta-Nipāta)』 -

제1장

지혜와 자비의 말씀 ①

1. 네 가지 진리

부처님께서 빠딸리뿌뜨라(Pāṭaliputra)로 가시던 도중 라자그리하에서 멀지 않은 왕원王園에 쉬면서 비구들에게 말씀하셨다.

"도를 닦는 이는 반드시 네 가지 진리를 알아야 한다. 어리석은 사람은 진리를 알지 못해 오랫동안 바른 길에서 벗어나 생사生死에 매여 헤매느라고 쉴 새가 없다. 네 가지 진리란 무엇인가. 첫째는 이 세상 모든 것이 괴로움이니 이것을 고苦라 한다. 둘째는 괴로움은 집착으로 말미암아 생기니 이것을 집集이라 한다. 셋째는 괴로움과 집착이 없어진 상태를 말하니 이것을 멸滅이라 한다. 넷째는 괴로움과 집착을 없애는 방법이니 이것을 도道라 한다.

괴로움이란 무엇인가. 태어나는 것, 늙는 것, 병드는 것, 죽는 것, 사랑하는 사람과 헤어지는 것, 미워하는 사람과 만나는 것, 구하려 하지만 얻어지지 않는 것 등이다. 그러므로 오온五蘊[1]으로 된 이 몸이 곧 괴로움이다. 오온이 괴로움인 줄 알고 애욕의 집착을 끊으면 생을 마친 뒤에 다시 괴로움이 없게 된다. 괴로움이 없게 된다는 것은 나고 죽고 다시 태어나는 상황을 끝없이 반복하는 상태, 즉 윤회에서 벗어난다는 말이다.

윤회에서 벗어나 완전한 자유에 이르기 위해서는 살아가는 동안 여덟 가지의 덕목을 실천해야 한다. 첫째는 마음을 다하여 여래의 가르침을 듣고, 둘째는 애욕을 버려 갈등을 없애며, 셋째는 살생과 도둑질과 음행을 저지르지 않고, 넷째는 속이고 아첨하며 나쁜 말로 꾸짖는 일을 하지 않으며, 다섯째는 질투하고 욕심내어 남들이 믿지 않는 일을 하지 않고, 여섯째는 모든 것이 무상無常하고 고苦이고 공空이고 무아無我임을 생각하며, 일곱째는 몸의 냄새나고 더럽고 깨끗하지 않음을 생각하고, 여덟째는 몸에 탐착하지 않고 마침내는 흙으로 돌아갈 줄 아는 것이다.

지나간 세상의 모든 부처님들이 이 네 가지 진리를 알았고,

---

1 사람을 형성하고 있는 물질과 정신작용. 물질(色)·느낌(受)·생각(想)·의지작용(行)·의식(識).

앞으로 올 부처님들도 이 진리를 환히 볼 것이다. 세속적인 은혜와 사랑을 탐하거나 혹은 세상의 부귀영화와 명예와 오래 살기를 원하는 이는 윤회하는 세상에서 벗어나는 길을 끝내 얻지 못한다.

길은 마음으로부터 생기는 것이니 마음이 깨끗해야 길을 얻을 수 있다. 마음이 깨끗하여 계율을 잘 지키면 천상에 태어난다. 만약 지옥·아귀·축생의 길을 끊으려거든 지극한 한마음으로 여래의 가르침과 계율을 실천해야 하리라. 이제 여래가 중생을 나고 죽는 데서 해탈케 하려고 바른 길을 열어 보였으니, 배우려고 하는 사람은 반드시 잘 생각하라."

이와 같이 말씀하시고 나서 부처님께서는 아난다와 함께 빠딸리뿌뜨라에 이르러 성 밖 어떤 나무 아래 머무셨다. 그곳 브라만과 거사居士들은 부처님께서 제자들을 데리고 오셨다는 말을 듣고 모두 부처님 계신 데로 모여들었다. 부처님께 공양하기 위해서 앉을 방석을 가지고 혹은 물병과 등잔을 들고 와서 예배했다.

부처님께서 그들에게 말씀하셨다.

"사람이 세속에서 탐욕을 즐기면 다섯 가지가 소모된다. 무엇이 다섯 가지인가. 스스로 방종하므로 재산이 줄어들고, 몸을 위태롭게 하여 도를 잃게 되며, 사람들이 공경하지 않아 죽을 때에 뉘우치게 되며, 추한 소문과 나쁜 이름이 널리 퍼지고, 스스로 방종하므로 죽은 뒤에는 삼악도三惡道[2]에 떨어진다.

그러나 사람들이 마음을 잘 다스려(調伏) 방종하지 않으면 다섯 가지 덕을 갖추게 된다. 무엇이 다섯 가지 덕인가. 검소하고 절약하므로 재산이 날로 늘어 가고, 도의 뜻에 가깝게 되며, 사람마다 우러러 공경하여 죽을 때도 뉘우침이 없으며, 덕망이 세상에 널리 퍼지고, 검소하고 절약하므로 죽은 뒤에 천상이나 복된 곳에 태어난다. 사람이 방종하지 않으면 이와 같이 다섯 가지 좋은 일이 있으니 잘 생각해서 실천하라."

부처님께서 여러 사람을 위해 가르침을 펴시니 모두가 기뻐했다.

—『장아함長阿含 반니원경般泥洹經』

2. 계戒·정定·혜慧를 닦아라

부처님께서 아난다와 함께 꼴리야성 북쪽의 한 나무 아래 머무르시며 여러 비구에게 말씀하셨다.

"너희들은 청정한 계율을 지니고 선정禪定을 닦으며 지혜를 구하라. 청정한 계율을 지니는 사람은 탐욕과 성냄과 어리석음을 따르지 아니하고, 선정을 닦는 사람은 마음이 산란하지 않게 되며, 지혜를 구하는 이는 애욕에 매이지 않으므로 하는

---

2 지옥·아귀·축생이 사는 세 갈래 세계.

일에 걸림이 없다. 계·정·혜가 있으면 덕이 크고 명예가 널리 퍼지리라. 또 세 가지 허물(貪瞋癡)을 떠나면 마침내 아라한이 될 것이다. 지금의 이 몸으로 삼매三昧를 얻고자 하면 부지런히 깨닫기를 구해 이번 생 안에 청정한 도에 들어가라. 그러면 죽은 뒤에 다시 윤회輪廻하는 세상에 태어나지 않을 것이다."

부처님께서는 아난다를 데리고 여기저기 다니면서 계·정·혜 세 가지의 요긴함에 대해 제자들에게 또 이렇게 말씀하셨다.

"너희들은 마땅히 계를 지니고 선정을 닦아 지혜를 깨달아라. 이 세 가지를 잘 지키는 사람은 덕망이 높고 명예가 드날리게 되리라. 음란한 마음과 성내는 마음과 어리석은 마음과 잡된 생각이 없어질 것이니, 이것을 일러 해탈解脫이라 한다. 이 계행戒行이 있으면 저절로 선정禪定이 이루어지고, 선정이 이루어지면 지혜가 밝아지리니, 이를테면 흰 천에 물감을 들여야 그 빛이 더욱 선명하게 되는 것과 같다. 이 세 가지 마음이 있으면 도를 어렵지 않게 얻을 것이고, 지극한 한마음으로 부지런히 닦으면 생을 마친 후에는 깨끗한 곳으로 들어갈 것이다. 이와 같이 실천하면 스스로 이 몸을 버리고 다시 나지 않을 줄을 알리라.

만약 계·정·혜를 머리로 알기만 하고 몸으로 실천하지 않으면 윤회에서 벗어나기 어려울 것이다. 그러나 이 세 가지를 갖추면 마음이 저절로 열리어, 문득 천상·인간·지옥·아귀·

축생들의 세상을 보게 되고, 온갖 중생들의 생각도 알게 되리라. 마치 시냇물이 맑으면 그 밑에 모래와 돌자갈의 모양을 환히 들여다볼 수 있는 것과 같다.

깨달은 사람은 마음이 밝으므로 보고자 하는 것이 다 나타난다. 도를 얻으려면 먼저 마음을 깨끗이 해야 하느니, 마치 물이 흐리면 속이 보이지 않는 것과 같다. 마음을 깨끗이 하지 못하면 끊임없이 나고 죽는 윤회를 벗어나지 못하리라. 스승이 보고 말하는 것은 제자들이 마땅히 실행해야 할 것이다. 스승이라 할지라도 제자의 마음속에 들어가 생각을 잡아 줄 수는 없기 때문이다. 생각과 마음이 깨끗한 사람은 스스로 도를 얻으리라. 여래는 깨끗함을 가장 즐거워하느니……."

—『장아함長阿含 반니원경般泥洹經』

3. 고행과 바른 수행

부처님께서 녹야원에 계실 때였다. 옷을 입지 않은 수행자 까샤빠가 부처님을 찾아와 이렇게 말했다.

"부처님이시여, 당신은 온갖 고행을 싫어하고 고행자를 비방한다는데 그것이 사실입니까?"

부처님께서 말씀하셨다.

"까샤빠여, 그것은 내 뜻이 아니오. 또 내 말을 바르게 전한 것도 아니오. 나는 천안天眼으로써 고행자가 죽은 후 지옥에 떨어지는 것도 보고 천상에 태어나는 것도 봅니다. 이와 같이 고행자 중에는 지옥에 떨어지기도 하고 천상에 태어나는 이도 있는데, 어떻게 통틀어 고행을 싫어하고 고행자를 비방할 수 있겠소."

까샤빠가 말했다.

"부처님이시여, 알몸이라든가 공양을 받지 않는 일, 또는 쇠똥을 먹고 나무껍질이나 짐승의 가죽으로 몸을 가리며, 항상 서 있거나 하룻밤에 세 번씩 목욕을 하는 것 같은 고행은 사문沙門과 브라만에게도 알맞은 일이라고 합니다."

"까샤빠여, 아무리 그와 같은 고행을 할지라도 계행과 선정과 지혜가 없으면 참된 사문이나 브라만이 아닙니다. 화내지 않고 남을 해칠 생각이 없으며 자비심을 기르고 번뇌가 없어 지금 이 순간 깨달아 있으면, 그 사람이야말로 진정한 사문이요 브라만이라고 할 것이오."

"부처님, 사문이나 브라만이 된다는 것은 얼마나 어려운 일입니까?"

"그 어려움이 곧 고행을 닦는다는 뜻은 아니오. 고행쯤이야 물항아리 나르는 하녀도 할 수 있는 일이 아니오? 화내지 않고 남을 해칠 생각이 없으며 자비심을 기르고 번뇌가 없이 지금 이 순간에 깨닫는다는 것은 참으로 어려운 일입니다."

까샤빠는 다시 물었다.

"부처님, 그러면 그 계행과 선정과 지혜의 성취란 어떤 것입니까?"

"계행의 성취란 이런 것이오. 여래가 이 세상에 출현하여 스스로 깨닫고 남을 가르칠 때에 사람들이 그 가르침을 듣고 신심信心을 내어 출가합니다. 그래서 계율에 따라 행동을 삼가고 바른 행동으로 즐거움을 삼으며, 조그마한 허물도 두려워하고 감각기관을 다스려 바른 지혜를 갖춥니다. 산목숨을 죽이지 않고, 주지 않는 것을 갖지 않으며, 여자를 범하지 않고, 거짓을 말하거나 거친 말을 쓰지 않으며 바른 생활을 해 나가는 것이오.

또 선정의 성취란 눈으로 사물을 볼 때라도 감각기관을 잘 지켜 그 모양에 팔리지 않고, 오나가나 앉으나 누울 때에도 항상 마음의 눈을 밝히어 바른 마음과 바른 생각에 머뭅니다. 새가 날개밖에는 아무것도 갖지 않듯이 몸을 가리는 옷과 배를 채우는 밥으로 만족하고, 나무 밑이나 동굴 속, 숲이나 묘지 등 한적한 곳을 찾아 고요히 앉소. 그래서 탐욕과 성냄과 게으름과 의심을 버리고, 건강하고 자유롭고 안온한 사람이 되어 선정에 들어가는 것이오.

그리고 지혜의 성취란 선정에 의해 고요하고 맑고 밝아 아무것에도 걸림이 없는 마음으로서 이 세상의 덧없음과 '나'라고 내세울 것 없음을 알며, 다섯 가지 신통(五神通)을 얻고 네 가지 진리를 알아 번뇌를 없애고 깨달음을 얻어 해탈했다는 분명한 자각을 가지는 것이오.

까샤빠여, 이보다 더 뛰어난 계행과 선정과 지혜의 성취는 없소. 계와 고행과 지혜와 해탈을 칭송하는 사문이나 브라만이 있지만, 여래처럼 맑고 높은 계와 고행과 지혜와 해탈을 갖춘 사람은 없을 것이오. 그 가장 높은 곳에 도달한 자가 바로 여래입니다.

나의 이 말에 대해서 어떤 사람들은 이렇게 말할는지 모릅니다. '사문 고따마는 사람이 없는 곳에서 사자후를 하지만 그것은 신념에서 하는 것이 아니다. 질문을 받으면 대답하지 못한다. 대답한다 할지라도 만족시키거나 믿게 하지 못한다.' 그러나 그와 같이 생각해서는 안 됩니다. 나는 여러 사람들 앞에서 신념을 가지고 사자후를 합니다. 많은 사람의 질문에 대답하고 만족시키며 믿게 합니다. 까샤빠여, 일찍이 라자그리하의 영취산에서 당신과 같은 고행자 니그로다는 욕망을 없애는 최고 형식에 대해서 내게 물어 대답을 듣고 무척 기뻐한 일이 있습니다."

이 가르침을 듣고 까샤빠는 부처님의 제자가 되었다. 그는 부지런히 정진한 끝에 깨달음을 얻었다.

—『디가 니까야(Digha Nikāya) 8』

4. 신통을 금하다

부처님께서 날란다(Nālandā) 마을 빠와리깜바(Pāvārikamba) 동산에 계실 때였다. 하루는 견고堅固라고 하는 남자 신도가 부처님을 찾아왔다.

"부처님, 이토록 변화하고 잘살고 있는 날란다 사람들이 부처님을 공경하고 믿고 있습니다. 원컨대 부처님께서는 어떤 비구로 하여금 신통 변화를 나타내 보이게 해 주십시오. 그러면 이 마을 안에 사는 사람들이 더욱 부처님의 법을 믿고 공경할 것입니다."

"나는 비구들에게 여러 사람이 보는 앞에서 신통 변화를 나타내 보이라고 가르친 일이 없소. 다만 한적한 곳에 앉아 도를 생각하고, 공덕이 있거든 안으로 감추어 두고 허물이 있으면 몸소 드러내 놓으라고 가르칠 뿐이오."

그러나 견고는 거듭거듭 부처님께 간청했다. 부처님께서는 그의 청을 거절하시고 나서 이렇게 말씀하셨다.

"내가 몸소 체득한 신통은 세 가지인데 신족통神足通과 타심통他心通과 교계통敎誡通이 그것이오. 신족통이란, 한 몸으로 여러 몸을 나타내기도 하고 여러 몸을 합쳐 한 몸을 만들어 내기도 하며 또는 나타내고 숨기기도 하오. 산과 장벽을 지나되 허공과 같이 걸리지 않고, 땅속에 출몰하되 물속에서처럼 자유로우며, 물 위로 다니되 땅 위와 같고 허공에 앉되 날개

있는 새와 같소. 큰 신통력과 위력으로 해와 달을 손으로 만지고 몸으로 범천梵天에 이르기도 하오. 어떤 신도가 비구의 이러한 신통을 보고 아직 믿음을 얻지 못한 사람에게 이것을 이야기하면 그 사람은 '저 비구는 간다리라는 주문을 외어 그러한 신통을 얻은 것이다.'라고 할 것이오. 이것은 오히려 불법佛法을 비방하는 결과를 가져오지 않겠소? 그러므로 나는 신통 변화 같은 것을 부질없게 여기어 비구들에게 금하도록 한 것이오.

타심통이란, 남의 마음을 관찰하여 '너의 뜻은 그렇고 네 마음은 이렇다.'고 말하는 것이오. 이것을 보고 믿음을 얻은 이가 아직 믿음을 얻지 못한 사람에게 이야기한다면, 그 사람은 '저 비구는 마니가라는 주문을 외어 그런 신통을 얻은 것이다.'라고 할 것이오. 이것은 오히려 불법을 비방하는 결과가 되지 않겠소? 그러므로 나는 이런 허물을 보고 신통 변화 같은 것을 부질없게 여기어 비구들에게 금하도록 한 것이오.

교계통이란, 여래가 이 세상에 출현하여 사문이나 브라만들에게 '그대들은 이렇게 생각하고 저렇게는 생각하지 마라. 이런 일은 하고 저런 일은 해서는 안 된다. 이것은 내버리고 저것을 취해라.' 이와 같이 가르쳐 훈계하는 것이오. 그들은 모두 어둠을 떠나 밝음을 찾고 죄악을 버리고 공덕을 성취하게 되는 것이오. 이렇게 출가하여 정진 수행하므로 계행이 갖추어지고 선정이 갖추어지며 지혜가 갖추어져 아라한의 지위를 얻게 되는 것이오. 이 세 가지 신통은 여래가 스스로 체득하여 가르치는 것이오."

견고는 부처님의 말씀을 듣고 기뻐하면서 그대로 실천했다.

—『장아함長阿含 견고경堅固經』

5. 적을 막는 길

부처님께서 라자그리하의 영취산에서 천이백오십 명의 비구와 계실 때였다. 마가다의 왕 아자따삿뚜는 왓지(Vajji)국과 서로 좋지 않은 사이였다. 어느 날 왕은 여러 신하들에게 이렇게 말했다.

"왓지국은 나라가 부강하고 백성이 많으며 땅이 기름지다. 해마다 풍년이 들고 진기한 것이 많이 나는 것만을 믿고 나에게 굴복하지 않으니 쳐들어가 정복하고야 말겠다."

왕은 브라만 출신인 어진 신하 우사雨舍에게 자기 대신 부처님을 찾아뵙고 가르침을 받아 오도록 분부했다. 우사는 오백 대의 수레에 기마 이천 마리와 부하 이천 명을 데리고 영취산으로 향했다.

그는 부처님을 뵙고 공손히 꿇어앉아 여쭈었다.

"마가다의 왕 아자따삿뚜는 부처님께 머리 숙여 거처가 편안하고 기력이 좋으신지 안부를 물으셨습니다."

부처님께서 대답하셨다.

"고맙소, 왕과 백성들과 당신도 평안하십니까?"

우사는 찾아온 뜻을 말했다.

"대왕께서는 왓지국과 뜻이 맞지 않아 여러 신하들과 의논한 끝에 그 나라를 정복하기로 했습니다. 그래서 부처님의 가르침을 듣고자 저를 보낸 것입니다."

부처님께서 우사에게 말씀하셨다.

"내가 일찍이 왓지국에 머무르면서 본 일인데 그 나라 사람들은 모두 근엄합니다. 나는 그들을 위해 나라를 다스리는 데 필요한 일곱 가지 법을 말한 적이 있소. 만일 지금도 그것을 실행하고 있다면 날로 더욱 흥할지언정 쇠약해지지는 않을 것입니다."

우사는 합장을 하고 간절한 마음으로 여쭈었다.

"그 일곱 가지 법을 들려주십시오. 어떻게 실행하는 것입니까?

부처님께서 아난다에게 말씀하셨다.

"아난다여, 너는 왓지국 사람들이 자주 모임을 가지고 바른 일을 서로 의논하여 몸소 지킨다는 말을 들은 일이 있느냐?"

"그렇다고 들었습니다."

부처님께서 다시 아난다에게 말씀하셨다.

"그렇다면 어른과 젊은이들은 서로 화목하여 갈수록 흥할 것이다. 그 나라는 언제나 안온하여 누구의 침략도 받지 않을 것이다. 너는 또 왓지국의 왕과 신하가 화목하고 윗사람과 아랫사람이 서로 공경한다고 들은 일이 있느냐?"

"그렇다고 들었습니다."

"그렇다면 그 나라는 언제나 안온하여 갈수록 흥성하고 누구의 침략도 받지 않을 것이다. 너는 왓지국 사람들이 법을 만들어 삼가야 할 것을 알고 예의를 어기지 않는다고 들은 일이 있느냐?"

"그렇다고 들었습니다."

"그렇다면 그 나라는 누구의 침략도 받지 않을 것이다. 또 왓지국 사람들은 부모에게 효도하고 어른을 공경하여 순종한다고 들은 일이 있느냐?"

"그렇다고 들었습니다."

"그렇다면 그 나라는 누구의 침략도 받지 않을 것이다. 그들이 조상을 공경하여 제사를 지낸다고 들은 일이 있느냐?"

"그렇다고 들었습니다."

"그렇다면 그 나라는 누구의 침략도 받지 않을 것이다. 너는 또 그 나라의 부녀자들이 정숙하고 진실하며 웃고 농담할 때라도 그 말이 음란하지 않다고 들은 일이 있느냐?"

"그렇다고 들었습니다."

"그렇다면 그 나라는 누구의 침략도 받지 않을 것이다. 너는 그 나라 사람들이 수행자를 공경하고 계행이 청정한 이를 존경하고 보호하며 공양하기를 소홀히 하지 않는다고 들은 일이 있느냐?"

"그렇다고 들었습니다."

"그렇다면 어른과 젊은이들은 서로 화목하여 갈수록 더 흥성할 것이다. 그래서 그 나라는 언제나 안온하여 누구의 침략도 받지 않을 것이다. 나라를 다스리는 이가 이 일곱 가지 법을 실행하면 어떤 적이라도 그 나라를 위태롭게 할 수 없을 것이다."

이 말을 듣고 있던 우사는 부처님께 말씀드렸다.

"왓지국 사람들이 이 일곱 가지 중에서 하나만을 지닐지라도 치지 못할 것인데, 하물며 일곱 가지를 다 지킨다면 더 말할 것도 없습니다. 잘 알았습니다. 나라 일이 많으므로 이만 물러가겠습니다."

그는 일어나 부처님께 예배하고 자리를 떠났다.

―『장아함長阿含 유행경遊行經』

6. 마음의 주인이 되라

부처님께서 여러 비구에게 말씀하셨다.

"이 세상에는 영원한 것도 견고한 것도 없으며 결국은 모두 흩어지고 만다. 망상 분별로 하는 일은 속임수일 뿐이다. 세속의 인연으로 만나는 것이 얼마나 오래갈 수 있겠느냐. 천지와 저 큰 수미산須彌山도 결국은 무너지는데 사람 몸이 어찌 영원하겠느냐.

 나는 석 달 후에 열반에 들 것이니 놀라거나 슬퍼하지 마라. 과거·현재·미래의 모든 부처님들이 다 법으로 부처를 이룬 것이다. 이미 교법敎法이 갖추어져 있으니 너희들도 부지런히 배워 실행하고 깨끗한 마음을 지니고 해탈을 얻도록 하라. 분별하는 작용이 끝나면 죽지도 않고 다시 나지도 않을 것이며 다른 몸을 받는 일도 없을 것이다. 오온五蘊의 작용을 끊으면 배고프고 목마르며 춥고 더우며 근심·슬픔·괴로움·번민 같은 것도 없어진다. 사람이 바른 마음을 쓸 줄 알면 천신들도 기뻐할 것이다. 마음을 다스려서 부드럽고 순하게 하고 스스로 텅 비어야 한다. 마음 가는 대로 따라가서는 안 된다. 마음 가는 대로 한다면 온갖 짓을 다 할 것이다. 도를 얻는 것도 또한 마음이다. 마음이 하늘도 만들고 사람도 만들며 귀신이나 축생 혹은 지옥도 만든다. 모든 것은 다 마음에 매인 것이다. 그러므로 마음을 따라 온갖 법이 일어난다.

 마음이 바탕이 되어 마음이 뜻하는 것이 행行이 되고 행이 하는 일이 명命이 되니, 어질고 어리석음이 행에 있고 오래 살고 일찍 죽음이 명에 달린 것이다. 대개 의지와 행과 명, 이 세 가지가 서로 관계되어 좋고 나쁜 짓을 하므로 스스로 그 과보를 받는다. 아비가 착하지 못한 짓을 했더라도 자식이 대신 받지 못하고, 또 자식이 옳지 못한 일을 했을지라도 아비가 대신 받지 못한다. 착한 일은 스스로 복을 받고 나쁜 짓은 스스로 재앙을 불러들이는 것이다.

여래가 천상천하에서 높이 공경받는 것도 그 뜻이 숭고하기 때문이다. 그러므로 바른 마음으로 진리를 행동으로 옮겨 실천하는 사람은 반드시 현세에서 휴식과 안락을 얻을 것이니, 잘 받아 가지고 읽고 외우며 조용히 생각하라. 그러면 곧 나의 깨끗한 법이 오래 머물 것이며, 세상의 온갖 괴로움에서 벗어나고 중생을 제도하여 편안케 하리라."

—『장아함長阿含 반니원경般泥洹經』

7. 법이 쇠퇴하지 않으려면

부처님께서 여러 비구에게 말씀하셨다.

"내가 하는 말을 자세히 듣고 잘 생각해서 실행하라. 비구에게 일곱 가지 가르침이 있으면 법이 쇠퇴하지 않을 것이다. 첫째는 자주 모여 경전의 뜻을 강론하며 외는 데 게을리하지 않는다. 둘째는 화합하고 순종하며 서로 바르게 가르치며 돕는다. 셋째는 남의 것을 가지거나 탐내지 않고 오로지 한적한 산천을 좋아한다. 넷째는 음욕을 끊고 어른과 어린이가 예의로써 서로 아끼고 섬긴다. 다섯째는 사랑과 효도로 스승을 섬기며 가르침을 듣고 안다. 여섯째는 법을 받들어 교법과 계율을 공경하며 청정한 행을 닦는다. 일곱째는 도를 받들어 실행하고 성자들을 공양하며 어린이를 타일러 알게 하고, 와서 배우려는 이를 맞아 의복과 음식과 침상과 의약을 베푼다. 이와 같은 일곱 가지 가르침 속에서 법은 오래 머물게 된다.

또 비구에게 일곱 가지 지키는 것이 있으면 법이 쇠퇴하지 않을 것이니 잘 생각해 실행하라. 첫째는 청정함을 지켜 덧없는 유위법有爲法[3]을 좋아하지 않는다. 둘째는 욕심 없음을 지켜 탐내지 않는다. 셋째는 잘 참아 다투거나 소송하는 일이 없다. 넷째는 고요한 행을 지켜 번거로운 여러 무리들의 모임에 섞이지 않는다. 다섯째는 법의 뜻을 지켜 여러 가지 생각을 일으키지 않는다. 여섯째는 한 마음을 지켜 고요히 앉아 생각을 한곳에 모은다. 일곱째는 검소하고 절약하며 옷과 밥을 거칠게 하며 풀을 깔아 침상을 삼는다. 이와 같은 일곱 가지 법을 지킴으로써 법이 오래가게 된다.

또 비구에게 일곱 가지 공경함이 있으면 법이 쇠퇴하지 않을 것이니 잘 생각해서 실행하라. 첫째는 부처님을 공경함이니 착한 마음으로 예의를 갖추어 섬기고 다른 데 의지하지 않는다. 둘째는 법을 공경함이니 뜻을 도에 두고 다른 데 의지하지 않는다. 셋째는 승단을 공경함이니 의지해 가르침을 받고 다른 데 의지하지 않는다. 넷째는 배움을 공경함이니 계

---

[3] 인연에 의해 만들어진 것.

戒를 지키는 이를 섬기고 다른 데 의지하지 않는다. 다섯째는 듣는 것을 공경함이니 법을 강의하는 이를 섬기고 다른 데 의지하지 않는다. 여섯째는 깨끗하여 욕심 없는 이를 공경하여 다른 데 의지하지 않는다. 일곱째는 삼매를 공경함이니, 좌선하여 선정 닦는 이를 섬기고 다른 데 의지하지 않는다. 이와 같은 일곱 가지 법을 공경하면 법이 오래가게 된다.

또 비구에게 일곱 가지 생각하는 것이 있으면 법이 쇠퇴하지 않을 것이니 잘 생각해서 실행하라. 첫째는 경전의 뜻 생각하기를 부모 생각하듯 해야 한다. 부모가 자식을 낳으면 그 은혜가 한 세상에 그치지만, 법은 무수한 세상에 걸쳐 살면서 생사를 건지는 것이다. 둘째는 인생살이가 모두 고통임을 생각하는 것이니, 살아서는 처자 권속에 대한 걱정을 하다가도 한번 죽어 뿔뿔이 흩어지면 흩어진 줄도 모른다. 이와 같이 인생의 덧없음을 생각하여 마땅히 도 닦기를 힘써야 한다. 셋째는 정진을 생각함이니 몸과 말과 생각을 단정히 하면 도를 이루기가 어렵지 않다. 넷째는 겸허하기를 생각하는 것이니 교만하고 잘난 체하지 말며, 현명한 이를 섬기고 배우지 못한 이를 가엾이 여겨 가르쳐야 한다. 다섯째는 마음 다스리는 것이니 감정을 마음대로 놀아나지 못하게 하고, 음란하고 성내거나 어리석은 태도를 억제하여 사특한 짓이 없게 하라. 여섯째는 이 육신이란 냄새나고 더럽고 피를 담은 것이므로 탐낼 것이 못된다고 생각하라. 일곱째는 스스로 관찰하되 사람의 몸은 거름과 같아서 한번 태어나면 누구든 죽어서 썩는다. 세상이란 꿈과 같은데 기뻐하고 사랑하는 것이 변하는 줄도 모르고 있으니, 알고 보면 허망한 꼭두각시놀음임을 스스로 깨달아 알아야 한다. 이 일곱 가지 법대로 하면 법이 오래도록 머물 것이다.

땅 위를 흐르는 여러 갈래의 물이 쉬지 않으면 마침내 바다로 들어가듯이, 비구도 도 닦기를 그치지 않으면 궁극적인 해탈을 얻게 되리라. 여래의 교법을 서로 이어받아서 그 말씀을 외어 지니고 때때로 일깨우며 사부대중四部大衆[4]이 서로 가르치면 이러한 가르침이 오래 이어질 것이다."

―『장아함長阿含 반니원경般泥洹經』

8. 악인은 침묵으로 대하라

아난다는 부처님의 얼굴이 오늘처럼 부드럽게 빛나는 것을 일찍이 보지 못했다. 따스하고 부드럽게 빛나는 금빛 얼굴을 보고 그는 꿇어앉아 여쭈었다.

"제가 부처님을 모신 지 이십여 년이 되었지만 오늘처럼 얼굴빛이 부드럽게 빛나는 것을 일찍이 보지 못했습니다. 그 뜻

---

4 출가 수행승인 비구·비구니와 일반 남녀 신도인 우바새·우바이.

을 알고 싶습니다."

부처님께서 대답하셨다.

"아난다여, 그것은 두 가지 인연 때문이다. 두 가지 인연이란 내가 바른 깨달음을 얻었을 때와 열반에 들 때이다. 내가 오늘 밤중에 열반에 들려고 해서 안색이 부드럽게 빛나는 것이다."

이 말을 듣고 아난다는 깜짝 놀라 어찌할 바를 몰랐다.

"어찌 그렇게 빨리 열반에 드시렵니까? 세상에 빛이 없어지는 것 같습니다."

부처님께서 아난다에게 말씀하셨다.

"아난다여, 쭌다[5]에게 가서 걱정하지 말고 기뻐하라고 전해라. 여래에게 공양한 인연으로 좋은 과보를 받을 것이라고 위로해 주어라. 너도 잘 알아 두어라. 반드시 여래를 공경하고 교법을 배우고 섬겨야 한다."

이 말씀을 듣고 아난다는 부처님께 여쭈었다.

"찬다까[6] 비구는 성미가 급하고 괴팍하여 욕지거리를 잘하고 말이 많습니다. 부처님께서 열반하신 후에는 어떻게 하면 좋겠습니까?"

---

5 부처님께서는 금세공金細工 쭌다가 올린 공양을 받고 나서 병환이 도져 위독해졌다. 이것이 최후의 공양이었다.
6 부처님 태자 시절의 시종으로서 출가하여 말썽을 부렸다.

"내가 열반하고 난 후에는 찬다까를 위해 대중들이 침묵을 지키고 그를 상대하여 말하지 않도록 하라. 그러면 그는 부끄러움을 느껴 저절로 뉘우치게 될 것이다."

이 말을 마치고 부처님께서는 아난다에게 자리를 깔게 하셨다. 그리고 오른쪽 옆구리를 바닥에 대고 무릎을 굽혀 다리를 포개고 누워 성인의 바른 지혜를 생각하셨다.

—『장아함長阿含 반니원경般泥洹經』

9. 수행자와 여인

아난다는 부처님께 여쭈었다.

"부처님께서 열반하신 후 아직 가르침을 받지 못한 세상 여인들을 출가 사문은 어떻게 대해야 합니까?"

"서로 마주 보지 마라."

"만약 서로 마주 보게 된다면 어떻게 해야 합니까?"

"더불어 말하지 마라."

"만약 더불어 말하게 된다면 어떻게 해야 합니까?"

"스스로 마음을 다잡아라. 아난다여, 너는 여래가 열반한 뒤에 보호할 사람이 없어 혹시 닦아 오던 것을 잃지 않을까 하는 그런 걱정을 하지 마라. 내가 지금까지 말한 교법教法과 계율이 곧 너를 보호하고 또한 네가 의지해야 할 곳이다. 오늘부터는 비구들에게 사소한 계율은 버리고 윗사람과 아랫사람이 서로 화목하여 마땅히 예절을 따르라고 일러라. 이것이 출가한 사람이 공경하고 순종할 법이다."

―『장아함長阿含 유행경遊行經』

10. 사성四姓에서 뛰어난 사람

부처님께서 사왓티의 녹자모鹿子母 강당講堂에 계실 때였다. 브라만 출신으로 부처님께 귀의하여 출가한 와셋타(Vāsettha)와 바라드와자(Bhāradvāja)에게 부처님께서 물으셨다.

"브라만 중에서도 뛰어난 너희들이 집을 버리고 출가 사문의 생활을 하니 브라만들이 혹시 너희를 보고 비난하지 않더냐?"

와셋타가 말했다.

"그렇습니다, 부처님. 브라만들은 남을 멸시하는 버릇으로 저희를 비난하여 욕하고 있습니다."

"어떤 말로 비난하고 욕을 하더냐?"

"그들은 하나같이 이렇게 말합니다. '인간 중에 브라만만이 가장 높은 종족이고 그 밖에는 다 하잘것없는 낮은 종족이다. 브라만은 살빛이 희고 다른 종족은 살빛이 검다. 브라만만이 오직 순수한 범천梵天의 혈통을 받은 종족이다. 브라만만이 범천의 입에서 나왔고 범천에 의해 창조되었으며 범천의 상속자이다. 그런데 너희들은 고귀한 계급을 등지고 미천한 계급의 사람들과 가까이 사귀고 있으니 어리석기 짝이 없다. 머리 깎은 사문 가운데는 범천의 발에서 나온 천한 자들도 있지 않느냐.' 이러한 말로 저희를 비난하고 욕합니다."

"와셋타여, 그러나 사실은 그런 것이 아니지 않느냐. 브라만도 시집가고 장가가며 여인은 임신해서 아이를 낳고 있지 않더냐. 그들의 출생도 다른 사람과 꼭 같으면서 어떻게 브라만만이 최상의 종족이라고, 범천의 입에서 나왔으며 범천의 상속자라고, 남을 욕하고 업신여긴단 말이냐. 세상에는 왕족과 브라만과 평민과 하인 등 네 가지 계급이 있다. 그러나 왕족이라고 해서, 남의 생명을 해치고 재산을 약탈하거나 음란한 짓을 하고 거짓말과 이간질·악담을 하며 탐욕과 성냄과 그릇된 소견을 가지고 있다면, 그들도 또한 죄를 범하게 되며 그 갚음을 받게 된다. 브라만이나 평민, 하인도 이와 마찬가지이다.

또 왕족이 남의 생명을 해치지 않고 약탈과 음행과 거짓말과 이간질·악담·탐욕·성냄 등에서 벗어나 바른 견해를 지녔다면, 그것은 착한 일이며 착한 갚음을 받게 된다. 이것은 브라만이나 평민이나 하인도 또한 마찬가지이다. 그런데 브라만만이 최상의 종족이요, 나머지는 미천하다고 주장하는 것은 지혜로운 사람으로서는 받아들일 수 없는 일이다.

네 가지 종족이나 계급은 그 사람의 혈통이나 신분으로서 차별해서는 안 된다. 우리는 모두가 똑같은 사람이다. 누구든지 번뇌가 없어지고 청정한 계행이 성취되어 생사의 무거운 짐을 벗어버리고 완전한 지혜를 얻어 해탈의 도를 이루었다면, 그 사람이야말로 사성四姓 중에서 가장 뛰어난 사람이라고 할 수 있을 것이다. 왜냐하면 진리만이 이 세상에서 가장 높은 것이기 때문이다.

그 태생이 다르고 이름이 다르고 성이 다르고 가계가 다르더라도 너희가 출가하여 집을 버린 수행자가 되었을 때 저 브라만들이 '너희는 무엇이냐?'고 묻거든 '우리는 샤꺄족의 자손이다. 샤꺄무니(Śakyamuni)의 진정한 아들이다. 우리는 그의 입에서 나왔으며 법에서 났으며 법의 상속자이다.'라고 대답하라. 너희는 여래를 의지하여 새로 얻어 성취된 청정한 계행의 몸이요, 선정의 몸이요, 지혜의 몸이요, 해탈의 몸이요, 해탈지견[7]의 몸이기 때문이다.

—『장아함長阿含 소연경小緣經』

11. 사문의 과보

부처님께서 많은 제자들과 함께 라자그리하의 신의神醫인

---

[7] 번뇌의 속박에서 벗어난 자유자재한 몸.

지와까(Jivaka) 소유의 암바(amba) 동산에 계실 때였다. 마가다의 아자따삿뚜왕은 사월 보름날 밤에 몸과 마음을 깨끗이 하고 궁전 누각에서 밝게 떠오르는 달을 바라보고 있었다. 그는 곁에 있는 신하들을 돌아보며, 이 밤에 덕이 높은 사문이나 브라만을 모시고 설법을 들었으면 좋겠다고 했다. 이때 지와까는 마침 부처님께서 천이백오십 명의 제자와 함께 암바 동산에 와 계시니 부처님을 모시고 법을 들었으면 좋겠다고 말했다. 왕은 지와까의 말을 듣고 곧 암바 동산으로 갔다. 왕은 부처님께 공손히 예배드린 후 이렇게 여쭈었다.

"부처님, 이 세상 사람들은 여러 가지 기술과 직업을 가지고 있습니다. 그들은 그 보답을 받아 부모처자를 부양하고 자기도 안락을 누립니다. 그런데 출가 수행하는 사문이나 브라만은 현세에서 어떤 과보를 받게 됩니까?"

부처님께서 말씀하셨다.

"여기 왕을 섬기는 한 사람의 종이 있다고 합시다. 그는 왕을 위해 부지런히 일을 할 것이오. 아침 일찍 일어나 밤늦게 자며 얼굴빛을 부드럽게 하고 말씨도 공손히 하여, 왕의 비위를 거스르지 않으려고 항상 애를 쓸 것이오. 그러다가 어느 날 문득 생각을 돌이켜 출가를 합니다. 머리를 깎고 가사를 걸치고 몸과 말과 생각을 조심하고 변변치 않은 음식과 의복에 만족하며 세속을 떠나 고요한 숲에서 살게 될 것이오. 이때 어떤 신하가 숲에서 수행하고 있는 예전의 종을 보았다고 왕께 전하는 말을 듣는다면, 그 사람에게 예전처럼 돌아와 시중을 들라고 하겠소?"

"그렇게 할 수는 없습니다. 내가 먼저 그에게 절하고 그를 맞아 가사와 음식과 숙소를 제공하며, 병이 나면 약과 필요한 물건을 대주면서 그를 보호하겠습니다."

"그렇다면 그것이 곧 눈앞에 보이는 사문의 과보가 아니겠소?"

"그렇습니다. 그것은 분명히 눈에 보이는 사문의 과보입니다."

—『디가 니까야(Dīgha Nikāya) 사만냐팔라숫따(Sāmañña-phalasutta)』

12. 청정한 계행戒行의 과보

아자따삿뚜왕이 다시 부처님께 여쭈었다.

"부처님, 눈앞의 과보보다 더 뛰어난 것을 말씀해 주십시오."

"어떤 귀족의 가장이나 자제나 혹은 천민의 자제들이 여래의 가르침을 듣고 믿음을 내어 장애 많은 세속 생활을 떠나 출가하여 사문이 되었다고 합시다. 그는 청정한 계행을 닦고 정진하여 조그만 허물도 두려워하고 깨끗한 몸과 바른 생각을 지니며, 모든 감각기관을 잘 보호하고 바른 생각과 바른 지혜를 두루 갖추게 될 것이오.

그러면 어떤 것이 계행을 갖춘 것인가. 살생을 하지 않고 모든 생물을 가엾이 여기며, 주지 않는 물건은 갖지 않고 남의 것을 가지려고 하는 생각도 내지 않으며, 떳떳하지 못한 음행을 하지 않고 밝고 깨끗한 행동을 합니다. 거짓말을 하지 않고 진실한 말만 하고, 이간질을 하지 않고 화합하고 친밀한 말을 하며, 거친 말을 하지 않고 누구나 들으면 기뻐하는 말을 하고, 부질없는 말을 하지 않고 도리와 교법에 맞는 말을 합니다. 하루에 한 번 먹고 연극이나 노래·춤·오락 등의 유흥장에 가지 않으며, 몸을 꽃다발이나 향수로 치장하지 않고 높고 큰 침상이나 의자를 사용하지 않소. 금·은 같은 귀금속과 곡식을 저장해 놓는 일도 없고 부인이나 소녀 또는 남녀의 하인을 받아 부리는 일이 없으며, 코끼리·말·소·산양 등의 가축이나 토지 전답을 받는 일도 없소. 공사公私 간의 심부름이나 중매 혹은 팔고 사는 행위를 하지 않고 속이고 거짓말하는 모든 그릇된 행위를 하지 않소. 이것은 또한 비구계比丘戒의 일부분이 되는 것이오.

비구가 이와 같이 계행을 두루 갖추면 이 계행의 위력으로 어느 곳에 갈지라도 두려움을 느끼지 않게 됩니다. 마치 사방의 적을 정복한 위력 있는 왕은 어디를 가나 두려울 것이 없는 것과 같소. 비구가 청정한 계행을 갖추면 마음속으로 티 없이 깨끗한 평안을 누리게 되니 이것이 비구가 계행을 구족한 현세의 과보인 것이오."

―『디가 니까야(Dīgha Nikāya) 사만냐팔라숫따(Sāmañña-phalasutta)』

13. 계행과 정진으로 얻은 자유

부처님께서 다시 말씀하셨다.

"비구는 또 눈·귀·코·혀·몸·생각 등 감각기관을 잘 지켜야 합니다. 마치 부자가 창고의 문을 단속하여 도둑의 침범을 막듯이, 비구가 눈으로 사물을 볼 때에는 어떤 현상이나 특수한 환경에 집착하지 말아야 합니다. 만약 생각을 다스리지 않고 그대로 놓아둔다면 탐욕과 애착과 비애 등의 부정법不淨法에 흘러가고 말 것이오. 그러므로 눈을 잘 단속하여 감각 작용을 조절함으로써 보는 감각이 바른 길을 벗어나지 않고 항상 순결한 제자리로 돌아가게 해야 하는 것이오. 소리를 듣는 귀와 냄새를 맡는 코, 맛을 보는 혀, 차고 덥고 거칠고 부드러움을 느끼는 몸, 시비와 좋아하고 싫어하는 생각도 그와 같아서 어떤 현상이나 특수한 환경에 집착하지 말아야 합니다. 그래야만 듣고 냄새 맡고 맛보고 감촉하고 의식하는 것이 모두 제 길을 벗어나지 않고 항상 순결한 제자리로 돌아가게 되는 것이오. 이와 같이 모든 감각기관을 잘 단속하여 그 공덕이 갖추어진다면, 마음속으로 티 없이 깨끗한 안락을 누리게 되는 것이오. 이것이 감각기관을 보호한 공덕의 과보입니다.

또 어떤 것이 비구의 지족知足인가 하면, 그 몸을 보호하는 옷과 얻은 것에 만족하여 어디를 가든 한 벌 옷과 한 벌 발우를 지니고 가는 것이오. 마치 새가 어디를 가든 날개만을 가지고 나는 것처럼. 비구는 이와 같이 청정한 계행과 감각기관과 만족을 갖추어 조용한 숲속이나 나무 아래, 동굴이나 묘지 등 세속을 떠난 한적한 곳을 선택해 한 그릇 밥을 얻어먹은 뒤에는 단정히 앉아 바른 생각에 편안히 머무는 것이오. 그는 세속의 탐욕을 버리고 청정한 마음에 머물며 남을 해치려거나 성내고 미워하는 생각을 여의고, 모든 생물을 가엾이 여기어 이롭게 하려는 마음에 머물며, 정신이 혼미한 데서 벗어나 산뜻하고 올바른 생각과 바른 지혜에 머뭅니다. 산란하고 헐떡거리는 생각을 쉬어 고요하고 차분한 마음에 머물며, 망설이고 의심하는 데서 벗어나 깨끗하고 의심하지 않는 마음에 머물러 그 마음을 맑고 깨끗하게 정화합니다. 이를테면, 어떤 사람이 남에게서 빌린 돈으로 처자를 부양하고 스스로도 만족하는 것과 같이, 비구도 계행과 정진으로 묵은 죄업을 청산하고 새로운 도업道業에 의해 스스로 평안을 얻어 만족하는 것이오. 또 한 가지 비유를 든다면, 남의 노예가 되어 마음대로 오고 가지 못하다가 속박에서 벗어나 자유를 얻으면 남에게 예속되지 않고 떳떳한 자유인으로 자기가 하고 싶은 대로 하는 것과 같이, 비구도 청정한 계행과 줄기찬 정진의 힘으로 세속적인 오욕五欲의 노예에서 벗어나 독립된 자유를 누리게 되는 것이오. 이것이 비구가 바른 생각과 바른 지혜를 갖추어 만족할 줄 알고 번뇌에서 벗어난 현세의 과보입니다."

이와 같이 부처님께서 말씀하시니, 마가다의 왕 아자따삿뚜는 감격한 끝에 이렇게 여쭈었다.

"거룩하십니다. 마치 넘어진 사람을 일으켜 주고, 파묻혀 있던 것을 드러내 놓으며, 길 잃은 사람에게 길을 보여 주고, 어둔 밤에 불을 밝혀 주는 것과 같습니다. 이같이 온갖 방편을 들어 진리를 말씀해 주시니, 저는 지금부터 부처님께 귀의하고 교법에 귀의하고 승단에 귀의하겠습니다. 오늘부터 이 목숨이 다하도록 삼보三寶에 귀의하여 신도가 되고자 하오니 받아 주시기를 바랍니다. 저는 어리석고 무지하여 왕권을 얻기 위해 잔인하게도 덕이 많은 부왕父王을 살해하였습니다. 부처님, 앞으로 제가 잘못되는 일이 없도록 저의 이 죄악을 죄악으로 인정하시고 저를 받아 주십시오."

"대왕이여, 참으로 당신은 어리석고 무지하여 큰 죄악을 저질렀소. 당신은 그처럼 덕이 많은 부왕을 살해하였소. 그러나 당신이 죄악은 죄악대로 인정하고 법에 따라 그 죄를 참회하겠다니 나는 그것을 받아들이겠소. 누구든지 죄를 인정하고 법답게 참회하여 앞으로 잘못되는 일이 없도록 스스로 계를 지키려 한다면 성자의 계율이 번창할 것이오."

아자따삿뚜왕은 부처님의 가르침을 듣고 기뻐하면서 예배하고 물러갔다. 왕이 물러간 뒤 부처님께서는 제자들에게 이렇게 말씀하셨다.

"저 아자따삿뚜왕은 진심으로 뉘우친 것이다. 만일 그가 부왕을 살해하지 않았더라면, 그는 바로 이 자리에서 마음의 때를 벗고 청정한 법의 눈을 얻었을 것이다."

―『디가 니까야(Digha Nikāya) 사만냐팔라숫따(Sāmañña-phalasutta)』

14. 허물어진 탑에는 흙을 바를 수 없다

부처님께서 많은 비구와 함께 빠와에 있는 어떤 동산에 머무르고 계실 때였다. 부처님께서는 달이 밝은 보름밤에 맨땅에 앉아 비구들에게 법을 설한 다음 사리뿟따에게 말씀하셨다.

"지금 사방에서 많은 비구가 모여 함께 정진하면서 자지 않는다. 나는 등이 아파 좀 쉬고 싶으니, 네가 비구들을 위해 법을 설해 주어라."

부처님께서는 가사袈裟를 네 겹으로 접어 깔고 오른쪽 옆구리를 바닥에 대고 사자처럼 발을 포개고 누우셨다. 사리뿟따는 비구들에게 말했다.

"이 빠와 마을은 니간타(Niganthā)를 따르는 자이나교도가 살던 곳인데 그는 얼마 전에 죽었습니다. 그 후 제자들은 두 파로 갈라져 서로 잘잘못을 캐면서 시비하고 있습니다. '나는 이 법을 잘 알지만 너는 그것을 모른다. 나는 바른 법을 가졌는데 너는 사견邪見을 가지고 있다.' 이와 같이 말이 서로 얽히어 앞뒤가 없이 저마다 자기 말만을 참되고 바르다고 합니다. 그래서 니간타를 따르던 이 고장 사람들은 다투는 무리들을 싫어합니다. 옳다고 주장하는 그 법이 바르지 못하기 때문입니다.

법이 올바르지 못하면 해탈의 길로 나아갈 수 없습니다. 이를테면 허물어진 탑에는 다시 흙을 바를 수 없는 것과 같습니다. 그러나 여래의 법은 올바르고 참되어 해탈의 길이 될 수 있습니다. 새로운 탑은 장엄하게 꾸미기가 쉬운 것과 같습니다. 우리들은 마땅히 교법과 계율을 모아 그들과 같은 다툼을 막고 청정한 수행을 쌓아 모든 중생들에게 이익과 안락을 얻게 해야겠습니다.

수행자는 반드시 안으로 살펴야 합니다. 만약 성냄과 원한을 가지고 저들처럼 대중을 어지럽힌다면 화합한 대중을 모아 널리 방편을 베풀어 다툼의 근본을 뽑아야 합니다. 맺힌 원한이 다했을 때는 그 마음을 거두어 다시는 일어나지 않도록 할 것입니다. 성냄이 뒤틀어지면 시기하고 교활하여 스스로 자기 소견에 말려들어 사견邪見에 헤매고 치우친 편견에 떨어지고 맙니다."

부처님께서는 사리뿟따의 말이 옳다고 인정하셨다.

―『장아함長阿含 중집경衆集經』

제2장

지혜와 자비의 말씀 ②

1. 탐욕의 재앙

부처님께서 까삘라성 밖에 있는 니그로다 숲에 머물고 계실 때였다. 샤꺄족의 왕 마하나마(Mahānāma)가 부처님께 여쭈었다.

"부처님, 저는 오랫동안 탐욕과 성냄과 어리석음이 마음의 더러움이라고 하신 부처님의 가르침을 감사히 받들어 왔습니다. 그러나 아직도 그와 같은 번뇌가 제 마음을 사로잡을 때가 있습니다. 그래서 저는 무엇인가 제 마음에서 버려져야 할 것이 아직 버려지지 않고 있다고 생각됩니다."

"그렇소, 마하나마여. 탐욕과 성냄과 어리석음이 아직도 당신 마음에서 가셔지지 않았기 때문이오. 만약 마음속에 그와 같은 번뇌가 말끔히 가셔졌다면 당신은 가정에서 살지 않을 것이며, 또 갖가지 탐욕에 허덕이지 않을 것이오. 탐욕이란 어디를 가도 만족할 줄 모르는 것이오. 탐욕은 고통으로 가득 차게 하는 것이오. 우리들을 절망의 구렁으로 떨어뜨리고 무서운 재앙을 불러들이오. 바른 지혜로써 그것이 그른 줄 알더라도 평안한 경지에 이르지 못하면 탐욕에 쫓기고 마는 것이오. 그것이 그른 것인 줄 바르게 알고 탐욕을 떠나 평안한 경지에 이르러야만 탐욕의 속박에서 벗어날 수 있는 것이오.

이것은 내 경험이오만, 내가 깨달음을 얻기 전 탐욕이 우리를 절망으로 떨어뜨리고 무서운 재앙을 불러들이는 것임을 알기는 알았었소. 그러나 평안한 경지에 이르지 못했기 때문에 그 탐욕에 쫓기면서 지내 왔던 것이오. 그 후 그것이 그른 줄 바르게 알고 평안한 경지에 이른 그때부터 비로소 탐욕의 속박에서 벗어나게 된 것이오. 탐욕에는 즐거움과 재앙이 있소. 탐욕에는 다섯 가지가 있는데, 마음에 드는 물건과 소리와 냄새와 맛과 감촉이 그것이오. 이 다섯 가지 탐욕에 대해 기쁨과 즐거움이 생기는데 이것이 탐욕의 즐거움이오. 또 사람들은 여러 가지 직업을 가지고 살아가면서 추위와 더위, 바람과 비, 벼룩·모기·뱀 들에 시달림을 받고 굶주림과 목마름의 고통을 받소. 그래서 낙담과 슬픔에 빠지게 되는 것이오. 아니 그처럼 애쓰고 고생한 끝에 부자가 됐다 합시다. 이제 그는 부富를 지키기 위해 전에 없던 걱정 근심을 겪어야 합니다. '어떻게 하면 왕에게 몰수당하지 않을까. 도둑에게 빼앗기지 않을까. 불에 타지 않을까. 물에 떠내려 보내지 않을까. 어떻게 하면 귀찮은 친척들에게 뜯기지 않을까.' 이와 같이 온갖 걱정을 하지만 마침내는 몰수당하고 빼앗기고 떠내려 보내고 뜯기기도 합니다. 그리하여 모두가 내 것이었는데 이제 하나도 내 것이 아니구나 하고 비탄에 빠지오. 이것이 탐욕의 재앙이오. 우리가 겪는 현재의 괴로움은 모두 탐욕에 기인한 것이오.

그리고 그 탐욕 때문에 왕은 왕과 다투고 브라만은 브라만과 다투며 부모는 자식과 다투고, 형제끼리 친구끼리 서로 다투게 되는 것이오. 다투고 싸우고 욕질하다가 마지막에 몽둥이를 들거나 칼을 휘둘러 서로 죽이기까지 하니 이것이 탐욕의 재앙이오.

또 탐욕 때문에 사람들은 몸을 망치고 함부로 빼앗으며 간음을 행합니다. 왕은 이들을 붙들어 온갖 형벌을 가합니다. 채찍으로 갈기고 몽둥이로 치며 팔과 다리를 끊고 귀와 코를 자르오. 또 목에서 발끝까지 가죽을 벗기고 팔과 무릎을 쇠기둥에 못 박아 불을 지르오. 끓는 기름을 몸에 부어 굶주린 개에게 주고, 몸을 말뚝에 매어 칼로 목을 베오. 이와 같은 고통이 모두 탐욕의 재앙인 것이오.

마하나마여, 사람들은 이 탐욕 때문에 몸과 말과 생각으로 갖가지 악을 지어 죽은 후에는 지옥에 떨어져 온갖 고통을 받소. 이것이 다 탐욕의 재앙으로서 미래의 고통 또한 탐욕을 원인으로 하여 이루어지는 것이오."

마하나마는 부처님의 말씀을 듣고 기뻐하면서 돌아갔다.

―『중아함中阿含 고음경苦陰經』

2. 세속에서 떠나는 법

부처님께서 강가강을 건너 앙가국 아빠나(Āpaṇa)라는 마을 밖 숲속에 머물러 계실 때였다. 하루는 거리에 들어가 밥을 빌고, 숲으로 돌아오니, 부유한 상인 뽀딸리야(Potaliya)가 양산을 받고 신을 신은 채 숲속을 거닐고 있었다. 그는 부처님을 보자 가까이 와서 인사한 뒤 앉지도 않고 머뭇거렸다. 부처님께서 그를 돌아보고 말씀하셨다.

"장자님, 자리가 있으니 앉으시오."

뽀딸리야는 장자라고 불린 것이 못마땅해 잠자코 있었다. 부처님께서 거듭 권하자 입을 열었다.

"부처님, 나를 장자라고 부른 것은 마땅치 않습니다."

"그래도 당신은 장자의 차림을 하고 있지 않소?"

"나는 처자와 살림을 버리고 세속을 떠난 사람입니다."

"당신은 어떻게 처자와 살림을 버리고 세속을 떠났소?"

"나는 내 재산 전부를 아들에게 물려준 뒤 아무 간섭 없이 다만 옷과 먹을 것만 받으면서 숨어 살고 있습니다. 나는 이렇게 살림을 버리고 세속을 떠났습니다."

"당신이 말하는 세속을 떠났다는 것은 내가 말하는 세속을 떠났다는 것과는 다릅니다."

"부처님의 가르침에서 말하는, 세속을 떠났다는 뜻을 말씀해 주십시오."

"내 가르침에서는 여덟 가지 법으로 세속을 떠나오. 그 여덟 가지란, 산목숨을 죽이지 않고, 남이 주지 않는 것을 갖지 않으며, 거짓말을 하지 않고, 화합을 깨뜨리지 않으며, 탐욕을 버리고, 성내지 않으며, 시기하지 않고, 그리고 교만을 버리는 일 등이오. 그러나 이것으로도 세속을 완전히 떠나는 것은 아니오. 세속을 완전히 떠나는 법은 따로 있소."

"그 법도 말씀해 주십시오."

"장자님, 이를테면 굶주린 개에게 살이 조금도 붙어 있지 않은 뼈를 던져 준다면 개는 굶주림을 달래지 못할 뿐 아니라 그 뼈로 인해 피로와 고달픔이 더할 것이오. 내 제자는 이 뼈의 비유처럼 바른 지혜로 쾌락을 잘 살펴 그것은 고통과 불행의 씨라고 사실대로 알아 오욕五欲에 집착하는 마음을 버리오.

독수리나 솔개 같은 날짐승이 고깃덩이 하나를 가지고 날아갈 때 다른 사나운 새가 쫓아와 그것을 덮치려 한다면, 새들이 그 고깃덩어리를 버리지 않는 한 서로 싸워 죽거나 커다란 상처를 입게 될 것이오. 또 타오르는 횃불을 들고 바람을 거슬러 올라갈 때 그 횃불을 버리지 않는 한 손을 데거나 타 죽게 될 것이오.

향락은 꿈과 같아 깨어 보면 아무것도 없소. 무서운 독사를 보고 손을 내밀어 물라고 할 사람은 없을 것이오. 남의 돈을 함부로 빌려 쓰면 마침내는 빚쟁이에 몰려 곤란을 당할 것이오. 나무 열매가 익은 것을 보고 올라가 따먹고 있을 때 누가 도끼로 나무 밑동을 찍는다고 합시다. 그때 나무에 오른 사람이 얼른 내려오지 않으면 손발을 다치거나, 나무에서 떨어져 죽게 될 것이오.

이것이 모두 탐욕과 쾌락에 대한 비유입니다. 내 가르침을 받는 제자들은 이런 비유와 같이 탐욕과 쾌락을 관찰하고, 그것은 고통과 불행의 씨라고 바른 지혜로써 사실 그대로를 알아 세상 욕심에 집착하는 마음을 버리고 있소. 내 제자들은 이렇게 해서 얻은 청정으로 이 세상에서 해탈을 얻소. 이것을 내 가르침에서는 세속을 완전히 떠나는 법이라 하오. 당신도 이와 같이 세속을 떠났습니까?"

"부처님, 어떻게 제가 그럴 수 있겠습니까. 저는 이전에 다른 가르침에 빠져, 모르는 것을 안다 하고 아는 것을 모른다고 해 왔습니다. 그러나 이제는 모르는 것을 모르는 줄 알고, 아는 것을 아는 줄 알았습니다. 부처님께서는 저에게 사문에 대한 사랑과 믿음과 존경을 가르쳐 주셨습니다. 저는 오늘부터 목숨이 다할 때까지 부처님의 가르침을 따르는 신도가 되겠습니다."

—『맛지마 니까야(Majjhima Nikāya) 뽀딸리야숫따(Potaliya-sutta)』

3. 백골로 돌아갈 육신

부처님께서 꾸루(Kuru)의 수도 깜마사담마(Kammāsadamma)에 계실 때 비구들에게 말씀하셨다.

"중생의 마음을 깨끗이 하고 걱정과 두려움에서 건지며 고뇌와 슬픔을 없애고 바른 법을 얻게 하는 유일한 길이 있으니 곧 사념처四念處이다. 과거 모든 여래도 이 법에 의해 최상의 열반을 얻었고, 현재와 미래의 여래도 이 법으로 열반을 얻을 것이다. 비구는 그 몸(身)과 느낌(受)과 마음(心)과 법法, 이 네 가지에 대해 똑바로 관찰하고 끊임없이 정진하여 바른 생각과 지혜로써 세상의 허욕과 번뇌를 끊어 버려야 한다.

몸을 바로 관찰하는 법은 어떻게 하는가. 비구가 숲속이나 나무 밑 혹은 고요한 곳에서 몸을 바로 하고 앉아 오로지 한 생각으로 호흡을 조절하되, 길게 들이쉬고 내쉴 때에는 그 길다는 것을 꿰뚫어 알고, 짧게 들이쉬고 내쉴 때에는 그 짧다는 것을 꿰뚫어 알라. 온몸으로 들이쉬고 내쉬는 것을 꿰뚫어 알아 마음을 다른 데로 달아나지 못하게 하라. 이 몸을 관찰하되 몸이 어디 갈 때에는 가는 줄 꿰뚫어 알고, 머물 때에는 머무는 줄 꿰뚫어 알며, 앉고 누울 때에는 앉고 누웠다는 상태를 바로 보아 생각이 그 몸의 동작 밖으로 흐트러지지 않게 하라. 어떤 사물에도 집착하지 말고 다만 이 몸을 꿰뚫어 아는 데에 전념하라. 이와 같이 이 몸의 동작 상태를 있는 그대로 꿰뚫어 알아 한 생각도 흐트러지지 않게 되면, 몸에 대한 형상이 눈앞에 드러나 바른 지혜가 나타나며, 이 세상 어떤 환경에도 집착하지 않게 될 것이다.

또한 이 몸이 애초에 무엇으로 이루어졌는지 사실대로 꿰뚫어 알아야 한다. 이 몸은 지地·수水·화火·풍風 네 가지 요소가 한데 어울려 된 것임을 밝게 보아야 한다. 솜씨 있는 백정이 소를 잡아 사지를 떼어 펼쳐 놓듯이 비구도 이 몸을 네 요소로 갈라 눈앞에 드러내 놓아야 한다.

숲속에 버려진 시체가 하루 이틀 지나면 붓기 시작해 마침내 썩어 문드러지는 것을 보는 것과 같이 이 몸도 그렇게 되리라는 것을 꿰뚫어 알아야 한다. 그 형상이 눈앞에 역력하면 모든 허망한 경계에 집착하지 않게 될 것이다. 또 숲속에 버려진 시체의 백골, 한두 해 지나 무더기로 쌓인 백골, 다 삭아 가루가 된 해골을 보는 것과 같이 비구도 그 몸을 주시하되, 이 몸도 저 꼴을 면치 못하리라는 것을 꿰뚫어 알면 세상의 모든 집착을 버리게 될 것이다. 비구는 몸에 대해 이와 같이 꿰뚫어 안다.

다음으로 느낌은 어떻게 관찰하는가. 느낌에는 세 가지가 있다. 괴로움을 느끼는 작용, 즐거움을 느끼는 작용, 괴롭지도 즐겁지도 않음을 느끼는 작용이다. 즐거움을 누릴 때는 즐거운 줄 꿰뚫어 알고, 괴로움을 당할 때는 괴로운 줄 꿰뚫어 알며, 괴롭지도 즐겁지도 않을 때는 또한 그런 줄을 꿰뚫어 알아야 한다. 이와 같이 자기 몸과 마음에서 일어나는 느낌을 있는 그대로 꿰뚫어 알고 타인의 느낌도 객관적으로 꿰뚫어 알면 그 느낌이 눈앞에 나타난다. 느낌이 시시로 변해 고정된 괴로움이나 즐거움, 고정된 불고不苦 불락不樂이 없음을 알아 어떤 것에도 집착하지 않는다. 이것이 비구가 느낌을 꿰뚫어 아는 법이다.

마음을 관찰하는 법은 어떤 것인가. 마음에 탐심이 일어나면 '이것이 탐심이구나.'라고 꿰뚫어 알고, 탐심을 버리면 버린 줄 꿰뚫어 알아야 한다. 이와 같이 성내는 마음, 어리석은 마음, 뒤바뀐 마음, 넓은 마음, 좁은 마음, 고요한 마음, 산란한 마음, 해탈한 마음, 해탈하지 못한 마음을 스스로 낱낱이 안팎으로 살피고, 그 마음이 일어나는 것과 사라지는 것을 꿰뚫어 알아서 눈앞에 대하듯 하면 세상의 어떤 집착도 놓아 버리게 된다. 이것이 마음을 관찰하는 법이다.

끝으로, 법을 관찰하는 것은 어떻게 하는가. 안으로 탐욕이 있으면 있는 줄 꿰뚫어 알고 없으면 없는 줄 꿰뚫어 알며, 또 탐욕이 일지 않더라도 일어난 것으로 꿰뚫어 알고, 일어났을 때에는 없어진 것으로 꿰뚫어 알며, 이미 없어진 것은 앞으로도 일어나지 않을 것으로 꿰뚫어 아는 것이다. 이와 같이 성내는 마음, 졸음, 산란한 마음, 의혹 등도 안팎으로 꿰뚫어 알고 일어나고 사라지는 것을 꿰뚫어 알아서, 그것이 눈앞에 뚜렷하게 드러날 때에는 세상의 모든 집착을 버리게 될 것이다.

비구들이여, 누구든지 이 사념처를 단 한 달만이라도 법대로 닦으면 탐욕과 불선법不善法을 떠나 성인의 길에 들게 될 것이다. 이 사념처는 중생의 마음을 깨끗이 하고 걱정과 두려움에서 건져 내며, 고뇌와 슬픔을 없애고 바른 법을 얻게 하는 유일한 길이다."

비구들은 이와 같은 부처님의 말씀을 듣고 모두 기뻐하며 받들어 행했다.

—『중아함中阿含 염처경念處經』

4. 최상의 법륜法輪

부처님께서 바라나시의 녹야원鹿野苑에 머물면서 제자들에게 말씀하셨다.

"나는 이곳 녹야원에서 일찍이 어떤 사람도 또 어느 곳에서도 굴린 적 없는 최상의 법륜을 처음으로 굴렸다. 그것은 네 가지 진리(四聖諦)인데, 곧 고苦·집集·멸滅·도道이다.

비구들이여, 사리뿟따와 목갈라나를 잘 섬기고 받들어라. 그들은 지혜로워 청정하게 수행하는 이의 보호자가 될 것이다. 사리뿟따는 너희들의 생모生母와 같고 목갈라나는 양모養母와 같으리라. 사리뿟따는 처음 발심하여 수행하는 이를 잘 길러 주고, 목갈라나는 그들을 이끌어 깨달음에 이르게 할 것이다. 이제 사리뿟따가 너희들에게 네 가지의 진리를 잘 가리어 말해 줄 것이다."

그렇게 말하시고 부처님께서는 그 자리를 뜨셨다.

사리뿟따는 모인 대중을 향해 이렇게 말했다.

"부처님께서는 이 녹야원에서 일찍이 어떤 사람도 또 어느 곳에서도 굴린 적 없는 최상의 법륜을 굴리셨으니, 그것은 곧 고·집·멸·도의 네 가지 진리입니다. 그럼 어떤 것이 고의 진리(苦諦), 즉 괴로움에 관한 진리입니까. 나고 늙고 병들고 죽는 것이 괴로움이요, 원수를 만나게 되는 것이 괴로움, 사랑에는 이별이 있으니 그것이 괴로움, 구하는 것을 얻을 수 없으니 괴로움이요, 걱정 근심과 번민과 슬픔이 괴로움입니다. 한마디 말로 한다면 인생 자체가 고통, 즉 괴로움의 집합체인 것입니다.

나는 것(生)을 고(괴로움)라 함은 무슨 뜻입니까. 중생들이 각기 그 종류를 따라 오온五蘊이 화합하여 목숨을 이룬 후 세상에 태어납니다. 한 생명이 이 세상에 나와 그 생명을 보존하고 키워 가려면 천만 가지 고통을 겪게 되므로 이것을 '태어남의 고'라 합니다. 늙은 것(老)을 고라 함은 무슨 뜻입니까. 사람이 나이를 먹으면 머리털이 희어지고 이가 빠지며 얼굴이 쭈그러지고 등이 굽으며 기력이 쇠해집니다. 몸은 날로 무거워 앉으면 허리가 아프고 다닐 때는 지팡이에 의지하게 되니 이것을 '늙음의 고'라 합니다. 병드는 것(病)을 고라 함은 무슨 뜻입니까. 온몸은 균형을 잃고 기혈이 순조롭지 못해 두통이나 치통·요통을 앓으며 눈이 어둡고 귀가 먹습니다. 혹은 열병·냉병·풍병·습병으로 사지가 뒤틀리고 온갖 고통이 엄습하니 이것을 '병고'라고 합니다. 죽음(死)의 고라 함은 무슨 뜻입니까. 중생들이 그 몸의 기력이 다하고 목숨이 끝나려 할 때 아직 끊어지지 않은 잔명이 죽음의 막다른 길에 이르러 여러 가지 견디기 어려운 심한 고통을 받게 됩니다. 그러므로 이것을 '죽음의 고'라 합니다. 또 '원수를 만나는 고'라 함은, 일찍이 서로 미워하며 원한을 품고 해치거나 죽이려 했던 자와 만나게 되는 고통을 말합니다. '사랑에 이별이 있는 고'라 함은, 아무리 친하고 가까운 부모와 처자라도 언젠가는 서로 이별하게 되는 고통을 말합니다. '구하는 것을 얻을 수 없는 고'라 함은, 모든 중생은 나지 않으려고 해도 업에 따라 나게 되며, 나거든 늙거나 병들어 죽지 말든지 죽거든 나지 말든지 해야 할 텐데 그것이 뜻대로 되지 않습니다. 그리고 사는 동안 부귀영화를 원하고 온갖 재난과 슬픔이 없기를 원하지만 뜻대로 되지 않으니 그것이 또한 '걱정 근심과 번민과 슬픔의 고'입니다. 이와 같이 이 세상에 일단 생명을 받아 태어난 것은 결국 모든 고통, 즉 괴로움의 집합체인 것입니다. 이것이 고苦의 진리입니다.

다음 어떤 것이 집의 진리(集諦)입니까. 그와 같은 괴로움의 원인은 집착에 있습니다. 집착은 이다음 생의 업보를 부르게 되는 애욕과 번뇌를 말합니다.

　어떤 것이 멸의 진리(滅諦)입니까. 애욕과 번뇌를 남김없이 없애 버리는 것을 말합니다.

　어떤 것이 도의 진리(道諦)입니까. 멸에 이르는 방법, 즉 여덟 가지의 바른 길(八正道)입니다. 그것은 바른 견해(正見), 바른 생각(正思), 바른 말(正語), 바른 행위(正業), 바른 생활(正命), 바른 노력(正精進), 바른 기억(正念), 바른 선정(正定)입니다.

　바른 견해란 네 가지 진리를 바로 보는 지혜요, 바른 생각이란 번뇌 망상을 멀리하고 성냄과 원한이 없는 생각이요, 바른 말이란 거짓말·악담·이간질·부질없는 잡담을 떠난 도리에 맞는 참된 말이요, 바른 행위란 살생·도둑질·음행을 하지 않고 올바른 계행을 지키는 일입니다. 바른 생활이란 출가자의 생활 방법으로 부정한 장사나 점술 따위의 수단을 떠나 정당한 방법으로 의식을 얻어 생활하는 것입니다. 바른 노력이란 아직 일어나지 않은 나쁜 생각을 일지 않게 하고, 이미 일어난 나쁜 생각을 없애 버리며, 아직 일어나지 않은 착한 생각을 일게 하고, 이미 일어난 착한 생각은 원만히 키워 나가도록 끊임없이 노력하는 것입니다. 바른 기억이란 생각을 한곳에 집중하여 몸과 마음과 진리를 바로 관찰하고 탐욕에서 일어나는 번뇌를 없애는 것입니다. 그리고 바른 선정이란 모든 욕심과 흔들리는 마음을 가라앉혀 선정에 들어감을 말합니다.

여러분, 이것이 부처님께서 말씀하신 네 가지 진리입니다."

―『중아함中阿含 분별성제경分別聖諦經』

5. 정견正見과 사견邪見

부처님께서 기원정사祇園精舍에 계실 때 이와 같이 비구들에게 말씀하셨다.

"이 세상에 세 가지 그릇된 견해를 가진 외도外道가 있는데, 슬기로운 사람들은 그것을 밝게 가려내어 추종하지 말아야 한다. 만약 그러한 견해를 따른다면 이 세상의 모든 일은 부정하게 될 것이다. 그러면 세 가지 그릇된 견해란 어떤 것인가. 첫째, 어떤 사문이나 브라만은 '사람이 이 세상에 경험하는 것은 괴롭든 즐겁든 모두 전생의 업에 의한 것이다.'라고 말한다. 둘째, 또 어떤 사람들은 '모든 것은 자재천自在天[1]의 뜻에 의한 것이다.'라고 한다. 셋째, 혹은 '인因도 없고 연緣도 없다.'고 말한다.

나는 언제나 무엇이나 전생의 업에 의한다고 주장하는 사람들을 찾아가, 그 의견이 틀림없다고 생각하느냐고 물었고 그들은 그렇다고 대답했다. 그래서 나는 '그러면 사람을 죽이

---

[1] 색계色界의 정상頂上에 있는 천신의 이름.

거나 도둑질하거나 음행하고 거짓말하고 탐욕과 성냄과 삿된 소견을 갖는 것도 모두 전생에 지은 업에 불과할 것이다. 만약 그렇다면, 이 일을 해서는 안 된다거나 이 일은 해야겠다는 의지도 노력도 소용없게 될 것이다. 따라서 어떤 자제력도 없이 마음 내키는 대로 함부로 행동하는 사람을 정당한 사문 혹은 브라만이라고 하지 않겠는가.' 하고 비판했다.

또 모든 것은 자재천의 뜻에 의한 것이라고 주장하는 사람들을 찾아가 '만약 당신들의 주장대로라면 살생하는 것도 자재천의 뜻이고, 도둑질이나 음행이나 그릇된 소견을 갖는 것도 자재천의 뜻에 의한 것일 게다. 그렇다면 이 일을 해서는 안 된다거나 이 일은 해야겠다는 의지도 노력도 소용없게 될 것이다. 따라서 어떤 자제력도 필요 없이 마음 내키는 대로 함부로 행동하는 사람을 정당한 사문 혹은 브라만이라고 하지 않겠는가.' 하고 비판했다.

그리고 인도 없고 연도 없다고 주장하는 사람들을 찾아가 '당신들의 주장대로라면 살생하는 것에도 인과 연이 없고 그릇된 소견을 갖는 것에도 인과 연이 없을 것이다. 이처럼 모든 것에 인연이 없다고 한다면, 이 일을 해서는 안 된다거나 이 일을 해야겠다는 의지도 노력도 소용없게 될 것이다. 따라서 어떤 자제력도 필요 없이 마음 내키는 대로 함부로 행동하는 사람을 정당한 사문 혹은 브라만이라 하지 않겠는가.' 하고 비판했다.

비구들이여, 이것이 그와 같은 의견을 가지고 주장하는 사문이나 브라만들에 대한 나의 비판이다. 만약 그들이 주장하는 대로 행동한다면 이 세상의 모든 일은 부정되고 마침내는 커다란 혼란을 가져오게 될 것이다. 슬기로운 사람은 이와 같이 그릇된 의견을 잘 가려내어 버림받지 않도록 해야 할 것이다."

부처님께서는 이치로써 차근차근 설명하여 그들로 하여금 그릇된 소견을 버리고 바른 길로 돌아오게 하셨다.

사리뿟따는 비구들에게 말했다.

"어떤 것이 부처님 제자의 바른 견해이며, 진리에 대해 절대적인 신념을 가지고 통달할 수 있는 길이겠습니까. 불제자는 먼저 어떤 것이 불선법不善法인지, 불선법의 근본이 무엇인지를 알아야 하고, 어떤 것이 선법善法인지, 선법의 근본이 무엇인지를 알아야 합니다. 이것이 부처님 제자의 바른 견해로 그 보는 바가 올바르고 절대적인 신념으로 진리에 통달할 수 있는 길입니다.

불선법이란 산목숨을 죽이는 일, 주지 않는 것을 가지는 일, 사음邪淫, 거짓말, 악담, 이간질, 꾸미는 말, 탐욕, 성냄, 그릇된 소견 등을 가리킵니다. 이러한 불선법의 근본은 또한 탐욕과 성냄과 어리석음에 있습니다.

선법이란 산목숨을 죽이지 않고, 주지 않는 것을 가지지 않으며, 사음을 하지 않고, 거짓말과 악담과 이간질과 꾸미는 말을 하지 않으며, 탐욕과 성냄과 어리석음을 없애 버린 것을 말하며, 이러한 선법의 근본은 탐하지 않고 성내지 않으며 어리석지 않음에 있습니다.

부처님 제자들이 이와 같은 불선법과 그 근본을 알고 또 선법과 그 근본을 알면, 그는 탐욕과 성냄의 번뇌를 없애며 '나'를 세우려는 아만我慢을 버리고 무명無明을 끊고, 지혜의 등불을 밝혀 현실의 괴로움을 면하게 될 것입니다. 이것이 부처님 제자의 바른 견해로 절대적인 신념을 가지고 올바른 진리를 통달하게 되는 길입니다."

비구들은 사리뿟따의 말을 듣고 모두 기뻐했다.

— 『중아함中阿含 도경度經』

6. 뗏목의 비유

부처님께서 기원정사에 계실 때였다. 독수리 잡기를 좋아하는 아릿타(Ariṭṭha) 비구는 나쁜 소견을 가지고 있었다. 그는 부처님께서 언젠가 말씀한 '장애障碍'라는 법도 그걸 직접 실행해 보니 그렇게 장애가 되지 않더라고 말했다. 다른 비구들은 그릇된 그의 소견을 고쳐 주려고 토론도 하고 타이르기도 해 보았지만 아무 보람이 없었다. 이 말을 전해 들은 부처님께서 아릿타를 불러 꾸짖으신 후 비구들에게 말씀하셨다.

"어떤 땅꾼이 큰 뱀을 보고 그 몸뚱이나 꼬리를 붙잡았다고 하자. 그때 뱀은 몸을 뒤틀어 붙잡은 손을 물 것이다. 그 때문에 그는 죽거나 죽을 만큼의 고통을 받을 것이다. 그것은 뱀 잡는 방법이 틀렸기 때문이다. 이와 같이 어리석은 사람은 여래의 교법을 배우면서도 가르침의 뜻을 잘 생각하지 않기 때문에 그 진리를 분명하게 알지 못한다. 그런 사람은 토론할 때 말의 권위를 세우려고 곧잘 여래의 교법을 인용하지만 그 뜻을 몰라 난처하게 된다.

그러나 지혜로운 사람은 여래의 가르침을 들으면 그 뜻을 생각하여 진리를 바르게 알기 때문에 항상 기쁨에 싸여 있다. 이를테면 어떤 땅꾼은 큰 뱀을 보면 곧 막대기로 뱀의 머리를 꼭 누른다. 그때 뱀은 자기를 누르는 손이나 팔을 감는다 할지라도 그 사람은 그 때문에 물려 죽거나 죽을 만큼의 고통을 받지는 않을 것이다. 왜냐하면 그는 뱀 잡는 방법을 잘 알고 있기 때문이다.

비구들이여, 나는 또 너희들에게 집착을 버리도록 하기 위하여 뗏목의 비유를 들겠다. 어떤 나그네가 긴 여행 끝에 바닷가에 이르렀다. 그는 생각하기를 '바다 건너 저쪽은 평화로운 땅이다. 그러나 배가 없으니 어떻게 갈까? 갈대나 나무로 뗏목을 엮어 건너가야겠군.' 하고 뗏목을 만들어 무사히 바다를 건너갔다. 그는 다시 생각했다. '이 뗏목이 아니었다면 바다를 건너 올 수 없었을 것이다. 이 뗏목은 내게 큰 은혜가 있

으니 메고 가야겠다.'

너희들은 어떻게 생각하느냐. 그가 그렇게 함으로써 그 뗏목에 대해 자기 할 일을 다했다고 생각하느냐?"

비구들은 하나같이 그렇지 않다고 대답했다. 부처님께서는 다시 말씀하셨다.

"그러면 그가 어떻게 해야 자기 일을 다하는가. 그는 바다를 건너고 나서 이렇게 생각해야 할 것이다. '이 뗏목의 도움으로 나는 바다를 무사히 건너왔다. 다른 사람도 이 뗏목을 이용할 수 있도록 물에 띄워 놓고 이제 나는 내 갈 길을 가자.' 이와 같이 하는 것이 그 뗏목에 대해서 할 일을 다하는 것이다.

나는 이 뗏목의 비유로써, 교법敎法을 배워 뜻을 안 후에는 버려야지 거기에 집착하면 안 된다는 것을 말했다. 너희들은 이 뗏목처럼 내가 말한 교법까지도 버리지 않으면 안 된다. 하물며 법 아닌 것이야 말할 것이 있겠느냐."

─『맛지마 니까야(Majjhima Nikāya) 알라갓두빠마숫따(Alagaddūpama-sutta)』

7. 네 것이 아닌 것은 버려라

뗏목의 비유를 말하고 난 부처님께서는 다시 이렇게 말씀하셨다.

"나와 내 것이라는 잘못된 소견이 일어날 수 있는 다섯 가지 경우가 있다. 그것은 물질(色)과 감각(受)과 생각(想)과 의지작용(行)과 의식(識)이다. 무지해서 어진 사람을 가까이하지 않고 가르침을 모르는 사람은 이 다섯 가지 경우에 대해서 '이것은 내 것이다', '이것은 나다', '이것은 나 자신이다'라고 생각하여 그것에 집착한다. 그러나 많이 배우고 어진 사람을 가까이 하며 가르침을 받은 사람은 그 다섯 가지에 대해서 그와 같이 생각하거나 집착하지 않는다. 따라서 그것이 없어졌다고 하여 바른 생각을 잃거나 두려움에 떨지 않는다."

이때 어떤 비구가 여쭈었다.

"부처님, 어떤 바깥 사물로 인해 바른 생각을 잃고 두려움에 떠는 일이 있겠습니까?"

"어떤 사람이 이렇게 생각한다고 하자. '이것이 전에는 내 것이었는데 이제는 내 것이 아니다. 다시 내 소유로 만들 수는 없을까?' 그래서 그는 슬퍼하고 탄식하며 가슴을 치고 운다. 이것이 바깥 사물로 인해 바른 생각을 잃거나 두려움에 떠는 일이다. 그러나 슬퍼하거나 탄식하지 않고 가슴을 치고 울지 않는다면 그는 바깥 사물로 인해 바른 생각을 잃거나 두려움에 떨지 않는다."

"부처님, 그렇다면 마음속의 어떠한 것으로 인해 바른 생각을 잃고 두려움에 떠는 일이 있겠습니까?"

"이 세계와 나 자신은 영원히 변하지 않고 존재하는 것이라고 생각하던 사람이 '나는 없다'고 하는 여래의 가르침을 들으면 슬퍼하고 탄식하며 가슴을 치고 울 것이다. 이것이 마음속의 어떠한 것으로 인해 바른 생각을 잃고 두려움에 떠는 일이다. 너희들은 영원히 변치 않고 지속되는 것을 가지고 있거나 본 일이 있느냐?"

"그런 것은 없습니다."

"그렇다. 이 세상에 영원히 존재하는 것은 없다. 그러므로 실체도 없는 '나'에 집착하면 항상 근심과 고통이 생기는 법이다. 내가 있다면 내 것이 있을 것이고 내 것이 있다면 내가 있을 것이다. 그러나 나와 내 것을 어디서도 찾을 수 없다. 이 세계와 내가 영원히 변하지 않고 존재한다는 생각은 어리석은 소견이다. 이 가르침을 안 제자들은 이와 같이 보고 이와 같이 들어서 물질과 분별을 싫어하고 욕망을 버리고 해탈하는 것이다. 이러한 비구를 가리켜 장애를 벗어난 자, 장애를 부순 자, 번뇌의 기둥을 빼어 버린 자, 걸림이 없는 자, 무거운 짐을 내려놓은 자, 속박을 벗어난 성자라 부른다.

이와 같이 말한 내게 어떤 사문이나 브라만들은 '저 사문 고따마는 사람의 몸과 마음이 없어져 버린다고 가르치는 자다.'라고 비난할지 모른다. 그러나 나는 그와 같이 말하지 않았다. 나는 이전이나 지금이나 현재의 고뇌를 말하고 그 고뇌를 끊어 없애는 것을 가르치고 있다. 아무리 남들이 비난하고 욕하더라도 나는 조금도 마음을 쓰거나 원한을 품지 않는다. 또 누가 칭찬하고 공경할지라도 나는 조금도 기뻐하거나 우쭐

거리지 않는다. 비난하거나 칭찬하거나 나는 '그들이 내게 이렇게 하는 것을 이전부터 알고 있다.'고 생각한다.

그러므로 너희들은 너희 것이 아닌 것은 모두 버려라. 그것을 버리면 영원한 평안을 누릴 것이다. 너희 것이 아니란 것은 무엇인가. 물질은 너희 것이 아니다. 그 물질을 버려라. 감각은 너희 것이 아니다. 그 감각을 버려라. 생각은 너희 것이 아니다. 그 생각을 버려라. 의지 작용意志作用은 너희 것이 아니다. 그 의지 작용을 버려라. 의식은 너희 것이 아니다. 그 의식을 버려라. 어떤 사람이 이 숲속에 와서 풀과 나뭇가지를 날라다 불사른다고 하자. 너희들은 이때 그가 우리 물건을 날라다 마음대로 불사른다고 생각하겠느냐?"

"그렇지 않습니다. 그것들은 나도 아니고 내 것도 아니기 때문입니다."

"그와 같이 너희 것이 아닌 것은 버려라. 그것을 버리면 너희는 영원한 기쁨을 누릴 것이다."

─『맛지마 니까야(Majjhima Nikāya) 알라갓두빠마숫따(Alagaddūpama-sutta)』

8. 욕심이 없는 사람이 얻는 도

부처님께서 베사깔라(Bhesakalā) 숲에 계실 때 아니룻다(Aniruddha)는 빠찌나(Pācīna) 숲에 머물고 있었다. 어느 날 오후 그는 선정禪定에 들어 생각했다.

'아, 이 도道는 욕심이 없는 데서 얻는 것이고 욕심이 있으면 얻을 수 없는 것이구나. 이 도는 만족할 줄 아는 데서 얻는 것이고 족할 줄 모르면 얻을 수 없다. 이 도는 군중을 멀리 떠남으로써 얻는 것이고 많은 사람들의 번거로움 가운데서는 얻을 수 없다. 이 도는 바른 생각으로써 얻는 것이고 그릇된 생각으로는 얻을 수 없다. 이 도는 고요 속에서 얻는 것이고 시끄러움 속에서는 얻을 수 없다. 이 도는 지혜로운 사람이 얻는 것이고 어리석은 사람은 얻을 수 없는 것이다.'

부처님께서 이때 아니룻다의 생각을 아시고 그 앞에 나타나셨다.

"착하다, 아니룻다여. 너는 대인大人의 깨달음을 생각하고 있구나. 그다음 한 가지는 부질없는 궤변을 하지 않는 일이다. 너는 이 여덟 가지 대인의 깨달음을 생각해 수행하는 동안 욕심과 옳지 못한 것을 버리고 여기에서 일어나는 기쁨을 맛보아 초선初禪을 거쳐 제2, 제3, 제4선의 경지에 들어갈 것이다. 네가 이 대인의 깨달음을 생각하고 제4선의 기쁨에 들어가면, 여인들이 여러 가지 옷을 옷장에 가득 채워 두고 즐거워하듯이 만족함을 느끼고 기쁨에 넘쳐 다시 흔들리지 않을 것이다. 열반의 길을 가는 너는 남루한 옷도 마음에 들 것이고, 빌어먹는 밥도 맛이 있을 것이며, 나무 밑 풀자리에 앉아도 마음은 늘 즐거울 것이고, 병들어 누워 있을 때 썩은 거름으로 만든 약이라도 만족하게 될 것이다."

부처님께서는 이와 같이 말씀하신 뒤 다시 베사깔라 숲으로 돌아오셨다. 그리고 비구들에게 위에서 말한 여덟 가지 대인의 깨달음을 가르치고 나서 다시 이렇게 말씀하셨다.

"비구들이여, 욕심을 적게 가졌다고 해서 나는 욕심을 적게 가졌다고 말하지 마라. 만족함을 알았다고 해서 나는 만족할 줄 알았다고 말하지 마라. 멀리 떠나는 것을 즐거워한다고 해서 나는 멀리 떠나는 것을 즐거워한다고 말하지 마라. 궤변을 좋아하지 않는다고 해서 나는 궤변을 좋아하지 않는다고 말하지 마라. 이것이 욕심을 적게 가지는 법이다.

또 만족할 줄 안다는 것은 어떤 종류의 의식주나 약을 얻더라도 그것을 만족하게 여김이다. 멀리 떠나는 법이란 비구의 처소에 어떤 비구·비구니·우바새·우바이 혹은 왕이나 외도가 오더라도 비구는 멀리 떠나는 것을 즐기는 마음에서 진실한 법만을 알려 주는 것이다. 정진하는 법은 비구가 나쁜 법을 버리고 좋은 법을 얻기 위해 정진할 때에 확고하게 선법善法에 대한 책임을 버리지 않는 것이다. 바르게 생각하는 법이란 비구가 바른 생각을 가지고 이전에 해 온 온갖 바르지 못한 말과 행동을 돌이켜보고 새로운 책임을 느끼는 것이다. 지혜로운 사람의 법이란 법의 흥성하고 쇠함을 지혜로 살펴 네 가지 진리(四聖諦)의 도리를 잘 아는 것이다. 궤변을 즐기지 않는 법이란 그 마음이 궤변 없는 경지로 나아가 부질없는 이론이 끊긴 경지에 이르러 마음이 해탈하는 것이다."

— 『중아함中阿含 팔념경八念經』

9. 검은 업과 흰 업

용모가 뛰어난 가마니(Gāmaṇi)는 이른 아침 부처님을 뵙고 여쭈었다.

"부처님이시여, 브라만은 스스로 잘난 체하면서 하늘을 섬깁니다. 어떤 중생이 목숨을 마치면 브라만은 마음대로 죽은 이를 천상에 나도록 한다는 것입니다. 원컨대 법의 주인이신 부처님께서도 중생들이 목숨을 마치거든 천상에서 태어나게 해 주십시오."

부처님께서 말씀하셨다.

"가마니여, 내가 너에게 물을 테니 아는 대로 대답하라. 어떤 사람이 게을러서 정진하지 않고, 게다가 산목숨을 죽이며, 주지 않는 것을 가지고, 사음을 행하며, 거짓말을 하고, 그릇된 소견을 가지는 등 온갖 나쁜 업을 지으면서 살았다고 하자. 그가 죽을 때 많은 사람이 와서 '당신은 게을러 정진하지 않고 그러면서 악업만을 행했습니다. 당신은 그 인연으로 목숨이 다한 뒤에는 반드시 천상에서 태어나십시오.'라고 했다 하자. 가마니여, 이렇게 여러 사람이 축원했다고 해서 그가 천상에 태어날 수 있겠느냐?"

"그럴 수는 없습니다."

"그렇다. 게으른 그가, 더구나 온갖 나쁜 업을 지은 그가 축원을 받았다고 해서 천상에 태어날 수는 없는 것이다. 비유를 들면, 저쪽에 깊은 못이 하나 있는데 어떤 사람이 거기에 크고 무거운 돌을 던져 넣었다. 마을 사람들이 못가에 모여서 '돌아, 떠올라라.' 하고 축원을 했다. 그 크고 무거운 돌이 축원을 했다고 해서 그들의 소원대로 떠오를 수 있겠느냐?"

"그럴 수는 없습니다."

"그렇다. 그가 천상에 태어날 수 없는 것도 이와 마찬가지이다. 왜냐하면, 나쁜 업은 검은 것이어서 그 깊음으로 저절로 밑으로 내려가 반드시 나쁜 곳에 떨어질 것이기 때문이다. 또 어떤 사람은 부지런히 정진하면서 묘한 법을 실행하고 온갖 착한 업을 닦는다고 하자. 그가 목숨을 마칠 때 여러 사람이 모여서 '당신은 부지런히 정진하면서 묘한 법을 실행하여 온갖 착한 업을 이루었습니다. 당신은 그 인연으로 목숨이 다한 뒤에는 반드시 나쁜 곳에 가서 지옥에 떨어지십시오.'라고 저주했다면 어떻게 될까. 그가 과연 그들의 저주대로 지옥에 떨어지겠느냐?"

"그렇지 않습니다."

"그렇다. 그것은 당치도 않은 말이다. 왜냐하면, 착한 업은 흰 것이어서 그 깊음으로 저절로 위로 올라가 반드시 좋은 곳에 이를 것이기 때문이다. 이를테면, 기름병을 깨뜨려 못물에 던지면 부서진 병조각은 밑으로 가라앉지만, 기름은 물 위로 떠오르는 것과 같은 이치이다.

이와 같이 목숨이 다한 육신은 흩어져 까마귀와 새가 쪼아 먹고 짐승들이 뜯어먹거나 혹은 태우거나 묻히어 마침내는 흙이 되고 만다. 그러나 그 마음의 업식業識만은 항상 믿음에 싸이고 정진精進과 보시布施와 지혜에 싸여 저절로 위로 올라가 좋은 곳에 나는 것이다.

가마니여, 산목숨을 죽이지 않고, 주지 않는 것을 가지지 않으며, 사음과 거짓말을 하지 않고, 사특한 소견에서 벗어나는 좋은 길이 있다. 이른바 팔정도八正道가 위로 오르는 길이며 좋은 곳으로 가는 길이다."

부처님께서 이와 같이 말씀하시니 가마니와 여러 비구가 다들 기뻐하면서 받들어 행했다.

―『중아함中阿含 가미니경伽彌尼經』

10. 설법과 침묵

부처님께서 어느 날 오후 아난다를 데리고 아지따와띠(Ajitavatī)강으로 가서 목욕을 하셨다. 목욕을 끝낸 후 부처님께서는 아난다의 청을 받아들여 브라만 람마까(Rammaka)의 집으로 가셨다.

그때 마침 람마까의 집에서는 많은 비구가 모여 설법하고 있었다. 부처님께서는 문 밖에 서서 비구들의 설법이 끝나기를 기다리셨다. 이윽고 설법이 끝난 것을 안 부처님께서는 문을 두드렸다. 곧 비구들이 나와 문을 열고 부처님을 맞아들였다. 부처님께서 자리에 앉은 뒤 물으셨다.

"너희는 아까 무슨 이야기를 하였으며 무슨 일로 여기 이렇게들 모였느냐?"

"부처님, 조금 전에 저희들은 법을 설하였으며, 그 법을 설하기 위해 이렇게 모인 것입니다."

"착하다, 비구들이여. 너희는 모여 앉으면 마땅히 두 가지 일을 행해야 한다. 하나는 설법하는 일이고, 또 하나는 침묵을 지키는 일이다."

—『중아함中阿含 라마경羅摩經』

11. 독 묻은 화살

부처님께서 사왓티의 기원정사에 계실 때였다. 말룽꺄(Mālunkyā) 존자는 홀로 조용한 곳에 앉아 이렇게 생각했다.

'세계는 영원한가, 무상한가? 무한한 것인가, 유한한 것인가? 목숨이 곧 몸인가, 목숨과 몸은 다른가? 여래는 마침이 있는가, 없는가? 아니면 마침이 있지도 않고 없지도 않는가? 부처님께서는 이러한 말씀은 전혀 하시지 않았다. 그러나 나는 그러한 태도가 못마땅하고 이제는 더 참을 수가 없다. 부처님께서 나를 위해 세계는 영원하다고 말씀하신다면 수행을 계속하겠지만, 영원하지 않다고 말씀하신다면 부처님을 비난한 뒤에 떠나야겠다.'

말룽꺄는 해가 질 무렵 자리에서 일어나 부처님께로 갔다. 아까 혼자서 속으로 생각한 일들을 말씀드리고 이렇게 덧붙였다.

"부처님께서는 저의 이러한 생각에 대해서도 한결같이 진실한 것인지 허망한 것인지 기탄없이 바로 말씀해 주십시오."

부처님께서 물으셨다.

"말룽꺄여, 내가 이전에 너를 위해 세상을 영원하다고 말했기 때문에 너는 나를 따라 수행하고 있었느냐?"

"아닙니다."

"그 밖의 의문에 대해서도 내가 이전에 너를 위해 이것은 진실하고 다른 것은 다 허망하다고 말했기 때문에 나를 따라 도를 배웠느냐?"

"아닙니다."

"말룽꺄여, 너는 참 어리석구나. 그런 문제에 대해서는 내가 일찍이 너에게 말한 일이 없고 너도 또한 내게 말한 일이 없는데, 너는 어째서 부질없는 생각으로 나를 비방하려 하느냐?"

말룽꺄는 부처님의 꾸지람을 듣고 머리를 떨어뜨린 채 말이 없었으나 속으로는 의문이 가시지 않았다.

부처님께서 비구들을 향해 말씀하셨다.

"어떤 어리석은 사람이 '만약 부처님이 나를 위해 세계는 영원하다고 말하지 않는다면 나는 그를 따라 도를 배우지 않겠다.'라고 생각한다면, 그는 그 문제를 풀지도 못한 채 도중에서 목숨을 마치고 말 것이다. 이를테면, 어떤 사람이 독 묻은 화살을 맞아 견디기 어려운 고통을 받을 때 그 친족들은 의사를 부르려고 했다. 그런데 그는 '아직 화살을 뽑아서는 안 되오. 나는 먼저 화살을 쏜 사람이 누구인지를 알아야겠소. 성은 무엇이고 이름은 무엇이며 어떤 신분인지를 알아야겠소. 그리고 그 활이 뽕나무로 되었는지, 물푸레나무로 되었는지, 화살은 보통 나무로 되었는지, 대로 되었는지를 알아야겠소. 또 화살 깃이 매털로 되었는지, 독수리털로 되었는지, 아니면 닭털로 되었는지 먼저 알아야겠소.' 이와 같이 말한다면 그는 그것을 알기도 전에 온 몸에 독이 퍼져 죽고 말 것이다. 세계가 영원하다거나 무상하다는 이 소견 때문에 나를 따라 수행한다면 그것은 옳지 않다. 세계가 영원하다거나 무상하다고 말하는 사람에게도 생로병사와 근심 걱정은 있다. 또 나는 세상이 무한하다거나 유한하다고 단정적으로 말하지는 않는다. 왜냐하면 그것은 이치와 법에 맞지 않으며, 수행이 아니므로 지혜와 깨달음으로 나아가는 길이 아니고, 열반의 길도 아니기 때문이다. 그러면 내가 한결같이 말하는 법은 무엇인가. 그것은 곧 괴로움과 괴로움의 원인과 괴로움의 소멸과 괴로움을 소멸하는 길이다. 어째서 내가 이것을 한결같이 말하는가? 이치에 맞고 법에 맞으며 수행인 동시에 지혜와 깨달음의 길이며 열반의 길이기 때문이다. 너희들은 마땅히 이렇게 알고 배워야 한다."

부처님께서 이렇게 말씀하시니 말룽꺄를 비롯하여 여러 비구들은 기뻐하면서 받들어 행했다.

—『중아함中阿含 전유경箭喩經』

12. 길을 가리킬 뿐이다

부처님께서 사왓티의 녹자모鹿子母 강당講堂에 계실 때였다. 브라만 출신인 수학자 목갈라나[2]가 부처님을 찾아와 말했다.

"부처님, 여쭐 말씀이 있는데 들어 주신다면 말씀드리겠습니다."

"목갈라나여, 마음대로 물어서 의문을 풀도록 하시오."

"부처님, 이 녹자모 강당의 층계는 일 층을 오른 뒤에야 이 삼사 층으로 오르게 됩니다. 이와 같이 층계를 따라 차츰차츰

---

[2] 부처님 십대제자十大弟子 중의 한 사람인 목갈라나와는 다른 사람이다.

위로 올라갈 수 있습니다. 코끼리를 다루는 사람도 순서를 따라 길들일 수 있습니다. 브라만들도 차례를 따라 웨다(Veda)를 배웁니다. 우리들이 수를 배우고 수학으로써 살아가는 것도 또한 순서에 따라 차츰차츰 이루어집니다.

부처님, 부처님의 법과 율에는 어떠한 순서가 있어 차츰차츰 성취하게 됩니까?"

"목갈라나여, 바른 주장이라면 그것은 순서대로 차츰차츰 성취하게 될 것이오. 나는 이 법과 계율을 순서대로 성취하였소. 만약 나이 어린 비구가 처음으로 와서 도를 배우고자 하여 법과 계율에 들어오면 나는 먼저 이렇게 가르치오. '너는 와서 목숨을 다해 몸을 지켜 청정하게 하고 말과 뜻을 지켜 청정하게 하라.' 그가 시키는 대로 하면 나는 다시 그 마음을 가르치오.

'너는 홀로 멀리 떠나 나무 밑이나 숲속 혹은 무덤 사이 같은 한적한 곳에서 살아라. 그런 곳에 가서 단정히 앉아 원을 바로 세워 생각이 다른 데로 팔리지 않도록 하라. 남의 재물과 가구를 보더라도 탐심을 내지 말고 마음을 깨끗이 가져라. 성냄과 수면에도 그렇게 의심을 끊고 미혹을 막아 그 마음을 깨끗이 지켜라.'

목갈라나여, 그러나 장로 비구나 학덕이 높은 브라만에게는 더 깊은 것을 가르치오. 궁극적인 마지막(究竟)에 가서는 모든 번뇌가 다하고 지혜를 얻는다고 가르치오."

"부처님, 그와 같이 가르치고 훈계하면 제자들은 다 궁극의 지혜를 얻어 반드시 열반을 얻게 됩니까?"

"누구나 한결같을 수는 없소. 얻는 사람도 있고 얻지 못하는 사람도 있소."

"열반은 있고 열반으로 가는 길도 있으며 더구나 부처님께서는 현재 그 길을 가리키시는 분인데, 어째서 그들은 궁극의 열반을 얻기도 하고 얻지 못하기도 합니까?"

"목갈라나여, 당신에게 묻겠소. 당신은 라자그리하를 알고 거기로 가는 길도 알고 있소?"

"예, 알고 있습니다."

"만약 어떤 사람이 당신에게 라자그리하와 그곳으로 가는 길을 묻는다면 당신은 아는 대로 가르쳐 줄 것이오. 그러면 그는 가르쳐 준 길대로 따라가면 거기에 도달할 것이오. 그러나 어떤 사람은 바른 길을 버리고 잘못 길을 들거나 게으름을 부린다면 끝내 그곳에 도달할 수 없을 것이오. 라자그리하가 있고 그곳으로 가는 길도 있으며 그리고 당신은 그 길잡이였는데, 어째서 어떤 사람은 가고 또 어떤 사람은 가지 못하오?"

"부처님, 저는 그 일에 책임이 없습니다. 제 가르침을 따른 사람은 도달할 것이고, 그렇게 하지 않은 사람은 도달하지 못할 것입니다."

"그렇소, 나도 또한 책임이 없소. 열반이 있고 열반으로 가는 길도 있어 나는 길잡이로서 비구들에게 가르치고 훈계하였지만, 열반을 얻은 이도 있고 얻지 못한 이도 있소. 그러니 그것은 저마다의 행동에 달린 것이오. 나는 다만 길을 가리킬 뿐이고 그의 행동에 달린 것이오. 나는 다만 길을 가리킬 뿐이고 그의 행동을 보고 '마침내 번뇌가 다했다'고 인정할 따름이오."

수학자 목갈라나는 모든 의심이 풀렸다.

"부처님, 저는 알았습니다. 이제야 알았습니다. 저는 지금부터 부처님과 부처님의 가르침과 부처님의 승단에 귀의합니다. 원컨대 저를 받아 신도가 되게 해 주십시오. 저는 오늘부터 이 몸이 다하도록 삼보에 귀의하겠습니다."

부처님의 말씀을 듣고 수학자 목갈라나와 비구들은 모두 기뻐하면서 받들어 행했다.

—『중아함中阿含 산수목건련경算數目犍連經』

제3장

지혜와 자비의 말씀 ③

1. 괴로움을 없애려면

부처님께서 기원정사에 계실 때 비구들에게 말씀하셨다.

"내가 아직 깨달음을 이루지 못했을 때, 혼자 고요한 곳에 앉아 선정을 닦다가 생각했다. '세상은 괴로움에 빠져있다. 생·노·병·사가 있기 때문이다. 그런데도 중생들은 생·노·병·사와 그것이 의지하는 바를 알지 못한다.'

나는 또 생각했다. '무엇이 있어 생生이 있고 무엇을 인연하여 생이 있는가?' 그러다가 참다운 지혜로써 알게 되었다. 존재가 있기 때문에 생이 있고, 존재를 인연하여 생이 있다. 그러면 무엇 때문에 존재가 있고, 무엇을 인연하여 존재가 있는가? 취取가 있기 때문에 존재가 있으며, 취를 인연하여 존재가 있다. 취는 사물에 맛들이고 집착하여 돌아보고 생각하여 마음이 거기에 묶이면, 애욕이 더 자라게 된다. 욕망이 있기 때문에 취가 있고, 욕망을 인연하므로 취가 있다. 취를 인연하여 존재가 있고 존재를 인연하여 생이 있으며, 생을 인연하여 노·병·사와 걱정 근심과 괴로움이 있다. 이렇게 해서 큰 괴로움의 무더기가 모인다. 등불은 기름과 심지를 인연하여 켜지고 기름과 심지를 더하면 오래간다. 마찬가지다. 사물을 취하고 맛들이고 집착하며 돌아보고 생각하면 욕망의 무더기가 자란다.

나는 또 생각했다. '무엇이 없어야 노·병·사가 없어질까?' 생이 없으면 노·병·사도 없을 것이다. 존재가 없으면 생도 없다. 취가 없으면 존재도 없을 것이다. 마찬가지로, 욕망을 떠나 마음을 돌아보거나 생각하지 아니하고 마음이 묶이지 않으면 욕망도 곧 없어질 것이다. 욕망이 없어지면 취가 없어지고, 취가 없어지면 존재가 없어지고, 존재가 없어지면 생이 없어지고, 노·병·사와 걱정 근심과 괴로움도 없어진다. 이렇게 해서 큰 괴로움의 무더기가 없어지는 것이다.

등불은 기름과 심지로 켜야 하므로 기름을 더하거나 심지를 돋우지 않으면 오래지 않아 꺼질 것이다. 마찬가지다. 모든 것이 덧없이 생멸하는 것을 살펴, 욕망을 끊어 버리고 집착하지 않으면 괴로움의 무더기도 없어질 것이다."

—『잡아함雜阿含 불박경佛縛經』

2. 너무 조이거나 늦추지 마라

부처님께서 라자그리하의 죽림정사竹林精舍에 계실 때였다. 소나(Soṇa) 비구는 영취산에서 쉬지 않고 선정禪定을 닦다가 이렇게 생각했다.

'부처님의 제자로서 정진하는 성문聲聞 중에 나도 포함된다. 그런데 나는 아직 번뇌를 끊어내지 못했다. 애를 써도 도를 이루지 못하면 집에 돌아가 보시를 행하면서 복을 짓는 것이 낫지 않을까?'

부처님께서 소나의 마음을 살펴 아시고 한 비구를 시켜 불러오도록 하여 말씀하셨다.

"소나여, 너는 세속에 있을 때 거문고를 잘 탔다지?"

"네, 그랬습니다."

"네가 거문고를 탈 때 그 줄을 너무 조이면 어떻더냐?"

"소리가 잘 나지 않았습니다."

"줄을 너무 늦추었을 때는 어떻더냐?"

"그때도 잘 나지 않습니다. 줄을 너무 늦추거나 조이지 않고 잘 고르면 맑고 미묘한 소리가 납니다."

부처님께서는 소나를 기특하게 여기면서 말씀하셨다.

"너의 공부도 그와 같다. 정진할 때 너무 조급히 하면 들뜨게 되고 너무 느리면 게으르게 된다. 알맞게 하여 집착하지도 말고 방일하지도 말아라."

소나는 이때부터 부처님께서 말씀하신 거문고 타는 비유를 생각하면서 정진했다. 그는 오래지 않아 번뇌가 다하고 마음의 해탈을 얻어 아라한이 되었다. 소나는 기쁜 마음으로 부처님을 찾아가 뵈었다.

"부처님, 저는 부처님의 법 안에서 아라한이 되었습니다. 모든 번뇌를 끊고 할 일을 이미 마쳤으며 무거운 짐을 벗어 버렸습니다. 또 바른 지혜로써 욕심을 떠난 해탈, 성냄을 떠난 해탈, 멀리 벗어난 해탈, 애욕이 다한 해탈, 모든 취取로부터의 해탈, 늘 생각하여 잊지 않는 해탈 등 여섯 가지 해탈을 얻었습니다.

부처님, 만약 조그마한 신심으로 '욕심을 떠나 해탈했다.'고 한다면 그것은 옳지 못합니다. 탐욕과 성냄과 어리석음이 완전히 없어진 것을 '참으로 욕심을 떠난 해탈'이라고 합니다. 만약 어떤 사람이 사소한 계율을 지키는 것으로써 '나는 성냄에서 해탈했다.'고 한다면 그것도 옳지 못합니다. 탐욕과 성냄과 어리석음이 완전히 없어진 것을 '참으로 성냄을 떠난 해탈'이라고 합니다. 그리고 이양利養에서 멀리 벗어나려고 닦아 익힌 것으로써 '멀리 벗어나서 해탈했다.'라고 한다면 그것도 옳지 못합니다. 탐욕과 성냄과 어리석음이 완전히 없어진 것을 '참으로 멀리 벗어난 해탈'이라고 합니다. 이와 같이 탐욕과 성냄과 어리석음이 완전히 없어진 것을 가리켜 '애욕이 다한 해탈', '모든 취取로부터의 해탈', '늘 생각하여 잊지 않는 해탈'이라고 합니다."

존자 소나가 이 법을 말하였을 때 부처님은 기뻐하셨고 수행자들도 환희에 젖었다. 소나가 그곳을 떠나자 부처님께서는 비구들에게 말씀하셨다.

"마음이 해탈한 사람은 마땅히 그와 같이 말해야 한다. 소나는 지혜로써 말했다. 그는 스스로를 추켜세우지도 않고 남을 낮추지도 않고 그 이치를 바로 말했다."

—『잡아함雜阿含 이십억이경二十憶耳經』

3. 법을 보는 이는 여래를 본다

부처님께서 라자그리하 밖 죽림정사에 계실 때였다. 왁깔리(Vakkali)라는 비구가 라자그리하에 있는 어떤 도공陶工의 집에서 앓고 있었다. 병이 날로 위독해 회복하기 어려웠다. 그는 곁에서 간호하고 있는 수행자를 불러서 말했다.

"수행자시여, 미안하지만 부처님께서 계시는 죽림정사에 가서 부처님께 제 말을 전해 주었으면 고맙겠습니다. 내 병은 날로 더해 회복할 수 없을 것 같습니다. 마지막 소원으로 부처님을 한 번 뵙고 예배를 드렸으면 싶은데, 이 몸으로 죽림정사까지 갈 수가 없습니다. 이런 제 뜻을 부처님께 아뢰어 주십시오."

간호하던 수행자는 부처님을 찾아가 왁깔리의 소원을 전해 올렸다. 부처님께서는 그 길로 성 안에 있는 도공의 집으로 오셨다. 왁깔리는 부처님께서 오시는 것을 보자 자리에서 일어나려고 앓는 몸을 뒤척였다. 부처님께서 왁깔리의 머리맡에 앉아 뼈만 앙상하게 남은 그의 손을 잡고 일어나지 못하게 한 다음 말씀하셨다.

"왁깔리여, 그대로 누워 있거라. 일어날 것 없다. 병은 좀 어떠냐, 음식은 무얼 먹느냐?"

왁깔리는 가느다란 소리로 말했다.

"부처님이시여, 고통은 심하고 음식은 통 먹을 수가 없습니다. 병은 더하기만 하여 소생할 가망이 없습니다."

"왁깔리여, 너는 어떤 후회되는 일이나 원통하게 생각되는 일은 없느냐?"

"부처님이시여, 저는 적지 않은 후회와 원통하게 생각되는 일이 있었습니다. 그것은 다름이 아니라 죽기 전에 마지막으로 부처님을 찾아가 뵙고 예배를 드리고 싶었는데 몸을 움직일 수 없는 것이 후회되고 원통합니다."

이 말을 들은 부처님께서 정색을 하고 말씀하셨다.

"왁깔리여, 이 썩어질 몸뚱이를 보고 예배를 해서 어쩌자는 것이냐! 법을 보는 사람은 나를 보는 사람이요, 나를 보는 사람은 법을 보아야 한다. 그러므로 나를 보려거든 법을 보아라."

부처님께서는 또 이렇게 말씀하셨다.

"너는 신체를 영원한 것이라고 생각하느냐, 덧없는 것이라고 생각하느냐?"

"신체는 덧없는 것입니다."

"느낌과 생각과 의지 작용과 의식에 대해서는 어떻게 생각하느냐?"

"그것도 덧없는 것입니다."

"왁깔리여, 덧없는 존재는 괴로움이다. 괴로운 것은 주체가 없다. 또 덧없는 것에는 나와 내 것이라고 할 것이 없음을 알아야 한다. 이와 같이 봄으로써 내 제자들은 신체와 느낌과 생각과 의지 작용과 의식을 싫어하고 욕심을 떠나 해탈하고 해탈의 지혜가 생기는 것이다."

이 말씀을 듣고 왁깔리는 지혜의 눈을 떴다.

— 『쌍윳다 니까야(Samyutta Nikāya) 왁깔리경(Vakkali-Sutta)』

4. 복 짓는 사람

부처님께서 기원정사에서 많은 대중을 위해 법을 설하고 계실 때였다. 그 자리에는 아니룻다도 있었는데 그는 설법 도중 꾸벅꾸벅 졸고 있었다. 부처님께서는 설법이 끝난 뒤 아니룻다를 따로 불러 말씀하셨다.

"아니룻다여, 너는 어째서 집을 나와 도를 배우느냐?"

"생로병사와 근심 걱정의 괴로움이 싫어 그것을 버리려고 집을 나왔습니다."

"그런데 너는 설법을 하고 있는 자리에서 졸고 있으니 어떻게 된 일이냐?"

아니룻다는 자기 허물을 크게 뉘우치면서 부처님께 말씀을 올렸다.

"이제부터는 이 몸이 부서지는 한이 있더라도 다시는 부처님 앞에서 졸지 않겠습니다."

이때부터 아니룻다는 밤에도 자지 않고 뜬눈으로 정진하다가 마침내 눈병이 나고 말았다. 부처님께서 타이르셨다.

"아니룻다여, 너무 애쓰면 조바심과 어울리고 너무 게으르면 번뇌와 어울리게 된다. 너는 그 중간을 취하도록 하라."

그러나 아니룻다는 부처님 앞에서 졸지 않겠다고 맹세한 일을 상기하면서 타이름을 들으려고 하지 않았다. 아니룻다의 눈병이 날로 심해지는 것을 보시고 부처님께서는 의사 지와까에게 아니룻다를 치료해 주도록 당부하셨다. 아니룻다의 증세를 살펴본 지와까는 부처님께 말씀드렸다.

"아니룻다님이 잠을 좀 자면서 눈을 쉰다면 치료할 수 있겠습니다만, 통 눈을 붙이려고 하지 않으니 큰일입니다."

부처님께서 다시 아니룻다를 불러 말씀하셨다.

"아니룻다여, 잠을 좀 자거라. 중생의 육신은 먹지 않으면 죽는 법이다. 눈은 잠으로 먹이를 삼고, 귀는 소리로 먹이를 삼으며, 코는 냄새로, 혀는 맛으로, 몸은 감촉으로, 생각은 현상으로 먹이를 삼는다. 그리고 여래는 열반으로 먹이를 삼는다."

아니룻다는 부처님께 여쭈었다.

"그러면 열반은 무엇으로 먹이를 삼습니까?"

"열반은 게으르지 않는 것으로 먹이를 삼는다."

아니룻다는 끝내 고집을 버리지 않았다.

"부처님께서는 눈은 잠으로 먹이를 삼는다고 말씀하지만 저는 차마 잘 수 없습니다."

아니룻다의 눈은 마침내 앞을 볼 수 없게 되었다. 그러나 애써 정진한 끝에 마음의 눈이 열리게 되었다. 육안을 잃어버린 아니룻다의 일상생활은 말할 수 없이 불편했다.

어느 날 해진 옷을 깁기 위해 바늘귀를 꿰려 하였으나 꿸 수가 없었다. 그는 혼잣말로 중얼거렸다. '세상에서 복을 지으려는 사람은 나를 위해 바늘귀를 좀 꿰어 주었으면 좋겠네.'

이때 누군가 그의 손에서 바늘과 실을 받아 해진 옷을 기워준 사람이 있었다. 그 사람이 부처님인 것을 알고 아니룻다는 깜짝 놀랐다.

"아니, 부처님께서는 그 위에 또 무슨 복을 지을 일이 있으십니까?"

"아니룻다여, 이 세상에서 복을 지으려는 사람 중에 나보다 더한 사람은 없을 것이다. 왜냐하면 나는 여섯 가지 법에 만족할 줄 모르기 때문이다. 여섯 가지 법이란, 보시와 교훈과 인욕과 설법과 중생 제도와 더 없는 바른 도를 구함이다."

아니룻다는 말했다.

"여래의 몸은 진실한 법의 몸이신데 다시 더 무슨 법을 구하려 하십니까? 여래께서는 이미 생사의 바다를 건너셨는데 더 지어야 할 복이 어디 있습니까?"

"그렇다, 아니룻다여. 네 말과 같다. 중생이 악의 근본인 몸과 말과 생각의 실행을 참으로 안다면 결코 삼악도三惡道에 떨어지지 않을 것이다. 그러나 중생은 그것을 모르기 때문에 나쁜 길에 떨어진다. 나는 그들을 위해 복을 지어야 한다. 이 세상의 모든 힘 중에서도 복의 힘은 가장 으뜸이니, 그 복의 힘으로 불도를 성취한다. 아니룻다여, 너도 이 여섯 가지 법을 얻도록 하라. 비구는 너와 같이 공부해야 한다."

―『증일아함경增壹阿含經』「역품力品」

5. 바다의 진리

부처님께서 사왓티의 녹야원에서 오백 명의 비구와 같이 계실 때였다. 그때 부처님께서는 바다를 좋아한다는 젊은이를 만나 물으셨다.

"바닷속에는 무슨 신기한 것이 있기에 너희들은 바다를 그렇게 좋아하느냐?"

젊은이는 대답했다.

"바닷속에는 여덟 가지 처음 보는 법이 있으므로 저희들은 거기서 즐깁니다. 첫째, 큰 바다는 매우 깊고 넓습니다. 둘째, 바다에는 신비로운 덕이 있는데 네 개의 큰 강이 각각 오백의 작은 강과 합쳐서 바다로 들어가면 그것들은 본래의 이름을 잃어버립니다. 셋째, 바다는 모두 똑같은 한맛(一味)입니다. 넷째, 드나드는 조수가 그 때를 어기지 않습니다. 다섯째, 여러 중생들이 그 속에서 삽니다. 여섯째, 바다는 어떠한 것을 받아들일지라도 비좁아지지 않습니다. 일곱째, 바다에는 진주와 같은 여러 가지 진귀한 보석이 있습니다. 여덟째, 바다에는 금모래가 있고 네 가지 보배로 된 수미산이 있습니다. 여래의 법에는 어떤 것이 있기에 비구가 그 안에서 즐깁니까?"

"내게도 여덟 가지 처음 보는 법이 있어 비구가 그 안에서 즐기고 있다. 첫째, 내 법 안에는 계율이 갖추어져 있어 방일한 행이 없다. 그것은 저 바다처럼 매우 깊고 넓다. 둘째, 세상에는 네 가지 계급이 있지만 내 법 안에는 마치 네 개의 강이 바다에 들어가면 한맛이 되듯이 도를 배우게 되면 그들은 이전의 이름이 없어지는 것과 같다. 셋째, 정해진 계율에 따라 차례를 어기지 않는다. 넷째, 내 법은 결국 똑같은 한맛이니 팔정도八正道가 그것이다. 다섯째, 내 법은 갖가지 미묘한 법으로 가득 차 있다. 바다에 여러 중생들이 사는 것처럼 비구는 그것을 보고 그 안에서 즐긴다. 여섯째, 바다에 온갖 보배가 있듯이 내 법에도 온갖 보배가 있다. 일곱째, 내 법 안에는 온갖 중생이 집을 떠나 머리를 깎고 법복을 입고 도를 닦아 열반에 든다. 그러나 내 법에는 더하고 덜함이 없다. 바다에 여러 강이 들어와도 더하고 덜함이 없는 것과 같다. 여덟째, 큰 바다 밑에 금모래가 깔려 있듯이 내 법에는 헤아릴 수 없는 갖가지 삼매三昧가 있다. 비구는 그것을 알고 즐기는 것이다."

젊은이는 감탄했다.

"거룩하십니다, 부처님. 여래의 법 가운데 처음 보는 법들은 바다의 그것보다 백배 천배 뛰어나서 견줄 수가 없습니다. 그것은 바로 성인의 여덟 가지 길입니다."

부처님께서 그를 위해 차례로 법을 말씀하셨다. 보시를 하고 계율을 지키면 천상세계에 태어날 수 있다고 가르치셨고, 탐욕은 더럽고 번뇌는 큰 재앙이므로 그것을 벗어나는 것이 가장 훌륭하다고 가르치셨다. 그리고 그의 마음이 열리고 의심이 풀린 것을 보시고 괴로움(苦)과 그 원인(集)과 없앰(滅)과 없애는 길(道) 등의 네 가지 진리를 말씀하셨다.

—『증일아함경增壹阿含經』「팔난품八難品」

6. 법다운 보시

라자그리하에 바드리까(Bhadrika)라는 부호가 있었다. 그는 재산이 주체할 수 없이 많으면서도 인색하고 욕심이 많아 남에게 조금도 베풀려고 하지 않았다. 과거에 지은 공덕을 까먹기만 하고 새로운 공덕을 쌓을 줄 몰랐다. 그는 어찌나 인색했던지 일곱 개의 문을 겹겹이 닫아 얻으러 오는 사람을 막았고, 그물을 쳐 새들이 뜰에 내려와 모이를 쪼아 먹는 것까지 막았다.

어느 날 목갈라나, 까샤빠, 아니룻다 등이 모여 바드리까를 교화하기로 의논하고 그의 집으로 갔다. 이때 바드리까는 자기 방에서 혼자 맛있는 떡을 먹고 있었다. 그런데 뜻밖에 발우를 들고 나타난 아니룻다를 보고 놀랐다. 마음으로는 아주 못마땅했지만 아니룻다에게 남은 떡을 조금 주었다. 아니룻다가 돌아간 후에 그는 문지기를 불러 왜 사문을 들여놓았느냐고 꾸짖었다. 그러나 문지기는 문이 굳게 잠긴 것을 보고 그럴 리가 없다고 대답했다.

바드리까가 이번에는 구운 떡을 먹고 있을 때였다. 그때 불쑥 까샤빠가 그 앞에 나타났다. 그는 또 하는 수 없이 먹던 떡을 조금 떼어 주었다. 까샤빠가 돌아간 후 다시 문지기를 불러 꾸짖었지만 대답은 한결같았다. 어디로 들어왔는지 몰라 잔뜩 화가 난 그는 사문들이 요술을 부려 사람을 놀리는 것이라고 욕지거리를 했다. 그의 아내가 칫타 비구의 누이동생인데, 남편의 욕설을 듣고 말했다.

"그렇게 욕설하지 마세요. 당신은 두 수행자가 누구인지 아십니까? 먼저 분은 까삘라의 드로노다나(Droṇodana)왕의 아들 아니룻다 수행자입니다. 그분은 깨달음을 얻어 부처님 제자 중에서도 천안통天眼通[1]이 으뜸이라고 합니다. 또 한 수행자는 까삘라 부호의 외아들 까샤빠입니다. 그분은 뛰어난 미인을 아내로 맞았다가 함께 출가하여 검소한 생활을 함으로써 부처님께 두타頭陀[2] 제일이라고 칭찬받는 수행자입니다. 그와 같은 두 수행자가 우리 집에 오신 것은 다시없는 영광입니다."

"그 말을 들으니 언젠가 그 이름을 들은 것 같군."

하고 바드리까는 말했다.

이때 목갈라나는 쇠그물을 뚫고 공중에 뜬 채 가부좌跏趺坐[3]를 하고 있었다. 바드리까는 놀랍고 두려워 이렇게 소리쳤다.

"너는 천신이냐, 귀신이냐, 중음신(中陰身)[4]이냐, 야차(Yakṣa)냐?"

---

[1] 온갖 세상일을 꿰뚫어 보는 능력.
[2] 번뇌와 의식주에 대한 탐욕을 버리고 산과 들에 노숙하면서 밥을 빌어먹고 검박하게 불도를 닦음. 이런 수행자를 행각승行脚僧이라 한다.
[3] 좌선坐禪할 때 앉는 자세.
[4] 사람이 죽어 다음 생으로 태어날 때까지의 존재. 중유(中有, antarā-bhava)라고도 한다.

"천신도 아니요, 귀신도 건달바도 야차도 아니오. 나는 부처님의 제자 목갈라나이며 법을 설하기 위해 당신 앞에 나타난 것이오."

바드리까는 그가 사문이라는 말을 듣고 보시를 청하는 거지로 생각했다. 그리고 어떤 요구가 있더라도 거절하리라고 마음먹었다. 목갈라나는 법을 설했다.

"부처님께서는 법과 재물 두 가지 보시布施를 말씀하십니다. 정신 차려 잘 들으시오. 내 이제 법의 보시를 말하리라. 부처님께서는 다섯 가지로 이 법보시를 말씀하십니다. 첫째는 산목숨을 죽이지 않는 것, 둘째는 주지 않는 남의 물건을 갖지 않는 것, 셋째는 남의 아내를 범하지 않는 것, 넷째는 거짓을 말하지 않는 것, 다섯째는 술을 마시지 않는 것, 이 다섯 가지가 법의 보시입니다. 당신은 한평생 이 큰 보시를 지켜야 합니다."

바드리까는 다섯 가지 법보시가 자기에게 손해될 것 없음에 마음이 놓였다. 살생하지 않는 것은 쉬운 일이고, 자기는 부자이니 남의 것을 가질 필요가 없으며, 남의 아내를 범하지 않고 거짓말을 않는 것은 좋은 일이며, 더구나 술 마시지 말라니 그것은 돈을 모으는 요긴한 방법이라 더욱 좋은 일이라고 생각되었다. 부처님의 가르침이 이런 것이라면 즐겨 따르겠다고 맹세했다. 그래서 목갈라나를 청해 처음으로 공양을 내었다.

공양을 마친 뒤 다시 옷을 공양하기 위해 창고에 들어가 가장 허름한 천을 고르려고 했다. 그러나 이상하게도 손이 저절로 좋은 천으로만 옮겨져 집었다가 놓기를 수없이 되풀이했다. 이때 문득 목갈라나의 말소리가 들려왔다.

"남에게 베풀면서 마음과 싸우는 것은 어질고 착한 이로서는 차마 못할 일, 보시란 원래 싸움이 아니니 당신의 마음 내키는 대로 하시오."

바드리까는 이 소리를 듣자 자기 마음이 환히 드러나 보인 것을 부끄러워하며 좋은 천을 가져다 목갈라나에게 공양했다. 목갈라나는 옷감을 받고 그를 위해 다시 보시의 공덕에 대한 법을 설했다. 설법을 들은 바드리까는 비로소 마음의 눈이 활짝 열려 기뻤다. 그는 한평생 부처님의 신도가 되기를 맹세했다.

—『증일아함경增壹阿含經』「성문품聲聞品」

7. 피할 수 없는 죽음

부처님께서 사왓티의 기원정사에 계실 때였다. 어느 날 빠세나디(Pasenadi)왕은 나라 일로 성 밖에 나가 있었다. 그때 왕의 어머니는 백 살에 가까운 나이로 오래전부터 병석에 누워 있었는데, 불행히도 왕이 나가고 없는 사이에 돌아가셨다. 지혜로운 신하 불사밀은 효성스런 왕이 이 불행한 소식을 들으면 얼마나 슬퍼할까 염려한 끝에 어떤 방편을 써서라도 왕의 슬픔을 덜어 주어야겠다고 생각했다. 그는 오백 마리의 코끼리와 말과 수레를 화려하게 장식하고 수많은 보물과 기녀들을 실은 뒤 만장을 앞세워 풍악을 울리면서 상여를 둘러싸고 성 밖으로 나갔다. 왕의 일행이 돌아오는 도중에 만날 수 있도록 하기 위해서였다. 왕은 호화로운 상여를 보고 마중 나온 불사밀에게 물었다.

"저것은 어떤 사람의 장례 행렬인가?"

"성안에 사는 어떤 부잣집 어머니가 돌아가셨답니다."

왕은 다시 물었다.

"저 코끼리와 말과 수레는 어디에 쓰려는 것인가?"

"그것들을 염라왕에게 바치고 죽은 어머니의 목숨을 대신하려고 한답니다."

왕은 웃으면서 말했다.

"어리석은 짓이다. 목숨이란 멈추게 할 수도 없지만 대신할 수도 없는 것. 한 번 악어의 입에 들어가면 구해 낼 수 없듯이, 염라왕의 손아귀에 들면 죽음은 면할 수 없다."

"그러면 여기 오백 명의 기녀들로 죽은 목숨을 대신하겠다는 요량입니다."

"기녀도 보물도 다 쓸데없는 짓이다."

"그러면 브라만의 주술과 덕이 높은 사문의 설법으로 구원하겠다고 합니다."

왕은 껄껄 웃으면서 말했다.

"다 어리석은 생각이다. 한 번 악어 입에 들어가면 나올 수 없는 것, 생이 있는데 어찌 죽음이 없겠는가. 부처님께서도 한 번 태어난 자는 반드시 죽는다고 말씀하셨거늘."

이때 불사밀은 왕 앞에 엎드려 말했다.

"대왕님, 말씀하신 바와 같이 모든 생명 있는 것은 반드시 다 죽는 법입니다. 너무 상심하지 마십시오. 태후께서 돌아가셨습니다."

왕은 이 말을 듣고 놀라며 깊은 한숨을 쉬었다. 왕은 한참을 말없이 있다가 입을 열었다.

"착하구나, 불사밀이여. 그대는 미묘한 방편으로 내 마음을 위로해 주는구나. 그대는 참으로 좋은 방편을 알고 있다."

빠세나디왕은 성으로 들어가 여러 가지 향과 꽃으로 돌아가신 어머니께 공양하고 나서 부처님이 계신 기원정사로 수레를 몰았다. 전에 없이 한낮에 찾아온 왕을 보고 부처님께서 물으셨다.

"이 대낮에 웬일이시오?"

"부처님, 저의 어머님이 돌아가셨습니다. 백 살에 가까운 어머님은 매우 노쇠했지만 저는 한결같이 공경해 왔습니다. 만약 이 왕의 자리로 어머님의 죽음과 바꿀 수 있다면, 저는 왕위뿐 아니라 거기에 따른 말과 수레와 보물과 이 나라까지도 내놓겠습니다."

부처님께서는 말씀하셨다.

"너무 슬퍼하지 마시오. 살아 있는 모든 목숨은 반드시 죽는 법입니다. 모든 것은 바뀌고 변하는 것, 아무리 변하지 않게 하려 해도 그렇게 될 수는 없소. 마치 질그릇은 그대로 구운 것이건 약을 발라 구운 것이건, 언젠가 한번은 부서지고 마는 것과 같소. 네 가지 두려움이 몸에 닥치면 그것은 막을 수 없는 것이오. 그 네 가지란, 늙음과 질병과 죽음과 무상이오. 이것은 그 어떤 힘으로도 막아낼 수 없소. 마치 큰 산이 무너져 사방에서 덮쳐누르면 아무리 발버둥 쳐도 빠져나올 수 없는 것과 같소. 견고하지 못한 것은 아예 믿을 것이 못되오. 그러므로 법으로 다스려 교화하고 법 아닌 것을 쓰지 마시오. 법으로 다스려 교화하면 그 몸이 무너지고 목숨이 끝난 뒤에 천상에 태어나지만, 법 아닌 것으로 다스리면 죽은 뒤에는 지옥에 떨어질 것이오."

왕은 부처님께 말씀드렸다.

"참으로 그렇습니다. 부처님 말씀을 듣고 나니 여러 가지 슬픔과 근심이 사라집니다. 나라 일이 많으니 이만 물러가겠습니다."

빠세나디왕은 자리에서 일어나 부처님께 절하고 가벼운 마음으로 물러갔다.

―『증일아함경增壹阿含經』「사의단품四意斷品」

8. 강물에 떠내려가는 통나무처럼

부처님께서 마가다 왕국에 머물고 계실 때, 많은 비구와 함께 강변으로 나가셨다. 때마침 강 한가운데 큰 통나무가 떠내려가는 것을 보고 말씀하셨다.

"저기 강물에 떠내려가는 통나무를 보아라. 만일 저 나무가 이쪽 기슭이나 저쪽 기슭에도 닿지 않고 중간에 가라앉지도 않고, 섬에 얹히지도 않으며, 사람에게 건져지거나 사람 아닌 것에 잡히지도 않으며, 물을 따라 돌아오거나 물 가운데서 썩지 않는다면, 저 나무는 결국 바다로 들어가 머물게 될 것이다. 왜냐하면 모든 강물은 바다로 들어가기 때문이다. 비구들이여, 너희들도 그와 같아서 만일 도의 강물 위에서 이쪽 기슭이나 저쪽 기슭에 닿지 않고, 중간에 가라앉거나 사람이나 사람 아닌 것에 잡히지 않고, 물을 따라 돌아오거나 썩지 않는다면, 열반의 바다에 들어가 머물게 될 것이다. 왜냐하면 바른 견해, 바른 생각, 바른 말, 바른 행위, 바른 생활, 바른 노력, 바른 기억, 바른 선정은 반드시 열반으로 이끌기 때문이다."

그때 난다라는 소 치는 사람이 멀리서 이 말씀을 듣고 부처님께 와서 여쭈었다.

"부처님, 저도 지금부터 그렇게 노력한다면 열반에 이르게 됩니까?"

"그렇다. 누구든지 그와 같이 하면 열반에 이르게 될 것이다."

"그러면 저도 사문이 되어 도道 안에 있도록 허락해 주십시오."

"네가 맡아 있는 그 소를 주인에게 돌려준 뒤에라야 사문이 될 수 있다."

"이 소는 집에 있는 송아지를 생각하기 때문에 혼자서도 돌아갈 수 있을 것입니다. 그러니 부처님께서는 제가 사문이 되는 것을 허락해 주십시오."

"그 소는 혼자 갈 수도 있겠지만, 그래도 네가 끌고 가서 주인에게 돌려주어야 한다."

그러자 난다는 소를 돌려주고 와서 사문이 되었다. 사문이 된 난다는 부처님께 또 물었다.

"부처님, 양쪽 언덕은 무엇이며, 중간에 잠기고 섬에 얹히며 사람이나 사람 아닌 것에 잡힌다는 것은 무엇이며, 물을 따라 돌아오고 썩는다는 것은 무엇을 뜻합니까?"

부처님께서는 대답하셨다.

"이쪽 기슭이란 육신을 말하고, 저쪽 기슭이란 육신이 없어짐을 말한다. 중간에 가라앉음은 욕락에 빠지는 일이고, 섬에 얹힌다는 것은 교만을 가리킨다. 사람에게 잡힌다는 것은 비구가 재가신도在家信徒와 사귀어 세속의 정을 같이함으로써 도를 닦는 마음을 타락하게 함이고, 사람 아닌 것에 잡힌다는 것은 비구가 천상에 나기 위해 수행하되 '이 계행과 이 고행에 의해 천상에 나리라'고 생각하는 것이다. 물을 따라 돌아옴이란 그릇된 의심이고, 썩는다는 것은 비구들이 성질이 악하고 계를 지키지 않으며, 착한 일에 용감하지 못하고 자기 허물을 덮어 놓으며, 청정한 수행자가 아니면서도 청정한 수행자인 체하는 것을 말한다."

—『증일아함경增壹阿含經』「마혈천자문팔정품馬血天子問八政品」

제4장

성인의 길

1. 비를 뿌리려거든

소 치는 다니야(Dhaniya)가 말했다.

"나도 이미 밥도 지었고 우유도 짜 놓았습니다. 마히 강변에서 처자와 살고 있습니다. 내 움막 지붕에는 이엉을 덮어 놓았고 집 안에는 불을 지펴 놓았습니다. 그러니 신이여, 비를 뿌리려거든 비를 뿌리소서."

부처님께서 말씀하셨다.

"나는 성내지 않고 마음의 두터운 미혹迷惑도 벗어 버렸다. 마히 강변에서 하룻밤을 쉬리라. 내 움막[1]에는 아무것도 걸쳐 놓지 않았고 탐욕의 불은 남김없이 꺼 버렸다. 그러니 신이

---

1 부처님 자신.

여, 비를 뿌리려거든 비를 뿌리소서."

소 치는 다니야가 말했다.

"모기나 쇠파리도 없고 소들은 늪에서 우거진 풀을 뜯어 먹으며 비가 와도 견뎌낼 것입니다. 그러니 신이여, 비를 뿌리려거든 비를 뿌리소서."

부처님께서 말씀하셨다.

"내 뗏목은 이미 잘 만들어졌다. 욕망의 거센 흐름에도 끄떡없이 건너 벌써 피안彼岸에 이르렀으니, 이제는 뗏목이 소용없다. 그러니 신이여, 비를 뿌리려거든 비를 뿌리소서."

소 치는 다니야가 말했다.

"내 아내는 착하고 허영심이 없습니다. 오래 함께 살아도 항상 내 마음에 듭니다. 그녀에게 어떤 나쁜 점도 없습니다. 그러니 신이여, 비를 뿌리려거든 비를 뿌리소서."

부처님께서 말씀하셨다.

"내 마음은 내게 순종하고 해탈해 있다. 오랜 수행으로 잘 다스려졌다. 내게는 그 어떤 나쁜 점도 없다. 그러니 신이여, 비를 뿌리려거든 비를 뿌리소서."

소 치는 다니야가 말했다.

"나는 놀지 않고 내 힘으로 살아가고 있습니다. 내 아이들은 모두 다 건강합니다. 그들에게는 어떤 나쁜 점도 없습니다. 그러니 신이여, 비를 뿌리려거든 비를 뿌리소서."

부처님께서 말씀하셨다.

"나는 누구에게도 속하지 않는다. 스스로 도를 터득해서 온 누리를 거닌다. 남에게 속할 이유가 없다. 그러니 신이여, 비를 뿌리려거든 비를 뿌리소서."

소 치는 다니야가 말했다.

"소를 매놓은 말뚝은 땅에 박혀 흔들리지 않습니다. 새로 엮은 밧줄은 튼튼해서 소도 그것을 끊을 수 없을 것입니다. 그러니 신이여, 비를 뿌리려거든 비를 뿌리소서."

부처님께서 말씀하셨다.

"황소처럼 고삐를 끊고 코끼리처럼 냄새나는 넝쿨을 짓밟았으니, 나는 다시 인간의 모태母胎에 들지 않을 것이다. 그러니 신이여, 비를 뿌리려거든 비를 뿌리소서."

이때 갑자기 검은 구름이 일어 폭우가 내리더니 골짜기와 언덕에 물이 넘쳤다. 쏟아지는 빗소리를 듣고 다니야는 이렇게 말했다.

"우리는 거룩한 스승을 만나 얻은 바가 참으로 큽니다. 눈이 있는 이[2]여, 우리는 당신께 귀의하오니 스승이 되어 주소서. 위대한 성자시여, 아내도 저를 따라 행복한 분 곁에서 청정한 행을 닦겠습니다. 그러면 더 이상 생사의 윤회가 없는 피안에 이르러 이 고통에서 벗어나게 될 것입니다."

---

2 지혜의 눈을 뜬 분이라는 뜻에서, 초기 교단에서 부처님을 이와 같이 부르기도 했다.

이때 악마 빠삐만(Pāpimant)이 말했다.

"자녀가 있는 이는 자녀 때문에 기뻐하고, 소를 가진 이는 소 때문에 기뻐한다. 사람은 소유에서 기쁨을 가진다. 소유하지 않는 사람은 기뻐할 일도 없다."

부처님께서 말씀하셨다.

"자녀가 있는 이는 자녀 때문에 괴롭고, 소를 가진 이는 소 때문에 괴롭다. 사람은 소유에서 괴로움을 가진다. 소유가 없는 사람은 괴로움도 없다."

―『숫따니빠따(Sutta-Nipāta)』

2. 무소의 뿔처럼

"모든 살아 있는 것들에게 폭력을 쓰지 말고, 괴롭히지 말며, 자녀를 가지려 하지도 마라. 하물며 친구이랴. 무소의 뿔처럼 혼자서 가라.

가까이 사귄 사람끼리는 사랑과 그리움이 생긴다. 사랑과 그리움에는 괴로움이 따르게 마련이다. 좋아하는 마음에서 근심 걱정이 생기는 줄 알고, 무소의 뿔처럼 혼자서 가라.

친구를 좋아한 나머지 마음이 얽매이면 본래의 뜻을 잃는다. 가까이 사귀면 이런 우려가 있다는 것을 알고, 무소의 뿔처럼 혼자서 가라.

자식이나 아내에 대한 애착은 가지가 무성한 대나무가 서로 엉켜 있는 것과 같다. 죽순이 다른 것과 엉키지 않듯이, 무소의 뿔처럼 혼자서 가라.

숲속의 사슴이 먹이를 찾아 여기저기 다니듯, 지혜로운 사람은 홀로 있는 자유를 찾아, 무소의 뿔처럼 혼자서 가라.

동행이 있으면 머물거나 가거나 섰거나 먼 나그네 길까지도 항상 간섭을 받는다. 남들이 원치 않는 홀로 있는 자유를 찾아, 무소의 뿔처럼 혼자서 가라.

벗들과 어울리면 유희와 환락이 따른다. 또 그들에 대한 애정은 깊어만 간다. 사랑하는 사람과 헤어지는 게 싫다면, 무소의 뿔처럼 혼자서 가라.

사방으로 돌아다니지 말고, 남을 해치려 말고, 무엇이든 얻은 것으로 만족하고, 온갖 고난을 이겨 두려움 없이, 무소의 뿔처럼 혼자서 가라.

지혜롭고 성실하고 예의바르고 현명한 동반자를 얻었다면 어떠한 난관도 극복하리니, 기쁜 마음으로 생각을 가다듬고 그와 함께 가라. 그러나 그러한 동반자를 얻지 못했다면, 정복한 나라를 버리고 가는 왕과 같이, 무소의 뿔처럼 혼자서 가라.

우리는 참된 벗 얻기를 바란다. 자기보다 뛰어나거나 대등한 친구는 가까이 친해야 한다. 그러나 이런 친구를 만나지 못할 때는 허물을 짓지 말고, 무소의 뿔처럼 혼자서 가라.

애욕은 빛이 곱고 감미로우며 우리를 즐겁게 한다. 또 여러 가지 모양으로 우리의 마음을 어지럽힌다. 애욕의 대상에는 이러한 근심 걱정이 있는 줄 알고, 무소의 뿔처럼 혼자서 가라.

이것이 내게는 재앙이고 종기이고 재난이며, 질병이고 화살이며 공포다. 모든 애욕의 대상에는 이러한 두려움이 있는 줄 알고, 무소의 뿔처럼 혼자서 가라.

탐내지 말고 속이지 말며, 갈망하거나 남의 덕을 가리지도 마라. 혼탁과 미혹을 버리고 세상의 온갖 집착에서 벗어나, 무소의 뿔처럼 혼자서 가라.

의롭지 못한 것을 보고 그릇되고 굽은 것에 사로잡힌 나쁜 벗을 멀리하라. 탐욕에 빠져 게으른 사람을 가까이하지 말고, 무소의 뿔처럼 혼자서 가라.

널리 배워 진리를 아는, 생각이 깊고 현명한 이를 벗으로 사귀라. 그것이 이익 됨을 알고 의혹을 떠나, 무소의 뿔처럼 혼자서 가라.

세상의 놀이와 환락을 즐기지 말고 사치하지 마라. 허식을 버리고 진실을 말하면서, 무소의 뿔처럼 혼자서 가라.

홀로 앉아 선정禪定에 들고, 모든 일을 하는 데 있어 이치와 법도에 맞도록 행동하라. 살아가는 데 무엇이 근심인지 똑똑히 알고, 무소의 뿔처럼 혼자서 가라.

소리에 놀라지 않는 사자와 같이, 그물에 걸리지 않는 바람과 같이, 무소의 뿔처럼 혼자서 가라."

—『숫따니빠따(Sutta-Nipāta)』

3. 나도 갈고 뿌린 후에 먹는다

어느 때 부처님께서 마가다 왕국 남산에 있는 한 브라만촌에 머물고 계셨다. 브라만 바라드와자는 씨를 뿌리려고 밭을 가는 데에 오백 개의 쟁기를 소에 메었다. 부처님께서 발우를 들고 그의 집으로 가셨을 때 그는 마침 음식을 나누어 주고 있었다. 음식을 받기 위해 한쪽에 서 있는 부처님을 보고 바라드와자가 말했다.

"사문, 나는 밭을 갈고 씨를 뿌립니다. 밭을 갈고 씨를 뿌린 후에 먹습니다. 당신도 밭을 갈고 씨를 뿌리십시오."

부처님께서 말씀하셨다.

"브라만, 나도 밭을 갈고 씨를 뿌리오. 갈고 뿌린 다음에 먹소."

"그러나 우리는 지금까지 당신의 멍에나 호미 그리고 작대기나 소를 본 일이 없습니다. 그런데 당신은 어째서 나도 밭을 갈고 씨를 뿌린 다음에 먹는다고 하십니까? 당신이 밭을 간다는 것을 우리들이 알아듣도록 말씀해 주십시오."

"믿음은 종자요 고행은 비며, 지혜는 내 멍에와 호미요 부끄러움은 쟁기자루며, 의지는 잡아매는 줄이고 생각은 내 호미날과 작대기라오. 몸을 근신하고 말을 조심하며 음식을 절제하여 과식하지 않고 나는 진실로써 김을 매며, 온화한 성질은 내 멍에를 벗겨 주오. 노력은 내 황소, 나를 절대자유의 경지로 실어다 주오. 물러남 없이 앞으로 나아가 그곳에 이르면 근심 걱정이 사라지오. 내 밭갈이는 이렇게 이루어지고 감로의 열매를 가져옵니다. 이런 농사를 지으면 온갖 고뇌에서 풀려나게 되오."

이때 밭을 가는 브라만 바라드와자는 커다란 청동 발우에 우유죽을 하나 가득 담아 부처님께 올렸다.

"고따마께서는 우유죽을 드십시오. 당신이야말로 정말 밭을 가는 분입니다. 당신 고따마께서는 감로의 열매를 가져다 주는 농사를 지으십니다."

그러나 부처님께서는 이를 사양하셨다.

"시를 읊어 얻은 것을 나는 먹을 수 없소. 이것은 바르게 보는 사람의 행동이 아니오. 눈뜬 사람들은 시[3]를 읊어 생긴 것을 받지 않았소. 오로지 진리에 따르는 것이 눈뜬 사람들의 생활 방법이오. 번뇌의 때를 다 없애고 나쁜 행위를 소멸해 버린 사람에게는 다른 음식을 드리시오. 그것은 공덕을 바라는 이의 복밭이 될 것이오."

---

3 불교 이전 브라만교의 성전에 표현된 말을 인용한 것임.

"그러면 고따마여, 이 우유죽은 누구에게 드려야 합니까?"

"신·인간·사문·브라만을 포함한 여러 중생 가운데서 완전한 사람(如來)과 그의 제자를 제외하고 이 우유죽을 먹고 소화시킬 사람은 아무도 없소. 그러니 이 우유죽일랑은 생물이 없는 물속에 버리시오."

바라드와자는 그 우유죽을 생물이 없는 물속에 쏟아 버렸다. 그런데 이 우유죽은 물속에 버려지자마자 부글부글 소리를 냈고 많은 거품이 끓어올랐다. 바라드와자는 모골이 송연하여 두려워 떨면서 부처님 곁에 다가섰다. 그리고 부처님 발밑에 꿇어앉아 말했다.

"놀라운 일입니다, 고따마여. 마치 넘어진 사람을 일으켜 주듯이, 덮인 것을 벗겨 주듯이, 길 잃은 이에게 길을 가르쳐 주듯이, 혹은 '눈이 있는 자 빛을 보리라.' 하여 어둠 속에서 등불을 비춰 주듯이, 고따마께서는 여러 가지 방편으로 진리를 밝혀 주셨습니다. 저는 고따마 당신께 귀의하고 고따마의 가르침과 승단에 귀의합니다. 저는 당신 곁에 출가하여 완전한 계율[4]을 받겠습니다."

밭을 가는 바라드와자는 이렇게 해서 부처님 곁에 출가하여 완전한 계율을 받았다. 그 후 얼마 되지 않아 사람들을 멀리하고 홀로 부지런히 정진하여 마침내 더없이 청정한 수행의

---

4 비구가 지켜야 하는 계율, 이를 구족계具足戒라고도 함.

궁극을 스스로 깨달았다. 그리하여 그는 성인의 한 사람이 되었다.

—『숫따니빠따(Sutta-Nipāta)』

4. 천한 사람

불을 섬기는 한 브라만의 집에 성화聖火가 켜지고 제물이 올려져 있었다. 부처님께서는 사왓티 거리에서 탁발하면서 그의 집 앞을 지나가셨다. 브라만은 부처님을 보자 소리쳤다.

"비렁뱅이 까까중아, 거기 섰거라. 천한 놈아, 거기 섰거라."

부처님께서 걸음을 멈추고 브라만에게 말씀하셨다.

"브라만이여, 당신은 어떤 사람이 천한지 아시오? 그리고 천한 사람을 만드는 조건이 무엇인지 알고 있소?"

"당신이 말해 보시오."

부처님께서 말씀하셨다.

"화를 잘 내고 원한을 품으며, 간사하고 악독해서 남의 미덕을 덮어 버리고 그릇된 소견으로 모함하는 사람, 그가 천한 사람이오. 생명을 해치고 동정심이 없는 사람, 그가 천한 사람이오. 시골과 도시를 파괴하여 독재자로서 널리 알려진 사람, 그가 천한 사람이오.

마을에 살거나 숲에서 살거나 주지도 않는데 남의 것을 가지는 사람, 그가 천한 사람이오. 빚이 있어 돌려 달라고 독촉을 받으면 언제 빚을 졌느냐고 잡아떼는 사람, 그가 천한 사람이오. 얼마 안 되는 물건을 탐내어 행인을 살해하고 그 물건을 약탈하는 사람, 그가 천한 사람이오. 증인으로 불려 나갔을 때 자신이나 남을 위해 또는 재물 때문에 거짓으로 증언하는 사람, 그가 천한 사람이오.

폭력을 써서 혹은 서로 눈이 맞아 친척이나 친구의 아내와 놀아나는 사람, 그가 천한 사람이오. 가지고 있는 재물이 풍족하면서도 늙고 병든 부모를 섬기지 않는 사람, 그가 천한 사람이오. 부모나 형제자매 혹은 계모를 때리거나 욕하는 사람, 그가 천한 사람이오.

상대가 이익 되는 일을 물었을 때 불리하게 가르쳐 주거나 숨기는 일을 알리는 사람, 그가 천한 사람이오. 나쁜 일을 하면서 자기가 저지른 일을 숨기는 사람, 그가 천한 사람이오. 남의 집에 갔을 때는 융숭한 대접을 받았으면서 그쪽에서 손님으로 왔을 때는 예의로써 대하지 않는 사람, 그가 천한 사람이오.

브라만이나 사문 혹은 걸식하는 사람을 거짓말로 속이는 사람, 그가 천한 사람이오. 식사 때가 되었는데도 브라만이나 사문에게 욕하며 먹을 것을 주지 않는 사람, 그가 천한 사람이오. 세속적인 어리석음에 덮여 변변치 않은 물건을 탐하고 사실 아닌 것을 말하는 사람, 그가 천한 사람이오. 자기를 칭찬하고 남을 경멸하며 스스로의 교만 때문에 비겁해진 사람, 그가 천한 사람이오.

남을 괴롭히고 욕심이 많으며 나쁜 야심을 지녀 인색하고 덕도 없으면서 존경받으려 하며 부끄러움을 모르는 사람, 그가 천한 사람이오. 깨달은 사람을 비방하고 출가나 재가의 제자들을 헐뜯는 사람, 그가 천한 사람이오. 사실은 존경받지 못할 사람이 존경받을 사람이라 자부한다면 그는 이 세상의 도적이오. 그런 사람이야말로 가장 천한 사람이오. 내가 당신에게 말한 이와 같은 사람들은 참으로 천한 사람이오. 날 때부터 천한 사람이 되는 것도 아니고, 태어나면서부터 브라만이 되는 것도 아니오. 오로지 그 행동에 따라 천한 사람도 되고 브라만도 되는 것이오.

내가 다음에 실례를 들겠으니 내 말을 알아들으시오. 찬달라(Chandala) 출신의 백정으로 널리 알려진 사람이 있었소. 그는 얻기 어려운 최상의 명예를 얻었소. 많은 왕족과 브라만들이 그를 섬기려고 모여들었소. 그는 신들의 길, 더러운 티끌을 떨어 버린 성스러운 길에 들어 탐욕을 버리고 범천梵天의 세계에 가게 되었소. 미천한 태생인 그가 범천의 세계에 태어나는 것을 아무도 막을 수 없었소.

웨다 독송자讀誦者의 집에 태어나 웨다의 글귀에 친숙한 브라만들도 때로는 나쁜 행실에 빠지곤 하오. 이와 같이 되면 현세에서 비난받고 내세에는 나쁜 곳에 태어날 것이오. 신분이 높은 태생도 내세에 나쁜 곳에 태어나거나 현세에 비난받는 것을 막을 수는 없소. 날 때부터 천한 사람이 되는 것은 아니고, 날 때부터 브라만이 되는 것도 아니오. 오로지 그 행동에 의해 천한 사람도 되고 브라만도 되는 것이오."

이와 같이 말씀하셨을 때 불을 섬기는 브라만이 부처님께 말했다.

"훌륭하신 말씀입니다. 참으로 훌륭하신 말씀입니다. 마치 넘어진 사람을 일으켜 주듯이, 덮인 것을 벗겨 주듯이, 길 잃은 사람에게 길을 가르쳐 주듯이, 혹은 '눈 있는 자 빛을 보리라.' 하고 어둔 밤에 등불을 비춰 주듯이, 고따마께서는 여러 가지 방편으로 법을 밝혀 주셨습니다. 저는 고따마께 귀의합니다. 그리고 고따마의 가르침과 승단에 귀의합니다. 고따마께서는 저희들을 재가 수행자로서 받아 주십시오. 오늘부터 목숨이 다할 때까지 귀의하겠습니다."

—『숫따니빠따(Sutta-Nipāta)』

5. 평안한 사람

"무엇을 보고 어떤 계율을 지키는 사람을 '평안하다'고 할 수 있습니까? 고따마여, 가장 훌륭한 사람을 제게 말씀해 주십시오."

부처님께서 대답하셨다.

"죽기 전에 집착을 떠나 과거에 얽매이지 않고, 현재에 대해서도 이것저것 생각하지 않는다면, 그는 미래에 대해서도 별로 걱정할 것이 없다. 그런 성인은 화내거나 두려워하지 않고, 우쭐거리지 않으며, 후회하지 않고, 주문을 외거나 허둥거리지 않으며, 말을 삼간다. 미래를 원하지도 않고 과거를 추억하며 울적해 하지도 않는다. 감각에 닿는 모든 대상에서 멀리 떨어질 것을 생각하며, 어떤 견해에도 이끌리는 일이 없다. 탐욕에서 멀리 떠나 거짓이 없고 욕심내지 않으며, 인색하거나 거만하지 않고, 미움받지 않는다. 또한 그는 한 입으로 두 말(兩舌) 하지 않는다. 쾌락에 빠지지 않고 거만하지 않으며, 부드럽고 상냥하게 말하며, 잘못 믿는 일도 없고 버릴 욕심도 없다.

이익을 바라고 배우지 않는다. 이익이 없을지라도 성내지 않는다. 집착 때문에 남을 미워하지 않으며, 맛있는 음식을 탐내지도 않는다. 항상 평온해 바른 생각을 가지고 있으며, 남을 자기와 같다고도, 또 자기가 뛰어나다거나 못하다고 생각하지도 않는다. 그에게는 더 이상 번뇌의 불이 타오르지 않는다. 걸림이 없는 사람은 진리를 알아 걸림이 없는 것이다. 그에게는 삶에 대한 애착도, 생사를 끊어 없애려는 집착도 없다. 모든 욕망을 돌아보지 않는 사람이야말로 '평안한 사람'이라고 나는 말한다. 그는 더 이상 그 무엇에도 얽매이지 않고 이미 모든 집착을 뛰어넘었다. 그에게는 자식도 가축도 논밭도 주택도 없다. 이미 얻은 것도, 아직 얻지 못한 것도 그에게는 찾아볼 수 없다.

범부와 사문과 브라만들은 그를 비난하여 탐욕스럽다고 할지 모르지만, 그는 탐욕을 생각해 본 적이 없기 때문에 힐난을 많이 받아도 동요하지 않는다. 그 성인은 탐욕을 떠나 인색하지 않으며, '나는 뛰어나다'든가 '나는 동등하다'든가 '나는 뒤떨어진다'고 말하지 않는다. 그는 이런 식으로 분별하지 않기 때문에 그릇된 생각에 빠지지도 않는다. 그는 세상에서 가진 것이 없다. 그럼에도 무소유를 걱정하지 않는다. 그는 어떤 사물에도 이끌리지 않는다. 이와 같은 사람이야말로 참으로 '평안한 사람'이라 할 만하다."

—『숫따니빠따(Sutta-Nipāta)』

6. 성인의 길

친한 데서 두려움이 생기고, 가정생활에서 더러운 때가 낀다. 친함도 멀리하고 가정생활도 하지 않는다면 그것이 바로 성인의 길이다. 이미 돋아난 번뇌의 싹을 잘라 버리고, 새로 심지 않으며, 지금 생긴 번뇌를 기르지 않는다면, 이 사람을 홀로 가는 성인이라 부른다. 그 위대한 선인仙人은 절대평화의 경지에 도달한 것이다. 번뇌가 일어나는 근본을 헤아려 알고, 그것에 집착하는 마음을 기르지 않는다면, 그는 참으로 삶과 죽음을 뛰어넘은 절대평화의 세계를 바라보는 성인이다. 그는 망상 분별을 벗어나서 윤회하는 무리 속에 끼지 않는다.

성인은 모든 집착이 일어나는 곳을 알아 아무것도 바라지 않고, 탐욕을 떠나 욕심이 없다. 무엇을 따로 구하려 하지도 않는다. 그는 이미 절대평화의 세계에 다다랐기 때문이다. 모든 것을 극복하고 온갖 것을 알며, 지극히 지혜롭고, 여러 가지 사물에 더럽혀지지 않으며, 모든 것을 버리고 집착을 끊어 해탈한 사람, 그분이야말로 성인임을 현자賢者들은 안다.

지혜로운 힘이 있고 계율을 지키며, 마음을 집중하여 선정을 즐기고, 깊은 생각은 집착에서 벗어나 거칠지 않으며, 번뇌의 때가 묻지 않는 사람, 그분이야말로 성인임을 현자들은 안다.

성인은 홀로 걸어가고, 게으르지 않으며, 칭찬과 비난에도 흔들리지 않는다. 소리를 듣고도 무서워하지 않는 사자처럼, 그물에 걸리지 않는 바람처럼, 진흙에 더럽혀지지 않는 연꽃처럼 남에게 이끌리지 않고 남을 이끄는 사람, 그분이야말로 성인임을 현자들은 안다.

남들이 입에 침이 마르도록 칭찬하거나 욕을 하더라도 목욕하는 강가의 기둥[5]처럼 태연하고 탐욕을 떠나 모든 감각을 잘 가라앉힌 사람, 그분이야말로 성인임을 현자들은 안다. 성행위를 하지 않고, 젊어서도 여자에게 집착하지 않으며, 교만하거나 게으르지 않고 속박에서 벗어난 사람, 그분이야말로 성인임을 현자들은 안다. 세상일에 달관하고 최고의 진리를 알며 거센 흐름을 헤치고 바다를 건넌 사람, 속박을 끊고 속박에 의존하지 않으며 욕정의 흐름을 아주 끊어 버린 사람, 그분이야말로 성인임을 현자들은 안다.

출가자와 재가자는 사는 곳과 생활양식이 사뭇 다르다. 재가자는 처를 부양하지만, 출가자는 계율을 잘 지켜 '내 것'이라는 집착이 없다. 재가자는 용서 없이 남의 목숨을 해칠 때가 있지만, 성인은 자제하여 산목숨을 보호한다. 이를테면, 하늘을 나는 공작새가 아무리 애를 써도 백조의 흰빛을 따를 수 없듯이, 재가자는 세속을 떠나 숲속에서 명상하는 수행승의 덕에는 미치지 못한다.

—『숫따니빠따(Sutta-Nipāta)』

---

[5] 몸을 씻을 수 있는 강변이나 연못 기슭에 네모나 여덟 모로 된 기둥을 세워 누구든지 그 기둥에 몸을 문질러 씻도록 되어 있다. 그 기둥은 교만하지도 비굴하지도 않다.

7. 인간의 육체

걷고 서며 앉고 누우며 혹은 구부리고 편다. 이것은 육체의 동작이다. 육체는 뼈와 힘줄로 이어져 있고 살갗으로 덮여 있어, 있는 그대로를 볼 수 없다. 육체의 내부는 내장으로 가득 차 있고 위장·간장·심장·폐장·신장·비장이 있다. 콧물·점액·피·담즙·지방이 있다. 또 아홉 구멍에서는 항상 더러운 것이 흘러나온다. 눈에서는 눈곱, 귀에서는 귀지, 코에서는 콧물, 입에서는 침과 가래, 온몸에서는 땀과 때가 나온다. 또 머리의 빈 곳은 뇌수로 가득 차 있다.

어리석은 사람들은 무명無明에 이끌려 이런 육신을 깨끗한 것으로 착각한다. 죽어서 쓰러지면 몸은 띵띵 부어 검푸르게 되고 무덤에 버려져 친척도 돌보지 않는다. 개·여우·늑대·벌레들이 파먹고 까마귀나 독수리가 쪼아 먹는다.

지혜로운 수행자는 깨달은 사람의 말씀을 듣고 그것을 완전히 이해한다. 그는 있는 그대로를 보기 때문이다. '저 죽은 시체도 살아 있는 이 몸뚱이와 같은 것이고, 살아 있는 이 몸뚱이도 언젠가는 죽은 저 시체처럼 될 것이다.'

이와 같이 꿰뚫어 알고 안팎으로 몸에 대한 집착에서 벗어나야 한다. 이 세상에서 육체의 욕망을 떠나 지혜로운 수행자는 죽음을 거치지 않고 평안하고 멸하지 않는 열반의 경지에 도달한다. 인간의 육체는 깨끗하지 않고 악취를 풍기며, 온갖 오물이 가득 차 여기저기서 흘러나온다. 육체를 가지고 있으면서 스스로 잘난 체하고 남을 업신여긴다면 그는 눈먼 소경이 아니고 무엇이겠는가.

동굴[6] 속에 머물러 집착하고 온갖 번뇌에 덮여 미망迷妄에 빠져 있는 사람은 집착에서 벗어날 수 없다. 이 세상 욕망을 버리기란 참으로 어렵기 때문이다. 욕망에 따라 쾌락에 붙잡힌 사람은 해탈하기 어렵다. 남이 해탈시켜 줄 수 없기 때문이다. 그들은 미래와 과거를 생각하면서 현재의 욕망에 집착한다. 그들은 욕망을 탐하고 깨끗하지 못한 것을 가까이하다가 죽을 때에는 '여기서 죽으면 나는 어떻게 될까' 하고 후회한다.

무엇인가를 내 것이노라고 집착하면서 마음 흔들리고 있는 사람들을 보라. 그들의 모습은 메마른 개울에서 허덕이는 물고기와 같다. 지혜로운 수행자는 양극단兩極端에 대한 욕망을 억제하고 감각기관과 대상의 접촉을 잘 알아 탐하지 않는다. 자기 스스로 비난할 나쁜 짓은 하지 않으며, 보고 듣는 일에 한눈팔지 않는다. 생각을 정리해 강을 건너라. 지혜로운 수행자는 집착에 물들지 않으며, 번뇌의 화살을 뽑고 부지런히 정진하여 이 세상도 저 세상도 바라지 않는다.

—『숫따니빠따(Sutta-Nipāta)』

---

[6] 육신을 말함.

8. 출가는 안온한 길

눈이 있는 사람[7]은 어째서 출가를 했는지, 그분은 무엇을 생각한 끝에 출가를 기뻐했는지, 그분의 출가에 대해서 나[8]는 이야기하리라.

'집에서 사는 것은 비좁고 번거로우며 먼지가 쌓이는 생활이다. 그러나 출가는 넓은 들판이며 번거로움이 없다.'고 생각해 출가한 것이다. 출가한 다음에는 악한 행위를 하지 않고 입으로 저지르는 나쁜 짓도 버리고 아주 깨끗한 생활을 했다. 눈뜬 사람은 마가다의 수도, 산으로 둘러싸인 라자그리하로 갔다. 뛰어난 모습을 지닌 그는 탁발하기 위해 그곳으로 간 것이다. 마가다의 빔비사라왕은 높은 누각 위에서 그를 보았다. 뛰어난 모습을 가진 그를 보고 신하들에게 말했다.

"그대들은 저 사람을 보아라. 아름답고 건강하고 깨끗할 뿐 아니라, 행동도 의젓하게 앞만을 본다. 그는 눈을 아래로 뜨고 정신을 한군데로 모으고 있다. 저 사람은 천한 집 출신이 아닌 것 같다. 누가 뛰어가 그를 따라가 보아라. 저 수행자는 어디로 가는가."

왕의 신하들은 그의 뒤를 따라가면서 '저 수행자는 어디로

---

7 부처님을 가리킴.(Cakkhumant)
8 부처님의 제자 아난다를 말함.

가는 것일까, 그는 어디에 사는 것일까?' 하고 생각했다. 그는 모든 감각기관을 억제하여 잘 지키고 생각하면서 집집마다 음식을 빌어 잠깐 동안에 발우를 채웠다. 거룩한 분은 탁발을 끝내고 성 밖으로 나와 빤다와산으로 향했다. 아마 그는 거기에 살고 있는 모양이었다. 고따마가 자기 처소에 가까이 이른 것을 보자 신하들은 그에게로 가까이 다가갔고 한 신하는 왕궁으로 돌아가 왕에게 아뢰었다.

"대왕님, 그 수행자는 빤다와산 앞쪽에 있는 굴속에 호랑이나 황소처럼, 혹은 사자처럼 의젓하게 앉아 있습니다."

신하의 말을 듣고 빔비사라왕은 화려한 수레를 타고 빤다와산으로 길을 재촉했다. 왕은 수레로 갈 수 있는 데까지 달려간 뒤 수레에서 내려 걸어서 산을 올라가 고따마의 곁에 이르렀다. 왕은 기쁜 마음으로 인사를 드린 뒤 이렇게 말했다.

"당신은 젊음이 넘치는 인생의 봄입니다. 용모도 빼어나고, 앉고 걷는 모습 또한 존귀하니 분명 왕족 태생인 것 같습니다. 나는 코끼리 떼를 앞세운 날쌘 군대를 정비해서 당신께 선물로 드리고 싶습니다. 그리고 당신의 태생을 알고 싶습니다. 말씀해 주십시오."

"왕이시여, 저쪽 히말라야 중턱에 한 종족이 있습니다. 예부터 꼬살라의 주민으로 부富와 용기를 갖추고 있습니다. 성姓은 '태양의 후예'라 하고, 종족은 샤꺄족이라 합니다. 왕이여, 나는 그런 집안에서 출가했습니다. 욕망을 채우기 위해서가 아닙니다. 모든 욕망에는 근심이 있으나, 출가는 평화롭다는 것을 알아 힘써 정진합니다. 내 마음은 이것을 즐기고 있습니다."

—『숫따니빠따(Sutta-Nipāta)』

9. 번뇌의 화살

사람의 목숨은 얼마를 살지 알 수 없다. 삶은 비참하고, 짧고, 고뇌로 엉켜 있다. 태어나면 죽음을 피할 길이 없으며 늙으면 죽음이 온다. 생이 있는 자의 운명은 이런 것이다. 익은 과일은 빨리 떨어질 위험이 있듯이 태어난 자는 죽지 않으면 안 된다. 그들에게는 항상 죽음의 두려움이 따른다. 옹기장이가 만든 질그릇이 마침내는 모두 깨어지고 말듯이, 사람의 목숨도 그와 같다.

젊은이도 장년도, 어리석은 이도 지혜로운 이도, 죽음 앞에는 모두 굴복하고 만다. 모든 사람은 반드시 죽는다. 그들은 죽음에 붙잡혀 저세상으로 가지만, 아비도 그 자식을 구하지 못하고 친척도 그 친척을 저세상에서 구해 낼 수 없다. 보라, 친척들이 애타는 마음으로 지켜보고 있지만 사람은 도살장으로 끌려가는 소처럼 사라져 간다. 세상 사람들은 늙고 죽어, 이렇게 고통을 받는다. 그러나 슬기로운 이는 세상의 참모습

(實相)을 알고 슬퍼하지 않는다.

그대는 온 사람의 길을 모르고, 간 사람의 길도 모른다. 그대는 생과 사의 두 끝을 보지 않은 채 부질없이 슬피 울기만 할 것인가. 어리석음에 붙들려 자기 몸을 해치는 사람이 울고 불고 해서 이로움이 생긴다면 현자들도 그렇게 할 것이다. 울고 슬퍼하는 것으로는 마음의 평안을 얻을 수 없다. 괴로움만 깊어지고 몸만 여윌 뿐이다. 괴로워할수록 몸은 여위고 추하게 된다. 그렇다고 해서 죽은 사람이 살아나는 것도 아니지 않은가. 울며 슬퍼하는 것은 아무 이득도 없다. 슬픔을 버리지 않는 사람은 점점 더 괴롭다. 죽은 사람 때문에 울면 슬픔에 더욱 사로잡힌다. 자신이 지은 업으로 인해 죽어 가는 사람을 보라. 모든 살아 있는 자는 죽음에 붙잡혀 떨고 있지 않은가.

사람들이 어떤 것을 희망한다 해도 결과는 다르게 나타난다. 기대에 어긋나는 것도 이와 같다. 보라, 세상의 저 모습을! 사람이 백 년을 살거나 그 이상을 산다 할지라도 마침내는 친족들을 떠나 이 세상의 목숨을 버리게 된다. 그러므로 존경하는 사람의 말씀을 듣고, 죽은 사람을 보았을 때에는 '그는 이미 내 힘이 미치지 못하게 되었구나.'라고 깨달아, 슬퍼하거나 탄식하지 마라. 집에 불이 난 것을 물로 끄는 것처럼, 지혜로운 사람은 걱정이 생기면 이내 지워 버린다. 마치 바람이 솜을 날려 버리듯, 진정한 즐거움을 구하는 사람은 슬픔과 욕심과 걱정을 날려 버려라. 자기 번뇌의 화살을 뽑아라. 번뇌의 화살을 뽑아 버리고 마음의 평안을 얻는다면, 모든 걱정을 초월하고 근심 없는 자, 절대평화의 세계에 들어간 자가 될 것이다.

—『숫따니빠따(Sutta-Nipāta)』

10. 흔들리는 평안

마음으로부터 화를 내고 남을 비방하는 사람이 있다. 또한 마음이 진실한 사람이라도 남을 비방하곤 한다. 그러나 성인은 자기를 비방하는 말에 흔들리지 않고 어떤 일에도 마음이 거칠어지지 않는다. 욕심에 끌리고 소망에 붙들린 사람이 어떻게 자기의 생각을 뛰어넘을 수 있을까. 그는 자신이 옳다고 생각하는 대로 행동하고 또 아는 대로 떠들어 댈 것이다. 누가 묻지도 않는데 남에게 자기의 계율과 도덕을 자랑하는 사람, 스스로 자기 일을 떠들고 다니는 사람, 진리에 도달한 사람들은 그를 가리켜 거룩한 진리를 갖지 못한 사람이라고 말한다. 마음이 평안하고 안정된 수행자가 계율에 대해서, 나는 이렇게 하고 있노라 하면서 뽐내지 않고, 이 세상 어디에 있더라도 번뇌에 불타지 않는다면, 그는 거룩한 진리를 지닌 사람이라고 진리에 도달한 사람들은 말한다. 때 묻은 교법을 미리 만들어 놓고 거기에 치우쳐서, 자기 안에서만 훌륭한 열매를 보는 사람은 '흔들리는 평안'에 기대고 있는 것이다.

모든 사물의 본질을 확실히 알고 자기의 생각에 집착하지 않는 것은 쉬운 일이 아니다. 그래서 사람들은 자기만의 좁은 소견의 울타리 안에 갇혀 집착하면서 진리를 등지게 된다.

사악함을 물리친 사람은 이 세상 어디를 가든 모든 살아 있는 것에 대해 편견이 없다. 그가 허위와 교만을 버렸거늘 어찌 윤회에 떨어질 것인가. 그에게는 이미 의지할 것도, 가까이할 것도 없다. 모든 일에 기대고 의지하는 사람은 비난을 받는다. 그러나 기대고 의지함이 없는 사람을 어떻게 비난할 수 있겠는가. 그는 집착하지도 않고 버리지도 않는다. 그는 이 세상에서 모든 편견을 없애 버린 것이다.

—『숫따니빠따(Sutta-Nipāta)』

11. 무엇이 최고인가

세상 사람들이 훌륭하다고 보는 것들은 '으뜸가는 것'이라 생각하고, 그 밖에 다른 것들은 모두 '뒤떨어졌다'고 생각하는 사람이 있다. 이런 사람은 여러 가지 논쟁을 뛰어넘을 수 없다. 그는 본 것, 배운 것, 계율이나 도덕, 사색한 것에 대해 스스로 결론을 내리고 그것에만 집착한다. 그 밖의 것은 뒤떨어진 것으로 안다.

사람이 어떤 한 가지만 중요하다고 여긴 나머지 그 밖의 다른 것은 하잘것없다고 본다면, 그것은 커다란 장애라고 진리에 도달한 사람들은 말한다. 그렇기 때문에 수행자는 본 것, 배운 것, 사색한 것, 또는 계율이나 도덕에 구애를 받아서는 안 된다. 지혜에 대해서나 계율이나 도덕에 대해서도 편견을 가져서는 안 된다. 자기를 남과 동등하다거나 남보다 못하다거나 또는 뛰어나다고 생각해서도 안 된다. 진리에 도달한 사람은 이미 가지고 있던 견해를 버리고 집착하지 않으며 지혜에도 특별히 의존하지 않는다. 그는 여러 가지 다른 견해로 분열된 사람들 사이에 있으면서도 어느 한쪽을 따르는 일이 없고, 어떤 견해일지라도 그대로 믿는 일이 없다. 그는 양극단에 대해서, 여러 생존에 대해서, 이 세상에 대해서나 저 세상에 대해서도 원하는 바가 없다. 모든 사물에 대해 단정하는 편견이 그에게는 조금도 없다. 그는 이 세상에서 본 것, 배운 것 또는 사색한 것에 대해서 티끌만 한 편견도 갖지 않는다. 어떠한 견해에도 집착하지 않는 사람이 어찌 이 세상에서 그릇된 생각을 하겠는가.

그는 그릇된 생각을 하지 않고, 어느 한 견해만을 특별히 존중하지도 않는다. 그는 모든 가르침을 원하지도 않고 계율이나 도덕에 매이지도 않는다. 이러한 사람은 피안彼岸에 이르러 다시는 이 세상에 돌아오지 않는다.

—『숫따니빠따(Sutta-Nipāta)』

12. 연꽃처럼

아, 짧도다. 인간의 생명이여,
백 살도 못 되어 죽어 버리고 마는가.
아무리 오래 산다 해도 결국은 늙어서 죽는 것을.

사람들은 '내 것'이라고 집착하는 물건 때문에 근심한다. 자기가 소유한 것은 영원하지 않기 때문이다. 이 세상 모든 것은 변하고 없어진다는 것을 알아, 집[9]에 머물지 마라.

'이것은 내 것'이라고 생각하는 물건이 있다면, 그것은 그 사람이 죽으면 저절로 잃게 된다. 이를테면, 눈을 뜬 사람이 꿈속에서 만난 사람을 다시 볼 수 없듯이, 사랑하는 사람이 죽어 이 세상을 떠나면 다시는 만날 수 없다. 나를 따르는 사람은 현명하게 이 이치를 깨닫고, 내 것이라는 관념에 사로잡히지 마라.

권세가 있던 사람도 한 번 죽은 후에는 그 이름만 남을 뿐이다. 내 것이라고 집착하여 욕심 부리는 사람은 걱정과 슬픔과 인색함을 버리지 못한다. 그러므로 평안을 얻은 성인들은 무소유의 삶을 살기 위해 떠난 것이다.

세속에서 물러난 청정 수행자는 멀리 떨어진 곳(寂靜處)을

---

9 집착과 욕망의 집.

즐겨 찾는다. 그가 생사의 굴레 속에 자기를 집어넣지 않는다면, 그것은 그에게 어울리는 일이다.

성인은 아무것에도 매이지 않고, 사랑하거나 미워하지 않는다. 또 슬픔도 인색함도 그를 더럽히지 못한다. 연꽃잎에 물방울이 묻지 않듯이, 성인은 보고 배우고 사색한 어떤 것에도 더럽혀지지 않는다.

사악함을 털어 버린 사람은 보고 배우고 생각한 어떤 것에도 집착하지 않는다. 그는 다른 것에 기대어 깨끗해지려고 하지 않는다. 그는 탐내지 않고 탐욕에서 떠나려 하지도 않는다.

—『숫따니빠따(Sutta-Nipāta)』

13. 수행자

"태양의 후예이신 위대한 선인仙人께 묻겠습니다. 수행자는 어떻게 하면 세상에 집착하지 않고 평안에 들 수 있습니까?"

스승께서 대답하셨다.

"'나는 존재한다.'는 의식을 모두 잘라 버리고, 내 안에 도사리고 있는 온갖 집착까지도 눌러 버리도록 항상 열심히 배우라. 안으로든 밖으로든, 진리를 알기 위해 노력하라. 그렇다고 마음이 교만해져서는 안 된다. 진리에 도달한 사람은 그것을 평안이라고 하지 않는다. 이로 말미암아 '나는 뛰어나다.'든가 '나는 뒤떨어진다.'든가 혹은 '나는 대등하다.'고 생각해서는 안 된다. 여러 가지 질문을 받더라도 자기가 잘났다고 망령되이 생각하지 마라. 수행자는 마음이 평안해야 한다. 밖에서 고요함을 찾지 마라. 안으로 평안하게 된 사람은 고집할 것이 없다. 하물며 버릴 것이 있으랴. 깊은 바닷속이 파도가 일지 않아 잔잔한 것처럼, 고요히 멎어 움직이지 마라. 수행자는 어떤 욕심도 내서는 안 된다."

"눈을 뜨신 분께서는 몸소 체험하신 위험과 재난을 극복하는 방법에 대해서 말씀해 주십시오. 바른 길을 일러 주십시오. 계율이나 정신을 안정시키는 방법도 함께 말씀해 주십시오."

"눈에 보이는 것을 탐내지 마라. 저속한 이야기에 귀 기울이지 마라. 맛에 탐닉하지 마라. 세상에 어떤 것도 내 것이라고 고집하지 마라. 고통을 겪을 때도 수행자는 결코 비탄에 빠져서는 안 된다. 생존에 집착해서는 안 된다. 무서운 것을 만났을 때도 두려워해서는 안 된다. 음식이나 옷을 얻더라도 너무 많아서는 안 된다. 또 그런 것을 얻을 수 없다 해서 걱정해서도 안 된다. 마음을 안정시켜라. 흔들려서는 안 된다. 후회하지 마라. 게으르지 마라. 그리고 수행자는 한가하고 고요한 앉을 자리와 누울 곳에서 살아야 한다.

잠을 많이 자서는 안 된다. 부지런하고 늘 깨어 있어야 한다. 게으름과 거짓으로 수다와 이성 간의 교제와 겉치레를 버려라. 내 제자들은 아타르와웨다(Atharva-veda)의 주문이나 해몽·관상·점을 쳐서는 안 된다.

수행자는 비난을 받더라도 두려워 말고, 칭찬을 받더라도 우쭐거려서는 안 된다. 탐욕과 인색과 성냄과 욕설을 멀리해야 한다. 수행자는 장사를 해서는 안 된다. 결코 남을 비방해서도 안 되고 세상 사람들과 가까이 사귀어서도 안 된다. 이익 때문에 사람들을 만나서는 안 된다.

또 수행자는 거만해서는 안 된다. 자기의 이익을 위해 말을 꾸며서도 안 된다. 오만불손하거나 불화를 가져올 말을 해서도 안 된다. 거짓말을 피하라. 남을 속이지 않도록 하라. 그리고 생활에 대해서나 지혜에 대해서, 혹은 계율이나 도덕에 대해서 자기가 남보다 뛰어나다고 생각해서는 안 된다. 출가 수행자는 말 많은 세속인들한테서 욕을 먹거나 불쾌한 말을 듣더라도 거친 말로 대꾸해서는 안 된다. 진정한 수행자는 적대적인 대답을 하지 않는다. 수행자는 이 이치를 알아, 깊이 생각하고 늘 조심해서 배우라. 모든 번뇌가 소멸된 상태가 '평안'임을 알고, 여래의 가르침에 게으르지 말고 항상 예배하고 따라 배우라."

— 『숫따니빠따(Sutta-Nipāta)』

제5장

진리의 여울

1. 잠 못 드는 사람에게

원망으로 원망을 갚으면
원망은 끝내 사라지지 않는다.
오직 참아야만 원망은 사라지나니
이 법은 영원히 변치 않으리.

마음에 모진 생각 버리지 못하고
욕심에 따라 치달리면서
스스로 자기를 다스리지 못하면
그에게는 법의法衣가 알맞지 않다.

진실을 거짓으로 생각하고

거짓을 진실로 생각하면
이것은 끝내 그릇된 소견
그에게는 부질없는 망상만 따른다.

그러나 진실을 진실인 줄 알고
거짓을 보고 거짓인 줄 알면
이것은 떳떳하고 올바른 이해
그는 반드시 진리에 도달하리.

지붕을 성글게 이어 놓으면
비가 내릴 때 빗물이 새듯이
마음을 조심해 간직하지 않으면
탐욕은 곧 이것을 뚫고 만다.

경전을 아무리 많이 외워도
실행하지 못하는 게으른 사람은
남의 소를 세는 목동과 같아
사문의 보람을 얻기 어렵다.

마음은 고요히 머물지 않고
끊임없이 변화하여 그침이 없다.
어진 이는 이것을 바로 깨달아

악을 돌이켜 복을 만든다.

아아, 이 몸은 오래지 않아
다시 흙으로 돌아가리라.
정신이 한번 몸을 떠나면
해골만 땅 위에 버려지리라.

원수가 하는 일이 어떻다 해도
적들이 하는 일이 어떻다 해도
거짓으로 향하는 나의 마음이
내게 짓는 해독보다는 못하리.

부모 형제가 어떻다 해도
친척들 하는 일이 어떻다 해도
정직으로 향하는 나의 마음이
내게 짓는 행복보다는 못하리.

아름다운 꽃을 따서 모으기에만
정신이 팔려 있는 그 사람을
죽음은 삽시간에 잡아가리라.
홍수가 잠든 마을 휩쓸어 가듯.

보기에는 예쁘고 사랑스런 꽃이
빛깔만 곱고 향기가 없듯
아무리 훌륭하고 아름다운 말도
행하지 않으면 보람이 없네.

여러 가지 고운 꽃을 한데 모아서
보기 좋은 꽃다발을 만들어 내듯
사람도 착한 일을 모아 쌓으면
다음 세상 좋은 복을 받는다.

계율을 빈틈없이 갖추어 이루고
행실이 방일하지 않은 곳에서
바르게 알고 해탈한 사람에게
악마는 그 틈을 타지 못한다.

잠 못 드는 사람에게 밤은 길고
피곤한 나그네에게 길이 멀듯이
진리를 모르는 어리석은 이에게
생사의 밤길은 길고도 멀어라.

나보다 나을 것 없고
내게 알맞은 길동무 없거든

차라리 혼자서 갈지언정
어리석은 사람과 길동무 되지 마라.

내 아들이다 내 재산이다 하여
어리석은 사람은 괴로워 허덕인다.
나의 '나'가 이미 없거니
누구의 아들이며 누구의 재산인가.

어리석은 사람이 어리석다고
스스로 생각하면 벌써 어진 것이다.
어리석은 사람이 어질다 생각하면
그야말로 어리석은 바보일 뿐.

어리석은 사람은 한평생 다하도록
어진 사람을 가까이 섬기어도
참다운 진리를 알지 못한다.
숟가락이 국맛을 모르듯이.

지혜로운 사람은 잠깐만이라도
어진 사람을 가까이 섬기면
곧 참된 진리를 바로 안다.
마치 혀가 국맛을 알듯이.

— 『담마빠다(Dhammapada)』

2. 무엇을 웃고 무엇을 기뻐하리

그릇된 죄가 채 익기 전에는
어리석은 사람에게 꿀맛과 같다.
그러나 그 죄가 무르익으면
그는 비로소 괴로움에 신음한다.

금세 짜낸 소젖이 상하지 않듯
재에 덮인 불씨가 그대로 있듯
지은 업이 당장에는 아니 보이나
그늘에 숨어서 그를 따른다.

활 만드는 사람은 화살을 다루고
물 대는 사람은 물을 끌어들이며
목수는 언제나 나무를 깎고 다듬나니
이처럼 지혜로운 이는 자기를 다룬다.

아무리 비바람이 때린다 할지라도
반석은 흔들리지 않는 것처럼
어진 사람은 뜻이 굳세어
비방과 칭찬에도 움직이지 않는다.

깊은 못은 맑고 고요해
물결에 흐리지 않는 것처럼
지혜로운 사람은 진리를 듣고
그 마음 즐겁고 편안하여라.

전쟁에서 수천의 적과
단신으로 싸워 이기기보다
하나의 자기를 이기는 사람
그는 참으로 으뜸가는 용사다.

한 달에 천 번씩 제사를 지내
목숨이 다하도록 쉬지 않을지라도
오로지 한마음으로 진리를 생각하는
잠깐 동안의 공덕에 이르지 못한다.

비록 사람이 백 년을 산다 해도
간교한 지식이 어지러이 날뛰면
지혜를 갖추고 조용히 생각하며
하루를 사는 것만 같지 못하다.

악의 열매가 익기 전에는
악한 사람도 복을 만난다.

악의 열매가 익은 뒤에는
악한 사람은 죄를 받는다.

선의 열매가 익기 전에는
착한 사람도 화를 만난다.
선의 열매가 익은 뒤에는
착한 사람은 복을 받는다.

허공도 아니요 바다도 아니다.
깊은 산 바위틈에 숨어들어도
일찍 내가 지은 악업의 재앙은
이 세상 어디서도 피할 곳 없네.

모든 생명은 채찍을 두려워하고
모든 생명은 죽음을 무서워한다.
자기 생명에 이 일을 견주어
남을 때리거나 죽이지 마라.

남 듣기 싫은 성낼 말 하지 마라.
남도 그렇게 네게 답할 것이다.
악이 가면 화는 돌아오나니
욕설이 가고 오고 주먹이 오고 가고.

소 치는 사람이 채찍으로써
소를 몰아 목장으로 돌아가듯
늙음과 죽음도 또한 그러해
사람의 목숨을 쉼 없이 몰고 가네.

무엇을 웃고 무엇을 기뻐하랴.
세상은 쉼 없이 타고 있는데
그대들 어둠 속에 덮여 있구나.
어찌하여 등불을 찾지 않는가.

보라, 이 부서지기 쉬운 병투성이
이 몸을 의지해 편타 하는가.
욕망도 많고 병들기 쉬워
거기엔 변치 않는 실체가 없네.

목숨이 다해 정신이 떠나면
가을철에 버려진 표주박처럼
살은 썩고 앙상한 백골만 뒹굴 것을
무엇을 사랑하고 즐길 것인가.

사람이 만일 바른 법을 모르면
그 늙음은 소의 늙음과 같다.

한갓 자라나 살만 더할 뿐
하나의 지혜도 더한 것 없나니.

깨끗한 행실을 닦지 못하고
젊어서 재산도 쌓지 못하면
고기 없는 빈 못을 부질없이 지키는
늙은 따오기처럼 쓸쓸히 죽는다.

깨끗한 행실도 닦지 못하고
젊어서 재산도 쌓지 못하면
못 쓰는 화살처럼 쓰러져 누워
옛일을 생각한들 어이 미치랴.

―『담마빠다(Dhammapada)』

3. 음욕보다 더한 불길은 없다

사람이 만일 자신을 사랑하거든
모름지기 삼가 자기를 지켜라.
지혜로운 사람은 하루 세 때 가운데
적어도 한 번쯤은 자기를 살피나니.

원래 자기가 지은 업이라
뒤에 가서 언젠가는 스스로 받는다.
자기가 지은 죄는 자기를 부수나니
금강석이 보석을 부수는 것처럼.

악한 일은 나를 괴롭게 한다.
그러나 그것은 행하기 쉽다.
착한 일은 나를 편안케 한다.
그러나 그것은 행하기 어렵다.

물거품 같다고 세상을 보라.
아지랑이 같다고 세상을 보라.
이렇게 세상을 관찰하는 사람은
염라왕을 만나지 않는다.

사람이 먼저는 잘못이 있더라도
뒤에는 삼가 다시 짓지 않으면
그는 능히 이 세상을 비추리.
달이 구름에서 나오듯이.

부디 나쁜 일 하지 말고
모든 선을 받들어 행해

스스로 그 뜻을 깨끗이 하는 것
이것이 부처님의 가르침이네.

승리는 원한을 가져오고
패한 사람은 괴로워 누워 있다.
이기고 지는 마음 모두 떠나서
다툼이 없으면 스스로 편안하리.

음욕보다 더한 불길이 없고
성냄보다 더한 독이 없으며
내 몸보다 더한 고통이 없고
고요보다 더한 즐거움이 없네.

병이 없는 것 가장 큰 은혜요
만족을 아는 것 가장 큰 재산이다.
친구의 제일은 믿음이요
즐거움의 제일은 열반이니라.

성인을 만나는 일 즐겁고
성인을 섬기는 일 또한 즐겁다.
어리석은 사람을 떠날 수 있어
착한 일 행해 혼자서 즐겁다.

도를 어기면 자기를 따르게 되고
도를 따르면 자기를 버리게 된다.
이 뜻을 모르고 마음대로 행하면
그는 애욕의 구렁에 떨어지리라.

사랑하는 사람을 가지지 마라.
미운 사람도 가지지 마라.
사랑하는 사람은 못 만나 괴롭고
미운 사람은 만나서 괴롭다.

그러므로 사랑을 일부러 만들지 마라.
사랑은 미움의 근본이 된다.
사랑도 미움도 없는 사람은
모든 구속과 걱정이 없다.

욕된 것을 참아 분심을 이기고
착함으로써 악을 이겨라.
남에게 베풀어 인색을 이기고
지극한 정성으로 거짓을 이겨라.

악은 사람의 마음에서 일어나
다시 사람의 몸을 망친다.

마치 녹이 쇠에서 나서
바로 그 쇠를 먹어 가듯이.

음욕보다 뜨거운 불길이 없고
성냄보다 빠른 바람이 없으며
무명無明보다 촘촘한 그물이 없다.
애정의 흐름은 물보다 빠르다.

진리를 가까이하면 히말라야의 눈처럼
멀리 있어도 그 이름 드러나고
진리를 멀리하면 밤에 쏜 화살처럼
가까이 있어도 나타나지 않는다.

―『담마빠다(Dhammapada)』

제6장
전생에 쌓은 수행

1. 니그로다 사슴

옛날 바라나시에서 브라흐마닷따(Brahmadatta)왕이 나라를 다스리고 있을 때였다. 보살[1]은 사슴으로 태어났는데 날 때부터 몸이 온통 황금빛이었다. 그는 오백 마리 사슴에게 둘러싸여 숲에서 살고 있었다. 그를 불러 니그로다 사슴이라 했다.

그때 브라흐마닷따왕은 사슴 사냥에 미쳐 사슴고기 없이는 밥을 먹지 않았다. 일도 못하게 백성들을 불러다가 날마다 사슴 사냥을 나가는 것이었다. 백성들은 의논 끝에 궁전 뜰에 사슴의 먹이와 물을 마련해 두고 숲에서 사슴 떼를 몰아다 넣은 뒤 문을 닫아 버렸다. 왕은 뜰에 갇혀 있는 사슴 떼를 바라

---
[1] 여기서는 부처님의 전생前生을 가리킴.

보며 흐뭇해했다. 그 속에서 황금빛 사슴을 보고, 그 사슴만은 다치지 않도록 시종들에게 명했다. 이때부터 왕은 끼니때가 되면 혼자 나가 사슴 한 마리씩을 활로 쏘아 잡아 왔다. 사슴들은 활을 볼 때마다 두려워 떨면서 이리 뛰고 저리 뛰다가 화살에 맞아 죽어 갔다. 니그로다 사슴은 많은 사슴들이 화살에 맞아 피를 흘리며 신음하는 것을 보고, 이제부터는 차례를 정해 이편에서 스스로 처형대에 오르기로 했다. 다른 사슴들에게 상처를 입히지 않게 하기 위해서였다. 이날부터 왕은 몸소 활을 쏘지 않아도 되었고, 자기 차례가 된 사슴은 제 발로 걸어가 처형대에 목을 대고 가로누웠다. 그러면 요리사가 와서 그 사슴을 잡아갔다. 그런데 하루는 새끼를 밴 암사슴의 차례가 되었다. 이런 사정을 안 니그로다 사슴은 '당신은 새끼를 낳은 다음에 오시오. 내가 대신 가겠소.' 하고 처형대로 나갔다.

　황금빛 사슴이 누워 있는 것을 본 요리사는 왕에게 달려가 그 사실을 알렸다. 왕은 뜰에 나와 니그로다 사슴을 보고 말했다.

　"나는 너를 죽일 생각은 없는데 어째서 여기 누워 있느냐?"

　"왕이시여, 새끼 밴 사슴의 차례가 되었기에 내가 대신 죽으려고 합니다."

　브라흐마닷따왕은 속으로 크게 뉘우쳤다.

　"니그로다여, 자비심이 많구나! 사람들 속에서도 너처럼 자비심 가진 이를 아직 보지 못했노라. 이제 너로 인해 내 눈이 뜨이는 것 같구나. 일어나라, 너와 암사슴의 목숨을 살려 주리라."

"왕이시여, 둘만의 목숨은 건질 수 있다 하더라도 다른 사슴들은 어찌 되겠습니까?"

"좋다, 그들도 구해 주리라."

"사슴들은 죽음을 면했지만 다른 네 발 가진 짐승들은 어찌 되겠습니까?"

"좋다, 그들의 목숨도 보호하리라."

"네 발 가진 짐승은 안전하게 되더라도 두 발 가진 새들은 어찌 되겠습니까?"

"좋다, 그들도 보호하리라."

"왕이시여, 새들은 안전하지만 물속에 있는 고기는 어찌 되겠습니까?"

"착하다, 니그로다. 그들도 안전하게 해 주리라."

이와 같이 보살은 왕에게 생명 있는 모든 것들의 안전을 간청하여 눈을 뜨게 한 후 다른 사슴들과 함께 숲으로 돌아갔다.

—「자따까(Jātaka) 12」

2. 가난한 여인의 등불

사왓티에 한 가난한 여인이 살고 있었다. 여인은 너무나 가난했기 때문에 이 집 저 집 다니면서 밥을 빌어 겨우 목숨을 이어 갔다. 어느 날 온 성안이 떠들썩한 것을 보고 지나가는 사람에게 무슨 일이냐고 물었다.

"빠세나디왕은 석 달 동안 부처님과 스님들에게 옷과 음식과 침구와 약을 공양하고 오늘 밤에는 또 수만 개의 등불을 켜 연등회燃燈會를 연다고 합니다. 그래서 온 성안이 이렇게 북적거립니다."

이 말을 들은 여인은 생각했다. '빠세나디왕은 많은 복을 짓는구나. 그런데 나는 아무것도 가진 게 없으니 어떻게 할까? 나도 등불을 하나 켜서 부처님께 공양해야겠는데.'

여인은 지나가는 사람에게 겨우 동전 두 닢을 빌어 기름집으로 갔다. 기름집 주인은 가난한 여인을 보고 기름을 구해 어디 쓰려느냐고 물었다.

"이 세상에서 부처님을 만나 뵙기란 참으로 어려운 일입니다. 이제 그 부처님을 뵙게 되니 얼마나 다행한 일입니까? 나는 가난해 아무것도 공양할 것이 없으니 등불이라도 하나 켜 부처님께 공양할까 합니다."

주인은 여인의 말에 감동하여 기름을 곱절이나 주었다. 여인은 그 기름으로 불을 켜서 부처님께서 다니시는 길목을 밝히면서 속으로 빌기를 '보잘것없는 등불이지만 이 공덕으로 내생에는 나도 부처님이 되어지이다.'라고 했다. 밤이 깊어 다른 등불은 다 꺼졌으나 그 등불만은 밝게 빛나고 있었다. 등불이 다 꺼지기 전에는 부처님께서 주무시지 않을 것이므로 아난다는 손으로 불을 끄려 했다. 그러나 꺼지지 않았다. 가사 자락으로, 또는 부채로 끄려 했으나 그래도 불은 꺼지지 않았다. 부처님께서는 그것을 보고 아난다에게 말씀하셨다.

"아난다야, 부질없이 애쓰지 마라. 그것은 가난하지만 마음 착한 여인의 넓고 큰 서원과 정성으로 켜진 등불이다. 그러니 결코 꺼지지 않을 것이다. 그 등불의 공덕으로 그 여인은 오는 세상에 반드시 성불成佛할 것이다."

이 말을 전해 들은 빠세나디왕은 부처님께 나아가 여쭈었다.

"부처님, 저는 석 달 동안이나 부처님과 스님들께 큰 보시를 하고 수천 개의 등불을 켰습니다. 저에게도 미래의 수기授記[2]를 주십시오."

부처님께서는 다음과 같이 말씀하셨다.

"불도란 그 뜻이 매우 깊어 헤아리기 어려우니 깨치기도 어렵소. 그것은 하나의 보시로써 얻을 수도 있지만 백 천의 보시로도 얻지 못하는 경우가 있소. 그러므로 불도를 얻기 위해

---

2 부처님께서 제자들에게 미래에 부처가 될 것이라고 예언하는 말.

서는 먼저 여러 가지로 보시하여 복을 짓고, 좋은 벗을 사귀어 많이 배우며 스스로 겸손하여 남을 존경해야 합니다. 자기가 쌓은 공덕을 내세우거나 자랑해서는 안 됩니다. 이와 같이 하면 뒷날에 반드시 불도를 이루게 될 것이오."

왕은 속으로 부끄러워하면서 물러갔다.

―『근본설일체유부비나야약사根本說一切有部毘奈耶藥事 12』

3. 시 한 편과 바꾼 목숨

한 수행자가 히말라야에서 홀로 고생하면서 오랜 세월을 보내고 있었다. 그때는 아직 부처님께서 세상에 나오시기 전이었으므로 부처님께서 세상에 출현했다는 말도, 대승경전大乘經典이 있다는 말도 듣지 못했다.

그때 제석천帝釋天[3]은 그가 과연 부처를 이룰 수 있는 자질과 능력이 있는가를 시험하기 위해 나찰羅刹[4]의 몸으로 변해 히말라야로 내려왔다. 수행자가 사는 근처에 서서 과거 부처님께서 말씀하신 시의 앞 구절을 외웠다.

---

3 범천梵天과 함께 불교를 수호한다는 신.
4 사람을 잡아먹는다는 악한 귀신.

"이 세상 모든 일은 덧없으니
그것은 곧 나고 죽는 법이네."

 수행자는 이 시를 듣고 마음속으로 무한한 기쁨을 느꼈다. 자리에서 일어나 사방을 둘러보았으나 험상궂게 생긴 나찰 이외에는 아무도 보이지 않았다. 그는 생각했다. '저렇게 추악하고 무서운 얼굴을 가진 나찰이 어떻게 이렇게 아름답고 오묘한 시를 읊을 수 있을까? 마치 불 속에서 연꽃이 피고 햇볕 속에서 찬물이 흘러나오는 것 같네. 그러나 알 수 없는 일이지. 혹시 저 나찰이 과거에 부처님을 뵙고 그분의 시를 들었을는지도……'
 그는 나찰에게 물었다.
 "당신은 과거 부처님께서 말씀하신 시의 앞 구절을 어디서 들었습니까? 당신은 그 여의주의 반쪽을 어디서 얻었습니까? 당신이 읊은 시 구절을 듣고 내 마음은 마치 망울진 연꽃이 피는 것처럼 열렸습니다."
 "나는 그런 것은 모르오. 여러 날 굶어 허기가 져서 헛소리를 했을 뿐이오."
 "그런 말씀 마십시오. 당신이 만일 그 시 전부를 내게 일러주신다면 나는 일생토록 당신의 제자가 되겠습니다. 물질의 보시는 없어지게 마련이지만 법의 보시는 없어질 수 없습니다."
 "수행자여, 당신은 지혜는 있어도 자비심은 없는 듯하오.

자기 욕심만 채우려 하고 남의 사정은 모르고 있질 않소. 나는 지금 배가 고파 죽을 지경이오."

"당신은 대체 어떤 음식을 먹습니까?"

"놀라지 마시오. 내가 먹는 것은 사람의 부드러운 살덩이이고 마시는 것은 사람의 따뜻한 피요. 그러나 그것을 구하지 못해 이렇게 괴로워하고 있소."

"그러면 당신은 내게 그 시의 나머지 반을 들려주십시오. 나는 그것을 다 듣고 내 몸을 당신에게 드리겠습니다. 나는 이 무상한 몸을 버려 영원한 몸과 바꾸려 합니다."

"허튼소리 마시오. 누가 당신 말을 믿겠소? 겨우 시의 반쪽을 듣기 위해 소중한 몸을 버리겠다니!"

"당신은 참으로 어리석습니다. 마치 어떤 사람이 질그릇을 주고 칠보로 된 그릇을 얻듯이, 나도 이 무상한 몸을 버려 금강석처럼 굳센 몸을 얻으려는 것입니다. 그리고 내게는 많은 증인이 있습니다. 시방삼세의 모든 부처님께서 증명해 주실 것입니다."

"그러면 똑똑히 들으시오. 나머지 반을 읊으리다."

그리고 나찰은 시의 후반을 외웠다.

"나고 죽음이 다 없어진 뒤
열반 그것은 즐거움이어라."

수행자는 이 시를 듣고 더욱 환희심이 솟았다. 시의 뜻을 깊이 생각하고 음미한 뒤에 벼랑과 나무와 돌에 새겼다. 그리고 높은 나무 위에 올라가 떨어지려 했다. 그때 나무의 신(樹神)이 그에게 물었다.

"수행자여, 이 시에는 어떤 공덕이 있습니까?"

"이 시는 과거 모든 부처님께서 말씀하신 것입니다. 내가 목숨을 버려서라도 이 시를 들으려는 이유는 나 하나를 위해서가 아니라 모든 중생을 이롭게 하기 위해서입니다."

수행자는 최후로 이런 생각을 했다. '세상의 모든 인색한 사람들에게 내 몸을 버리는 이 광경을 보여 주고 싶다. 조그만 보시로 마음이 교만해진 사람들에게 내가 한 구절의 시를 얻기 위해 기꺼이 목숨을 버리는 것을 보여 주고 싶다.'

마침내 수행자는 몸을 날려 나무에서 떨어졌다. 그런데 몸이 땅에 닿기도 전에 나찰은 곧 제석천의 모습으로 되돌아와 공중에서 그를 받아 땅에 내려놓았다. 모든 천신들이 수행자의 발에 예배하고 그 지극한 구도求道의 정신과 서원誓願을 찬탄했다.

—『대반열반경大般涅槃經』14

4. 죽은 소에게 풀을 먹이다

그 옛날 보살은 땅이 많은 한 지주의 집에 태어나 수자따(Sujāta) 동자童子라고 불렸다. 그가 성년이 되었을 때 할아버지가 돌아가셨다. 그의 아버지는 부친이 돌아가시자 슬픔에 잠겨 화장터에서 뼈를 가져다 정원에 흙탑을 세우고 그 안에 모셔 두었다. 밖에 나갈 때면 그 탑에 꽃을 올려놓고 부친 생각을 하면서 통곡했다. 그는 목욕도 하지 않고 향유도 바르지 않으며 음식도 먹으려 하지 않았다. 이것을 본 수자따 동자는 아버지의 슬픔을 달래 드리기 위해 어떤 좋은 방법이 없을까 곰곰이 생각했다. 어느 날 그는 들길에서 죽은 소 한 마리를 보자 문득 좋은 생각이 떠올랐다. 죽은 소 앞에 풀과 물을 갖다 놓고 '먹어, 어서 먹어.' 하고 말했다.

지나가던 사람들이 이 광경을 보고 수군거렸다.

"수자따는 정신이 돌았나 봐. 죽은 소에게 풀과 물을 주다니."

그는 아무 대꾸도 하지 않은 채 여전히 죽은 소에게 풀과 물을 먹으라고만 했다. 동네 사람들은 이 사실을 수자따의 아버지에게 전했다.

"당신 아들은 미쳤나 봅니다. 죽은 소에게 풀과 물을 갖다 놓고 자꾸 먹으라고 합니다."

이 말을 전해 들은 지주는 돌아가신 아버지에 대한 슬픔이 싹 가셨다. 그 대신 아들에 대한 걱정이 앞섰다. 그는 아들에게 정신없이 달려갔다.

"수자따야, 이게 어떻게 된 노릇이냐? 목숨이 끊어진 소에게 풀을 먹으라고 하다니. 아무리 먹을 것과 마실 것을 주어도 한 번 죽은 소는 다시 일어날 수 없지 않느냐. 이 어리석은 아들아."

수자따가 말했다.

"소의 머리는 그대로 있고 발과 꼬리도 그대로 있으니 소는 틀림없이 일어날 것입니다. 그러나 아버지, 돌아가신 할아버지는 머리도 없고 손발도 없습니다. 흙탑 앞에서 울어 대는 아버지야말로 어리석지 않습니까?"

이 말을 듣자 지주는 정신이 번쩍 들었다. '내 아들은 지혜롭구나. 이 세상 일도 저 세상 일도 환히 알고 있지 않은가! 죽은 소에게 풀과 물을 주어 슬픔과 시름에 빠진 아비를 오히려 깨우쳐 주는구나!' 이런 일이 있은 뒤부터, 지주는 아버지의 죽음을 더 이상 슬퍼하지 않았다.

—『자따까(Jātaka) 252』

5. 왕위를 보시하다

옛날 어떤 나라에 왕이 자비로 나라를 다스리고 백성을 잘 보살폈다. 달마다 나라 안을 두루 다닐 때에는 수레에 갖가지 보물과 의복·약품 등을 싣고 나가, 가난한 사람과 병자에게는 보물과 약을 나눠 주고, 죽은 사람이 있을 때에는 장례를 치러 주었다. 특히 가난한 사람을 볼 때에는 그것을 자신의 허물이라 하여 '내가 덕이 있었다면 백성들도 풍족할 텐데 내 덕이 모자란 탓으로 백성들이 가난하다. 지금 이 백성들의 가난은 곧 나의 가난이다.' 하고 자책했다.

이때 제석천은 왕의 덕행을 시험하기 위해 늙은 브라만으로 변하여 왕에게 가서 돈 천 냥을 달라고 했다. 왕은 곧 천 냥을 주었다. 그러자 브라만은 받았던 돈을 내놓으면서 이렇게 말했다.

"나는 늙었습니다. 이 돈을 남에게 빼앗길까 걱정이니 대왕님이 이것을 맡아 주십시오."

왕은 그 돈을 맡아 주었다. 제석천은 또 다른 브라만으로 변하여 왕에게 가서 왕의 덕을 찬양하고 말했다.

"나는 전생에 복을 지어 본래 귀족의 몸이었던 것이 지금은 이렇게 천민이 되었습니다. 그러므로 대왕의 그 영화를 사모하여 왕위를 얻으려고 왔습니다. 나에게 나라를 맡겨 줄 수 없겠습니까?"

왕은 선뜻 왕위를 내준 다음 처자와 함께 허름한 수레를 타고 궁전을 떠났다. 제석천은 또 다른 브라만으로 변하여 왕의 앞에 나타나 수레를 청했다. 왕은 기꺼이 수레마저 내어 주고 처자와 함께 정처 없이 길을 떠났다.

제석천은 다시 맨 처음의 브라만으로 변하여 왕의 앞에 나타나 맡겨 두었던 돈 천 냥을 돌려달라고 했다.

"나는 나라 전체를 다른 사람에게 내어 주느라고 당신이 맡긴 돈을 깜빡 잊었습니다."

브라만이 말했다.

"그러면 사흘 안으로 그것을 돌려주시오."

왕은 아내와 아들을 어느 집에 잡히고 돈 천 냥을 얻어 그 브라만에게 돌려주었다. 왕의 아내와 아들은 그 집에서 도둑의 누명을 쓰고 옥에 갇혔다가 마침내 사형을 당하여 거리에 버려졌다.

왕은 남의 집 고용살이로 돈 천 냥을 벌어 아내와 아들을 구하려고 찾아가다가 거리에서 참혹하게 죽은 그들의 시체를 보았다. 그래서 왕은 '나는 전생의 악업으로 인해 지금 이런 과보를 받는구나.'라고 생각하고, 시방세계의 모든 부처님께 전생의 자기 죄를 참회했다.

그런 후 왕은 마음을 안정시키고 선정에 들어 신통의 지혜로 이제까지의 모든 일들이 다 제석천의 시험임을 알았다. 그 뒤 왕은 백성들의 간청으로 다시 왕위에 나아가 나라를 잘 다스렸다.

—『육도집경六度集經 1』

6. 말 많은 왕

보살은 재상의 집에 태어나 장성한 뒤에는 왕의 스승이 되었다. 왕은 말하기를 몹시 좋아했다. 그래서 왕이 말하고 있을 때에는 다른 사람은 전혀 말을 붙일 수가 없었다. 보살은 어떻게 하면 왕의 버릇을 고쳐 줄까 하고 궁리를 했다. 마침 그때 히말라야산 밑에 있는 어떤 호수에 거북 한 마리가 살고 있었다. 거기에 백조 두 마리가 먹이를 찾아와 거북과 친해졌다. 하루는 백조가 거북에게 말했다.

"우리가 살던 히말라야 중턱에는 눈부신 황금 굴이 있는데 우리와 함께 가보지 않겠소?"

"내가 거기까지 어떻게 갈 수 있겠소."

"우리가 당신을 데려다 드리지요. 당신이 만약 입을 다물고 아무하고도 말을 하지 않는다면."

"입을 다물겠소. 어떻게든지 나를 그곳에 데려다 주시오."

백조는 나뭇가지 하나를 거북의 입에 물린 후 자기들은 그 양쪽 끝을 물고 하늘을 날았다. 백조가 거북을 데리고 가는 모양을 보고 동네 아이들은 "야, 거북이 백조에게 물려 간다." 하고 떠들어 댔다.

거북은 아이들에게 욕을 해 주고 싶어졌다.

"친구가 나를 데리고 가는데 너희가 무슨 상관이냐. 이 고약 놈들!"

거북은 말을 하고 싶어 물었던 나뭇가지를 생각 없이 놓아 버리자 그만 땅에 떨어져 두 조각이 나고 말았다. 이때 백조는 빠른 속력으로 궁전 상공을 지나가던 참이었다. 왕은 궁전 뜰에 떨어져 조각난 거북을 보고 보살에게 물었다.

"스승님, 어떻게 해서 거북이 하늘에서 떨어져 죽었습니까?"

"거북과 백조는 서로 믿고 의지하는 사이였을 것입니다. 백조가 거북에게 히말라야로 데려다 주겠다고 나뭇가지를 물리고 하늘을 날았을 것입니다. 그러다가 거북이 입을 다물고 있을 수 없어 무엇을 지껄이려 하다가 나뭇가지를 놓아 버린 것입니다. 너무 지나치게 말이 많은 사람은 언젠가는 이와 같이 불행을 당하는 법입니다."

그 후부터 왕은 말을 삼가게 되었다.

―『자따까(Jātaka) 352』

7. 배은망덕

부처님께서 비구들에게 말씀하셨다.

"옛날 바라나시에 대제석군大帝釋軍이라는 왕과 월광月光이라는 부인이 있었는데 부인의 꿈은 항상 잘 맞았다. 그 나라에는 언제부터인지 금빛 사슴왕이 한 마리 살고 있었다. 어느 원수진 두 사람이 강가에서 맞부딪쳤다. 그중 힘센 사람이 다른 한 사람을 붙잡아 강물 속에 던져 버렸다. 그는 물에 떠내려가면서 구원을 청했다. 금빛 사슴왕은 강가에 나와 물을 마시다가 사람이 외치는 소리를 듣고 물속에 들어가 그를 업고 헤엄쳐 나왔다. 구원을 받은 사내는 꿇어앉아 합장하고 사슴왕에게 말했다.

'나는 당신 덕분에 다시 살아났습니다. 나는 당신의 종이 되어 당신 은혜를 갚겠습니다.'

'내게는 종이 필요 없습니다. 다만 한 가지 부탁은 나를 보았다고 아무에게도 말하지 말아 주십시오. 그렇게 하는 것이 내 은혜를 갚는 길입니다.'

그래서 그는 사슴왕의 거처를 아무에게도 말하지 않기로 맹세하고 떠났다. 어느 날 밤 월광 부인은 꿈에 금빛 사슴을 보았다. 그리하여 왕에게 그것을 구해 달라고 간청했다. 왕도 그 꿈이 맞는 줄 알기 때문에 온 나라에 영을 내려 누구든 금빛 사슴이 있는 곳을 알리는 사람에게는 상으로 오백의 촌락을 주리라 했다. 그때 물에 빠졌던 사람은 생각했다. '나는 지금 가난하다. 왕에게 사슴 있는 곳을 알려 상을 탈까, 아니면 은혜를 갚기 위해 잠자코 있어야 할까?'"

부처님께서 비구들에게 말씀하셨다.

"세상 사람들은 오욕락五欲樂에 얽혀 있으므로 한 번 그 욕심에 빠지게 되면 기어코 나쁜 일을 저지르고 만다. 그러므로 물에 빠졌던 사람도 상금과 은혜를 갚는 일 사이에서 망설이고 있는 것이다.

그는 끝내 욕심에 끌려 은혜를 저버리고 왕에게 가서 금빛 사슴이 있는 곳을 알렸다. 왕은 곧 군사를 데리고 나가 금빛 사슴이 있는 곳을 둘러쌌다. 거기에는 천여 마리의 다른 사슴도 살고 있었다. 그 사슴들은 모두 놀라 흩어져 달아났다. 금빛 사슴왕은 생각했다. '지금 내가 달아나면 군사들은 나를 찾기 위해 저 많은 사슴들을 다 잡을 것이다. 차라리 내가 죽고 그들을 살리자.'

금빛 사슴왕은 왕에게로 갔다. 물에 빠졌던 사람은 손을 들어 금빛 사슴이 저기 있다고 왕에게 알렸다."

부처님께서 비구들에게 말씀하셨다.

"중생이 극단의 악업을 지을 때에는 그 과보가 미래를 기다리지 않고 현재에 즉각 나타나는 법이다. 그는 은혜를 저버리고 악업을 지었기 때문에 금빛 사슴왕을 가리키는 순간 두 팔이 땅에 떨어지고 말았다.

왕이 그것을 보고 까닭을 물었을 때 두 팔이 땅에 떨어진 사내는 다음과 같이 시로 대답했다.

'담벽을 넘어 남의 물건을 훔치는
그 사람을 일러 도둑이라 하네.
그러나 은혜 입고 갚지 않는 자

그야말로 큰 도둑이라 하리.'

그리고 그는 그동안의 사정을 자세히 왕에게 이야기했다. 왕은 이 말을 듣고 다음 게송으로 그를 꾸짖었다.

'은혜도 모르는 이 무정한 사람아,
대지는 갈라져 왜 너를 빨아들이지 않는가.
너의 혀는 왜 백 조각으로 끊어지지 않는가.
금강신金剛神은 왜 철퇴로 너를 치지 않는가.
모든 귀신은 왜 너를 당장 잡아가지 않는가.
그처럼 큰 죄에 과보는 왜 이처럼 작은가.'

왕은 그 사슴이 큰 보살임을 알고 온 나라에 영을 내려 사슴을 잡지 못하게 했다."

─『근본설일체유부비나야파승사根本說一切有部毘奈耶破僧事 5』

8. 원망을 원망으로 갚지 마라

옛날 장수왕長壽王이 있었는데 그에게는 장생長生이라는 아들이 있었다. 왕은 자비와 정의로 나라를 다스렸으므로 비바람이 순조롭고 오곡이 풍성하여 백성들은 태평성대를 노래했다. 그 이웃 나라의 포악한 어떤 왕은 장수왕의 번영을 시샘해 마침내 군사를 일으켜 쳐들어왔다. 신하들은 이 사실을 왕에게 알리고 마주 나가 싸우기를 청했다. 그러나 왕은 이렇게 말했다.

"만일 우리가 이기면 그들이 죽을 것이고 그들이 이기면 우리가 죽을 것이다. 저쪽 군사나 이쪽 군사나 다 소중한 목숨들이 아니냐. 누구나 제 몸을 소중히 여기고 목숨을 아까워하는데 내가 살기 위해 남을 죽이는 것은 어진 사람의 도리가 아니다."

왕은 이와 같이 그들을 말린 뒤 태자 장생에게 말했다.

"저 이웃 나라 왕은 우리나라를 가지고 싶어 한다. 내 신하들은 나 한 사람을 위해 선량한 백성들의 목숨을 희생시킬 것이다. 나는 차라리 이 나라를 저 왕에게 내주어 백성들의 생명과 재산을 보호하리라."

왕과 태자는 성을 빠져나와 산중으로 들어가 버렸다. 이웃 나라 왕은 이 나라를 차지하고 다시 장수왕을 잡으려고 황금 천 냥의 상금을 걸었다.

그때 장수왕은 마을 근처에 있는 나무 밑에 앉아 덧없는 인생과 허무한 세상일을 생각하고 있었다. 그때 한 늙은 브라만이 곁에 와서 보시를 청하자 왕은 이와 같이 말했다.

"나는 지금 아무것도 가진 것이 없습니다. 그러나 지금 새 왕은 나를 잡기 위해 막대한 상금을 걸었다고 합니다. 당신은 내 목을 베어 가십시오."

그러나 브라만은 차마 그럴 수 없었다. 왕은 거듭 말했다.

"이 몸은 머지않아 썩을 것인데 어떻게 오래 보존할 수 있겠습니까. 한 번 나면 반드시 죽는 법이니 누구도 영원히 살 수는 없습니다. 만일 당신이 지금 내 목을 베어 가지 않는다 할지라도 내 몸은 언젠가 한 줌 흙이 되고 말 것입니다."

"당신은 자비를 베푸는 거룩한 분입니다. 어떻게 그 고귀한 생명을 버려 더러운 이 몸을 구원하려 하십니까."

그러면서 브라만은 그곳을 떠나갔다. 왕은 그를 따라가다가 성문의 수위에게 붙잡혀 사형장으로 끌려가게 되었다. 그때 태자 장생이 나무꾼으로 변장하고 부왕 가까이 가자 왕은 그를 알아보고 말했다.

"너는 내 마지막 교훈을 명심하라. 원한을 품어 그 재앙을 후세에 길이 남기는 것은 효자의 도리가 아니니 원한을 원한으로써 갚지 마라."

장생은 차마 아버지의 죽음을 볼 수 없어 깊은 산에 들어가 숨어 버렸다. 그 뒤 장생은 원수를 갚으려고 포악한 새 왕의 사랑받는 시종이 되었다. 그러나 왕은 그가 장생인 줄을 알지 못했다. 어느 날 그는 왕과 함께 사냥을 나갔다가 숲속에서 길을 잃고 사흘 동안을 헤매었다. 왕은 배고픔과 피로에 지쳐 허리에 찼던 칼을 풀어 장생에게 맡기고 그의 무릎을 베고 깊은 잠에 빠졌다. 장생은 좋은 기회라 생각하고 칼을 빼어 왕의 목을 치려 했다. 그때 '원한을 원한으로 갚지 마라. 내 유훈을 어기면 효자가 아니다.'라고 하던 임종 때의 아버지 말씀이 문득 머릿속을 스쳐 갔다. 그는 들었던 칼을 자루에 꽂았다. 이렇게 하기를 세 번 되풀이하는데 왕이 깨어났다. 장생은 엎드려 왕에게 말했다.

"저는 아버지 장수왕의 원수를 찾아 헤매던 태자 장생입니다. 아버지는 돌아가시면서 원한을 원한으로 갚지 말라고 하셨습니다. 그런데 저는 어리석게도 악을 악으로 갚으려고 하여 세 번 칼을 들었다가 그때마다 아버지의 유훈을 생각하고 칼을 버렸습니다. 길을 잃은 것도 사실은 제가 일부러 한 짓입니다. 대왕님, 저를 죽여 주십시오. 그러면 내 혼이 자리를 옮겨 다시는 이런 나쁜 생각을 내지 않을 것입니다."

이 말을 들은 왕은 속으로 깊이 뉘우쳤다.

"내가 포악하여 선악을 구별하지 못했구나. 그대의 아버지는 훌륭한 성인이었도다. 비록 나라를 잃었지만 그 덕은 잃지 않았구나. 그대는 아버지의 유훈을 잘 이어받은 뛰어난 효자로다. 내 목숨은 그대 것이었으나 그대는 나를 용서하여 죽이지 않았으니, 내 지은 잘못을 뉘우치고 또 뉘우치노라."

그들은 손을 맞잡고 숲속에서 나와 왕궁으로 돌아갔다. 왕은 장생에게 나라를 돌려주고 자기 나라로 돌아갔다.

—『육도집경六度集經』

9. 비둘기 대신 자기 몸을 주다

옛날 자비심이 지극한 시비(Sibi)왕이 있었다. 그는 항상 백성 대하기를 어머니가 자식을 사랑하듯이 했으며 정진력 또한 굳세었다. 그래서 언젠가는 기어코 부처님이 되리라는 큰 서원을 세우고 있었다. 어느 날 비둘기 한 마리가 비명을 지르면서 황급히 그 품속에 날아들어 온몸을 바들바들 떨었다. 그때에 뒤쫓던 매가 나뭇가지에 앉아 왕에게 말했다.

"그 비둘기를 나에게 돌려주시오. 그것은 나의 저녁거리입니다."

"네게 돌려줄 수 없다. 나는 부처가 되려고 서원을 세울 때 모든 중생을 다 구하겠다고 결심했다."

"모든 중생 속에 나는 들지 않습니까? 나에게는 자비를 베풀지 않고, 더구나 내 먹이를 빼앗겠단 말입니까?"

"이것은 돌려줄 수 없다. 너는 뭐가 먹고 싶으냐?"

"갓 죽인 날고기를 먹고 싶습니다."

왕은 속으로 생각했다.

'날고기라면 산목숨을 죽이지 않고는 얻을 수 없다. 그렇다고 하나를 구하기 위해 다른 목숨을 죽게 할 수 있겠는가. 내 몸은 더러운 것, 오래지 않아 죽고 말 것이니 차라리 내 몸을 주자.'

왕은 선뜻 다리의 살을 베어 매에게 주었다. 그런데 매는 비둘기와 똑같은 무게의 살덩이를 요구했다. 왕은 저울을 가져다 베어 낸 살덩이와 비둘기를 달아보았다. 비둘기가 훨씬 무거웠다. 왕은 한쪽 다리의 살을 베어, 두 덩이를 합쳐 달게 했다. 그러나 그것도 가벼웠다. 그리하여 두 발꿈치, 두 엉덩이, 두 젖가슴의 살을 베어 달았으나 이상하게도 베어 낸 살이 비둘기의 무게보다 가볍기만 했다. 마침내 왕은 자기의 온몸을 저울 위에 올려놓으려고 하다가 힘이 다하여 쓰러지고 말았다.

그러나 왕은 매를 원망하거나 자기가 한 일에 후회하는 빛이 조금도 없이 오히려 중생의 고통을 생각했다.

'모든 중생은 다 고해苦海에 빠져 있다. 나는 그들을 건져 내야 한다. 이 고통도 중생들이 받는 지옥의 고통에 비하면 그 십육분의 일에도 미치지 못할 것이다.'

왕은 다시 저울로 올라가려 하였으나 또 쓰러지고 말았다. 그때 왕은 다시 맹세하여 말했다.

"나는 살을 베고 피를 흘려도 괴로워하거나 뉘우치지 않고 일심으로 불도를 구했다. 내 이 말이 진실이라면 내 몸은 본래대로 회복되리라."

이렇게 말했을 때 왕의 몸은 본래대로 회복되었다.

—『대지도론大智度論』 4

제7장

어리석음의 비유

1. 화 잘 내는 사람

여러 사람이 방 안에 모여 어떤 사람의 덕망과 행동에 대해 이야기하고 있었다.

"그 사람의 행동은 모두 훌륭한데 두 가지 단점이 있다. 곧 잘 성내거나 경솔한 게 그의 흠이다."

이렇게 누가 말했다.

이때 그 사람이 문 밖을 지나다가 그 말을 들었다. 그는 화를 내며 방으로 뛰어 들어와 그렇게 말한 사람의 멱살을 잡고 주먹질을 해 댔다. 곁에 있던 사람들이 그에게 그 까닭을 물었다.

"내가 언제 성을 내고 매사에 경솔하단 말이오. 이 사람이 그렇게 터무니없는 말을 하니까 때린 것 아니오!"

한 사람이 그의 말을 받아 반문했다.

"지금 당신이 한 짓이 바로 성을 잘 내고 경솔하다는 증거가 아니겠소?"

남이 자기 허물을 말할 때 원망하거나 성을 내는 것은 어리석은 일이다. 비유하면 이렇다. 술 잘 마시는 사람이 술에 취해 성격이 거칠어지고 정신이 흐려져 있다가도 남에게 비난을 듣게 되면 도리어 그를 원망하고 미워한다. 그리고 스스로 깨끗하다는 것을 내세우려고 구차한 변명을 늘어놓는다. 이런 어리석은 사람은 항상 자기 허물 듣기를 꺼리며, 남에게 비난을 들으면 화를 낸다.

—『백유경百喩經』

2. 옹기장이 대신 나귀를 사오다

옛날 한 브라만이 큰 잔치를 베풀려고 했다. 그는 제자에게 잔치에 쓸 질그릇을 마련해야겠으니 옹기장이를 한 사람 데려오라고 했다. 제자는 옹기장이 집을 찾아 나섰다. 도중에 그는 질그릇을 나귀 등에 싣고 팔러 가는 옹기장이를 만났다. 그런데 잘못하여 나귀가 질그릇을 떨어뜨리는 바람에 그릇이 모두 깨어지고 말았다. 옹기장이는 울면서 어쩔 바를 몰랐다. 이런 광경을 지켜보던 브라만의 제자는 그에게 물었다.

"왜 그렇게 슬퍼하십니까?"

"오랜 고생 끝에 그릇을 만들어 장에 내다 팔려고 가는 길인데 이 못된 나귀 때문에 모두 깨어졌으니 이를 어떻게 합니까?"

제자는 그 말을 듣고 이렇게 말했다.

"이 나귀야말로 참으로 훌륭합니다. 오랜 시간이 걸려 만든 그릇을 잠깐 사이에 모두 깨뜨려 버리니 그 솜씨가 대단하지 않습니까. 내가 그 나귀를 사겠습니다."

옹기장이는 기뻐하며 나귀를 팔았다. 제자는 그 나귀를 타고 돌아왔다. 그를 본 스승은 제자에게 물었다.

"옹기장이는 데려오지 않고 웬 나귀를 끌고 오느냐?"

"옹기장이보다 나귀가 더 필요합니다. 옹기장이가 오랜 시간을 들여 만든 질그릇을 나귀는 잠깐 동안에 모두 깨뜨려 버립니다."

그때 스승은 이렇게 말했다.

"너는 미련하고 지혜란 조금도 없구나. 이 나귀는 깨뜨리는 일은 잘할지 모르나 백 년이 걸려도 그릇 하나 만들지 못한다."

세상에 은혜를 모르는 무지한 사람들도 그와 같다. 오랫동안 남의 은혜를 입고서도 그것을 갚을 줄은 모른다. 뿐만 아니라 손해만 끼치고 조금도 이익을 주지 못한다. 은혜를 배반하는 사람이 이 비유와 무엇이 다르랴.

—『백유경百喩經』

3. 물이 보기 싫거든 물가를 떠나라

옛날 어떤 사람이 길을 가다가 몹시 목이 말랐다. 때마침 그는 맑은 물이 흐르고 있는 나무 홈통을 발견하고 정신없이 물을 마셨다. 실컷 마시고 난 그는 나무 홈통을 향해 말했다.

"물아, 이제는 더 흐르지 마라."

그러나 물은 여전히 흘러 나왔다. 그는 다시 화를 냈다.

"싫도록 마셨으니 더 흐르지 말라는데 왜 멈추지 않느냐?"

어떤 사람이 그 광경을 보고 말했다.

"당신은 참 어리석구려. 당신이 이곳을 떠나면 될 텐데 흐르는 물을 보고 성화를 내야 무슨 소용이 있겠소."

그러고는 그를 다른 곳으로 데려갔다.

어리석은 사람도 이와 같다. 세상 온갖 것에 집착하고 갈망하여 오욕락五欲樂의 단물을 마시다가 그 쾌락에 싫증이 나면 물을 실컷 마시고 난 사람처럼 이렇게 말하는 것이다.

"너희 빛과 소리와 냄새와 맛나는 것은 다시 내 눈에 띄지도 마라."

그러나 그 다섯 가지 욕락은 끊임없이 앞에 나타난다. 그는 다시 화를 낸다.

"빨리 사라져 내 눈에 띄지 말라 했는데 왜 다시 나타나느냐?"

이때 지혜로운 사람은 그것을 보고 이렇게 말한다.

"당신이 그것들로부터 떠나고 싶으면 당신의 여섯 감각기관을 거두고 그 마음을 닫아 망상을 내지 마십시오. 그렇게 하면 곧 해탈을 얻을 것입니다. 그런데 그것을 보지 않는 것을 가지고 그들이 생기지 않는 것으로 여긴다면 잘못된 생각입니다."

그것은 물을 마신 어리석은 사람과 조금도 다를 것이 없다.

―『백유경百喩經』

4. 연주의 대가를 못 받은 악사

어느 악사가 왕 앞에서 음악을 연주하게 되었다. 왕은 그에게 연주의 대가로 돈 천 냥을 주겠다고 약속했다. 연주를 마치자 악사는 왕 앞에 나아가 그 대가를 요구했다. 그러자 왕은 돈을 주기는커녕 도리어 이렇게 말하는 것이었다.

"네가 연주한 음악은 내 귀를 즐겁게 했다. 그런데 그것은 네 귀도 즐겁게 해 주었을 것이다. 그러니 너도 돈을 내놓아라."

인간의 세계에서나 천상에서 조그마한 즐거움은 받을 수 있다. 그러나 그것은 실체가 없어 덧없이 소멸하는 것이다. 또한 그것들은 오래 지속되지 못하니 마치 음악 소리가 허무한 것과 같다.

―『백유경百喩經』

5. 누각의 삼층만 지으려는 부자

옛날에 미련하여 아는 것이라곤 아무것도 없는 어리석은 부자가 있었다. 어느 날 그는 이웃 부잣집에 갔다가 삼층 누각을 구경하게 되었다. 그것은 웅장하고 화려할 뿐 아니라, 넓고 높아 시원스럽게 보였다. 어리석은 부자는 무척 부러워하며 이렇게 생각했다. '내 재산도 저 사람 것만 못하지 않다. 아직까지 나는 왜 이런 누각을 짓지 않았을까?' 그는 곧 목수를 불렀다.

"저 누각처럼 거대하고 웅장한 누각을 지을 수 있겠소?"

"저 집은 내가 지은 것입니다."

"그러면 곧 저런 누각을 지어 주시오."

목수는 곧 땅을 고르고 벽돌을 쌓아 누각을 짓기 시작했다. 벽돌을 쌓아 짓는 것을 지켜보던 부자는 의심이 나서 목수에게 물었다.

"어떤 집을 지으려는 것이오?"

"삼층 누각을 짓는 중입니다."

그때 이 부자는 이렇게 말했다.

"나는 아래 두 층은 필요 없으니 맨 위층만 지어 주시오."

"어떻게 그럴 수가 있습니까. 아래층을 짓지 않고 어떻게 이층을 지으며 이층을 짓지 않고 어떻게 삼층을 지을 수 있단 말입니까. 나는 그런 집은 짓지 못합니다."

목수는 그만 떠나 버렸다. 사람들은 이 말을 듣고 모두 그 부자의 어리석음을 비웃었다.

이는 마치 삼보를 공경하지 않고 게으름을 피우며 놀기만 하다가 도道의 결과를 구하는 것과 같다. 이러한 사람이 세상의 비웃음을 받는 것은 누각의 삼층만을 지으려는 어리석은 부자의 경우와 다를 것이 없다.

―『백유경百喩經』

6. 가난한 아이의 욕심

어떤 가난한 아이가 있었다. 그는 어느 날 큰 부자를 보자 그 부자처럼 많은 재산을 갖고 싶었다. 그러나 뜻대로 되지 않자 아이는 홧김에 자신이 지녔던 조그만 재물마저 물속에 던져 버리려 했다. 그것을 본 한 사람이 아이에게 타일렀다.

"너는 아직 나이도 어려 앞길이 창창한데 왜 그것을 물속에 버리려 하느냐? 그 재물이 비록 적긴 하지만 네가 노력한다면 늘릴 수도 있지 않겠느냐."

어리석은 사람도 그와 같다. 집을 갓 떠나 진리를 조금 터득했을 때, 그들은 깊은 진리를 얻어 덕이 높은 사람들을 보고 부러워한다. 나이가 많고 덕이 있으며 또 아는 것이 많은 사람이 여러 사람들로부터 공양 받는 것을 보고 그와 같이 되기를 바란다. 그러나 쉽사리 그렇게 되지 않을 때 마음속으로 괴로워하고 끝내는 수행을 포기하려고까지 생각한다. 그것은 마치 어리석은 아이가 노력도 없이 하루아침에 부자가 되기를 바라다가 자신의 재물마저 버리려는 것과 같다.

—『백유경百喩經』

7. 귀한 목재로 숯을 굽다

옛날 한 부자의 아들이 있었다. 그는 바닷가에 놀러 나갔다가 오랫동안 물속에 잠겨 있던 목재를 하나 건져 수레에 싣고 집으로 돌아왔다. 그는 목재를 내다 팔 양으로 그것을 다시 장으로 가지고 갔다. 그러나 아주 귀한 목재여서 값이 비싸기 때문에 사려는 사람이 아무도 없었다. 여러 날이 지나도록 팔리지 않게 되자 그는 걱정이 되었다. 마침 옆에는 숯을 파는 사람이 있었는데 숯은 잘 팔렸다. 이것을 본 부자의 아들은 목재로 숯을 구워 어서 제 값을 받는 것이 낫겠다고 생각했다. 그는 목재를 태워 숯을 만들어 내다 놓았다. 그러나 그는 나무의 절반 값도 받지 못했다.

어리석은 사람도 그와 같다. 여러 가지 방편으로 부지런히 정진하여 깨달음을 얻으려다 그것이 얻기 어려워지면 물러난다. '차라리 소승小乘의 결과를 얻는 것이 낫겠다'고 생각하는 것이다.

—『백유경百喩經』

8. 나귀의 젖을 짜려는 사람들

옛날 어떤 시골에 나귀를 구경조차 한 일이 없는 사람들이 살았다. 그러나 나귀의 젖이 매우 맛이 좋다는 말은 어디서 듣고 그것을 몹시 먹고 싶어 했다. 어느 날 그들은 숫나귀 한 마리를 얻게 되었다. 그들은 젖을 짜려고 서로 다투어 나귀를 붙잡았다. 어떤 사람은 머리를 붙잡고, 어떤 사람은 귀를 붙잡으며, 더러는 꼬리나 다리를 붙잡기도 했다. 서로 먼저 젖을 짜 마시려고 법석을 떨고 있을 때 별안간 한 사람이 나귀의 생식기를 움켜잡고 '이것이 젖이다.'라고 소리를 질렀다. 그러자 모두들 생식기에 달라붙어 젖을 짜려 했으나 헛수고였다. 그래서 그들은 세상 사람들로부터 비웃음을 샀다.

외도의 범부들도 그와 같다. 진리라는 말을 듣기는 했어도 그것을 얻을 수 있는 곳에 가서 찾지 않고 허망하고 잡된 생각을 내거나 잘못된 견해를 내어 일부러 발가벗거나 굶주리거나 혹은 높은 벼랑에서 몸을 던지기도 한다. 결국 잘못된 생각 때문에 나쁜 길에 떨어지고 만다. 그것은 어리석은 사람들이 엉뚱한 곳에서 젖을 얻으려는 것과 같다.

—『백유경百喩經』

9. 과일을 따려고 나무를 베다

어떤 나라의 궁전 뜰에 과일나무 한 그루가 있었다. 나무는 키가 크고 잎이 무성하여 얼마 안 있으면 향기롭고 맛있는 열매가 많이 맺힐 것 같았다. 왕은 그 나무 아래서 한 신하를 만나 물었다.

"앞으로 이 나무에 맛있는 열매가 많이 열릴 텐데 그대는 그것을 먹지 않겠는가?"

"이 나무는 너무 높고 커서 먹고 싶어도 열매를 딸 수 없을 것 같습니다."

신하는 왕에게 대답했다. 왕이 안으로 들어간 뒤 신하는 열매를 따기 쉽도록 나무를 베어 버렸다. 열매가 맺히기는 고사하고 나무가 말라죽게 되자 그는 다시 나무를 세워 놓았지만 헛수고였다.

수행하는 사람들도 그와 같다. 법의 왕이신 부처님께는 계율의 나무가 있어 훌륭한 열매를 맺는다. 그 열매를 먹으려면 반드시 계율을 지키고 온갖 공덕을 쌓아야 한다. 그러나 그 방법을 몰라 도리어 계율을 비방한다. 그것은 마치 나무를 베어 버린 다음 다시 살리려고 하는 것과 같다.

—『백유경百喩經』

10. 재산은 놓아두고 문만 지키다

어떤 사람이 먼 곳으로 여행을 떠나려 했다. 그는 하인에게 문단속 잘하고 나귀와 밧줄을 잘 살필 것을 당부한 다음 집을 나섰다. 주인이 떠난 후 이웃집에서 한 친구가 광대놀이를 구경 가자고 그를 부르러 왔다. 그는 밧줄로 나귀를 묶어 문에 매어 두고는 친구와 함께 밖으로 나갔다. 그가 나간 후 곧 그 집에 도둑이 들어와 값진 물건들을 모두 훔쳐 달아났다. 주인이 돌아와 하인에게 물었다.

"집안의 값진 물건들을 모두 어떻게 했느냐?"

"주인께서는 제게 문과 나귀와 밧줄만을 부탁했을 뿐입니다. 그 밖에 다른 것은 제 알 바가 아닙니다."

하인은 태연하게 주인을 쳐다보았다. 주인은 어리석은 하인을 꾸짖고 나서 말했다.

"너에게 문단속을 잘하라고 한 것은 바로 값진 물건들 때문이었다. 이제 그것들을 모두 잃어 문은 아무 쓸모가 없게 되었으니, 너도 이 집에서 쓸모가 없게 되었구나."

태어나면 반드시 죽게 마련인 인간이 애욕의 노예가 되는 것도 이와 같다. 부처님께서는 항상 '감각기관을 잘 단속하여 대상에 집착하지 말고 무명無明의 나귀와 애욕의 밧줄을 잘 지키라'고 훈계했다. 그런데 어떤 비구들은 부처님의 교훈을 받들지 않고 이익만을 구하고 거짓 청빈을 꾸미어 고요한 곳에 앉아 있지만 마음은 산란하여 오욕락五欲樂에 빠져 있다. 즉 형체와 소리와 냄새와 맛과 촉감에 현혹되고 마음은 무명에 덮여 있는 것이다. 그래서 바른 생각과 깨달음의 재물을 모두 잃고 만다.

―『백유경百喩經』

11. 참깨를 볶아 심다

한 어리석은 사람이 있었다. 그는 날 깨만을 먹다가 우연히 볶은 깨를 먹게 되었다. 퍽 고소하고 맛이 좋았다. 그래서 그는 '깨를 아예 볶아서 심으면 뒷날 맛있는 깨를 거둘 수 있겠구나.' 하고 깨를 볶아 밭에 뿌렸다. 그러나 볶은 깨에서 움이 틀 리가 없었다.

수행하는 사람들도 그러하다. 오랜 세월 부처의 경지에 이르려고 괴로운 수행을 하다가 그것이 고통스러우면 '차라리 소승小乘의 길을 닦는 것이 더 쉽겠다'고 생각한다. 그리하여 처음의 큰 바람은 그 결실을 원만하게 이루지 못하고 만다. 그것은 마치 볶은 깨에서 움이 트지 않는 것과 같다.

―『백유경百喩經』

12. 머리를 끌고 가는 꼬리

뱀 한 마리가 살고 있었다. 어느 날 뱀의 꼬리가 머리에게 말했다.
"이제부터 내가 앞서가야겠다."
"언제나 내가 앞서갔는데 이제 와서 갑자기 무슨 소리냐?"
그러면서 머리는 여전히 앞서갔다. 그러자 꼬리는 심술이 나서 그만 나무를 칭칭 감아 버렸다. 머리는 더 이상 앞으로 나갈 수 없게 되었다. 머리는 하는 수 없이 꼬리를 앞세워 가게 되었다. 그러나 꼬리는 길을 잘못 들어 불구덩이에 떨어져 뱀은 타 죽고 말았다.
스승과 제자도 이와 같다. 제자는 '스승들은 연로하다는 이유로 항상 앞에 서 있다. 그러나 우리는 젊다. 우리가 길잡이가 되어야 한다.'고 말한다. 계율에 익숙지 못한 젊은이들은 항상 계율을 범하다가 서로를 이끌고 지옥에 떨어지기 쉽다.

— 『백유경百喩經』

13. 떡 한 개로 입을 봉한 부부

고집들이 센 한 부부가 있었다. 하루는 그들에게 떡 세 개가 생겼다. 부부는 떡 한 개씩을 나누어 먹고 나서 한 개를 서로 더 먹겠다고 입씨름을 벌였다. 그러다 끝까지 말을 하지 않는 사람이 떡을 먹기로 했다. 떡 한 개 때문에 종일 아무도 입을 열지 않았다.

밤이 되자 그 집에 도둑이 들었다. 도둑은 방 안으로 들어와 물건을 훔쳐 쌌다. 그러나 부부는 입을 봉한 채 도둑이 하는 거동만 빤히 쳐다보고 있었다. 도둑은 그들 부부를 이상하게 여기면서도 아무 말도 없는 데 용기를 얻어 그 부인을 범하려 했다. 그래도 남편은 말이 없었다.

"도둑이야!"

참다못한 아내가 고함을 치며 남편에게 대들었다.

"미련한 사내, 그래 떡 한 개 때문에 자기 아내를 범하려는 것을 보고도 가만히 있단 말이오?"

그러자 남편은 비로소 입을 열었다.

"떡은 내 것이야!"

사람들은 이 말을 듣고 모두 비웃었다.

범부들도 그와 같다. 조그만 명성이나 이익을 위해 큰 손해를 보면서도 잠자코 있다. 온갖 번뇌와 악한 도둑의 침범으로 좋은 법이 악도에 떨어진다 해도, 그것을 두려워하기는커녕 출세의 길만 구한다. 그리고 오욕락에 빠져 큰 고통을 당하더라도 재난이라 생각하지 않는다. 그것은 저 어리석은 부부와 다름이 없다.

—『백유경百喩經』

14. 입을 걷어차다

옛날에 부자가 한 사람 있었다. 곁의 사람들은 그의 환심을 사려고 그에게 온갖 아첨을 다 떨었다. 심지어 그 부자가 가래침을 뱉으면 그의 시종은 달려가 그것을 밟아 문지르는 일까지도 서슴지 않았다.

어떤 미련한 시종 한 사람이 자기도 그렇게 하여 그의 눈에 들고자 했으나 차례가 돌아오지 않자 이렇게 생각했다. '그가 침을 뱉을 때마다 나보다 날쌘 사람들이 먼저 달려가 그것을 밟아 버릴 테니, 나는 그가 침을 뱉으려 할 때 얼른 밟아 버려야겠다.'

그때 마침 부자가 가래침을 뱉으려 했다. 미련한 그 시종은 얼른 발을 들어 부자의 입을 걷어차 버렸다. 부자의 입술이 터지고 이가 부러졌다. 부자는 화를 벌컥 내며 그를 꾸짖었다.

"너 이놈, 감히 내 입을 차느냐?"

어리석은 시종은 대답했다.

"만일 주인어른의 침이 입에서 나와 땅에 떨어지면, 곁에 사람들이 얼른 밟아 버리기 때문에 제게는 차례가 오지 않습니다. 그래서 침이 입에서 나오려 할 때 먼저 밟으려고 했던 것이 그만 그렇게 되었습니다."

어떤 일이든 때가 있는 법이다. 때가 채 이르기도 전에 억지로 애를 쓰면 도리어 화를 당한다. 사람들은 제때와 아닌 때를 잘 살펴 알아야 한다.

—『백유경百喩經』

15. 한꺼번에 짜려던 우유

한 어리석은 사람이 있었다. 그는 잔칫날을 앞두고 그날 손님들에게 대접할 우유를 짜 모으다가 문득 이렇게 생각했다. '날마다 우유를 짜 모으면 저장할 곳도 마땅치 않고 맛도 덜할 것이다. 그러니 아예 소 뱃속에 우유가 고이도록 놓아두었다가 한꺼번에 짜는 것이 좋겠다.'

그래서 그는 새끼소마저 따로 떼어 매두었다. 그렇게 한 달이 지나 잔칫날이 돌아왔다.

그는 소를 끌고 와 젖을 짜려 했다. 그러나 젖은 계속해서 짜내지 않았기 때문에 아무리 짜도 나오지 않았다. 잔치에 온 손님들은 그 사정을 듣고 모두 그를 비웃었다.

어리석은 사람도 그와 같다. 그는 보시를 하려다 말고 '재산이 많이 모이면 그때 한꺼번에 보시하리라'고 생각한다. 그러나 재산은 많이 모이기도 전에 수재, 화재, 혹은 관청이나 도둑의 약탈로 인해 잃어버릴 염려가 있다. 또는 갑자기 목숨을 잃어 알맞은 시기에 보시하지 못하게 되는 경우도 생긴다.

그것은 앞의 비유와 다를 바 없다.

—『백유경百喩經』

16. 물속에 비친 금덩이

어떤 사람이 물가에 갔더니 물속에 금덩이가 보였다. 그는 물속에 들어가 금을 찾으려 했다. 진흙을 헤치며 금을 찾아보았으나 금은 나오지 않았다. 그는 물 밖으로 나왔다. 흐려진 물이 맑아지자 또 그 금덩이가 보였다. 다시 물에 뛰어 들어가 그것을 찾았으나 역시 찾지 못했다. 이렇게 하기를 여러 번 거듭하자 그는 지쳐 쓰러질 것 같았다.

이때 그의 아버지가 아들을 보고는 물었다.

"왜 그토록 지쳐 있느냐?"

"물속에 금이 있기에 들어가 건지려 했지만 찾지 못하고 이렇게 몸만 지쳤습니다."

그 말을 들은 아버지는 물속을 들여다보고 그것이 나무 위에 금덩이가 있어 물속에 비친 것임을 알았다.

"저것은 새가 금을 물고 가다 나무 위에 둔 것일 게다."

그는 아들에게 말해 주었다. 그들은 나무 위의 금을 내려와 집으로 가지고 갔다.

어리석은 범부들도 그와 같다. 이 육체 속에 내가 있는 줄 알고 아무리 찾아보아도 찾을 수 없는 것이다.

— 『백유경百喩經』

17. 거울 속의 사람

몹시 가난한 사람이 있었다. 항상 곤궁해서 남의 빚만 잔뜩 짊어진 채 갚지를 못했다.

그는 고향을 떠나 아무도 모르는 곳으로 도망쳤다. 도중에 그는 겉이 거울로 덮여 있는 한 보물상자를 발견했다. 그는 기뻐하며 상자를 열려 했다. 그때 거울 속에서 웬 사람이 자기를 마주보고 있었다. 그는 놀라서 얼른 합장을 하고 이렇게 말했다.

"나는 이 상자 속에는 아무것도 없는 줄 알았습니다. 당신이 이 속에 있을 줄은 정말 모르고 그랬으니 제발 용서해 주십시오."

범부들도 그와 같다. 한없는 번뇌의 시달림을 받고 생사의 마왕魔王에게 핍박을 당하다가 그것을 피해 바른 가르침 안에 들어온다. 그들은 좋은 법을 닦아 행하고 여러 가지 공덕을 쌓으려 한다. 그러나 보물상자의 거울 속에서 자신의 얼굴을 보고 남으로 착각하는 바보처럼 '나'가 있다고 쓸데없는 생각을 낸다. '나'에 집착하여 그것을 실재하는 것이라고 타락의 길에 빠지는 것이다. 그것은 어리석은 자가 거울 속에 비친 자신에게 보물상자를 버리듯, 나라는 관념에 집착하기 때문에 온갖 공덕을 잃어버리는 것과 같다.

—『백유경百喻經』

제8장

효행孝行

1. 번뇌와 업과 악행

부처님께서 라자그리하의 영취산에 계실 때였다. 아침이 되어 가사를 입고 발우를 들고 걸식하러 성안으로 들어가셨다. 성안에 사는 한 부유한 상인의 아들 싱갈라(Siṅgala)가 못에서 목욕하고 언덕에 올라와 몸을 말린 뒤 동·서·남·북·상·하 여섯 군데를 향해 예배하고 있었다. 부처님께서 싱갈라에게 말씀하셨다.

"너는 무엇 때문에 육방六方의 여섯 군데를 향해 예배하느냐?"

싱갈라는 부처님께 대답했다.

"저의 아버지가 임종하실 때 '너는 어딘가에 예배하고 싶거든 먼저 동·서·남·북·상·하의 여섯 군데를 향해 예배하라.'고

유언하셨습니다. 저는 아버지의 유언을 지키려 이렇게 예배하는 것입니다."

부처님께서 싱갈라에게 말씀하셨다.

"거기에는 방위方位의 이름만 있을 뿐이다. 우리 성현의 법은 그런 육방의 예배를 으뜸으로 삼지 않는다."

싱갈라는 부처님께 여쭈었다.

"성현의 법 안에서 육방에 예배하는 법을 가르쳐 주십시오."

부처님께서 말씀하셨다.

"이제 너를 위해 설명하겠으니 자세히 듣고 잘 명심하라. 네 가지 번뇌의 업과 네 가지 악행惡行과 또 여섯 가지 재산을 없애는 일이 있다. 이런 나쁜 일을 하지 않고 육방에 예배하면 이 세상에서도 잘살고 후생에 가서도 좋은 과보를 얻을 것이다.

네 가지 번뇌의 업이란 살생과 도둑질과 음행과 거짓말이다. 또 네 가지 나쁜 행위란 탐욕과 성냄과 두려워함과 어리석음이다. 이와 같은 번뇌의 업과 악행을 행하면 큰 불행이 있을 것이다.

또 재산을 없애는 여섯 가지 일이란 술에 취하고 도박하며 방탕하고 풍류에 빠지며 나쁜 벗과 어울리고 게으름에 빠지는 일이다. 이런 악행을 떠난 뒤에 육방에 예배하면 이 세상이나 다음 세상에서 항상 안락할 것이다.

술을 마시는 데에는 다음과 같은 허물이 있다. 재산을 소비하게 되고 병이 생기고 잘 다투고 나쁜 이름이 퍼지며, 분노가 폭발하고 지혜가 날로 없어지는 것이다. 그러므로 술을 마시지 말아야 한다.

도박에도 다음과 같은 허물이 있다. 재산이 날로 줄어들고 이기더라도 원한이 생기며, 지혜로운 사람이 타일러도 듣지 않고 사람들이 그를 멀리하며 도둑질할 마음이 생기는 것이다. 그러므로 도박을 해서는 안 된다.

방탕에도 다음과 같은 허물이 있다. 제 한 몸은 물론 자손도 보호하지 못하고 항상 놀라고 두려워하게 되며, 온갖 괴롭고 나쁜 일이 몸을 얽어매고 허망한 생각에 빠지게 된다. 그러므로 방탕하지 말아야 한다.

나쁜 벗과 어울리는 데에도 다음과 같은 허물이 있다. 남을 속일 꾀를 내고 으슥한 곳을 좋아하며, 남의 여자를 유혹하고 남의 물건을 훔치며, 재물을 독차지하려 하고 남의 허물 드러내기를 좋아한다. 그러므로 나쁜 벗과 어울리지 말아야 한다.

게으름에도 다음과 같은 허물이 있다. 부자면 부자라고 해서, 가난하면 가난하다고 해서 일하기 싫어한다. 추울 때는 춥다고 해서, 더울 때는 덥다고 해서 일하기 싫어한다. 시간이 이르면 이르다고 해서, 시간이 늦으면 늦었다고 해서 일하기 싫어한다. 그러므로 부디 게으르지 말아야 한다.

그 대신 가까이해야 할 벗이 있다. 그는 너에게 많은 이익을 주고 많은 사람들을 보살펴 준다. 잘못을 말리고 사랑하고 가엾이 여기며, 남을 이롭게 하고 사업을 같이하는 벗이다. 그러므로 그런 이는 친해야 한다."

―『육방예경六方禮經』

2. 대인 관계

부처님께서 다시 말씀하셨다.

"육방이란 어떤 것인지 알아야 한다. 동쪽은 부모요, 남쪽은 스승이며, 서쪽은 아내요, 북쪽은 친족이며, 아래쪽은 종이요, 위쪽은 덕이 높은 사문과 브라만이다.

사람으로 태어났으면 다음 같은 일로 부모에게 효도해야 한다. 부모를 잘 받들어 아쉬움이 없게 하고, 할 일이 있으면 먼저 부모에게 알리며, 부모가 하시는 일에 순종하여 거스르지 않고, 부모의 당부를 어기지 않으며, 부모가 경영하는 바른 사업을 계승하여 끊어지지 않게 하는 것이다. 자식이 부모를 받들어 효도로 섬기면 부모는 편안하여 아무 걱정이 없을 것이다.

또 부모는 다음과 같이 자식을 사랑해야 한다. 자식을 타일러 나쁜 일을 하지 못하게 하고 좋은 일을 가르쳐 주며, 사랑이 골수에 사무치도록 하고 좋은 곳에 결혼시키며, 수시로 필요한 물건을 대어 주어야 한다.

　제자가 스승을 받들어 공경하는 데에도 다음과 같은 일이 있다. 필요한 물건을 대어 드리고 예배 공양하며 존경하여 우러러 받들고, 가르침이 있을 때는 순종하여 어기지 않으며 들은 법은 잘 지녀 잊지 않아야 한다. 제자가 스승을 공경하고 받들면 스승은 편안하여 아무 걱정이 없을 것이다.

　또 스승은 다음 같은 일로 제자를 지도해야 한다. 법을 따라 다루고 모르는 것을 가르쳐 주며, 묻는 것에 대답하여 잘 이해하도록 하고, 좋은 벗을 알선해 주며, 아는 것은 아끼지 않고 모두 가르쳐 주어야 한다.

　남편이 아내를 위하는 데에도 다음 같은 일이 있다. 예절로써 대하고 위신은 지키며, 항상 의복과 음식을 넉넉히 대어 주고 집안일을 믿고 맡겨야 한다.

　또 아내는 다음 같은 일로 남편을 공경해야 한다. 항상 먼저 일어나고 뒤에 앉으며, 말을 부드럽게 하고 잘 순종하며, 남편의 뜻을 먼저 알아 받들어 행해야 한다. 아내가 이와 같이 남편을 받들어 공경하면 남편은 편안하여 아무 걱정이 없을 것이다.

　그리고 누구나 다음 같은 일로 친족을 가까이하고 공경해야 한다. 물건을 나누어 쓰고 말을 인자하게 하며, 이익을 주고 이익을 같이하여 속이지 않아야 한다. 이와 같이 친족을 공경하고 가까이하면 친족은 편안하여 아무 걱정이 없을 것이다.

주인은 하인에 대하여 다음과 같은 일을 가르쳐야 한다. 능력에 따라 일을 시키고, 항상 음식을 대어 주며, 수시로 노력의 대가를 치러 주고, 병이 나면 치료해 주며 가르쳐 주어야 한다.

또 하인은 다음 같은 일로 주인을 받들어 섬겨야 한다. 일찍 일어나고 일을 정성껏 해야 하며, 주지 않는 것을 가지지 않고 순서대로 일을 하며, 주인의 이름을 칭송하여 드날리는 것이다. 하인이 이와 같이 주인을 섬기면 주인은 편안하여 아무 걱정이 없을 것이다.

보시하는 사람은 항상 다음 같은 일로 사문이나 브라만을 받들어 공경해야 한다. 행동이 친절하고 말이 인자하며, 마음이 자비스럽고 때를 맞추어 보시하고 문을 잠그지 않는다. 보시하는 사람이 이와 같이 사문이나 브라만을 받들면 그들은 편안하여 아무 걱정이 없을 것이다.

또 사문이나 브라만은 다음 같은 일로 보시하는 사람을 가르쳐야 한다. 그들을 보호하여 나쁜 일을 저지르지 않게 하고, 좋은 것을 가르쳐 착한 마음을 가지게 하고, 듣지 못한 것을 듣게 하며, 이미 들은 것은 잘 이해하게 하고, 천상에 나는 길을 알려 주는 일이다."

부처님께서 이와 같이 말씀하시니 부유한 상인의 아들 싱갈라는 이렇게 여쭈었다.

"부처님, 부처님의 말씀은 저로서는 상상도 할 수 없었던 것입니다. 아버지의 교훈과는 비교할 수도 없습니다. 넘어진 자를 일으켜 주고, 닫힌 마음을 열어 주시며, 미혹한 이를 깨닫게 하셨습니다. 그리고 어두운 밤에 등불을 켜시고 눈 있는 사람은 보게 하셨습니다. 부처님께서는 무수한 방편으로 미혹한 자를 깨닫게 하시고 맑고 깨끗한 이치를 드러내셨습니다. 저는 오늘부터 부처님과 부처님의 법과 승단에 귀의하겠습니다. 제가 바른 법 안에서 신도가 되게 해 주십시오. 목숨을 마칠 때까지 살생하지 않고, 도둑질하지 않으며, 사음하지 않고, 거짓말하지 않으며, 술을 마시지 않겠습니다."

—『육방예경六方禮經』

3. 어진 아내의 길

사왓티의 부호 급고독給孤獨 장자長者는 권력과 재산이 많은 집안의 딸 옥야玉耶를 며느리로 맞았다. 옥야는 뛰어난 미인이었다. 그러나 친정의 지체와 자기의 미모를 믿고 교만하여 시부모와 남편을 제대로 섬기려 하지 않았다. 아내로서의 부덕과 예절이 없는 것을 보고 걱정하던 장자는 부처님을 청해 며느리를 교화시키기로 했다. 초대를 받고 장자의 집을 찾아간 부처님께서는 옥야에게 말씀하셨다.

"여자는 무엇보다 단정해야 하오. 단정하다는 것은 얼굴이나 몸매나 의복 등 겉모양만을 가리키는 것이 아니라, 그릇된 태도를 버리고 마음을 한결같이 공손하게 가지는 일이오."

옥야가 속으로 자기 허물을 뉘우치며 묵묵히 있는 것을 보고 부처님께서는 말을 이으셨다.

"세상에는 일곱 종류의 아내가 있소. 어머니 같은 아내, 누이 같은 아내, 친구 같은 아내, 며느리 같은 아내, 종 같은 아내, 원수 같은 아내, 도둑 같은 아내 등이오.

첫째, 어머니와 같은 아내란 남편을 아끼고 생각하기를 어머니가 자식을 생각하듯 하는 것이오. 밤낮으로 모시고 그 곁을 떠나지 않고 때에 맞추어 먹을 것을 차리며, 남편이 밖에 나갈 때에는 남들에게 흉잡히지 않도록 마음을 쓰는 것이오.

둘째, 누이 같은 아내란 남편을 받들어 섬기기를 한 부모에게서 혈육을 나눈 형제와 같이 하는 아내요. 그러므로 거기에는 두 가지 정이 있을 수 없으며, 누이가 오라비를 받들어 섬기듯 하는 것이오.

셋째, 친구와 같은 아내란 남편을 모시고 사랑하는 생각이 지극해서 서로 의지하고 사모하여 떠나지 않소. 어떤 비밀한 일도 서로 알리며 잘못을 보면 충고를 하여 실수가 없게 하고, 좋은 일에는 칭찬하여 지혜가 더욱 밝아지도록 하오. 서로 사랑하여 이 세상에서 편안히 지내게 하기를 어진 벗과 같이 하는 아내요.

넷째, 며느리와 같은 아내란 공경과 정성을 다해 어른을 받들고 겸손과 순종으로 남편을 섬기며, 일찍 일어나고 늦게 자며 어긋나는 말과 행동을 하지 않소. 좋은 일이 있으면 다른 사람에게 돌리고 궂은일에는 자기가 나서서 책임을 지오. 남에게 베풀기를 가르치고 착하게 살기를 서로 권하며, 마음이 단정하고 뜻이 한결같아 조금도 그릇됨이 없소. 아내의 예절을 밝게 익혀 손색이 없으니 나아가도 예의에 어긋나지 않고 물러나도 예의를 잃지 않으며, 오로지 화목으로써 귀함을 삼으니 이것이 며느리 같은 아내인 것이오.

다섯째, 종과 같은 아내란 항상 어려워하고 조심하여 교만하지 않고 일에 부지런하여 피하거나 꺼리는 것이 없으며, 공손하고 정성스러워 충성과 효도를 끝까지 지키오. 말은 부드럽고 성질은 온화하며 입으로는 거칠거나 간사한 말을 하지 않고, 몸으로는 방종한 행동을 하지 않소. 정숙하고 선량하고 슬기로우며, 항상 스스로 엄하게 단속하여 예의로 몸가짐을 삼소. 남편이 사랑해도 교만을 부리지 않고, 설사 박대를 할지라도 원망함이 없이 묵묵히 받아들여 딴 생각을 품지 않소. 남편이 즐기는 것을 권하고 말이나 얼굴빛에 질투가 없으며, 오해를 받더라도 그것을 밝히려고 다투지 않소. 아내의 예절을 힘써 닦아 옷과 음식을 가리지 않고 다만 공경하고 정성을 기울일 뿐, 남편을 공경하고 받들기를 마치 종이 상전을 섬기듯 하는 것이니 이것이 종과 같은 아내요.

여섯째, 원수와 같은 아내란 언제나 성내는 마음을 지니고 남편을 보아도 반기지 않고 밤낮으로 헤어지기를 생각하며, 부부라는 생각이 없이 나그네처럼 여기며 걸핏하면 싸우려고 으르렁거리면서 조금도 어려워하는 마음이 없소. 흐트러진 머리로 드러누워 손끝 하나 까딱하지 않고, 집안 살림살이나 아이들이 어떻게 되건 전혀 보살피지 않으며, 바람을 피우면서도 부끄러운 줄을 모르오. 그 모습이 짐승과 같아 친척을 욕하게 되니 이것이 원수 같은 아내요.

일곱째, 도둑과 같은 아내란 밤낮으로 자지 않고 성난 마음으로 대하며, 무슨 수를 써서 떠날까 궁리하고 독약을 먹이자니 남이 알까 두려워서 못하고, 친정이나 이웃에 가서 그들과 짜고 재산을 빼내려 하며, 정부를 두고는 틈을 보아 남편을 죽이려 하오. 남편의 목숨을 억울하게 빼앗으려는 것이니 이것이 도둑과 같은 아내요. 세상에는 이와 같은 일곱 종류의 아내가 있소.

그 가운데 먼저 든 다섯 종류의 착한 아내는 항상 그 이름을 널리 떨치고 여러 사람들이 사랑하고 공경하며 일가친척들이 함께 칭송하게 되오. 그리고 악독한 두 종류의 아내는 항상 비난을 받고 몸과 마음이 편치 못해 늘 앓게 되며, 눈을 감으면 악몽으로 두려워 떨고 자주 횡액을 당하며, 죽은 뒤에는 삼악도에 떨어져 헤어날 기약이 없는 것이오."

부처님의 이와 같은 말씀을 듣고 옥야는 눈물을 흘리며 부처님 앞에서 자기 허물을 뉘우쳤다.

"제 마음이 어리석고 미련하여 아내로서 몽매한 짓을 했습니다. 이제부터는 지나간 잘못을 고쳐 교만을 부리지 않고 종과 같은 아내가 되어 시부모와 남편을 받들어 섬기겠습니다."

부처님께서는 옥야에게 말씀하셨다.

"사람 중에 어느 누가 허물이 없겠소. 고쳐서 새 사람이 된다면 그보다 더 좋은 일이 없을 것이오."

옥야는 이날부터 어진 아내가 되었다.

―『옥야녀경玉耶女經』

제9장

티끌을 벗어난 대장부

1. 출가 생활

부처님께서 말씀하셨다.

"부모형제와 이별하고 출가한 사문은 욕망을 쉬고 애욕을 끊어 자기 마음의 근원과 법의 깊은 이치를 알아서 무위법無爲法[1]을 깨달아야 한다. 안으로 얻을 것이 없고 밖으로는 구할 것이 없어 마음은 진리에도 얽매이지 않고 업도 짓지 않는다. 생각도 없고 지음도 없으며, 닦을 것도 없고 얻을 것도 없다. 여러 과정을 거치지 않고도 스스로 가장 높은 것이니 이것을 일러 도道라 한다.

머리와 수염을 깎고 사문이 되어 내 가르침을 받는 사람들

---

[1] 인연 화합을 벗어난 법.

은 세속의 온갖 재산을 버리고 남에게 빌어 얻는 것으로써 만족하라. 하루 한 끼만 먹고 한 나무의 밑에서 하루 이상 머물지 마라. 사람의 마음을 덮어 어리석게 하는 것은 애착과 탐욕이기 때문이다."

—『사십이장경四十二章經』

2. 열 가지 선악

"중생은 열 가지 선을 이루기도 하고 악을 이루기도 한다. 그 열 가지란 몸의 세 가지, 말의 네 가지, 생각의 세 가지이다. 몸의 세 가지는 산목숨을 죽이는 일과 남의 물건을 훔치는 일과 음란한 짓을 하는 일이다. 말의 네 가지는 이간질과 악담과 거짓말과 당치않게 말을 꾸미는 일이고, 생각의 세 가지는 탐욕과 성냄과 어리석음이다.

이 열 가지 일은 성인의 가르침에 어긋나는 것이므로 열 가지 악한 일이라고 한다. 이와 같은 악한 일을 하지 않으면 곧 열 가지 착한 일이 될 것이다. 사람이 많은 허물이 있으면서도 스스로 뉘우치지 않고 그대로 지나 버리면 냇물이 바다로 들어가 점점 깊고 넓게 되듯이 죄가 무겁게 쌓일 것이다. 그러나 허물이 있을 때 스스로 그릇된 줄 알고 악을 고쳐 선을 행하면 죄가 저절로 없어질 것이니, 병자가 땀을 내고 차차 회복되어 가는 것과 같다."

— 『사십이장경四十二章經』

3. 허공에 침 뱉기

"악한 사람이 선한 일 하는 사람을 일부러 찾아와 귀찮게 굴더라도 스스로 참고 견디면서 그에게 성내거나 꾸짖지 마라. 남을 미워하는 자는 스스로를 미워하는 것이다.

내가 도를 지켜 큰 자비를 베푼다는 말을 듣고 어떤 사람이 찾아와 나를 꾸짖고 욕했다. 그러나 내가 잠자코 대꾸하지 않았더니 그는 꾸짖기를 그쳤다. 내가 그에게 '만일 당신이 어떤 사람에게 선물을 주려 했을 때 그가 받지 않는다면 당신은 그 선물을 어떻게 하시겠습니까?' 하고 물었더니 그는 '그냥 가지고 돌아가지요.'라고 대답했다. 나는 그에게 이렇게 말했다. '조금 전에 당신이 나를 욕했지만 나는 그것을 받아들이지 않았소. 그러니 당신은 그 욕을 당신 자신에게 한 것이오. 마치 메아리가 소리에 응하고 그림자가 물체를 따르는 것과 같이, 당신은 당신이 범한 죄업에서 벗어날 수 없는 것이오. 그러니 부디 악한 일을 하지 마시오.'

악한 사람이 어진 사람을 해치는 것은 허공을 향해 침을 뱉는 일과 같다. 침은 허공에 머물지 않고 자기 얼굴에 떨어지게 마련이다. 그리고 바람을 거슬러 티끌을 뿌리는 일과 같다. 티끌은 저쪽으로 가지 않고 도리어 자기 몸에 와 묻을 것이다. 어진 사람을 해칠 수는 없는 것이며 화는 반드시 자신에게 되돌아오고 만다."

— 『사십이장경四十二章經』

4. 큰 공덕

"도를 사랑하되 많이 듣기만 한다면 도는 끝내 얻기 어렵다. 뜻을 지켜 도를 받들어 행할 때에야 도는 크게 이루어진다. 다른 사람이 도를 펴는 것을 보고 함께 기뻐한다면 그 공덕은 아주 크다.

어떤 사문이 내게 물었다. '그러면 그 공덕은 다할 때가 있습니까?' 나는 이렇게 대답했다. '한 횃불에 수천 사람이 저마다 홰를 가지고 와서 불을 붙여 간다 할지라도 그 횃불은 조금도 달라지지 않는다. 공덕도 또한 이와 같다.'

악한 사람 백 명을 공양하는 것보다 착한 사람 한 명을 공양하는 것이 더 낫고, 착한 사람 천 명을 공양하는 것보다 오계五戒 지키는 한 사람을 공양하는 것이 더 낫다. 이와 같이 백억의 아라한을 공양하는 것보다 부처님 한 분을 공양하는 것이 낫고, 천억의 부처님을 공양하는 것보다 분별없고 집착 없고, 닦을 것 없고 얻을 것 없는 한 사람을 공양하는 것이 더 낫다."

―『사십이장경四十二章經』

5. 스무 가지 어려움

"사람에게는 스무 가지 어려움이 있다. 가난하고 궁핍해서는 보시하기가 어렵고, 돈 많고 지위가 높아 가지고는 배우기가 어려우며, 목숨을 버려 죽기를 기약하기 어렵다. 살아서 부처님의 세상을 만나기 어렵고, 부처님의 경전을 얻어 보기 어렵다. 색심과 욕심을 참기 어렵고, 좋은 것을 보고 갖고 싶은 생각 내지 않기 어려우며, 욕을 먹고 성내지 않기 어렵다. 권세를 가지고 뽐내지 않기 어렵고, 일을 당해 무심하기 어렵다. 널리 배워 두루 연구하기 어렵고, 스스로 뽐내는 마음을 버리기 어려우며, 무식한 사람을 깔보지 않기 어렵다. 마음을 평등하게 쓰기 어렵고, 남의 옳고 그름을 말하지 않기 어렵다. 선지식善知識을 만나기 어렵고, 자성自性을 보아 도를 배우기 어려우며, 형편 따라 교화하여 사람을 제도하기 어렵고, 어떤 경우를 당해 움직이지 않기 어려우며, 방편을 잘 알기 어렵다."

―『사십이장경四十二章經』

6. 전생을 잘 알려면

어떤 사문이 부처님께 여쭈었다.
"어떻게 해야 전생 일을 알며, 지극한 도를 알겠습니까?"
부처님께서 말씀하셨다.
"마음을 깨끗이 하고 의지를 굳게 가지면 지극한 도를 알 수 있다. 거울을 닦아 먼지가 없어지면 맑아지는 것과 같이, 탐욕을 끊고 구하는 것이 없으면 전생 일을 알게 될 것이다."
"어떤 것이 선이며, 어떤 것이 가장 큰 것입니까?"
"도를 행하고 참마음을 지키는 것이 선이며, 의지가 도道와 들어맞는(契合) 것이 가장 큰 것이다."

―『사십이장경四十二章經』

7. 힘세고 밝은 것

"어떤 것이 힘센 것이며, 가장 밝은 것입니까?"
"욕심을 참는 것이 힘센 것이다. 욕심을 참으면 악한 마음도 들지 않게 되기 때문에 편안함과 씩씩함을 겸하게 된다. 또 참는 사람은 악한 마음이 없으므로 반드시 남의 존경을 받게 된다. 그리고 마음의 때가 다 없어져 깨끗해지니 이것이 가장 밝은 것이다. 천지가 생기기 전부터 오늘에 이르도록 시방세계에서 생긴 일을 보지 못하는 것이 없고 알지 못하는 것이 없으며 듣지 못하는 것이 없이 일체지一切智²를 얻은 것이니 가장 밝은 것이다."

—『사십이장경四十二章經』

8. 도를 얻으려면

부처님께서 말씀하셨다.

"사람이 애욕에 얽매이면 마음이 흐리고 어지러워 도를 볼 수 없다. 깨끗이 가라앉은 물을 휘저어 놓으면 아무리 들여다보아도 그림자를 볼 수 없는 것과 같다. 너희들 사문은 반드시 애욕을 버려야 한다. 애욕의 때가 씻기면 도를 볼 수 있을 것이다. 도를 보는 사람은 마치 횃불을 가지고 어두운 방 안에 들어갔을 때 어두움이 사라지고 환히 밝아지는 것과 같다. 도를 배워 진리를 보면 무명은 없어지고 지혜만 남을 것이다.

내 법은 생각함이 없이 생각하고, 행함이 없이 행하며, 말함이 없이 말하고, 닦음이 없이 닦는다. 그러므로 아는 사람에게는 가깝지만 어리석은 사람에게는 갈수록 아득할 뿐이다. 무어라 말할 길이 끊어졌으며, 사물에 걸릴 것이 없으니, 털

---

2 모든 것을 아는 지혜.

끝만치라도 어긋나면 잃기도 잠깐이다.

천지를 볼 때 덧없이 생각하고, 세계를 볼 때도 덧없음을 생각하며, 마음을 볼 때는 그대로가 보리菩提[3]라고 생각하라.

이와 같이 도를 알면 얻기가 빠를 것이다. 몸 안에 있는 사대四大[4]가 제각기 이름을 가졌지만 어디에도 '나'가 없다고 생각하라. 내가 있지 않다면 그것은 허깨비와 다를 게 무엇인가.

사람이 감정과 욕망에 이끌려 명예를 구하지만 명예가 드러날 만하면 몸은 이미 죽고 만다. 하잘것없는 세상의 명예를 탐하느라 도를 배우지 않고 헛수고만 하니, 마치 향을 사루어 그 향기를 맡기는 했지만 향은 이미 재가 되고 만 것과 같다. 이와 같이 몸을 해치는 불이 명예 뒤에 숨어 있는 것이다."

— 『사십이장경四十二章經』

9. 칼날에 묻은 꿀

"사람들이 재물과 색을 버리지 못하는 것은 마치 칼날에 묻은 꿀을 탐하는 것과 같다. 한 번 입에 댈 것도 못 되는데 어린애들은 그것을 핥다가 혀를 상한다. 사람이 처자나 집에 얽

---

[3] 도道, 지혜.
[4] 육신을 구성하는 네 가지 요소. 즉 지地·수水·화火·풍風.

매이는 것은 감옥에 갇히는 것보다 더하다. 감옥은 풀릴 날이 있지만 처자는 멀리 떠날 생각조차 없기 때문이다. 정과 사랑은 어떠한 재앙도 꺼리지 않는다. 호랑이 입에 들어가는 재난이 있다 하더라도 깊이깊이 빠져든다. 그런 이를 범부라 하고 여기에서 뚫고 나오면 티끌을 벗어난 장부라 한다.

모든 욕망 가운데서 성욕보다 더한 것은 없다. 성욕은 크기의 한계가 없다. 다행히 그것이 하나뿐이었기 망정이지 둘만 되었더라도 도 닦을 사람은 아무도 없을 것이다. 애욕을 지닌 사람은 마치 횃불을 들고 거슬러 가는 것과 같아서 반드시 손을 태울 화를 입게 된다.

어떤 악마가 내게 미녀를 보내어 그 뜻을 꺾으려 했을 때 나는 이렇게 말했다. '가죽 주머니에 온갖 더러운 것을 담은 자여, 너는 무엇 하러 왔느냐, 물러가라, 내게는 소용이 없다!'

악마가 도리어 공경하는 마음을 일으켜 도의 뜻을 물었다. 내가 그를 위해 설명해 주었더니 그는 곧 눈을 뜨게 되었다."

―『사십이장경四十二章經』

10. 진흙에 더럽혀지지 않는 연꽃

"도 닦는 사람은 마치 나무토막이 물에 떠서 물결 따라 흘러가는 것과 같다. 양쪽 기슭에도 닿지 않고, 누가 건져 가거나 소용돌이에 빠지지도 않고 썩지도 않는다면, 이 나무는 틀림없이 바다에 들어갈 것이다. 도를 배우는 사람도 이와 같아서, 정욕에 빠지거나 온갖 그릇된 일에 흔들리지 않고 정진에만 힘쓴다면 그는 반드시 도를 이룰 것이다. 너희들 스스로의 생각을 믿지 마라. 너희들 생각은 믿을 수 없는 것이다. 여인과 만나지 마라. 여인을 만나면 화가 생기게 마련이다. 아라한[5]이 된 뒤에라야 너희들 뜻을 믿을 수 있을 것이다.

여인을 마주 보지 말고 함께 이야기도 하지 마라. 만일 함께 이야기할 때는 똑바른 마음으로 '나는 출가 사문이다. 흐린 세상에 태어났으니 연꽃이 진흙에 더럽혀지지 않는 것과 같아야 한다.'고 생각하라.

나이 많은 여인은 어머니로 생각하고 손위가 되는 이는 누님으로, 나이 적은 이는 누이동생으로, 어린이는 딸과 같이 생각하여 제도하려는 마음을 내면 부정한 생각이 일어나지 않을 것이다.

도 닦는 사람은 마른 풀을 가진 것과 같아서 불에 가까이 가지 말아야 한다. 수행인이 욕망의 대상을 보거든 마땅히 멀리해야 한다. 어떤 사람이 음란한 생각이 그치지 않음을 걱정한 끝에 자기의 생식기를 끊으려 했다. 나는 그에게 다음과 같이 타이른 적이 있다.

---

5 다시 생사에 윤회하지 않는 성문 4과 중 최고의 경지.

'생식기를 끊는 것은 생각을 끊는 것만 못하다. 음란한 생각이 쉬지 않고 일어난다면 생식기를 끊은들 무슨 소용이 있겠느냐.'

사람들은 애욕으로 인해 걱정이 생기고 걱정으로 인해 두려움이 생긴다.

애욕에서 떠나 버리면 무엇을 걱정하고 무엇을 두려워할 것인가."

―『사십이장경四十二章經』

11. 사람으로 태어나기 어렵다

"도를 닦는 사람은 한 사람이 만 사람을 상대로 싸우는 것과 같다. 갑옷을 입고 문을 나섰다가 의지가 약해져 겁을 내는 수도 있고, 혹은 반쯤 가다 물러나는 수도 있으며, 맞붙어 싸우다가 죽기도 하고 이기고 돌아오기도 한다. 사문이 배울 때에는 마땅히 그 마음을 굳게 가져 용맹스럽게 정진하고 모든 악마를 쳐부수어야만 도의 열매를 거두게 될 것이다.

쇠그릇을 만들 때 못 쓸 쇠붙이는 버리고 좋은 쇠붙이로 만들어야 그 그릇이 깨끗하고 튼튼한 것처럼, 도를 배우는 사람도 마음의 때를 씻은 뒤에야 그 행동이 청정해질 것이다.

사람이 악도에서 벗어났더라도 다시 사람으로 태어나기 어렵고, 사람 중에서도 남자 되기가 어려우며, 남자가 되었을지라도 여섯 감각기관(六根)을 온전히 갖추기 어렵고, 여섯 감각기관을 갖추었을지라도 큰 나라에 태어나기 어렵다. 큰 나라에 태어났을지라도 부처님의 세상을 만나기가 어려우며, 부처님 세상을 만났을지라도 수행자를 만나기 어렵고, 수행자를 만났다 하더라도 신심信心을 내기 어렵다. 신심을 냈을지라도 보리심菩提心을 내기 어렵고, 보리심을 냈을지라도 닦음도 없고(無修) 얻음도 없는(無證) 경지에 이르기는 참으로 어렵다.

내 제자들이 내게서 멀리 떠나 있더라도 내가 가르친 계율을 항상 생각하면 반드시 도를 성취할 수 있지만, 내 곁에서 항상 나를 보고 있더라도 내 계율에 따르지 않으면 끝내 도를 얻지 못할 것이다."

―『사십이장경四十二章經』

12. 목숨은 호흡 사이에

부처님께서 어떤 사문에게 물으셨다.
"사람의 목숨이 얼마 동안 있느냐?"
사문이 대답했다.
"며칠 사이에 있습니다."
"너는 아직 도를 모른다."

부처님께서 다른 사문에게 물으셨다.

"사람의 목숨이 얼마 동안 있느냐?"

"밥 먹는 사이에 있습니다."

"너도 아직 도를 모른다."

또 다른 사문에게 물으셨다.

"사람의 목숨이 얼마 동안 있느냐?"

"호흡하는 사이에 있습니다."

"그렇다, 너는 도를 아는구나."

―『사십이장경四十二章經』

13. 문틈에 비친 먼지처럼

"내 가르침을 배우는 사람은 내가 말한 바를 모두 믿고 따라야 한다. 이를테면 꿀을 먹으면 속과 겉이 모두 달듯이 내 법문도 또한 그렇다.

나는 왕자의 지위를 문틈에 비치는 먼지처럼 보고, 금이나 옥 따위의 보배를 깨진 기왓장처럼 보며, 비단옷을 헌 누더기같이 보고, 삼천대천세계를 한 알의 겨자씨같이 본다. 열반을 조석으로 깨어 있는 것과 같이 보고, 평등을 하나의 참다운 경지로 보며, 교화 펴는 일은 사철 푸른 나무와 같이 본다."

―『사십이장경四十二章經』

제10장

최후의 교훈

1. 계율은 스승이다

부처님께서 바라나시의 녹야원에서 처음으로 법륜法輪[1]을 굴려 꼰단냐(Koṇḍañña) 등 다섯 수행자를 교화시키며, 최후의 설법으로 수밧다(Subhadda)를 제도하시니 건질 만한 사람은 모두 건지셨다.

샬라나무 아래서 열반에 드시려고 할 때였다. 사방이 고요해 아무 소리도 없는 한밤중에 부처님께서는 제자들을 위해 진리의 핵심을 말씀하셨다.

"비구들이여, 내가 열반에 든 뒤에는 계율 존중하기를 어둠

---

[1] 부처님의 가르침을 전륜성왕轉輪聖王이 가지고 있는 윤보輪寶에 비유한 말. 부처님의 설법을 가리켜 법륜을 굴린다고 함.

속에서 빛을 만난 듯이, 가난한 사람이 보물을 얻은 듯이 해야 한다. 계율은 너희들의 큰 스승이요, 내가 세상에 더 살아 있더라도 이것과 다름이 없을 것이다. 청정한 계율을 지닌 사람은 물건을 사고팔거나 거래를 하지 말고, 집이나 논밭을 마련하지 말며, 하인을 부리거나 짐승을 기르지 마라. 재물 멀리하기를 불구덩이를 피하듯 하고, 초목을 베거나 땅을 개간하지 마라. 가짜 약을 만들거나 사람의 길흉을 점치는 일, 하늘의 별로 점치는 일, 수數를 놓아 맞추는 일들을 하지 마라.

몸을 바르게 갖고 일정한 때를 정해 먹으며, 깨끗하게 계를 지키며 살아라. 세상의 나쁜 일에 참여하지 말며 주술呪術을 부리거나 선약仙藥을 만들지 마라. 권세 있는 사람과 사귀어 서민들을 업신여기지 말고, 자기 마음을 단정히 하여 바른 생각으로 남을 구제하라.

또 자기 허물을 숨기거나 이상한 행동으로 남들을 홀리지 말며, 음식·의복·침구·의약 등 네 가지 공양의 분량을 알고 만족하게 여기며, 받은 공양거리는 쌓아 두지 마라.

이상은 계율을 가지는 태도를 대강 말한 것인데 계는 바르고 순한 해탈의 근본이므로, 쁘라띠목샤(Prātimokṣa)[2]라고 부르는 것이다. 이 계戒를 의지하면 모든 선정禪定과 괴로움을 없애는 지혜를 낼 수 있을 것이다.

---

2 별해탈別解脫의 뜻.

그러므로 비구들은 반드시 청정한 계를 가져 어긋나지 않게 하라. 만일 사람에게 청정한 계가 없으면 온갖 좋은 공덕이 생길 수 없다. 계는 가장 안온한 공덕이 머무는 곳임을 알아라."

— 『불수반열반약설교계경佛垂般涅槃略說敎誡經』(유교경遺敎經)

2. 마음의 임자가 되라

"이미 계에 머물게 되었으면 오관[3]을 잘 거두어 오욕에 들어가지 말게 하라. 그것은 사람이 회초리를 쥐고 소를 단속함으로써 소가 남의 논밭에 들어가지 못하도록 하는 것과 같다. 만약 오관을 제멋대로 놓아 버리면 오욕뿐 아니라 가는 곳이 끝없어, 마침내는 막을 수 없을 것이다. 또한 그것은 사나운 말과 같아서 재갈을 단단히 물리지 않으면, 그 수레에 태운 사람을 구렁에 내동댕이칠 것이다.

도둑이 들면 그 피해가 한 생에 그치지만, 오관의 화는 여러 생에 미치어 그 해독이 매우 무겁다. 지혜로운 사람은 스스로 자제하여 오관에 따르지 말고, 도둑을 붙들듯하여 함부로 날뛰지 못하게 해야 한다. 오관의 주체는 마음이다. 너희들은 마땅히 그 마음을 다스려라.

---

3 다섯 가지 감각기관. 눈·귀·코·혀·몸.

흐트러진 마음은 독사나 맹수보다 두렵다. 큰 불길이 치솟아 일어나는 것도 흐트러진 마음에 비길 바가 못 된다. 그것은 마치 꿀 그릇을 든 사람이 꿀만 보고 좋아서 이리저리 날뛰기만 하고 깊은 구렁을 보지 못하는 것과 같다. 또 그것은 고삐 없는 미친 코끼리나 나무를 만난 원숭이와도 같아 이리 뛰고 저리 뛰어 붙들기 어려우니 빨리 꺾어 방일하지 못하게 해야 할 것이다. 이 마음을 놓아 버리면 모든 착한 일을 잊어버리게 되지만 그것을 한곳에 모아 두면 이루지 못할 일이 없을 것이다. 그러므로 비구들은 부지런히 정진하여 자기 마음을 항복받아야 한다."

―『불수반열반약설교계경佛垂般涅槃略說敎誡經』(유교경遺敎經)

3. 빛깔과 향기를 다치지 않게

"음식을 받았을 때는 마치 약을 먹듯 하고, 좋고 나쁜 것을 가려 생각을 팔지 말며, 건강을 유지하여 배고픔과 목마름을 달래는 데에 맞도록 하라. 마치 꿀벌이 꽃을 거쳐 올 때에 꿀 만들기에 적당한 꽃가루만을 취하고 빛깔이나 향기는 다치게 하지 않는 것처럼, 비구도 남의 공양을 받을 때는 배고픔을 달랠 정도만 받고, 많은 것을 구해 그 착한 마음을 헐지 마라. 지혜로운 사람은 소의 힘이 얼마만 한가를 헤아려 너무 무거운 짐을 지워 그 힘을 다하게 하지 않는다."

—『불수반열반약설교계경佛垂般涅槃略說敎誡經』(유교경遺敎經)

4. 독사가 방 안에서 자고 있는데

"낮에는 부지런히 착한 법을 닦아 익히고 밤중에는 경전을 읽어라. 잠자느라고 아무 소득 없이 헛된 나날을 보내서는 안 된다. 덧없는 불길이 온 세상을 불사르고 있음을 생각하면서 자신을 빨리 구제하라. 그러려면 부디 깨어 있어야 한다. 모든 번뇌의 도둑이 항상 틈을 엿보고 원수처럼 침범하는데 어찌 잠자기만을 일삼아 경계하지 않을 것인가.

번뇌가 네 마음속에 잠자고 있는 것은 검은 독사가 네 방에서 자고 있는 것과 같다. 계율의 갈퀴로 빨리 물리쳐야 한다. 독사가 나간 뒤에라야 마음 놓고 편히 잠들 수 있다. 독사가 나가지 않았는데 계속해서 잠만 자고 있다면 그는 어리석은 사람이다."

—『불수반열반약설교계경佛垂般涅槃略說敎誡經』(유교경遺敎經)

5. 부끄러워할 줄 알라

"부끄러움의 옷은 모든 장식 가운데 으뜸간다. 부끄러움은 쇠갈퀴와 같아 사람의 법답지 못함을 다스린다. 그러므로 항상 부끄러워할 줄 알고 잠시도 그 생각을 버리지 말아야 한다. 만일 부끄러워하는 생각을 버린다면 모든 공덕을 잃게 될 것이다. 부끄러워할 줄 아는 사람은 곧 착한 법을 가질 수 있지만, 그렇지 못한 사람은 짐승과 다를 바 없다."

―『불수반열반약설교계경佛垂般涅槃略說敎誡經』(유교경遺敎經)

6. 참는 덕

"비구들이여, 만약 어떤 사람이 와서 너희 사지를 마디마디 찢는다 할지라도 자기 마음을 청정하게 가져 성내지 말고 입 또한 청정하게 지켜 나쁜 말을 하지 않도록 하라. 성내는 마음을 그대로 놓아두면 자기의 도를 스스로 방해하고 공덕과 이익을 잃어버리게 될 것이다.

참는 일은 계를 지키거나 고행하는 일보다 덕이 크다. 참을 줄 아는 사람이라야 용기 있는 대장부라 할 수 있고, 타인으로부터 받는 꾸지람을 감로수甘露水 마시듯 하는 사람이라야 도道에 들어선 지혜로운 사람이라 할 수 있다. 성냄의 해독은 착한 법을 부수고 좋은 명예를 헐어 이 세상이나 저 세상에서도 남이 좋게 보지 않는다.

성내는 마음은 사나운 불꽃보다 더 무서운 것이니, 항상 막고 지켜 마음속에 들어오지 못하게 하라. 성냄은 공덕을 빼앗는 가장 큰 도둑이다. 세상 사람은 욕심만 있고 자기를 다스리는 법이 없기 때문에 때에 따라 성냄도 용서받을 수 있겠지만, 출가 수행자가 성내는 것은 당치 않은 일이다. 그것은 마치 맑게 갠 날씨에 뇌성벽력이 치는 격이다."

―『불수반열반약설교계경佛垂般涅槃略說敎誡經』(유교경遺敎經)

7. 순박하고 정직하라

"너희들 비구는 스스로 머리를 숙여야 한다. 몸의 치장을 버리고 가사를 입고 발우를 들고 탁발托鉢을 하면서 살아가라. 이러한 형색은 자기가 보기에도 세상의 잡된 일에서 떠난 모습이거늘 어디에 교만심을 품으랴. 교만은 세상 사람도 멀리하는데 하물며 출가하여 도를 구하는 사람임에랴. 해탈을 위해 자기를 낮추어 탁발로 살아가는 수행자임에랴.

굽혀 아첨하는 마음은 도와는 어긋나는 것이니, 그 마음을 순박하고 정직하게 가져야 한다. 굽혀 아첨하는 마음은 속임밖에 되지 않으니 도에 들어간 사람은 그럴 수 없다. 그러므로 너희들은 마음을 단정히 하고 순박과 정직을 근본으로 삼아야 한다."

—『불수반열반약설교계경佛垂般涅槃略說敎誡經』(유교경遺敎經)

8. 욕심이 적으면 근심도 적다

"비구들이여, 욕심이 많은 사람은 이익을 구하기 때문에 번뇌도 많지만, 욕심이 적은 사람은 이익을 구하지 않아 근심 걱정이 없다. 욕심을 적게 하기 위해서라도 힘써 닦아야 할 텐데, 하물며 그것이 온갖 공덕을 낳게 함에 있어서랴. 욕심이 적은 사람은 남의 마음을 사기 위해 굽혀 아첨하지 않고 모든 감각기관에 이끌리지 않는다.

또 욕심을 없애려는 사람은 마음이 편안해서 걱정이나 두려움이 없고, 하는 일에 여유가 있어 부족함이 없다. 열반의 경지에 들게 되는 이것을 가리켜 욕심이 적음(小欲)이라 한다.

만약 모든 고뇌를 벗어나고자 한다면 만족할 줄 알아야 한다. 넉넉함을 아는 것은 부유하고 즐거우며 안온하다. 그런 사람은 비록 맨땅 위에 누워 있을지라도 편안하고 즐겁다. 그러나 만족할 줄 모르는 사람은 설사 천상에 있을지라도 흡족하지 않을 것이다. 만족할 줄 모르는 사람은 부유한 듯하지만 사실은 가난하고, 만족할 줄 아는 사람은 가난한 듯하지만 사실은 부유하다. 만족을 알지 못하는 사람은 항상 오욕五欲에 이끌려 만족을 아는 사람들이 불쌍하게 여긴다. 만족을 아는 것을 가리켜 지족知足이라 한다.

— 『불수반열반약설교계경佛垂般涅槃略說敎誡經』(유교경遺敎經)

9. 무리를 좋아하면 무리의 괴로움을 받는다

"비구들이여, 만약 적정무위寂靜無爲의 안락을 얻고자 한다면 안팎의 시끄러움을 떠나 혼자서 한가한 곳에 있으라. 마음속의 온갖 분별 망상과 바깥의 여러 대상 경계를 버리고 한적한 곳에 혼자 있으면서 괴로움의 근본을 없애려 노력해야 한다. 그런 사람은 제석천帝釋天도 공경한다.

무리를 좋아하는 사람은 무리로부터 괴로움을 받는다. 그것은 약한 나무에 많은 새 떼가 앉으면 그 가지가 부러질 염려가 있는 것과 같다. 또 세상일에 얽매이고 집착하여 여러 가지 괴로움에 빠지는 것은 늙은 코끼리가 진흙 수렁에 빠져 스스로 헤어나지 못하는 것과 같다. 이것을 가리켜 멀리 떠남(遠離)이라 한다."

— 『불수반열반약설교계경佛垂般涅槃略說敎誡經』(유교경遺敎經)

10. 낙숫물이 돌을 뚫는다

"부지런히 정진하면 어려운 일이 없을 것이다. 그러므로 너희들은 부지런히 정진해야 한다. 이를테면, 낙수가 돌을 뚫는 것과 같다. 수행인의 마음이 게을러 정진을 쉬게 되면, 그것은 마치 나무를 비벼 불씨를 얻으려 할 때 나무가 뜨거워지기도 전에 그만두는 것과 같다. 그는 아무리 불씨를 얻고자 해도 얻지 못할 것이다. 불씨를 얻으려는 이런 노력을 가리켜 정진精進이라 한다.

선지식을 찾으려면 항상 잊지 않고 생각하는 일밖에 없다. 잊지 않고 생각하면 모든 번뇌의 도둑이 들어올 수 없기 때문이다. 그러므로 너희들은 항상 생각을 모아 마음에 두라. 만약 바른 생각을 잃어버리면 모든 공덕을 잃어버릴 것이며, 생각하는 힘이 굳세면 비록 오욕의 도둑 속에 들어가더라도 도둑이 해치지 못할 것이다. 완전하게 무장하고 싸움터에 나가면 두려울 것이 없다. 굳센 마음을 지키려는 이런 노력을 가리켜 잊지 않고 생각함이라 한다.

마음을 한곳에 모으면 선정禪定에 들 수 있을 것이다. 마음이 선정에 들면 세상이 생멸生滅하는 모습을 알 수 있다. 그러므로 너희들은 선정을 부지런히 닦아 마음이 흐트러지지 않도록 하라. 물을 아끼는 집에서 둑이나 못을 잘 관리하는 것처럼, 수행자도 지혜의 물을 위해 선정을 잘 닦고 그 물이 새지 않도록 한다. 마음을 흐트러지지 않게 하는 이런 노력을 가리켜 정定이라 한다."

— 『불수반열반약설교계경佛垂般涅槃略說教誡經』(유교경遺教經)

11. 무명 속의 밝은 등불

"지혜가 있으면 집착이 없어지리니, 항상 자세히 살펴 지혜를 잃지 않도록 하라. 이것은 우리 법 가운데서도 해탈을 쉽게 해 준다. 그렇지 못한 사람은 수행자도 아니요, 세속 사람도 아니므로 무어라 이름할 수도 없다. 참다운 지혜는 생로병사의 바다를 건너는 튼튼한 배이고, 무명 속의 밝은 등불이며, 모든 병든 자의 좋은 약이고, 번뇌의 나무를 찍는 날 선 도끼다. 그러므로 비구들은 잘 듣고 생각하고, 지혜로써 자신을 더욱 길러야 한다. 만약 어떤 사람이 지혜의 빛을 가졌다면, 그는 세상의 그 무엇도 육신으로 밝게 볼 수 있다. 이것을 가리켜 지혜라 한다.

여러 가지 궤변으로 논쟁하면 마음이 어지러워진다. 비록 집을 나왔다 할지라도 아직 해탈하지 못한 비구는 무익한 논쟁을 하지 말고 어지러운 마음을 쉬어야 한다. 열반의 즐거움을 얻으려면 논쟁의 번거로움을 없애야 하기 때문이다. 이것을 가리켜 논쟁하지 않음이라 한다."

— 『불수반열반약설교계경佛垂般涅槃略說教誡經』(유교경遺教經)

12. 여래는 길잡이

"한결같은 마음으로 방일하지 마라. 게으르고 나태한 마음일랑 원수와 도둑을 멀리하듯 하라. 여래의 가르침은 지극한 것이니 너희들은 부지런히 행해야 한다. 산속이나 늪가나 나무 밑에서, 혹은 고요한 방에 한가히 있을 때, 들은 법을 잘 생각해서 잃어버리지 말고 스스로 힘써 부지런히 수행하라. 아무것도 해 놓은 일 없이 헛되이 죽으면 뒷날 반드시 뉘우침이 클 것이다. 나는 의사와 같아 병을 알고 약을 말하는 것이니, 먹고 안 먹는 것은 의사의 허물이 아니다. 나는 길잡이와 같아 좋은 길로 사람을 인도하는 것이니, 듣고서 가지 않더라도 그것은 길잡이의 허물이 아니다."

―『불수반열반약설교계경佛垂般涅槃略說教誡經』(유교경遺教經)

제11장

동서東西의 대화

1. 현자와 제왕의 대화

밀린다(Milinda)왕[1]이 말했다.

"나가세나(Nāgasena) 스님, 저와 말씀을 나눌 수 있겠습니까?"

나가세나는 왕의 물음에 대해 다음과 같이 대답했다.

"왕이시여, 저를 현자賢者로 대해 주시면 응하겠습니다. 그러나 제왕의 권위로 저와 말씀 나누기를 원한다면 저는 응할 뜻이 없습니다."

"나가세나 스님, 현자로서 말씀을 나눈다는 것은 어떻게 하는 것입니까?"

---

1 기원전 2세기 후반 북인도를 통치했던 그리스 유민 메난드로스왕을 말함.

"현자는 문제가 해명되고 해설되고 비판, 수정, 반박 당하는 경우가 있다 할지라도 결코 성내지 않습니다."

"그렇다면 제왕과의 대화는 어떻게 하는 것입니까?"

"제왕은 외골수로 주장하며 자기 뜻을 따르지 않는 사람에게는 왕의 권위로 벌을 주라고 명령합니다."

"알겠습니다. 저는 제왕이 아닌 현자로서 스님과 대화하겠습니다. 스님은 비구나 사미나 신도들과 대화하듯 거리낌 없이 자유롭게 말씀하십시오."

"좋습니다."

"그럼 질문하겠습니다."

—『밀린다빵하(Milindapañha)』

2. 수레의 비유

밀린다왕은 나가세나에게 물었다.

"스님은 어떻게 하여 세상에 알려졌습니까? 스님의 이름을 뭐라고 부릅니까?"

"왕이시여, 저는 나가세나로 알려져 있습니다. 동료 수행자들도 나가세나로 부릅니다. 그리고 저의 부모는 나가세나 이외에도 수라세나(Surasena), 위라세나(Virasena), 시하세나(Sihasena)란 이름으로 저를 부르기도 합니다. 그러나 이 나가세나란 이름은 명칭·호칭·가명에 지나지 않습니다. 거기에 자아는 인정할 수 없습니다."

이 말을 듣고 밀린다왕은 오백 명의 그리스 유민과 팔만 명의 비구에게 '나가세나 스님은 이름 속에 인격적 개체는 없다고 말했습니다. 여러분은 그 말을 믿을 수 있습니까?'라고 물어본 다음, 다시 나가세나 스님을 향해 다음과 같은 질문을 했다.

"스님, 만일 이름에 자아를 인정할 수 없다면 스님에게 의복·음식·약품 등의 필수품을 제공하는 사람은 누구입니까? 그것을 받아 사용하는 사람은 또 누구입니까? 계행戒行을 지키는 사람은 누구이며, 수행에 힘쓰는 사람은 누구입니까? 또 수행한 결과 열반에 이르는 사람은 누구이며, 살생을 하고 남의 것을 훔치는 사람은 누구입니까? 세속적 욕망 때문에 바르지 못한 행동을 하고 거짓말하는 사람은 누구입니까? 자아가 없다면 공덕도 죄도 없으며, 선행과 악행의 과보도 없을 것입니다. 나가세나 스님, 자아가 없다면 스님을 죽이는 사람이 있더라도 살생의 죄는 없을 것입니다. 따라서 스님의 승단에는 계를 일러 주는 수계사受戒師도 없다는 결론이 나옵니다. 스님은 '승단의 수행 비구들이 나를 나가세나라 부른다.'고 하였습니다. 그렇다면 나가세나라 불리는 것은 대체 무엇입니까? 머리카락이 나가세나란 말입니까?"

"왕이시여, 그렇지 않습니다."

"그렇다면 스님의 손톱이나 이가 나가세나란 말입니까?"

"그렇지도 않습니다."

"그렇다면 살·힘줄·뼈 등 신체의 각 부분에서 어느 한 부분이 나가세나란 말입니까? 아니면 이들 전부가 나가세나란 말입니까?"

나가세나는 어느 한 부분도 또 전부도 아니라고 대답했다.

"그렇다면 오온五蘊 중의 어느 하나가 나가세나입니까? 아니면 오온을 합친 것이 나가세나입니까?"

나가세나의 대답은 역시 아니라고 했다.

"그렇다면 스님, 오온 밖에 나가세나가 따로 있는 것입니까?"

"왕이시여, 그렇지도 않습니다."

"스님, 저는 스님에게 물을 수 있는 것은 다 물어보았으나 나가세나는 찾아내지 못했습니다. 나가세나란 빈 소리에 지나지 않습니까? 그렇다면 우리 앞에 있는 나가세나는 어떤 사람입니까? 스님은 '나가세나는 없다'고 진실 아닌 거짓말을 말씀하셨습니다."

이때 나가세나는 밀린다왕에게 반문反問하기 시작했다.

"왕이시여, 대왕은 귀족 출신으로 호화롭게 자라났습니다. 대왕이 한낮의 더위에 뜨거운 땅이나 모래를 밟고 또 울퉁불퉁한 자갈 위를 걸어왔다면 발을 상했을 것입니다. 그리고 몸은 피로하고 마음은 산란하여 온몸에 고통을 느꼈을 것입니다. 도대체 대왕은 걸어서 왔습니까, 아니면 타고 왔습니까?"

"스님, 저는 걸어서 오지 않고 수레를 타고 왔습니다."

"수레를 타고 왔다면, 무엇이 수레인가를 말씀해 주십시오. 수레채가 수레입니까?"

"그렇지 않습니다."

"그러면 굴대가 수레입니까?"

"그렇지 않습니다."

"바퀴·차체·차틀·멍에·밧줄·살·채찍 가운데 어느 하나가 수레입니까?"

왕은 한결같이 아니라고만 대답했다.

"왕이시여, 그렇다면 이것들을 모두 합친 전체가 수레입니까?"

"아닙니다, 스님."

"그렇다면 이것들 밖에 수레가 따로 있는 것입니까?"

왕은 여전히 아니라고만 대답했다.

"왕이시여, 저는 대왕에게 수레에 대해 물을 수 있는 것은 죄다 물어보았습니다. 그러나 수레는 찾아낼 수 없었습니다. 수레란 단지 빈 소리에 지나지 않습니까? 그렇다면 대왕은 '수레가 존재하지 않는다.'고 진실 아닌 거짓을 말씀하신 셈이 됩니다. 대왕은 만백성을 다스리는 왕입니다. 무엇이 두려워 거짓을 말씀하십니까?"

이와 같이 물은 다음 나가세나는 오백 명의 그리스 유민과 팔만 명의 비구에게 말했다.

"밀린다왕은 여기까지 수레를 타고 왔다고 말씀했습니다. 그러나 '어떤 것이 수레인가'라는 질문을 받았을 때 무엇이 수레라고 분명한 대답을 못하였습니다. 여러분은 왕의 말씀을 믿을 수 있겠습니까?"

이 말을 듣고 오백 명의 그리스 유민들은 왕에게 간청했다.

"왕이시여, 무엇이 수레인가를 분명히 말씀하여 주십시오."

그러자 왕은 나가세나에게 다음과 같이 설명했다.

"스님, 저는 거짓을 말하지 않았습니다. 이 모든 것, 즉 수레채·굴대·바퀴·차틀 등과 어울려 수레라는 명칭·호칭·가명假名이 생겨난 것입니다."

"왕이시여, 참 훌륭하게 설명해 주셨습니다. 수레라는 이름을 바로 파악하였습니다. 마찬가지로 대왕이 저에게 질문한 나가세나의 이름도 신체의 각 부분과 오온의 각 부분이 어울려 이루어진 것입니다."

— 『밀린다빵하(Milindapañha)』

3. 나이에 대한 문답

밀린다왕이 물었다.

"나가세나 스님, 출가 이후 스님의 나이는 몇 살입니까?"

"일곱 살입니다."

"스님이 말씀한 일곱이란 스님이 일곱이란 말입니까, 아니면 숫자가 일곱이란 말입니까?"

바로 그때 온몸을 화려하게 장식한 밀린다왕의 그림자가 땅 위에 드리우고 물항아리 속에도 비쳤다.

"왕이시여, 대왕의 그림자가 땅 위에 드리우고 물항아리 속에도 비쳤습니다. 도대체 당신이 왕입니까, 저 그림자가 왕입니까?"

"내가 왕입니다. 그림자는 나로 인해 생긴 것입니다."

"마찬가지로 출가 이후의 햇수가 일곱인 것이요, 내가 일곱인 것은 아닙니다. 대왕의 그림자처럼 나로 인해 일곱이라는 숫자가 생긴 것입니다."

"그렇습니다. 내 질문은 아주 어려웠는데 스님은 훌륭하게 대답하셨습니다."

—『밀린다빵하(Milindapañha)』

4. 자아에 대한 문답

나가세나가 대담을 위하여 밀린다왕의 초대를 받고 사깔라(Sakala)에 갔을 때의 일이다. 나가세나를 모시러 간 밀린다왕의 신하인 아난따까야(Anantakāya)가 나가세나 곁에 가까이 가서 이런 질문을 했다.

"스님, 제가 나가세나라고 부를 때 그 나가세나는 무엇입니까?"

나가세나는 곧 그 신하에게 반문했다.

"당신은 나가세나를 무엇이라고 생각하시오?"

"나가세나 스님, 들이쉬고 내쉬는 숨이 나가세나라고 생각합니다."

"그렇다면 나간 숨이 돌아오지 않거나 들어온 숨이 나가지 않을 때 그 사람은 살아 있을 수 있겠습니까?"

"살아 있을 수 없습니다."

"나팔 부는 사람이 나팔을 불 때 그가 내쉰 숨이 다시 그에게로 돌아옵니까?"

"돌아오지 않습니다."

"피리 부는 사람이 피리를 불 때 내쉰 숨이 다시 그에게로 돌아옵니까?"

"돌아오지 않습니다."

"그런데 어째서 나팔 부는 사람과 피리 부는 사람은 죽지 않습니까?"

"저는 스님과 같은 현자와는 말씀을 나눌 수준이 못 되는 듯합니다. 들숨과 날숨이 바로 그 사람이 아닌 그 까닭을 좀 더 자세히 말씀해 주십시오."

"호흡에 자아가 있는 것은 아닙니다. 들이쉬는 숨과 내쉬는 숨은 신체의 계속적인 활동에 지나지 않습니다."

그리고 그 신하에게 자세히 설명하여 주었다. 그랬더니 그 신하는 승단의 보시하는 사람이 되겠다고 맹세했다.

— 『밀린다빵하(Milindapañha)』

5. 윤회에서 벗어남에 대한 문답

밀린다왕은 이와 같이 물었다.
"스님, 죽은 뒤 다시 태어나지 않는 사람이 있습니까?"
"어떤 사람은 다시 태어나고, 어떤 사람은 다시 태어나지 않습니다."
"그러면 어떤 사람이 다시 태어나고, 어떤 사람이 다시 태어나지 않습니까?"
"번뇌 있는 사람은 다시 태어나고, 번뇌 없는 사람은 다시 태어나지 않습니다."
"나가세나 스님, 스님은 다시 태어날 것입니까?"
"죽을 때 삶에 대한 집착을 가지고 죽는다면 다시 태어날 것이고, 삶에 대한 집착이 없이 죽는다면 다시 태어나지 않을 것입니다."
"잘 알겠습니다."

— 『밀린다빵하(Milindapañha)』

6. 지혜의 특징

밀린다왕은 나가세나에게 물었다.

"스님, 지혜의 특징은 무엇입니까?"

"광명입니다."

"지혜의 특징이 왜 광명입니까?"

"왕이시여, 지혜가 생길 때는 무명의 어둠을 깨뜨리고 등불을 밝혀서 심오한 진리를 드러냅니다. 그래서 출가 수행자는 모든 것을 '무상이다, 고다, 무아다.'라는 밝은 지혜로 보려고 합니다."

"비유를 들어 말씀해 주십시오."

"어떤 사람이 어두운 집 안으로 등불을 가지고 들어온다고 합시다. 그는 어둠을 깨고 밝은 빛을 비추어 거기 있는 물건들을 밝게 볼 수 있습니다. 마찬가지로 수행하는 자는 가장 밝은 지혜로써 이 세계의 참모습을 바로 비추어 봅니다."

"잘 알았습니다."

— 『밀린다빵하(Milindapañha)』

7. 무아와 윤회

밀린다왕은 나가세나에게 물었다.

"스님, 다시 태어난 사람과 죽은 사람은 같습니까, 다릅니까?"

"같지도 않고 다르지도 않습니다."

"비유를 들어 설명해 주십시오."

"대왕은 어떻게 생각하십니까? 일찍이 갓난아이였던 대왕과 어른이 된 대왕은 같다고 생각하십니까?"

"아닙니다, 어릴 적 나와 지금의 나는 다릅니다."

"그렇다면 어른이 된 대왕은 어머니도 아버지도 또 스승도 없었다는 말이 됩니다. 따라서 학문이나 계율이나 지혜도 배울 수 없었다는 것이 됩니다. 어릴 적 어머니와 어른이 되었을 적 어머니가 다릅니까? 지금 배우고 있는 사람과 이미 배움을 마친 사람이 다릅니까? 죄를 범한 자와 죄를 범하여 손발이 잘리는 처벌을 받은 사람이 다릅니까?"

"그렇지는 않습니다. 그런데 무슨 까닭에 그런 말씀을 하십니까?"

"현재의 나를 보더라도 어릴 적 나와 어른이 된 나는 같습니다. 이 몸에 의존하여 어릴 적 나와 어른이 된 나는 한 몸입니다."

"비유를 하나 들어 주십시오."

"여기 어떤 사람이 등불을 켠다고 합시다. 기름이 풍족하고 심지가 잘 돋아 있다면 그 등불은 밤새도록 타겠습니까?"

"그렇습니다, 밤새도록 탈 것입니다."

"그렇다면 초저녁에 타는 불꽃과 밤중에 타는 불꽃이 같겠습니까?"

"아닙니다, 같지 않습니다."

"또 밤중에 타는 불꽃과 새벽에 타는 불꽃이 같겠습니까?"

"같지 않습니다."

"그러면 초저녁의 불꽃과 밤중의 불꽃과 새벽의 불꽃은 전혀 다른 것입니까?"

"그렇지 않습니다. 불꽃은 똑같은 등불에 의하여 밤새도록 탈 것입니다."

"인간이나 사물도 꼭 그와 같이 지속되는 것입니다. 생겨나는 것과 없어지는 것은 앞서거나 뒤서거나 하지 않고 동시에 계속되는 것입니다. 이것은 마치 우유가 변하는 경우와 같습니다. 짜낸 우유는 얼마 후 엉기게 되고 다시 기름으로 변합니다. 만일 우유를 엉긴 우유나 기름과 똑같다고 하는 사람이 있다면 대왕은 그 말이 옳다고 하겠습니까?"

"스님, 그 말은 옳지 않습니다. 엉긴 우유와 그 기름은 우유를 바탕으로 변한 것입니다."

"인간이나 사물의 지속도 이와 같습니다. 생겨나는 것과 없어지는 것이 별개의 것이지만 앞서거나 뒤서거나 하면서 지속되는 것입니다."

"잘 알겠습니다."

— 『밀린다빵하(Milindapañha)』

8. 명칭과 형태(명색名色)

밀린다왕은 나가세나에게 물었다.
"스님, 무엇이 저 세상에 바꿔 태어나게 됩니까?"
"명칭과 형태가 바꿔 태어납니다."
"현재의 명칭과 형태가 바꿔 태어납니까?"
"아닙니다. 현재의 명칭과 형태에 의해 선이나 악의 행위가 이루어지고 그 행위에 의해 새로운 명칭과 형태가 저 세상에서 바꿔 태어납니다."
"현재의 명칭과 형태 그대로가 저 세상에 태어나는 것이 아니라면, 인간은 악업으로부터 벗어날 수 있지 않겠습니까?"
"만일 저 세상에 다시 태어나지 않는다면 인간은 악업으로부터 벗어날 수 있습니다. 그러나 저 세상에 다시 태어나는 한 악업으로부터 벗어나지 못합니다."
"비유를 들어 설명해 주십시오."
"어떤 사람이 남의 망고를 훔쳤다고 합시다. 망고나무 주인이 그를 잡아 왕에게 끌고 가 처벌을 요구하였습니다. 그때 도둑이 '왕이시여, 저는 이 사람의 망고를 따지 않았습니다. 이 사람이 심은 망고와 제가 따온 망고와는 다릅니다. 그러므로 처벌받을 수 없습니다.'라고 말한다면 왕은 어떻게 하겠습니까? 그를 처벌하겠습니까?"
"물론 처벌할 것입니다."

"무슨 이유로 처벌하겠습니까?"

"스님, 그가 무슨 말로 변명하든 처음 망고는 지금 보이지 않지만 나중 망고에 대하여 그 사람은 처벌을 받아야 합니다."

"왕이시여, 마찬가지로 인간은 현재의 명칭과 형태에 의해 선악의 행위가 이루어지고 그 행위에 의해 새로운 명칭과 형태로 저 세상에서 다시 태어나는 것입니다. 그러므로 다시 태어난 인간은 그의 업으로부터 벗어나지 못하는 것입니다."

"다시 한 번 비유를 들어 주십시오."

"어떤 사람이 밤에 등불을 가지고 자기 집 지붕에 올라가 일하다가 등불이 그의 집을 태우고 이어서 온 마을을 태웠다고 합시다. 마을 사람들이 그를 붙잡아 '당신은 어찌하여 온 마을을 태웠소?' 하고 물었습니다. 그랬더니 그는 '나는 마을을 불태우지는 않았습니다. 내가 일할 때 밝힌 불과 마을을 태운 불은 다릅니다.' 하고 대답했습니다. 그들이 입씨름을 하다가 왕 앞으로 갔다고 합시다. 왕은 어느 쪽 말이 옳다고 하겠습니까?"

"마을 사람들 말이 옳습니다."

"어째서 그렇습니까?"

"그가 무어라고 변명하든 마을을 태운 불은 그가 일할 때 사용한 불을 원인으로 하여 일어났기 때문입니다."

"왕이시여, 마찬가지로 사람은 죽음과 함께 끝나는 현재의 명칭과 형태가 저 세상에서 다시 태어나는 명칭과 형태가 다르기는 하지만 나중 것은 첫 번째 것을 원인으로 하여 생겨나는 것입니다. 그러므로 악업으로부터 벗어날 수 없습니다."

"나가세나 스님, 잘 알았습니다."

―『밀린다빵하(Milindapañha)』

9. 부처님의 실재

밀린다왕은 물었다.

"스님, 부처님을 뵌 적이 있습니까?"

"저는 뵌 적이 없습니다."

"그러면 스님의 스승은 부처님을 뵌 적이 있습니까?"

"뵌 적이 없습니다."

"그렇다면 부처님은 실재하지 않았습니까?"

"대왕은 히말라야 산중에 있는 우하강을 보신 적이 있습니까?"

"본 일이 없습니다."

"대왕의 아버지께서는 우하강을 보신 일이 있습니까?"

"본 일이 없습니다."

"그렇다면 왕이시여, 우하란 강은 없는 것입니까?"

"스님, 그 강은 있습니다. 나도 아버지도 우하강을 본 일은 없습니다. 그러나 우하강은 실재한 강입니다."

"왕이시여, 마찬가지로 저도 스승도 부처님을 뵌 적은 없습니다. 그러나 부처님께서는 실재하셨습니다."

"스님, 잘 알겠습니다."

— 『밀린다빵하(Milindapañha)』

10. 부처님은 가장 높으신 분인가

밀린다왕은 나가세나에게 물었다.

"스님, 부처님은 가장 높으신 분입니까?"

"그렇습니다, 세상에서 가장 높으신 분입니다."

"스님은 한번도 본 일이 없는데 어떻게 그분이 가장 높으신 것을 알 수 있습니까?"

"큰 바다를 본 일도 없는 사람들이 '큰 바다는 광대무변하고 그 깊이를 헤아릴 수 없으며 오대강이 모두 바다로 흘러 들어가지만 바다는 더 줄거나 차는 일이 없다.'는 것을 알겠습니까?"

"네, 알 수 있습니다."

"마찬가지로 저는 위대한 부처님 제자들이 완전한 열반에 도달하는 것을 보고 부처님은 세상에서 가장 높으신 분이라는 것을 알 수 있습니다."

"잘 알겠습니다."

―『밀린다빵하(Milindapañha)』

11. 부처님의 증명

밀린다왕은 나가세나에게 물었다.
"스님, 다른 사람들도 부처님께서 세상에서 가장 높으신 분이라는 것을 알 수 있습니까?"
"그렇습니다, 다른 사람들도 알 수 있습니다."
"어떻게 다른 사람들도 부처님께서 가장 높으신 분이라는 것을 알 수 있습니까?"
"옛날 탓사라는 명필이 있었습니다. 그 명필이 죽은 후 많은 세월이 지났는데 사람들은 어떻게 탓사라는 명필이 있었다는 것을 알 수 있겠습니까?"
"그분이 남긴 글씨로 그분이 살아 있었다는 것을 알 수 있습니다."
"왕이시여, 마찬가지로 법을 본 사람은 누구나 부처님께서 어떤 분이라는 것을 압니다. 왜냐하면 부처님께서는 법을 말씀하셨기 때문입니다."
"잘 알겠습니다, 스님."

―『밀린다빵하(Milindapañha)』

12. 출가자에게 육신은 소중한가

밀린다왕은 나가세나에게 물었다.

"스님, 출가자에게도 육신은 소중합니까?"

"아닙니다, 출가자는 육신을 사랑하지 않습니다."

"그렇다면 왜 스님들은 육신을 아끼고 집착합니까?"

"대왕은 싸움터에 나가 화살에 맞은 적이 있습니까?"

"네, 있습니다."

"그때 상처에 연고를 바르고 기름약을 칠하고 붕대를 감았습니까?"

"그렇게 했습니다."

"그렇다면 연고를 바르고 기름약을 칠하고 붕대를 감은 것은 그 상처가 소중하여서였습니까?"

"아닙니다, 상처가 소중한 것은 아니었습니다. 상처의 살이 부풀어 곪았으므로 치료하였을 뿐입니다."

"왕이시여, 그와 마찬가지입니다. 출가 수행자가 육신을 아끼는 것은 육신이 소중하여서가 아닙니다. 출가자는 육신에 집착하는 것이 아니라, 청정한 수행을 더욱 잘하기 위하여 육신을 유지할 뿐입니다. 부처님께서는 일찍이 '육신은 상처와 같다.'고 말씀하셨습니다. 따라서 출가한 수행자는 육신에 집착하는 것이 아니라 육신을 상처처럼 보호하는 것입니다."

"잘 알았습니다."

― 『밀린다빵하(Milindapañha)』

13. 계율은 어떻게 만들어졌는가

밀린다왕은 나가세나에게 물었다.

"스님, 부처님께서는 모든 것을 아시고 예견하신 분입니까?"

"그렇습니다. 부처님께서는 모든 것을 아실뿐 아니라 모든 것을 예견하셨습니다."

"그렇다면 어째서 부처님께서는 비구 승단의 규율을 한꺼번에 만들지 않으시고 기회 있을 때마다 마련하셨습니까?"

"왕이시여, 이 세상에 있는 모든 의약을 다 알고 있는 의사가 있겠습니까?"

"그렇습니다, 아마 있을 것입니다."

"의사는 병들었을 때 환자에게 투약합니까, 아니면 앓기도 전에 투약합니까?"

"병든 다음에 투약합니다."

"그와 마찬가지로 부처님께서는 모든 것을 아시고 모든 것을 예견하신 분이지만, 적당하지도 않을 때 규율을 마련해 주시지는 않았습니다. 일상생활을 하는 동안 필요가 있을 때 계율을 마련해 주신 것입니다."

"잘 알았습니다, 나가세나 스님."

— 『밀린다빵하(Milindapañha)』

14. 지혜가 있는 곳

밀린다왕은 물었다.

"스님, 지혜는 어디 있습니까?"

"아무 데도 없습니다."

"그렇다면 지혜는 실재하지 않습니까?"

"왕이시여, 바람은 어디 있습니까?"

"아무 곳에도 없습니다."

"그렇다면 바람은 실재하지 않습니까?"

"잘 알았습니다."

— 『밀린다빵하(Milindapañha)』

15. 수행의 목적

밀린다왕은 나가세나에게 물었다.

"스님들은 과거의 괴로움을 버리기 위해 노력하십니까?"

"그렇지 않습니다."

"그렇다면 미래의 괴로움을 끊기 위해 노력하십니까?"

"그렇지 않습니다."

"그렇다면 현재의 괴로움을 끊기 위해 노력하십니까?"

"그것도 아닙니다."

"만일 스님들이 과거의 괴로움이나 미래의 괴로움이나 또 현재의 괴로움을 버리기 위해 노력하는 것이 아니라면 무엇 때문에 그처럼 애를 쓰십니까?"

"우리들은 '이 괴로움은 사라지고 저 괴로움은 생기지 않기를' 바라는 소원 때문에 노력합니다."

"그렇다면 미래의 괴로움이 있습니까?"

"존재하지 않습니다."

"스님들은 지금 있지도 않은 괴로움을 버리기 위해 노력한다고 하니 지나치게 현명하십니다."

"대왕은 일찍이 적이나 원수와 대항하여 맞선 일이 있습니까?"

"있습니다."

"대왕은 그때를 당해서 비로소 참호를 파고, 보루를 쌓고, 성문을 굳게 잠그고, 망루를 세우고, 양곡을 마련하게 했습니까?"

"아닙니다, 그런 일은 모두 미리 준비해 두었습니다."

"대왕은 그때를 당해서 비로소 말 타는 기병과 활 쏘는 병사들을 훈련시켰습니까?"

"아닙니다, 그들은 모두 미리 익혀 두게 했습니다."

"어떤 목적 때문에 그렇게 했습니까?"

"미래의 위험을 막기 위해서였습니다."

"미래의 위험이 지금 존재합니까?"

"존재하지 않습니다."

"대왕은 지금 존재하지 않는 미래의 위험을 대비하기 위해 그런 일을 했습니다. 지나치게 현명하십니다."

"또 한 가지 비유를 들어 주십시오."

"대왕은 어떻게 생각하십니까? 목이 말랐을 때 물을 마시고 싶다고 우물을 파거나 저수지를 만듭니까?"

"그렇지 않습니다. 그런 일은 모두 미리 준비해 둡니다. 장차 목마름에 대비하기 위해서입니다."

"그렇다면 미래의 목마름은 지금 존재합니까?"

"지금 존재하지 않습니다."

"대왕은 지금 존재하지 않는 미래의 목마름에 대비한다니 지나치게 현명하십니다."

"다시 한 번 비유를 들어 주십시오."

"대왕은 어떻게 생각하십니까? 배가 고팠을 때 비로소 무엇인가 먹고 싶어 밭을 갈고 씨를 뿌립니까?"

"그렇지 않습니다. 그런 일은 미리부터 준비합니다."

"무엇 때문에 미리 준비합니까?"

"미래의 배고픔을 막기 위해 준비하는 것입니다."
"그렇다면 미래의 배고픔은 지금 존재합니까?"
"그렇지 않습니다."
"대왕은 지금 존재하지도 않는 미래의 배고픔을 위해 씨를 뿌린다니 지나치게 현명하십니다."
"스님, 잘 알았습니다."

―『밀린다빵하(Milindapañha)』

16. 염불에 의한 구제

밀린다왕은 나가세나에게 물었다.
"스님, 내가 들으니 '백 년 동안 악행을 하였더라도 죽을 때 한 번만 부처님을 생각한다면 천상에 태어날 수 있다.'고 말합니다. 나는 그것을 믿지 않습니다. 또 '살생을 단 한 번 하였더라도 지옥에 떨어질 것이다.'라고 합니다. 나는 그런 것도 믿지 않습니다."
"대왕은 어떻게 생각합니까? 조그마한 돌멩이가 배 없이 물 위에 뜰 수 있습니까?"
"뜰 수 없습니다."
"백 대의 수레에 실을 만한 바위라도 배에 싣는다면 물 위에 뜰 수 있습니까?"

"그렇습니다, 물 위에 뜰 수 있습니다."
"선업善業을 그 배와 같이 생각하십시오."
"잘 알겠습니다, 스님."

― 『밀린다빵하(Milindapañha)』

17. 모르고 짓는 악행

밀린다왕은 나가세나에게 물었다.

"스님, 알면서 나쁜 짓 하는 사람과 모르고 하는 사람 중 누가 더 큰 화를 입습니까?"

"몰라서 나쁜 짓을 하는 사람이 더 화를 입습니다."

"그렇다면 우리 왕자나 대신들이 모르고 잘못을 범한다면 그들에게 갑절의 벌을 내려야 하겠습니까?"

"왕이시여, 어떻게 생각하십니까? 이글이글 단 쇠붙이를, 한 사람은 모르고 잡았고 한 사람은 알고 잡았다고 하면 어느 사람이 더 심하게 데겠습니까?"

"모르고 잡은 사람이 더 심하게 뎁니다."

"그와 마찬가지로 모르고 악행을 하는 사람이 더 큰 화를 입습니다."

"잘 알겠습니다, 나가세나 스님."

― 『밀린다빵하(Milindapañha)』

18. 해탈하면 지식은 없어지는가

밀린다왕은 나가세나에게 물었다.
"스님, 지식을 가진 자는 지혜도 가집니까?"
"그렇습니다."
"지식과 지혜는 둘 다 같은 것입니까?"
"그렇습니다."
"그렇다면 지식과 함께 지혜를 가진 사람은 미혹에 빠지는 일이 있습니까, 없습니까?"
"어떤 일에 대해서는 미혹되고, 어떤 일에 대하여는 미혹되지 않습니다."
"그렇다면 어떤 일에 대해서 미혹됩니까?"
"아직 배우지 않은 기술이나 아직 가 본 적 없는 지방이나 아직 들어 보지 못한 이름과 술어 등에 대해서는 미혹될 것입니다."
"어떤 일에 대해 미혹되지 않습니까?"
"지혜에 의하여 깨친 것, 즉 무상無常과 고苦와 무아無我에 대해서는 미혹되지 않을 것입니다."
"그러면 깨친 사람의 어리석음은 어디로 갑니까?"
"지혜가 생기자마자 어리석음은 곧 사라져 버립니다."
"비유를 들어 설명하여 주십시오."
"사람이 어두운 방 안으로 등불을 가져왔을 때 어둠이 사라지고 밝음이 나타나는 것과 같습니다."

"스님, 그렇다면 지혜는 어디로 갑니까?"

"지혜는 자신이 해야 할 일을 이룩하자마자 곧 사라집니다. 그러나 지혜에 의해 이룩된 무상과 고와 무아의 깨침은 없어지지 않습니다."

"비유를 들어 설명해 주기 바랍니다."

"어떤 사람이 하인에게 등불을 밝혀 편지를 쓰게 한 다음 등불을 끄게 하는 경우와 같습니다. 이 경우 등불은 꺼져도 편지는 없어지지 않습니다. 마찬가지로 지혜는 사라지지만 지혜에 의해 이룩된 깨침은 없어지지 않습니다."

"다른 비유를 들어 설명하여 주십시오."

"의사가 환자에게 약을 먹여 병을 낫게 하는 경우와 같습니다. 이 경우 병이 나은 다음에도 의사는 다시 그에게 약의 효과를 보이려고 생각하겠습니까?"

"아닙니다, 약은 이제 할 일을 다했습니다. 병이 다 나은 사람에게 약이 무슨 소용이 있겠습니까?"

"꼭 그와 같습니다. 약은 수행력이고 의사는 수행자, 병은 번뇌이며, 환자는 범부와 같습니다. 약에 의해 병이 나은 것처럼 뛰어난 수행력에 의해 모든 번뇌는 없어지며 지혜는 사라지지만 깨달음은 없어지지 않습니다."

"잘 알겠습니다."

—『밀린다빵하(Milindapañha)』

19. 여러 가지 정신 작용

밀린다왕은 나가세나에게 물었다.

"스님, 모든 것이 혼합되어 있을 때 이것은 촉각이고 이것은 감정이며 이것은 표상이고 이것은 생각이라는 등으로 분리시켜 분명히 말할 수 있겠습니까?"

"아닙니다, 따로따로 구별할 수는 없습니다."

"비유를 들어 설명하여 주십시오."

"궁중 요리사가 요리를 만든다고 합시다. 그는 음식에다 기름과 소금과 생강과 마늘과 후추와 그 밖의 조미료를 넣습니다. 그때 대왕은 요리를 들고 온 요리사에게 '이 요리에서 기름맛과 소금맛과 생강맛과 마늘맛을 분리하여 가져오너라.' 하고 분부했다고 합시다. 그 요리사가 혼합하여 만든 요리에서 '이것은 기름맛, 이것은 소금맛, 이것은 생강맛, 이것은 마늘맛입니다.'라고 분리하여 가져올 수 있겠습니까?"

"그렇게는 할 수 없습니다. 그러나 양념맛은 하나하나 특징에 따라 나타나 있습니다."

"꼭 그와 같습니다. 모든 것이 한데 혼합되어 있는데 하나하나 분리하여 이것은 감정이요, 이것은 생각이라고 말할 수 없습니다."

"잘 알겠습니다."

"왕이시여, 소금을 눈으로 보고 알 수는 있습니까?"

"알 수 있습니다."

"잘 들으십시오. 눈으로 알 수 있는 것은 소금이 갖고 있는 흰빛에 지나지 않습니다."

"그렇다면 혀로 알 수 있습니까?"

"그렇습니다."

"스님, 만일 혀로만 소금을 알 수 있다면 황소는 왜 소금 전체를 수레로 실어 나릅니까? 짠맛만을 나르면 될 텐데."

"왕이시여, 그것은 짠맛만을 실어 나를 수 없기 때문입니다. 짠맛과 무게라는 두 가지 성질은 소금에서는 하나이면서 또한 갈라져 있는 것입니다. 왕이시여, 대체 소금을 저울로 달 수 있습니까?"

"그렇습니다, 달 수 있습니다."

"그렇지 않습니다, 소금은 저울로 달 수 없습니다. 그 무게만을 저울로 달 수 있을 뿐입니다."

"잘 말씀하셨습니다, 나가세나 스님."

— 『밀린다빵하(Milindapañha)』

20. 업의 증명

밀린다왕은 나가세나에게 물었다.

"스님, 스님들은 '지옥의 불은 보통 불보다 훨씬 더 뜨겁다.

보통 불 속에 던져진 조약돌은 하루에 녹지 않지만 큰 집채만한 바위도 지옥불 속에 들어가면 순식간에 녹아 버린다.'고 말합니다. 나는 이 말을 믿지 않습니다. 또 스님들은 '지옥에 태어난 생명체는 수십만 년 동안 지옥불 속에서 타더라도 녹아 없어지는 일이 없다.'고 합니다. 나는 이 말도 믿지 않습니다. 어떻게 생각하십니까?"

"왕이시여, 암상어와 암악어와 암거북은 단단한 돌멩이 자갈이나 모래를 먹습니까?"

"그렇습니다."

"돌멩이나 자갈이나 모래는 뱃속에 들어가면 녹아 버립니까?"

"그렇습니다."

"그렇다면 뱃속에 든 그들의 태아도 녹아 버립니까?"

"그렇지는 않습니다."

"어찌하여 자갈도 돌멩이도 녹는데 태아는 녹지 않습니까?"

"업 때문에 녹지 않는다고 생각합니다."

"마찬가지로 지옥에 태어나는 생명체는 수천 년 동안 지옥불 속에 있어도 업 때문에 녹지 않습니다. 지옥에 있는 생명체는 거기서 태어나 거기서 성장하고 거기서 죽습니다. 그러므로 부처님께서는 '악업이 소멸될 때까지는 죽지 않는다.'고 말씀하신 것입니다."

"잘 알았습니다, 스님."

―『밀린다빵하(Milindapañha)』

21. 윤회의 주체(자아自我)

밀린다왕은 나가세나에게 물었다.
"스님, 사람이 죽을 때 윤회의 주체가 저 세상으로 옮겨가지 않고 다시 태어날 수 있습니까?"
"그렇습니다. 옮겨가지 않고 다시 태어날 수 있습니다."
"어찌하여 그럴 수가 있습니까? 비유를 들어 설명해 주십시오."
"어떤 사람이 등불에서 등불로 불을 붙인다고 합시다. 이런 경우 한 등불이 다른 등불로 옮겨간다고 할 수 있습니까?"
"그렇지 않습니다."
"마찬가지로 윤회의 주체도 한 몸에서 다른 몸으로 옮겨가지 않고 다시 태어나는 것입니다."
"다시 다른 비유를 들어 설명해 주십시오."
"대왕은 어릴 때 스승으로부터 배운 시를 기억하십니까?"
"그렇습니다, 기억할 수 있습니다."
"그러면 시는 스승으로부터 대왕에게로 옮긴 것입니까?"
"아닙니다, 그렇지 않습니다."

"왕이시여, 마찬가지로 몸은 옮기지 않고도 다시 태어나는 것입니다."

"잘 알았습니다."

— 『밀린다빵하(Milindapañha)』

22. 사후의 시간

밀린다왕은 나가세나에게 물었다.

"스님, 세상에서 죽은 후 범천梵天에 태어나는 사람과 까쉬미르(Kashmir)에 태어나는 사람 둘 중에 어느 쪽이 먼저 도착합니까?"

"동시에 도착합니다."

"비유를 들어 주십시오."

"대왕은 어디서 태어났습니까?"

"깔라시(Kalasi)라는 마을에서 태어났습니다."

"깔라시는 여기에서 얼마나 멉니까?"

"약 이백 요자나(由旬)[2]입니다."

"까쉬미르는 여기에서 얼마나 멉니까?"

"십이 요자나입니다."

---

2 거리의 단위. 손수레로 갈 수 있는 하루의 거리. 약 14km.

"왕이시여, 그러면 지금 깔라시를 생각하십시오."

"생각하였습니다."

"또 까쉬미르를 생각하십시오."

"생각하였습니다."

"어느 쪽이 더 빨리 생각됩니까?"

"어느 쪽이나 같습니다."

"왕이시여, 마찬가지로 여기서 죽은 후 범천에 태어나는 것이나 까쉬미르에 태어나는 것이나 동시입니다. 빠르고 더딘 것이 없습니다. 여기 새 두 마리가 공중을 날다가 한 마리는 높은 나무에 앉고 한 마리는 낮은 나무에 앉았다고 합시다. 두 마리가 동시에 내려앉았다면 어느 쪽 그림자가 땅에 먼저 비치겠습니까?"

"두 마리의 그림자가 동시에 땅에 비치겠습니다."

"대왕이 말한 경우도 꼭 이와 같습니다."

"잘 알겠습니다."

—『밀린다빵하(Milindapañha)』

23. 열반의 즐거움

밀린다왕은 나가세나에게 물었다.

"아직 열반을 얻지 못한 사람이 열반이 얼마나 평안한 상태인가를 알 수 있습니까?"

"그렇습니다, 알다 뿐입니까?"

"아직 열반을 얻지도 않고 어떻게 열반이 평안한 상태인가를 알 수 있습니까?"

"왕이시여, 손발을 잘려 본 일이 없는 사람이 손발이 잘린 사람의 고통과 슬픔을 알 수 있습니까?"

"그렇습니다, 그런 줄을 압니다."

"어떻게 그것을 압니까?"

"손발이 잘린 사람이 아파하고 슬퍼하는 표정을 보고 아프고 슬픈 일인 줄 압니다."

"왕이시여, 아직 열반을 얻지 못한 사람들도 열반을 체득한 사람들의 즐거운 표정을 보고 열반이 얼마나 평안한 상태인가를 압니다."

"잘 알았습니다."

―『밀린다빵하(Milindapañha)』

24. 해탈을 얻은 사람

밀린다왕은 나가세나에게 물었다.

"스님, 탐욕에 가득 차 있는 사람과 탐욕을 버린 사람은 어떻게 다릅니까?"

"탐욕에 차 있는 사람은 집착하고 탐욕을 버린 사람은 집착하지 않습니다."

"그 뜻은 무엇입니까?"

"한 사람은 욕심에 살고 한 사람은 욕심이 없습니다."

"스님, 나는 이와 같이 생각합니다. 탐욕에 차 있는 사람이나 탐욕을 버린 사람이나 다 같이 굳은 음식이든 부드러운 음식이든 맛 좋은 것을 바라고 맛없는 것은 바라지 않습니다."

"왕이시여, 탐욕에 차 있는 사람은 맛 좋은 음식의 맛을 즐기고 그 맛에 집착하지만, 탐욕을 버린 사람은 맛은 알면서도 집착하지 않습니다."

"잘 알겠습니다."

―『밀린다빵하(Milindapañha)』

25. 윤회란 무엇인가

밀린다왕은 나가세나에게 물었다.

"스님이 말씀하신 윤회는 무엇을 뜻합니까?"

"이 세상에 태어난 사람은 이 세상에서 죽고, 이 세상에서 죽은 사람은 저 세상에 태어나며, 저 세상에서 태어난 사람은 저 세상에서 죽고, 저 세상에서 죽은 사람은 다시 다른 세상에 태어납니다. 윤회가 뜻하는 것은 이런 것입니다."

"비유를 들어 주십시오."

"어떤 사람이 잘 익은 망고를 먹고 씨를 땅에 심었다고 합시다. 그 씨로부터 망고나무가 자라 열매를 맺을 것입니다. 그 나무에 열린 망고를 따먹고 씨를 땅에 심으면, 다시 나무로 자랄 것입니다. 망고나무는 끝없이 이어갈 것입니다. 윤회도 이와 같습니다."

"잘 알겠습니다."

―『밀린다빵하(Milindapañha)』

제3편
대승경전

나는 그대들을 기쁘게 해 주고 싶다.
자기 자신에 대한 생로병사의 고통을 멀리해야 할 것이다.
우선 스스로 결단하여 몸과 행동을 바르게 하고
착한 일을 많이 하며 부지런히 정진하고,
몸을 청결하게 갖고 마음의 때를 말끔히 씻어내며,
말과 행동을 떳떳하게 하여 겉과 속이 다르지 않게 하라.
그래서 미혹에서 벗어나 중생을 구제하고
원을 굳게 세워 선업을 쌓아라.

- 『무량수경無量壽經』 -

제1장

피안에 이르는 길

1. 집착 없는 보시

부처님께서 천이백오십 명의 비구와 함께 사왓티(Sāvatthi)의 기원정사祇園精舍에 계실 때였다. 이른 아침 걸식을 마치고 발을 씻은 뒤 좌선을 하고 있는데, 많은 대중이 부처님 곁에 모여들었다. 그때 장로長老 비구인 수부띠(Subhūti)도 자리를 같이 했다. 그는 부처님께 합장하고 여쭈었다.

"부처님께서는 보살들을 잘 보살펴 주시고 격려해 주십니다. '가장 높고 바른 깨달음(無上正等正覺)'을 얻고자 하는 선남자 선여인은 어떻게 살아야 하며, 그 마음을 어떻게 다스려야 하겠습니까?"

부처님께서 말씀하셨다.

"착하다, 수부띠여. 진리를 깨달을 수 있도록 잘 들어라.

'가장 높고 바른 깨달음'을 얻고자 하는 선남자 선여인은 다음과 같이 마음을 다스려야 한다. '이 세상의 뭇 생명들, 즉 알에서 난 것, 모태에서 난 것, 물에서 난 것, 도깨비나 신처럼 아무 근원도 없이 난 것(化生), 형체 있는 것, 형체 없는 것, 지각이 있는 것, 지각이 없는 것, 지각이 있지도 않고 없지도 않은 것과 같은 온갖 중생을 내가 모두 완전한 열반에 들도록 하리라. 이와 같이 헤아릴 수 없이 많은 중생을 열반에 들게 하였으나, 실제로는 완전한 열반을 얻은 중생은 아무도 없다.' 왜냐하면 수부띠여, 보살에게 아상我相, 인상人相, 중생상衆生相, 수자상壽者相¹이 있으면 보살이 아니기 때문이다.

보살은 또 어떤 대상에도 집착하지 말고 보시布施해야 한다. 형상에 집착하지 않고 보시해야 하며, 소리나 냄새나 맛이나 감촉이나 마음의 대상에 집착하지 않고 보시해야 한다. 보살은 이런 식으로 보시하되, 보시한다는 티를 내지 말아야 한다. 왜냐하면 보살이 어디에도 집착하지 않고 보시하면 그 공덕이 헤아릴 수 없이 크기 때문이다. 수부띠여, 너는 어떻게 생각하느냐. 동쪽 허공의 크기를 헤아릴 수 있겠느냐? 없겠느냐?"

"헤아릴 수 없습니다."

---

1 아상 : 내가 자아라는 생각, 인상 : 내가 개별적 존재라는 생각, 중생상 : 내가 살아 있는 존재라는 생각, 수자상 : 내가 영원할 거라는 생각.

"남쪽과 서쪽과 북쪽과 위아래에 있는 허공을 헤아릴 수 있겠느냐? 없겠느냐?"

"헤아릴 수 없습니다."

"수부띠여, 그와 같다. 보살이 어디에 집착하지 않고 보시한 공덕도 이처럼 헤아릴 수 없는 것이다. 보살은 마땅히 이 가르침대로 살아야 한다."

―『금강경金剛經』

2. 형상에 집착하지 말라

부처님께서 말씀하셨다.

"수부띠여, 너는 어떻게 생각하느냐. 형상(身相)을 여래如來로 볼 수 있겠느냐? 없겠느냐?"

"형상으로 여래를 볼 수는 없습니다. 왜냐하면 여래께서 이르신 형상은 곧 형상이 아니기 때문입니다."

이와 같이 대답했을 때 부처님께서 수부띠에게 말씀하셨다.

"수부띠여, 형상은 모두 허망한 것이며, 형상이 아닌 것이야말로 허망한 것이 아니니라. 참으로 이렇게 형상과 형상이 아닌 것을 볼 줄 안다면 그것이 바로 여래를 제대로 보는 것이니라."

이때 수부띠는 부처님께 여쭈었다.

"부처님, 이와 같은 법문을 듣고 믿을 사람이 있겠습니까?"

"내가 열반에 들고 나서 아무리 말법시대가 와도, 계율을 지키고 복덕을 닦는 사람들이 이 법문을 들으면 신심을 낼 수 있고 이것을 진실한 말로 여길 것이다. 그들은 한두 부처님께만 귀의하여 착한 일을 한 것이 아니고 몇 십만이나 되는 많은 부처님께 귀의하여 착한 일을 하였기 때문에, 이 법문을 들으면 곧 청정한 신심을 낼 것이다.

수부띠여, 여래는 지혜의 눈으로 그들이 많은 복과 덕을 얻게 될 것을 다 알고 다 본다. 왜냐하면 이들에게는 아상, 인상, 중생상, 수자상에 대한 집착이 없고, 법이라든가 법 아니라는 생각도 없기 때문이다. 이들이 만약 마음에 '내가 있다'는 망상 분별을 일으키면 아상, 인상, 중생상, 수자상이라는 생각에 집착하게 되는 것이다. 그러므로 법에도 집착하지 말고 법 아닌 데도 집착하지 말아야 한다. 내가 항상 너희에게 말하지 않았느냐. 내 가르침은 물을 건너는 뗏목과 같은 줄 알아야 한다. 물을 건너면 뗏목을 버려야 하느니라. 법도 버려야 하거늘 하물며 법 아닌 것을 어찌 버리지 않겠느냐!"

―『금강경金剛經』

3. 얻은 것이 없어야 한다

부처님께서 다시 수부띠에게 물으셨다.
"수부띠여, 너의 생각은 어떠하냐? 여래가 과연 '가장 높고 바른 깨달음'을 얻었느냐? 여래가 설한 법이 있느냐?"
"제가 부처님 말씀을 이해하기로는 말로 정확하게 설명할 수 없는 법을 굳이 이름하여 '가장 높고 바른 깨달음'이라고 하며, 또한 말로 일일이 설명할 수 없는 법이야말로 부처님께서 설하신 말씀입니다. 부처님께서 깨닫고 말씀하신 법이란 모두 얻을 수도 없고 말할 수도 없으며, 법도 아니고 법 아닌 것도 아니기 때문입니다. 그것은 모든 성현들이 아상, 인상, 중생상, 수자상에 대한 집착이 없는 무위법無爲法 속에서 살아감으로써 보통사람들과는 구별되는 위대함이 있다는 뜻입니다."
"수부띠여, 어떤 사람이 삼천대천세계三千大天世界[2]에 칠보를 가득 채워 보시한다면 그가 지은 공덕이 얼마나 많겠느냐?"
"매우 많습니다. 왜냐하면 부처님께서 말씀하시는 이 공덕은 공덕의 본성을 지니지 않기 때문입니다. 그런 까닭으로 부

---

2 대천세계의 삼천 배 되는 세계. 한 부처님의 교화권敎化圈. 이 우주는 무수한 삼천대천세계로 이루어졌다 한다.

처님께서는 공덕이 많다고 말씀하신 것입니다."

"어떤 사람이 이 법문 중에서 '중요한 어느 한 구절(四句偈)'만이라도 이해하고 다른 사람에게 말해 준다면 그 공덕은 칠보로 보시한 공덕보다 훨씬 뛰어날 것이다. 왜냐하면 모든 여래와 여래의 가장 높고 바른 깨달음이 모두 이 경전에서 나왔기 때문이다. 수부띠여, '여래의 가르침'이라고 말하는 것은 '여래의 가르침'이 아니니라."

부처님께서 말씀하셨다.

"수부띠여, 너의 생각은 어떠하냐? 아라한이 '나는 아라한의 경지를 얻었다.'고 생각하겠느냐?"

"아닙니다. 왜냐하면 실제 아라한이라 할 만한 법이 없기 때문입니다. 부처님, 아라한이 '나는 아라한의 경지를 얻었다.'고 생각한다면 자아·개아·중생·영혼에 집착하는 것입니다.

부처님, 부처님께서 저를 다툼 없는 삼매를 얻은 사람 가운데 제일이고 욕망을 여읜 제일가는 아라한이라고 말씀하셨습니다. 저는 '나는 욕망을 여읜 아라한이다.'라고 생각하지 않습니다. 부처님, 제가 '나는 아라한의 경지를 얻었다.'고 생각한다면 부처님께서는 '수부띠는 적정행[3]을 즐기는 사람이다. 수부띠는 실로 적정행을 한 것이 없으므로 수부띠는 적정행을

---

3 갈등에서 벗어나 마음의 평화와 순결을 얻은 최고의 사람.

즐긴다고 말한다.'라고 설하지 않으셨을 것입니다."

―『금강경金剛經』

4. 실체와 이름

"수부띠여, 너의 생각은 어떠하냐? 보살이 불국토를 아름답게 꾸미느냐?"

"아닙니다, 부처님. 왜냐하면 불국토를 아름답게 꾸민다는 것은 아름답게 꾸미는 것이 아니므로 아름답게 꾸민다고 말하기 때문입니다."

"그러므로 수부띠여, 모든 보살마하살은 이와 같이 깨끗한 마음을 내어야 한다. 형색에 집착하지 않고 마음을 내어야 하고 소리, 냄새, 맛, 감촉, 마음의 대상에도 집착하지 않고 마음을 내어야 한다. 마땅히 집착 없이 그 마음을 내어야 한다.

수부띠여, 어떤 사람의 몸이 산들의 왕 수미산만큼 크다면 너의 생각은 어떠하냐? 그 몸이 크다고 하겠느냐?"

"매우 큽니다, 부처님. 왜냐하면 부처님께서는 몸 아님을 설하셨으므로 큰 몸이라 말씀하셨기 때문입니다."

―『금강경金剛經』

5. 전교傳敎의 공덕

부처님께서 말씀하셨다.

"수부띠여, 강가강의 모래알만큼 많은 강가강이 있다고 하자. 그런 강에 있는 모래는 얼마나 많겠느냐?"

"그 강가강만 하여도 한없이 많을 텐데 하물며 그 강에 있는 모래이겠습니까!"

"수부띠여, 내가 지금 너에게 진실하게 말하노니 어떤 선남자 선여인이 강가강의 모래처럼 많은 세계에 칠보를 가득 채워 보시한다면 그 공덕이 많겠느냐?"

수부띠가 아뢰었다.

"헤아릴 수 없이 많습니다."

부처님께서 수부띠에게 말씀하셨다.

"만약 선남자 선여인이 이 법문 중에서 한 구절만이라도 이해하고 다른 사람에게 가르쳐 준다면 그 공덕은 저 칠보로 보시한 공덕보다 훨씬 클 것이다.

수부띠여, 어디서나 이 법문 중에서 중요한 한 구절이라도 말하고 들려준다면 온 세상의 천신과 인간과 아수라들이 그곳을 부처님의 탑과 같이 공경할 것이다. 하물며 이 법문을 모두 받아 지니고 읽고 외우는 사람에게랴! 그는 가장 높고 으뜸가고 희귀한 법을 성취한 사람이 될 것이며, 이 법문이 있는 곳이 바로 부처님과 부처님의 지혜로운 제자가 언제나 살아 계시는 곳이다."

―『금강경金剛經』

6. 색은 곧 공이다

부처님께서 사리뿟따(Sāriputta)에게 말씀하셨다.

"사리뿟따여, 모든 법은 있는 것도 아니고 없는 것도 아니며, 나는 것도 아니고 없어지는 것도 아니라 생각하고 바라밀波羅蜜에 마음을 두어야 한다. 베풀 때에도 베푼다는 생각 없이 보시布施바라밀을 행하라. 참다운 보시는 베푼 사람도 없고 베푼 물건도 없고 베풂을 받는 사람도 없다. 계율로써 생각을 억제할 때에도 계를 지킨다거나 생각을 억제한다는 마음이 없이 지계持戒바라밀을 행하라. 본질적으로는 허물을 범하고 범하지 않는 것이 없다. 남이 나를 괴롭힐지라도 그것을 참으면서 누가 나를 괴롭힌다는 생각 없이 참는 인욕忍辱바라밀을 행하라. 괴롭힘에 따라 움직이는 마음은 본래 없는 것이다. 노력할지라도 노력한다는 생각 없이 정진精進바라밀을 행하라. 노력하거나 게으르다는 것은 본래 없는 것이다. 사유思惟할지라도 사유한다는 생각 없이 선정禪定바라밀을 행하라. 선정을 닦거나 안 닦는다는 것은 본래 없는 것이다. 사물에 집착함이 없이 반야般若바라밀을 행하라. 모든 법의 실체와 현상은 다 잡을 수 없는 것이다.

사리뿟따여, 모든 것은 얻을 수 없다. 이렇다고도 저렇다고도 할 수 없음을 알아 반야바라밀을 행하라. 밝은 지혜를 얻어 번뇌를 없애 버리고 불퇴전不退轉의 자리에 오르려거든 반야바라밀을 수행해야 한다. 반야바라밀을 수행하면 그릇된 소견에 빠지지 않고 생각의 번거로움을 돌려 불·법·승 삼보三寶를 믿고 평안하게 될 것이다. 이것은 모든 사람을 부모와 형제처럼 화목하게 만든다.

어떤 사람이 반야바라밀을 수행할 때에는 천신들도 이 일을 기뻐하면서 그가 음욕에서 떠나 처음부터 끝까지 청정행을 쌓도록 마음속으로 빌어 준다. 음욕은 불과 같아 몸을 태운다. 또한 음욕은 더러운 것이므로 자기와 남을 더럽힌다. 원수와 같이 틈을 노리며, 마른 풀에 붙은 불길과 같아 삽시간에 모든 것을 태워 버린다. 음욕은 또 쓴 과일과 같고 날이 선 칼과 같으며, 마술사 같고 어둠 속의 함정 같으며, 겉으로만 친절한 척하는 적과 같다.

이 반야바라밀을 수행할 때에는 반야바라밀을 보지도 말고 그 이름도 생각하지 말며, 행하고 행하지 않는 차별도 두지 말아야 한다. 색色[4]은 본성이 공空하기 때문에 공은 곧 색이다. 원래 색의 자성自性은 공한 것이다. 색이라는 명칭은 자

---

4 물질적인 모든 존재.

성의 공한 성질에 따르지 않고 가설로 색이라고 부를 뿐이다. 이런 경우 공은 색과는 다르다. 그러나 색은 공을 떠나 존재하지 않고 공은 색을 떠나 따로 존재하지 않는다. 그러므로 색이 곧 공이고, 공이 곧 색인 것이다.

보리와 중생과 보살의 개념도 우리가 그렇게 부르는 이름일 뿐이다. 그 자성은 나지도(生) 않고 없어지지도(滅) 않으며, 더럽지도 않고 깨끗하지도 않다. 이와 같이 알고 반야바라밀을 수행할 때에는 생도 멸도 보지 말며 더러움도 깨끗함도 보지 말아야 한다. 세상에서는 가설로 이름 붙인 것에 얽매여 망상 분별을 일으키고 말을 만들어 집착을 일으킨다. 나라거나 남이라거나 다 실체가 없는 공인데 거기에 어찌 집착할 것인가.

사리뿟따여, 이 반야바라밀을 수행하여 모든 번뇌를 떠나고 바른 깨달음을 열어 한량없는 중생을 깨우쳐 주리라 원을 세워야 한다. 공空·무상無相·무원無願의 법을 따라 모든 것에서 뛰어나고 다시는 물러서지 않는 자리를 얻어 중생을 위한 참다운 복밭이 되어야 한다. 온갖 착한 일은 이 사람으로 말미암아 세상에 나타나고, 그 착한 일로 말미암아 세상은 평화로우며, 도에는 마침내 깨달음이 있게 되느니라."

―『대품반야경大品般若經』「습응품習應品」

7. 반야바라밀의 수행

수부띠가 부처님께 말했다.

"부처님, 만약 보살이 뛰어난 방편方便도 없이 반야바라밀[5]을 수행하면서 물질(色)·느낌(受)·생각(想)·의지작용(지어 감. 行)·의식(識) 등을 살피고 이런 것의 모양에 집착하여 그릇된 해석을 내린다면 그는 반야바라밀을 잃어버릴 것입니다. 그리고 보살이 반야바라밀을 수행할 때에 '나는 지금 반야바라밀을 수행하고 있다.'고 생각한다면 그는 모양에 집착하여 반야바라밀을 잃어버릴 것입니다."

수부띠는 다시 사리뿟따에게 말했다.

"반야바라밀을 수행할 때에 여러 법의 모양을 분별하여 존재의 성질이 참으로 있는 것이라고 집착하기 때문에 생로병사와 후세의 괴로움에서 벗어날 수 없는 것입니다. 만약 반야바라밀을 수행할 때에 물질·느낌·생각·의지작용·의식과 다른 법에 사사로운 마음으로 집착하지 않으면 이것은 참으로 반야바라밀을 수행하는 것이므로 바른 깨달음을 얻을 수 있습니다. 왜냐하면 모든 존재의 성질은 공해서 존재가 아니기 때문입니다. 그러나 이 존재를 떠나 따로 공이 없으니, 모든 존재는 공이고 공은 곧 모든 존재입니다.

---

[5] 지혜의 완성이라는 뜻.

그러므로 반야바라밀을 수행할 때에는 존재에 대해서 있는 것이라고 집착하지도 말고, 있는 것이 아니라고 집착하지도 말며, 있으면서 있는 것이 아니라고 집착하지도 말아야 합니다. 또한 있는 것도 아니고 있는 것이 아닌 것도 아니라고 집착해도 안 됩니다. 모든 존재는 본성이 없는 그것이 본성이므로 그 본성은 찾아볼 수 없는 것입니다.

보살은 이와 같이 반야바라밀을 수행하고 그 반야바라밀에서도 모양(相)을 취하지 않습니다. 모양 없는 것도 취하지 않고, 모양도 아니고 모양 없는 것도 아닌 그것조차 취하지 않으며, 이와 같이 취하지 않는다는 생각까지도 집착하지 않습니다. 왜냐하면 반야바라밀은 그 자성自性이 없어 찾아볼 수 없기 때문입니다.

이와 같이 모든 존재와 반야바라밀에서 취할 것 없는 것을 보살의 '얻을 것 없는 삼매'라고 합니다. 삼매와 반야와 보살, 이 셋이 하나임을 잊어서는 안 됩니다. 모든 존재의 성질은 평등하기 때문입니다. 그러므로 보살은 이 삼매에 들어 '나는 이 존재를 가지고 삼매에 들었다.'고 생각하지도 않고, 삼매에 있으면서 삼매에 있는 줄도 모르고 또 생각하지도 않습니다."

이때 부처님께서는 수부띠를 칭찬하면서 사리뿟따에게 말씀하셨다.

"보살은 이와 같이 집착하지 않는 것을 방편으로 반야바라밀을 배운다. 어떤 것을 얻을 수 없는가? 아상과 인상과 중생상과 수자상과 아는 사람이며 보는 사람이 모두 실체가 없으므로 얻을 수 없다. 모든 존재는 본래 공해서 얻을 수 없고 항상 청정하다. 청정하다는 것은 모든 존재가 나지도 않고 없어지지도 않으며, 더럽지도 깨끗하지도 않으며, 얻는 것도 짓는 것도 없음을 말한다. 이것을 모르는 게 무명無明이다. 중생은 무명과 갈애渴愛 때문에 망상 분별하여 유有와 무無의 양극단에 얽매인다. 그러므로 사리뿟따여, 보살이 반야바라밀을 수행할 때에는 집착하지 않는 것을 방편으로 밝은 지혜를 얻는다. 모든 존재는 자성이 없기 때문이다."

―『대품반야경大品般若經』「상행품相行品」

8. 반야바라밀의 방편

수부띠가 부처님께 여쭈었다.

"부처님, 집착하지 않는 것을 방편으로 반야바라밀을 수행하면 밝은 지혜를 얻으리라는 말씀을 새로 발심한 보살이 들으면 혹시 의심스러워하지 않겠습니까?"

부처님께서 말씀하셨다.

"반야般若바라밀에서 방편을 찾지 못하고 선지식善知識을 얻지 못하면 두려움이 생길 것이다. 방편이란 모든 존재의 자성은 얻을 수 없는 것이라고 아는, 밝은 지혜와 부합되는 마음을 말한다. 이 지혜로운 마음은 다른 다섯 바라밀까지도 충족시킨다.

이 잡을 수 없는 지혜를 가지고 중생에게 가르침을 베풀고, 그 가르침도 또한 얻을 수 없는 것이라고 생각하는 것은 보살의 보시布施바라밀이다. 스스로 행동하고 스스로 살피면서 그 행동하고 살핌이 잡을 수 없는 것이라고 아는 것은 보살의 지계持戒바라밀이다. 얻을 수 없다는 것으로 알고 모든 법의 고苦·공空·무상無常·무아無我를 참고 기뻐하는 것은 보살의 인욕忍辱바라밀이다. 무엇이나 다 얻을 수 없는 것으로 알고 또 밝은 지혜에 어울리는 마음으로 정진하여 게으르지 않는 것은 보살의 정진精進바라밀이다. 보살이 반야바라밀을 수행하면서 조그마한 이기심이나 불순한 마음을 일으키지 않는 것은 보살의 선정禪定바라밀이다. 이와 같은 방편이 있는 사람이라면 이 반야바라밀을 들어도 의심스러워하지 않을 것이다.

색을 공이라고 보기 때문에 공한 것이 아니라 색은 본래부터 공한 것이다. 그 밖에 다른 법도 공이라고 보기 때문에 공한 것이 아니고 그 자체가 공한 것이다. 보살은 이와 같이 보살의 자성이 공해서 얻을 수 없는 것을 알고 반야바라밀을 알기 때문에 두려움이 없는 것이다.

그러면 보살의 선지식이란 무엇인가. 모든 것은 그 자체가 공해서 얻을 수 없고, 여러 가지 선한 수행도 공하기 때문에 얻을 수 없다고 가르쳐, 조그마한 깨달음의 안일에 빠지지 않고 밝은 지혜로 나아가게 하는 사람이 곧 보살의 선지식이다. 보살의 악지식惡知識은 육바라밀을 버리라고 하거나, 조그마한 이익에 머물러 자기만의 깨달음에 만족하라고 가르치는 사람이다. 모든 것이 공이므로 부처도 없고 보살도 없고 깨달음의 길도 찾을 필요가 없다고 하는 말을 들으면서도 그것이 악마의 장난이라고 깨우쳐 주지 않는다면 그는 악지식이다."

―『대품반야경大品般若經』「환학품幻學品」

9. 마하살

수부띠가 부처님께 여쭈었다.
"부처님, 마하살[6]이란 무슨 뜻입니까?"
부처님께서 말씀하셨다.
"보살은 열반에 드는 사람 중에서도 으뜸이므로 마하살이라 한다. 보살은 모든 법을 알고 일체 중생을 구하겠다는 큰마음을 낸다. 그 마음은 금강석처럼 굳기 때문에 반드시 열반에 들고 열반에 드는 사람 중에서도 으뜸이 된다. 큰마음이란 어떤 것인가. 보살은 다음과 같은 열 가지 서원을 세운다.
 이 세상을 청정하게 정화시키겠다. 모든 존재의 모양에서

---

6 마하살은 마하삿뜨와(Mahāsattva)의 음사어로 위대한 보살이라는 뜻이다.

집착을 버리겠다. 모든 중생과 마음을 같이하겠다. 모든 중생을 구제하여 깨달음을 얻도록 하겠다. 모든 중생을 구제할지라도 한 사람도 구제했다는 생각조차 가지지 않겠다. 모든 법의 생멸이 없음을 깨닫겠다. 밝은 지혜의 마음으로 육바라밀六波羅蜜을 수행하겠다. 지혜를 닦아 모든 법을 알겠다. 모든 법이 공하여 모양이 없는 것임을 알겠다. 모양이 없기 때문에 그 실상을 깨닫겠다.

보살은 또 지옥·아귀의 괴로움에 허덕이는 중생을 가엾이 여겨 그 괴로움을 대신 받는 큰마음을 일으킨다. 그래서 더러운 마음, 화내는 마음, 어리석은 마음, 자기 이익에만 만족하는 마음을 일으키지 않는다. 흔들리지 않는 마음을 일으켜 법을 믿고, 법을 참고, 법을 받고, 법을 수행하여 공에 머물러 열반에 드는 사람 중에 으뜸이 된다. 이러한 보살을 마하살이라 한다."

— 『대품반야경大品般若經』「금강품金剛品」

10. 반야바라밀은 여래의 어머니

제석천을 비롯한 여러 천신들도 반야바라밀의 설법을 듣고 몹시 기뻐했다. '부처님과 스님들은 우리에게 법비를 내려 주시니, 우리는 그 답례로 꽃비를 뿌립시다.' 하고 부처님과 제자들이 있는 곳에 아름다운 꽃을 뿌렸다. 수부띠는 이 광경을 보고 속으로 생각했다. '이것은 일찍이 볼 수 없었던 아름다운 꽃일 것이다.'

이때 제석천이 말했다.

"스님, 이것은 나무에 핀 꽃도 아니고 마음에 핀 꽃도 아닙니다."

"그 말도 옳다. 그러나 피지 않는 것을 어째서 꽃이라 부르겠는가?"

제석천은 인연이 화합하여 된 물건에 임시로 붙인 그 거짓 명칭을 들어 교묘하게 법을 말하는 수부띠의 지혜에 놀랐다. 그래서 부처님께 여쭈었다.

"부처님, 수부띠 존자尊者는 어떻게 거짓 명칭을 들어 모든 존재의 실상을 말할 수 있습니까?"

"사물은 모두 거짓 이름으로 불린다. 그 실상은 완전히 공이고 실체가 없다. 사물은 칭찬한다고 해서 더할 것이 없고, 비방할지라도 줄어들 것이 없다. 그러므로 수부띠는 어두운 세상 소견으로 붙인 거짓 이름을 쓰면서도, 그 이름은 거짓이고, 자체는 없는 것이라고 깨달음의 경지를 말한 것이다.

여래란 어떤 모양을 갖춘 육신을 말한 것이 아니다. 일체지一切智를 갖추어야만 여래라는 이름으로 부를 수 있는 것이다. 그런데 그 일체지는 오로지 반야바라밀 가운데서 배워 얻는 것이므로 반야바라밀은 여래의 어머니이다. 일체지가 간직

되어 있는 육신의 사리舍利를 공경해도 그 공덕은 적지 않겠지만, 그보다는 일체지를 낳는 반야바라밀을 생각하고 공양하는 공덕이 훨씬 더 뛰어날 것이다. 반야바라밀만 이 세상에 있다면 온갖 선행善行과 지혜를 성취할 수 있고, 중생을 제도하여 세상을 맑게 정화시킬 수 있을 것이다. 그러므로 바른 법을 구하려면 반야바라밀을 생각하고 공양하는 것이 제일가는 공덕이 될 것이다."

— 『대품반야경大品般若經』「산화품散化品」

11. 보리에 회향하는 공덕

미륵보살이 수부띠에게 말했다.

"만약 보살이 여러 사람이 쌓는 공덕을 기쁜 마음으로 도와주고 또 자신도 그 공덕을 쌓아, 그것을 자기만이 아니고 다른 사람들까지 성불하도록 널리 회향한다면 그것은 실로 으뜸가는 공덕이라고 할 것입니다.

왜냐하면 보통 사람들의 공덕은 자신만을 완전하게 하고 깨끗하게 하여 구제하려는 것이지만 보살의 공덕은 모든 사람들을 완전하고 깨끗이 구제하기 위해서 쌓는 것이기 때문입니다."

수부띠는 다음과 같이 말했다.

"그렇습니다. 공덕의 근원인 여래를 생각하고 첫 보리심을 내어 수행할 때부터 깨달음을 얻을 때까지 잠시도 잊지 않고 모든 사람의 공덕을 같이 기뻐하면서 가장 높고 바른 깨달음에 돌려보낸다면, 이는 둘도 없는 공덕이 될 것입니다. 그러나 만약 그 마음에 '나는 이 공덕을 가장 높고 바른 깨달음에 회향한다.'고 생각한다면 그 사람은 바른 공덕을 쌓은 게 아닙니다. 그는 같이 기뻐하는 대상에 마음이 얽매이고, 또 돌려보낸 사실에 집착하기 때문입니다. 이와 같이 사물과 마음에 집착이 남아 있으면 바른 도를 성취할 수 없습니다."

수부띠는 계속해서 말했다.

"처음부터 발심한 보살이 반야바라밀을 수행할 때 집착하려 해도 그 대상이 없고, 생각하려 해도 생각할 수 없는 반야바라밀임을 믿는다면 집착에서 벗어날 수 있을 것입니다. 그러므로 처음 배우는 보살은 부처님의 가르침을 깊이 믿고 항상 선지식에게 법을 물어야 합니다.

선지식은 그를 위해 육바라밀의 뜻을 잘 해설해 주고, 반야바라밀을 떠나지 않게 도와줄 것입니다. 이렇게 선지식의 도움을 받는 보살은 모든 법에 집착하지 않으므로 악마의 가르침을 듣더라도 빠져들지 않을 것입니다."

― 『대품반야경大品般若經』 「수희품隨喜品」

12. 모든 법은 깨끗하다

사리뿟따가 반야바라밀의 공덕을 듣고 나서 부처님께 여쭈었다.

"부처님, 반야바라밀은 어떤 것에도 더럽혀지지 않는 깨끗한 거울이며, 모든 법의 진리를 비추는 밝은 거울입니다. 온갖 번뇌를 없애 주므로 윤회에 얽매이지 않습니다. 법의 실상을 환히 보게 하므로 두려움과 고뇌를 끊고 윤회의 어둔 길을 비추는 밝은 빛입니다. 한쪽으로 치우친 고행과 쾌락을 추구하지 않으므로 그릇된 소견을 가진 사람을 바른 길로 인도하는 부처님의 지혜입니다. 반야바라밀은 그 자체가 공하기 때문에 중생의 어두운 눈으로 보는 법처럼 생멸하지 않습니다. 항상 있는 것도 아니고 없는 것도 아니므로 윤회에서 벗어나 있고, 모든 공덕과 선행의 어머니이므로 나약한 이를 구해 줍니다. 한량없는 힘을 지니고 일체지의 근본이 되므로 모든 존재의 실상實相을 보여 줍니다. 이와 같이 넓고 큰 반야바라밀을 어떻게 공양해야 합니까?"

"사리뿟따여, 네 말과 같이 반야바라밀은 모든 법의 근본이므로 여래와 다르지 않다. 그러므로 반야바라밀을 여래와 같이 공양하고 여래를 예배하는 것처럼 예배하라. 만약 마군에게 이끌려 반야바라밀을 비방하거나, 깊은 법을 믿을 수 없고 마음이 깨끗하지 못해 반야바라밀을 비방하거나, 나쁜 벗과 사귀어 바른 생각을 잃고 육신에만 집착한 나머지 반야바라밀을 비방하거나, 짜증과 화를 내며 자기를 높이고 남을 얕보아 반야바라밀을 비방하면 지옥에 떨어져 나올 기약이 없을 것이다. 그러므로 이 네 가지 인연은 조심해야 한다."

부처님께서 다시 말씀하셨다.

"사람들을 볼 때 이 사람은 깨끗하고 저 사람은 깨끗하지 못하다는 식으로 차별을 두지만, 사물의 본성은 원래 깨끗하지도 더럽지도 않다. 사람의 마음이 집착하기 쉽기 때문에 깨끗한 것을 가까이하고 더러운 것을 멀리 하라는 것이다. 이것은 방편일 따름이다. 집착하는 마음을 떠나서 보면 모든 존재는 다 깨끗하다. 탐욕과 성냄과 어리석음도 깨끗하고, 육체를 형성하는 오온五蘊도 깨끗하고, 지혜도 깨끗한 것이다. 모든 존재가 깨끗하므로 반야바라밀도 깨끗하다."

"부처님께서 말씀하신 깨끗함이란 중생의 알음알이로써는 상상할 수 없는 깊은 뜻입니다."

"그렇다, 사리뿟따여. 깨끗하고 깨끗하지 못한 것은 차별의 눈으로 보고 하는 말이다. 지금 내가 깨끗하다는 것은 궁극적 경지인 구경究竟의 깨끗함이다. 이것이 차별을 떠나서 본 존재의 본성이다."

—『대품반야경大品般若經』「탄정품歎淨品」

13. 지혜의 완성

관자재보살이 깊은 반야바라밀다를 행할 때, 오온五蘊이 공한 것을 비추어 보고 온갖 고통에서 건지느니라.

사리자[7]여, 색이 공과 다르지 않고 공이 색과 다르지 않으며, 색이 곧 공이요 공이 곧 색이니, 수·상·행·식도 그러하니라.

사리자여, 모든 법은 공하여 나지도 멸하지도 않으며, 더럽지도 깨끗하지도 않으며, 늘지도 줄지도 않느니라. 그러므로 공 가운데는 색이 없고 수·상·행·식 없으며, 안·이·비·설·신·의도 없고, 색·성·향·미·촉·법도 없으며, 눈의 경계도 의식의 경계까지도 없고, 무명도 무명이 다함까지도 없고, 늙고 죽음도 늙고 죽음이 다함까지도 없고, 고·집·멸·도도 없으며, 지혜도 얻음도 없느니라. 얻을 것이 없는 까닭에 보살은 반야바라밀다를 의지하므로 마음에 걸림이 없고 걸림이 없으므로 두려움이 없어서, 뒤바뀐 헛된 생각을 멀리 떠나 완전한 열반에 들어가며, 삼세의 모든 부처님도 반야바라밀다를 의지하므로 최상의 깨달음을 얻느니라. 반야바라밀다는 가장 신비하고 밝은 주문이며 위없는 주문이며 무엇과도 견줄 수 없는 주문

---

7 '사리자'의 경우 본 성전에서는 '사리뿟따'로 표기하고 있으나 조계종 표준 한글반야심경에 따라 그대로 표기했다.

이니, 온갖 괴로움을 없애고 진실하여 허망하지 않음을 알지니라.

이제 반야바라밀다주를 말하리라.

아제 아제 바라아제 바라승아제 모지 사바하
아제 아제 바라아제 바라승아제 모지 사바하
아제 아제 바라아제 바라승아제 모지 사바하[8]

―『반야심경般若心經』

---

8 주문이므로 소리값을 존중한다. 산스끄릿을 한문으로 음사한 표기법을 따랐다. 뜻은 "가자, 가자, 피안으로 가자. 우리 함께 피안으로 가자. 피안에 도달하였네. 깨달음이여, 이루어지소서."이다.

제2장

유마힐의 설법

1. 좌선

부처님께서는 웨살리의 부유한 상인 유마힐(Vimalakīrti)이 앓아누워 있는 것을 아시고 사리뿟따에게 말씀하셨다.

"네가 유마힐에게 가서 병문안을 하라."

사리뿟따는 부처님께 사뢰었다.

"부처님, 저는 그를 문병 가서 대화를 나누기 어렵습니다. 언젠가 숲속 나무 아래 앉아 좌선하던 옛일이 생각납니다. 그때 유마힐은 제게 이렇게 말했습니다.

'사리뿟따님, 가만히 앉아 있는 게 좌선坐禪이 아닙니다. 삼계三界[1]에 있으면서도 몸과 마음이 움직이지 않아야 좌선입니

---

[1] 생사 유전이 계속되는 미혹의 세계를 셋으로 나눈 것. 욕계欲界·색계色

다. 무심한 경지에 있으면서도 온갖 행위를 할 수 있는 것, 진리에 나아가는 길을 버리지 않으면서도 범부의 일상생활을 하는 것, 마음이 안으로 고요에 빠지지 않고 또 밖으로 흐트러지지도 않는 것, 번뇌를 끊지 않고도 열반에 드는 것이 바로 좌선입니다. 만약 이와 같이 앉을 수 있다면 이는 부처님께서 인정하시는 좌선일 것입니다.'

부처님, 저는 그때 이런 말을 듣고 말문이 막혀 아무 말도 못했습니다. 그러므로 저는 그를 찾아가 문병하는 일을 감당할 수 없습니다."

―『유마경維摩經』「제자품弟子品」

2. 설법

부처님께서 목갈라나(Moggallāna)에게 말씀하셨다.
"네가 유마힐에게 가서 병문안을 하라."
"부처님, 저도 그를 문병 가서 대화를 나누기 어렵습니다. 저는 웨살리성 안에서 많은 신도들에게 설법하던 옛일이 생각납니다. 그때 유마힐은 제게 말했습니다.

'목갈라나님, 설법은 법답게 해야 합니다. 법은 중생을 가

界·무색계無色界.

리지 않습니다. 중생의 허물을 보지 않기 때문입니다. 법은 '나'의 허물이 없으므로 나도 없고, 생과 사가 없으므로 목숨이 없으며, 과거의 생과 미래의 생이 끊어졌기 때문에 내가 없으며, 모양이 없으므로 항상 고요(寂然)합니다. 진리는 원인을 도와서 결과를 맺게 하는 일이 없으므로 모양이 없으며, 언어가 끊어졌기 때문에 이름이 없고, 치밀하거나 치밀하지 못한 생각까지도 떠났기 때문에 말이 없고, 허공과 같으므로 형상이 없으며, 궁극적인 공空이기 때문에 부질없는 말조차 없습니다.

진리에는 내 것도 없고, 분별도 비교할 대상도 없으며, 진리는 간접적인 원인에 관계하지도 않고 직접적인 원인에도 속하지 않으며, 모든 사물의 안에 들기 때문에 모든 사물의 본성과 같습니다. 진리는 사물 그대로의 모습에 따르고 어떠한 환경의 영향도 입지 않으므로 진실 그곳에 머뭅니다. 또 진리는 육진六塵에 따르지 않아 흔들리지 않으며, 시간 속에 머물지 않기 때문에 오고 감이 없습니다. 진리는 공空에 따르고 차별하지 않으며 작위作爲의 뜻이 없습니다. 진리는 아름답고 추한 것을 가리지 않고 더하고 덜함이 없으며 생멸生滅이 없으며 돌아갈 곳도 없습니다. 진리는 눈과 귀와 코와 혀 그리고 몸과 마음을 초월하였고 낮음이 없으며 결코 흔들리지 않으며 관찰의 대상에서 떠나 있습니다.

진리는 중생의 능력에 따라 그에 맞게 설명해 주어야 합니다. 또 깨달음은 걸림이 없어야 하며, 대비심大悲心으로 대승大乘을 찬탄하고 부처님의 은혜에 보답하며, 삼보三寶가 영원한 것을 생각하면서 설법해야 합니다.'

부처님, 제게는 이런 설법의 재능(辯才)이 없습니다. 그러므로 저는 문병하는 일을 감당할 수 없습니다."

―『유마경維摩經』「제자품弟子品」

3. 걸식

부처님께서 까샤빠에게 유마힐의 문병을 말씀하시자 까샤빠는 이렇게 말했다.

"부처님, 저도 그를 문병 가서 대화를 나누기 어렵습니다. 저는 가난한 마을에서 걸식하던 일이 생각납니다. 그때 유마힐은 제게 다가와 말했습니다.

'까샤빠님, 자비심이 있다 해도 부자를 버리고 굳이 가난한 사람[2]에게서 걸식하는 것은 그 자비심을 널리 펴는 일이 못 됩니다. 걸식은 평등한 법에 머물러 차례대로 행해야 합니다. 걸식은 식용을 위한 것이 아니며, 음식을 얻기 위한 것도 아

---

2 까샤빠는 가난한 집만 골라 걸식했다. 가난한 사람이 보시한 공덕으로 가난을 면하게 하기 위해.

닙니다. 마을에 들어갈 때는 사람이 살지 않는 빈 마을이라는 생각으로 들어가야 하며, 형상을 보더라도 장님과 같이 보고, 들리는 소리는 메아리와 같이 듣고, 냄새는 바람과 같이 느끼고, 맛을 분별하지 않으며, 온갖 느낌은 깨달음의 경지에서 느끼듯 해야 하고, 또 모든 것이 꼭두각시와 같은 줄 알아야 합니다.

까샤빠님, 이와 같이 걸식한 한 끼의 밥을 모든 중생에게 베풀고 모든 부처님과 성현에게 공양한 다음에 먹을 수 있어야 남의 보시를 헛되이 먹었다고 하지 않을 것입니다. 이와 같이 먹을 수 있는 사람은 번뇌를 버리지 않고서도 해탈에 들고, 집착을 끊지 않고서도 바른 가르침에 들 수 있습니다. 보시하는 사람의 복덕도 많고 적음이 없습니다. 손해나 이득을 떠날 때 이것을 깨달음의 길에 바르게 들어갔다 하고, 자기만의 깨달음을 구하는 길에 의지하지 않았다고 합니다.'

부처님, 저는 이와 같은 말을 듣고서 남에게 성문聲聞이나 독각獨覺의 수행을 권하지 않게 되었습니다."

―『유마경維摩經』「제자품弟子品」

4. 지계持戒

우빨리도 부처님께 여쭈었다.

"부처님, 저도 유마힐을 문병 가서 대화를 나누기 어렵습니다. 저는 파계한 두 비구가 죄에 대한 뉘우침과 근심으로부터 벗어나 죄를 면하게 해 달라는 이야기를 듣고 형식적인 설명을 해 주었습니다. 그곳에 유마힐이 찾아와 말했습니다.

'우빨리님, 이 두 사람의 죄를 더 무겁게 해서는 안 됩니다. 지금 즉시 두 사람의 뉘우침과 근심을 없애어 마음이 흔들리지 않게 해야 합니다. 그 죄의 본성은 안에 있는 것도 아니고 밖에 있는 것도 아니며 중간에 있는 것도 아닙니다.

부처님께서 말씀하신 대로 마음이 더러우면 중생도 더럽고 마음이 깨끗하면 중생도 깨끗합니다. 또 마음은 안이나 밖이나 중간에 있지도 않습니다. 저 또한 그와 같고, 모든 것이 그와 같다는 게 진실입니다. 우빨리님, 만약 마음이 깨달음을 얻었을 때 그 마음은 더럽혀져 있겠습니까?'

'아닙니다.'

'중생의 마음도 그와 같이 때가 없습니다. 망상은 때입니다. 망상이 없으면 깨끗한 상태에 이르게 됩니다. 그릇된 생각은 더럽혀진 것이며 그릇된 생각이 없어야 깨끗한 상태에 이르게 됩니다. 나에 대한 집착은 더럽혀진 것이며, 집착하지 않아야 깨끗한 상태에 이르게 됩니다. 모든 것은 아지랑이나 물속에 비친 달, 거울에 비친 그림자처럼 망상으로부터 생긴 것입니다. 이 이치를 아는 사람이야말로 계율을 지키는 사람이며 깨달은 사람입니다.'

이때 두 비구는 뉘우침과 근심을 떠나 보리심菩提心을 내었습니다."

— 『유마경維摩經』 「제자품弟子品」

5. 출가의 공덕

라훌라도 부처님께 여쭈었다.

"부처님, 저는 웨살리에 사는 부유한 상인의 아들들에게 출가出家의 공덕에 대해서 적당한 설명을 하고 있었습니다. 그때 유마힐이 제 곁으로 와서 말했습니다.

'라훌라님, 출가의 공덕을 함부로 이야기해서는 안 됩니다. 왜냐하면 출가는 아무런 이익과 공덕이 없기 때문입니다. 인연에 따라 이루어지는 것이라면 이익과 공덕이 있다고 할 수 있지만, 출가는 인연으로 이루어지지 않습니다. 진리의 법은 인연에 따라 이리저리 변하지 않습니다. 법은 그 자체로 아무런 이익도 공덕도 없습니다.

출가에는 깨달음도 없고 미혹도 없으며 그 중간도 없습니다. 오직 그릇된 견해를 멀리하고 열반과 하나 되는 게 출가입니다. 이것이 바로 지혜로운 사람이 찾는 길이요 성인이 닦는 길입니다. 출가의 길은 모든 악마의 유혹을 항복시키고 미혹의 세계를 초월하며, 지혜의 눈을 밝게 하고 뛰어난 능력을 갖추게 합니다. 마군을 멀리하고 외도를 설복하며, 거짓된 이름에 집착하지 않고, 욕망의 늪에서 벗어나 구속되지 않으며, '내 것'이 없어야 하고, 인연의 영향을 받지 않고, 마음은 혼란하지 않으며, 안으로는 기쁘고, 중생의 뜻을 지키며, 선정禪定에 들어 온갖 과오를 떠나는 것이 참다운 출가입니다.'

그리고 유마힐은 부유한 상인의 아들들에게 말했습니다.

'그대들이 지금 이 자리에서 최상의 깨달음을 구하는 마음을 일으킨다면, 그것이 곧 출가이며 계율을 완전히 갖추게 된다.'

이때 서른두 명이나 되는 부유한 상인의 아들들은 모두 보리심을 내었습니다."

―『유마경維摩經』「제자품弟子品」

6. 중생 그대로가 진여

부처님께서 미륵보살에게 말씀하셨다.

"그대가 유마힐을 찾아가 병문안을 하도록 하시오."

"부처님, 저는 적임자가 아닙니다. 그 옛날 도솔천의 왕과 그 일족을 위해 깨달음을 얻는 수행에 관해 이야기하던 일이 생각납니다. 그때 유마힐이 제게 말했습니다.

'미륵보살님, 부처님께서는 보살님이 반드시 최상의 깨달음을 얻을 것이라고 예언(受記)하셨습니다. 그런데 어느 생生에 수기가 이루어질 것입니까? 과거, 미래, 아니면 현재입니까? 만약 과거의 생이라고 한다면 그 과거의 생은 이미 지나간 것입니다. 미래의 생이라면 아직 오지 않고 있습니다. 만약 현재의 생이라 해도 그 현재는 잠시도 머물러 있지 않습니다. 부처님께서 "너희는 지금 이 순간에도 동시에 태어나고 늙으며 죽어 가고 있다." 하신 말씀과 같습니다. 생멸하는 미혹迷惑의 세계를 초월하는 것이 수기를 이루는 것이라면, 생멸을 초월하는 것은 깨달음을 얻는 경지이므로 여기에는 수기를 받는 일도 없고 깨달음을 얻는 일도 없을 것입니다. 어떻게 해서 보살님은 여래가 되리라는 수기를 받았습니까?

보살님, 진여眞如[3]가 나타나는 것을 수기가 이루어진 것이라고 합니까, 아니면 사라지는 것을 수기가 이루어진 것이라고 합니까? 설사 진여가 나타나는 것이 수기를 이루는 것이라 해도 거기에는 나타남이 없으며, 사라지는 것이라 해도 거기에 사라짐은 없습니다. 중생 자체가 진여이며 모든 존재가 그대로 진여입니다. 따라서 보살님도 진여입니다. 만약 보살님이 수기를 받았다고 하면 모든 중생도 수기를 받은 것입니다. 왜냐하면 진여 그 자체는 둘이 아니고 구별되지도 않기 때문입니다.

---

3 우주 만유에 두루하여 상주 불변常住不變하는 본체.

또 보살님이 최상의 깨달음을 얻는다고 하면 중생 역시 얻을 것입니다. 왜냐하면 중생 그대로가 깨달음의 실상이기 때문입니다. 그러므로 수기를 받았노라 말해서 천신天神을 유혹해서는 안 됩니다. 실제로는 최상의 깨달음을 구하고자 하는 마음을 일으키는 이도 없고 또 물러서는 이도 없습니다. 그러므로 천신들로 하여금 깨달음에 대한 분별을 버리게 해야 합니다.'

—『유마경維摩經』「보살품菩薩品」

7. 깨달음

계속해서 유마힐이 말했습니다.

'미륵보살님, 깨달음은 몸으로 얻는 것도 아니요 마음으로 얻는 것도 아닙니다. 고요하고 평화로운 절대평화의 세계인 적멸寂滅이야말로 깨달음입니다. 그것은 모든 모양을 없앴기 때문입니다. 모든 대상과의 관계를 끊었기 때문에 관찰하는 일이 없는 것도 깨달음이며, 생각이 없으므로 행하지 않는 것도 깨달음입니다. 그릇된 소견을 끊어 없앤 것도 깨달음이며, 망상을 떠난 것도 깨달음이며, 욕망을 막는 것도 깨달음이며, 안팎의 모든 경계에 탐착하지 않는 것도 깨달음이며, 진여에 따르는 것도 깨달음입니다. 사물의 본성에 머무는 것도 깨달음이며, 사물의 진실한 존재에 이르는 것도 깨달음이며, 마음과 마음이 파악하는 대상에서 떠나 분별하지 않는 것도 깨달음이며, 허공과 같아서 평등한 것도 깨달음입니다.

나타나고 지속하며 사라지는 일이 없으므로 무위無爲도 깨달음이며, 중생의 마음과 행을 아는 것도 깨달음이며, 안팎의 경계를 만나 거기 영향을 입지 않는 것도 깨달음이며, 모양과 빛깔이 없으므로 일정한 위치가 없는 것도 깨달음인 것입니다.

거짓 이름도 그 이름과 글자가 공한 것이므로 깨달음이며, 취하거나 버릴 것이 없는 것도 깨달음이며, 항상 스스로 고요(寂靜)하여 혼란하지 않음도 깨달음입니다. 미혹을 떠난 경계도 그 본성이 깨끗하므로 깨달음이며, 반연攀緣[4]을 떠났기 때문에 대상에 집착하지 않음도 깨달음이며, 모든 것이 평등하므로 다르지 않음도 깨달음이며, 비유할 수 없으므로 비교할 길이 끊긴 것도 깨달음이며, 모든 법은 알기 어려운 것이므로 미묘함도 깨달음인 것입니다.'

부처님, 유마힐이 이같이 설법할 때 천신들도 진리를 깨달아 마음의 평안을 얻었습니다."

―『유마경維摩經』「보살품菩薩品」

---

[4] 속된 인연에 끌림.

8. 도량道場

부처님께서 광엄光嚴(Prabhāvyūha) 동자에게 말씀하셨다.
"네가 유마힐에게 가서 문병하라."
"부처님, 저도 적임이 아닙니다. 언젠가 저는 웨살리 성문을 나가려 하고 유마힐은 들어오고 있을 때의 일이 생각납니다. 저는 그에게 물었습니다.

'거사居士님, 어디서 오십니까?'
'나는 도량道場에서 옵니다.'
'도량이란 어디를 말합니까?'
'곧은 마음이 도량입니다. 거짓이 없기 때문입니다. 믿음으로 수행하는 것도 도량입니다. 사물을 판별하기 때문입니다. 공덕을 증가시키므로 마음 깊이 도를 구하는 것도 도량이며, 잘못을 저지르거나 진리를 의심하는 일이 없으므로 보리심도 도량입니다. 보답을 바라지 않는 보시布施도 도량이며, 소원을 이루게 하므로 계를 지키는 것(持戒)도 도량이며, 모든 중생을 대할 때 맞설 일이 없으므로 인욕忍辱도 도량입니다. 나태하여 물러서는 일이 없으므로 정진精進도 도량이며, 마음이 조화를 이루므로 선정禪定도 도량이며, 모든 것의 본체를 보므로 지혜(般若)도 도량입니다.

모든 중생에 대해 평등하므로 중생에게 즐거움을 베푸는 따뜻한 마음도 도량이며, 중생을 위해 괴로움을 잘 참아내므로 중생의 괴로움을 없애 주고자 하는 마음도 도량이며, 여래의 가르침을 익히는 것이 즐거움이므로 중생의 기쁨을 기뻐하는 것도 도량이며, 사랑과 미움을 넘어선 것이므로 중생에 대해서 평등함도 도량입니다. 마음의 동요를 버리게 하므로 해탈도 도량이며, 중생을 교화하므로 방편도 도량입니다. 진리는 세상을 속이지 않으므로 도량이며, 무명으로부터 늙음과 죽음에 이르는 모든 일에 관계하므로 연기緣起도 도량이며, 온갖 번뇌까지도 진실을 알게 하므로 도량입니다. 무아無我를 알게 하므로 중생도 도량이며, 모든 존재가 공空함을 알게 하므로 모든 법도 도량입니다.

이와 같이 보살이 온갖 바라밀을 힘써 닦고 중생을 교화하고자 하면 발을 들고 내리는 동작까지도 도량으로부터 와서 부처님의 가르침을 실천하는 것이라고 알아야 합니다.'

이런 일이 있기 때문에 저는 그를 찾아가 문병하는 일을 감당할 수 없습니다."

―『유마경維摩經』「보살품菩薩品」

9. 중생이 앓으니 보살도 앓는다

문수보살은 유마힐을 문병하기 위해 여러 대중과 함께 웨살리로 갔다. 그때 유마힐은 문수보살 일행이 오는 것을 알고 가구를 치우고 시중드는 사람들을 내보낸 후 홀로 침상 위에 누워 있었다. 문수보살이 들어서자 유마힐이 말했다.

"어서 오십시오, 문수보살님. 올 것이 없는데 오셨고 볼 것이 없는데 보십니다."

문수보살이 유마힐에게 말했다.

"그렇습니다, 거사님. 왔다 해도 온 것이 아니며 갔다 해도 가는 것이 아닙니다. 왜냐하면 와도 온 곳이 없고 가도 간 곳이 없으며, 본다는 것도 사실은 보지 못하는 것입니다. 그건 그렇고, 병환은 좀 어떠십니까? 부처님께서 안부를 전하셨습니다. 병은 어째서 생겼으며, 얼마나 오래됐으며, 어떻게 하면 나을 수 있겠습니까?"

유마힐은 대답했다.

"내 병은 무명無明으로부터 애착이 일어 생겼고, 중생이 앓고 있으므로 나도 앓고 있습니다. 중생의 병이 없어지면 내 병도 없어질 것입니다. 왜냐하면 보살은 중생을 위해 생사에 들고 생사가 있으면 병이 있게 마련입니다. 중생이 병에서 벗어날 수 있다면 보살도 병이 없을 것입니다. 그러므로 보살의 병은 대비심大悲心에서 생깁니다."

"거사님의 병명은 무엇입니까?"

"내 병에는 증세가 없으므로 볼 수 없습니다."

"그 병은 몸의 병입니까, 마음의 병입니까?"

"몸과는 관계없으니 몸의 병은 아니며, 마음은 꼭두각시 같으므로 마음의 병도 아닙니다."

"지地·수水·화火·풍風 네 가지 요소 중 어디에 걸린 병입니까?"

"이 병은 지의 요소에 걸린 것이 아닙니다. 그렇다고 지의 요소와 관계가 없는 것도 아닙니다. 수·화·풍의 요소에 대해서도 마찬가지입니다. 그러나 중생의 병이 네 가지 요소로부터 생겨 앓고 있기 때문에 나도 병든 것입니다."

"병든 보살은 마음을 어떻게 다스리고 극복해야 합니까?"

"병든 보살은 이와 같이 생각해야 합니다.

'내 병은 모두가 전생의 망상과 그릇된 생각과 여러 가지 번뇌 때문에 생긴 것이지, 결코 병에 걸려야 할 실체가 있는 것은 아니다. 왜냐하면 네 가지 요소가 결합되어 몸이라고 가칭假稱하였을 뿐 네 가지 요소에는 실체로서의 주체는 없으며, 몸에도 역시 '나'라는 게 없기 때문이다. 또 이 병이 생긴 것은 모두가 '나'에게 집착하기 때문이다. 그러므로 '나'라는 것에 집착하지 말아야 한다.'

이와 같이 병의 근본을 알면 '나'에 대한 생각도, 중생에 대한 생각도 없어지고 존재에 대한 생각이 일어날 것이니 그때는 또 이렇게 생각해야 합니다.

'이 몸은 여러 가지 물질이 화합하여 이루어진 것이다. 생길 때는 물질만 생기고 없어져도 물질만 없어진다. 또 이 물질은 서로 알지 못해 생길 때 내가 생긴다고 말하지 않으며 없

어질 때 내가 없어진다고 말하지 않는다.'

또 병든 보살이 물질에 대한 생각을 버리기 위해서는 이렇게 생각해야 합니다.

'물질에 대한 이 생각도 또한 뒤바뀐 생각이다. 뒤바뀐 생각이란 커다란 병이다. 나는 반드시 이것으로부터 떠나야 한다.'

떠난다고 하는 것은 '나'와 '내 것'으로부터 떠나는 것을 말합니다. 그것은 상대적인 것으로부터 떠나는 것입니다. 상대적인 것을 떠난다 함은 주관과 객관을 떠나 평등한 행을 하는 것입니다. 이때의 평등은 '나'와 열반이 평등하며 '나'와 열반이 모두 공空하다는 의미입니다. 공이라고 하는 것은 다만 이름에 지나지 않으며 그와 같은 상대적인 개념은 모두가 변하게 마련입니다. 이 평등함을 얻으면 다른 병은 없고 오직 공에 대한 집착만이 남지만 이 집착 또한 공인 것입니다.

병든 보살은 이제 괴로움과 즐거움을 감수感受하는 일이 없지만, 중생을 위하는 일이라면 온갖 괴로움과 즐거움을 감수합니다. 또 불법佛法이 중생계에서 충분히 성취되기 전에는 그 감수하는 일을 버리고 깨달음의 경지에 들지 않습니다. 그러므로 만약 자기의 몸이 괴로우면 악의 과보를 받는 중생을 생각하며 '나는 이미 괴로움을 극복하였으므로 모든 중생의 괴로움도 극복하도록 해야 한다.'는 대비심을 일으켜야 합니다. 그리고 병의 근본을 끊기 위해 가르쳐 이끌어야 합니다.

병의 근본은 속된 인연에 끌리는 반연攀緣입니다. 즉 마음이 대상에 대해 작용하면 병의 근본이 됩니다.

마음이 작용하는 대상은 삼계三界입니다. 마음의 작용을 끊기 위해서는 모든 것에 얽매이지 않아야 합니다. 얽매이지 않으면 마음이 대상에 대해 작용하지 않게 되고, 이렇게 되면 상대적인 생각을 떠나게 됩니다. 상대적인 생각은 곧 주관과 객관의 분별이며, 이런 분별을 떠나는 것이 모든 것에 얽매이지 않는 길입니다.

문수보살님, 병든 보살이 그 마음을 극복한다는 것은 이와 같습니다. 그러나 보살은 마음을 극복하는 일에 집착하지 않으며, 극복하지 않는 일에도 집착하지 않습니다."

—『유마경維摩經』「문질품問疾品」

10. 보살의 수행

유마힐이 문수보살에게 말했다.

"이 두 가지를 멀리하는 것이 보살의 수행입니다. 생사의 세계에 머물러 있으면서도 물들지 않고, 열반의 세계에 있으면서도 생사의 바다에 그대로 머물러 있는 것이 보살의 행입니다. 때 묻은 행이 아니며 깨끗한 행도 아닌 것이 보살의 행입니다. 이미 마군의 장애를 초월했지만, 계속해서 장애를 극복하는 것을 보이는 것이 보살의 행입니다. 모든 것을 아는 지혜를 구하지만, 수행이 모자랄 때는 그것을 바라지 않는 것이 보살의 수행입니다.

또 이 세상 모든 것이 어디서 새로 생겨나는 것이 아님을 알면서도 중생을 제도하기 위해 깨달음의 경지에 들지 않는 것이 보살의 행입니다. 모든 중생을 사랑하면서도 그 애정에 집착하지 않는 것이 보살의 행입니다. 심신心身의 업이 다한 경지를 바라면서도 그 경지를 즐기지 않는 것이 보살의 행입니다. 불도를 이루고 법륜法輪을 굴려 열반에 들어도 결코 보살의 길을 버리지 않는 것이 보살의 행입니다."

—『유마경維摩經』「문질품問疾品」

11. 구도자

사리뿟따는 빈 방 안을 보고 생각했다.

'여러 보살과 수많은 불제자들이 어디에 다 앉을까?'

유마힐은 그러한 사리뿟따의 마음을 알고 물었다.

"사리뿟따님, 스님은 법을 위해 온 것입니까, 아니면 앉을 자리를 찾아온 것입니까?"

"저는 법을 위해 온 것이지, 자리를 위해 온 것은 아닙니다."

"알았습니다, 사리뿟따님. 진리를 구하는 사람은 신명身命을 돌보지 않는데 하물며 앉을 자리가 문제이겠습니까? 또 법을 구하는 사람은 물질이나 정신에서도 구하지 않으며, 욕계欲界·색계色界·무색계無色界를 구하지도 않습니다. 진리를 구하는 사람은 부처님에게 집착하여 구하지도 않고 교법에 집착해서 구하지도 않으며 승단에 집착해서 구하지도 않습니다. 진리를 구하는 사람은 괴로움을 알기 위해 구하거나 괴로움의 근원을 끊기 위해 구하지 않으며, 열반과 열반에 이르는 길을 닦기 위해서도 구하지 않습니다. 만일 '나는 괴로움을 알고, 괴로움의 근원을 끊고, 열반과 열반에 이르는 길을 닦는다.'고 말한다면, 그는 법을 구하는 것이 아니라 부질없는 말을 닦는 것에 불과합니다. 진리에는 부질없는 말이 없습니다.

사리뿟따님, 진리를 적멸寂滅이라고 합니다. 적멸은 고요하고 평화로운 절대평화의 세계입니다. 만일 생멸을 거듭한다면 이는 생멸을 구하는 것이지 진리를 구하는 것이 아닙니다. 진리는 번뇌에 물들지 않습니다. 진리라든가 열반이라는 개념에 집착해서 물들게 되면 이것은 번뇌에 물든 집착이지 진리를 구하는 것이 아닙니다. 진리는 속으로 생각하는 것이 아닙니다. 만일 진리를 생각으로만 파악하고자 한다면 이는 곧 생각에 맴도는 것이지 진리를 구하는 것이 아닙니다. 진리에는 취하고 버릴 것이 없습니다. 만일 진리를 취하고 버린다면 이는 취하고 버림을 구하는 것이지 진리를 구하는 것이 아닙니다.

진리는 일정한 곳이 없습니다. 만약 어떤 곳에 집착한다면 진리가 속해 있는 곳에 집착하는 것이지 진리를 구하는 것이 아닙니다. 진리는 모양이 없습니다. 만일 모양으로 식별한다면 이는 모양을 구하는 것이지 진리를 구하는 것이 아닙니다. 진리에는 머물 수 없습니다. 만약 진리에 머물면 이는 진리에 머무는 것이지 진리를 구하는 것이 아닙니다. 진리는 보고 듣고 깨닫고 알 수 없습니다. 만일 보고 듣고 깨닫고 안다면 이는 보고 듣고 깨닫고 아는 것이지 진리를 구하는 것이 아닙니다. 진리는 인연에 의해 만들어지지 않으므로 상주불변常住不變합니다. 이는 인연에 의해 만들어진 것을 구하는 것이지 진리를 구하는 것이 아닙니다. 그러므로 법을 구하는 사람은 모든 것에 대하여 결코 구하는 것이 없어야 합니다."

―『유마경維摩經』「부사의품不思議品」

12. 중생에 대한 관찰

문수보살이 유마힐에게 물었다.
"보살은 중생을 어떻게 보십니까?"
유마힐이 대답했다.
"마술사가 만든 꼭두각시를 보듯이 합니다. 지혜로운 사람이 물속의 달을 보고, 거울 속에 비친 얼굴을 보는 것과 같이 봅니다. 또 한낮의 아지랑이, 메아리, 뜬구름, 물거품, 파초의 줄기, 번갯불과 같다고 봅니다. 또 보살은 물질을 초월한 무색계無色界에서 물질을 보듯이 중생을 보며, 불에 탄 낟알의 싹과 같이 중생을 봅니다. 장님이 빛을 보듯이, 공중을 나는 새의 자취와 같이, 석상石像이 낳은 아이와 같이, 꼭두각시가 일으키는 번뇌와 같이, 잠에서 깨어나 보는 꿈과 같이, 열반에 든 사람이 다시 몸을 받는 것과 같이 보살은 중생을 그렇게 봅니다."

—『유마경維摩經』「관중생품觀衆生品」

13. 보살의 자비

문수보살이 다시 물었다.

"만약 중생을 그와 같이 관찰한다면, 보살은 어떻게 그들에게 자비를 베풀 수 있겠습니까?"

유마힐이 대답했다.

"보살은 중생을 위해 그와 같은 가르침을 펼치는 것이 진실한 자비라고 생각합니다. 보살은 생멸하는 일이 없으므로 깨달음의 경지에서 자비를 행하며, 번뇌가 없으므로 번뇌에 타지 않는 자비를 행하며, 과거 현재 미래가 평등하므로 평등한 자비를 행하며, 대립된 다툼이 없으므로 다툼이 없는 자비를 행합니다. 보살의 마음은 부서지지 않으므로 견고한 자비를 행하며, 모든 사물의 본성은 청정하므로 보살도 청정한 자비를 행하며, 보살의 마음은 허공처럼 끝이 없으므로 끝없는 자비를 행합니다.

또 보살은 번뇌의 도둑을 쫓아 버리므로 아라한의 자비를 베풀며, 세상 사람들의 마음을 평안하게 하므로 보살의 자비를 베풀며, 존재의 실상을 알았으므로 여래의 자비를 베풀며, 중생을 깨닫게 하므로 부처의 자비를 베풀며, 인연 밖에서 깨달았으므로 자연 그대로의 자비를 베풀며, 평등하여 한맛이기 때문에 보리의 자비를 베풀며, 온갖 애욕을 끊었으므로 일체를 초월한 자비를 베풀며, 대승大乘으로써 중생을 교화하므로 가엾이 여기는 자비를 베풀며, 공空과 무아無我를 깨달았으므로 권태를 모르는 자비를 행합니다. 주는 것을 아끼지 않으므로 설법으로 자비를 행하며, 계율을 범한 자를 교화하므로 계율을 지니는 것으로써 자비를 행하며, 나와 남을 함께 보살피므로 인욕으로써 자비를 행하며, 중생이란 짐을 지기 때문에 정진으로 자비를 행하며, 감각적인 기쁨을 받아들이지 않으므로 선정禪定으로 자비를 행하며, 교화할 때를 잘 알므로 지혜로써 자비를 행합니다.

모든 것에 나타나므로 방편의 자비를 행하며, 진실한 마음은 청정하므로 떳떳한 자비를 행하며, 나쁜 행이 없으므로 깊은 마음의 자비를 행하며, 부처의 즐거움을 얻게 하므로 안락한 자비를 행합니다. 보살의 자비는 참으로 이와 같습니다."

―『유마경維摩經』「관중생품觀衆生品」

14. 절대평등의 경지

유마힐은 보살들을 향해 말했다.

"여러분, 보살은 어떻게 해서 차별을 떠나 절대평등의 경지(不二法門)에 듭니까? 생각한 대로 말씀해 주십시오."

법자재法自在보살이 말했다.

"나타남(생)과 사라짐(멸)은 서로 대립합니다. 그러나 진리는 본래 나타나는 것이 아니므로 사라지는 일도 없습니다. 깨달음을 얻는 것이 곧 절대평등의 경지에 들어가는 것입니다."

덕수德守보살이 말했다.

"나와 내 것은 서로 대립합니다. 내가 있기 때문에 내 것이 있습니다. 만약 내가 없다면 내 것도 없습니다. 이것이 절대평등의 경지에 드는 것입니다."

묘비妙臂보살이 말했다.

"중생을 제도하고자 하는 보살의 마음과 자기의 깨달음만을 구하는 성문聲聞의 마음은 서로 대립합니다. 그러나 마음은 공하고 꼭두각시와 같은 것이라는 것을 분명히 알 때, 보살의 마음도 성문의 마음도 없습니다. 이것이 절대평등의 경지에 드는 것입니다."

사자師子보살이 말했다.

"죄악과 복덕은 서로 대립합니다. 만약 죄악의 본성이 복덕과 다르지 않음을 깨달아 알고, 금강석과 같은 지혜로써 이러한 사실을 분명히 깨달으며, 거기에 속박을 받거나 해방되는 일이 없으면 이것이 절대평등의 경지에 드는 것입니다."

나라연(Nārāyaṇa)보살이 말했다.

"세간과 출세간出世間은 서로 대립합니다. 그러나 세간의 본성이 공하다는 것을 알면 이는 곧 출세간입니다. 그리고 그 세계에서는 들고 나는 일이 없으며, 넘치고 흩어지는 일도 없습니다. 이것이 절대평등의 경지에 드는 것입니다."

선의善意보살이 말했다.

"생사와 열반은 서로 대립합니다. 그러나 만약 생사의 본성을 이해하면 생사는 이미 없는 것입니다. 거기에는 결박하는 일도 없으며, 그로부터 벗어날 필요도 없고 생멸도 없습니다. 이와 같이 아는 것을 절대평등의 경지에 든다고 합니다."

보수普守보살이 말했다.

"아我와 무아無我는 서로 대립합니다. 그러나 아도 알 수 없는 것인데 어떻게 무아를 알 수 있겠습니까? 자기 본성을 보는 사람은 이 두 가지 생각을 하지 않습니다. 이것이 절대평등의 경지에 드는 것입니다."

뇌천雷天보살이 말했다.

"지혜와 무명은 서로 대립합니다. 그러나 무명의 본성은 곧 지혜입니다. 그렇다고 이 지혜에 집착해서는 안 됩니다. 모든 무명을 떠나 평등하고 상대되는 것이 없으면 이것을 절대평등의 경지에 든다고 합니다."

적근寂根보살이 말했다.

"부처님과 부처님의 가르침(敎法)과 승단은 서로 의지하고 있습니다. 그러므로 부처님은 곧 교법이고, 교법은 곧 승단입니다. 이 삼보三寶는 어느 것이나 변함이 없는 진실이 나타난 것으로서 허공과 같습니다. 모든 것도 이와 같아서 이것을 잘 행하는 것을 절대평등의 경지에 든다고 합니다."

복전福田보살이 말했다.

"선행과 악행과 보다 뛰어난 선행은 서로 대립합니다. 그러나 이 세 가지 행위의 본성은 공空이며, 선행도 없고 악행도 없으며 보다 뛰어난 선행도 없습니다. 이 세 가지 행위에 있어서 아무런 일도 생기지 않는 것이 절대평등의 경지에 드는 것입니다."

화엄華嚴보살이 말했다.

"자기를 고집하기 때문에 나와 남을 구별하게 됩니다. 그러나 자기의 본성을 보는 자는 나와 남을 구별하는 일이 없습니다. 만약 이 두 가지 것에 집착하지 않으면 식별하는 것도 식별되는 것도 없습니다. 이것을 절대평등의 경지에 든다고 합니다."

덕장德藏보살이 말했다.

"집착한 마음으로 취하고 버리면 두 가지 것이 서로 대립합니다. 그러나 집착하지 않으면 곧 취사取捨가 없습니다. 취사가 없으면 절대평등의 경지에 든다고 합니다."

월상月上보살이 말했다.

"어둠과 밝음은 서로 대립합니다. 어둠과 밝음이 없으면 곧 대립이 없습니다. 왜냐하면 모든 마음의 작용이 다해 고요(寂靜)한 경지에 들면 어둠도 없고 밝음도 없는 것과 같이 모든 존재의 현상도 그와 같기 때문입니다. 이를 알고 평등할 수 있으면 절대평등의 경지에 든다고 합니다."

보인수寶印手보살이 말했다.

"열반을 바라는 것과 세간을 싫어하는 것은 서로 대립합니다. 만약 열반을 바라지 않고, 세간도 싫어하지 않는다면 대립은 없습니다. 왜냐하면 결박이 있으면 해탈이 있지만 본래부터 결박이 없다면 해탈도 없기 때문입니다. 결박도 해탈도 없으면 바라는 일도 싫어할 일도 없습니다. 이것을 절대평등의 경지에 든다고 합니다."

주정왕珠頂王보살이 말했다.

"정도正道와 사도邪道는 서로 대립합니다. 정도에 머물러 있는 사람은 이것은 그릇되고 저것은 바른 것이라고 분별하지 않습니다. 이 두 가지를 떠나는 것을 절대평등의 경지에 든다고 합니다."

요실樂實보살이 말했다.

"진실과 허위는 서로 대립합니다. 그러나 진실을 보는 사람은 진실조차도 보지 않는데 어찌 허위를 보겠습니까? 왜냐하면 진실은 육안으로 볼 수 있는 것이 아니고 지혜의 눈으로 보기 때문입니다. 그러나 이 지혜의 눈에는 본다고 하는 것도 보지 않는다고 하는 것도 없습니다. 이것을 절대평등의 경지에 든다고 합니다."

이와 같이 여러 보살이 설법한 다음 문수보살이 말했다.

"내 생각으로는 모든 것에 대해서 말도 없고 말할 것도 없으며, 가리킬 것도 식별할 것도 없으며, 일체의 질문과 대답을 떠난 것, 이것이 절대평등의 경지에 드는 것이라 하겠습니다."

그리고 유마힐에게 물었다.

"우리들은 각기 생각한 바를 말했습니다. 이제는 거사님의 차례입니다. 어떻게 하여 보살은 절대평등의 경지에 들어갑니까?"

이때 유마힐은 침묵한 채 아무 말이 없었다. 이것을 본 문수보살은 감탄하여 말했다.

"훌륭합니다! 참으로 훌륭합니다! 문자나 말 한마디 없는 이것이야말로 참으로 절대평등의 경지에 드는 것입니다."

—『유마경維摩經』「불이법문품不二法門品」

제3장

보살의 덕

1. 보살의 덕

부처님께서 라자그리하 영취산에 수많은 비구와 함께 계실 때였다. 거기에는 일만 육천 명의 보살도 자리를 같이했는데, 그들은 여러 불국토에서 왔고, 다음 생에서는 최상의 깨달음을 얻을 이들이었다. 부처님께서 장로長老[1] 까샤빠에게 말씀하셨다.

"보살은 다음 네 가지를 주의하지 않으면 지혜를 잃게 된다. 첫째, 교법과 교법을 가르치는 스승에게 존경하는 생각이 없는 것. 둘째, 교법을 펴는 데에 인색하여 가르침을 손아귀에 쥐고 있는 것. 셋째, 교법을 듣고자 하는 사람을 방해하거

---

[1] 지혜와 덕이 높고 나이가 많은 비구를 가리키는 말.

나 그 열의를 꺾어 설법하지 않고 숨기는 것. 넷째, 교만하여 남을 경멸하는 것.

그러나 보살이 다음 네 가지 법을 지니면 뛰어난 지혜를 얻는다. 첫째, 교법과 교법을 가르치는 스승을 받드는 것. 둘째, 마음에 물욕이 없고 이해타산이나 예배공양이나 명성을 돌보지 않는 것. 스승에게서 배운 대로 또는 자기가 깨달은 대로 다른 사람에게 간절한 마음으로 가르치는 것. 셋째, 교법을 많이 들음으로써 지혜가 생긴다고 알아들은 대로 받아 지니는 것. 넷째, 수행을 위주로 하고 개념이나 해설의 언어 문자에 집착하지 않는 것. 이 네 가지 법을 갖추면 보살은 뛰어난 지혜를 얻는다.

다음 네 가지는 보살이 수행해야 할 길이다. 첫째, 모든 중생에게 평등한 마음을 가질 것. 둘째, 중생을 부처님의 지혜로 이끌 것. 셋째, 중생에게 평등하게 교법을 말할 것. 넷째, 중생에게 평등하게 바른 행동을 실천할 것. 이 네 가지가 보살의 길이다.

그리고 다음 네 가지는 보살에게 갖추어진 진실한 덕이다. 첫째, 모든 존재의 본성은 공空한 것임을 알면서도 행동의 결과는 믿어 의심치 않는 것. 둘째, 중생이 무아無我인 것을 알면서도 그들에게 자비심을 가지는 것. 셋째, 진리를 구하는 자기 마음은 열반으로 향해 있지만 윤회의 세계에서 수행하는 것. 넷째, 중생을 위해 그들에게 필요한 것을 베풀지만 그 갚음을 기대하지 않는 것. 이것이 보살의 진실한 덕이다.

비유를 들어 말하리라. 이 비유로써 보살은 보살에 합당한 덕을 사람들에게 이해시킬 수 있을 것이다. 이를테면, 이 대지는 모든 중생의 근원이다. 변함이 없고 보수를 바라지도 않는다. 이와 마찬가지로 처음으로 보리심을 낸 보살은 지혜의 자리에 오르기까지 중생의 삶의 근원이 되고 변함이 없으며 보수를 바라지도 않는다. 물이 풀과 약초와 나무를 키우듯이, 청정한 원력을 지닌 보살은 중생을 자비로 적시고 잠깐 동안 이 세상에 머물러 중생이 지니고 있는 맑고 깨끗한 성품을 키워 준다. 볕이 곡식을 여물게 하듯이, 보살의 지혜는 중생이 지니고 있는 맑고 깨끗한 법을 키워 준다. 바람이 불국토를 형성하듯이, 보살의 미묘한 방편이 여래의 가르침을 이루는 것이다.

또 선보름에는 달이 커 가듯이, 도의 마음이 청정한 보살은 맑고 깨끗한 법을 점점 키워 간다. 태양이 일시에 비친 볕으로 중생을 비추듯이, 보살은 일시에 비친 지혜의 빛으로 중생의 지혜를 비춘다. 짐승 중의 왕인 사자는 어디 가든지 무서워하거나 두려워하지 않고 의젓하게 활보한다. 그와 마찬가지로 올바르게 행동하고 교법을 들어 덕과 법을 몸에 익힌 보살은 언제 어디서나 조금도 두려워하지 않고 사방을 활보한다. 잘 훈련된 코끼리는 아무리 무거운 짐을 나를지라도 그 때문에 지치는 일이 없다. 그와 마찬가지로 마음이 잘 닦인

보살은 일체 중생의 무거운 짐을 모두 나를지라도 지치지 않는다.

또 연꽃은 진흙 속에 있어도 진흙에 의해 더러워지지 않듯이, 보살은 세속에 살아도 세속의 일에 의해 더러워지지 않는다. 가지 잘린 나무라도 뿌리가 성하면 다시 움이 터서 크게 자란다. 그와 마찬가지로 보살은 미묘한 방편인 번뇌의 가지가 잘려도 모든 선근이 상하지 않는 한 다시 삼계三界에서 큰 나무처럼 자란다. 사방에서 흐르는 여러 강물도 바다에 들어가면 모두 한 가지 짠맛이 된다. 그와 마찬가지로 여러 가지 일을 통해 쌓은 보살의 선행도 중생의 깨달음에 회향하면 해탈의 한맛이 된다.

왕은 신하들의 도움으로 왕의 모든 임무를 수행한다. 그와 마찬가지로 보살의 지혜는 방편에 의해 여래의 일을 다 한다. 구름 한 점 없이 맑게 갠 하늘에서는 비가 내리지 않는다. 그와 마찬가지로 교법을 조금밖에 듣지 못한 보살에게서는 진정한 가르침의 비를 기대할 수 없다. 물기를 잔뜩 머금은 비구름은 오곡 위에 비를 내린다. 그와 마찬가지로 커다란 자비의 구름과 몇 번이고 되풀이해 들은 교법의 구름에서 내리는 비만이 중생을 고루 적신다. 단 한 개의 보석이라도 채취된 곳에서는 많은 보석을 얻을 수 있다. 그와 마찬가지로 보살이 한 사람이라도 출현한 곳에서는 수많은 성문聲聞이나 독각獨覺이 나오게 된다. 냄새나는 똥오줌이라도 논밭에 주면 거름이 된다. 그와 마찬가지로 보살에게 있는 번뇌일지라도 지혜의 양분이 된다."

— 『보적경寶積經』 「가섭품迦葉品」

2. 진실한 관찰

부처님께서 까샤빠에게 말씀하셨다.

"훌륭한 보배의 모음(大寶積)인 이 법문을 배우려는 보살은 존재에 대해서 올바르게 수행해야 한다. 무엇이 존재에 대한 올바른 수행인가. 그것은 곧 모든 존재에 대한 진실한 관찰이다. 그러면 또 무엇이 모든 존재에 대한 진실한 관찰인가. 아상我相·인상人相·중생상衆生相·수자상壽者相이 없다고 관찰할 경우 그것을 곧 중도中道라 하고, 존재에 대한 진실한 관찰이라고 한다.

중도, 즉 존재에 대한 진실한 관찰이란 물질(色)에 대해서 보는 관찰이다. 이와 같이 느낌(受)과 생각(想)과 의지작용(行)과 의식(識)에 대해서도 동일하다. 이것이 중도이고 존재에 대한 진실한 관찰이다.

어떤 존재를 가지고 항상한다거나 단멸한다고 한다면 그것은 한쪽에 치우친 극단론이다. 이 항상과 단멸 사이의 올바른 것은 어떤 형체를 가지고 있지도 않고 보이지도 않으며, 나타나지도 않고 인식될 수도 없으며 뭐라 이름 붙일 수도 없다. 이와 같이 관찰하는 것이 중도, 즉 존재에 대한 진실한 관찰이다. 자아가 있다고 한다면 이것은 한쪽에 치우친 극단론이다. 자아가 없다고 하여도 역시 극단론이다. 이 유아有我와 무아無我 사이의 올바른 것은 역시 어떤 형체를 가지고 있지도 않고 보이지도 않으며 나타나지도 않고 인식될 수도 없으며 뭐라 이름 붙일 수도 없다. 이와 같이 관찰하는 것이 중도, 즉 존재에 대한 진실한 관찰이다. 마음이 실재한다거나 실재하지 않는다고 주장하는 것도 위와 같다.

또 존재에 대한 진실한 관찰이란 다음과 같은 관찰이다. 존재 그 자체가 본래 공하다. 존재 그 자체가 본래 상相이 없다. 존재 그 자체가 본래 바람이 없다. 존재 그 자체가 본래부터 자성이 없다. 이와 같이 관찰하는 것이 중도이고 존재에 대한 진실한 관찰이다."

―『보적경寶積經』「가섭품迦葉品」

3. 마음이란

부처님께서 까샤빠에게 말씀하셨다.

"애욕에 물들고 분노에 떨고 어리석음으로 아득하게 되는 것은 어떤 마음인가. 과거인가, 미래인가, 현재인가. 과거의 마음이라면 그것은 이미 사라진 것이다. 미래의 마음이라면 아직 오지 않은 것이고, 현재의 마음이라면 머무는 일이 없다.

마음은 안에 있지도 않고 밖에 있지도 않으며 그 외의 다른 곳에 있지도 않다. 마음은 형체가 없어 눈으로 볼 수도 없고 만질 수도 없고 나타나지도 않고 인식할 수 없고 이름 붙일 수도 없다. 마음은 어떠한 여래도 일찍이 본 일이 없고 지금도 보지 못하고 장차도 볼 수 없을 것이다. 그와 같은 마음이라면 그 작용은 어떤 것일까.

마음은 허깨비와 같아 허망한 분별에 의해 여러 가지 형태로 나타난다. 마음은 바람과 같아 멀리 가고 붙잡히지 않으며 모양을 보이지 않는다. 마음은 흐르는 강물과 같아 멈추는 일 없이 나자마자 곧 사라진다. 마음은 등불의 불꽃과 같아 인因이 있어 연緣이 닿으면 불이 붙어 비춘다. 마음은 번개와 같아 잠시도 머물지 않고 순간에 소멸한다. 마음은 허공과 같아 뜻밖의 연기로 더럽혀진다. 마음은 원숭이와 같아 잠시도 그대로 있지 못하고 여러 가지로 움직인다. 마음은 화가와 같아 여러 가지 모양을 그려낸다.

마음은 한곳에 머물지 않고 서로 다른 의혹을 불러일으킨다. 마음은 혼자서 간다. 두 번째 마음이 결합되어 함께 있는 것은 아니다. 마음은 왕과 같아 모든 것을 통솔한다. 마음은 원수와 같아 온갖 고뇌를 불러일으킨다. 마음은 모래로 쌓아 올린 집과 같다. 무상한 것을 영원한 것으로 생각한다. 마음은 쉬파리와 같아 더러운 것을 영원한 것으로 생각한다. 마음은 낚싯바늘과 같아 괴로움인 것을 즐거움으로 생각한다. 마음은 적과 같아 항상 약점을 기뻐하며 노리고 있다.

마음은 존경에 의해서 혹은 분노에 의해 흔들리면서 교만해지거나 비굴해진다. 마음은 도둑과 같아 모든 선근善根을 훔쳐 간다. 마음은 불에 뛰어든 부나비처럼 아름다운 빛깔을 좋아한다. 마음은 싸움터의 북처럼 소리를 좋아한다. 마음은 썩은 시체의 냄새를 탐하는 멧돼지처럼 타락의 냄새를 좋아한다. 마음은 음식을 보고 침을 흘리는 종처럼 맛을 좋아한다. 마음은 기름접시에 달라붙는 파리처럼 감촉을 좋아한다.

이와 같이 남김없이 관찰해도 마음의 정체는 알 수 없다. 즉 찾을 수 없는 것이다. 얻을 수 없는 그것은 과거에도 없고 미래에도 없고 현재에도 없다. 과거나 미래나 현재에 없는 것은 삼세를 초월해 있다. 삼세를 초월한 것은 유도 아니고 무도 아니다. 유도 아니고 무도 아닌 것이 생기는 일이 없다. 생기는 일이 없는 것에는 그 자성自性이 없다. 자성이 없는 것에는 일어나는 일이 없다. 사라지는 일이 없는 것에는 지나가 버리는 일이 없다. 지나가 버리지 않는다면 거기에는 가는 일도 없고 오는 일도 없다. 죽는 일도 없고 태어나는 일도 없다. 가고 오고 죽고 태어나는 일도 없다. 가고 죽고 나는 일이 없는 것에는 어떠한 인과因果의 생성도 없다. 인과의 생성이 없는 것은 변화와 작위作爲가 없는 무위無爲다. 그것이 바로 성인들이 지니고 있는 타고난 본성이다.

 그 타고난 본성이 허공의 어디에 있건 평등하듯이 누구에게나 평등하다. 타고난 본성은 모든 존재가 마침내는 하나의 본질이라는 점에서 차별이 없다. 그 본성은 몸이라든가 마음이라는 차별에서 아주 떠나 있으므로 한적하여 열반의 길로 향해 있다. 그 본성은 어떠한 번뇌로도 더럽힐 수 없으므로 무구無垢하다. 그 본성은 자기가 무엇인가를 한다는 집착, 자기 것이라는 집착이 없어졌기 때문에 내 것이 아니다. 마음의 본성은 진실한 것도 아니고 진실하지 않은 것도 아니다. 결국은 어디에도 치우치지 않는 점에서 평등하다. 그 본성은 가장 뛰어난 진리이므로 이 세상을 초월한 것이고 참된 것이다. 그 본성은 본질적으로 생겨난 것이 아니므로 없어지는 일도 없다. 그 본성은 존재의 여실성如實性으로서 항상 있으므로 영원한 것이다. 그 본성은 가장 수승殊勝한 열반이므로 즐거움이다. 그 본성은 온갖 더러움이 제거되었으므로 맑은 것이다. 그 본성은 찾아보아도 자아가 있지 않기 때문에 무아無我다. 그 본성은 절대 청정한 것이다.

 그러므로 안으로 진리를 구해야지 밖으로 흐트러져서는 안 된다. 누가 내게 성내더라도 맞서 성내지 않고, 두들겨 맞더라도 맞서 두들기지 않고, 비난을 받더라도 맞서 비난하지 않고, 비웃음을 당하더라도 맞서 비웃음으로 대하지 않는다. 자기의 마음속으로 '도대체 누가 성냄을 받고 누가 두들겨 맞으며 누가 비난받고 누가 비웃음을 당하는 것인가.'라고 되살핀다. 수행인은 이와 같이 마음을 거두어 어떠한 환경에서라도 흔들림이 없어야 한다."

—『보적경寶積經』「가섭품迦葉品」

4. 네 부류의 사문

부처님께서 까샤빠에게 말씀하셨다.

"흔히 사문 사문 하는데 누가 진정한 사문沙門인가. 사문에는 다음 네 부류가 있다. 겉모양만의 사문, 겉으로 얌전한 체하면서 남을 속이는 사문, 명예와 명성과 칭찬을 구하는 사문, 진실하게 수행하는 사문 등이다.

첫째, 겉모양만의 사문이란 누구를 말함인가. 어떤 사문은 겉으로 보기에 사문다운 모양을 갖추고 있다. 그는 가사를 입고 머리를 깎고 발우를 가지고 있으나 정작 행동과 말씨와 생각은 깨끗하지 못하다. 수행도 하지 않고 해탈을 얻지도 못한다. 조용하지도 않고 교법을 지키지도 않는다. 탐욕스럽고 게으르고 파계하며 항상 죄를 짓는다. 이것이 겉모양만의 사문이다.

둘째, 겉으로 얌전한 체하면서 남을 속이는 사문이란 누구를 말함인가. 어떤 사문은 예의범절이 깍듯하여 행동거지 하나하나 탓할 게 없고, 음식과 의복과 거처가 지극히 검소하며, 세속에 있는 신도나 다른 수행자와 잘 섞이지 않고 말수도 적다. 그러나 이 사문의 처신은 보시하는 사람을 속여 자기를 훌륭한 사문으로 보이려고 하는 조작된 행동에 불과하다. 마음을 맑게 하기 위해서도 아니고 평안을 얻기 위해서도 아니며 수행을 위해서도 아니다. 그는 다만 겉으로만 훌륭한 사문으로 보여 공양을 많이 받으려는 생각에 사로잡혀 있다. 공空에 대한 교법을 들으면 깊은 구렁에 떨어지는 것같이 생각하고 공을 말한 비구들을 믿으려 하지 않는다. 이것이 겉으로 얌전한 체하면서 남을 속이는 사문이다.

셋째, 명예와 명성과 칭찬을 구하는 사문이란 누구를 말함인가. 어떤 사문은 자기가 계율을 지키고 있는 것을 어떻게 남에게 알릴까 생각하며 계율을 지킨다. 어떻게 하면 남들이 자기를 뛰어난 학자라고 알아줄까 생각하며 교법을 듣고 배운다. 어떻게 하면 남들이 자기를 산중의 도인이라고 알아줄까 생각하며 산중에서 수행한다. 이것은 남에게 보이기 위해서이지, 세상을 이롭게 하기 위해서도 아니고 욕정을 떠나기 위해서도 아니며, 평안을 위해서도 아니고 깨달음을 위해서도 아니다. 진실한 사문이나 진실한 브라만이 되기 위해서도 아니며 열반의 실현을 위해서도 아니다. 이것이 명예와 명성과 칭찬을 구하는 사문이다.

넷째, 진실하게 수행하는 사문이란 누구를 말함인가. 그는 몸에 대해서도 생명에 대해서도 바라는 것이 없는데, 하물며 이익이나 존경이나 명예를 바라겠는가. 공空·무상無相·무원無願의 법을 듣고 기뻐하여 진실한 모습을 이해한다. 열반조차도 바라지 않으면서 청렴한 수행자의 생활을 한다. 삼계에 속한 기쁨에는 아예 아랑곳하지 않는다. 진리를 귀의처로 삼고 사람을 귀의처로 삼지 않는다. 번뇌로부터의 해탈을 안으로 구하고 밖으로 찾아 헤매는 일이 없다. 모든 존재는 그 본성이 청정하여 더럽히지 않는 것을 본다. 미혹의 바다 가운데서 자기 자신을 의지할 섬으로 삼고 타인을 섬으로 삼지 않는다. 법은 애욕을 떠난 것이라고 하는 진리에도 집착하지 않는데, 법을 말로 나타낸 것에 집착하겠는가. 무엇인가 잘못된 법을 끊어 버리기 위해 수행하는 것도 아니고, 도를 배우기 위해서나 깨닫기 위해서도 아니다. 윤회의 길에서 살기 때문에 그런 것도 아니고 열반의 세계를 유달리 기뻐해서도 아니다. 해탈을 구해서도 아니고 이 세상의 속박을 구해서도 아니다. 모든 존재의 본성이 열반 상태에 있는 것임을 알아 윤회에 유전하는 것도 아니고, 그렇다고 열반에 안주하는 것도 아니다. 이것이 진실하게 수행하는 사문이다. 진실한 수행에 의해서만 사문의 덕행이 갖추어지는 것이지, 이름만의 수행에 의해서는 그리 될 수 없다."

—『보적경寶積經』「가섭품迦葉品」

5. 대승 보살의 방편

지승智勝이 부처님께 여쭈었다.
"부처님, 어떤 것이 보살의 방편이며, 보살은 어째서 방편을 씁니까?"
부처님께서 말씀하셨다.
"방편을 쓰는 보살은 한 덩이 밥을 가지고도 일체 중생에게 보시할 수 있다. 왜냐하면 보살은 한 덩이 밥을 베풀 때에도 일체 중생이 지혜를 얻도록 발원發願하기 때문이다. 그러므로 보살은 중생과 보리로 회향廻向[2]하게 된다. 이것이 보살이 쓰는 방편이다. 보살이 보시하는 사람을 보면 같이 기뻐하는 마음을 내고, 이 기뻐하는 선근이 중생과 함께하기를 원한다. 이것이 보살이 쓰는 방편이다.

보살이 임자 없는 꽃이나 향을 볼 때에, 혹은 바람에 날리는 잎새를 보더라도 그것을 부처님께 공양하며 발원하기를, '이 선근 공덕으로 일체 중생이 지혜를 갖추어지이다.'라고 한다. 이것이 보살이 쓰는 방편이다. 보살은 시방세계 중생이 누리는 온갖 즐거움을 보면, 일체 중생이 모든 것을 아는 지혜의 기쁨을 누리기를 원한다. 만약 고통받는 것을 보면 중생을 위해 모든 죄를 참회하고, 중생의 고통을 모두 내가 대신

---
2 자기가 닦은 선행善行의 공덕을 모두 중생이나 불과佛果에 돌려보냄.

받아 그들로 하여금 기쁨을 받도록 원한다. 이와 같은 인연으로 마침내는 온갖 고통에서 벗어나 즐거움만을 누리기를 원한다. 이것이 보살이 쓰는 방편이다.

보살은 한 부처님께 예배 공양 찬탄하면 곧 모든 부처님께 예배 공양 찬탄하는 것이라고 생각한다. 왜냐하면 모든 부처님은 한 법계 한 법신이며, 계계戒戒·정정定定·혜혜慧慧·해탈解脫·해탈지견解脫知見이 모두 같기 때문이다. 이것이 보살이 쓰는 방편이다.

보살은 자기 자신이 모자란다 할지라도 스스로 경멸하지 않고, 게송偈頌 하나라도 알게 되면 이렇게 생각한다. '이 한 구절의 게송을 아는 것이 곧 모든 법을 아는 길이다. 모든 법이 이 게송 안에 들어 있기 때문이다.' 이와 같이 생각하고 도시와 시골로 두루 다니면서 자비심으로 부지런히 설법한다. 이양利養이나 명망이나 찬탄을 구하지 않고 '사람들에게 들려준 이 게송의 인연으로 일체 중생이 모두 아난다와 같이 불법을 많이 듣고 여래의 변재辯才를 얻어지이다.' 하고 원한다. 이것이 보살이 쓰는 방편이다.

보살이 방편으로 보시할 때 육바라밀이 갖추어진다. 왜냐하면 보살은 걸식하는 사람을 보면 아끼고 탐하는 마음이 없어져 큰 보시를 하기 때문이다. 이것이 보시布施바라밀이다. 스스로 계행을 닦고 계행을 가지는 이에게 보시하고, 계행을 가지지 않은 사람에게는 가지도록 권한 후에 보시한다. 이것이 지계持戒바라밀이다. 스스로 성내는 마음을 없애고 자비롭고 가엾이 여기는 마음을 내어 중생을 보살피고 평등하게 보시한다. 이것이 인욕忍辱바라밀이다. 음식이나 약을 보시하여 중생으로 하여금 몸과 마음에 정진을 갖추어, 오고 가고 앉고 서는 온갖 동작을 자유롭게 한다. 이것이 정진精進바라밀이다. 중생이 그 보시를 얻으면 마음이 안정되어 기뻐하고 흐트러지지 않는다. 이것이 선정禪定바라밀이다. 이와 같이 보시를 한 다음에는 돌이켜 생각한다. '보시를 한 사람은 누구이며, 보시를 받는 사람은 누구인가. 그리고 누가 그 복을 받을 것인가.' 이렇게 헤아려 보시한 사람과 보시 받은 사람과 그 갚음을 가리지 않는다면 이것이 지혜智慧바라밀이다. 이와 같이 보살이 방편을 쓰면 육바라밀이 갖추어지게 된다."

―『보적경寶積經』「대승방편품大乘方便品」

제4장

스리말라데위의 서원

1. 스리말라데위[1]의 수기

빠세나디왕과 말리까(Malika) 부인은 부처님의 가르침을 받고 기쁨에 넘쳐 딸 스리말라데위(Srimaladevi)를 생각했다.

"스리말라데위는 슬기롭고 생각이 깊으니 부처님을 뵙기만 하면 곧 법을 깨닫게 될 것이다. 바로 사람을 보내 보리심菩提心이 일어나게 하는 게 좋겠다."

말리까 부인은 궁녀 찬드라(Chandra)를 스리말라데위의 시가媤家인 아요디아(Ayodhya)국 궁궐로 보내 부처님의 공덕을 찬탄하는 소식을 전하게 했다. 스리말라데위는 어머니의 소식을 듣고 기쁨을 이기지 못했다. 스리말라데위는 부처님의 큰 공

---

1 스리말라데위의 음사어는 승만勝鬘.

덕을 일찍부터 듣고는 있었지만, 어머니로부터 이렇게 소식을 들으니 문득 부처님을 뵙고 공양하고 싶은 생각이 간절해져 부처님 계시는 사왓티를 향해 합장을 했다.

부처님을 뵙고자 하는 간절한 소망에 오랫동안 잠겨 있을 때 부처님께서는 제자들을 거느리고 아요디야로 오셨다. 스리말라데위와 그 권속들은 부처님을 뵙게 된 것을 매우 기뻐했다. 그들은 부처님의 발에 머리를 대고 절하며 부처님의 큰 공덕을 찬탄했다. 스리말라데위는 부처님의 한량없는 지혜와 공덕을 다시 찬탄한 뒤 부처님께 귀의하고 세세생생世世生生토록 거두어 주실 것을 간청했다.

부처님께서는 스리말라데위에게 전생에도 바른 법을 깨닫도록 교법을 일러 주었던 인연을 말씀하시고 이렇게 수기授記[2]하셨다.

"여래의 참된 공덕을 찬탄한 인연으로 부인은 한량없는 미래에 천상과 인간세계에서 자유자재한 몸이 될 것이오. 어느 때 어떠한 곳에 있더라도 늘 여래를 볼 것이며, 이만 아승기 겁 후에는 부처를 이룰 것이오. 그때의 이름을 보광普光여래라고 할 것이오. 부인이 성불할 그 세계에는 나쁜 일이라는 것이 없고, 늙고 병들고 시드는 일도 없으며, 마음에 맞지 않는 일을 겪는 괴로움이 없고, 몸과 목숨과 기운이 갖추어져

---

[2] 부처님께서 제자들에게 미래에 부처가 될 것이라고 한 예언.

온갖 즐거움만 가득할 것이오. 또 그 세계에는 대승보살과 선근善根을 익히고 닦은 사람들만 태어나게 될 것이오."

―『승만경勝鬘經』「여래진실의공덕장如來眞實義功德章」

2. 열 가지 서원과 세 가지 큰 발원

부처님으로부터 먼 미래에 성불하리라고 수기를 받은 스리말라데위는 열 가지 서원을 스스로의 계율로 삼기로 하고 부처님께 여쭈었다.

"부처님, 저는 오늘부터 보리菩提를 이룰 때까지 다음 열 가지 서원을 지키겠습니다.

받은 계율에 대해 범할 생각을 내지 않겠습니다.

어른들에게 교만한 생각을 내지 않겠습니다.

중생에게 성내는 마음을 일으키지 않겠습니다.

남의 잘생긴 용모를 시기하거나 값진 패물에 대해서 부러워하는 마음을 내지 않겠습니다.

제 몸이나 제 소유에 대해 아끼려는 생각을 내지 않겠습니다.

제 자신을 위해서는 재산을 모으지 않고 가난하고 외로운 중생을 구제하기 위해서만 모으겠습니다.

보시와 부드러운 말과 이로운 행과 처지를 같이하는 일로 중생을 거두어 주고, 항상 때 묻지 않고 싫어하지 않고 거리낌이 없는 마음으로 중생을 대하겠습니다.

외로워 의지할 데 없거나 구금을 당했거나 병을 앓거나 여러 가지 고난을 만난 중생을 보게 되면, 그들을 도와 편안하게 하고 고통에서 벗어나게 한 다음에야 떠나겠습니다.

살아 있는 짐승을 붙잡거나 가두어 기르거나 계율을 범하는 것을 보게 되면, 제 힘이 닿는 데까지 그들을 타이르고 거두어 나쁜 일을 고치도록 하겠습니다. 그 까닭을 말씀드리면 타이르고 거두어 줌으로써 바른 법이 오래 머물고, 나쁜 일이 점점 줄어들어 부처님의 가르침이 세상에 널리 펼쳐질 것입니다.

바른 법을 깊이 새겨 잊어버리지 않겠습니다. 바른 법을 잊어버리면 대승大乘을 잊게 되고, 대승을 잊어버리면 열반에 이르는 길도 잊어버리고 맙니다. 만약 보살이 대승의 가르침을 잊어버린다면 바른 법을 거두어 지니지 못할 것이며, 스스로 그릇된 길에 떨어져 영원히 범부의 세계에서 벗어나지 못할 것입니다. 저는 이런 일을 큰 죄악이라고 알고 있습니다. 바른 법을 몸에 지님으로써 저와 미래의 보살들은 헤아릴 수 없는 복덕을 성취할 것입니다.

부처님, 저는 이와 같은 열 가지 서원을 지킬 것을 맹세합니다. 법왕이신 부처님께서는 저의 증인이 되어 주십시오."

스리말라데위는 다시 부처님 앞에서 세 가지 큰 발원을 세웠다.

"부처님, 저는 이 진실한 발원으로 수많은 중생을 편안하게 하겠습니다. 이 선근善根의 인연으로 태어날 때마다 바른 법의 지혜를 얻겠습니다. 제가 바른 법을 말할 때에는 몸과 목숨을 돌보지 않고 잘 지키겠습니다."

부처님께서 스리말라데위의 세 가지 발원에 대해서 말씀하셨다.

"모든 물건이 공간 속에 들어 있는 것처럼, 보살의 무수한 발원도 모두 부인이 세운 세 가지 발원 속에 들어 있소. 그만큼 이 세 가지 발원은 넓고 큰 것이오."

―『승만경勝鬘經』「여래진실의공덕장如來眞實義功德章」

3. 바른 법을 거두어들이는 일

스리말라데위가 부처님께 여쭈었다.

"보살의 모든 발원은 결국 한 가지 큰 발원으로 들어갑니다. 한 가지 큰 발원이란 바른 법을 거두어들이는 것입니다."

"부인의 지혜와 방편이 깊고 훌륭합니다. 부인은 이제까지 많은 선근을 심어 북돋아 왔습니다. 다음 세상 사람들도 선근을 얻은 사람이면 부인이 말하는 것을 알아들을 것이오. 부인이 말한 바른 법을 거두어들인다 함은 과거 현재 미래의 여래들도 한결같이 말씀하시는 것이오. 나도 지금 바른 법을 거두어들이는 것을 말하고 있소. 바른 법을 거두어들이는 것은 그 공덕과 이익이 한량없으므로, 여래의 지혜와 변재로도 또한 헤아릴 수 없는 것이오."

스리말라데위가 다시 말했다.

"부처님, 제가 부처님의 위신력威神力을 받들어 바른 법을 거두어들이는 크고 넓은 이치를 말씀드리려 합니다. 바른 법을 거두어들이는 뜻이 크고 넓다는 것은 곧 한량이 없으며, 모든 부처님의 교법敎法을 배워 팔만 사천 법문을 지니는 것이기 때문입니다. 비유해 말씀드리면, 대지大地가 바다와 산과 초목과 중생의 네 가지 무거운 짐을 지고 있듯이, 바른 법을 거두어들이는 사람은 스스로 다음 네 가지 짐을 집니다.

선지식을 만나지 못해 법문을 듣지 못한 사람들에게 천상이나 인간 세계에서 행해야 할 착한 일을 가르칩니다. 부처님의 가르침을 듣기만 하고 혼자 깨달음을 얻으려는 성문聲聞이나, 자연의 이치를 살펴 자기 혼자서 깨달음을 얻으려는 독각獨覺이나, 자신과 일체 중생이 다 함께 불국토를 이루는 크나큰 진리를 깨달아 얻으려고 수행하는 대승보살에게 각각 알맞은 법을 가르쳐 줍니다. 이것이 바른 법을 거두어들이는 사람들의 네 가지 무거운 짐입니다.

부처님, 또 깨달음의 피안彼岸에 이르는 것과 바른 진리를 거두어들이는 것이 다르지 아니하니 이것이 곧 바라밀입니다.

보시로 성숙시킬 사람에게는 내 몸을 버려서라도 그들의 뜻에 맞게 보살펴 중생이 바른 진리를 이루게 함이니 이것이 곧 보시바라밀입니다.

지계持戒로 성숙시킬 사람에게는 감각기관과 생각을 맑게 하고 몸가짐을 바르게 하여 그들이 법을 이루게 하며, 인욕忍辱으로 성숙시킬 사람에게는 비록 그들이 꾸짖고 욕하거나 헐뜯고 위협하더라도 성내거나 두려워하지 않고, 이롭게 하려는 마음과 참고 견디는 마음으로 그들의 뜻에 따라 보호하여 바른 지혜를 이루게 합니다.

정진으로 성숙시킬 사람에게는 게으르지 않고 부지런히 힘쓰게 하며, 선정으로 성숙시킬 사람에게는 마음이 밖으로 흐트러지지 않게 하여 예전에 한 일과 말을 잊지 않도록 합니다. 지혜로 성숙시킬 사람에게는 그들이 묻는 온갖 이치를 두려움 없는 마음으로 여러 가지 이론과 방편으로 막힘없이 가르쳐 바른 법을 이루게 합니다. 이것이 모두 바라밀입니다.

부처님, 거두어들여야 할 바른 법과 바른 법을 거두어들이는 일은 다르지 않습니다. 그 까닭을 말씀드리면, 바른 법을 거두어들이는 사람은 몸과 목숨과 재산을 다 버리기 때문입니다. 몸을 버린다 함은 이 세상이나 저 세상에서 생로병사를 떠나 무너지지 않고 바뀌지 않으며 생각할 수 없는 공덕인 여래의 법신法身을 얻는 것입니다. 목숨을 버린다 함은 죽음을 완전히 떠나 끝이 없으며 항상 머물고 생각할 수 없는 공덕과 온갖 불법을 얻는 것입니다. 재산을 버린다 함은 일반 사람들과 달리 줄어지거나 다함이 없는 온갖 공덕을 얻어, 여러 중생의 훌륭한 공양을 받는 것입니다. 부처님은 진실한 눈이시고 지혜이시며, 진리의 근본이 되시고 의지가 되시니 이러한 뜻을 모두 밝게 아실 것입니다."

부처님께서는 스리말라데위를 칭찬하시고 이렇게 말씀하셨다.

"바른 법을 거두어들이는 공덕은 끝없는 세월을 두고 말해도 다할 수 없을 것이오."

— 『승만경勝鬘經』「섭수정법장攝受正法章」

제5장

극락세계

1. 법장비구의 발원

부처님께서는 아난다에게 말씀하셨다.

"아득한 옛날, 정광여래錠光如來 부처님께서 세상에 출현하여 무수한 중생을 제도했다. 이 부처님 다음에 광원光遠여래가 출현했고, 그다음에는 월광月光여래가 출현했으며, 이와 같이 오십삼 부처님께서 차례차례 나오시어 중생을 교화하셨다. 쉰네 번째로 출현한 세자재왕世自在王 부처님 때에, 기억과 이해와 판단과 정진과 지혜력이 뛰어난 법장法藏이란 비구가 있었다.

그는 세자재왕 부처님의 가르침을 받은 구도자인데, 그 부처님 앞에서 여래의 덕을 칭송하고 보살이 닦는 온갖 행을 닦아 중생을 제도하려는 원을 세웠다. 이 원이 이루어지기까지는 지옥의 고통을 받는 한이 있을지라도 물러서지 않겠다는 굳은 결의를 하고 이렇게 말했다.

'부처님, 저는 바른 깨달음을 얻고자 합니다. 세상에서 견줄 데 없는 부처님이 되고 싶습니다. 그래서 모든 중생이 행복하게 살 수 있는 불국토佛國土를 이룩하고 싶습니다.'

그때 세자재왕 부처님께서는 법장에게 말씀하셨다.

'그대 자신이 그렇게 하면 되지 않겠는가?'

'부처님, 저로서는 불가능합니다. 그것은 부처님만이 하실 수 있습니다. 다른 불국토가 얼마나 훌륭한 곳인지, 그 아름답고 평화로운 모습에 대해 말씀해 주십시오. 그것을 듣는다면 저도 훌륭한 불국토를 완성할 수 있을 것 같습니다.'

이렇게 해서 부처님께서는 그의 원력願力을 아시고, 이백십억 불국토를 말씀하셨다. 그는 그로부터 다섯 겁 동안 홀로 선정禪定을 닦아 다른 어떤 불국토보다도 뛰어난 국토를 이루게 되었다. 법장비구가 이 일을 세자재왕 부처님께 알리자, 그 부처님께서는 이와 같이 말씀하셨다.

'법장비구여, 지금이 바로 그대의 원력과 수행의 결과를 널리 알려 중생을 기쁘게 해 줄 때이다. 현재와 미래의 사람들은 그것을 듣고 그와 같은 불국토의 아름다운 특징과 그 원행願行을 본받아 불도佛道를 이루게 될 것이다.'

'부처님, 그러면 저의 특별한 원을 들어 주십시오. 만약 저의 국토에 다음과 같은 일들이 이루어지지 않는다면 저는 결코 부처가 되지 않겠습니다.

　내 불국토에는 지옥·아귀·축생 등 삼악도三惡道의 불행이 없을 것.

　내 국토에 태어나는 중생은 한결같이 훌륭한 몸을 가져 잘난 이·못난 이가 따로 없을 것.

　내 불국토에 태어나는 중생은 번뇌의 근본인 아집我執을 일으키지 않을 것.

　내 불국토에 태어나는 중생은 바른 길에 들어 마침내 성불할 것.

　내 불국토에 태어나는 중생은 목숨이 한량없을 것. 다만 중생을 제도하기 위해서는 목숨을 마음대로 할 수 있을 것.

　내 불국토에 태어나는 중생은 나쁜 일이라고는 이름도 들을 수 없을 것.

　어떤 중생이든지 지극한 마음으로 내 불국토를 믿고 좋아하여 태어나려는 이는 내 이름을 열 번만 불러도 반드시 왕생往生하게 될 것.

　내 이름을 듣고 내 불국토를 사모하여 여러 가지 공덕을 짓고 지극한 마음으로 내 국토에 태어나고자 하는 시방세계의 중생은 반드시 왕생하게 될 것.

　내 불국토에 태어나는 보살들은 누구든지 부처님의 온갖 지혜를 얻어 법을 말하게 될 것.'

　아난다여, 법장비구는 세자재왕 부처님 앞에서 이와 같은 큰 서원을 세우고 오로지 미묘한 불국토 장엄莊嚴[1]에 전념한 것이다. 그 원으로 이루어진 불국토는 끝없이 넓고 커서 다른 어떤 것에도 비교될 수 없이 홀로 뛰어난 상주불멸常住不滅의 세계였다."

—『무량수경無量壽經』

2. 법장비구의 수행

"이와 같은 불국토 장엄도 사실은 법장비구가 오랜 세월 동안 보살이 닦아야 할 끝없는 덕행德行을 쌓았기 때문이다. 그는 탐욕과 성냄과 어리석은 생각을 내지 않았고 감각기관의 대상에도 한눈팔지 않았다. 인욕행忍辱行을 닦아 어떠한 괴로움일지라도 잘 견뎌냈으며, 욕심이 적고 만족할 줄 알아 삼독三毒[2] 번뇌를 떠나 살았다. 마음은 삼매에 들어 항상 평안하고 고요했으며, 밝은 지혜는 어디에도 걸림이 없었다.

마음에 거짓이라고는 조금도 없고 안색은 늘 평온했으며, 인자한 말로 사람들을 기쁘게 해 주었다. 용맹정진하여 자기 뜻을 이루는 데 게으름이 없었고, 오로지 청정한 진리를 구하

---

1 좋고 아름답게 꾸미고 장식하는 것.
2 탐하고 성내고 어리석은 마음.

여 모든 중생에게 은혜를 베풀었다. 불·법·승의 삼보三寶를 공경하고 스승과 어른을 섬기며, 복덕과 지혜로써 보살의 온갖 수행을 몸에 익혀 중생이 공덕을 이루도록 했다.

그는 또 모든 것은 실체가 없는 공空이라고 꿰뚫어 보고, 모든 것에는 차별된 모양이 없다고 꿰뚫어 보며, 찾아 구하려는 생각을 버리는 것에 전념했다. 그리고 모든 현상은 본래부터 만들어진 것이 아니고 어디로부터 생긴 것도 아니며, 허깨비처럼 거짓 모습으로 나타난 것에 지나지 않는다고 꿰뚫어 보았다. 또 그는 자신이나 남에게 해가 되는 나쁜 말은 입에 담지 않았고, 서로에게 이로운 좋은 말만을 하려고 노력했다. 그는 나라를 버리고 왕위와 재산도 버리고 애욕을 끊고 몸소 육바라밀六波羅蜜을 닦았으며 그것을 남들에게 가르쳐 실천하도록 했다. 아난다여, 법장비구는 이와 같이 전생에 보살행을 닦을 때에 모든 신이나 인간의 행위보다 뛰어나 무엇이든지 마음대로 할 수 있었던 것이다."

—『무량수경無量壽經』

3. 무량광 무량수

아난다는 부처님께 여쭈었다.

"부처님, 법장비구는 이미 성불하여 열반의 경지에 들어가셨습니까? 그렇지 않으면 아직 성불하지 못했습니까? 혹은 이 다음에 성불하실 것입니까?"

부처님께서는 아난다에게 말씀하셨다.

"법장비구는 이미 성불하여 지금 서쪽에 계신다. 그 이름을 아미타불阿彌陀佛이라 하는데, 그것은 무량광불無量光佛 혹은 무량수불無量壽佛이란 뜻이다. 그 나라는 여기에서 십만억 번째에 있고, 그 부처님께서 계시는 세계를 극락이라 한다.

무량수불의 위신력에 찬 광명은 가장 뛰어나, 다른 부처님의 광명과 비교가 되지 않는다. 만약 중생이 그 빛을 볼 수 있다면 탐욕과 성냄과 어리석음의 세 가지 번뇌가 저절로 사라지고, 몸과 마음이 편하고 즐거움에 가득 차 스스로 어진 마음을 내게 될 것이다. 그리고 지옥·아귀·축생의 삼악도에서도 이 광명을 보게 되면 평안을 얻어, 다시는 괴로워하지 않고 마침내 해탈하게 된다.

이와 같이 무량수불의 광명은 너무도 찬란하기 때문에, 시방十方의 불국토를 두루 비추어 그 명성이 떨치지 않는 데가 없다. 지금 나만이 그 광명을 찬탄하는 것이 아니고 모든 부처님과 보살·성문·연각들도 한결같이 찬탄하고 있다. 만약 중생이 그 광명의 공덕을 듣고 밤낮으로 찬탄하면, 소원대로 그 불국토에 태어나 보살과 성문들에게 칭찬을 받을 것이다. 그리고 자신이 장차 부처가 되었을 때 시방세계의 부처님과 보살로부터 그 몸에 지닌 광명에 대해 칭송받게 될 것이다.

그것은 지금 내가 무량수불의 광명을 찬탄하는 것과 같을 것이다.

아난다여, 또 무량수 부처님의 수명은 한량없이 길어 햇수로 따질 수 없다. 가령 시방세계 모든 중생이 성문이나 연각이 되어 그들의 지혜를 한데 모아 백천만겁 동안 헤아린다 할지라도 무량수불의 수명은 다 셀 수가 없을 것이다. 그리고 그 나라에 있는 성문이나 보살들의 수도 한량이 없어 헤아릴 수 없다.

그 불국토는 청정 안온하고 말할 수 없이 즐거운 곳이다. 형상을 초월하여 상주불변하는 열반의 경지이다. 그곳에 있는 성문과 보살과 천신과 인간들은 지혜가 한량없고 신통이 자재하여 형상이 똑같고 차별이 없다. 그러므로 세상에서 부르는 것과 차별된 호칭도 소용없는 것이다. 단지 다른 세상의 일에 자연스럽게 적용하기 위해 천신이라거나 인간이라고 하는 것뿐이다. 그들의 얼굴은 한결같이 단정하고 아름다워 그 어떤 것에도 견줄 수 없다. 그들은 모두 생멸이 없는 법신과 그지없이 즐거운 몸을 가지고 있다."

—『무량수경無量壽經』

4. 악에 젖은 세상

부처님께서 대중에게 말씀하셨다.
"세상 사람들은 하잘것없는 일들을 다투어 구한다. 악과 괴로움으로 들끓고 있는 세상에서 허덕이며 생계를 꾸려 나간다. 신분이 높거나 낮거나 가난한 자나 부자나 남녀노소를 가릴 것 없이 모두 돈과 물질에 눈이 어두워 있다. 그러나 사실은 그것이 있거나 없거나 간에 근심 걱정은 떠날 날이 없다. 불안 끝에 방황하고 번민으로 괴로워하며, 욕심에 쫓기느라 조금도 마음 편할 틈이 없는 것이다.

논밭이 있으면 논밭 때문에 걱정하고 집이 있으면 집 때문에 근심하며, 가축과 하인과 돈과 재산·의복·음식·세간살이에 이르기까지 이것저것 걱정 아닌 것이 없다. 있으면 있다고 해서, 없으면 없다고 해서 걱정하고 한숨짓는다. 때로는 뜻밖의 수해나 화재 혹은 도둑을 만나 재산을 잃어버리고 원통해하고 슬퍼한다. 이런 생각이 맺히면 마음은 멍들어 돌이키기 어렵다. 만약 재산을 모두 잃거나 벌을 받게 되어 목숨이 위태롭게 되면 그는 모든 것을 고스란히 버리지 않을 수 없다. 누구 하나 그를 따라가는 이도 없다. 아무리 신분이 높고 부자라 할지라도 사람들은 이렇듯 괴로움과 근심 속에서 살아가고 있는 것이다.

때로는 이와 같은 고통 끝에 죽는 일이 있다. 그들은 착한 일을 하지 않고 도를 닦거나 덕을 쌓지 않았으므로 죽은 뒤에는 혼자서 어두운 세상으로 간다. 그가 가는 세상은 선업이나 악업의 결과에 따라 받는 과보다. 그럼에도 이 선악에 대한 인과因果의 도리마저 사람들은 모른다.

가족이나 친척들은 서로 공경하고 사랑할 것이며, 미워하거나 시기해서는 안 된다. 가진 사람과 갖지 못한 사람은 서로 보살피고 도우며, 탐하거나 인색해서는 안 된다. 항상 부드러운 말과 화평한 얼굴로 대해야 한다. 만약 마음속에 남을 미워하는 생각을 지니면 이번 생에서는 비록 조그마한 말다툼이라 할지라도 다음 세상에서는 그것이 큰 원수가 될 수 있다. 마음속으로 깊은 원한을 품고 있기 때문에 생사를 되풀이하면서 앙갚음을 하는 것이다.

인간은 애욕 속에서 혼자 태어났다가 혼자 죽어 간다. 즉 자신이 지은 선악의 행위에 따라 즐거움과 괴로움의 세계에 이른다. 자신이 지은 행위의 과보는 누구도 대신해서 받을 수 없다. 착한 일을 한 사람은 좋은 곳에, 악한 짓을 한 사람은 나쁜 곳에 태어난다. 태어나는 곳은 달라도 과보는 당초부터 기다리고 있으므로 그는 혼자서 과보의 늪으로 가는 것이다. 멀리 떨어진 다른 세계로 따로따로 가 버리기 때문에 이제는 서로 만날 길이 없다. 한번 헤어지면 가는 길이 서로 다르므로 다시 만나기 어렵다.

그렇건만 사람들은 어째서 세상의 지저분한 일을 버리지

못하며, 몸이 건강할 때 부지런히 착한 업을 닦아 생사가 없는 깨달음의 경지에 이르려고 하지 않는가. 무엇 때문에 사람들은 길을 찾지 않는가. 도대체 이 세상에서 무엇을 바라고 있단 말인가. 어떠한 즐거움을 꿈꾸고 있는 것인가.

세상 사람들은 착한 일을 하면 좋은 과보가 오고, 도를 닦으면 깨닫게 된다는 사실을 믿지 않는다. 사람이 죽으면 다음 세상에 다시 태어나고, 은혜를 베풀면 복을 받는다는 것을 믿지 않는다. 그들은 선악에 대한 인과의 도리를 믿지 않고, 그런 것이 어디 있느냐고 믿으려 하지 않는다. 이처럼 비뚤어진 소견을 가지고 있으면서도 자기는 바른 생각을 가졌다고 내세운다. 세상이 어지럽고 인심이 거칠어지고 사람들이 애욕을 탐하게 되면, 진리를 등지는 사람은 늘고 그것을 깨닫는 사람은 줄어든다. 세상은 항상 어수선하여 믿고 의지할 만한 것은 하나도 없다. 지위가 높은 사람이거나 낮은 사람이거나, 가난한 사람이거나 부자거나 세상일에 얽매여 허덕이고, 저마다 가슴에 독毒을 품고 있다. 그러한 독기 때문에 눈이 어두워 함부로 일을 저지르는 것이다. 깊이 헤아리고 생각하여 온갖 나쁜 일을 멀리해야 할 것이다. 그리고 착한 일을 찾아 노력을 아끼지 말아야 한다. 애욕과 영화는 오래갈 수 없다. 언젠가는 내게서 떠나가고 말 것들이다. 참으로 이 세상에서 즐길 만한 것은 아무것도 없다.

이제 다행히 바른 법을 만났으니 부지런히 닦아라. 마음속으로부터 정토淨土에 왕생하려는 원을 세운 사람은 반드시 밝은 지혜를 얻고 뛰어난 공덕을 갖추게 될 것이다. 욕심에 팔려 여래의 계戒를 어기고 남 뒤에 처져서는 안 된다.

나는 그대들을 기쁘게 해 주고 싶다. 자기 자신에 대한 생로병사의 고통을 멀리해야 할 것이다. 우선 스스로 결단하여 몸과 행동을 바르게 하고 착한 일을 많이 하며 부지런히 정진하고, 몸을 청결하게 갖고 마음의 때를 말끔히 씻어내며, 말과 행동을 떳떳하게 하여 겉과 속이 다르지 않게 하라. 그래서 미혹에서 벗어나 중생을 구제하고 원을 굳게 세워 선업을 쌓아라. 일생의 고통이란 사실 순간에 지나지 않는 것이며, 무량수 부처님의 국토에 태어나면 끝이 없는 기쁨을 누리게 된다. 그 세계에서는 해탈의 기쁨 속에 미혹의 뿌리를 뽑아 버렸기 때문에 탐욕과 성냄과 어리석음에서 오는 괴로움도 없다."

—『무량수경無量壽經』

5. 부모를 가둔 아자따삿뚜

부처님께서 라자그리하 영취산에 일천이백오십 명의 제지와 문수보살을 비롯한 많은 보살과 함께 계셨다. 그때 라자그리하에는 아자따삿뚜라는 태자가 있었다. 그는 나쁜 친구 데와닷따의 꼬임에 빠져 아버지 빔비사라왕을 일곱 겹으로 된 방에 가두어 놓고 신하들에게 명령하여 한 사람도 얼씬거리지 못하도록 했다. 왕을 공경하던 왕비 웨데히(Vedehī)는 깨끗이 목욕하고 나서 가루에 우유와 꿀을 반죽하여 몸에 붙이고, 품 속에 포도주를 넣어 가지고 은밀히 왕에게 드렸다. 왕은 꿀 반죽과 포도주를 마신 뒤 멀리 영취산을 향해 합장하고 말했다.

"덕이 높으신 목갈라나님, 원컨대 자비를 베풀어 나에게 팔계八戒를 설해 주십시오."

이때 목갈라나는 신통력으로 매가 날듯이 신속하게 왕이 갇혀 있는 곳에 이르렀다. 그는 날마다 이렇게 해서 왕에게 팔계를 설해 주었다. 그리고 부처님께서는 뿌르나(Pūrṇa)를 보내어 왕에게 설법해 주도록 하셨다. 삼 주일이 지났다. 왕은 갇혀 있는 몸이지만 꿀 반죽을 먹고 설법을 들었기 때문에 안색이 온화하고 기쁨으로 충만해 있었다.

어느 날 아자따삿뚜는 문지기에게 왕이 아직도 살아 있느냐고 물었다.

"대왕님, 왕비께서는 몸에 꿀 반죽을 붙이고 품속에 포도주를 넣어 가지고 와서 왕께 드리고 있습니다. 그리고 목갈라나와 뿌르나 두 스님이 허공을 날아와 설법해 줍니다. 그러니 저로서는 막을 도리가 없습니다."

이 말을 듣고 화가 난 아자따삿뚜는 칼을 들고 어머니를 치려 하면서 말했다.

"어머니는 역적을 도왔으므로 역적이오. 스님들은 악당이오. 사람을 홀리는 주문으로 이 나쁜 임금을 여러 날 죽지 않게 했기 때문이오."

이때 지혜로운 신하 짠드라쁘라바(Candraprabha, 月光)는 의사 지와까와 함께 왕 앞에 나아가 말했다.

"대왕님, 웨다 성전에 말해진 것을 듣건대, 아득한 옛날부터 온갖 나쁜 임금이 있어 왕위에 빨리 오르기 위해 그 부왕을 죽인 자가 무려 일만 팔천 명이나 됩니다. 그러나 무도하게 그 어머니를 죽였단 말은 아직 듣지 못했습니다. 대왕께서 만약 부모를 살해하신다면 왕족의 이름을 더럽히게 될 것입니다. 이런 일은 찬달라(Chandala) 같은 천민이나 할 수 있는 일입니다. 저희는 차마 볼 수 없으므로 여기 더 머물러 있을 수 없습니다."

이와 같이 말하고 두 신하가 물러나려 했다.

아자따삿뚜는 깜짝 놀라 지와까에게 말했다.

"그대는 나를 도와주지 않겠소?"

"대왕님, 어머니를 살해해서는 안 됩니다."

왕은 이 말을 듣고 뉘우쳐 도와주기를 청했다. 그리고 칼을 거두어 어머니를 살해하지는 않았지만, 하인을 시켜 깊은 골방에 가두어 다시 나오지 못하도록 했다.

―『관무량수경觀無量壽經』

6. 웨데히의 소원

골방에 갇힌 왕비 웨데히는 수심에 잠긴 채 멀리 영취산을 향해 부처님께 예배드린 뒤 이렇게 말했다.

"부처님, 그전에는 항상 아난다님을 보내어 저를 위로해 주셨습니다. 저는 지금 갇힌 몸이 되어 거룩하신 부처님을 뵈올 길이 없습니다. 원컨대 목갈라나님과 아난다님을 만나 뵙게 해 주십시오."

웨데히가 머리를 들자 눈앞에 황금빛으로 빛나는 부처님께서 많은 보석으로 장식된 연꽃 위에 앉아 계셨다. 왼쪽에는 목갈라나, 오른쪽에는 아난다가 계셨고, 제석천帝釋天과 범천梵天들이 하늘에서 꽃을 뿌려 공양하는 것이 보였다.

웨데히는 땅에 엎드려 울면서 부처님께 여쭈었다.

"부처님, 제가 전생에 무슨 죄를 지었기에 이와 같이 못된 자식을 두었습니까? 부처님께서는 또 무슨 인연으로 데와닷따[3]와 같은 이를 친족으로 두셨습니까? 저를 위해 근심이 없는 세상에 대해 말씀해 주십시오. 저는 더럽고 악한 이 세상을 버리고 그곳에 태어나고 싶습니다. 이 세상에는 지옥·아귀·축생이 가득 차 있고 악인들로 넘치고 있습니다. 이 다음 세상에서는 나쁜 소리를 듣지 않고 나쁜 사람들과 만나고 싶지

---

[3] 부처님의 사촌 동생으로 부처님을 죽이려고까지 한 사람.

도 않습니다. 지금 저는 지극한 마음으로 참회합니다. 태양이신 부처님, 저에게 청정한 업으로 이루어진 세계를 보여 주십시오."

— 『관무량수경觀無量壽經』

7. 극락왕생의 청정한 업

그때 부처님께서는 광명을 펼치셨다. 시방세계 부처님의 맑고 아름다운 국토가 모두 그 광채 안에 나타났다. 칠보로 된 불국토를 비롯해 한량없는 불국토의 모습을 웨데히에게 보여 주셨다. 웨데히가 부처님께 여쭈었다.

"부처님, 불국토는 청정하고 밝은 빛으로 가득 차 있습니다. 그러나 저는 아미타불께서 계시는 극락세계에 가서 나고 싶습니다. 부처님, 저에게 그 길을 가르쳐 주십시오. 저에게 마음의 평화를 가르쳐 주십시오."

이때 오색 광명이 부처님의 입에서 나와 빔비사라왕의 머리 위를 비쳤다. 대왕은 비록 갇혀 있는 몸이지만 마음의 눈으로 걸림 없이 부처님을 뵙고 예배했다. 부처님께서는 웨데히에게 말씀하셨다.

"아미타불께서 계시는 곳이 여기에서 멀지 않다는 것을 아시오? 생각을 한곳에 모아 청정한 업으로 이루어진 저 불국토를 자세히 꿰뚫어 보십시오. 나는 이제 당신을 위해 말하리다. 그래서 이 다음 세상에 청정한 업을 닦은 사람들이 서방의 극락세계에 가서 날 수 있도록 하겠소.

불국토에 가서 나고자 하는 사람은 세 가지 복을 닦아야 하오. 첫째는 부모에게 효도하고 스승과 어른을 공경하며, 자비한 마음으로 산 것을 죽이지 말고 열 가지 착한 일(十善業)을 행해야 할 것이오. 둘째는 불·법·승 삼보에 귀의하고 여러 가지 도덕적인 규범을 지키며 위의威儀를 어기지 않아야 하오. 셋째는 보리심을 내어 깊이 인과因果의 도리를 믿고 여래의 말씀을 독송하며 남에게도 이 길을 권해야 합니다. 이와 같은 세 가지를 청정한 업이라 하오. 이 세 가지 업은 과거 현재 미래의 삼세 부처님께서 함께 가지고 계신 청정한 업이오."

—『관무량수경觀無量壽經』

8. 극락왕생의 길

부처님께서 사리뿟따에게 말씀하셨다.

"사리뿟따여, 극락세계에 태어나는 중생은 보리심에서 물러나지 않는 이들이다. 그중에는 이 다음에 부처가 될 사람이 많아 숫자와 비유로도 헤아릴 수 없다. 이 말을 들은 중생은 정토왕생을 서원해야 할 것이다. 거기 가면 으뜸가는 사람들과 한데 모여 살 수 있다.

조그마한 선근善根이나 복덕의 인연으로는 극락세계에 왕생하기 어렵다. 선남자·선여인은 아미타불에 대한 이야기를 듣고 하루나 이틀 혹은 사흘 나흘 닷새 엿새 이레 동안 한결같은 마음으로 아미타불의 이름을 외워라. 조금도 마음이 흐트러지지 않으면 그가 임종할 때 아미타불이 여러 성중聖衆과 함께 그 사람 앞에 나타날 것이다. 그는 생각이 뒤바뀌지 않고 곧 아미타불의 극락세계에 왕생하게 될 것이다.

사리뿟따여, 나는 이러한 도리를 알고 말한 것이니, 어떤 중생이든지 이 말을 들으면 저 불국토에 왕생하기를 원하리라."

―『아미타경阿彌陀經』

제6장

지식과 지혜

1. 분별을 떠나야 부처를 본다

 부처님께서 바다를 건너 섬에 들어가 랑까(Laṅka)성이 있는 말라야(Malaya)산 숲속에 계실 때였다. 랑까성 주인 라와나(Rāvaṇa)왕은 부처님께서 자기 나라에 오신 것을 영광으로 생각하고 궁전으로 모셨다. 부처님께서 성안으로 들어서자 그 고장 사람들은 남녀노소 할 것 없이 부처님 곁에 몰려와 절하고 법문을 듣고자 했다. 라와나왕은 대혜大慧보살에게 자기들을 위해 부처님께 법을 물어 달라고 청했다. 대혜보살은 왕을 대신하여 부처님께 깨달은 경지를 물었다. 그런데 부처님께서는 법을 설하시다가 갑자기 자취를 감추셨다. 수많은 군중과 동산이 일시에 사라지고 라와나왕만이 홀로 궁 안에 남았다. 왕은 어리둥절하다가 이렇게 생각했다.

'조금 전에 보인 것은 무엇이었던가? 그리고 설법을 듣고 있던 것은 누구였던가? 부처님과 성과 산과 숲은 다 어디로 사라졌는가? 꿈인가, 생시인가? 정말 알 수 없는 일이다.'

한참 동안 의문에 잠겼다가 왕은 다시 이렇게 생각했다.

'모든 법은 다 이와 같은 것이 아닐까? 모든 대상은 내 마음의 분별에서 나온 것이다. 범부들로서는 알 수 없는 일이지만, 사실은 볼 수도 없고 볼 것도 없으며, 말할 수도 없고 말할 것도 없는 것이다. 부처님을 뵙고 법문을 듣는 것도 모두가 분별이다. 내가 조금 전에 본 것은 참으로 부처님을 뵈온 것이 아니다. 분별을 일으키지 않는 것이 부처님을 뵙는 길이다.'

이렇게 생각했을 때 라와나왕은 문득 마음이 열려 마음속의 번뇌를 여의고 분별이 없는 경지에 이르러 모든 것을 그대로 볼 수 있게 되었다. 이때 공중에서 다음과 같은 소리가 들려왔다.

"그렇소, 대왕. 도를 닦는 사람들은 다 대왕과 같이 부처를 보아야 합니다. 안으로 행行을 닦고 밖으로 집착하는 소견을 내서는 안 되오. 쓸데없는 이론을 즐기지 마시오. 자유자재하다고 해서 왕위에 집착해서도 안 됩니다. 이와 같이 그릇된 소견을 버리고 '나'라는 생각에서 떠나 바른 지혜를 가지고 도를 닦으면 최상의 깨달음에 들어갈 것이오."

—『능가경楞伽經』「나파나왕권청품羅婆那王勸請品」

2. 분별의 지혜로는 헤아릴 수 없다

부처님께서는 깨달음의 경지에 들어간 왕의 마음을 아시고 다시 몸을 나타내셨다. 왕은 매우 기뻐하면서 부처님께 여쭈었다.

"부처님께서는 항상 말씀하시기를 '법도 버려야 할 것인데 하물며 법이 아닌 것이랴.' 하셨습니다. 어째서 법과 비법非法을 버려야 하며, 또 법과 비법은 무엇을 가리킨 것입니까?"

부처님께서 말씀하셨다.

"비유를 들어 말하면, 병은 깨어지는 것이므로 그 실체가 없는 것이오. 그런데 사람들은 병의 실체가 있는 줄로 압니다. 이와 같이 보는 법을 버리지 않으면 안 되오. 안으로 자기 마음의 본성을 보면 밖으로 집착할 것이 없소. 이와 같은 바른 견해로 법을 보는 것이 곧 법을 버리는 것이오. 비법은 토끼 뿔이라든지 석상石像의 자식처럼 사실은 없는 것을 가리키오. 이것은 집착할 것이 못 되기 때문에 버려야 합니다.

여래의 법은 모든 분별과 쓸데없는 논란을 떠나서 있소. 진실한 지혜만이 이것을 증득합니다. 중생을 편안하게 하기 위해 법을 설하고 차별을 떠난 지혜를 여래라고 합니다. 여래는 진실한 지혜와 하나이기 때문에 분별의 지혜로는 헤아릴 수 없소. 왜냐하면 중생의 마음은 그 대상에 따라 빛깔과 형상을 인식하지만, 여래는 분별을 떠났기 때문에 헤아릴 수가 없는 것이오.

　벽에 걸린 그림 속 사람에게 감각이 없듯이, 중생도 꼭두각시와 같아 업業도 없고 과보果報도 없는 것이오. 이와 같이 보는 것을 바른 견해라 하고, 이와 같이 달리 보는 것을 분별의 소견이라 합니다. 분별에 의하기 때문에 법과 비법에 집착하는 것이오. 이를테면 어떤 사람이 물에 비치는 자기 얼굴을 보거나 혹은 등불이나 달빛에 비친 자기 그림자를 보고 분별을 일으켜 집착하는 것과 같은 것이오. 법이라든가 비법이라고 하는 것도 사실은 분별에 지나지 않소. 분별에 의지하기 때문에 버리지 못하고 허망한 것에 팔려 열반을 얻지 못하는 것이오. 열반이란 여래의 장藏이오. 그러므로 스스로 지혜의 세계에 들어가 깨달음의 선정禪定을 얻어야 합니다."

―『능가경楞伽經』「나파나왕권청품羅婆那王勸請品」

3. 모든 것은 한 찰나도 머물지 않는다

　대혜보살이 부처님께 말씀드렸다.
　"부처님, 저희들을 위하여 모든 법이 생멸하는 모양을 말씀해 주십시오. 부처님께서는 모두 존재는 한 찰나도 머무르지 않는다고 말씀하셨습니다."
　부처님께서 말씀하셨다.

"모든 법이란, 선법善法과 불선법不善法, 유위법有爲法과 무위법無爲法, 세간법世間法과 출세간법出世間法, 유루법有漏法과 무루법無漏法, 내법內法과 외법外法 등이오. 그것은 마음(心)과 뜻(意)과 의식意識의 훈습薰習에 의해 늘고 자라는 것이오. 모든 범부는 마음과 뜻과 의식의 훈습에 의해 선법과 불선법을 분별하는 것이오. 그러나 성인은 현재 삼매에 들어 번뇌가 없는 선행善行의 즐거움을 얻었으므로 이것을 선법이라 합니다.

또 선법과 불선법이란 여덟 가지 알음알이인데 아뢰야식阿賴耶識[1]과 의의와 의식과 안식眼識과 이식耳識과 비식鼻識과 설식舌識과 신식身識입니다. 뒤의 다섯 가지 알음알이가 의식과 어울려 선법과 불선법이 차별되어 자꾸 이어 가지만 그 자체에는 차별이 없소. 생기는 법을 따라 생겼다가 도로 없어지는 것인데, 그것은 제 마음이 허망한 경계를 나타낸 것인 줄 모르기 때문이오. 그러다가 그것이 없어질 때는 그 형상의 크고 작음과 낮고 못함에 집착하는 것이오.

그 의식은 다섯 가지 알음알이와 어울려 생기는 것인데 그것은 찰나도 머무르지 않소. 그러므로 모든 존재는 한 찰나도 머무르지 않는다고 한 것이오. 그런데 어리석은 범부는 그 뜻을 알지 못하고 모든 존재가 한 찰나도 머무르지 않는다는 견해에만 집착하여 '무루無漏의 법도 한 찰나도 머무르지 않는

---

1 우주 만유를 전개하는 근본식根本識.

다.'고 말하니, 그것은 진여眞如의 법인 여래장如來藏[2]을 깨뜨리는 말이오.

다섯 가지 알음알이는 육도六道에도 나지 않고 고苦와 낙樂을 받지 않으며 또 열반의 인因도 짓지 않소. 여래장은 고락을 받지 않기 때문에 생사의 인因이 아니지만 다른 법은 생사와 어울리는 것이오. 그런데 범부들은 그것을 알지 못하고 그릇된 소견에 젖어 모든 법은 한 찰나도 머무르지 않는다고 말하는 것이오.

금강의 여래장인 여래의 증득한 법은 한 찰나도 머무르지 않는 법이 아니오. 만일 여래가 얻은 법이 한 찰나도 머무르지 않는 것이라면 어떠한 성인도 성인이 되지 못하였을 것이오. 금강은 한 겁 동안 머물러 있어도 무게와 부피가 그대로 있어 늘지도 줄지도 않소. 그런데 어째서 어리석은 범부는 모든 법을 분별하여 '한 찰나도 머무르지 않는다.'고 말합니까. 그들은 내 뜻을 이해하지 못해 안팎의 모든 법은 한 찰나도 머무르지 않는다는 것을 알지 못했기 때문이오."

— 『능가경楞伽經』 「찰나품刹那品」

---

[2] 미혹한 세계의 진여眞如는 그 덕이 숨겨져 아주 없어진 것이 아니고 중생이 여래의 성덕性德을 갖추고 있으므로 여래장이라 한다.

4. 육바라밀을 성취하려면

대혜보살이 다시 부처님께 여쭈었다.

"부처님께서는 항상 육바라밀六波羅蜜을 완전히 성취하면 최상의 깨달음을 얻는다고 말씀하셨습니다. 어떤 것이 육바라밀이며 어떻게 하면 그것을 완전히 성취할 수 있겠습니까?"

부처님께서 말씀하셨다.

"바라밀에는 세 가지가 있소. 즉 세간의 바라밀과 출세간의 바라밀과 출세간의 최상의 바라밀이오. 세간의 바라밀이란 어리석은 범부가 나와 내 것에 집착하고, 그 두 가지 치우친 소견에 떨어져 훌륭하고 묘한 경계를 얻기 위해 바라밀을 행하고 물질적인 현상과 과보를 구하는 것이오. 어리석은 범부는 보시와 지계와 인욕과 정진과 선정과 지혜 등 육바라밀을 행하여 범천梵天에 나기도 하고 세간의 법인 다섯 가지 신통(五神通)을 구하기도 하니, 이것을 세간의 바라밀이라 합니다.

출세간의 바라밀이란 성문聲聞과 독각獨覺이 그들에 알맞은 열반의 마음을 가지고 수행하는 바라밀이오. 어리석은 범부들이 제 몸을 위해 열반의 즐거움을 구하려고 세간의 바라밀을 행하는 것처럼, 성문과 독각도 제 몸을 위해 열반의 즐거움을 구하려고 출세간의 바라밀을 행합니다. 그러나 그들이 구하는 것은 구경究竟의 즐거움이 아니오. 대혜보살이여, 출세간 최상의 바라밀이란 자기 마음의 허망한 분별로써 바깥 경계가 나타난 것임을 분명히 아는 것이니, 그때에는 오직 그 마음만이 안팎의 법을 나타낸 것임을 여실히 압니다. 왜냐하면, 허망하게 분별하지 않고 안팎의 마음과 물질의 모양에 집착하지 않기 때문이오.

보살은 모든 법을 똑바로 알면서도 일부러 보시바라밀을 행하니, 그것은 일체 중생에게 두려움이 없는 평안한 즐거움을 얻도록 하기 위해서입니다. 그러므로 그것을 보시바라밀이라 합니다. 보살은 모든 법을 관찰하여 분별하는 마음을 내지 않으면서도 맑고 시원한 법을 따릅니다. 그러므로 그것을 지계바라밀이라 합니다. 보살은 또 분별하는 마음을 내지 않고 고행을 참으면서 그 경계가 진실이 아님을 분명히 압니다. 그러므로 그것을 인욕바라밀이라 합니다.

보살은 어떻게 정진의 행을 닦는가 하면, 초저녁과 밤중과 새벽을 가리지 않고 항상 부지런히 수행하되 진여眞如의 법을 그대로 따라 온갖 분별을 끊소. 그러므로 그것을 정진바라밀이라 합니다. 보살은 분별하는 마음을 떠나 저 외도들의 '취할 수 있다', '취할 만하다'는 경계의 모양을 따르지 않소. 그러므로 그것을 선정바라밀이라 합니다. 어떤 것이 보살의 지혜바라밀인가 하면, 보살은 제 마음의 분별하는 모양을 분명히 관찰하여 분별하는 마음으로 보지 않으므로 두 가지 치우친 견해에 떨어지지 않소. 진실한 수행에 의해 한 법도 나거나 사라지는 것을 보지 않고 제 마음으로 증득한 거룩한 행을 닦소. 그러므로 그것을 지혜바라밀이라 합니다. 바라밀의 이치를 이와 같이 완전히 성취하면 그는 최상의 깨달음을 얻을 수 있소. 이것이 출세간 최상의 바라밀이오."

―『능가경楞伽經』「찰나품刹那品」

5. 분별심은 지혜가 아니다

대혜보살은 부처님께 여쭈었다.

"부처님, 범부의 분별심은 어째서 성인의 마음이 아닙니까?"

부처님께서 대혜보살에게 말씀하셨다.

"모든 범부는 이름과 모양에 집착하고 그것에 따라 일어나는 법을 따르며 갖가지 모양을 보고 나와 내 것이라는 그릇된 견해에 떨어져 모든 존재에 집착하고, 무명無明의 어둠에 들어갑니다. 그래서 탐심을 일으키고 성냄과 어리석은 업을 짓게 됩니다. 누에가 고치를 짓듯이 분별하는 마음으로 스스로 몸을 얽어 육도六道[3]의 큰 바다에 떨어짐을 알지 못하니 이것은 지혜가 없기 때문이오. 중생은 나와 내 것이 없는 것을 알

---

3 중생의 업에 따라 윤회하는 여섯 가지 길. 즉 지옥·아귀·축생·아수라·인간·천상.

지 못하고 있소.

분별이란 어떤 존재에 의해 불리는 이름이며 모양에 따라 구별하는 것이오. 이를테면 코끼리·말·수레·걸음걸이·인민 등 갖가지 모양을 나누는 것이니 이것이 곧 분별이오. 바른 지혜란 무엇인가. 어떤 사물의 모양이나 이름을 관찰할 때 이것은 실체가 없으며 인연에 의해 생긴 것이라고 관찰해야 하오. 그렇게 해서 모든 외도와 성문과 독각의 경지에 떨어지지 않소. 이것을 바른 지혜라 하오. 보살은 바른 지혜에 의해 사물의 모양이나 이름을 보고 '있다'고 하지도 않고, 모양이나 이름이 없는 데서도 '없다'고 하지 않으니, 그것은 있고 없는 견해를 떠났기 때문이오. 모양과 이름을 보지 않음은 바른 지혜이므로 나는 그것을 진여眞如라 하오.

바른 지혜를 따르시오. 바른 지혜는 단멸斷滅도 아니요, 영원한 것도 아니오. 또 분별도 없고 분별이 없는 곳에서 스스로 증득한 지혜로서 모든 외도와 성문과 독각의 바르지 못한 견해를 떠난 것이오."

―『능가경楞伽經』「오법문품五法門品」

6. 강가강의 모래처럼

대혜보살은 부처님께 여쭈었다.

"여래께서 강가강의 모래와 같다고 함은 무슨 뜻입니까?"

부처님께서 말씀하셨다.

"이를테면 강가강에 있는 모래는 자라·거북·소·염소 등 온갖 짐승들이 밟을지라도 분별을 내지 않으며 성내지 않고 또한 나를 괴롭게 한다는 생각도 내지 않소. 그것은 분별이 없고 때를 깨끗이 씻어 버렸기 때문이오. 여래는 거룩한 지혜를 얻어 모든 능력과 자재한 공덕이 강가강의 모래와 같소.

외도와 그릇된 이론을 주장하는 사람들이 성내는 마음으로 여래를 헐뜯고 비방하더라도 여래는 흔들리지 않고, 분별을 내지 않으며 본원력으로 중생을 삼매에 들게 하여 즐겁게 할 뿐이오.

그러므로 내가 강가강의 모래와 같다고 한 것은 평등하여 다른 분별이 없는 것이니 애착의 몸을 떠났기 때문이오. 그것은 강가강의 모래가 땅을 떠나지 않음과 같소. 불이 대지를 태울지라도 대지는 달라지지 않소. 어리석은 범부는 전도된 망상으로 스스로 분별하여 말하기를 '땅이 불에 타게 된다.'고 하지만 땅은 타지 않소. 여래도 이와 같이 법신法身 자체는 강가강의 모래처럼 멸하지 않으며 없어지지도 않소. 강가강의 모래가 한량없는 것처럼.

강가강의 모래가 강가강에서 난다고 해도 나오는 것을 보지 못하고, 들어간다 해도 들어가는 것을 보지 못하며, 모래는 '내가 강가강에서 나오고 들어간다.'고도 생각하지 않소.

여래의 지혜도 이와 같아서 모든 중생을 제도하고도 제도된 중생이 없다고 합니다. 왜냐하면 법은 몸이 없기 때문이오. 몸이 있는 것은 모두 덧없고 무너지는 것이지만 여래는 법신이므로 덧없거나 무너지지 않소.

어떤 사람이 향유香油를 만들려고 강가강의 모래를 아무리 눌러 짤지라도 끝내 얻을 수 없는 것은 모래에 향유가 없기 때문이오. 여래는 고뇌의 압박이 있더라도 성내지 않소. 본원력을 버리지 않고 중생에게 기쁨을 주어 대자대비를 베풀려고 하기 때문이오. 강가강의 모래는 물을 따라 흐르지 물을 거슬러 흐르지 않소. 중생을 위한 여래의 설법도 이와 같이 열반을 따라 순종하지 거슬러 흐르지 않소. 그러므로 여래가 강가강의 모래와 같다는 것이오."

—『능가경楞伽經』「항하사품恒河沙品」

7. 육식은 곧 살생

대혜보살이 부처님께 여쭈었다.

"부처님, 저희들을 위해 고기를 먹는 허물과 먹지 않는 공덕을 말씀해 주십시오."

부처님께서 대혜보살에게 말씀하셨다.

"고기를 먹는 사람에게는 한량없는 허물이 있소. 보살이 큰 자비를 닦으려면 고기를 먹지 말아야 하오. 그러면 먹는 허물과 먹지 않는 공덕을 말하겠소. 중생이 시작 없는 옛적부터 고기 먹는 습관으로 고기 맛에 탐착했기 때문에 번갈아 서로 살해하며 어질고 착한 이를 멀리하고 생사의 괴로움을 받는 것이오. 고기를 먹지 않는 이는 바른 가르침을 듣고, 보살 지위에서 참답게 수행하여 최상의 깨달음을 얻을 것이며, 또한 중생을 여래의 경지에 들게 할 것이오.

고기를 먹는 이는 곧 중생의 큰 원수이며 여래의 종자를 끊게 된다는 것을 알아야 하오. 내 제자가 내 말을 듣고도 고기를 먹는다면 그는 곧 백정의 자손이오. 그는 내 제자가 아니며 나는 그의 스승이 아니오.

보살은 마땅히 모든 고기를 부모의 피와 살로 생각하고 그와 같이 관찰해야 합니다. 그러므로 고기를 먹어서는 안 되는 것이오. 중생이 고기 먹는 사람을 보면 놀라고 두려워하니, 고기를 먹는 것은 중생과 큰 원한을 맺는 것이오. 보살은 자비를 베풀고 중생을 거두어 주기 위해서라도 먹지 말아야 합니다. 중생은 보살을, 여래의 자비한 종자이며 중생이 귀의할 곳이라고 생각하고 있소. 중생은 보살이라는 말만 듣고도 의심과 두려운 생각을 내지 않게 되고, 친구라는 생각과 선지식이라는 생각과 두렵지 않다는 생각을 냅니다. 그리고 의지할 곳을 얻었으며 편안한 곳을 얻었으며 좋은 스승을 만났다고 합니다. 고기를 먹지 않기 때문에 중생에게 이와 같은 신심을 내게 하는 것이오. 만약 고기를 먹는다면 중생은 곧 믿는 마음을 버리고 '세상에는 믿을 만한 것이 없다'고 말할 것이오. 그러므로 보살은 중생의 믿는 마음을 지켜 주기 위해서라도 고기를 먹어서는 안 됩니다.

보살은 청정한 불국토를 구하며 중생을 교화하기 위해 고기를 먹지 말아야 합니다. 모든 고기는 사람의 시체와 같이 생각하고 눈으로 보려고도 말고 냄새를 맡으려고도 하지 말아야 할 것인데 어찌 입 속에 넣겠소? 모든 고기도 이와 같소. 시체를 불태우면 냄새가 나는 것처럼 고기를 구워도 냄새가 납니다. 그러므로 보살은 청정한 불국토를 구하며 중생을 교화하기 위해 고기를 먹어서는 안 됩니다.

만약 모든 사람들이 고기를 먹지 않는다면 중생을 살해하는 일도 없어질 것이오. 사람들이 고기를 먹기 때문에 고기를 구하고 또 사게 되니 자연히 죽여서 파는 사람이 생기게 되는 것이오. 이것은 모두 먹는 사람이 있어 죽인 것이므로 고기를 사먹는 이도 죽이는 이와 다를 게 없소.

사냥꾼과 백정과 고기 먹는 사람들은 악독한 마음이 배어 있어 차마 할 수 없는 일도 손쉽게 저지르게 되오. 모양이 곱고 살찐 중생을 보면 '이놈은 잡아먹음직하다'고 생각하면서 참지 못하는 것이오. 그러므로 나는 고기 먹는 사람은 자비의 종자를 끊는다고 말한 것이오.

내가 보건대 세상에 있는 고기치고 생명 아닌 것은 없소.

손수 죽이지도 말 것이요, 남을 시켜 죽여서도 안 됩니다. 만일 고기가 생명으로부터 나온 것이 아니라면 내가 왜 사람들이 먹는 것을 막겠소? 그러므로 나는 고기 먹는 것을 죄라고 말하며 여래의 종자를 끊기 때문에 먹는 것을 허락할 수 없소.

내가 열반한 후 뒷세상에 나의 제자라고 자칭하면서 '여래도 고기를 먹었다.', '계율 가운데 고기를 먹을 수 있다고 말했다.'고 할지 모릅니다. 그러나 내가 만약 고기 먹을 것을 허락했다면 내 입으로 어떻게 큰 자비와 참다운 수행을 말하고 중생 보기를 외아들처럼 보라고 하겠소?"

―『능가경楞伽經』「차식육품遮食肉品」

제7장

마음과 생각

1. 마음은 어디에

부처님께서 아난다에게 물으셨다.

"아난다야, 너는 여래의 거룩한 모습을 보고 기뻐하여 처음으로 도를 구하려고 발심했다 하니, 무엇으로 보았으며 무엇으로 기뻐했느냐?"

아난다가 대답했다.

"제 눈으로 보고 제 마음이 기뻐했습니다."

부처님께서는 다시 말씀하셨다.

"그렇다. 그런데 그 눈과 마음이 생사윤회의 허물이다. 그러므로 윤회를 벗어나려면 먼저 그것이 있는 곳부터 알아야 한다. 이제 네게 묻겠다. 눈과 마음이 어디 있느냐?"

"세상 모든 중생의 눈은 얼굴에 있고, 인식하는 마음은 몸속에 있습니다."

"그렇다면 아난다야, 마음이 몸속에 있다면 그 마음은 몸속의 것들을 분명하게 보아야 할 것이다. 그러나 어떤 중생이든지 먼저 몸속을 보고 나중에 바깥 것을 보는 사람이 있겠느냐? 몸속의 것을 알지 못한다면 바깥 것은 어떻게 아느냐? 그러므로 마음이 몸속에 있다는 말은 옳지 못하다."

아난다가 부처님께 다시 여쭈었다.

"부처님의 말씀을 듣고 보니 마음은 몸 밖에 있겠습니다."

"네 마음이 만일 몸 밖에 있다면, 몸과 마음이 따로 있어 서로 관계가 없을 것이다. 즉 마음이 아는 것을 몸은 알지 못하고 몸이 아는 것을 마음은 알지 못해야 할 것이다."

"부처님, 부처님의 말씀처럼 속을 보지 못하기 때문에 몸속에 있는 것이 아니고, 몸과 마음이 서로 분리돼 있지 않으므로 몸 밖에도 있지 않습니다. 지금 다시 생각하니 마음은 한 곳에 있습니다."

부처님께서 말씀하셨다.

"그 있는 곳이 어디냐?"

"이 마음이 속을 알지 못하면서 바깥 것을 잘 보기 때문에 제 생각에는 마치 눈에 유리를 댄 것과 같이 마음이 눈 속에 들어 있겠습니다."

"네 마음이 눈에 유리를 댄 것 같다면, 산과 강을 볼 때 어째서 눈 그 자체는 보지 못하느냐? 유리를 눈에 대고 볼 때 유리도 보고 산과 강도 보지 않느냐?"

아난다가 부처님께 여쭈었다.

"그러면 제가 부처님을 보는 것은 바깥 것을 본다 하고, 눈을 감고 어두운 것을 보는 것은 몸속의 것을 본다 하면 어떻겠습니까?"

"네가 어두운 것을 볼 때 그 어둠이 눈앞에 있을 텐데 어떻게 몸속이라 하겠느냐? 또 눈이 어둠과 마주치지 않는다면 어떻게 볼 수 있겠느냐? 그러므로 어두운 것을 보는 것이 몸속을 보는 것이라는 이치는 당치 않다."

아난다가 말했다.

"부처님께서 일찍이 '마음이 움직여 형상이 생기고 형상이 생기어 여러 가지 마음이 움직인다.' 하셨습니다. 지금 생각하니, 곧 생각하는 자체가 내 마음일 것이므로 대상과 합하는 것을 따라 마음이 있는 것입니다."

부처님께서 아난다에게 말씀하셨다.

"네 말대로 대상과 합하는 곳에 마음이 있다고 하자. 그런데 마음은 그 자체가 없으니 무엇과 합하겠느냐? 그러니 그 말도 옳지 못하다."

아난다가 부처님께 다시 말했다.

"지금 생각하니, 몸속을 보지 못하므로 속에 있다고는 할 수 없고, 몸과 마음이 서로 알기 때문에 밖에 있다는 것도 옳지 않습니다. 서로 알면서도 안으로는 보지 못하니 그것은 중간에 있겠습니다."

"그 중간이 어디 있느냐?"

"부처님께서는 보는 감각기관과 대상이 연緣이 되어 눈의 인식을 낸다 하셨습니다. 보는 감각기관은 분별하는 작용이 있고 대상은 그것이 없는데, 눈의 인식이 그 중간에서 생긴 것이니 이것을 마음이 있는 곳이라 하겠습니다."

"네 마음이 만일 감각기관과 대상의 중간에 있다면 이 마음의 자체가 둘을 겸했느냐, 겸하지 않았느냐? 겸했다면 그 두 가지가 서로 뒤섞여 어지러운 것이며, 대상은 감각기관이 아니므로 서로 양립할 것이니 어떻게 중간이 되겠느냐? 또 겸하지 않았다면 알고 모름도 아니어서 바탕이 될 만한 성질이 없는 것이니 중간이란 무슨 모양이겠느냐? 그러므로 중간에 있다는 것도 옳지 못하다."

아난다가 부처님께 다시 여쭈었다.

"부처님께서는 예전에 '알고 분별하는 마음이 안이나 바깥 또는 중간에 있지 아니하여 아무 데도 있는 곳이 없다.'고 하셨습니다. 그것은 온갖 것에 집착함이 없는 것을 마음이라 한 것이니, 집착함이 없는 것을 마음이라 할까요?"

부처님께서 아난다에게 말씀하셨다.

"알고 분별하는 마음이 아무 데도 있는 곳이 없다 하니, 이 세상과 허공의 온갖 것에 네가 집착하지 않는다 함은 사물이 있다는 것이냐? 없다면 무엇을 두고 집착하지 않는다는 것이냐? 형상이 없으면 아주 없는 것이며, 없는 것이 아니라면 형상이 있는 것이니 형상이 있다면 그것은 곧 집착하는 것이다. 어떻게 집착이 없다고 하겠느냐? 그러므로 온갖 것에 집착이 없는 것을 마음이라 하는 것도 옳지 않다."

—『수능엄경首楞嚴經』1

2. 보는 것은 마음

아난다는 부처님께 여쭈었다.

"저는 부처님의 가장 어린 아우로 부처님의 사랑을 받고 출가했습니다. 귀여워해 주심을 믿어 많이 듣기만 하고 번뇌를 끊지 못했습니다. 사특한 주문에 홀려 음실婬室에 들어갔으니 그것은 참마음이 있는 데를 알지 못한 탓입니다. 바라건대 부처님께서 큰 자비로 가엾이 여기시고 저희에게 사마타(samatha)[1] 길을 보여 주시며 저 익찬띠까(icchantika)[2]들에게도 어리석고 미천함을 깨뜨리게 하여 주십시오."

부처님께서 아난다에게 말씀하셨다.

"일체 중생이 시작 없는 옛적부터 여러 가지로 뒤바뀌어 업

---

1 마음 가운데 일어나는 망념妄念을 쉬고 마음을 한곳에 집중시키는 일.
2 신앙심이 없고 선근善根이 끊어진 무지 몽매한 인간.

의 씨앗을 버리지 못하고, 수행하는 사람들도 깨달음을 이루지 못한 것은 모두가 두 가지 근본을 알지 못해 잘못 닦아 익혔기 때문이다. 마치 모래를 삶아 음식을 만들려는 것과 같이 아무리 오랜 세월을 수행한다 할지라도 될 수 없는 일이다.

두 가지 근본이란 무엇인가. 하나는 시작 없는 생사의 근본이니, 지금 너와 중생이 속된 인연에 끌려(반연) 자기의 심성心性을 삼는 것이고, 다른 하나는 시작 없는 보리 열반의 원래 청정한 본체이다. 그런데 이 본래 밝은 것을 잃어버린 탓으로 종일 움직이고 있으면서도 스스로 깨닫지 못하고 억울하게 여러 세계에 들어가게 된다.

아난다야, 네가 지금 사마타의 길을 알아서 생사에서 벗어나려 하는데 다시 묻겠다."

부처님께서 팔을 들어 다섯 손가락을 구부리고 아난다에게 말씀하셨다.

"네가 이것을 보느냐?"

아난다가 대답했다.

"봅니다."

"무엇을 보느냐?"

"부처님께서 팔을 들고 손가락을 구부려 주먹을 쥐시고 저의 마음과 눈에 비추십니다."

"네가 무엇으로 보았느냐?"

"저와 대중은 모두 눈으로 보았습니다."

"네가 지금 대답하기를 '손가락을 구부려 쥔 주먹을 마음과 눈에 비춘다.' 하니, 네 눈은 알겠지마는 무엇을 마음이라 하여 내 주먹이 비춤을 받느냐?"

 "부처님께서 지금 마음이 있는 데를 물으시니, 제가 마음으로 헤아리고 찾아봅니다. 이렇게 헤아리고 찾아보는 것을 마음이라 합니다."

 "아니다, 아난다야. 그것은 네 마음이 아니다."

 "이것이 저의 마음이 아니라면 무엇이겠습니까?"

 "그것은 대상의 허망한 모양을 생각하여 너의 참마음을 의혹케 하는 것이다. 네가 시작 없는 옛적부터 금생에 이르도록 도둑을 잘못 알아 자식으로 여기고, 너의 본래 항상 있는 것은 잃어버린 탓으로 윤회하는 것이다."

 "부처님, 저는 마음으로 부처님을 공경하여 출가하였으니 제 마음이 어찌 부처님 한 분만 공경하겠습니까? 많은 국토를 다니면서 여러 부처님과 선지식을 섬기며 용맹심을 내어 모든 어려운 법을 행하는 것도 이 마음으로 할 것이며, 또 법을 비방하고 선근善根에서 영원히 물러나는 것도 역시 이 마음으로 할 것입니다. 만일 이것이 마음이 아니라면 저는 마음이 없어 흙이나 나무토막과 같을 것이며, 이렇게 깨닫고 알고 하는 것을 떠나서는 다른 것이 없습니다. 어찌하여 부처님께서는 마음이 아니라 하십니까?"

 이때 부처님께서는 아난다의 머리를 쓰다듬으시며 말씀하

셨다.

"내가 항상 말하기를, '모든 법은 마음에서 나타나는 것이며, 인과因果와 세계의 티끌까지도 마음으로 인해 그 자체가 된다.'고 했다. 모든 세계의 온갖 것 중에 풀과 나뭇잎과 실오라기까지도 그 근원을 따지면 모두 그 자체의 성질이 있고 허공까지도 이름과 모양이 있는데, 어째서 청정하고 미묘하고 밝은 마음이 자체가 없겠느냐?

만일 네가 분별하고 생각하며 분명하게 아는 것을 고집하여 마음이라 한다면, 이 마음이 온갖 물질·냄새·맛·감촉의 모든 객관적인 것을 떠나 완전한 성품이 따로 있어야 할 것이다. 네가 지금 내 법문을 듣는 것은 소리로 인해 분별하는 것이다. 보고, 듣고, 깨닫고, 아는 것을 없애고 속으로 무엇을 느낀다 하더라도 그것은 이미 경험했던 사실을 분별하는 것이다.

내가 네게 마음이 아니라고 고집하라는 것은 아니다. 네가 속으로 잘 생각해 보아라. 만일 대상의 세계를 떠나 분별하는 성품이 있다면 그것은 참으로 네 마음이다. 분별하는 성품이 대상을 떠나 그 자체의 성질이 없다면 그것은 대상을 분별하는 그림자일 뿐이다.

대상은 항상 있는 것이 아니다. 변하고 없어질 때는 거북털이나 토끼 뿔처럼 마음도 없어지고 변할 것이다. 그렇다면 네 법신法身이 없어지는 것과 같으니 무엇이 생멸 없는 깨달음을 증득하겠느냐?"

그때 아난다와 대중이 무엇을 잊어버린 듯 말이 없었다.

부처님께서 아난다에게 말씀하셨다.

"수행하는 사람들이 겨우 아라한을 이루는 것은 생사生死의 망상에 집착하여 진실한 것인 줄로 잘못 알기 때문이다. 그러므로 너는 지금 많이 듣기만 했지 성스러운 경지에 이르지는 못했다."

아난다는 이 말을 듣고 다시 부처님께 여쭈었다.

"제가 부처님을 따라 출가한 뒤로부터 부처님의 위신력만 믿고, 애써 닦지 않아도 부처님께서 삼매를 얻게 하여 주시리라 생각했습니다. 몸과 마음은 본래 대신할 수 없는 줄을 알지 못하여 제 본심을 잃었습니다. 몸은 비록 출가하였으나 마음은 도에 들어가지 못한 것이, 마치 가난한 아들이 아버지를 버리고 달아난 것과 같습니다.[3] 아무리 많이 듣는다 할지라도 몸소 수행하지 않으면 소용이 없다는 것을 알았습니다. 이는 음식 이야기를 아무리 늘어놓아도 배부르지 않는 것과 같습니다. 부처님, 저희들이 지금 두 가지 장애에 얽힌 것은 항상 고요한 마음을 알지 못한 탓입니다. 바라건대 부처님께서는 불

---

3 집을 나간 가난한 아들이 부자인 아버지를 만났으나 아버지인 줄 모르고 두려워 달아났다는 『법화경』의 말씀. 우리 마음이 본성을 알지 못하는 것에 비유.

쌍히 여기시어 미묘하고 밝은 마음을 밝혀 저의 눈을 열어 주십시오."

부처님께서는 자리를 고쳐 앉으시며 말씀하셨다.

"너를 위해 큰 법회를 열어 일체 중생이 미묘하고 비밀한 성품과 깨끗하고 밝은 마음과 청정한 눈을 얻게 하겠다. 네가 아까 대답하기를 주먹을 본다고 하였으니 그 주먹의 광명이 어디에 있으며, 어떻게 주먹이 되었으며, 무엇으로 보았느냐?"

아난다가 대답했다.

"부처님의 전신은 금빛이고 보배 산과 같이 빛나므로 광명이 있습니다. 그리고 그 광명을 눈으로 보았고, 다섯 손가락을 구부려 쥐었으므로 주먹이 되었습니다."

부처님께서 아난다에게 말씀하셨다.

"지혜 있는 사람은 비유만으로도 안다. 내 손이 없으면 주먹을 쥘 수 없듯이 네 눈이 없으면 너는 볼 수 없을 것이다. 그러니 네 눈을 내 주먹에 견준다면 이치가 같겠느냐?"

"그렇습니다. 제 눈이 없으면 저는 볼 수 없습니다. 제 눈을 부처님의 주먹에 견준다면 이치가 같겠습니다."

"네가 서로 같다고 말했지만 그 이치는 그렇지 않다. 손이 없는 사람은 주먹을 이룰 수 없다. 그러나 눈 없는 사람이 전혀 보지 못하는 것은 아니다. 큰길에 나가 소경들에게 무엇이 보이느냐 물어보아라. 어두운 것만 보이고 다른 것은 아무것도 보이지 않는다고 할 것이다. 이렇게 생각하면 대상이 어두울 뿐이지 보는 것이야 무슨 다름이 있겠느냐?"

"소경들이 어두운 것만 보는 것을 어떻게 본다고 하겠습니까?"

"소경들이 어둠만 보는 것과 눈 밝은 사람이 어두운 방에 있는 것과 그 어둠이 같겠느냐, 다르겠느냐?"

"어두운 방에 있는 사람과 저 소경들의 깜깜함은 다르지 않습니다."

"아난다야, 만일 눈먼 사람이 앞이 깜깜하다가 문득 눈을 뜨면 여러 가지 형체를 보게 된다. 이때 눈이 보는 것이라면, 저 어두운 방 속에 있는 사람이 깜깜한 것만 보다가 문득 등불을 켜면 역시 앞에 나타난 갖가지 형체를 볼 것이다. 이것을 등불이 본다고 하겠느냐? 등불이 보는 것이라면 등불이라 할 수 없으며, 또 등불이 본다면 네게는 아무 관계도 없을 것이다. 그러므로 등은 형체를 나타낼 뿐 보는 것은 눈이요, 등이 아님을 알아라. 눈은 대상을 비출 뿐 보는 성품은 마음이다."

—『수능엄경首楞嚴經』1

3. 생멸이 없는 마음

그때 아난다와 대중은 부처님의 가르침을 듣고 기쁨이 솟았다. 가만히 생각하니 시작 없는 옛적부터 본심을 잃어버리고 대상 세계를 분별하는 그림자를 본심인 줄 잘못 알았다가 오늘에야 깨달은 것이다. 마치 젖을 잃었던 아이가 어미를 만난 것과 같았다. 그들은 부처님께 예배하고 이 몸과 마음의 참되고 허망한 것을 나타내어 생멸하고 생멸하지 않는 두 가지 성질에 대해서 듣고 싶어 했다. 이때 빠세나디왕이 일어서서 부처님께 여쭈었다.

"제가 부처님의 가르침을 듣기 전에 외도 까짜야나(Kaccāyana)와 산자야(Sañjaya)를 만났는데, 그들은 말하기를 '이 몸이 죽은 뒤에 아무것도 없는 것을 열반이라 한다.'고 하였습니다. 이제 부처님을 뵈러 왔으니 그 의혹을 풀어 이 마음이 생멸하지 않는 경지를 알도록 하여 주십시오. 아직도 번뇌가 남아 있는 대중들은 모두 듣고자 합니다."

부처님께서 빠세나디왕에게 말씀하셨다.

"왕의 몸이 있으므로 이런 질문을 할 수 있소. 그런데 왕의 몸은 강철처럼 굳어서 죽지 않는다고 생각하시오, 아니면 변하여 없어진다고 생각하시오?"

"부처님, 이 몸은 결국 없어지고 맙니다."

"왕이 일찍이 없어져 본 적이 없는데 어떻게 없어질 것을 아시오?"

"무상하게 변하는 제 몸은 아직 없어지지 않았습니다. 그러나 지금도 수시로 변하고 달라지는 것이 마치 불이 타 재가 되듯이 늙어 갑니다. 이렇게 쉴 새 없이 늙어 가므로 이 몸은 언젠가 없어지리라고 생각합니다."

부처님께서 말씀하셨다.

"그건 그렇다고 합시다. 왕의 나이가 많은데 얼굴은 어린 시절과 비교해 어떻소?"

"부처님, 제가 어렸을 때에는 피부가 고왔고 장성해서는 혈기가 왕성했으나, 지금은 늙어 살결에 주름이 잡히고 정신은 혼미합니다. 머리는 백발이 되고 얼굴은 쭈그러져 앞날이 멀지 않았는데 어찌 어렸을 때와 비교할 수 있겠습니까."

"왕의 얼굴이 갑자기 늙지는 않았을 것 아니오?"

"부처님, 조금씩 변해 가는 것을 제가 깨닫지는 못하지만 세월의 흐름에 따라 점점 이렇게 늙었습니다. 제 나이 스무 살 때에는 젊었다고는 하나 열 살 때보다는 늙었고, 서른 살 때는 스무 살보다 늙었으며, 지금은 예순두 살인데 쉰 살 때를 생각하니 그때는 매우 건강하였습니다. 조금씩 달라지던 것이 이렇게 많이 늙어 버렸습니다. 곰곰이 생각하면 그 변하는 것이 어찌 십 년 이십 년뿐이겠습니까? 해마다 달마다 날마다, 아니 한 찰나도 멎지 않고 달라져 가니 이 몸은 마침내 없어질 것입니다."

"변하여 멎지 않는 것을 보고 마침내 없어질 줄을 안다 하니, 없어질 때 왕의 몸 가운데 없어지지 않는 것이 무엇이오?"

빠세나디왕은 합장하고 대답했다.

"아직 모르겠습니다."

"내가 이제 생멸하지 않는 성질을 보여 주겠소. 왕은 몇 살 때 강가강을 보았소?"

"제가 세 살 때 어머니는 저를 데리고 기바천 사당에 가셨습니다. 그때 강을 건넜는데 그것이 강가강인 줄을 처음으로 알았습니다."

"그럼 강가강이 세 살 때 보던 것과 열세 살 때 보던 것과 어떻습디까?

"세 살 때나 열세 살 때나 조금도 다르지 않았습니다. 지금 예순두 살이지만 역시 다르지 않습니다."

"왕은 지금 머리가 세고 얼굴이 쭈그러짐을 슬퍼하고 있소. 지금 강가강을 보는 것이 어려서 강가강을 보던 것보다 늙었겠소?"

"그렇지 않습니다."

"왕의 얼굴은 쭈그러졌을망정 보는 그 성질은 쭈그러지지 않았소. 쭈그러지는 것은 변하지만 쭈그러지지 않는 것은 변하는 것이 아니오. 변하는 것은 없어지지만 변하지 않는 것은 원래 생멸이 없는 것이오. 그런데 어찌 그것이 생사를 받겠소? 외도들이 말하는 이 몸이 죽은 뒤에 아주 없어져 버린다는 말은 옳지 않습니다."

왕이 이 말을 듣고는 죽은 뒤에도 다른 세상에 태어날 것을 알고 여러 대중들과 함께 기뻐했다.

—『수능엄경首楞嚴經』2

4. 마음은 돌려보낼 수 없다

아난다가 가르침을 듣고 기뻐하면서 부처님께 여쭈었다.

"부처님의 법문을 듣고 미묘하고 밝은 마음이 원래 원만하고 상주常住하는 것임을 비로소 알았습니다. 그러나 지금 부처님의 설법하는 음성을 듣고 또 이렇게 뵙는 것은 속된 인연에 끌려 일어나는 마음(緣心)입니다. 미묘하고 밝은 마음을 얻었다고 하나 그것이 본래의 심지心地라고는 인정할 수 없습니다. 자비를 베푸시어 의심의 뿌리를 뽑아 버리고 위없는 도에 들어가게 하여 주십시오."

부처님께서 아난다에게 말씀하셨다.

"네가 속된 인연에 끌리는 마음으로 법문을 듣기 때문에 이 법문도 또한 연緣이 되어 법의 성질을 이해하지 못한다. 어떤 사람이 손가락으로 달을 가리켜 보일 때, 곁에서는 그 손가락을 통해 달을 보아야 할 것이다. 그런데 손가락을 보고 달이라 한다면 그는 달만 보지 못할 뿐 아니라 손가락마저 보지 못한다. 또한 손가락만 모르는 것이 아니고 밝은 것과 어둔 것도 모르는 사람이다. 왜냐하면 가리키는 손가락을 달의 밝은 성질이라 하기 때문이다. 밝은 것과 어둔 것을 둘 다 모르는 너도 그와 같다.

만일 설법하는 음성을 분별하는 것을 네 마음이라 한다면 그 마음이 분별할 음성을 떠나서도 분별하는 성품이 있어야 한다. 이를테면, 나그네는 여관에 투숙할 때 잠깐 쉬었다가 곧 떠나 끝까지 머물지 않는다. 그러나 여관 주인은 떠나지 않으므로 주인이라 하는 것과 같다. 이것도 그와 같아서 참으로 네 마음이라면 떠남이 없어야 할 것이다. 그런데 어째서 음성을 떠나서는 분별하는 성질이 없겠느냐. 이런 것이 어찌 음성을 분별하는 마음뿐이겠느냐. 내 얼굴을 분별하는 것도 빛이나 형상을 떠나서는 분별하는 성품이 없다. 이와 같이 대상 세계를 떠나 분별하는 성품이 없다면 너의 심성이 모두 각각 돌려보낼 데가 있으니 주인이라 할 수 있겠느냐?"

"만일 저의 심성이 각각 돌려보낼 데가 있다면 부처님께서 말씀하신 미묘하고 밝은 본래의 마음은 어째서 돌려보낼 데가 없습니까?"

"자세히 들어라. 이제 너에게 돌려보낼 데가 없음을 보여 주겠다. 이 큰 강당에 동쪽이 환히 열리어 해가 뜨면 밝게 비추고, 구름 낀 그믐밤은 어둡고, 창틈으로는 트임을 보고, 담장에서는 막힘을 보고, 분별한 곳에서는 연緣을 보고, 허공은 빈 것이요, 바람이 불어 먼지가 날면 흙비가 오는 것이요, 맑게 개어 구름이 걷히면 맑음을 보게 된다.

아난다야, 네가 이 여러 가지 변화하는 모양을 보았으니 내가 이제 본래 관계된 곳으로 돌려보내겠다. 어디가 본래 관계된 곳인가. 이 여러 가지 변화에서 밝은 것은 해에 돌려보낸다. 해가 없으면 밝지 못하기 때문에 밝은 인因은 해에 있다.

그러므로 해에 돌려보낸다. 어둠은 그믐밤에 돌려보내고, 통함은 창틈으로, 막힘은 담장에, 연緣은 분별에, 허공은 빈 것에, 흙비는 먼지에, 맑은 것은 갠 데에 제각기 돌려보낸다. 세간의 온갖 것이 이런 종류에서 벗어나지 못한다.

네가 이 여덟 가지를 보는 참마음(見)의 밝은 성질은 어디로 돌려보내겠느냐? 만일 밝은 데로 돌려보낸다면 어두운 것이 여러 가지로 차별되나 참마음은 차별이 없다. 돌려보낼 수 있는 것은 네가 아니지만, 돌려보내지 못하는 것은 네가 아니고 누구이겠느냐. 그러므로 네 마음이 본래 미묘하고 밝고 깨끗하지만, 네가 스스로 혼미하여 본래 미묘한 것을 잃어버리고 윤회하면서 생사 속에서 항상 떠다님을 알아야 한다. 그래서 내가 너를 가엾다고 한 것이다."

—『수능엄경首楞嚴經』2

5. 맺힘을 푸는 일

아난다가 부처님께 여쭈었다.

"부처님, 세상에서 맺힌 것 푸는 사람을 보면 맺힌 그 근원을 보르고는 풀지 못합니다. 저와 이 자리에 있는 성문聲聞들도 시작 없는 옛적부터 무명과 함께 생하고 멸해 왔습니다. 비록 많이 들은 선한 인연으로 출가는 했으나 하루거리 학질을 앓는 사람과 같으니 자비로써 거두어 주십시오. 오늘 이 몸과 마음이 어찌하여 맺혔으며 어떻게 하면 풀리겠습니까? 중생으로 하여금 윤회에서 벗어나고 삼계에 떨어지지 않게 해 주십시오."

부처님께서 아난다와 대중에게 말씀하셨다.

"착하다, 아난다여. 무명이 너로 하여금 윤회케 하는 생사의 맺힌 근원은 너의 여섯 감각기관(六根)이요, 다른 것이 아니다. 또한 최상의 보리菩提가 너로 하여금 안락과 해탈을 얻게 하는 것도 여섯 감각기관이지 다른 것은 아니다."

아난다가 잘 알아듣지 못한 것을 보시고 부처님께서는 다시 말씀하셨다.

"감각기관과 대상의 근원은 같고, 속박과 해탈이 둘이 아니며, 분별하여 헤아리는 바탕이 허망하여 허공의 꽃과 같다. 대상으로 말미암아 알음알이를 내고, 감각기관으로 인해 형상이 있으니, 형상과 보는 것은 그 실체가 없이 서로 관계되어 있는 것이다. 그러므로 내가 지견知見에 알음알이를 두면 곧 무명의 근본이 되고, 지견에 분별 망상을 내지 않으면 곧 열반이니, 이 가운데 다시 무엇을 용납하겠느냐?"

아난다는 부처님의 가르침을 듣고 마음의 눈이 열려 기뻐하면서 다시 말했다.

"부처님, 성품이 깨끗하고 미묘하고 영원하다는 말씀은 잘 알겠습니다. 그러나 아직도 여섯이 풀리면 하나까지 없어진다는 매듭 푸는 차례를 알지 못하겠습니다."

이때 부처님께서는 수건을 가지고 한 개의 매듭을 맺어 아난다에게 보이면서 말씀하셨다.

"아난다야, 이것이 무엇이냐?"

"그것은 매듭입니다."

부처님께서 그 매듭 위로 또 한 매듭을 맺으시고 다시 아난다에게 물으셨다.

"이것이 무엇이냐?"

"그것도 매듭입니다."

부처님께서는 이와 같이 여섯 개의 매듭을 만드시고 아난다에게 말씀하셨다.

"이 수건이 원래 하나이지만 내가 여섯 번 맺어 여섯 매듭이란 이름이 생긴 것이다. 수건은 한 수건인데 맺음 때문에 다르게 된 것이다. 너의 여섯 감각기관도 그와 같아 한 근원에서 다른 것이 생겼다. 그러므로 여섯이 풀리면 하나마저 없어질 것이다. 네가 시작 없는 옛적부터 심성心性이 들떠 알음알이가 허망하게 생기고 견見을 피로케 하여 대상을 불러일으킨 것이다. 마치 눈이 피로하면 맑은 허공에 환상의 꽃이 보이는 것과 같다. 산하대지山河大地와 생사열반도 모두 잘못되어 생긴 뒤바뀐 환상의 꽃이다."

"그러면 그 매듭을 어떻게 해야 풀 수 있겠습니까?"

부처님께서는 매듭진 수건을 이리저리 당긴 뒤 아난다에게 말씀하셨다.

"내가 지금 왼쪽으로 당기고 오른쪽으로 당겨도 풀리지 않으니 어디 네가 그 방법을 생각해 보아라. 어떻게 하면 풀리겠느냐?"

"매듭진 복판에서 풀어야 합니다."

"그렇다, 맺힌 것을 풀려면 매듭 복판에서 풀어야 할 것이다. 아난다야, 그러므로 네 마음대로 여섯 감각기관에서 선택하라. 어느 한 감각기관의 매듭이 풀리면 매듭의 덩이가 풀리고 말 것이다. 온갖 허망한 것이 없어지면 어찌 참되지 않겠느냐? 아난다야, 여섯 매듭이 동시에 풀릴 수 있겠느냐?"

"그 매듭이 차례로 맺힌 것이므로 차례로 풀어야 합니다. 여섯 매듭의 근본은 같지만 맺힌 것이 각기 다르므로 한꺼번에 풀 수 없습니다."

부처님께서 말씀하셨다.

"그렇다. 여섯 감각기관을 푸는 것도 그와 같다. 이 감각기관이 처음 풀리면 먼저 무아의 경지에 이르고, 공空의 성질이 밝아지면 법에서 해탈하고, 그런 뒤는 모두 공함을 얻을 것이다."

아난다와 대중이 부처님의 말씀을 듣고 마침내 의혹이 없어졌다.

—『수능엄경首楞嚴經』5

6. 도를 얻은 체험담

부처님께서 대중에게 물었다.

"너희들이 처음으로 발심하여 깨달을 때에 어떤 방법으로 삼매에 들어갔느냐?"

꼰단냐 비구가 부처님께 예배하고 이렇게 말했다.

"저는 녹야원에서 부처님으로부터 최초의 설법을 듣고 부처님의 음성에서 네 가지 진리를 깨달았습니다. 부처님께서 저희들 중에 먼저 알았다고 인가印可하시어 '안냐타'라고 하셨습니다. 저는 음성으로 아라한이 되었으므로 음성이 으뜸이 되겠습니다."

향엄동자香嚴童子는 이렇게 말했다.

"저는 부처님께서 모든 유위법有爲法을 자세히 살피라는 말씀을 듣고 조용히 방 안에 앉아 정진하다가 비구들이 침수향 사르는 향기를 맡았습니다. 이 향기는 나무도 아니고 연기도 아니며 불도 아니므로, 가도 닿는 데가 없고 와도 온 데가 없음을 생각하였습니다. 이때부터 생각이 사라져 번뇌가 없어지고 미묘한 향기가 그윽하였으니 저는 향기로부터 아라한이 되었습니다. 그러므로 향기가 으뜸이 되겠습니다."

삘린다왓사(Pilinda-vatsa)는 이렇게 말했다.

"저는 처음 발심하여 부처님을 따라 수행할 때에 부처님께서 이 세상의 여러 가지 즐겁지 못한 일을 말씀하시던 것을 생각하면서, 성중에서 밥을 빌다가 가시에 발을 찔려 온몸이 몹시 아팠습니다. 저는 생각하기를 '분별이 있기 때문에 아픈 줄을 안다. 아픈 줄 아는 것과 아픈 것이 있더라도 각覺의 청정한 심성에는 아픈 것도 없고 아픈 줄 아는 것도 없을 것이다. 한 몸에 어떻게 두 가지 각覺이 있을 것인가?' 하였습니다. 이와 같이 생각한 지 오래지 않아 몸과 마음이 문득 공해지고 삼칠일三七日 동안에 온갖 번뇌가 없어져 아라한이 되었습니다. 저는 각覺을 순일하게 하고 몸을 잊어버리는 방편으로 도를 얻었습니다."

이때 대세지大勢至보살이 오십이 보살과 함께 자리에서 일어나 부처님께 예배하고 이와 같이 말했다.

"제가 생각하니 과거 초일월광初日月光 부처님께서는 저에게 염불삼매念佛三昧를 가르쳐 주셨습니다. '한 사람은 전심으로 생각하는데 다른 한 사람은 까맣게 잊고 있다면, 이 두 사람은 만나도 만난 것이 아니고 보아도 본 것이 아니다. 그러나 두 사람이 서로 생각하여 생각하는 두 마음이 간절하면 이 생에서 저 생에 이르도록 몸에 그림자 따르듯이 서로 어긋나지 않을 것이다. 시방세계의 여래如來가 중생을 생각하는 것도 어미가 자식 생각하듯 하지만, 자식이 멀리 달아나 버리면 생각한들 무엇 하랴. 자식이 어미 생각하기를 어미가 자식 생각하듯 한다면, 어미와 자식이 여러 생을 지내도록 서로 어긋나지 않을 것이다.

중생이 마음으로 부처님을 생각하고 부처님을 염하면 현세에나 미래에 반드시 부처님을 볼 것이며, 방편을 빌리지 않고도 저절로 마음이 열릴 것이다. 그것은 마치 향을 다루는 사람의 몸에 향이 배는 것과 같으리니 이것을 향광장엄香光莊嚴이라 한다.'고 하셨습니다. 저는 수행할 때 염불하는 마음으로 무생법인無生法忍[4]에 들어갔고, 지금도 이 세계에서 염불하는 사람을 섭수攝受하여 정토淨土에 왕생하게 합니다. 제 생각으로는 어느 한 감각기관만을 가릴 것이 아니라, 여섯 감각기관을 모두 거두어 깨끗한 생각이 서로 잇따라 삼매를 얻는 것이 제일이겠습니다."

—『수능엄경首楞嚴經』5

---

[4] 생멸이 없는 진리를 깨닫고 거기에 머물러 흔들리지 않음.

제8장

원만한 깨달음

1. 헛꽃임을 알라

문수보살이 부처님께 여쭈었다.

"자비하신 부처님, 여기에 모인 대중들을 위해 부처님께서 처음 닦으신 법다운 수행과, 보살이 청정한 대승의 마음을 내어 중생의 모든 병을 버리는 법을 말씀해 주십시오. 그래서 대승을 구하는 미래의 중생이 그릇된 소견에 떨어지지 않게 하여 주십시오."

부처님께서 말씀하셨다.

"선남자여, 법왕法王에게 큰 다라니문陀羅尼門이 있으니 그 이름이 원각圓覺이다. 모든 청정과 진여眞如와 보리와 열반과 바라밀波羅蜜로써 보살을 가르치며, 모든 여래의 처음 수행은 다 원각을 의지해 무명無明을 끊고 불도를 성취한 것이다.

무명이란 무엇인가. 시작 없는 옛적부터 갖가지로 뒤바뀌어 길 잃은 사람이 동서를 분간하지 못하는 것처럼, 중생은 사대四大를 자기 몸이라 하며 사물을 느끼는 인식을 자기 마음이라 한다. 마치 병난 눈이 허공에서 헛꽃과 겹친 달을 보는 것과 같다. 그러나 실로 허공에는 꽃이 없다. 그것은 환자의 잘못된 집착이다. 잘못된 집착은 허공 자체를 잘못 알 뿐만 아니라, 다시 저 꽃이 생긴 원인까지도 모르게 만든다. 이로 말미암아 그릇되게 생사에 윤회하는 것이니, 이것을 무명이라 하는 것이다.

 무명은 실체가 없다. 꿈속에서 가졌던 물건이 깨고 나면 없는 것처럼, 허공의 헛꽃도 없어지면 없어진 곳을 모른다. 그 이유는 생긴 곳이 없기 때문이다. 본래 생生이 없건만, 중생이 잘못 생멸을 보게 되므로 생사에 윤회한다고 말하는 것이다. 여래의 첫 수행 단계에서 원각을 닦는 이가 이 헛꽃을 알면 윤회도 없고 생사를 받을 몸과 마음도 없을 것이다. 없애려고 해서 없는 것이 아니라 본래 성품이 없기 때문이다.

 이렇게 아는 것도 허공과 같으며, 허공과 같은 줄 아는 것도 곧 헛꽃이다. 그렇다고 아는 성품이 없다고도 말할 수 없다. 있고 없음을 함께 버려야 정각淨覺에 자연스럽게 이른다. 왜냐하면 허공과 같은 성질이고 항상 움직이지 않으며, 여래장如來藏 가운데서 나고 죽음이 없으며, 지견이 없고 법계의 성품처럼 절대 원만하여 시방세계에 두루하기 때문이다. 이것을 이름하여 초심자의 법다운 수행이라 한다. 보살은 이것으로써 대승으로 향한 깨끗한 마음을 낼 것이며, 말세 중생도 여기에 의지하여 수행하면 그릇된 지견에 떨어지지 않을 것이다."

―『원각경圓覺經』「문수보살장文殊菩薩章」

2. 환인 줄을 알면

보현보살이 부처님께 여쭈었다.

"자비하신 부처님, 여기에 모인 보살들과 미래의 중생을 가르쳐 주십시오. 대승을 닦는 자가 원각의 청정한 경지를 듣고 어떻게 수행해야 하겠습니까? 만일 어떤 중생이 모든 것이 환幻인 줄을 안다 하더라도 그 몸과 마음이 또한 환이니, 어떻게 환으로써 환을 닦겠습니까? 만일 모든 환의 바탕이 아무것도 없는 것이라 한다면 곧 마음도 없는 것이니, 수행할 자는 누구이며 어떻게 다시 환과 더불어 수행하라 하십니까?

만일 모든 중생의 바탕이 본래 수행할 것이 없다고 하신다면 생사 가운데서 항상 환화幻化로 사는 것이 되어 일찍 환의 경지를 알지 못하니, 망상심으로 어떻게 해탈을 얻겠습니까? 미래의 중생을 위해 무슨 방편으로든지 그들이 점차로 닦고 익혀 모든 환을 떠나게 하여 주십시오."

부처님께서 말씀하셨다.

"모든 중생의 갖가지 환화는 모두가 여래의 원각 묘심圓覺妙心에서 나온 것이다. 마치 헛꽃이 허공으로 인해 있는 것과도 같다. 헛꽃은 없어지는 것이지만 허공의 성품은 무너지지 않는 것처럼, 환을 바탕으로 삼는 중생의 마음은 도리어 환에 의해 없어지지만, 모든 환이 다 없어지더라도 깨닫는 마음만은 움직이지 않는 것이다. 깨달음을 말한다 하더라도 환을 의지해 말하는 것은 역시 환이다. 깨달음이 있다고 말해도 역시 환이며, 깨달음이 없다고 말해도 역시 마찬가지다. 그러므로 환이 없어지는 것을 부동不動이라 한다.

모든 보살과 말세 중생은 일체 환화인 허망한 경계를 버려야 할 것이다. 버리는 마음을 굳게 가지는 그 마음에 환을 또다시 버려라. 버린다는 것도 환이니 버린다는 생각조차 버려야 한다. 이와 같이 하여 버릴 것 없음을 얻어야 모든 환이 제거될 것이다.

두 나무를 서로 비벼 불을 일으키면, 나무는 타 없어지고 재는 날고 연기는 사라지는 것과 같다. 환으로써 환을 닦는 것도 이와 같아서, 모든 환이 없어지더라도 단멸斷滅에 들어가지는 않는다. 환일 줄 알면 곧 환을 버린 것인데 무슨 방편이 필요하며, 환을 버림이 곧 깨달음인데 또한 무슨 차례가 있겠느냐? 모든 보살과 중생이 이것을 의지해 수행하면 모든 환을 버리게 될 것이다."

―『원각경圓覺經』「보현보살장普賢菩薩章」

3. 한마음이 청정하면 온 세계가 청정하다

보안普眼보살이 부처님께 여쭈었다.

"자비하신 부처님, 여기 모인 여러 보살과 미래 중생을 위해 보살이 수행할 차례를 말씀해 주십시오. 어떻게 생각하고 어떻게 머무를 것이며, 중생이 깨치지 못하면 어떠한 방편方便을 써야 모두 깨치겠습니까? 만약 중생이 바른 방편과 바른 생각이 없으면 부처님께서 말씀하신 삼매를 듣고 마음이 아득하여 깨칠 수 없을 것입니다. 자비를 베푸시어 저희들과 미래 중생을 위해 그 방편을 말씀해 주십시오."

이때 부처님께서 보안보살에게 말씀하셨다.

"선남자여, 그러면 자세히 들어라. 그대들을 위해 말해 주리라. 새로 배우는 보살과 미래 중생이 여래의 청정한 원각심圓覺心을 구하려면, 생각을 바르게 하여 모든 헛된 것을 멀리 떠나야 할 것이다. 먼저 여래의 사마타행[1]에 의지하여 계율을 굳게 가지고 대중과 함께 편안하게 지내며 고요한 곳에 앉아 항상 이런 생각을 하라.

'지금 내 육신은 네 가지 요소로 화합된 것이다. 털·손톱·이·살갗·근육·뼈·골수들은 다 흙으로 돌아갈 것이고, 침·콧물·피·눈물·대소변은 물로 돌아갈 것이며, 더운 기운은 불로

---

[1] 생각을 멈추고 마음을 한곳에 집중시키는 일.

돌아가고, 움직이는 것은 바람으로 돌아갈 것이다. 네 가지 요소가 뿔뿔이 흩어져 버리면 이 허망한 육신은 어느 곳에 있을 것인가?'

이 몸은 원래 자체가 없는 것인데, 화합하여 형상을 이루었으니 사실은 헛것이며, 네 가지 인연이 거짓으로 모여 육근六根이 있게 된 것이다. 육근과 사대四大가 안팎으로 합하여 이루어졌는데 속된 인연으로 끌리는(반연하는) 기운이 허망하게 그 안에 모이고 쌓여 반연하는 것이 있는 듯한 것을 이름하여 마음이라 한 것이다. 이 허망한 마음도 육진六塵[2]이 없다면 있을 수 없고 사대가 흩어지면 육진도 없을 것이다. 이 가운데 인연과 티끌이 흩어져 없어지면 마침내 반연하는 마음도 볼 수 없을 것이다.

중생의 환幻인 육신이 멸하므로 환인 마음도 멸하고, 환인 마음이 멸하므로 환인 세계도 멸하고, 환인 세계가 멸하므로 환의 멸도 또한 멸하고, 환의 멸이 멸해도 환이 아닌 것은 멸하지 않는다. 이를테면 거울에 때가 없어지면 맑은 빛이 나타나는 것과 같다. 몸과 마음이 다 환의 때(幻垢)이니, 때가 아주 없어지면 시방세계가 청정함을 알 것이다. 마치 맑은 구슬에 오색이 비치면 그 빛에 따라 각기 달리 나타나는 것인데, 어

---

[2] 물질(色)·소리(聲)·냄새(香)·맛(味)·감촉(觸)·의식의 대상(法) 등 여섯 가지가 깨끗한 마음을 더럽히므로 육진이라 함.

리석은 사람들은 구슬에 오색이 있는 줄로 착각한다. 원각인 청정한 성품이 몸과 생각으로 나타나는 것인데, 어리석은 사람들은 청정한 원각에 이런 몸과 생각이 있는 줄 안다.

보살과 미래 중생이 모든 환을 깨달아 영상影像이 멸해 버렸기 때문에 이때는 문득 끝없는 청정을 얻는 것이니, 끝없는 허공도 원각의 나타남이다. 그 깨달음이 원만하고 밝으므로 마음이 청정해지고, 마음이 청정하므로 보이는 세계가 청정하고, 보이는 것이 청정하므로 눈이 청정하고, 눈이 청정하므로 보는 인식이 청정한 것이다. 그리고 인식이 들리는 세계가 청정하고, 들리는 것이 청정하므로 귀가 청정하고, 귀가 청정하므로 듣는 인식이 청정하고, 인식이 청정하므로 느낌의 세계가 청정하고, 코와 혀와 몸과 생각도 또한 그와 같다. 눈이 청정하므로 빛이 청정하고, 빛이 청정하므로 소리가 청정하며, 향기와 맛과 감촉과 생각의 대상도 그와 같다. 이와 같이 한 마음이 청정하면 온 법계가 다 청정한 것이다.

모든 실상實相의 성품이 청정하기 때문에 한 몸이 청정하고, 한 몸이 청정하므로 여러 몸이 청정하며, 여러 몸이 청정하므로 시방세계 중생의 원각도 청정하다. 한 세계가 청정하므로 여러 세계가 청정하고, 여러 세계가 청정하므로 마침내는 허공과 삼세三世를 두루 싸 모든 것이 평등하고 청정해서 움직이지 않는다.

깨달음을 성취한 보살은 법에 얽매이지도 않고 법에서 벗어나기를 구하지도 않으며, 나고 죽는 것을 싫어하지도 않고 열반을 특별히 좋아하지도 않는다. 계행戒行 가지는 것을 공경하지도 않고 파계를 미워하지도 않으며, 오래 수행한 이를 소중히 여기지도 않고 처음 발심한 이를 업신여기지도 않는다. 왜냐하면 온갖 것이 모두 원각이기 때문이다. 이를테면 눈빛이 앞을 비추되 그 빛은 원만하여 사랑도 미움도 없는 것과 같으니, 그것은 빛 자체는 둘이 아니어서 사랑과 미움이 없기 때문이다. 보살과 미래 중생이 이 마음을 닦아 성취하면, 여기에는 닦을 것도 없고 성취할 것도 없을 것이다. 원각은 널리 비치고 적멸寂滅해서 차별이 없다. 이 가운데서는 헤아릴 수 없이 많은 불국토가 마치 헛꽃이 어지럽게 일어나고 스러지는 것 같아서 합하지도 떠나지도 않으며, 얽매임도 풀림도 없을 것이다. 중생이 본래 부처이고, 생사와 열반이 지난밤 꿈과 같아 생사와 열반이 일어나는 것도 없어지는 것도 없으며, 오는 것도 가는 것도 없다.

    모든 보살이 이와 같이 닦을 것이며, 이러한 차례로 이렇게 생각할 것이며, 이와 같이 머물러 가질 것이며, 이러한 방편으로 이렇게 깨닫는 것이므로 이와 같은 법을 구하면 아득하거나 어리석지 않을 것이다."

―『원각경圓覺經』,「보안보살장普眼菩薩章」

4. 원각 묘심

금강장金剛藏보살이 부처님께 여쭈었다.

"자비하신 부처님, 중생에게 본래 부처의 성품이 있는 것이라면 어째서 다시 무명無明[3]이 있으며, 만일 모든 무명을 중생이 본래 가지고 있다면 어째서 부처님께서는 중생이 본래 부처를 이루었다고 말씀하십니까? 시방세계의 중생이 본래 부처를 이루었다가 뒤에 무명이 일어났다고 하니, 그러면 여래도 언젠가는 다시 번뇌가 생겨야 하지 않겠습니까?

원컨대 끝없는 자비로써 모든 보살을 위해 비밀장祕密藏을 열어 미래의 중생도 이와 같은 법문을 듣고 의심과 뉘우침이 영원히 가시도록 하여 주십시오."

부처님께서 말씀하셨다.

"모든 세계의 시작과 끝과 생과 멸과 앞과 뒤와 있고 없음과 모이고 흩어짐과 일어나고 마침이 모두가 생각 생각에 계속되며, 돌고 돌아 오고 가는 것이니 갖가지로 취하고 버림이 모두 윤회이다. 윤회를 벗어나지 못한 채 원각을 알려는 것은 원각의 성품까지도 함께 윤회케 한다. 이런 식으로 윤회를 면하려 하면 안 된다. 마치 눈을 깜빡이면 잔잔하던 물이 흔들리는 것 같고, 또 눈앞에서 횃불을 돌리면 불의 고리가 되는

---

[3] 진리를 알지 못하는 근본 무지根本無知, 이것이 고苦의 원인이다.

것 같고, 구름이 흐르면 달도 움직이고, 배가 가면 물가의 언덕도 옮아가는 것과 같다.

이와 같이 움직이는 마음을 쉬지 않고서는 변화하는 대상을 멈추게 할 수 없는데, 생사에 윤회하는 때 묻은 마음을 깨끗이 하지 않고 어떻게 부처의 원각을 보려는가? 그러기 때문에 그대들은 세 가지 의혹에 휩싸이게 된다. 비유하면 환幻의 가림으로 그릇되게 헛꽃을 보다가 환의 가림이 없어지면 환의 가림이 이미 없어졌으니 다시 일어난다고는 말하지 못할 것이다. 왜냐하면 환의 가림과 헛꽃이 서로 기다리지 않기 때문이다. 또한 헛꽃이 허공에서 없어질 때 언제 다시 허공에서 헛꽃이 피냐고 묻지 못할 것이다. 왜냐하면 허공에는 본래 꽃이 없어서 생기고 없어지는 것이 아니기 때문이다. 생사와 열반도 함께 일어났다 없어졌다 하는 것이니 미묘한 원각만이 헛꽃과 환의 가림을 떠난 것이다.

모든 여래의 미묘한 원각심에는 본래 보리와 열반이 없으며, 성불과 성불하지 못함도 없으며, 윤회와 윤회 아님도 없는 것이다. 이러한 경지는 성문聲聞으로서는 상상할 수도 없다. 마치 반딧불로 수미산을 태우려 해도 태울 수 없는 것과 같다. 윤회하는 마음으로 윤회의 소견을 내어 여래의 대열반 경지를 알려고 하는 것은 무모하다. 그러기 때문에 모든 보살과 미래의 중생은 먼저 끝없는 윤회의 근본을 끊어야 하는 것이다.

생각을 짓는다는 것은 마음이 일어났기 때문이니, 그것은 모두 감각을 통한 인식 작용이지 참된 마음은 아니다. 그것의 경지를 알려고 하는 것은 헛꽃에서 열매를 기다리는 것과 같아 더욱 그릇된 생각이다. 허망하고 들뜬 마음은 망상 분별만 일으키고 원각을 성취할 수는 없다. 이와 같은 분별은 옳은 질문이 아니다."

―『원각경圓覺經』「금강장보살장金剛藏菩薩章」

5. 애욕은 생사의 근원

미륵보살이 부처님께 여쭈었다.
"부처님, 보살과 미래 중생이 여래의 대열반의 바다에 들어가려면 어떻게 윤회의 근원을 끊으며, 윤회에는 어떠한 성질이 있습니까? 그리고 보리를 닦는 데는 몇 가지 차별이 있으며, 어지러운 세상에 돌아와 중생을 교화하는 데는 어떠한 방편을 써야 되겠습니까?"

부처님께서 말씀하셨다.
"모든 중생은 시작 없는 옛적부터 갖가지 은애와 애정과 탐심과 음욕 때문에 윤회한다. 중생은 음욕으로 인해 각자의 성품과 생명을 타고나는 것이니 윤회의 근원이 애욕임을 명심하라. 음욕이 애정을 일으켜 생사가 계속된다. 음욕은 사랑에서 오고, 생명은 음욕 때문에 생기는데, 중생이 또다시 생명을 사랑하여 음욕을 의지하니, 음욕을 사랑함은 원인이 되고 생명을 사랑함은 결과가 된다.

음욕으로 인해 마음에 맞거나 거스름이 생기며, 그 대상이 사랑의 마음을 거스르면 미움과 질투를 내어 갖가지 업을 짓는다. 여기서 지옥과 아귀가 생긴다. 그러므로 중생이 생사의 윤회를 면하려면, 먼저 탐욕을 끊고 애정의 목마름을 없애야 한다. 보살이 몸을 빌려 세간에 나타나는 것은 애정 때문이 아니다. 중생을 건지고자 자비로운 마음 때문에 탐욕을 빌어 생사의 굴레에 들어온다. 만약 중생이 욕심을 버리고 미워하고 사랑하는 마음을 없애며 윤회를 끊기 위해 부지런히 여래의 원각 경지를 구한다면 깨끗한 마음에서 깨달음을 얻을 것이다.

중생은 본래 음욕을 탐하기 때문에 무명이 나타나고, 두 가지 장애로써 그 깊고 얕음이 드러난다. 첫째는 이치의 장애이니 바른 지견이 막히는 것이고, 둘째는 사물의 장애이니 생사가 계속되는 것이다. 이 두 가지 장애를 끊지 못하면 성불할 수 없다. 모든 중생이 탐욕을 버리고 사물의 장애를 제거했더라도 이치의 장애를 끊지 못하면 성문·독각은 될지언정 보살의 경지에는 이를 수 없다. 그러므로 중생이 여래의 원각에 머무르려면, 원을 세우고 부지런히 두 가지 장애를 끊어야 한다. 두 가지 장애를 끊으면 보살의 경지에 들어갈 수 있으며,

사물과 이치의 장애를 영원히 끊으면 여래의 미묘한 원각에 들어갈 수 있다.

선지식을 만나 그가 닦던 법다운 수행을 의지하면, 거기에는 단박에 깨닫는 방법과 점차 알아가는 방법이 있다. 그러나 여래의 높고 바른 깨달음의 길을 만나면 능력에 관계없이 부처를 이룰 수 있다. 만약 중생이 선지식을 구하려다가 그릇된 지견 가진 이를 만나면 그는 바른 깨달음을 얻지 못할 것이다. 이런 것은 외도外道로서 그릇된 스승의 잘못이지 중생의 허물은 아니다.

보살이 자비한 방편으로 세간에 들어와 깨치지 못한 이를 깨닫게 하기 위해 갖가지 모양을 나투어, 어려운 일이나 쉬운 일이나 그들과 함께하고 교화하여 성불케 하니, 이것은 모두가 시작 없는 옛적부터 청정한 원력에 의지했기 때문이다. 중생이 대원각을 얻을 마음을 내려면 반드시 보살의 깨끗한 큰 원을 내어 이런 말을 해야 한다. '이제 나는 여래의 원각에 머물러 선지식을 찾고 외도나 성문·독각은 만나지 않겠습니다.' 이 원에 의해 수행하여 모든 장애를 점점 끊으면 장애는 없어지고 원이 이루어져 해탈의 깨끗한 법에 올라 크고 미묘한 대원각을 증득할 것이다."

―『원각경圓覺經』「미륵보살장彌勒菩薩章」

제9장

영원한 생명

1. 헤아리기 어려운 여래의 지혜

어느 때 부처님께서는 마음이 평화롭고 순결한 상태인 삼매三昧에서 나와 사리뿟따에게 말씀하셨다.

"여래의 지혜는 매우 깊어 끝이 없으며 그 지혜의 문은 들어가기가 어려워 성문聲聞이나 독각獨覺으로는 알 수 없다. 왜냐하면 여래는 일찍이 한량없는 부처님을 섬기면서 그 가르침을 실행하고 용맹하게 정진하였기 때문이다. 그리하여 명성이 널리 떨쳐졌으며 일찍이 없었던 깊은 법을 성취하고 자유자재로 설법하므로 그 뜻을 알기 어렵다.

사리뿟따여, 내가 성불한 뒤로 여러 가지 인연과 비유로 교법敎法을 널리 말하였고, 무수한 방편으로 중생을 교화하여 집착을 버리게 했다. 여래는 방편과 지견知見으로 바라밀다[1]를 두루 갖추었기 때문이다.

여래의 지견은 넓고 깊으며, 한량없고 걸림 없으며, 자신에 넘치고 두려움 없으며, 한없이 깊은 곳까지 선정과 해탈과 삼매에 들어가 일찍이 없었던 법을 성취한 것이다. 여래는 여러 가지로 분별하여 모든 법을 미묘하게 말하며 말씨가 부드러워 중생의 마음을 즐겁게 한다.

그러므로 더 말하지 말자. 여래가 성취한 것은 보기 드물고 이해하기 어려운 법으로서 여러 여래들만이 그 법의 참 모양을 알 뿐이다. 즉 법은 그러한 모양과 본성과 힘과 작용을 가지고 있고, 그러한 원인과 조건과 결과도 가지고 있으니 결국은 본체와 현상이 하나임을 밝혀낸 것이다."

―『법화경法華經』「방편품方便品」

2. 여래께서 세상에 출현하신 까닭

부처님께서 사리뿟따에게 말씀하셨다.

"네가 그토록 간절히 세 번이나 청하니 어찌 말하지 않을 수 있겠느냐? 너는 자세히 듣고 잘 생각하라. 너를 위해 말하

---

1 완성完成이라는 뜻. 육바라밀이라 하여, 보시布施·지계持戒·인욕忍辱·정진精進·선정禪定·지혜智慧의 덕목이 있다.

겠다."

이와 같이 말씀하셨을 때 그 모임에 있던 비구·비구니·우바새·우바이 오천 명이 자리에서 일어나 부처님께 절하고 물러가 버렸다. 그들은 죄의 뿌리가 깊고 잘난 체하는 사람들이므로 얻지 못한 것을 얻었다 하고 깨닫지 못하고도 깨달았다 한다. 그들에게는 이러한 허물이 있었기 때문에 머물러 있지 않았고, 부처님께서도 말리지 않으셨다. 이때 부처님께서 사리뿟따에게 말씀하셨다.

"여기 남은 대중들은 잎과 가지는 없고 열매뿐이다. 그들처럼 잘난 체하는 사람들은 물러가는 것이 당연하다. 너에게 말하겠으니 자세히 들어라. 이와 같이 미묘한 법은 시절 인연이 닿아야 말하는 것이다. 그것은 마치 우담바라꽃[2]이 때가 되어야 한 번 피는 것과 같다.

사리뿟따여, 너는 여래의 말을 믿어라. 여래의 말은 결코 허황하지 않다. 여래가 말하는 법은 그 뜻을 이해하기 어렵다. 왜냐하면 여래는 무수한 방편과 갖가지 인연과 비유와 이야기로 법을 설하기 때문이다. 이 법은 생각이나 분별로는 이해할 수 없고 여래끼리만 알 수 있다. 그 까닭은 모든 여래는 오로지 한 가지 큰 인연으로 세상에 출현하기 때문이다.

어째서 여래는 한 가지 큰 인연으로 세상에 출현한다 하는

---

2 인도에서 삼천 년 만에 한 번 핀다는 상상의 꽃.

가? 모든 여래는 중생으로 하여금 부처의 지견知見을 열어 청정케 하려고 세상에 출현하며, 중생에게 여래의 지견을 보여주려고 세상에 출현하며, 중생으로 하여금 부처의 지견을 깨닫게 하려고 세상에 출현하며, 중생으로 하여금 여래의 지견에 들어가게 하려고 세상에 출현하기 때문이다."

─『법화경法華經』「방편품方便品」

3. 삼승은 일불승의 방편

부처님께서 사리뿟따에게 말씀하셨다.

"어떤 중생이 안으로 지혜가 있어 여래의 법을 듣고 믿으며 부지런히 정진하여 삼계三界에서 빨리 벗어나려고 열반을 구한다면 그를 성문승聲聞乘이라 한다. 저 아이들이 양의 수레를 가지려고 불타는 집에서 뛰쳐나오는 것과 같다.

또 어떤 중생이 여래의 법을 듣고 믿으며 부지런히 정진하여 자연의 지혜를 구하고, 홀로 있기를 좋아하고 고요한 곳을 즐기며 모든 법의 인연을 깊이 알면 그를 독각승獨覺乘이라 한다. 저 아이들이 사슴의 수레를 가지려고 불타는 집에서 뛰쳐나오는 것과 같다.

또 어떤 중생이 여래의 법을 듣고 믿으며 부지런히 정진하여 일체지一切智와 불지佛智와 자연지自然智와 무사지無師智와 여래의 지견과 두려움 없음을 구하고, 한량없는 중생을 가엾이 여겨 그들을 편안케 하며, 세상 사람들을 이롭게 하고 그들을 제도하면 그를 대승보살大乘菩薩이라 한다. 저 아이들이 소의 수레를 가지려고 불타는 집에서 뛰쳐나오는 것과 같다.

 자식들이 불타는 집에서 무사히 나와 안전한 곳에 있는 것을 본 부유한 상인이 자기 재산이 한량없으므로 자식들에게 큰 수레를 평등하게 나누어 주듯이, 여래는 모든 중생의 어버이이므로 한량없는 중생이 여래의 법문으로 삼계의 괴롭고 험한 길에서 나와 열반의 즐거움을 얻게 한다. 여래는 이것을 보고 이와 같이 생각한다. '내게는 끝없는 지혜와 힘과 두려움 없는 여래의 법장法藏이 있고, 이 중생은 모두 내 자식들이니 평등하게 대승법을 주어 모두 여래의 열반을 얻게 하리라.' 이와 같이 생각하고 중생에게 여래의 선정과 해탈의 기쁨을 준다.

 저 부유한 상인이 처음에는 세 가지 수레로써 불타는 집에서 아이들을 나오게 했지만, 그 뒤 수많은 보배로 장식된 으뜸가는 큰 수레를 주었다. 여래도 그와 같이 처음에는 삼승三乘[3]으로 중생을 인도하다가 나중에는 대승大乘으로써 제도하여 해탈케 한다. 여래에게는 한량없는 지혜와 힘과 두려움 없

---

3 성문승聲聞乘·연각승緣覺乘·보살승菩薩乘이란 물건을 실어 옮기는 수레처럼 중생을 열반의 기슭에 이르게 한다는 비유.

는 법장이 있어 모든 중생에게 대승법을 줄 수 있지만, 중생은 알아듣지 못한다. 그러므로 여래는 일불승一佛乘에서 방편으로 삼승을 분별하여 말한 것임을 알아야 한다."

—『법화경法華經』「비유품譬喩品」

4. 집을 나갔던 아들

수부띠가 부처님께 말씀드렸다.

"부처님, 제가 비유를 들어 말하겠습니다. 어떤 사람이 어렸을 때 집을 나가 여기저기 떠돌아다니면서 오십 년을 보냈습니다. 이제 몸은 늙고 가난하여 의식을 찾아 사방으로 헤매다가 우연히 옛날의 고향으로 들어섰습니다. 그는 품을 팔면서 이 집 저 집 다니다가 마침내 부모가 사는 집에 이르러 문밖에서 기웃거렸습니다. 그때 부유한 상인은 그가 자기 아들임을 한눈에 알아보고 반가워 어쩔 줄을 몰랐습니다. 그리고 이렇게 생각했습니다. '내 창고에 가득한 재산을 이제 전해 줄 사람이 생겼다. 나는 집 나간 아들을 밤낮으로 생각했지만 그를 만날 수 없었는데 이제 제 발로 돌아왔으니 내 소원을 이루게 됐구나.' 부유한 상인은 하인을 시켜 곧 그를 데려오도록 하였습니다. 그런데 아들은 자기를 붙드는 사람을 보고 놀라면서 '나는 아무 잘못이 없는데 왜 붙잡습니까?' 하고 뿌리치며 달아나 버렸습니다. 아들이 놀라 달아나는 것을 보고 그 상인은 한 꾀를 생각했습니다. 이번에는 아들처럼 형색이 초라하고 보잘것없는 두 하인을 보내면서 이렇게 당부했습니다. '너희들은 그에게 가서 좋은 일자리가 있는데 거기서는 삯을 갑절로 주니 함께 가지 않겠느냐고 해 보아라. 그래서 그가 좋아하면 데리고 오너라. 그리고 그가 무슨 일을 하느냐고 물으면 쓰레기를 치우는 일이라고 하라.'

그때 두 하인은 부유한 상인의 아들을 찾아가 그와 같이 말했습니다. 그날부터 그는 그 상인의 집에서 삯을 받고 일하게 되었습니다. 세월이 지남에 따라 점차 두려움도 사라지고 그 상인의 집안일에 익숙하게 되었습니다. 그러나 아직도 그 상인이 자기의 아버지인 줄은 모르고 있었습니다.

어느 날 그 상인은 병이 났습니다. 죽을 날이 가까워 온 줄을 알고 일꾼인 아들을 불러 이렇게 말했습니다. '내게는 금은보배가 많아 창고마다 가득 차 있다. 그 안에 있는 재산이 얼마인지 알아두고, 남에게 받고 줄 것도 모두 네가 맡아서 처리해 다오. 이제는 나와 네가 다를 것 없으니 조심해서 잘 관리하라.'

얼마 후 그 상인은 아들의 마음이 점점 트이게 되고 예전에 스스로 못났다고 하던 생각이 없어진 줄을 알았습니다. 죽음이 임박해진 어느 날 그 상인은 아들을 시켜 친척과 국왕과 왕족과 거사들을 모이게 하고 이와 같이 말했습니다.

'이 사람은 본래 내 아들입니다. 그는 어렸을 때 집을 나가 여러 곳으로 헤매 다니기를 오십여 년이나 했습니다. 그동안 나는 아들을 찾기 위해 갖은 애를 썼지만 찾을 수 없었습니다. 그런데 뜻밖에 여기서 만나게 되었습니다. 내가 가졌던 모든 재산을 이 아들에게 넘겨줍니다. 앞으로는 모든 일을 아들이 대신 맡아 할 것입니다.'

이때 아들은 그 상인의 말을 듣고 비로소 아버지임을 알았습니다. 뜻밖의 일을 당해 어리둥절해하며 '나는 이 재산에 대해서 어떠한 희망도 가지지 않았는데, 이제 이 엄청난 재산이 저절로 들어왔구나.' 하고 기뻐했습니다.

부처님, 큰 재산을 가진 그 상인은 곧 여래이시고, 가난했던 아들은 바로 저희들과 같습니다. 그러므로 저희들은 여래의 아들입니다. 저희들은 어리석은 탓으로 소승법小乘法에 집착하여 열반의 하루 품삯으로 만족하고 있었습니다. 그러나 그것이 대승법을 보이기 위한 방편임을 이제야 알았습니다. 저희들은 본래부터 바라지도 않았는데 법왕法王의 큰 보배가 저절로 들어온 것입니다."

―『법화경法華經』「신해품信解品」

5. 한 구름에서 내리는 비이지만

부처님께서 까샤빠와 큰 제자들에게 말씀하셨다.

"여래는 모든 법의 왕이다. 그러므로 그 말이 결코 허황하지 않다. 모든 법에 대해 지혜와 방편으로 말하고, 그 말하는 법은 모든 것을 아는 지혜의 경지에 이르렀다. 여래는 모든 법의 돌아갈 곳을 관찰하여 알고, 중생의 마음을 꿰뚫어 보며, 모든 법을 끝까지 잘 알아 중생에게 온갖 지혜를 보여 준다. 비유하면, 삼천대천세계三千大千世界의 산과 강과 골짜기와 평지에서 자라는 초목과 숲과 약초의 종류가 많지만 각기 그 이름과 모양이 다르다. 비가 내리면 모든 초목과 숲과 약초들의 뿌리와 줄기와 가지와 잎이 두루 젖는다. 한 구름에서 내리는 비이지만 그 초목의 종류와 성질에 따라 저마다 달리 자라며 꽃을 피우고 열매를 맺는다. 같은 땅에서 나고 같은 비에 젖지만 여러 가지 초목이 각기 다른 것이다.

여래도 그와 같다. 마치 거대한 구름이 솟아오르듯이, 여래께서도 이 세상에 나타나시어 인간, 천신, 아수라를 포함한 모든 세간에 말씀으로 알리신다. 이는 마치 거대한 구름이 삼천대천세계를 두루 덮는 것과 같다. 여래가 설하는 법은 차별이 없는 한 모습이고 구름에서 내리는 비처럼 하나의 같은 맛이다. 즉 해탈과 열반이다. 해탈과 열반은 모든 지혜에 이르는 길이다. 어떤 중생이든 여래의 법을 듣고 그대로 행하면 그 공덕은 스스로 알 수 없을 만큼 한량이 없다."

―『법화경法華經』「약초유품藥草喩品」

6. 신통력으로 만든 성

부처님께서 비구들에게 말씀하셨다.

"여래는 방편으로 중생의 성품에 깊이 들어가 그들이 소승법을 좋아하고 오욕락五欲樂에 탐착함을 알고 열반법을 설한다. 그들이 그것을 들으면 그대로 믿고 행한다. 비유하면 오백 요자나(yojana)나 되는 멀고 험난하고 인적마저 끊어진 길이 있는데, 많은 사람들이 이 길을 지나 진귀한 보물이 있는 곳으로 가고자 했다. 이때 한 길잡이가 있었는데 그는 총명하고 지혜가 많아 이 험한 길의 지리를 잘 알고 있어 여러 사람들을 데리고 그 길을 지나려고 했다.

그런데 따라오던 사람들이 피로에 지친 끝에 그만 되돌아갈 마음이 생겨 길잡이에게 말했다. '우리들은 너무 피로하고 무서워 더 나아갈 수 없소. 앞길은 아직도 멀었으니 그만 되돌아가야겠소.' 길잡이는 이렇게 생각했다. '이 사람들은 참으로 딱하다. 어째서 눈앞의 진귀한 보물을 버리고 되돌아가려고 할까?' 그는 방편으로 삼백 요자나쯤 지난 곳에 신통력으로 한 도성都城을 만들어 여러 사람들에게 보이며 말했다. '무서워 말고 되돌아가려고도 생각지 마시오. 저 앞의 큰 도성을 보시오. 거기에는 모든 것이 갖추어져 있어 마음대로 즐길 수 있고 편히 쉴 수도 있소. 그리고 거기만 가면 보물이 있는 곳도 멀지 않소.'

지쳐 있던 사람들은 새 기운을 얻어 다들 기뻐했다. 이제는 험한 길을 벗어나 즐겁고 편안함을 얻게 됐다고 생각했다. 이리하여 사람들은 신통력으로 만든 도성에 다다라 편안하다는 생각을 갖게 되었다. 이때 길잡이는 그들이 잘 쉬어 피로가 가신 것을 보고 그 도성을 없애고 여러 사람들에게 말했다. '당신들은 조금만 더 힘을 내시오. 보물이 있는 곳이 여기서 멀지 않소. 아까 있던 도성은 내가 신통력으로 만든 것이오.'

비구들이여, 여래도 그와 같다. 지금 너희들의 길잡이가 되어 생사와 번뇌의 험난하고 아득한 길을 벗어나게 한다. 만약 중생이 대승법만을 들으면 여래를 만나 보려 하거나 가까이하려고도 하지 않는다. 여래의 길이 너무 아득하여 오랫동안 수행을 쌓아야만 이를 수 있다고 생각하기 때문이다.

여래는 중생의 마음이 약한 줄 알아 방편을 써서 도중에서 쉬게 하려고 이승二乘[4]의 열반을 말한 것이다. 중생이 이승의 경지에 머무르면 그때 여래는 다음과 같이 말한다. '너희들은 아직 할 일을 다 하지 못했다. 지금 너희가 머물러 있는 자

---

[4] 성문·연각의 최고 수행 경지.

리는 여래의 지혜에 가까우니 잘 살피고 생각해 보라.' 너희가 얻은 열반은 진실한 것이 아니다. 다만 여래가 방편으로써 일불승一佛乘을 분별하여 삼승三乘을 말한 것이다. 마치 저 길잡이가 휴식을 위해 신통력으로 만든 도성의 경우와 같다. 그러므로 잘 쉴 줄 알면 '보물이 있는 곳은 여기서 멀지 않다. 이 성은 내가 신통력으로 만든 것이다.'라고 다시 말한다."

―『법화경法華經』「화성유품化城喩品」

7. 뿌르나의 변재

부처님께서 여러 비구에게 말씀하셨다.

"너희들은 이 뿌르나를 보느냐? 나는 항상 법을 말하는 사람 중에서 그가 제일이라고 칭찬했다. 또 그의 여러 가지 공덕을 찬탄하자면 이렇다. 뿌르나는 내 법을 수호하고 널리 펴며, 사부대중四部大衆에게 가르쳐 그들을 이롭고 기쁘게 하며, 여래의 바른 법을 원만하게 해석하여 청정한 계행을 닦는 이들에게 크게 이익을 주므로 여래 이외에는 그의 변재를 따를 이가 없다.

그러나 너희들은 뿌르나가 내 법만을 수호하여 널리 편다고 생각해서는 안 된다. 그는 지난 세상에 구십억 부처님 처소에서도 그 부처님들의 바른 법을 수호하여 널리 폈으며, 그곳에서도 법을 설하는 사람들 중에 으뜸이었다. 또 여러 부처님들께서 설하신 공空한 법을 분명히 알아 네 가지 걸림 없는 지혜를 얻었으며, 항상 자세히 생각하고 청정하여 법을 설하면서 의혹이 없었다. 보살의 신통력을 갖추고 목숨이 다하도록 항상 청정한 계행을 닦았으므로 그때 사람들이 모두 그를 참다운 성문聲聞이라고 말했다.

뿌르나는 이런 방편으로 한량없는 중생을 이롭게 하였고, 무수한 사람들을 교화하여 최상의 깨달음에 이르게 했다. 불국토를 청정하게 하려고 항상 불사佛事를 일으켜 중생을 교화했다. 뿌르나는 과거의 일곱 부처님 때에도 법을 설하는 사람들 중에 으뜸이었고, 지금도 그러하며, 미래에도 또한 그러할 것이다. 그때마다 여래의 법을 수호하고 널리 펴서 무수한 중생을 교화하여 최상의 깨달음에 이르게 할 것이다. 그는 여래의 국토를 청정하게 하기 위해 항상 이와 같이 부지런히 정진하고 중생을 교화하여 차츰 보살의 도를 두루 갖출 것이다. 뿌르나는 한량없는 아승기겁[5]을 지난 다음 세상에서 최상의 깨달음을 얻을 것인데 그 이름을 법명法名여래라고 할 것이다."

― 『법화경法華經』 「오백제자수기품五百弟子受記品」

---

[5] 한량없는 시간.

8. 여래의 방에 들어가 법을 설하라

부처님께서 약왕藥王보살에게 말씀하셨다.

"많은 사람들이 집에 있거나 출가해서 보살의 도를 수행하면서 『묘법연화경妙法蓮華經』을 보고 듣고 읽고 외우고 쓰고 지녀 공양하지 않으면 이 사람은 보살의 도道를 잘 행하지 못하는 것이고, 이 경전을 듣는 사람이라야 보살의 도를 잘 행하는 사람이다. 불도를 얻고자 하는 어떤 중생이 이 『묘법연화경』을 보거나 들으며 들은 후에 믿고 이해하고 받아 지닌다면 그는 최상의 깨달음을 얻을 것이다.

높은 산등성이에 우물을 팔 때 마른 흙이 나오는 것을 보면 물줄기가 멀리 있는 줄 짐작하지 않느냐. 그러나 쉬지 않고 파 내려가면 젖은 흙이 나오고 점점 더 깊이 파서 진흙이 나올 때쯤은 물이 가깝다는 것을 알게 된다. 보살도 그와 같다. 이 『묘법연화경』을 듣지도 못하고 이해하거나 닦아 익히지도 못한다면 그는 최상의 깨달음에서 아직 멀리 있다. 만일 듣고 이해하고 생각하고 받아 익힌다면 그는 최상의 깨달음에 가까워진 것이다. 왜냐하면 모든 보살들의 최상의 깨달음이 이 경에 들어 있기 때문이다.

이 경전은 방편의 문을 열어 실상實相을 보여 준다. 『법화경』의 법장法藏은 깊고 멀어 쉽게 도달할 사람이 없지만, 이제 여래가 보살들을 교화하고 그들의 깨달음을 성취시키기 위해 열어 보이는 것이다. 만일 보살이 이 『법화경』을 듣고 놀라 의심하고 두려워하면 그는 새로 발심한 보살로 여겨질 것이다. 그러나 성문에 속하는 이가 이 법문을 두려워해 공포에 빠진다면 그는 성문에 속하는 자만심에 빠진 이로 여겨질 것이다.

선남자 선여인이 여래가 열반한 뒤에 사부대중을 위해 이 『법화경』을 설하려면 어떻게 해야 하는가. 그는 여래의 방에 들어가 여래의 옷을 입고 여래의 자리에 앉아 이 경을 설해야 한다. 여래의 방이란 모든 중생에 대한 자비스런 마음이요, 여래의 옷이란 부드럽고 화평하고 욕됨을 참는 마음이며, 여래의 자리란 모든 존재의 공空한 것을 말한다. 이런 가운데 편히 머물러 게으르지 않은 마음으로 여러 보살과 사부대중을 위해 『법화경』을 널리 설해야 한다."

―『법화경法華經』 「법사품法師品」

9. 보살이 가까이해야 할 곳

부처님께서 문수보살에게 말씀하셨다.

"만약 보살이 말세에 이 경을 해설하려면 다음과 같은 법에 편히 머물러야 한다. 첫째는 보살의 행할 바와 가까이할 곳에 머무르며 중생을 위해 이 경을 설해야 한다. 보살은 욕됨을 참는 자리에 머물러 부드럽고 화평하고 착하고 순종하면서 놀라는 일이 없어야 한다. 또 법에 대해서도 행한다는 생각이 없어 모든 존재의 실상을 관찰하여 행함도 없고 분별하지도 말아야 한다. 이것이 바로 보살의 행할 바이다.

보살은 국왕이나 왕자나 대신이나 관리들과 가까이하지 말고, 브라만이나 사교邪敎를 믿는 이와 가까이해서도 안 된다. 흉악한 장난이나 서로 때리고 겨루는 이들과 가까이하지 말며, 백정이나 사냥꾼이나 여러 가지 나쁜 일에 종사하는 사람들과도 가까이하지 말아야 한다. 만일 이런 사람들이 찾아오면 그들에게 법을 말해 줄 뿐 아무것도 바라지 말아야 한다. 또 소승小乘을 좋아하는 사람들과도 가까이하지 말고 문안하지도 말며, 방안에서나 거닐 때도 함께 있지 말아야 한다. 혹시 그들이 찾아오면 근기根機에 따라 법을 설해 줄 뿐 바라는 것이 있어서는 안 된다.

또 보살이 여인에게 이끌려 법을 연설해서는 안 되며 대면하기를 좋아해서도 안 된다. 만일 남의 집에 가더라도 젊은 여인과 함께 이야기하지 말며, 혼자서 남의 집에 들어가지 말고, 일이 있어 혼자 들어가게 될 때는 일념으로 여래를 생각해야 한다. 여인에게 법을 설할 때는 이를 드러내 웃지 말고 옷깃을 헤쳐 보이지 말며, 설사 법을 위해서일지라도 그들과 친하지 말아야 한다. 또 나이 어린 제자나 사미沙彌나 어린아이를 양육하지 말며, 항상 좌선坐禪을 좋아하여 한적한 곳에서 마음을 잘 닦아야 한다.

또 보살은 모든 존재가 공하여 실상도 이와 같음을 관찰하여 뒤바뀌거나 흔들리지 말고 물러서지도 말아야 한다. 마치 허공의 성질이 아무것도 없는 것처럼, 이 모든 것은 실재가 아니며 나타난 것도 아니고 생긴 것도 아니며, 이름과 모양도 없고 참으로 있는 것이 아니어서 한량없고 그지없으며 걸림과 막힘도 없다. 다만 그것은 인연으로 있는 것이며 뒤바뀜으로 해서 생길 뿐이다. 그러므로 항상 존재의 진실한 모양을 잘 관찰하라고 말하는 것이다. 바로 이것이 보살이 가까이할 곳이다.

둘째로, 말세에 이 경을 설하려면 안락한 행에 머물러야 한다. 입으로 설하거나 독경할 때에는 남의 허물과 경전의 허물을 말해서는 안 된다. 또 다른 교법을 말하는 법사法師를 경멸하거나 남의 장단점을 들어 미워하거나 싫어하는 생각을 해서도 안 된다. 이와 같이 안락한 마음으로 듣는 사람들의 마음에 거슬리지 않도록 해야 한다. 질문을 받더라도 소승법으로 대답하지 말고 대승법으로 해설하여 모든 지혜를 얻게 해야 한다."

―『법화경法華經』「안락행품安樂行品」

10. 땅에서 솟아오른 보살들

부처님께서 미륵보살에게 말씀하셨다.

"미륵보살이여, 헤아릴 수 없이 많은 큰 보살이 땅에서 솟아 올라오는 것을 그대들은 예전에 보지 못했다고 했다. 나는 이 사바세계에서 최상의 깨달음을 얻은 뒤부터 이 보살들을 교화하고 인도하여 그들의 마음을 다스리고 도道에 대한 마음을 내도록 해 왔다. 이 보살들은 모두 이 사바세계에 머물러 있으면서 모든 경전을 읽고 외우고 통달하여 생각하고 분별하며 바르게 기억했다.

이 선남자들은 대중 가운데 있으면서 여러 말 하기를 좋아하지 않고, 고요한 곳에서 부지런히 정진하기를 즐겨 잠깐도 쉬지 않았다. 인간에나 천상에 머물지 않고 깊은 지혜를 좋아하여 걸림이 없으며, 여래의 법을 좋아해 일심으로 정진하면서 위없는 지혜를 구했다."

이때 미륵보살과 많은 보살은 처음 듣는 말씀에 의심을 내어 '부처님께서 어떻게 이 짧은 세월 동안 그렇게 많은 보살을 교화하여 최상의 깨달음에 머물게 하셨을까?' 하고 생각했다. 그래서 곧 부처님께 여쭈었다.

"부처님, 부처님께서는 태자로 계시다가 샤꺄족의 궁궐에서 나오시어 가야성에서 얼마 멀지 않은 도량에 앉아 최상의 깨달음을 이루셨습니다. 그때부터 지금까지 사십여 년이 되었는데 부처님께서는 어떻게 이 짧은 시간에 그렇게 큰 불사佛事를 지으셨으며, 어떻게 수많은 큰 보살을 교화하여 최상의 깨달음을 이루게 하셨습니까?

부처님, 이 큰 보살들은 어떤 사람이 천만억 겁 동안을 두고 세어도 다 셀 수 없으며 그 끝을 알 수 없을 것입니다. 그들은 오랜 세월부터 지금까지 한량없고 그지없는 부처님 계시는 곳에서 선근善根을 심고 보살의 도를 성취하며 항상 청정한 계행을 닦았을 것입니다. 부처님께서 그들을 교화하여 최상의 깨달음을 얻게 하셨다는 것은 세상 사람들로서는 믿기 어렵습니다.

　만일 얼굴이 팽팽하고 머리카락이 검은 스물너덧 되는 젊은이가 백 살 된 노인을 가리켜 내 아들이라고 하고, 백 살 된 노인이 그 젊은이를 자기 아버지라 한다면 믿을 수 없을 것입니다. 부처님께서도 그와 마찬가지로 도를 얻으신 지 오래되지 않았는데 이 보살 대중은 이미 한량없는 천만억 겁 전부터 불도를 위해 부지런히 정진해 왔습니다. 그들은 한량없는 백천만억 삼매에 잘 머물면서 큰 신통력을 얻고 오래도록 청정한 계행을 닦았습니다. 또 모든 선한 법을 차례로 익혀 문답에 능하니 사람 가운데 보배이며 모든 세간에서 매우 드문 이들입니다. 그런데 오늘 부처님께서는 그들을 부처님께서 도를 얻으셨을 때 처음으로 마음을 내게 하고 교화하며 지도하여 최상의 깨달음에 나아가게 했다고 말씀하셨습니다.

　부처님께서 성불하신 지가 오래되지 않았는데 이렇게 큰 공덕을 어떻게 지으셨습니까? 저희들은 부처님께서 설하신 법이나 하시는 말씀이 허황됨이 없다고 믿으며, 또 부처님께서 알려 주신 바를 다 통달하였습니다. 그러나 만일 새로 발심한 보살들이 부처님께서 열반하신 뒤에 이 말을 듣는다면 혹 믿지 아니하고 법을 파괴하는 죄업의 인연을 일으킬까 염려됩니다. 바라건대 부처님께서 말씀하시어 저희들의 의심을 덜게 하시고, 오는 세상의 모든 선남자들도 이 사실을 듣고 의심을 내지 않게 해 주십시오."

— 『법화경法華經』「종지용출품從地涌出品」

11. 한량없는 여래의 수명

부처님께서 여러 보살과 대중에게 말씀하셨다.
"선남자들이여, 그대들은 여래의 진실하고 참된 말을 믿으시오."
이때 보살들 중에서 미륵보살이 부처님께 말했다.
"부처님, 말씀하여 주십시오. 저희들은 부처님 말씀을 믿겠습니다."
부처님께서는 이렇게 말씀하셨다.
"그대들은 여래의 비밀하고 신통한 힘을 자세히 들으라. 모든 세간의 천신과 사람과 아수라들이 말하기를 '샤꺄무니 부처님은 샤꺄족의 궁전에서 나와 가야성에서 멀지 않은 도량에 앉아 최상의 깨달음을 얻었다.'고 하지만, 참으로 내가 성불한 것은 한량없고 그지없는 백천만억 나유따(nayuta) 겁[6] 전이다. 가령 어떤 사람이 삼천대천세계를 부수어 그것으로 티끌을 만들어 동쪽으로 가면서 무량 아승기 세계를 지날 때마다 한 티끌씩 버리어 그 티끌이 다하도록 한다고 해 보자. 그대들은 그 세계의 수효를 생각하고 헤아릴 수 있겠는가?"

미륵보살과 대중이 부처님께 대답했다.

"부처님, 그와 같은 세계는 한량이 없어 숫자로도 알 수 없고 생각으로도 미칠 수 없습니다. 성문聲聞이나 독각獨覺들이 번뇌가 없는 지혜로 생각하여도 알 수 없고, 물러감이 없는 지위(不退轉位)에 있는 저희들도 그런 일은 통달할 수 없습니다. 그와 같은 세계의 수효는 한량이 없고 그지없겠습니다."

이때 부처님께서는 보살들에게 말씀하셨다.

"이제 분명히 말하겠다. 이 모든 세계를 부수어서 티끌을 만들어 한 티끌로 한 겁을 삼는다 해도 내가 성불한 것은 이보다 훨씬 많은 백천만억 나유따 겁 이전이다. 그때부터 나는 항상 이 사바세계에 머물러 법을 설해 교화하였고, 다른 백천만억 나유따 아승기 국토에서도 중생을 교화하여 이롭게 했다. 나는 한량없는 과거로부터 무한한 미래에 이르기까지 살아 있지만 이 중간에서 내가 연등불이라고 하는 등 여러 이름의 부처님으로 이 세상에 출현하였음을 설하였고, 또 그 부처

---

6 셀 수 없이 많은 시간을 말함.

님들이 세상을 떠나시는 열반도 설하였으나 이것은 모두 중생을 교화하기 위한 방편이었을 뿐이다.

선남자들이여, 만일 어떤 중생이 내가 있는 곳에 찾아오면 나는 여래의 눈으로 그의 신심과 근기의 날카롭고 둔함에 따라 제도할 바를 설했다. 곳곳에서, 여러 이름과 다양한 나이의 부처로 출현하기도 하고 열반에 들기도 하면서, 또 여러 가지 방편으로 미묘한 법을 설하여 중생으로 하여금 기쁜 마음을 일으키게 한 것이다.

선남자들이여, 또한 여래는 중생 가운데서도 소승의 법을 좋아하여 박덕하고 업장이 무거운 이들을 위하여 '나는 젊어서 출가하여 최상의 깨달음을 얻었다.'고 말해 왔다. 내가 성불한 지가 매우 오래되었는데 이렇게 말한 것은 중생을 교화하여 불도에 들게 하려는 방편이었다.

선남자들이여, 여래께서 말씀하신 경전들은 중생구제를 위한 것이니, 어느 때에는 특정한 모습으로 출현하시는 부처님에 대해 설하기도 하고, 어느 때에는 부처님의 몸으로 이 세상에 출현하시기도 하고, 어느 때에는 다른 성인이나 훌륭한 사람으로 출현하시기도 하니, 그 형태는 여러 가지로 변하지만 설하시는 것은 모두 진실하여 허황하지 않다.

왜냐하면 여래는 욕계·색계·무색계의 참 모습을 있는 그대로 꿰뚫어 볼 수 있기 때문이다. 삼계의 모든 것은 사라지지도 않고 나타나지도 않으며 모든 생명체는 그대로 살아 있을 뿐, 이 세상에 있다든가 세상을 떠난다고 하는 것은 본래 없는 것이다. 눈앞에 사물이 실제로 있다고 보는 것도 잘못이며 없다고 단정하는 것도 잘못이다. 그래서 여래는 중생이 삼계를 보는 것처럼 보지 않는다.

여래는 이런 일을 밝게 보기 때문에 그릇됨이 없지만, 중생에게는 갖가지 성품과 욕망과 행동과 생각과 분별이 있기 때문에 그들로 하여금 선근을 내게 하려고 온갖 인연과 비유와 말로 여러 가지 법을 말한 것이다. 여래는 여래의 할 일을 하면서 잠시도 쉬지 않았다. 이와 같이 내가 성불한 지가 헤아릴 수 없이 오래되었고, 수명은 한량없는 아승기 겁 동안에 머물러 멸하지 않았다.

내가 본래 보살도를 행하여 이룩한 수명은 아직도 다하지 않아 위에 말한 수명의 여러 곱절이 될 것이다. 실제로는 열반이 없지만 앞으로 열반하리라고 말한 것은 여래가 중생을 교화하기 위한 방편이다. 만일 여래가 세상에 오래 머문다면 박덕한 사람들이 선근을 심지 않아 가난하고 미천하며, 오욕락을 탐하고 허황한 소견에 빠질 것이다. 또 여래가 항상 머물러 열반하지 않음을 보고는 교만한 마음을 내며 게으르고 싫어하는 생각을 품어 만나기 어렵다는 생각과 공경하는 마음을 내지 않을 것이다.

그러므로 여래는 '비구들은 여래가 세상에 출현하는 것을 만나기 어려운 일인 줄 알아라. 박덕한 사람들은 한량없는 백

천만억 겁을 지나 혹 여래를 보기도 하고 보지 못하기도 한다. 이와 같이 여래를 만나기란 매우 어려운 일이다.'라고 방편으로 말하는 것이다. 중생이 이런 말을 들으면 반드시 만나기 어렵다는 생각을 내고 사모하는 마음을 품어 여래를 갈망하고 선근을 심게 되므로 실제로는 열반하는 것이 아니지만 열반한다고 말하는 것이다. 모든 여래의 법도 이와 같아서 중생을 제도하기 위한 것이므로 진실하여 허황하지 않은 것이다."

―『법화경法華經』「여래수량품如來壽量品」

12. 독경의 공덕

부처님께서 미륵보살에게 말씀하셨다.

"어떤 중생이 여래의 수명이 이처럼 길다는 말을 듣고 한 생각이라도 믿음을 낸다면 그가 얻은 공덕은 한량이 없을 것이다. 만일 선남자 선여인이 최상의 깨달음을 위해 팔십만억 나유따 겁 동안에 지혜바라밀다를 제외한 보시·지계·인욕·정진·선정의 다섯 바라밀다를 행하여 얻는 공덕을 앞의 공덕에 비한다면 백천만억 분의 일에도 미치지 못하며 숫자로는 헤아릴 수 없다. 만일 선남자 선여인에게 이러한 공덕이 있으면 최상의 깨달음에서 물러나는 일이 없을 것이다.

또 어떤 사람이 부처님께서 수명이 길다는 말을 듣고 그 뜻을 이해한다면 이 사람이 얻는 공덕은 한량이 없어 여래의 위 없는 지혜를 일으키게 될 것이다. 하물며 이 경을 많이 듣거나 남으로 하여금 듣게 하고, 스스로 지니거나 남에게 지니게 하며, 자기가 쓰거나 남을 시켜 쓰게 하고, 또 꽃과 향으로 경전에 공양한다면 이 사람의 공덕은 한량이 없어 모든 것을 아는 지혜를 내게 될 것이다. 여래의 수명이 길다는 말을 듣고 간절한 마음으로 믿고 이해하면, 곧 여래가 항상 영취산[7]에 계시면서 대보살과 성문들에게 둘러싸여 법문하는 것을 보게 될 것이다.

  또 여래가 열반한 뒤에 이 경을 듣고 비방하지 않고 기뻐하는 마음을 내면 그것이 깊이 믿고 이해하는 모습이다. 하물며 읽고 외우고 받아 지니는 사람은 더 말해 무엇 하겠는가. 그는 여래를 머리 위에 받드는 것이나 다름없다. 이런 선남자 선여인은 다시 나를 위해 탑을 쌓고 절을 짓거나 침상·의복·음식·약 등의 네 가지로 공양할 필요가 없다. 그 까닭은 선남자 선여인이 이 경전을 받아 지니고 읽고 외우면, 이미 탑을 쌓고 절을 지어 승단을 공양한 것이나 다름없기 때문이다."

―『법화경法華經』「분별공덕품分別功德品」

---

7 중인도 마가다의 라자그리하 부근에 있는 산 이름. 이 산에서 부처님께서 『법화경』을 설법하셨다.

13. 여래의 은혜를 갚으려면

어느 때 부처님께서 법의 자리에서 일어나 큰 신통력을 나타내어 오른손으로 보살들의 이마를 만지며 이렇게 말씀하셨다.

"내가 한량없는 백천만억 아승기 겁 동안 닦아 얻은 최상의 깨달음을 이제 그대들에게 부탁하여 맡기노니, 그대들은 한결같은 마음으로 오래오래 이 법을 받아 지니고 읽고 외워서 널리 펴며, 모든 중생이 잘 듣고 알게 하라. 왜냐하면 여래는 큰 자비가 있고 아끼고 탐하는 것이 없으며 두려운 것도 없어서, 중생에게 여래의 지혜와 자연의 지혜를 주기 때문이다. 그러므로 여래는 모든 중생의 큰 시주施主이다. 그대들도 여래의 법을 따라 배우되 아끼고 탐하는 생각을 내서는 안 된다.

미래에 선남자 선여인이 여래의 지혜를 믿는 이가 있으면 그 사람에게 『법화경』을 설하라. 만일 어떤 중생이 믿지 않으면 여래의 다른 깊고 묘한 법을 가르쳐 그들을 이롭고 기쁘게 하라. 그대들이 이렇게 하면 모든 여래의 은혜에 보답하게 될 것이다."

―『법화경法華經』「촉루품囑累品」

14. 관세음보살을 부르는 공덕

어느 때 무진의無盡意보살이 부처님께 여쭈었다.

"부처님, 관세음보살은 무슨 인연으로 관세음보살이라 합니까?"

부처님께서 말씀하셨다.

"한량없는 백천만억 중생이 여러 가지 괴로움을 당할 때 관세음보살의 이름을 듣고 한마음으로 그 이름을 부르면 관세음보살은 곧 그 음성을 듣고 그들을 다 해탈케 한다. 관세음보살의 이름을 지니는 이는 설사 큰 불 속에 들어가도 이 보살의 위신력威神力으로 불이 그를 태우지 못한다. 큰물에 떠내려가더라도 그 이름을 부르면 곧 얕은 곳에 이르게 된다. 진귀한 보배를 얻으려고 큰 바다에 들어갔다가 폭풍으로 나찰羅刹의 나라에 표착했을 때 그 가운데 한 사람이라도 관세음보살의 이름을 부르는 이가 있으면 여러 사람들이 모두 나찰의 난을 벗어날 수 있을 것이다.

또 어떤 사람이 화를 입게 되었을 때 관세음보살을 부르면 그들이 가졌던 흉기가 부서져서 화를 면하게 될 것이다. 삼천대천세계에 가득 찬 야차나 나찰들이 와서 사람들을 괴롭히려 하여도 관세음보살 부르는 소리를 들으면 이 악귀들은 해치기는커녕 흉악한 눈으로 바라보지도 못할 것이다. 또 어떤 사람이 죄가 있든 없든 손발이 쇠고랑에 채워지고 몸이 사슬에 묶였더라도 관세음보살을 부르면 쇠고랑과 사슬이 모두 다 부서져 곧 벗어나게 될 것이다.

진귀한 보물을 가진 상인들이 도적떼가 들끓는 험한 길을 지나갈 때 그중에 한 사람이 '무서워하지 말고 지극한 마음으로 관세음보살을 부르시오. 이 보살은 중생의 두려움을 없애 주니 그 이름만 불러도 도적들의 재난을 면하게 됩니다.'라고 말했다. 이 말을 들은 여러 상인들이 함께 소리 내어 '나무관세음보살' 하고 그 이름을 부르면 곧 재난을 면하게 될 것이다. 관세음보살의 위신력은 이와 같이 헤아리기 어려울 정도로 많고 크다. 음욕이 많은 중생이 항상 관세음보살을 생각하고 공경하면 곧 그 음욕을 버리게 될 것이다. 미워하고 성내는 마음이 많더라도 항상 관세음보살을 생각하고 공경하면 성내는 마음을 버릴 수 있고, 업장이 두터워 어리석더라도 항상 관세음보살을 생각하고 공경하면 어리석음을 버리게 될 것이다.

관세음보살은 이와 같이 큰 위신력이 있어 중생을 이롭게 하니 항상 마음으로 관세음보살을 생각해야 한다. 어떤 여인이 아들 낳기를 원하여 관세음보살께 예배하고 공경하면 복덕과 지혜 있는 아들을 낳을 것이며, 딸 낳기를 원하면 단정하고 잘생긴 딸을 낳을 것이다. 그는 전생에 덕의 종자를 심었으므로 모든 사람의 사랑과 존경을 받게 될 것이다.

이와 같이 관세음보살을 공경하고 예배하면 복이 있을 것이니 중생은 모두 관세음보살의 이름을 받들어야 한다."

—『법화경法華經』「관세음보살보문품觀世音菩薩普門品」

제10장

열반의 기쁨

1. 강물은 바다로

부처님께서 제자 까샤빠에게 말씀하셨다.

"너에게 여래가 얻은 오래 사는 업業을 말하겠으니 자세히 들어라. 보리菩提의 인因이 될 만한 게 어떤 것인지 지성으로 들어 그 이치를 알고 다른 사람에게도 알려 주어야 한다. 나도 그러한 업을 쌓아 바른 깨달음을 얻었고, 지금 그 이치를 여러 사람에게 말하는 것이다. 보살이 오래 살려거든 중생을 자식처럼 보살펴라. 크게 사랑하고(大慈), 크게 가엾이 여기며(大悲), 크게 기뻐하고(大喜), 크게 버리는(大捨) 평등한 마음을 내어 살생하지 않는 계행戒行을 일러 주고 선한 법을 가르쳐라. 모든 중생이 오계五戒와 십선十善[1]을 잘 지키도록 할 것이며, 지옥·아귀·축생·아수라의 세계를 다니면서 고통받는 중생을 건져라. 해탈하지 못한 이는 해탈케 하고, 헤매는 이는 건져 내며, 열반을 얻지 못한 이는 열반을 얻게 하고, 두려움에 떠는 이는 위로해 주어야 한다. 이와 같은 업을 짓는 인연으로 보살은 수명이 길고 지혜가 걸림이 없는 것이다."

까샤빠가 부처님께 말했다.

"부처님 말씀은 보살이 평등한 마음을 닦아 중생을 자식처럼 생각하면 오래 살게 된다고 하셨습니다. 그러나 저는 그 뜻을 잘 이해할 수 없습니다. 중생을 자식처럼 보살펴 주신 부처님께서는 이 세상에 오래 살아 계시면서 변함이 없어야 할 텐데, 어찌하여 백 년도 못 되어 세상을 떠나려 하십니까?"

"까샤빠여, 강물은 모두 바다로 흘러 들어간다. 인간이나 천상이나 땅이나 공중에 있는 목숨의 강물도 모두 여래의 목숨 바다로 들어간다. 그러므로 여래의 목숨은 무한하다. 온갖 존재 중에서 허공이 가장 영원하듯, 여래도 모든 중생 가운데서 가장 수명이 길다."

"부처님, 여래의 수명이 그렇다면 일 겁 동안만이라도 사시면서 중생을 위한 깊은 진리를 비 내리듯 해 주셔야 하지 않겠습니까?"

"까샤빠여, 너는 여래가 아주 없어진다고 생각하지 마라.

---

1 살생·도둑질·그릇된 음행·거짓말·이간질·악담·꾸밈말·탐욕·성냄·삿된 소견을 십악十惡이라 하는데, 십악을 짓지 않으면 곧 십선十善이다.

비구·비구니나 신통을 얻은 선인仙人들도 오래 살려고 하면 얼마든지 오래 살 수 있다. 하물며 모든 법에 자재한 여래가 일 겁이나 백 겁을 더 못 살겠느냐. 여래는 항상 머무는 법이고 바뀌지 않는 법이다. 음식으로써 유지되는 몸이 아닌 화현化現한 몸이니 이는 중생을 제도하기 위해 그렇게 보일 뿐이다. 그러므로 나는 모든 것을 버리고 이제 열반에 들려 한다. 열반이란 여래의 법성法性이다. 여래는 영원한 법이고 바뀌지 않는 법이니, 이런 이치를 알고 부지런히 정진하라. 정진한 뒤에는 다른 사람을 위해 널리 가르쳐야 한다."

―『열반경涅槃經』「장수품長壽品」

2. 멸하지 않는 법의 성품

까샤빠가 다시 부처님께 물었다.

"부처님, 법의 성품에 대해 알고 싶습니다. 제가 아는 법의 성품은 있던 것이 없어진다는 말입니다. 만약 있던 것이 없어진다면 몸은 어떻게 존재하며, 몸이 존재하지 않는다면 어떻게 거기에 법의 성품이 있다고 하겠습니까? 그리고 몸에 법의 성품이 있다면 어떻게 존재할 수 있겠습니까?"

"까샤빠여, 없어지는 것을 법의 성품이라고 하지 마라. 법의 성품은 없어지지 않는다. 여래의 경지는 성문聲聞이나 연각

緣覺으로는 알 수 없다. 여래의 몸이 없어진다고 말하지 마라. 여래가 어느 곳에 머물며, 어디로 다니며, 어디서 보며, 어디서 즐거워하느냐고 묻지 마라. 여래의 법신法身과 여러 가지 방편은 헤아릴 수 없으니 불·법·승을 받들어 수행하면서 영원하다고 생각하라. 이 세 가지 법은 다르지도 무상하지도 않으며 바뀌지도 않는다. 만약 이 세 가지 법이 다르다고 생각한다면 그는 청정한 삼보에 의지하지 못하고, 금지된 계행도 지키지 못하며, 마침내는 성문이나 연각의 보리도 이루지 못할 것이다. 그러나 이와 같이 헤아릴 수 없는 여래의 법신과 방편이 영원하다는 생각을 하면 귀의처가 있을 것이다. 나무가 있으면 그림자가 있지 않은가. 여래도 그와 같아서 영원한 법이 있으므로 귀의할 곳이 있어 무상하지 않다. 만약 여래가 무상하다면 여래는 천상이나 인간의 귀의처가 아니다."

"부처님, 어둠 속에서는 나무는 있어도 그림자는 없습니다."

"까샤빠여, 그렇게 말하지 마라. 육안으로 볼 수 없다고 없는 게 아니다. 여래의 성품도 그와 같아서 없어지거나 바뀌지 않는다. 다만 지혜가 없는 눈으로는 여래의 성품을 보지 못할 뿐이다. 어둠 속에서 나무 그림자를 볼 수 없는 것처럼, 범부들은 여래의 열반에서 없어지거나 바뀌지 않는 성품을 보지 못하니 무상하다 말할 뿐이다. 여래를 법보法寶나 승보僧寶와 다르다고 한다면 그것은 귀의할 곳이 못될 것이다."

"부처님, 저는 이제 여래와 교법과 승단이 헤아릴 수 없음을 알았습니다. 이 이치를 널리 말해도 믿지 않는 사람이 있다면 그들은 오랫동안 무상無常만을 겪어 온 사람일 것입니다. 저는 그런 사람들을 위해 서리와 우박이 되겠습니다."

"훌륭하다, 까샤빠여. 너는 바른 법을 잘 지킬 것이며 사람들을 속이지 않을 것이다. 그러한 인연으로 오래 살 것이며, 지나간 세상일도 잘 알게 될 것이다."

―『열반경涅槃經』「장수품長壽品」

3. 가짜 약

까샤빠가 부처님께 다시 여쭈었다.

"부처님께서 말씀하시기를, 아라한과 같은 훌륭한 사람은 세상을 이롭게 하고 가엾이 여기며, 사람들을 안락하게 한다고 하셨습니다. 그리고 그런 사람은 여래와 같으므로 중생이 귀의歸依할 곳이라고도 하셨습니다. 그러나 아마라 열매의 설고 익음을 알 수 없듯이 그들이 파계하거나 청정한 것을 어떻게 알 수 있겠습니까?"

"까샤빠여, 심오한 이 법문을 의지하면 알 수 있을 것이다. 어떤 고을에 약장수가 있었다. 그는 히말라야에서 캐 오 좋은 약을 팔면서 더러는 다른 약도 섞어 팔았다. 사람들은 히말라야에서 가져온 약만을 사려고 했으나 어느 것이 진짜인지 분별할 수 없었다. 약장수가 다른 약을 주면서 히말라야에서 가져온 약이라 속였지만 그들은 분별하지 못하고 좋은 약인 줄로만 알았다.

성문들 가운데도 이름만 빌린 사문이 있고 진실한 사문도 있다. 계행이 청정한 이도 있고 계를 깨뜨린 이도 있다. 그러나 신도들은 그들을 평등하게 공양하고 예배한다. 그것은 저 가짜 약을 히말라야의 약인 줄 알고 사 온 사람들처럼 신도가 육안으로 볼 수밖에 없기 때문에 가려보지 못하는 것과 같다. 어떤 이는 계행이 청정하고 어떤 이는 계를 깨뜨리며, 아무개는 참 스님이고 아무개는 가짜 스님인 것은 천안통天眼通[2]을 얻은 이라야 알 수 있는 것이다.

만약 그가 파계한 줄 알았다면 그에게는 보시하거나 예배하고 공양하지 말아야 한다. 그가 법답지 못한 줄 알았거든 그의 요구를 거절하라. 사문들 가운데 파계한 이가 있거든 그가 가사를 입고 있을지라도 공경하거나 예배하지 마라."

―『열반경涅槃經』「사의품四依品」

---

2 업의 원인과 결과를 모두 알 수 있는 능력.

4. 네 가지에 의지하라

까샤빠가 부처님께 사뢰었다.

"부처님, 옳은 말씀입니다. 부처님 말씀이 진실하여 헛됨이 없으니 제가 금강석처럼 굳게 지키겠습니다. 언젠가 부처님께서 말씀하신 대로 비구들은 네 가지 법에 의지해야 합니다. 즉 법에 의지하고 사람에게 의지하지 말며, 뜻에 의지하고 말에 의지하지 말며, 지혜에 의지하고 지식에 의지하지 말며, 요의경了義經에 의지하고 불료의경不了義經[3]에 의지하지 말 것입니다."

부처님께서 말씀하셨다.

"착하다, 까샤빠여. 법에 의지한다는 것은 곧 여래의 열반에 의지함이다. 모든 여래의 가르침이 곧 법의 성품이며, 법의 성품이 곧 여래다. 그러므로 여래는 항상 존재하며 변하지 않는 것인데, 여래를 무상하다고 말한다면 그는 법의 성품을 알지 못하고 보지도 못한 것이다. 법의 성품을 알지 못한 사람에게는 의지하지 마라. 아라한과 같은 이는 세상에 나와 법을 지키는 사람이니 그런 줄 알고 의지해야 한다. 왜냐하면 그는 여래의 은밀하고 깊은 법을 잘 알아 여래가 영원하고 변

---

3 『열반경』의 입장에서 보면 요의경은 대승경전이고 불료의경은 소승경전이다.

하지 않는 줄을 알기 때문이다. 어떤 사람이 파계한 몸으로 자기 이익을 위해 여래가 무상하다거나 변한다고 말하면 그런 사람에게는 의지하지 마라.

뜻에 의지하고 말에 의지하지 마라. 뜻은 깨달음이고 깨달았다는 뜻은 만족함이다. 만족하다는 뜻은 여래의 영원함이고, 교법이 영원하다는 것은 승가가 영원하다는 뜻이다. 이것이 뜻에 의지함이다. 말에 의지하지 말라는 것은, 꾸며 대는 언론과 번지르르한 문장에 팔리지 말라는 뜻이며, 교활하고 아첨하고 자기 이익을 위해 하는 말에 의지하지 말라는 뜻이다.

지혜에 의지하고 지식에 의지하지 마라. 지혜란 곧 여래다. 여래의 공덕을 잘 알지 못하는 성문들의 분별은 지식이니 거기에는 의지하지 말아야 한다. 여래가 곧 법신인 줄 알면 그것은 지혜이니 의지해야 한다. 여래의 방편으로 이루어진 몸을 보고 그것이 오온五蘊에 속하고 음식물을 기르는 것이라 한다면 그것은 지식이니 의지하지 말아야 한다.

요의경에 의지하고 불료의경에 의지하지 마라. 소승은 불료의이고 대승은 요의이다. 만약 여래가 음식물로 산다고 하면 불료의이고, 영원해서 변하지 않는다면 요의이다. 여래의 열반이 불이 꺼짐과 같다고 하면 불료의이고, 여래가 법의 성품에 든다면 요의이다. 성문승은 밭갈이가 서툴러 열매를 거두지 못함과 같으니 의지하지 말 것이고, 대승의 진리는 여래가 중생을 제도하기 위해 방편으로 말한 것이므로 의지해야 한다.

    너희들은 이와 같은 네 가지 의지하고 의지하지 말 곳을 잘 알아야 할 것이다. 나는 육체의 눈만 가진 중생을 위해 이 네 가지 의지할 곳을 말한 것이지, 지혜의 눈을 가진 이를 위해 말한 것은 아니다. 그러므로 네 가지 의지할 곳을 거듭 말하겠다. 법이라 함은 곧 법의 성품이고, 뜻이라 함은 영원해서 변치 않음이며, 지혜라 함은 중생이 모두 부처의 성품을 지녔다는 것이고, 요의라 함은 모든 대승의 법문을 통달하는 것이다."

—『열반경涅槃經』「사의품四依品」

5. 바다의 구명대

    부처님께서 까샤빠에게 말씀하셨다.

"보살이 출가하면 계율을 지켜 위의威儀를 잃지 않고, 가나 오나 앉으나 서나 항상 행동이 의젓해서 조그마한 허물도 없어야 한다. 그러기 위해서는 계율을 지키려는 마음이 금강석과 같이 단단해야 한다.

    어떤 사람이 몸에 구명대를 차고 바다를 건너가는데, 바닷속에 있던 나찰 귀신이 그에게 구명대를 달라고 했다. 구명대를 주면 자기는 물에 빠져 죽게 될 것을 생각하고, '내가 죽는 한이 있더라도 그것은 줄 수 없다.'고 대답했다. 그랬더니 나찰은 전부를 주기 어렵거든 그 반이라도 나누어 달라는 것이었다. 그러나 그는 듣지 않았다. 나찰은 절반을 줄 수 없거든 삼분의 일이라도 달라고 했다. 여전히 대답이 없는 그를 보고 이번에는 손바닥만큼만 떼어 달라고 했다. 그래도 안 된다면 티끌만큼이라도 달라고 했다. 그러나 그는 한결같이 잘라 거절했다. '네가 달라는 것은 얼마 되지 않는 작은 것이다. 그러나 나는 지금 이 넓은 바다를 건너려 하는데 앞길이 얼마나 먼지 모른다. 그런데 바늘귀만큼이라도 너에게 떼어 준다면 그 구멍에서 점점 공기가 새어 결국은 바다를 건너지 못한 채 죽고 말지 않겠느냐?'

까샤빠야, 보살이 계율을 지키는 것도 바다를 건너는 사람이 구명대를 아끼고 사랑하는 것과 같다. 보살이 이와 같이 계를 지킬 때에 온갖 번뇌의 나찰羅刹이 따라다니면서 네 가지 근본계根本戒[4]를 깨뜨리면 편안히 열반의 경지에 이를 것이라고 꾄다. 이때 보살은 이렇게 말해야 한다. '내가 계율을 지키다가 무간지옥에 떨어질지라도 계율을 깨뜨리고 천상에 나지 않겠다.'

보살은 이와 같이 계율을 지키고, 마음을 금강석처럼 단단히 가져 대소승大小乘의 계를 소중하게 여겨야 한다. 그렇게

---

[4] 음행하지 마라, 살생하지 마라, 훔치지 마라, 거짓말하지 마라.

함으로써 청정한 계의 덕을 갖추게 될 것이고 성인이 될 수 있다. 이것을 거룩한 행이라 한다."

—『열반경涅槃經』「성행품聖行品」

6. 생과 사의 비유

"까샤빠여, 또 거룩한 행이 있으니, 그것은 네 가지 진리인 고苦·집集·멸滅·도道이다. 고는 괴로움이 핍박하는 것이고, 집은 애욕을 일으키는 집착이며, 멸은 번뇌를 없애는 것이고, 도는 대승의 행을 말한다. 괴로움에는 여덟 가지가 있다. 나고, 늙고, 병들고, 죽고, 사랑하는 이와 이별하고, 원수와 만나고, 구해도 얻지 못하고, 모든 욕망이 불붙듯 일어나는 것들이다. 이와 같은 여러 가지 괴로움은 살려고 하는 데서 일어난다. 중생은 어리석음에 덮여 나는 것은 탐하고 죽는 것은 싫어한다. 그러나 보살은 처음 나는 것을 볼 때에 이미 근심을 본다.

어떤 여인이 남의 집에 들어갔는데, 그 여인의 얼굴이 아름답고 값진 옷을 입었으므로 주인이 호감을 가지고 물었다.

'당신은 어디 사는 누구입니까?'

'나는 공덕천功德天입니다.'

'무슨 일을 하십니까?'

'찾아가는 데마다 그 집에 온갖 보물을 생기게 해 줍니다.'

이 말을 들은 주인은 그 여인을 집 안에 맞아들여 향을 사르고 꽃을 뿌려 공양했다. 조금 후에 또 한 여인이 문 앞에 서 있었다. 그 여인은 찌그러진 얼굴에 땟국이 흐르고 남루한 누더기를 걸치고 있었다.

주인은 기분이 언짢아 '당신은 누구요?' 하고 퉁명스럽게 물었다.

'나는 흑암천黑暗天이라 합니다.'

'무슨 일로 왔소?'

'나는 가는 데마다 그 집의 재산을 없애 버립니다.'

이 말을 들은 주인은 칼을 들고 나오면서 '썩 물러가지 않으면 이 칼로 죽여 버릴 테다.' 하고 덤벼들었다.

그 여인이 말했다.

'당신은 참으로 어리석고 지혜가 없소. 조금 전에 당신 집에 찾아온 이는 내 언니요. 나는 항상 언니와 행동을 같이하기 때문에 당신이 나를 쫓아내면 결국 내 언니도 따라 나가게 될 것이오.'

주인이 안으로 들어가 공덕천에게 물었다.

'밖에 어떤 여인이 와서 당신의 동생이라 하는데 사실입니까?'

공덕천이 대답했다.

'그렇습니다. 나를 좋아하려거든 내 동생도 함께 좋아해야 합니다. 나는 항상 동생과 행동을 같이하였고 한번도 서로 떠나 본 적이 없습니다. 가는 곳마다 나는 좋은 일을 하고 동생은 나쁜 짓을 하며, 내가 이로운 일을 하면 동생은 손해 끼치는 일을 합니다. 그러므로 나를 사랑하려거든 동생도 함께 사랑해야 합니다.'

주인은 두 여인을 다 내쫓아 버렸다. 두 여인이 팔을 끼고 나란히 사라져 가는 것을 보고 주인은 마음이 후련했다. 두 여인은 가난한 집 앞에서 머뭇거렸다. 그 집 주인이 두 여인을 보자 반기면서 '이제부터는 우리 집에서 함께 삽시다.' 하고 맞아들였다.

까샤빠여, 태어나면 늙고, 병들면 죽는 법이다. 어리석은 사람은 두 가지에 다 집착하지만, 보살은 함께 버리고 집착하지 않는다.

브라만의 어린 아들이 배가 고파 똥 속에 과일이 있는 것을 보고 건져 냈다. 지혜로운 이가 이것을 보고 물었다.

'너는 브라만의 지체 높은 집 아들인데 어째서 똥 속에 떨어진 더러운 과일을 건져 내느냐?'

아이는 부끄러워하며 대답했다.

'먹으려고 주운 것이 아니라 깨끗이 씻어 도로 버리려고 그랬습니다.'

지혜로운 이는 이렇게 꾸짖었다.

'도로 버릴 것을 왜 주웠느냐?'

까샤빠여, 보살도 이와 같다. 생을 받지도 않고 버리지도 않는 것은 지혜로운 이가 아이를 꾸짖는 일과 같고, 범부들이 생을 기뻐하고 죽음을 싫어하는 것은 아이가 과일을 주웠다가 도로 버리는 일과 같다."

—『열반경涅槃經』「성행품聖行品」

7. 꽃밭에 숨은 독사

부처님께서 까샤빠에게 말씀하셨다.
"까샤빠여, 고苦는 죽음이다. 억센 폭우가 쏟아지면 약초와 나무와 숲이 다 꺾이고 말지만 금강석만은 깨뜨려지지 않는다. 이와 마찬가지로 죽음의 폭우도 중생을 다 쓸어 가지만 대승 열반의 경지에 있는 보살만은 해치지 못한다. 저 금시조金翅鳥가 모든 용을 잡아먹지만 삼보에 귀의한 용은 먹지 못한다. 죽음이란 금시조도 그와 같아서 무수한 중생을 잡아가지만 공空·무상無相·무원無願의 선정禪定에 든 보살은 잡아갈 수 없다.

죽음이란, 험난한 길에 노잣돈 없는 것 같고, 갈 길은 먼데 길동무가 없는 것 같고, 밤낮으로 가도 끝을 알 수 없는 길과 같다. 어두운 길에 등불이 없고, 들어갈 문은 없는데 집만 있고, 아픈 데가 있어도 치료할 수가 없으며, 내 몸에 있지만 보지 못하는 것과 같다. 이처럼 죽음은 참으로 큰 괴로움이다.

까샤빠여, 사랑에는 선과 악의 두 갈래 길이 있는데, 선한 사랑은 보살의 길이요, 악한 사랑은 중생의 길이다. 중생의 사랑은 집착이지만 보살의 사랑은 집착에서 벗어난다. 집集이란 곧 애욕이다.

왕이 움직이면 신하가 따라가듯이 애욕이 가는 곳에 미혹迷惑이 따른다. 습한 땅에 잡초가 무성하듯 애욕의 습지에는 번뇌의 잡초가 무성하다. 또 애욕은 나찰의 딸과 같아 아이를 낳는 대로 잡아먹고 마침내는 자기 남편까지도 잡아먹는다. 중생이 선업善業의 아이를 낳으면 낳는 대로 잡아먹고 중생까지도 잡아먹는다. 애욕은 또 꽃밭에 숨은 독사와 같다. 사람들이 꽃을 탐해 꽃밭에서 꽃을 꺾다가 독사에 물려 죽는다. 중생은 오욕五欲의 꽃을 탐하다가 애욕이 뿜는 독을 받고 마침내 악도에 떨어진다.

멸滅은 애욕의 불이 꺼지는 것이다. 보살은 번뇌의 불을 끈 뒤 맑고 고요한 적멸寂滅에 들어간다. 번뇌가 다한 사람은 즐거움만 있을 뿐 어떤 괴로움도 받지 않는다.

도道란 팔정도八正道[5]다. 빛이 있어야 물체를 볼 수 있듯이, 보살은 대중 속에 살면서 팔정도에 의해 모든 법을 본다. 이

---

5 바른 견해·바른 생각·바른 말·바른 행위·바른 생활·바른 노력·바른 기억·바른 선정禪定.

와 같이 보살은 대승의 열반에 머물러 고집멸도苦集滅道의 참된 이치를 관찰해야 한다."

— 『열반경涅槃經』 「성행품聖行品」

8. 네 가지 그지없는 마음

부처님께서 말씀하셨다.

"보살이 청정한 행을 갖추려면 사랑하고, 가엾이 여기고, 기뻐하고, 버리는 네 가지 그지없는 마음(四無量心)을 수행해야 한다. 여래는 한량없는 방편으로 중생을 교화한다. 어떤 중생이 재산을 탐하면, 그를 위해 왕이라도 되어서 그의 요구대로 갖가지 물건을 주어 기쁘게 한 뒤 바른 깨달음의 길로 교화한다. 어떤 중생이 오욕락五欲樂을 탐하면, 오욕락으로 그의 소원을 풀어 준 뒤 바른 깨달음의 길로 이끌어 그를 편안하게 한다. 또 어떤 중생이 부귀영화를 누리고 싶어 하면, 그의 하인이 되어 시중을 들면서 마음에 들게 한 뒤 바른 깨달음의 길로 나아가게 한다. 어떤 중생이 성질이 사나워 자기 고집만을 세우고 남의 말을 잘 듣지 않는다면, 몇 천 년이라도 그를 타이르고 달래어 마음을 누그러뜨린 뒤 바른 깨달음의 길로 이끈다.

선남자여, 여래는 이처럼 끝없는 세월 동안 여러 방편으로 중생을 권유하고 교화하여 바른 깨달음의 길로 나아가게 한다. 여래는 나쁜 무리 속에 있더라도 오염되지 않으니 마치 진흙 속에 있는 연꽃과 같다.

사랑하는 마음(慈)을 닦는 이는 탐욕을 끊게 되고, 가엾이 여기는 마음(悲)을 닦는 이는 성내는 일을 끊게 되며, 기쁜 마음(喜)을 닦는 이는 괴로움을 끊게 되고, 버리는 마음(捨)을 닦는 이는 탐욕과 성냄과 차별 두는 마음을 끊게 된다.

이 네 가지 그지없는 마음은 온갖 착한 일의 근본이다. 보살이 가난한 중생을 만나지 못하면 사랑하는 마음을 낼 인연이 없고, 사랑하는 마음을 내지 못하면 보시할 마음을 일으키지 못한다. 보시라는 인연이 있어 비로소 중생을 편안하고 즐겁게 하는 것이다. 보시를 하면서 마음이 어디에도 걸리지 않고 탐착심을 내지 않으면 반드시 바른 깨달음을 이루게 될 것이다.

또 보살은 부모와 원수를 대할 때에라도 평등한 마음으로 대하여 차별을 두지 않는다. 이것이 곧 사랑(慈)의 성취다. 그러나 큰 사랑(大慈)은 아니다. 큰 사랑은 실로 이루기 어렵다. 오랜 세월 번뇌만 쌓고 선한 법을 닦지 않았으므로 하루아침에 마음을 다스릴 수 없다.

마른 완두콩이 송곳으로 찔러도 들어가지 않는 것처럼 번뇌의 굳기도 그와 같다. 하루 동안 마음을 거두어 산란치 않으려 해도 다스리기 어렵다. 또 집에 있는 개는 사람을 두려워하지 않지만, 산에 있는 사슴은 사람을 보면 무서워 달아난다. 성내는 마음을 버리기 어렵기는 집 지키는 개와 같고, 사랑하는 마음을 잃기는 산에 있는 사람 같으므로 다스리기 어렵다. 또 성내는 마음은 돌에 새긴 글씨처럼 지우기 어렵고, 사랑하는 마음은 물 위에 쓴 글씨처럼 빨리 사라진다. 성내는 마음은 달아오른 불덩이 같고, 사랑하는 마음은 번갯불과 같으므로 다스리기 어렵다.

그러나 보살은 중생을 위해 이롭고 즐겁지 않은 일을 없애 버린다. 이것이 대자大慈다. 보살은 중생을 위해 이로움과 즐거움을 준다. 이것이 대비大悲다. 보살은 중생을 대할 때에 마음으로부터 기뻐한다. 이것이 대희大喜다. 보살은 모든 법을 볼 때에 평등한 마음으로 차별을 두지 않고 자기 기쁨을 남에게 준다. 이것이 대사大捨다. 이 네 가지 그지없는 마음은 온갖 착한 일의 근본이다."

—『열반경涅槃經』「범행품梵行品」

9. 자비심이 곧 여래

부처님께서 말씀하셨다.

"보살이 보시를 하는 것은 명예나 이익을 위해서가 아니고 남을 속이기 위해서도 아니다. 그러므로 보시를 했다고 하여 교만한 마음을 내거나 은혜 갚기를 바라서도 안 된다. 보시를 할 때에는 자기를 돌아보지 말아야 하고 받은 사람을 가려서도 안 된다. 그가 계행이 청정하거나 청정하지 않거나, 선지식이거나 선지식이 아니거나 따져서는 안 된다. 보살이 만약 보시 받을 사람의 계행이나 그 결과를 따진다면 끝내 보시하지 못하고 말 것이다. 보시하지 않으면 보시바라밀다를 갖출 수 없고, 보시바라밀다를 갖추지 못하면 바른 깨달음을 이룰 수 없다.

보살이 보시를 할 때에는 평등한 자비심으로 중생을 자식처럼 생각해야 한다. 병든 중생을 보면 부모가 병든 자식을 대하듯 가엾이 여겨 보살펴 주고, 즐거워하는 중생을 보면 병든 자식이 다 나은 것을 보듯 기뻐하고, 보시한 뒤에는 다 큰 자식이 스스로 살아가는 것을 보고 마음을 놓듯이 해야 한다.

보살이 자비스런 마음으로 음식을 보시할 때에 다음과 같이 서원을 세워야 할 것이다.

'지금 나의 보시는 중생에게 함께하는 것이니, 이 인연으로 중생 모두가 큰 지혜의 음식을 얻으면 좋겠나이다. 중생이 법으로 맛있는 음식을 삼고 애욕의 음식을 찾지 말기를 바라나이다. 중생이 지혜를 완성(般若波羅蜜)하여 걸림 없이 착한 일을 성취하면 좋겠나이다. 중생이 공(空)한 이치를 깨달아 허공과 같이 걸림 없는 몸을 얻으면 좋겠나이다. 중생이 자비심을 일으켜 복밭이 되기를 바라나이다.'

모든 보살과 여래는 자비심이 근본이다. 보살이 자비심을 기르면 한량없는 선행을 할 수 있다. 어떤 사람이, 무엇이 모든 선행의 근본이냐고 묻거든 자비심이라고 대답하라. 자비심은 진실해서 헛되지 않고 선한 일은 진실한 생각에서 일어난다. 진실한 생각은 곧 자비심이며, 자비심은 곧 여래다."

—『열반경涅槃經』「범행품梵行品」

10. 적멸의 즐거움

고귀덕왕高貴德王보살이 부처님께 물었다.
"무엇이 큰 열반입니까?"
부처님께서는 다음과 같이 말씀하셨다.
"영원하고, 즐겁고, 진정한 나이고, 청정한 것이 큰 열반이다. 보살이 대자대비한 마음으로 모든 중생을 가엾이 여기고 그들을 부모와 같이 공경하며, 괴로운 생사의 바다를 건너게 하고 진실한 가르침을 보여 준다면 그것이 곧 큰 열반이다. 크다는 것은 헤아릴 수 없다는 말이다. 중생이 헤아리지 못하는 것을 여래와 보살은 보기 때문에 큰 열반이라 한다. 또 대아大我가 있기 때문에 큰 열반이라 하는데, 대아란 무아無我의 경지에서 자유자재함을 말한다. 따로 구하는 일이 없으니 얻을 법도 없고, 허공처럼 모든 곳에 차 있으니 없는 것 같지만 아무에게나 보여 줄 수 있다. 또 큰 즐거움이 있기 때문에 큰 열반이라 하는데 큰 즐거움이란 선도 아니고 악도 아니며, 선악善惡에서 벗어난 것이다. 모든 번뇌를 끊어 지혜가 원만하고 마음은 항상 고요하고 평안하다. 또 한결같이 청정하기 때문에 큰 열반이라 하는데, 온갖 청정하지 못한 것을 아주 끊어 몸과 마음을 지니고 있기 때문에, 선업의 싹을 말려 버린 중생이라 할지라도 나쁜 생각을 돌이켜 바른 마음을 가지면 반드시 깨달음을 얻을 수 있다.

열반은 머물지 않는다. 다만 번뇌를 끊을 뿐이다. 열반의 경지는 영원(常)하고 즐겁고(樂) 진정한 나(我)이고 청정(淨)하다. 그러나 그 즐거움은 애욕의 즐거움이 아니라 적멸寂滅의 즐거움이다."

―『열반경涅槃經』「고귀덕왕보살품高貴德王菩薩品」

11. 선지식

부처님께서 고귀덕왕보살에게 말씀하셨다.

"선지식이란 부처님과 보살과 대승경전을 믿는 사람이다. 그들은 중생을 교화하여 열 가지 나쁜 업을 버리고 열 가지 선한 업을 쌓게 하기 때문이다. 또 선지식은 법대로 말하고 밀대로 행동한다. 스스로 살생하지 않고 다른 사람도 살생하지 않게 하며, 스스로 도를 닦고 다른 사람에게도 도를 가르쳐 닦게 한다. 자기의 즐거움은 돌보지 않고 항상 중생을 위해 즐거움을 구하며 남의 허물을 볼지라도 그의 단점을 말하지 않으며, 남을 위해 착한 일만 하는 것이 선지식이다.

허공에 걸린 달이 보름에 가까워질수록 점점 차 가듯이, 선지식도 배우는 이로 하여금 나쁜 법은 멀리하고 선한 법은 자라게 한다. 그러므로 선지식을 가까이 섬기는 사람은 본래 계행과 선정과 지혜와 해탈과 해탈한 지견知見이 없었더라도 단박에 깨닫는다.

진실한 선지식은 여래와 보살이다. 여래와 보살은 지혜로운 의사와 같다. 중생의 병과 그 약을 알고 병에 따라 약을 주어 낫게 한다. 중생에게는 탐욕과 성냄과 어리석음의 세 가지 병이 있다. 탐욕의 병에 걸린 사람은 해골을 생각하게 하고, 성냄의 병에 걸린 사람은 자비한 것을 생각하게 하며, 어리석음의 병에 걸린 사람은 십이연기十二緣起[6]를 생각하게 하여 각기 그 병을 낫게 한다. 여래와 보살은 또 뱃사공과 같다. 나고 죽는 괴로움의 바다에서 중생을 건너게 해 준다.

여래와 보살은 모든 선한 법의 바탕이다. 그러므로 중생은 여래와 보살로 인해 선한 법을 갖춘다. 모든 약초가 히말라야

---

6 중생의 생존은 열두 조건에 의해서 이루어진다. 즉 무명無名에 의해서 행行이 있고, 행에 의해서 식識이 있고, 이와 같이 명색名色·육입六入·촉觸·수受·애愛·취取·유有·생生·노사老死가 있게 된다.

에서 나오듯 모든 선한 법은 여래와 보살로부터 나온다.

　이와 같이 여래와 보살은 선지식이다. 중생이 선지식의 가르침에 따르면 번뇌의 병을 없애고 열반의 평안을 누리게 될 것이다."

―『열반경涅槃經』「고귀덕왕보살품高貴德王菩薩品」

12. 인연 따른 해탈

　부처님께서 고귀덕왕보살에게 말씀하셨다.

　"번뇌를 끊는 것이 열반이 아니고 번뇌가 일어나지 않는 것이 열반이다. 여래는 번뇌가 일어나지 않으므로 항상 열반이다. 지혜가 걸림이 없는 것을 또한 열반이라 한다.

　보살은 탐욕과 성냄과 어리석음(貪瞋癡)을 아주 끊어 버렸으므로 해탈했다 한다. 그리고 보살은 모든 법을 막힘없이 잘 알므로 해탈의 지견知見을 얻었다고 하며, 해탈의 지견을 얻었으므로 그전에 듣지 못한 것을 이제 듣고, 보지 못한 것을 보고, 이르지 못한 데 이른다."

　이때 고귀덕왕보살이 부처님께 여쭈었다.

　"부처님께서 말씀하신 것처럼, 마음이 해탈한다는 말은 옳지 않습니다. 마음은 본래 얽매이지 않기 때문입니다. 그러므로 마음의 성품은 탐욕과 성냄과 어리석음과 같은 번뇌에 얽매이지 않습니다. 본래 얽매이지 않는데 어째서 마음이 해탈한다 하십니까?"

부처님께서 말씀하셨다.

"그렇다. 마음은 탐욕의 번뇌에 얽히는 것도 아니고 얽히지 않는 것도 아니며, 해탈도 아니고 해탈 아님도 아니다. 있음도 없음도 아니며, 현재도 아니고 과거나 미래도 아니다. 모든 법은 자기 성품이 없기 때문이다.

여래와 보살은 중도中道를 보여 준다. 모든 법이 있다고도 하지 않고 없다고도 하지 않는다. 인연으로 생겨나므로 그 인연에 따라 있기도 하고 없기도 한 것이다. 여래와 보살은 마음에 깨끗한 성품과 부정한 성품이 있다고 단정적인 말을 하지 않는다. 그것은 깨끗한 마음이나 부정한 마음이 머무는 데가 없기 때문이다. 인연을 따라 탐욕을 내기 때문에 없는 것이 아니고, 본래 탐욕의 성품이란 없는 것이므로 그와 같이 말하는 것이다.

마음은 탐욕과 화합하지 않고 성냄이나 어리석음과도 화합하지 않는다. 마치 해와 달이 안개나 구름에 가리면 볼 수 없지만, 그렇다고 해서 해와 달이 안개와 구름과 화합할 수 없는 것과 같다. 그러므로 탐욕의 번뇌가 마음을 더럽히지 못한다고 하며, 여래와 보살은 탐욕의 번뇌를 아주 깨뜨려 버렸기 때문에 마음이 해탈했다는 것이다."

―『열반경涅槃經』「고귀덕왕보살품高貴德王菩薩品」

13. 삼매의 선행

부처님께서 고귀덕왕보살에게 말씀하셨다.
"보살이 큰 열반을 닦는 것은 든든한 뿌리를 얻는 일이니, 그것은 곧 게으르지 않은 불방일不放逸이다. 방일하지 않는 게 도의 뿌리이고 선의 근본이다. 짐승의 발자국 가운데 코끼리 발자국이 제일 크고, 모든 빛 중에서 햇빛이 제일인 것처럼 불방일은 모든 선행 중에서 첫째가는 선행이다. 또 보살은 이 몸이 곧 바른 깨달음의 도를 얻는 그릇임을 생각하여 악마의 마음을 일으키지 않고 좁은 소견을 가져서도 안 된다. 모든 중생은 다 복밭임을 생각해야 한다.

해치려는 생각을 버려 이 선행으로써 중생이 오래 살기를 원하라. 훔치려는 생각을 버려 이 선행으로써 중생이 구하는 것을 얻도록 원하라. 음란한 생각을 버려 이 선행으로써 중생이 탐욕과 성냄과 어리석음과 애정에 목말라하는 일이 없기를 원하라. 거짓말하려는 생각을 버려 이 선행으로써 중생이 정토淨土를 이루어 꽃이 향기롭고 온갖 소리가 아름다워지기를 원하라. 이간질이나 남을 헐뜯는 생각을 버려 중생이 화목하여 바른 말 하기를 원하라. 그릇된 소견을 버려 중생 모두가 이 선행으로써 지혜가 충만하기를 원하라.

이와 같이 원력과 인연으로 부처를 이룰 때는 그 원이 성취되어 이 세상은 청정하게 정화되고 모든 번뇌의 적을 물리치게 될 것이다. 대지大地는 모든 것을 다 지니고 있지만 지녔다는 생각이 없듯이, 보살은 번뇌를 깨뜨리고 중생을 건지지만 건진다는 생각을 내서는 안 된다. 보살은 어떠한 형상이나 자취에 집착하지 않고 항상 삼매에 의해 교화해야 한다."

—『열반경涅槃經』「고귀덕왕보살품高貴德王菩薩品」

14. 불성

사자후師子吼보살이 부처님께 여쭈었다.

"부처님, 불성佛性이란 무엇이며, 왜 영원(常)하고 즐겁고(樂) '나(我)'이고 청정(淨)하다 하십니까?"

부처님께서 이렇게 말씀하셨다.

"잘 물었다. 누구든지 법을 위해 물으면 그는 지혜와 복덕을 갖추게 되고, 보살이 이 두 가지를 갖추면 불성을 알게 될 것이다. 불성을 궁극적인 공(第一義空)이라 하니 그것은 곧 지혜다. 지혜는 공空과 불공不空을 보고, 상常과 무상無常을 보며, 고苦와 낙樂을 보고, 아我와 무아無我를 본다. 공과 무상과 고와 무아는 생사요, 불공과 상과 낙과 아는 열반이다. 어느 한쪽만을 보고 다른 면을 보지 못하면 중도中道라고 할 수 없다. 중도는 불성이고 바른 깨달음의 종자다.

중생은 무명에 덮여 이것을 보지 못하기 때문에 누에가 고치를 만들고 죽는 것과 같이 스스로 업을 지어 생사에 오락가락한다. 성문과 연각은 공한 것만 보고 공하지 않은 것은 보지 못하며, 내가 없는 것만 보고 '나'인 것은 보지 못한다. 그래서 '궁극적인 공'을 얻지 못하고, 궁극적인 공을 얻지 못하므로 중도를 행하지 못하고, 중도가 없으므로 불성을 보지 못하는 것이다.

생사의 원인은 무명無明과 애욕에 있고 중생은 두 중간에서 나고 늙고 병들고 죽어 간다. 이러한 생사는 중도中道에 의해 깨뜨릴 수 있으므로 중도의 법을 불성이라 하며, 불성은 영원하고 즐겁고 나이고 청정한 것인데, 중생이 그것을 보지 못하고서 무상하고 괴롭고 내가 없고 청정하지 않다고 한다."

부처님께서 말씀하셨다.

"열반이란 번뇌의 불이 꺼진 것이다. 또 열반은 우리들이 거처하는 방과 같아서 번뇌의 비바람을 막아 준다. 중생의 눈으로 보면 밝지 못하지만 여래의 눈으로 보면 환하게 밝다. 아는 데에는 두 길이 있다. 눈으로 보는 것은 마치 손바닥에 과일을 쥐고 보는 것과 같은데, 중생은 듣는 것으로만 알기 때문에 밝게 볼 수 없다. 그러나 지극한 믿음을 내면 볼 수 있을 것이다.

모든 법은 인연 따라 일어나고 인연 따라 사라진다. 그러나 불성은 깨뜨려지지도 않고 무너지지도 않으며, 끌려가지도 않고 얽매이지도 아니하며 허공과 같다. 모든 중생에게는 다 허공과 같은 불성이 있다. 만약 이 불성이 없다면 가고 오는 것도 없고, 나고 크는 것도 없을 것이다. 허공에는 거리낌이 없기 때문에 아무것도 볼 수 없는 것처럼, 중생의 불성도 그러하여 보살이라야 겨우 볼 수 있는 것이다.

이것은 여래의 경지이니 성문이나 연각으로는 알지 못한다. 중생은 이 불성을 보지 못하기 때문에 번뇌의 그물에 걸려 생사에 괴로워하지만, 불성을 보면 생사에서 해탈하여 열반을 얻을 것이다."

—『열반경涅槃經』「사자후보살품師子吼菩薩品」

15. 보리심을 내는 일

사자후보살이 부처님께 여쭈었다.

"부처님, 중생에게 불성佛性이 있다면 어째서 성불成佛하지 못했습니까?"

부처님께서 말씀하셨다.

"그것은 인연이 화합되지 않았기 때문이다. 그러니 끝내 못 이루는 것이 아니라 늦게 얻는 것이다. 인因과 연緣이 화합되어야 결과를 이룬다. 인은 불성이고 연은 보리심을 내는 일이다. 보살이 다음과 같은 일을 하면 보리심에서 멀어지게 된다. 믿지 않고, 짓지 않고, 의심하고, 몸과 재물을 아끼고, 열반을 두려워하고, 참지 못하고, 진실하지 못하고, 걱정 근심으로 모든 일을 즐기지 못하고, 게을러 도 닦기를 힘쓰지 않고, 나쁜 벗과 친하고 교만하며, 스승의 허물을 찾고, 생사를 좋아하고, 삼보를 공경하지 않는 등 이와 같은 일이 보리심을 깨뜨린다.

그러나 뜻을 바로 세워 법에 의지하고 여래와 성인을 가까이 섬기고, 어떤 고난을 당할지라도 그 마음을 잃지 않으면 보리심을 내게 될 것이다. 중생이 나를 해치려 하면, '이 사람이 나에게 보리의 인연을 심어 주는구나. 만약 이런 이가 없으면 나는 무엇을 의지해 도를 이룰 것인가?'라고 생각하고 오히려 그를 자비심으로 대하라. 교만한 마음을 내지 말고, 항상 법문을 듣고 말하여 중생으로 하여금 그것을 믿도록 하라. 들은 것이 많은 것보다 조금 들었을지라도 그 뜻을 분명히 알아야 한다.

몸과 말과 생각의 세 가지 업을 악에 물들지 않게 하고, 몸과 목숨과 재산을 아끼지 말며, 남에게 은혜를 입었거든 조그마한 것일지라도 크게 갚으라. 말을 항상 부드럽게 하여 나쁜 말을 하지 말고, 마음이 거친 사람을 부드럽게 대해 주며, 근심이 있는 이는 근심을 덜어 주고, 굶주리는 사람에게 음식을 넉넉히 나누어 주며, 병든 사람을 고쳐 주고, 전쟁이 일어나거든 중재하여 화평하게 하며, 부모와 스승을 공경하고, 원한이 있는 사람에게는 자비로써 대해야 한다.

남을 위해서라면 무량겁에 지옥의 고통을 대신 받더라도 뉘우치지 말고, 남의 이익을 볼지라도 시기하지 말며, 자기 이익을 위해 과보의 인연을 모으지 말고, 현재의 쾌락에 탐착하지 마라. 이와 같은 선행에 의해 보리심을 물리치지 않으면 부처를 보고 불성을 환히 깨칠 수 있을 것이다."

― 『열반경涅槃經』 「사자후보살품師子吼菩薩品」

16. 칠보산의 비유

부처님께서 사자후보살에게 말씀하셨다.

"중생이 보리에서 물러난다고 해서 중생에게 불성이 없다고 생각해서는 안 된다. 두 나그네가 어느 날 이런 말을 들었다.

'어느 곳에 칠보[7]로 된 산이 있고, 그 산에는 감로수가 철철 넘치고 있다. 그 산에 가기만 하면 많은 보석을 얻어 단박에 부자가 될 수 있고 시원한 감로수를 마시면 죽지 않고 오래 살게 된다. 그런데 문제는 길이 멀고 험하기 때문에 거기까지 가기가 어렵다.'

이 말을 들은 두 나그네는 정신이 번쩍 나서 길을 떠났다. 길을 가던 도중 칠보산에서 많은 보석을 가지고 온다는 사람

---

[7] 금·은·조개·마노·유리·호박·붉은 진주.

을 만났다.

'그곳에는 정말 칠보로 된 산이 있고 감로수가 있습니까?'

'나는 이렇게 많은 보석과 시원한 감로수를 마시고 오는 길이오. 그런데 길이 험하고 도둑이 많아 가는 사람은 수없이 많은데, 그곳에 갔다가 돌아오는 사람은 아주 드뭅니다.'

이 말을 듣고 한 나그네는 미리 겁을 먹고 가던 길을 되돌아오고 말았다. 그러나 다른 한 나그네는 '이미 갔다가 오는 사람이 있는데 나라고 못 갈 리가 없다. 그곳에 가기만 하면 소원대로 많은 보석을 가질 수 있고 감로수를 마셔 오래 살게 될 것이다. 만약 가다가 도둑을 만나 뜻을 이루지 못한다 할지라도 죽음밖에 더 있겠는가. 사람은 누구든지 언젠가는 한 번 죽게 마련 아닌가. 다행히 뜻을 이루게 되면 부모형제와 모든 이웃을 두루 도와줄 수 있을 것이다. 쉬운 일이 이 세상에 어디 있겠는가.' 이렇게 결심하고 길을 재촉했다.

칠보산은 큰 열반이고 감로수는 불성이며, 도중의 도둑 떼는 번뇌이고, 꾸준히 길을 간 나그네는 불퇴전不退轉의 보살이며, 되돌아온 나그네는 나약한 중생에 견줄 수 있을 것이다.

불성은 마치 그 길과 같다. 항상 있으며 또한 변하지 않는다. 겁을 먹고 되돌아가는 사람이 있다고 하여 그 길이 상주常住하지 않는다고 할 수는 없다. 그와 같이 보리의 길에는 누가 물리치는 것이 아니고 스스로 물러남이 있을 뿐이다. 모든 중생은 반드시 도를 이룰 수 있고, 어떠한 죄를 범한 자라도 다 불성을 지니고 있는 것이다."

— 『열반경涅槃經』「사자후보살품師子吼菩薩品」

17. 샬라 숲을 빛내는 사람들

사자후보살이 다시 부처님께 여쭈었다.
"부처님, 어떤 비구가 이 샬라 숲을 빛나게 하겠습니까?"
부처님께서 말씀하셨다.
"가르침을 잘 들어 그 뜻을 밝히고, 중생을 위해 널리 말해 주는 비구라면 이 숲을 빛나게 할 것이다."
사자후보살이 말했다.
"그런 비구라면 아난다이겠습니다. 아난다는 그릇에 담긴 물을 다른 그릇에 그대로 옮기듯이, 부처님을 모시고 다니면서 잘 듣고 그대로 다른 사람들에게 말해 주기 때문입니다."
"그리고 천안天眼으로 시방세계 보기를 손바닥 안에 아마라 열매 보듯이 하는 비구라면 또한 이 숲을 빛나게 할 것이다."
"그런 비구라면 아니룻다이겠습니다. 아니룻다는 천안天眼으로 온 세계를 환히 보되 조금도 막힘이 없기 때문입니다."
"욕심이 적어 만족할 줄 알고 고요를 즐기며 부지런히 정진하는 비구라면 또한 이 숲을 빛나게 할 것이다."
"그런 비구라면 까샤빠이겠습니다."

"오로지 중생을 위해 공덕을 쌓을 뿐 자기 이익 때문에 공덕을 쌓지 않는 '갈등에서 벗어나 마음의 평화와 순결을 얻은 최고의 경지'에 든 비구라면 또한 이 숲을 빛나게 할 것이다."

"그런 비구라면 수부띠이겠습니다."

"신통을 잘 쌓고 지혜를 성취한 비구라면 이 숲을 빛나게 할 것이다."

"그런 비구라면 목갈라나와 사리뿟따이겠습니다."

"중생에게 모두 불성이 있음을 말하고 금강석처럼 부서지지 않는 몸으로 걸림 없이 자유로운 비구라면 이 숲을 빛나게 할 것이다."

이때 사자후보살이 부처님께 말했다.

"부처님, 그것은 다만 부처님 한 분뿐입니다. 원컨대 큰 자비를 베풀어 이 숲이 빛나도록 여기 오래 머물러 주십시오."

"머문다고 말하는 것은 교만이다. 교만을 가지고는 해탈을 얻을 수 없다. 그러기 때문에 머물지 않는다. 여래는 모든 교만을 아주 떨쳐 버렸는데 어찌 여기에만 머물러 있겠는가. 또 머문다는 것은 생사가 있는 유위有爲의 법이다. 그러나 여래는 이미 유위의 법을 끊었는데 어찌 이곳에만 머물겠는가. 허공이 시방세계 어디에도 머무르지 않는 것처럼, 여래도 동서남북 상하 어느 곳에도 머물지 않는다."

사자후보살이 다시 부처님께 여쭈었다.

"열반을 어째서 모양이 없음이라 하십니까?"

"모양에 집착한 이는 어리석음을 내고, 어리석기 때문에 애욕을 일으키며, 애욕으로 인해 얽매이고, 얽매이므로 태어나게 된다. 태어나므로 죽게 되고, 죽기 때문에 무상한 게 아닌가? 그러나 모양에 집착하지 않으면 어리석음을 내지 않고, 어리석지 않으므로 애욕이 없으며, 애욕이 없으므로 얽매임이 없고, 얽매임이 없으므로 태어나지 않는다. 태어나지 않으면 죽는 일이 없고, 죽음이 없기 때문에 영원한 것이 아니겠는가? 이런 뜻에서 열반을 영원하다고 하고, 모양 없는 선정(無相定)을 대열반이라고 한다."

— 『열반경涅槃經』「사자후보살품師子吼菩薩品」

제11장

보살의 길

1. 깨달음을 찬탄하는 노래

　부처님께서 마가다국의 적멸도량寂滅道場 보리수 아래에 계실 때였다. 그가 처음으로 최상의 깨달음을 이루었을 때 대지는 밝게 빛나고 온갖 보석과 꽃으로 장식되어 향기가 흘러넘쳤다. 부처님 둘레에는 아름다운 꽃들이 쌓여 있고, 그 위에 금·은·유리·산호·파려·자거·마노 등 진귀한 보석들이 박혀 있었다. 나뭇가지며 잎새들은 눈부시게 반짝였다. 이와 같은 풍경은 부처님의 신통력으로 나타난 것이다.
　부처님께서는 사자좌師子座에 앉아 최상의 깨달음을 이루셨다. 과거 현재 미래의 진리가 모두 평등함을 깨달았으며, 지혜의 빛은 중생의 마음속에 들어가고, 미묘한 깨달음의 소리는 세상 구석구석까지 메아리쳤다. 마치 허공을 지나가듯 무엇에나 걸림이 없었다. 또 지혜의 빛으로 어둠을 사르고 무수한 불국토佛國土를 나타내어 여러 가지 방편으로 많은 보살과 중생을 교화하셨다. 그때 헤아릴 수 없이 많은 보살과 천신들이 각각 부처님의 신통력을 받고 부처님의 깨달음을 찬탄했다.

요업광명천왕樂業光明天王은 이렇게 찬탄했다.

"모든 부처님의 경지는 너무 깊어 상상할 수 없습니다. 부처님께서는 수많은 중생을 교화하여 깨달음의 길로 가게 하십니다. 모든 사물의 참된 모습은 고요하게 통일되고 그 바탕은 무엇에도 방해받지 않습니다. 여래는 신통력으로 한 터럭 속에서도 중생을 위한 최상의 진리를 말씀하십니다. 여래는 진리의 깊은 뜻을 살피고 중생의 능력에 따라 불멸不滅의 가르침을 비처럼 내리십니다. 그 때문에 많은 진리의 문이 열리고, 고요하게 통일되어 있는 평등하고 진실된 세계에 중생을 이끌어 들이십니다."

시기대범천왕尸棄大梵天王은 다음과 같이 찬탄했다.

"부처님의 몸은 청정하고 항상 고요하십니다. 시방세계를 비추더라도 자취가 없고 형체를 나타내지 않으며 마치 허공에 뜬 구름 같습니다. 이처럼 부처님의 몸은 고요한 선정의 경지이므로 어떤 중생도 생각으로 헤아릴 수 없습니다. 또 여래께서는 진리의 큰 바다를 한 소리로 남김없이 말씀하십니다. 여래의 미묘한 음성은 깊고 충만하여 중생은 각자의 그릇에 따라 그 가르침을 받아들입니다. 시방삼세 모든 부처님께서 쌓은 보살행은 모두 부처님 둘레에 나타나지만 부처님께서는 조금도 그것을 마음에 두지 않으십니다. 부처님 몸은 허공과 같아 다할 수 없습니다. 부처님의 몸은 모양이 없으니 무엇에나 걸림이 없으십니다."

일광천자日光天子는 다음과 같이 찬탄했다.

"여래의 지혜 광명은 끝없는 시방세계를 두루 비추고 중생으로 하여금 있는 그대로의 여래를 보게 합니다. 중생의 세계는 큰 바다처럼 넓지만 여래께서는 그 마음을 잘 아시고 중생의 지혜 바다를 열게 하십니다. 여래께서는 이 세상에 출현하시어 널리 시방세계를 비추십니다. 여래의 법신은 무엇에도 견줄 수 없으며 최상의 지혜로써 진리를 말씀하십니다. 여래께서 중생의 갖가지 생활 속에 들어가 고행을 하시는 것은 오로지 중생을 위해서입니다. 그때그때의 형편에 따라 여래께서는 미묘한 몸을 나타내십니다. 그것은 마치 보름달과 같아 밤하늘을 밝고 은은하게 비춰 줍니다. 무지해서 마음이 어두운 중생은 눈을 잃은 장님과 같습니다. 여래께서는 괴로워하는 중생을 위해 밝은 눈을 뜨셨고, 지혜의 등불을 밝혀 청정한 몸을 중생 앞에 나타내십니다."

비사문야차왕毘沙門夜叉王은 다음과 같이 찬탄했다.

"중생의 죄악은 깊고 무거워 부처님을 뵙고 섬길 수 없어 미혹의 세계로 흘러 다니면서 갖은 괴로움을 겪습니다. 부처님께서는 이와 같은 중생을 구제하기 위해 세상에 나오셨습니다. 부처님께서는 시방세계 중생 앞에 출현하시어 중생의 고통을 덜어 주십니다. 부처님께서는 방편으로 중생의 무거운 죄와 악업의 장애를 벗기고 바른 법에 편히 머물게 하십니다. 부처님께서는 일찍이 오랜 세월 동안 수행을 쌓을 때 시방세계의 모든 부처님을 찬탄한 일이 있으십니다. 그 때문에 높고 거룩한 부처님의 이름이 시방세계에 두루 울려 퍼집니다. 부처님의 지혜는 허공처럼 끝이 없고 그 법의 몸은 불가사의하십니다."

이 밖에도 수많은 천신과 보살이 번갈아 가며 부처님의 위신력威信力을 입고 부처님의 덕을 찬탄해 마쳤을 때 연화장蓮華藏세계는 여러 차례 진동했다.

—『화엄경華嚴經(60권본)』,「세간정안품世間淨眼品」

2. 모든 것은 자성이 없다

문수보살이 각수覺首보살에게 물었다.

"마음의 본성은 하나인데 어째서 이 세상에는 여러 가지 차별이 있습니까? 행복한 사람도 있고 불행한 사람도 있으며, 이목구비가 제대로 된 사람도 있고 불구자도 있으며, 잘생긴 사람도 있고, 못생긴 사람도 있으며, 괴로워하는 사람이 있는가 하면 즐거워하는 사람도 있습니다. 그리고 안으로 살펴보면 업業은 마음을 모르고 마음은 업을 모릅니다. 느낌은 그 결과를 모르고 결과는 느낌을 모릅니다. 마음은 느낌을 모르고 느낌은 마음을 모릅니다. 인因은 연緣을 모르고 연은 인을 알지 못합니다."

각수보살은 다음과 같이 말했다.

"중생을 교화하기 위해서 보살은 잘 물으셨습니다. 나는 사실대로 말씀드리겠습니다. 모든 것은 자성自性을 갖지 않습니다. 그것이 무엇인지 알아보려고 해도 알 수 없습니다. 따라서 무엇이건 서로 알지 못합니다. 이를테면 시냇물은 끊임없이 흐르지만 그 한 방울 한 방울은 서로 모르는 것과 같습니다. 타오르는 불길은 잠시도 멈추지 않지만 그 속에 있는 불꽃끼리는 서로 모르듯이 모든 것도 그렇습니다.

우리의 눈과 귀·코·혀·몸과 생각이 고통을 받는 것 같지만 사실은 어떤 고통도 받지 않습니다. 존재 그 자체는 조금도 움직이지 않지만 나타난 쪽에서 보면 항상 움직이고 있습니다. 그러나 사실은 나타난 것에도 자성은 없습니다. 바르게 생각하고 있는 그대로 관찰하면 모든 것에는 자성이 없다는 것을 알 것입니다. 이러한 마음의 눈은 청정하고 불가사의합니다. 그러므로 허망하다거나 허망하지 않다거나 진실하지 않다고 하는 것은 거짓 이름에 불과합니다."

―『화엄경華嚴經(60권본)』「보살명난품菩薩明難品」

3. 덧없이 흘러가는 존재

문수보살이 재수財首보살에게 물었다.

"여래가 중생을 교화할 때 중생의 시간과 수명과 신체와 행위와 견해 등을 따라서 하는 이유는 무엇입니까?"

재수보살은 대답했다.

"지혜가 밝은 분은 항상 고요하고 평화로운 절대평화(寂滅)의 행을 원합니다. 사실대로 말씀드리겠습니다. 내 몸을 안에서 관찰해 본다고 합시다. 대체 내 몸에 무엇이 있겠습니까. 자세히 살펴본 사람은 자아自我가 있는지 없는지를 이해할 것입니다. 육체를 샅샅이 살펴보면 어디에도 그 근본이 될 만한 곳은 없습니다. 몸의 형편을 이렇게 알고 있는 사람은 몸을 구성하는 어떤 특정 부분에도 집착하지 않을 것입니다. 또 이런 사람은 모든 것이 무상하다는 것을 알기 때문에 마음으로도 집착하지 않습니다.

육체와 정신이 서로 밀접한 관계를 가지고 움직이는 모습은 마치 불의 바퀴(旋火輪)와 같아 어느 것이 먼저인지 알 수 없습니다. 인연으로 생기는 업은 꿈과 같아 그 결과도 허망합니다. 세상일은 마음을 중심으로 움직입니다. 그러므로 자기 주관에 의해 판단을 내리는 것도 뒤바뀌기 쉽습니다. 생멸 변천하는 세계는 모두 인연으로 일어나 순간순간 소멸합니다. 지혜로운 사람은 모든 존재는 덧없이 흘러가 버리고 텅 비어 그 자체가 없는 것이라고 관찰하여 집착하지 않습니다."

―『화엄경華嚴經』「보살명난품菩薩明難品」

4. 업의 본성

문수보살이 보수寶首보살에게 물었다.

"중생은 지地·수水·화火·풍風 네 요소로 되어 있지만 그 안에는 자아自我라는 실체가 없습니다. 모든 존재의 본성은 착하지도 나쁘지도 않습니다. 그런데 어째서 중생은 괴로움과 즐거움을 받기도 하고 착하고 나쁜 짓을 하게 됩니까? 또 어째서 잘생긴 사람도 있고 못생긴 사람도 있습니까?"

보수보살이 대답했다.

"그가 지은 업에 따라 과보를 받게 되지만 그 행위의 주체는 없습니다. 이것이 부처님의 가르침입니다. 맑은 거울에 비친 그림자가 여럿이듯이, 종자와 밭은 서로 몰라도 둘이 만나면 싹을 틔우듯이, 많은 새가 저마다 다른 소리를 내듯이, 지옥의 고통이 외부에서 따로 오지 않듯이, 업의 본성도 그와 같습니다."

―『화엄경華嚴經(60권본)』「보살명난품菩薩明難品」

5. 분별없는 본성

문수보살이 덕수德首보살에게 물었다.
"부처님께서 깨달은 법은 한 가지뿐인데 어째서 부처님께서는 여러 가지 길로 법을 말씀하시고 여러 가지 소리를 내시며, 여러 가지 몸을 나타내시고 수많은 중생을 교화하십니까? 법의 성품 안에서는 이와 같은 차별을 찾아볼 수 없지 않습니까?"
덕수보살이 대답했다.
"보살의 질문은 뜻이 깊습니다. 지혜로운 사람이 이것을 알면 항상 부처님의 공덕을 구할 것입니다. 대지(地)의 본성은 하나인데 온갖 중생을 살게 합니다. 그러나 대지 자체는 어떠한 분별도 하지 않듯이 부처님의 법도 그렇습니다. 바다(水)에는 많은 시냇물이 흘러 들어갑니다. 그러나 그 맛은 변하지 않듯이 부처님의 가르침도 그렇습니다. 불(火)의 본성은 하나인데 모든 것을 태웁니다. 그러나 불 자체는 어떠한 분별도 하지 않듯이 부처님의 법도 그렇습니다. 바람(風)의 본성은 하나인데 모든 것을 불어 버립니다. 그러나 바람 그 자체는 달라지지 않듯이 부처님의 법도 그렇습니다. 태양은 사방을 두루 비춥니다. 그러나 그 빛에는 차별이 없듯이 부처님의 법도 그렇습니다."

— 『화엄경華嚴經(60권본)』, 「보살명난품菩薩明難品」

6. 여래의 복밭

문수보살이 목수目首보살에게 물었다.

"여래의 복밭은 하나인데 어째서 중생이 받는 과보는 다릅니까? 중생 가운데에는 부자도 있고 가난한 자도 있으며, 지혜가 많은 이도 있고 적은 이도 있습니다. 그러나 여래는 평등해서 가깝고 먼 차별을 두는 일이 없지 않습니까?"

목수보살은 대답했다.

"대지는 하나여서 차별이 없지만 온갖 싹을 트게 합니다. 부처님의 복밭도 그와 같습니다. 같은 물이라도 그릇에 따라 모양이 달라지듯이 부처님의 복밭도 중생에 따라 달라집니다. 변재천辯才天[1]이 사람들을 기쁘게 하듯이 부처님의 복밭도 중생을 기쁘게 합니다. 거울이 여러 가지 그림자를 비추듯이 부처님의 복밭도 중생을 길러 줍니다. 해가 뜨면 어둠이 사라지듯 부처님의 복밭도 시방세계를 두루 비춥니다."

— 『화엄경華嚴經(60권본)』 「보살명난품菩薩明難品」

---

[1] 노래와 음악을 담당하는 여신. 걸림 없는 설법의 재능을 가져 불법을 널리 유포하는 능력도 뛰어남.

7. 젖은 나무는 타지 않는다

문수보살이 진수進首보살에게 물었다.
"부처님의 가르침은 한결같은데 이 가르침을 듣는 중생은 어째서 하나같이 번뇌를 끊을 수 없습니까?"
진수보살이 대답했다.
"중생 가운데에는 빨리 해탈하는 사람도 있지만 해탈하지 못하는 사람도 있습니다. 만약 어리석음을 없애 해탈하려고 한다면 굳은 결심으로 용맹정진해야 합니다. 나무가 젖어 있으면 약한 불은 꺼지고 말듯이, 가르침을 들었어도 게으른 사람은 그와 같습니다. 불을 지필 때에 태우다 말다 하면 마침내는 꺼지고 말듯이, 게으른 사람도 그와 같습니다. 눈을 감고서는 달빛을 보려고 해도 볼 수 없듯이, 게으른 사람이 법을 구하는 것도 그와 같습니다."

—『화엄경華嚴經(60권본)』「보살명난품菩薩明難品」

8. 듣는 것만으로는 이룰 수 없다

문수보살이 법수法首보살에게 물었다.
"중생 가운데 어느 부처님의 가르침을 듣는 것만으로는 번뇌를 끊지 못하는 이가 있습니다. 법을 들으면서도 탐하고 성내고 어리석은 것은 무슨 까닭입니까?"

법수보살이 대답했다.

"듣는 것만으로는 부처님의 가르침을 알 수 없습니다. 이것이 구도求道의 진실한 모습입니다. 맛있는 음식을 보면서도 먹지 않고 굶어 죽는 사람이 있듯이, 듣기만 하는 사람도 그와 같습니다. 백 가지 약을 잘 알고 있는 의사도 병에 걸려 낫지 못하듯이, 듣기만 하는 사람도 그와 같습니다. 가난한 사람이 밤낮없이 남의 돈을 세어도 자기는 반 푼도 차지할 수 없듯이, 듣기만 하는 사람도 그렇습니다. 장님이 그림을 그려 남들에게 보일지라도 자기 자신은 볼 수 없듯이, 듣기만 하는 사람도 그와 같습니다."

— 『화엄경華嚴經(60권본)』, 「보살명난품菩薩明難品」

9. 중생의 성질에 맞는 법

문수보살이 지수智首보살에게 물었다.

"부처님의 가르침에서는 지혜를 첫째로 꼽는데 부처님께서는 어째서 육바라밀六波羅蜜과 사무량심四無量心을 찬탄하십니까? 이러한 법으로는 최상의 깨달음을 얻을 수 없지 않습니까?"

지수보살은 대답했다.

"과거 현재 미래의 모든 여래가 한 가지 법만으로는 최상의 깨달음을 성취할 수 없습니다. 여래는 중생의 성품을 잘 알아 거기에 알맞은 법을 설하십니다. 탐욕이 많은 사람에게는 보시를 권장하고, 규칙을 지키지 않는 사람에게는 계율 갖기를 권장하며, 화 잘 내는 사람에게는 인욕을, 게으른 사람에게는 정진을, 마음이 흐트러지기 쉬운 사람에게는 선정禪定을, 어리석은 사람에게는 지혜를 권장합니다. 그리고 인정이 없는 사람에게는 사랑(慈)을 권장하고, 남을 해치는 사람에게는 가엾이 여김(悲)을, 마음에 근심이 있는 사람에게는 기쁨(喜)을, 사랑하고 미워하는 생각이 강한 사람에게는 버림(捨)을 권유하신 것입니다. 이와 같은 방법으로 평소에 꾸준히 나아간다면 마침내 모든 진리를 깨닫게 될 것입니다."

— 『화엄경華嚴經(60권본)』「보살명난품菩薩明難品」

10. 한 마음 한 지혜

문수보살이 현수賢首보살에게 물었다.

"모든 부처님께서는 중생이 다 부처가 된다고 하는 최고의 가르침인 일승一乘에 의해 생사를 초월하셨는데 모든 불국토를 자세히 살펴보면 사정이 각기 다릅니다. 즉 세계와 중생과 설법과 교화와 수명과 광명과 신통력 등 모두 한결같지 않습니다. 그렇다면 모든 법을 갖추지 않으면 최상의 깨달음을 성취할 수 없지 않습니까?"

현수보살은 대답했다.

"부처님의 가르침은 항상 있는 것이고 하나의 법뿐입니다. 부처님께서는 한 길에 의해 생사를 초월하셨습니다. 모든 부처님의 몸은 하나의 법신法身이고 그 마음과 지혜도 한 마음이고 한 지혜입니다. 그러나 중생이 깨달음을 얻는 방법에 따라 설법과 교화도 다른 것입니다. 또 모든 불국토는 평등하지만 중생이 지은 업이 각기 다르기 때문에 눈에 비치는 것도 같지 않습니다. 부처님의 힘은 자유자재하므로 중생의 업과 과보에 따라 각기 진실한 세계를 보여 주는 것입니다."

— 『화엄경華嚴經(60권본)』 「보살명난품菩薩明難品」

11. 부처님의 경지는 허공과 같다

여러 보살들이 문수보살에게 말했다.

"우리들이 알고 있는 것을 각기 말했습니다. 이제는 보살의 깊은 지혜로 부처님의 경지는 어떤 것이고 그 원인은 무엇이며 어떻게 해야 거기에 들어갈 수 있는지, 그리고 어떻게 하면 그 경지를 알 수 있는지도 말씀해 주십시오."

문수보살은 다음과 같이 말했다.

"여래의 심오한 경지는 허공처럼 광대무변해서 가령 모든 중생이 그 안에 들어간다 할지라도 사실은 들어가지 못하는 것과 같습니다. 그 경지는 부처님만이 알고 계십니다. 부처님께서 무량겁을 두고 설명한다 할지라도 다 말할 수 없을 것입니다.

부처님께서 중생을 해탈시키고자 할 때에는 중생의 마음과 지혜에 따라 법을 말씀하십니다. 그런데 아무리 말하더라도 부처님의 법은 다 말할 수 없습니다. 이와 같이 부처님께서는 중생의 수준과 기질에 따라 자유자재로 중생의 세계에 들어가지만 부처님의 지혜는 항상 고요합니다. 이것이 부처님만의 경지입니다.

부처님의 지혜는 과거 현재 미래에 걸쳐 막힘이 없고 그 경지는 마치 허공과 같습니다. 부처님의 경지는 그 자성이 참으로 청정하여 생각이나 분별로는 알 수 없습니다. 부처님의 경지는 업도 아니고 번뇌도 아니며 고요해서 걸릴 데도 없습니다. 그러나 평등하고 한결같이 중생의 세계에서 작용합니다. 모든 중생의 마음은 과거 현재 미래 속에 있고 부처님께서는 한 생각에 중생의 마음을 샅샅이 꿰뚫어 보고 계십니다."

―『화엄경華嚴經(60권본)』「보살명난품菩薩明難品」

12. 보살의 청정한 일상

지수智首보살이 문수보살에게 물었다.

"보살은 어떻게 해야 사물에 흔들리지 않을 행동(身)과 말(口)과 생각(意)의 청정한 삼업三業을 얻습니까? 보살은 어떻게 해야 지혜를 성취하고 두려워하지 않는 사람이 되며 각오가 굳어집니까? 보살의 가장 뛰어난 지혜, 헤아릴 수 없고 무어라 말할 수도 없는 그 지혜란 어떤 것입니까? 보살은 어떻게 해야 방편의 힘과 선정의 힘을 갖출 수 있습니까? 보살은 어떻게 해야 서로 관계된 연기緣起의 법을 알고 공삼매空三昧나 무상삼매無相三昧에 들어갈 수 있습니까? 보살은 어떻게 해야 육바라밀과 사무량심을 성취할 수 있습니까? 보살은 어떻게 해야 여러 천신과 용왕과 범천이 수호하고 공경하게 됩니까? 보살은 어떻게 해야 중생의 집이 되고 구원의 손길이 되며 등불이 되고 길잡이가 됩니까? 보살은 어떻게 해야 모든 중생 가운데서 비길 데 없이 뛰어나게 됩니까?"

문수보살은 지수보살에게 대답했다.

"지수보살의 질문은 정말 훌륭합니다. 중생을 사랑하고 그들에게 은혜를 베풀기 위해 잘 물으셨습니다. 보살이 사물에 흔들리지 않을 행동과 말과 생각의 청정한 삼업三業을 성취한다면 그는 온갖 뛰어난 덕을 얻게 될 것입니다. 그때 보살은 부처님의 바른 법에 의심이 없고, 부처님께서 나타내신 법을 스스로 나타내며, 중생을 버리지 않고 분명하게 모든 존재의 실상에 도달할 것입니다. 나쁜 일은 하지 않고 두루 선한 일을 하여 모든 것에 자유자재하게 될 것입니다.

그러면 그 청정한 삼업을 성취하여 뛰어난 덕을 얻으려면 어떻게 해야겠습니까. 보살은 이렇게 마음을 가져야 합니다. 보살이 집에 있을 때는 집 안의 여러 가지 어려운 일을 당했을지라도 모든 것은 인연에 따라 있는 것이니 아무것도 집착할 것이 없다고 생각해야 합니다. 부모를 섬길 때는 잘 봉양하여 편하게 해 드려야 합니다. 처자들과 모일 때는 미워함이 없이 아끼고 애욕의 탐착에서 벗어나야 합니다. 오욕五欲에 마주치면 탐욕과 미혹을 버리고 덕을 갖추도록 해야 합니다.

음악이나 무용을 즐길 때는 바른 법의 기쁨을 얻어 모든 것은 환상과 같다고 생각해야 합니다. 잠자리에 들 때는 부정한 애욕을 떠나 청정한 경지에 들어가야 합니다. 높은 산에 오를 때는 진리의 높은 곳에 오른다 생각하고 모든 것을 두루 살펴야 합니다. 남에게 보시할 때는 모든 집착을 버리고 빈 마음이 되어야 합니다. 모임에 참석할 때는 깨달음을 이루어 여러 부처님의 모임이 되도록 노력해야 합니다. 재난을 당할 때는 제 정신을 차리고 꺾이지 않도록 해야 합니다.

보살이 신심을 내어 집을 버리고 출가할 때는 모든 세상일도 함께 버리고 집착하지 말아야 합니다. 절 안에 있을 때는 모든 대중이 화합하여 마음에 틈이 생기지 않도록 해야 합니다. 출가할 때는 불퇴전의 경지를 목표로 하고 마음에 장애가 없도록 해야 합니다. 세속의 옷을 벗어 버릴 때는 오로지 바른 법을 구하고 쌓아 게으르지 않도록 해야 합니다. 머리를 깎을 때는 번뇌도 함께 깎아 고요하고 평화로운 절대평화의 세계인 적멸寂滅의 세계에 이르러야 합니다. 법복을 입을 때는 탐욕과 성냄과 어리석음의 삼독三毒 번뇌를 떠나 진리의 기쁨을 누려야 합니다.

출가했으면 부처님처럼 사사로운 일에서 떠나 모든 사람을 지도해야 합니다. 스스로 부처님 법에 귀의했을 때는 경전의 깊은 뜻을 배우고 큰 바다 같은 지혜를 얻어야 합니다. 스스로 승단에 귀의했을 때는 대중을 통솔하여 빈틈이 없도록 해야 합니다. 몸을 바르게 하고 앉을 때 어디에도 흔들림이 없도록 해야 합니다. 좌선하는 자세를 취할 때는 도의 마음을 굳게 가져 부동의 경지에 들어가야 합니다. 삼매에 들었을 때는 철저히 하여 선정禪定의 궁극까지 이르러야 합니다. 모든 존재를 관찰할 때는 진정한 모습을 보고 장애나 틈이 없도록 해야 합니다.

옷을 입을 때는 모든 공덕을 입는다 생각하고 항상 참회해야 합니다. 옷깃을 여미고 허리띠를 맬 때에도 도의 마음을 새롭게 가다듬어야 합니다. 양치질할 때는 마음에 진리를 얻어 저절로 깨끗하게 되도록 원해야 합니다. 대소변을 볼 때에는 온갖 부정한 것을 버리고 탐욕과 성냄과 어리석음의 삼독도 버려야 합니다. 길을 갈 때에는 청정한 법계를 딛고 마음 속의 번뇌에서 벗어나야 합니다. 길을 올라갈 때는 그 이상 없는 도에 올라 삼계를 초월해야 합니다. 길을 내려갈 때는 부처님 법의 깊은 데까지 들어가야 합니다. 험한 길에서 인생의 나쁜 길을 버리고 삿된 소견에서 벗어나야 합니다. 똑바른 길을 보면 마음을 바로 가져 거짓에서 벗어나야 합니다.

큰 나무를 보면 다투는 마음을 버리고 분노와 원망에서 벗어나야 합니다. 높은 산을 보면 최고의 깨달음을 목표로 부처님 법의 정상頂上에 오르고자 해야 합니다. 나무 가시를 보면 삼독의 가시를 빼내어 남을 해치려는 생각을 없애야 합니다. 무성한 나무를 보면 진리의 그늘을 만들어 선정 삼매에 들어가야 합니다. 잘 익은 과일을 보면 불도의 큰 행을 일으켜 으뜸가는 과보를 성취시켜야 합니다. 흐르는 물을 보면 바른 법의 흐름을 타고 부처님 지혜의 큰 바다에 들어가야 합니다. 샘물을 볼 때는 퍼내고 또 퍼내도 마르지 않는 진리의 물을 마시고 으뜸가는 덕을 쌓아야 합니다. 산골짝을 흐르는 물을 보면 먼지와 때를 씻어 버리고 청정한 마음이 되어야 합니다.

다리를 보면 부처님 법의 다리를 놓아 많은 사람들이 머뭇거림 없이 건너게 해야 합니다. 즐거워하는 사람을 보면 청정한 법을 찾아 부처님 가르침에 의해 스스로 즐깁니다. 근심하는 사람을 보면 미혹을 벗어나는 마음을 냅니다. 괴로워하는 사람을 보면 모든 고뇌를 없애고 부처님의 지혜를 얻고자 합니다. 건강한 사람을 보면 금강석과 같은 단단한 진리의 몸을 이루고자 합니다. 병든 사람을 보면 사람의 몸이 원래 '실체가 없이 텅 비고 고요한 것(空寂)'임을 알아 모든 고통을 벗어나고자 해야 합니다. 은혜로운 사람을 보면 항상 부처님과 보살의 은덕을 생각합니다. 출가한 사문을 보면 부처님의 법을 얻어 모든 악에서 벗어나야 합니다. 고행자를 보면 마음과 몸을 굳게 가다듬어 불도에 정진해야 합니다.

음식을 먹으면 그 힘으로 불도에 기울여야 합니다. 음식을 얻을 수 없을 때는 모든 악행에서 벗어나야 합니다. 맛있는 음식을 대하면 절제를 지켜 욕심을 적게 하고 거기에 집착하지 않아야 합니다. 거친 음식을 대할 때는 모든 것이 허공처럼 모양이 없다는 삼매에 들어야 합니다. 음식을 삼킬 때는 선정의 기쁨으로 대하고자 힘써야 합니다. 다 먹고 나서는 공덕이 몸에 충만하여 부처님의 지혜를 성취하고자 해야 합니다.

부처님을 뵙고 공양할 때는 지혜의 눈을 얻어 여래의 실상을 보고자 해야 합니다. 여래의 실상을 보고 섬길 때는 남김없이 시방세계를 보고 부처님처럼 되고자 해야 합니다. 밤에 잠들 때는 모든 활동을 그치고 마음의 갈등은 쉬어야 합니다. 아침에 깨어날 때는 모든 일에 마음을 쓰며 되돌아보아야 합니다. 이와 같이 하면 행동과 말과 생각을 청정히 하고 뛰어난 공덕을 얻을 것입니다."

—『화엄경華嚴經(60권본)』「정행품淨行品」

13. 보살의 열 가지 행

공덕림功德林보살이 부처님의 위신력을 받아 번뇌를 물리치는 삼매에 드니, 시방세계에 계신 무수한 부처님들이 공덕림보살 앞에 나타나 말씀하셨다.

"착하다, 그대가 번뇌를 물리치는 삼매에 들었구나. 이것은 시방세계의 여래들이 그대에게 가피加被하려는 것이다. 여래가 예전부터 세운 서원의 힘과 위신력과 모든 보살의 선행의 힘이 그대로 하여금 이 삼매에 들어 법을 설하게 하려는 것이다. 보살이 열 가지 행行을 일으키는 것은 여래의 지혜를 늘리기 위해서이고, 법계法界에 깊이 들게 하려는 것이며, 중생계衆生界를 분명히 알게 하려는 것이고, 들어가는 데에 걸림이 없게 하려는 것이며, 하는 일에 장애를 없애기 위해서이다. 또 한량없는 방편을 얻게 하기 위해서이고, 온갖 지혜의 성질을 거두어 지니려는 것이며, 모든 법을 깨닫게 하려는 것이고, 모든 근기를 알게 하려는 것이며, 온갖 법을 가지고 말하게 하려는 것이다. 그대는 여래의 위신력을 받아 이 법을 설하라."

이때 모든 여래는 공덕림보살에게 걸림 없는 지혜, 집착 없는 지혜, 끊이지 않는 지혜, 스승 없는 지혜, 어리석지 않은 지혜, 다르지 않은 지혜, 허물이 없는 지혜, 한량없는 지혜, 이길 이 없는 지혜, 게으름 없는 지혜, 빼앗기지 않는 지혜를 주었다. 이 삼매의 힘은 그와 같은 지혜를 지니고 있기 때문이다. 시방세계의 여래가 각기 오른손으로 공덕림보살의 이마를 쓰다듬자 그는 삼매에서 나와 모든 보살에게 법을 설했다.

"불자들이여, 보살의 행은 넓고 커서 법계처럼 헤아릴 수 없고 허공계처럼 끝이 없습니다. 왜냐하면 보살은 과거 현재 미래의 부처님의 행을 배우기 때문입니다. 보살에게는 삼세 부처님께서 말씀하신 열 가지 행이 있습니다. 그것은 즐거운 행, 이롭게 하는 행, 어기지 않는 행, 굽히지 않는 행, 어리석음과 흔들림으로부터 벗어나는 행, 잘 나타나는 행, 집착 없는 행, 얻기 어려운 행, 법을 잘 아는 행, 진실한 행입니다."

—『화엄경華嚴經(60권본)』「공덕화취보살십행품功德華聚菩薩十行品」

14. 즐거운 행

"불자들이여, 보살의 즐거운 행이란 무엇입니까. 보살은 평등한 마음으로 자기가 가진 물건을 남김없이 모든 중생에게 널리 베풉니다. 베풀고 나서 뉘우치거나 아까워하거나 대가를 바라거나 명예를 구하거나 자기 이익을 바라지 않습니다. 다만 모든 중생을 구제하고 이롭게 할 뿐입니다. 모든 부처님께서 쌓으신 행을 배우고 생각하고 좋아하며 몸소 실천하고 남에게 말하여 중생으로 하여금 괴로움을 벗어나 즐거움을 얻게 하려는 것입니다. 가난한 이웃이 와서 빌면 보살은 곧 보시하여 그를 즐겁고 만족하게 합니다. 한량없이 많은 중생이 와서 구걸하더라도 보살은 조금도 싫어하거나 귀찮게 여기지 않고 더욱 자비하고 즐거운 마음으로 이렇게 생각합니다. '이 중생은 내 복밭이고 선지식이다. 찾지도 않고 청하지도 않았는데 이렇게 몸소 와서 나를 바른 법에 들게 한다. 나는 이와 같이 배우고 닦아 모든 중생의 마음을 어기지 않으리라.'

또 이렇게 발원합니다. '내 보시를 받은 중생은 모두 최상의 깨달음을 얻고 평등한 지혜를 가지며 바른 법을 갖추어 널리 선행善行을 하다가 열반에 들어지이다. 만약 한 중생이라도 마음에 만족하지 않는다면 나는 결코 최상의 깨달음을 얻지 않으리라.'

보살은 이와 같이 중생을 이롭게 하면서도 아상·인상·중생상·수자상이 없고, 베푸는 이라는 생각이 전혀 없습니다. 다만 법계法界와 중생계衆生界의 끝이 없고 틈이 없는 법과 공空하고 형상 없고 자체가 없고 처소가 없고 의지가 없고 지음이 없는 법을 생각할 뿐입니다. 이런 생각을 할 때는 제 몸도 보지 않고, 보시하는 물건도 보지 않고, 받는 이도 보지 않고,

복밭도 보지 않고, 업도 과보도 그 결과도 보지 않습니다.

'모든 부처님께서 배우신 것을 나도 모두 배우고, 밝은 지혜를 얻어 모든 법을 알고, 중생을 위해 삼세三世가 평등하고 고요하며 무너지지 않는 법의 본성을 말해 주어, 그들이 즐거움을 얻게 하리라.' 하고 생각합니다. 이것이 보살의 즐거운 행입니다."

—『화엄경華嚴經(60권본)』, 「공덕화취보살십행품功德華聚菩薩十行品」

15. 이롭게 하는 행

"불자들이여, 보살의 이롭게 하는 행이란 무엇입니까. 보살은 계율을 청정하게 가지므로 어떠한 감각의 대상에도 집착하지 않고 중생을 위해서도 그와 같이 말합니다. 권세나 문벌이나 부귀에 조금도 집착함이 없이, 청정한 계율을 굳게 가지려면 이렇게 생각합니다. '나는 모든 얽힘과 속박과 탐욕과 시끄러움을 버리고 부처님께서 찬탄하신 평등한 정법을 얻으리라.'

보살이 이와 같이 청정한 계율을 가질 때 마군의 무리들이 아름다운 천상의 미녀들을 데리고 와서 여러 가지 방법으로 유혹할지라도 보살은 이렇게 생각합니다. '오욕五欲은 도를 방해하는 것이다. 여기에 빠지면 바른 깨달음을 이룰 수 없다.'

보살은 한 순간이라도 탐욕을 내지 않고 그 청정한 마음이 부처님과 같습니다.

보살은 탐욕으로 인해 한 중생이라도 해롭게 하는 일이 없습니다. 차라리 자기 목숨을 버릴지언정 중생을 해롭게 하는 일은 하지 않습니다. 보살은 이렇게 생각합니다. '중생은 오랜 세월 동안 오욕을 생각하고 오욕을 탐하고 거기에 집착하여 물들고 빠져 헤어날 줄 모른다. 내가 이제 이 마군과 천상의 미녀와 모든 중생을 청정한 계율에 머물게 하리라. 그래서 밝은 지혜에서 물러나지 않는 최상의 깨달음을 얻게 하리라. 이것이 내가 할 일이고 모든 부처님께서도 그와 같이 행하셨다.

모든 것은 허망하고 진실하지 않아 잠깐 생겼다가 없어져 견고하지 못하다. 그것은 마치 꿈과 같고 그림자와 같고 환상과 같아 어리석은 중생을 미혹케 한다. 이와 같이 알면 모든 것을 깨달아 생사와 열반을 통달하게 될 것이다. 여래의 보리를 얻어 아직 제도받지 못한 중생을 제도하고, 해탈하지 못한 중생을 해탈케 하며, 고요하지 못한 중생을 고요하게 하고, 청정하지 못한 중생을 청정케 하며, 열반에 들지 못한 중생을 열반에 들게 할 것이다.'

이것이 보살의 이롭게 하는 행입니다."

—『화엄경華嚴經(60권본)』「공덕화취보살십행품功德華聚菩薩十行品」

16. 어기지 않는 행

"불자들이여, 보살의 어기지 않는 행이란 무엇입니까. 보살은 항상 참고 견디는 법을 쌓아 겸손하고 공경하여 남을 해치지 않으며, 탐하거나 집착하지 않고, 명예와 이익도 구하지 않고 이렇게 생각합니다. '내가 중생에게 법을 설해 나쁜 짓을 못하게 하리라. 즉 탐욕과 성냄과 어리석음(貪瞋癡)·교만·질투·아첨하는 마음을 끊어 부드럽게 화평하여 참고 견디는 데에 항상 머물게 하리라.'

보살이 이와 같이 참고 견디는 법을 성취하면, 설사 무수한 중생이 입을 모아 헐뜯고 비방하고 흉기로 위협할지라도 그는 항상 이렇게 생각합니다. '내가 이만한 고통으로 마음이 흔들린다면 자신을 이기지 못하고, 자신을 지키지 못하고, 스스로 고요하지 못하고, 스스로 집착하게 될 것이니, 어떻게 남의 마음을 청정하게 할 수 있을 것인가.'

보살은 또 다음과 같이 생각합니다. '나는 끝없는 옛적부터 생사에 헤매면서 갖은 고통을 받았다. 그럴수록 정신을 가다듬어 청정해지고 바른 법에 편히 머물러 중생에게 이런 법을 얻게 하리라. 사실 이 몸은 공(空)한 것이므로 나도 없고 내 것도 없다. 온갖 괴로움과 즐거움도 그 실체가 없다. 모든 것이 공한 것임을 내가 알고 남에게 널리 말하리라. 내가 지금 어떤 고통을 당할지라도 참고 견디어야 한다. 그것은 중생을 염려하기 때문이며, 중생을 안락하게 하고 가엾이 여기기 때문이며, 스스로 깨닫고 중생을 깨닫게 하려는 때문이며, 중생이 물러나지 않고 여래의 도에 나아가게 하기 위해서인 것이다.' 이것이 보살의 어기지 않는 행입니다."

—『화엄경華嚴經(60권본)』「공덕화취보살십행품功德華聚菩薩十行品」

17. 굽히지 않는 행

"불자들이여, 보살의 굽히지 않는 행이란 무엇입니까. 보살은 온갖 정진을 수행합니다. 모든 번뇌를 끊기 위해 정진하고, 나쁜 버릇을 없애기 위해 정진합니다. 모든 중생의 생사와 번뇌와 희망과 마음의 상태를 알기 위해 정진합니다. 여래의 진실한 법을 알기 위해 정진하고 청정하고 평등한 법을 알기 위해 정진하며, 여래의 끝이 없고 헤아릴 수 없는 지혜를 알기 위해 정진합니다.

보살이 이와 같은 정진을 완성할 때 사람들은 물을 것입니다. '당신은 무수한 세계의 하나하나의 중생을 위해 무량겁을 두고 지옥의 고통을 받으면서도 그 중생을 열반에 들게 하겠습니까? 또 수많은 부처님께서 세상에 출현하여 부처님을 뵈온 인연으로 한없이 많은 중생이 여러 가지 즐거움을 누리어도 당신은 그때까지 지옥의 고통을 면하지 못하다가 그들이 모두 열반에 든 뒤에라야 비로소 깨달음을 얻겠다고 하겠습니까?' 보살은 '어떠한 지옥의 고통이라도 중생을 위해서라면 달게 받겠습니다.'라고 대답합니다.

또 어떤 사람이 물을 것입니다. '이를테면 당신이 하나의 터럭으로 무수히 많은 큰 바닷물을 찍어 내어 다하게 하고, 무수한 세계를 부수어 티끌을 만듭니다. 그 물방울과 그 티끌을 하나하나 세어 그 수효만큼 오랜 세월을 두고 지옥의 고통을 받을지라도 그 마음이 변치 않겠습니까?'

보살은 이와 같은 질문을 받을지라도 조금도 후회하지 않고 기쁨으로 더욱 감사하면서 이렇게 생각합니다. '내 힘으로 중생을 모든 고통에서 벗어나게 하리라.' 보살은 이렇게 행한 방편으로 중생을 열반에 들게 합니다. 이것이 보살의 굽히지 않는 행입니다."

― 『화엄경華嚴經(60권본)』, 「공덕화취보살십행품功德華聚菩薩十行品」

18. 어리석음과 흔들림으로부터 벗어나는 행

"불자들이여, 보살의 어리석음과 흔들림으로부터 벗어나는 행이란 무엇입니까. 이 보살은 어떠한 경우에도 마음이 흔들리지 않고 헤아릴 수 없이 많은 세월 동안 바른 법을 들어 왔습니다. 보살은 바른 법을 들으면서 아직 거기에서 물러난 일이 없습니다. 왜냐하면 보살이 수행을 쌓을 때 한번이라도 중생의 삼매를 흐트러뜨리거나 바른 법과 지혜를 깨뜨리지 않았기 때문입니다.

보살은 남에게 비방을 듣거나 칭찬을 받을지라도 마음이 흔들리지 않습니다. 선정도 흔들리지 않고 보살행과 보리심과 염불 삼매와 중생을 교화하는 지혜도 흔들리지 않습니다. 보살은 선정 속에서 모든 음성의 모양을 보고 그 본성을 압니다. 남에게서 어떠한 소리를 들을지라도 좋아하거나 싫어하는 일이 없습니다. 보살은 모든 소리는 그 실체가 없고 차별이 없다는 것을 잘 알고 있기 때문입니다.

보살은 행동(身)과 말(口)과 생각(意)이 항상 고요하므로 도에서 물러나지 않습니다. 선정 속에 편히 머물고 지혜가 깊어지고 모든 소리를 떠나 삼매 속에서 자비심을 기릅니다. 생각 생각마다 한량없는 삼매를 얻어 마침내는 일체지一切智를 갖추게 됩니다.

보살이 악담을 들으면 이렇게 생각합니다. '내가 모든 중생을 청정한 생각에 머물게 하여 지혜에서 물러나지 않고 열반을 성취케 하리라.' 이것이 보살의 어리석음과 마음 흔들림으로부터 벗어나는 행입니다."

—『화엄경華嚴經(60권본)』「공덕화취보살십행품功德華聚菩薩十行品」

19. 잘 나타내는 행

"불자들이여, 보살의 잘 나타내는 행이란 무엇입니까. 보살은 행동(身)과 말(口)과 생각(意)이 청정하여 얻을 것 없는 데에 머물러 얻을 수 없는 행동과 말과 생각을 보입니다. 삼업 三業이 모두 없는 것인 줄 알므로 얽매임이 없으며, 온갖 나타내 보이는 것에 본성도 없고 의지함도 없습니다. 망상 분별을 떠나 속박이 없는 법에 들어갔고, 가장 뛰어난 지혜의 진실한 법에 들어갔으며, 세간에서는 알 수 없는 출세간법에 들어갔습니다. 이것이 보살의 교묘한 방편으로 나타내는 행입니다.

보살은 이렇게 생각합니다. '모든 중생이 자성이 없음(無性)으로 성품을 삼았고, 모든 법이 고요하고 평화로운 절대평화의 상태(寂滅)로 성품을 삼았으며, 모든 불국토가 형상이 없음(無相)으로 모양을 삼았다. 과거 현재 미래의 삼세가 다만 말뿐인데 모든 말이 여러 법 가운데 의지한 곳이 없고, 모든 법이 말 가운데 의지한 곳이 없다.'

보살은 이와 같이 법의 깊은 뜻을 알며, 세간이 고요하고 세간법과 출세간법이 다르지도 섞이지도 않고 또 차별이 없음을 압니다. 보살은 삼세의 평등한 법에 머물러 보리심을 버리지 않고 중생을 교화하는 마음이 물러나지 않으며, 큰 자비신을 길러 모든 중생을 구제하겠다는 원을 세우고 이렇게 생각합니다. '내가 중생의 덕을 완성시키지 않으면 누가 완성시켜 줄 것인가. 내가 중생의 번뇌를 없애지 않으면 누가 없애 줄 것인가. 내가 중생을 깨우치지 않으면 누가 깨우쳐 줄 것인가. 내가 중생을 청정케 하지 않으면 누가 청정케 해 줄 것인가. 그것은 마땅히 내가 해야 할 일이다.'

보살은 또 이렇게 생각합니다. '중생의 덕이 아직 완성되지 않았는데 어떻게 나만 최상의 깨달음을 얻을 것인가. 나는 먼저 중생을 교화하기 위해 무량겁을 두고 보살행을 쌓아 중생의 덕을 완성시키리라.'

보살이 이러한 행에 머물러 있을 때 천신과 사문과 브라만들이 이 보살을 보고 공경하여 공양하거나, 잠깐이라도 그 가르침을 듣고 마음으로 생각하면 반드시 최상의 깨달음을 얻을 것입니다. 이것이 보살의 잘 나타내는 행입니다."

— 『화엄경華嚴經(60권본)』「공덕화취보살십행품功德華聚菩薩十行品」

20. 집착 없는 행

"불자들이여, 보살의 집착 없는 행이란 무엇입니까. 이 보살은 집착이 없는 마음으로 한 생각 중에 무수한 불국토를 생각하고 한없이 많은 부처님 처소에 나아가 예배하고 공양합니다. 보살은 부처님의 광명을 보거나 설법을 듣더라도 집착이 없으며, 시방세계와 부처님과 보살과 모인 대중에게도 집착이 없습니다. 설법을 듣고는 기뻐하고 원과 힘이 커서 보살행을 하면서도 부처님 법에 집착함이 없습니다.

보살은 부정한 세계를 보고도 미워하는 생각이 없습니다. 왜냐하면 보살은 모든 것을 부처님의 법과 같이 보기 때문입니다. 즉 모든 것은 청정하지도 부정하지도 않으며, 어둠도 밝음도 아니고, 진실도 거짓도 아니며, 편안함도 험난함도 아니고, 바른 길도 그릇된 길도 아닙니다.

보살은 이와 같이 법계에 깊이 들어가 중생을 교화해도 중생에게 집착하지 않고, 삼매에 들어가 머물러도 집착함이 없습니다. 무수한 부처님 국토에 나아가 들어가고 보고 그 안에서 살면서도 부처님 국토에 집착이 없으며, 버리고 갈 때에도 미련을 두지 않습니다.

보살은 중생이 온갖 고통 속에서 괴로워하는 것을 보면 대비심大悲心을 일으켜 이렇게 생각합니다. '나는 시방세계 하나하나의 중생을 위해 그들과 함께 무량겁을 지내면서 그들의 덕을 충만시키고 어떠한 경우에라도 그들을 버려두고 모른 체하지 않을 것이다.' 보살은 잠깐 동안이라도 '나'라는 생각과 내 것이란 생각을 내지 않으며, 몸에 집착하지 않고 법에 집착하지 않으며, 생각과 소원과 삼매와 고요한 선정에도 집착하지 않습니다. 중생을 교화하여 그 덕을 성취시키는 데에도 집착하지 않고, 법계에 들어가는 데에도 집착하지 않습니다. 왜냐하면 보살은 다음과 같이 보기 때문입니다. 즉 모든 세계는 환상과 같고 부처님은 그림자 같으며, 보살행은 꿈과 같고, 부처님의 설법은 메아리와 같다고 봅니다.

보살은 모든 것이 '나'라는 실체가 없다(無我)라고 생각하고 대비심을 일으켜 모든 중생을 구제하면서도 그 일에 물들지 않습니다. 세상을 초월해 있으면서도 또한 세상을 따르고 있습니다. 이것이 보살의 집착 없는 행입니다."

―『화엄경華嚴經(60권본)』「공덕화취보살십행품功德華聚菩薩十行品」

21. 얻기 어려운 행

"불자들이여, 보살의 얻기 어려운 행이란 무엇입니까. 보살은 항상 여래의 수승한 법을 좋아하고, 오로지 최상의 깨달음을 얻기 위해 잠시도 보살의 큰 원을 버리지 않으며, 무량겁을 두고 보살도를 닦아 왔습니다. 보살은 이 얻기 어려운 행에 머물러 생각 생각마다 끝없는 생사의 고통을 돌이켜 보살의 큰 원을 버리지 않습니다. 만약 어떤 중생이 이 보살을 받들어 섬기고 공양하거나 그 원을 들을 수 있으면, 그는 불퇴전의 자리에 올라 반드시 최상의 깨달음을 성취할 것입니다.

보살은 한 중생을 무시하고 많은 중생에게 집착하지 않으며, 또한 많은 중생을 무시하고 한 중생에게 집착하지도 않습니다. 왜냐하면 중생계와 법계가 둘이 아닌 줄을 알기 때문입니다. 보살은 이와 같이 깊은 법계를 알아 모양이 없는 데에 머무르고 모든 불국토에 다니면서도 그 불국토에 집착하지 않습니다.

보살이 쌓은 공덕은 끝이 없으며 중생을 교화하여 구제하는 일도 끝이 없습니다. 보살은 최상의 깨달음에 도달한 것도 아니고 도달하지 못한 것도 아닙니다. 집착을 떠난 것도 아니고 떠나지 못한 것도 아닙니다. 세간법도 아니고 출세간법도 아니며 범부도 아닙니다.

보살은 이와 같이 어려운 마음을 성취하여 항상 보살행을 쌓고, 모든 중생으로 하여금 영원히 나쁜 길을 떠나 삼세 부처님의 법에 편안히 머물게 합니다. 그리고 이렇게 생각합니다. '중생은 은혜를 모르고 원수처럼 해치며 삿된 소견에 집착하여 미혹해 있다. 어리석어서 탐욕과 애착과 온갖 번뇌에 사로잡혀 헤매고 있다. 만약 그들이 은혜를 알고 지혜롭고 또 선지식이 세상에 가득하면 나는 결코 보살행을 닦을 필요가 없을 것이다. 그러므로 나는 그들을 위해 보살행을 닦지 않을 수 없다.' 이것이 보살의 얻기 어려운 행입니다."

―『화엄경華嚴經(60권본)』「공덕화취보살십행품功德華聚菩薩十行品」

22. 법을 잘 말하는 행

"불자들이여, 보살의 법을 잘 말하는 행이란 무엇입니까. 이 보살은 모든 중생을 위해 맑은 법의 못이 되어 바른 법을 지키고 여래의 씨가 끊이지 않게 합니다. 보살은 중생의 요구에 따라 또는 그 능력에 맞도록 법을 설하고 말 한마디 한마디에 무궁무진한 뜻이 들어 있어 듣는 사람을 기쁘게 합니다. 가령 여러 가지 업보業報로 된 무수한 중생이 한곳에 모여 있어 그들의 말이 각기 다르고 묻는 내용이 다를지라도, 보살은 한 생각에 모두 알아듣고 하나의 진리로 그들의 의심을 풀어 주고 눈을 뜨게 합니다.

이때 보살은 이렇게 생각합니다. '한 터럭 끝에 순간마다 무수한 중생이 와서 모이고, 이와 같이 매 순간마다 과거 현재 미래에 걸쳐 모일지라도 중생은 다할 수가 없다. 그 중생의 말은 서로 다르고 묻는 내용도 저마다 다를 것이다. 그러나 나는 그와 같은 중생의 문제를 다 들어 주고 마음에 조금도 두려워함이 없이 한마디 말로써 의심의 그물을 끊어 그들을 기쁘게 해 주리라.'

보살의 설법은 진실하며 한마디 한마디마다 깊은 지혜가 들어 있고, 그 지혜의 빛은 모든 세계를 비추어 중생의 공덕을 완성시킵니다. 보살은 법을 잘 말하는 행에 머물러 스스로 청정하고 집착이 없는 방편으로 중생을 제도합니다.

불자들이여, 이런 보살에게는 열 가지 몸이 있습니다. 첫째, 그지없는 법계에 들어가는 몸이니 그것은 모든 세상을 초월해 있습니다. 둘째, 미래의 몸이니 그것은 어떠한 국토에도 날 수 있습니다. 셋째, 태어나지 않는 몸이니 그것은 일찍이 없었던 진리를 얻습니다. 넷째, 멸하지 않는 몸이니 모든 법은 말로 다 표현할 수 없습니다. 다섯째, 진실한 몸이니 그것은 진실한 도리를 얻은 것입니다. 여섯째, 무지를 떠난 몸이니 그것은 중생의 요구에 따라 교화합니다. 일곱째, 변하지 않는 몸이니 그것은 여기에서 죽어 저기에 태어나는 일이 전혀 없습니다. 여덟째, 무너지지 않는 몸이니 법계의 본성은 깨뜨리지 않습니다. 아홉째, 한 모양의 몸이니 과거 현재 미래는 나타내 보일 수 없습니다. 열째, 모양이 없는 몸이니 그것은 모든 법의 모양을 잘 분별합니다.

보살은 이와 같은 열 가지 몸을 성취하고 모든 중생의 집이 됩니다. 왜냐하면 착한 능력을 길러 주기 때문입니다. 보살은 모든 중생의 구원의 손길이 됩니다. 그들에게 두려움이 없는 마음을 주기 때문입니다. 보살은 모든 중생의 의지할 곳이 됩니다. 중생을 편안한 세계에 살게 하기 때문입니다. 보살은 모든 중생의 길잡이가 됩니다. 중생에게 바른 길에 이르는 문을 열어 보이기 때문입니다. 보살은 모든 중생의 스승이 됩니다. 중생을 진실한 법에 들게 하기 때문입니다. 보살은 모든 중생의 등불이 됩니다. 중생에게 그들이 지은 업보를 환히 보게 하기 때문입니다. 보살은 모든 중생의 밝은 지혜가 됩니다. 중생에게 심오한 진리를 얻게 하기 때문입니다. 보살은 모든 중생의 빛이 됩니다. 중생에게 여래의 걸림 없는 능력을 나타내기 때문입니다.

이것이 보살의 법을 잘 말하는 행입니다. 보살이 이 행에 머무르면 모든 중생을 위해 맑은 법의 연못이 됩니다. 보살은 깊고 미묘한 법의 근원을 다 알고 있습니다."

―『화엄경華嚴經(60권본)』,「공덕화취보살십행품功德華聚菩薩十行品」

23. 진실한 행

"불자들이여, 보살의 진실한 행이란 무엇입니까. 이 보살은 진실하고 참된 말을 성취하여 말한 대로 행동하고 행동하는 대로 설법합니다. 보살은 삼세 부처님의 진실한 말을 배우고 삼세 부처님의 본성에 들어가 삼세 부처님과 똑같은 공덕을 갖추고 있습니다.

보살은 이렇게 생각합니다. '끝없는 고통 속에 있는 모든 중생을 내가 구제하리라. 그들을 구제하기 전에 내가 먼저 성불하겠다는 것은 내 원이 아니다. 그러므로 모든 중생에게 최상의 깨달음과 열반을 얻게 한 뒤에 성불하겠다. 중생이 나에게 보리심을 내게 한 것이 아니고, 내 스스로 보리심

을 내어 수많은 중생에게 온갖 지혜를 얻게 하려고 했기 때문이다.'

보살은 본래의 서원을 버리지 않으므로 최상의 지혜에 들어갈 수 있습니다. 보살은 모든 중생의 요구에 맞도록 교화하고, 본래의 서원에 따라 중생의 요구를 만족시켜 두루 청정케 합니다. 보살은 생각마다 시방세계에 다니고 생각마다 무수한 불국토에 이르며, 보살은 또 여래의 걸림 없는 신통력을 나타내어 그 마음은 법계나 허공계와 같고, 그 몸은 한량이 없어 중생의 요구대로 두루 나타냅니다. 그러면서도 마음과 몸은 어디에도 집착함이 없습니다. 보살 자신 속에서도 모든 중생과 모든 법과 모든 부처님이 두루 나타납니다. 보살은 중생의 여러 가지 생각과 욕망과 업보를 알고 그 근기에 맞도록 몸을 나타내어 중생의 고뇌를 덜어 줍니다.

보살은 대비심에 머물러 심오한 법을 수행하며 고요하고 평화로운 절대평화의 세계인 적멸寂滅의 세계에 드나듭니다. 여래의 능력을 얻어 서로 의지하고 관계된 법계에 걸림 없이 들어가고 여래의 해탈을 성취합니다. 윤회하는 생사의 소용돌이를 건너 지혜의 바다에 들어가 모든 중생을 위해 항상 보살행을 쌓습니다. 이것이 보살의 진실한 행입니다."

이때 부처님의 신통력으로 시방세계가 크게 진동하고 하늘에서는 아름답고 향기로운 꽃이 내렸다. 눈부신 광명이 끝없는 세계를 비추고 천상의 음악이 은은히 울렸다. 시방세계의 무수한 보살들이 모여 와 저마다 공덕림보살을 찬탄했다.

— 『화엄경華嚴經(60권본)』「공덕화취보살십행품功德華聚菩薩十行品」

24. 보살의 회향

금강당金剛幢보살이 부처님의 위신력威神力을 받고 밝은 지혜 삼매에서 나와 보살들에게 법을 설했다.

"불자들이여, 보살의 헤아릴 수 없는 큰 서원이 법계에 충만하여 모든 중생을 널리 구제합니다. 보살은 이 원을 세워 과거 현재 미래 부처님의 회향廻向을 배웁니다. 보살은 보시布施·지계持戒·인욕忍辱·정진精進·선정禪定·지혜智慧의 육바라밀을 수행할 때 이렇게 생각합니다. '이 선근善根으로 모든 중생을 두루 이롭게 하며, 지옥·아귀·축생의 한량없는 고통에서 길이길이 떠나게 하여지이다.' 보살은 자기가 심은 선근을 이렇게 회향합니다. '나는 모든 중생의 집이 되리라, 그들의 고뇌를 없애 주기 위해서. 나는 모든 중생의 수호신이 되리라, 그들의 번뇌를 끊어 해탈케 하기 위해서. 나는 모든 중생의 귀의처가 되리라, 그들이 공포를 벗어날 수 있도록. 나는 모든 중생의 안락처가 되리라, 그들이 구경究竟의 편안한 곳을 얻을 수 있도록. 나는 모든 중생의 광명이 되리라, 그들이 지혜의 빛을 얻어 무명無明의 어둠을 없앨 수 있도록. 나는 중생의 길잡이가 되리라, 그들에게 걸림 없는 큰 지혜를 주기 위해서.' 보살은 이와 같은 온갖 선근을 회향하여 중생에게 모든 지혜를 얻게 합니다.

불자들이여, 보살은 친구나 원수를 가리지 않고 두루 회향합니다. 왜냐하면 보살은 모든 것을 평등하게 보아 사랑과 미움을 초월했기 때문이며, 항상 자비의 눈으로 중생을 보기 때문입니다. 만약 어떤 중생이 보살을 해치려는 마음을 일으킨다면, 보살은 그 중생을 위해 어진 스승이 되어 뛰어난 법을 말해 줍니다. 이를테면 어떠한 독으로도 큰 바다를 독물로 만들 수 없듯이, 중생의 어떠한 죄악으로도 보살의 보리심을 흐트러뜨릴 수는 없습니다.

보살이 보리심菩提心을 내어 모든 선근을 회향하는 것은 한 중생을 위해서도 아니고, 한 불국토를 정화하기 위해서도 아니며, 한 부처님을 믿기 위해서도 아니고, 한 부처님의 법을 듣기 위해서도 아닙니다. 보살은 오로지 모든 중생을 구호하기 위해서 온갖 선근을 회향하는 것입니다. 모든 불국토를 정화하고, 모든 부처님을 믿고 받들어 공양하며, 모든 부처님께서 말씀하시는 바른 법을 듣기 위해 온갖 선근을 최상의 깨달음에 회향합니다.

보살은 이렇게 생각합니다. '보리심의 보물을 캐내는 것은 여래의 힘이다. 보리심은 부처님과 같이 넓고 크며 평등하다. 무량겁을 두고 수행하고 배우더라도 얻기 어렵다.'

보살은 또 이렇게 생각합니다. '이 회향의 공덕으로 일체 중생이 모든 부처님을 받들어 섬기며, 무너지지 않을 신심을 얻어지이다. 바른 법을 듣고 그대로 수행하여 지혜와 해탈을 얻고 걸림 없는 눈으로 중생을 평등하게 보며, 마침내는 부처님 처소에 편히 머물러지이다.'

보살은 또 이렇게 생각합니다. '중생은 헤아릴 수 없는 온갖 나쁜 업을 짓고 그 때문에 한없는 괴로움을 겪고 있다. 부처님을 뵙고도 섬길 줄 모르고 바른 가르침을 듣지도 못한다. 내가 지옥·아귀·축생의 삼악도에 다니면서 그들을 대신해 고통을 받고 중생을 해탈케 하자. 내가 그 때문에 끝없는 고통을 받더라도 물러나거나 두려워하거나 게으르거나 중생을 버리는 일이 없도록 하자.'

보살은 이와 같이 회향하며 집착하는 데가 없습니다. 중생이나 세계의 모양에도 집착하지 않고 말에도 집착하지 않습니다. 보살은 오로지 중생에게 진실한 법을 깨우쳐 주기 위해 회향하고, 일체 중생은 평등하다는 생각으로 회향하며, 아집을 버리고 모든 선근을 살펴 회향합니다. 보살은 이와 같은 선근 회향으로 모든 허물을 떠나 부처님의 찬탄을 받습니다."

―『화엄경華嚴經(60권본)』「금강당보살십회향품金剛幢菩薩十廻向品」

25. 보현보살의 수행과 서원

보현보살이 부처님의 거룩한 공덕을 찬탄하고 나서 보살들과 선재동자善財童子에게 말했다.

"부처님의 공덕은 시방세계 부처님들이 무량겁을 두고 계속해서 말씀할지라도 다할 수 없습니다. 그러한 공덕을 이루려면 열 가지 큰 행원行願을 닦아야 합니다. 첫째는 부처님께 예배 공경함이요, 둘째는 부처님을 찬탄함이며, 셋째는 여러 가지로 공양供養함이요, 넷째는 업장業障을 참회함이며, 다섯째는 남의 공덕을 같이 기뻐함입니다. 여섯째는 설법해 주기를 청함이며, 일곱째는 부처님께서 세상에 오래 계시기를 청함이요, 여덟째는 부처님을 본받아 배움이며, 아홉째는 중생의 뜻에 따름(隨順)이요, 열째는 모두 다 회향廻向함입니다."

—『화엄경華嚴經(40권본)』「입부사의해탈경계보현행원품入不思議解脫境界普賢行願品」

26. 예배와 찬탄

선재동자가 물었다.
"어떻게 예배 공경하며 회향해야 합니까?"
보현보살은 선재동자에게 말했다.

"부처님께 예배 공경한다는 것은 온 법계 허공계 시방삼세十方三世 모든 불국토의 수없이 많은 부처님들께, 보현普賢의 수행과 서원의 힘으로 깊은 신심을 내어 눈앞에 뵈온 듯이 받들고, 청정한 몸과 말과 생각으로 항상 예배 공경하는 일입니다. 허공계虛空界가 다해야 나의 예배 공경도 다할 것이나, 허공계가 다할 수 없으므로 나의 예배 공경도 다함이 없습니다. 이와 같이 중생의 세계가 다하고 중생의 업이 다하고 중생의 번뇌가 다해야만 나의 예배 공경도 다할 것입니다. 그러나 중생의 세계와 업과 번뇌가 다함이 없으므로 나의 예배 공경도 다함이 없습니다. 순간순간 계속하여 끊임없어도 몸과 말과 생각은 조금도 지치거나 싫어하지 않습니다.

또 부처님을 찬탄한다는 것은 다음과 같습니다. 온 법계 허공계 시방삼세의 모든 불국토에 수없이 많은 부처님께서 계시는데, 그 부처님 계신 데마다 많은 보살들이 모시고 있는 것을 내가 깊은 지혜로 눈앞에 계신 듯이 알아보아, 변재천녀辯才天女보다 뛰어난 변재로써 오는 세월이 다하도록 그치지 않고 부처님의 공덕을 찬탄하는 일입니다.

이와 같이 하여, 허공계가 다하고 중생의 세계가 다하고 중생의 업이 다하고 중생의 번뇌가 다해야만 나의 찬탄도 다할 것입니다. 그러나 허공계와 중생의 세계와 업과 번뇌가 다할 수 없으므로 나의 찬탄도 다함이 없습니다. 순간순간 계속하여 끊임없어도 몸과 말과 생각은 조금도 지치거나 싫어하지 않습니다."

—『화엄경華嚴經(40권본)』「입부사의해탈경계보현행원품入不思議解脫境界普賢行願品」

27. 법공양

"여러 가지로 공양한다는 것은 다음과 같습니다. 온 법계 허공계 시방삼세 모든 불국토의 부처님들께 여러 가지 훌륭한 공양거리로 공양합니다. 꽃과 천상의 음악과 천상의 바르는 향, 사르는 향, 뿌리는 향 등 이와 같은 낱낱 무더기가 수미산須彌山만 합니다. 여러 가지로 켜는 등은 우유등, 기름등, 향유등으로 심지는 수미산만 하고 기름은 바닷물과 같은데 이러한 공양거리로 항상 공양합니다.

그러나 모든 공양 가운데 법공양法供養이 으뜸입니다. 법공양에는 부처님 말씀대로 수행하는 공양, 중생을 이롭게 하는 공양, 중생을 거두어 주는 공양, 중생의 고통을 대신 받는 공양, 착한 일 하는 공양, 보살의 할 일을 버리지 않는 공양, 보리심菩提心에서 떠나지 않는 공양 등이 있습니다. 앞에 말한 물질적인 공양의 공덕을 법공양에 견준다면 잠깐 동안 법공양한 공덕의 백분의 일에도 미치지 못하고, 천분억 일에도 미치지 못하며, 숫자와 비유로는 비교될 수 없습니다. 왜냐하면 부처님께서는 법을 존중하기 때문이며, 부처님 말씀대로 수행함이 부처님을 출현케 하는 일이고, 보살이 법공양을 하면 이것이 곧 부처님께 공양하는 것과 같기 때문입니다. 이와 같이 수행하는 것이 진실하고 법다운 공양입니다. 넓고 크고 가장 훌륭한 이 공양은 허공계가 다하고 중생계가 다하고 중생의 업이 다하고 중생의 번뇌가 다해야만 끝날 것입니다. 그러나 허공계와 중생의 세계와 업과 번뇌가 다할 수 없으므로 나의 공양도 다함이 없습니다. 이와 같이 순간순간 계속하여 끊임없어도 몸과 말과 생각은 조금도 지치거나 싫어하지 않습니다."

―『화엄경華嚴經(40권본)』「입부사의해탈경계보현행원품入不思議解脫境界普賢行願品」

28. 참회

"업장業障을 참회한다는 것은 어떤 것입니까. 보살은 이렇게 생각합니다. '내가 지나간 세상 끝없는 세월에 탐하고 성내고 어리석은 탓으로 몸과 말과 생각으로 지은 악업이 한량없고 끝이 없을 것이다. 만약 그 나쁜 업에 어떤 형체가 있다면 가없는 허공으로도 그것을 다 용납할 수 없을 것이다. 나는 이제 몸과 말과 생각의 청정한 업으로 법계에 두루한 많은 부처님과 보살들 앞에 지성으로 참회하고, 다시는 나쁜 업을 짓지 않으며 항상 청정한 계율의 모든 공덕에 머물겠다.'

이와 같이 하여, 허공계가 다하고 중생의 세계가 다하고 중생의 업이 다하고 중생의 번뇌가 다해야만 나의 참회가 다할 것입니다. 그러나 허공계와 중생의 업과 번뇌가 다할 수 없으므로 나의 참회도 끝나지 않습니다. 순간순간 계속하여 끊임없어도 몸과 말과 생각은 조금도 지치거나 싫어하지 않습니다."

―『화엄경華嚴經(40권본)』「입부사의해탈경계보현행원품入不思議解脫境界普賢行願品」

29. 같이 기뻐함

"남의 공덕을 같이 기뻐한다는 것은 어떤 것입니까. 온 법계 허공계 시방삼세 모든 세계의 많은 부처님께서 처음 발심發心하고 지혜를 얻기 위해 복덕을 부지런히 닦을 때에 몸과 목숨도 아끼지 않고 무량겁無量劫을 지나면서 낱낱 겁 동안 이루 다 헤아릴 수 없는 머리와 눈과 손발을 보시했습니다. 이렇듯 어려운 고행을 하면서 갖가지 보살의 행을 원만히 갖추었고, 온갖 보살의 지혜에 들어가 그 위없는 보리菩提를 성취했으며, 열반에 든 뒤에는 그 사리舍利를 나누어 공양했습니다.

이와 같이 착한 일을 나도 같이 기뻐하며, 시방세계의 온갖 중생이 지은 털끝만 한 공덕일지라도 내 일처럼 기뻐하며, '성문聲聞과 독각獨覺과 배우는 이나 더 배울 것이 없는 이의 공덕도 내가 같이 기뻐하며, 보살이 행하기 어려운 고행을 하면서 가장 높은 보리를 구하던 그 넓고 큰 공덕을 내가 모두 같이 기뻐합니다.

이렇게 해서 허공계가 다하고 중생의 세계가 다하고 중생의 업이 다하고 중생의 번뇌가 다할지라도 내가 같이 기뻐함은 다하지 않을 것입니다. 순간순간 계속하여 끊이지 않아도 몸과 말과 생각은 조금도 지치거나 싫어하지 않습니다."

─『화엄경華嚴經(40권본)』「입부사의해탈경계보현행원품入不思議解脫境界普賢行願品」

30. 설법을 간청하다

"설법해 주기를 청한다는 것은, 온 법계 허공계 시방삼세 모든 불국토의 수없이 많은 부처님들께 몸과 말과 생각을 기울여 설법해 주기를 간청하는 일입니다. 허공계가 다하고 중생의 세계가 다하고 중생의 업이 다하고 중생의 번뇌가 다할지라도 나의 청법請法은 다하지 않을 것입니다. 순간순간 계속하여 끊이지 않아도 몸과 말과 생각은 조금도 지치거나 싫어하지 않습니다.

또 부처님께서 세상에 오래 계시기를 청한다는 것은 다음과 같습니다. 온 법계 허공계 시방삼세 모든 불국토의 부처님께서 열반에 드시려 하거나, 또는 보살·성문·독각과 배우는 이와 더 배울 것 없는 이와 선지식들이 열반에 들려고 하면,

오래오래 세상에 머무르면서 일체 중생을 이롭게 해 달라고 간청합니다. 이와 같이 하여, 허공계가 다하고 중생계가 다하고 중생의 업이 다하고 중생의 번뇌가 다할지라도 나의 간청하는 일은 다함이 없습니다. 순간순간 계속하여 끊임없어도 몸과 말과 생각은 조금도 지치거나 싫어하지 않습니다."

— 『화엄경華嚴經(40권본)』, 「입부사의해탈경계보현행원품入不思議解脫境界普賢行願品」

31. 본받아 배움

"부처님을 본받아 배운다는 것은 어떤 것입니까. 부처님께서는 처음 발심한 때로부터 정진하여 물러나지 않고 이루 다 말할 수 없이 많은 몸과 목숨으로 보시하고, 살갗을 벗겨 종이를 삼으며 뼈를 쪼개 붓을 삼고 피를 뽑아 먹물을 삼아서, 경전 쓰기를 수미산 높이만큼이나 하셨습니다. 부처님께서는 진리를 소중히 여기셨기 때문에 목숨도 아끼지 않았던 것입니다. 그런데 하물며 제왕의 자리나 궁전이나 동산 따위가 어찌 문제가 될 수 있으며, 하기 어려운 갖가지 고행인들 문제가 될 수 있었겠습니까.

보리수 아래서 최상의 깨달음을 이루시던 일이며, 여러 가지 신통을 보이고 변화를 일으키며, 많은 대중이 모인 곳에서 여래의 화신化身을 나타내셨습니다. 보살들이 모인 도량道場

이나 성문과 독각이 모인 도량, 전륜성왕轉輪聖王과 작은 나라의 왕과 그 일족들이 모인 도량, 혹은 브라만·부호·신도들이 모인 도량에서 우레와 같은 음성으로 법을 설해 그들의 소원대로 중생의 근기根機를 성숙시키고 마침내 열반에 드신, 이와 같은 일들을 내가 모두 본받아 배웁니다. 지금의 부처님께 하듯이 온 법계 허공계 시방삼세 모든 부처님의 자취도 본받아 배웁니다.

이와 같이 하여, 허공계가 다하고 중생의 세계가 다하고 중생의 업이 다하고 중생의 번뇌가 다할지라도 내가 본받아 배우는 일은 다하지 않습니다. 순간순간 계속하여 끊임없어도 몸과 말과 뜻에는 조금도 지치거나 싫어하지 않습니다."

―『화엄경華嚴經(40권본)』「입부사의해탈경계보현행원품入不思議解脫境界普賢行願品」

32. 중생에게 내가 맞춘다

"항상 중생의 뜻에 맞춘다(隨順)는 것은 어떤 것입니까. 온 법계의 중생은 태어나는 과정에 여러 가지 구별이 있습니다. 알에서 나는 것, 모태나 물에서 나는 것, 혹은 도깨비나 신처럼 아무 근거도 없이 갑자기 나는 것……. 그들은 땅과 물과 바람과 의지해 살며, 허공을 의지해 살고 풀과 나무를 의지해 삽니다. 여러 가지 몸과 형상·모양·수명·종족·이름·성질·소견·욕망·뜻·위의·의복·음식 등으로 살아갑니다. 발 없는 것, 두 발 가진 것, 네 발 가진 것, 여러 발 가진 것, 형체 있는 것, 형체 없는 것, 지각이 있는 것, 지각이 없는 것, 지각이 있는 것도 지각이 없는 것도 아닌 것들 모두에게 내가 맞추어서 섬기고 공양하기를 부모와 같이 하고 스승과 같이 받들며 아라한이나 부처님과 다름없이 대합니다.

병든 이에게는 의사가 되어 주고, 길 잃은 이에게는 바른 길을 가리켜 주며, 어둔 밤에는 등불이 되고, 가난한 이에게는 재물을 얻게 합니다. 이와 같이 보살은 일체 중생을 평등하고 이롭게 합니다. 왜냐하면 보살이 중생에 맞추는 것은 곧 부처님께 순종하여 공양하는 일이 되고, 중생을 존중하여 섬기는 것은 곧 부처님을 존중하여 받드는 일이 되며, 중생을 기쁘게 하는 것은 곧 부처님을 기쁘게 하는 일이 됩니다. 부처님께서는 자비심으로 바탕을 삼기 때문입니다.

중생으로 인해 자비심을 일으키고, 자비심으로 인해 보리심을 내고, 보리심으로 인해 깨달음을 이루는 것입니다. 넓은 모랫벌에 서 있는 큰 나무의 뿌리가 수분을 받으면 가지와 잎과 꽃과 열매가 무성하듯이, 윤회하는 생사의 너른 들판의 보리수도 같은 것입니다. 모든 중생은 뿌리가 되고, 부처님이나 보살은 꽃과 열매가 됩니다. 자비의 물로 중생을 이롭게 하면 지혜의 꽃과 열매를 맺게 됩니다. 보살이 자비심으로 중생을 구제하면 최상의 깨달음을 성취하게 되므로 보리는 중생에게 달린 것입니다. 중생이 없다면 보살은 깨달음을 이루지 못할 것입니다.

중생에게는 마음을 평등하게 함으로써 원만한 자비를 성취하고, 자비심으로 중생에게 맞춤으로써 부처님께 공양을 올리는 것입니다. 보살은 이와 같이 중생에게 맞추어 주어야 합니다. 허공계가 다하고 중생계가 다하고 중생의 업이 다하고 중생의 번뇌가 다할지라도 중생에게 맞추려는 나의 마음은 다할 수가 없습니다. 순간순간 계속하여 끊임없어도 몸과 말과 생각은 조금도 지치거나 싫어하지 않습니다."

―『화엄경華嚴經(40권본)』「입부사의해탈경계보현행원품入不思議解脫境界普賢行願品」

33. 회향

"모두 다 회향廻向한다는 것은 어떤 것입니까. 처음 예배 공경함으로부터 중생의 뜻에 맞추기까지, 그 공덕을 온 법계 허공계에 있는 일체 중생에게 돌려보내, 중생으로 하여금 항상 편안하고 즐겁고 병고病苦가 없게 합니다. 나쁜 짓은 하나도 이루어지지 않고 착한 일은 모두 이루어지며, 온갖 나쁜 길의 문은 닫아 버리고 열반에 이르는 바른 길은 활짝 열어 보입니다. 중생이 쌓아 온 나쁜 업으로 말미암아 받게 되는 무거운 고통의 여러 가지 과보를 내가 대신 받으며, 중생이 모두 다

해탈을 얻고 마침내는 더없이 훌륭한 보리를 성취하도록 힘씁니다. 보살은 이같이 회향합니다. 허공계가 다하고 중생계가 다하고 중생의 업이 다하고 중생의 번뇌가 다할지라도 나의 이 회향은 다하지 않을 것입니다. 순간순간 계속하여 끊임없어도 몸과 말과 생각은 조금도 지치거나 싫어하지 않습니다."

―『화엄경華嚴經(40권본)』, 「입부사의해탈경계보현행원품入不思議解脫境界普賢行願品」

34. 서원의 공덕

"이것으로써 보살의 열 가지 큰 서원이 원만히 갖추어졌습니다. 보살이 큰 서원을 따라 나아가면, 중생의 근기根機를 성숙시키고 최상의 깨달음에 이르게 되며, 보현의 수행과 원력을 성취하게 될 것입니다. 어떤 사람이 굳은 신념으로 이 열 가지 원을 받아 지녀 읽고 외우거나 한 구절만이라도 쓴다면 다섯 무간지옥無間地獄에 떨어질 죄업이라도 이내 소멸되고, 이 세상에서 받은 몸과 마음의 병이나 갖가지 괴로움과 아주 작은 악업까지 다 소멸될 것입니다. 그리고 온갖 마군·야차·나찰 등 피를 빨고 살을 먹는 몹쓸 귀신들이 모두 멀리 떠나거나 착한 마음을 내어 가까이서 수호할 것입니다.

그러므로 보현의 원을 몸소 행하는 사람은 어떤 세상에 다니더라도 달이 구름에서 벗어나듯 거리낌이 없을 것이며, 부처님과 보살들을 예경하고 일체 중생이 다 공양할 것입니다.

중생이 열 가지 원을 듣고 믿고 받아 지니며 읽고 외우고 남을 위해 해설하면, 그 공덕은 부처님을 제외하고는 아무도 모를 것입니다. 그러므로 이 원을 듣거든 의심을 내지 말고 간절한 마음으로 지닐 것이며, 읽고 외우고 쓰며 남에게 말하며 베풀어 주십시오. 이와 같은 사람은 한 생각 동안에 모든 행과 서원을 다 성취할 것입니다. 얻는 복덕은 한량없고, 끝이 없으며, 번뇌의 고통 바다에서 중생을 건져 내어 생사의 윤회를 멀리 떠나게 하고 모두 다 안락을 누리게 할 것입니다."

선재동자와 많은 보살들은 보현보살이 부처님 앞에서 말한 이와 같은 큰 서원을 듣고 한량없이 기뻐했다.

— 『화엄경華嚴經(40권본)』「입부사의해탈경계보현행원품入不思議解脫境界普賢行願品」

제4편
교단의 규범

보살은 여래의 계를 비방하고 모욕하는 소리를 들으면
삼백 자루 창으로 심장을 찔린 듯해야 할 것이다.
그런데 스스로 여래의 계를 깨뜨리거나
남을 시켜 파괴하는 인연을 지을 것인가.
계를 받은 이는 바른 법 보호하기를
외아들 사랑하듯 하고 부모 섬기듯 하여
파괴되지 않도록 해야 한다.

- 『범망경梵網經』 -

제1장

계율이 마련된 연유

1. 웨란쟈에서 생긴 일

부처님께서 오백 명의 비구와 함께 사왓티를 떠나 웨란쟈(Verañjā) 마을에 이르셨다. 네란자라 강변의 만다(Manda)나무 아래 쉬고 계실 때 그곳 사람들은 부처님 일행이 오셨다는 말을 듣고 문안을 드리려고 모여들었다. 부처님께서는 여러 가지 방편으로 설법하여 그들을 즐겁게 했다.

마을의 어른인 웨란쟈 브라만은 부처님의 설법을 듣고 기뻐한 나머지, 부처님께 여름철 석 달 동안의 안거安居를 여기서 지내 달라고 간청했다. 부처님께서는 그의 청을 받아들여 웨란쟈에서 여름철을 지내기로 했다. 웨란쟈 브라만은 부처님께 올릴 공양거리를 마련하려고 했는데, 마군魔軍의 심술로 갑자기 정신이 흐려져 모든 것을 잊어버리고 말았다. 부처님과 오백 명 비구는 공양을 받을 수 없게 되자 몹시 곤란해졌다. 거기에다 흉년까지 겹쳐 많은 사람이 굶어 죽는 형편이었다.

그때 마침 팔리국의 말장수가 오백 마리의 말을 몰고 지나가다가 이 마을 가까운 곳에서 우기雨期를 지내고 갈 양으로 자리를 잡게 되었다. 비구들은 하는 수 없이 그에게 가서 먹을 것을 빌었다. 말에게 먹일 보리를 얻어다 부처님과 비구들이 끼니를 이어 갔다.

목갈라나는 생각 끝에 부처님께 여쭈었다.

"부처님, 요즘 흉년이 들어 사람들이 굶어 죽는 형편이라 걸식하기가 무척 힘듭니다. 비구들은 얼굴이 마르고 기운을 차리지 못하고 있습니다. 만약 부처님께서 신통력 있는 비구에게 웃따라꾸루(Uttarakuru) 같은 데에 가서 자연산의 쌀을 가져와도 좋다고 하신다면 곧 가겠습니다."

"신통력 있는 비구는 그곳에 가서 쌀을 가져올 수 있겠지만, 신통력이 없는 비구는 어떻게 할 것인가?"

"신통력이 있는 비구는 자기 마음대로 가고, 신통력이 없는 비구는 제가 신통력을 써서 데리고 가겠습니다."

"그만두어라. 지금 너희들 가운데 신통을 얻은 비구는 그럴 수 있겠지만, 미래의 비구들은 어떻게 할 것인가. 비구에게는 생각해야 할 일과 해서는 안 될 일이 있다. 생각해야 하고 행동해야 할 일을 하면 바른 법이 이 세상에 오래 머물게 될 것이고, 생각해서는 안 될 일과 행동해서는 안 될 일을 하면 바른 법이 오래 머물 수 없다."

이때 사리뿟따는 조용한 숲속에서 선정禪定에 들었다가 문득 이런 생각을 했다.

'어떤 인연으로 불법이 이 세상에 오래갈 수 있고 혹은 오래갈 수 없게 되는 것일까?'

그는 부처님 앞에 나아가 이 뜻을 여쭈었다.

부처님께서는 다음과 같이 말씀하셨다.

"과거 모든 여래의 가르침을 보면 어떤 것은 오래갔고 어떤 것은 오래가지 못했다. 그 가르침이 오래 존속된 부처님께서는 반드시 계율을 제정하여 제자들에게 실천하도록 가르쳤다. 계율을 받아 지님으로써 바른 법을 수행하는 데에 게으른 생각이 나지 않도록 했던 것이다. '이 일은 하고 이 일은 하지 마라. 이 일은 생각하고 이 일은 생각하지 마라. 이것은 끊고 이것은 마땅히 갖추어 지켜라.' 이와 같이 분별해 가르치지 않았어도 부처님과 제자들이 살아 있을 동안은 잘못됨이 별로 없었다. 그러나 부처님과 그 제자들이 돌아가신 후에는 갖가지 이름과 서로 다른 성과 온갖 집안에서 출가하여 저마다 제 성질을 부리게 되니, 바른 법이 빨리 사라져서 오래 머물 수 없었다. 이를테면 여러 가지 아름다운 꽃을 높은 탁상에 올려만 놓고 붙들어 매는 끈이 없으면 머지않아 바람에 날려 흩어져 버리는 것과 같다.

사리뿟따여, 여래의 바른 법이 이 세상에 오래도록 머물게 하려면 반드시 엄격한 계율이 있어야 한다. 이 계율로써 모든 제자들을 잘 거두어 그릇된 행동을 미리 막아야 할 것이다. 잘 정돈되어 흩어지지 않는 꽃다발은 끈으로 묶어 놓았기 때문이다."

이 말씀을 들은 사리뿟따는 크게 감동하여 부처님께 여쭈었다.

"부처님이시여, 일찍이 듣지 못했던 말씀입니다. 그러시다면 그 계율을 지금 곧 제정해 주십시오. 모든 비구들에게 청정한 수행으로 바른 법이 오래갈 수 있도록 해 주십시오."

"사리뿟따여, 아직 가만 있거라. 여래는 그때를 알고 있다. 앞으로 비구들이 명예나 이해관계에 얽히게 되면 허물을 범하게 될 것이다. 그때 그것을 막기 위해 비구들에게 계율을 제정하여 줄 것이다. 그러나 아직은 잘못된 일이 없으므로 그럴 필요가 없다. 해지지 않은 새 옷을 미리 기울 것은 없지 않느냐."

―『사분율四分律』1

2. 수딘나의 음행

부처님께서 웨살리에 계실 때 또 흉년이 들어 비구들은 걸식하기가 힘들었다. 깔란다까(Kalandaka) 마을 출신인 수딘나

(Sudinna)는 그 고장에서도 재산이 많은 집안의 아들이었으나 믿음이 굳었기 때문에 출가하여 수행승이 되었다. 수딘나는 생각했다. '요즘처럼 걸식하기 어려운 때는 여러 스님들을 우리 고향집 가까이에 모시고 가서 지내면 어떨까. 그러면 의식衣食에 어려움이 없어 수행에만 전념할 수 있을 것이고, 우리 친족들도 이 기회에 보시를 하여 복덕을 짓게 될 것이다.'

그리하여 비구들과 함께 깔란다까로 갔다. 수딘나의 어머니는 자기 아들이 여러 스님과 함께 돌아왔다는 말을 듣고 기뻐하며 찾아가 만났다.

"수딘나, 이제는 집에 돌아가 살자. 네 아버지는 돌아가셨고 집안에 남자라고는 없으니 많은 재산이 나라에 몰수될 형편이다. 네가 이 집안을 돌보지 않으면 어찌 되겠느냐?"

그러나 수딘나는 청정한 생활을 즐기고 도를 닦는 뜻이 굳어 그런 말에 조금도 흔들리지 않았다. 그의 어머니는 몇 번이고 간청하다가 헛수고인 줄 알고 집으로 돌아갔다. 그 이튿날 어머니는 며느리를 곱게 꾸며 수딘나에게 데리고 와서 애원했다.

"네가 정 그렇다면 자식이나 하나 두어 너의 대를 잇게 해다오."

"그것쯤은 어려운 일이 아닙니다."

수딘나는 승낙했다. 이때는 계율이 제정되기 전이었으므로 수딘나로서는 그 일이 별로 허물 되지 않으리라 생각했기 때문이다. 그는 아내의 팔을 끼고 숲속으로 들어가 음행을 했다.

그 후 부인은 아홉 달 만에 아들을 낳았는데 아이는 얼굴이 매우 단정했다. 이름을 비자(Bija, 種子)라 했고 그도 자란 뒤 머리를 깎고 출가했다. 그리고 부지런히 수행하여 마침내 아라한의 경지에 이르렀다. 신통이 자재하고 위력이 한량없어 그를 종자존자種子尊者라 불렀다.

한편 수딘나는 부정한 짓을 행한 뒤부터는 항상 마음이 언짢아 우울한 나날을 보냈다. 함께 수행하던 벗들은 수딘나가 우울해하는 것을 보고 이상히 여겼다.

"수딘나여, 당신은 오랫동안 청정한 수행을 쌓아 위의와 예절을 모르는 것이 없는데 요즘은 어째서 그렇게 우울해하십니까?"

"얼마 전에 예전의 아내와 관계가 있었던 그 뒤부터는 마음이 불안하고 우울합니다."

이때 비구들은 이 사실을 부처님께 여쭈었다. 부처님께서는 이 일로 해서 모든 비구를 모아 놓고 수딘나를 불러 사실을 확인하셨다.

"수딘나여, 너는 정말 그런 짓을 했느냐?"

"그렇습니다, 부처님. 저는 부정한 짓을 범했습니다."

부처님께서는 여러 가지로 꾸짖으셨다.

"네가 한 일은 옳지 못하다. 그것은 위의가 아니며 사문의 할 일이 아니다. 그것은 청정한 행동이 아니며 중생을 위해 중생에게 맞추어 주는 행위도 아니다. 절대로 해서는 안 될 일이다. 수딘나여, 청정한 법을 닦고 애욕을 끊고 번뇌를 없애야 열반에 들어간다는 것을 어찌하여 잊어버렸는가?"

부처님께서 모든 비구에게 말씀하셨다.

"차라리 남근男根을 독사의 아가리에 넣을지언정 여자의 몸에는 대지 마라. 이와 같은 인연은 악도에 떨어져 헤어날 수 없기 때문이다. 애욕은 착한 법을 태워 버리는 불꽃과 같아서 모든 공덕을 없애 버린다. 애욕은 얽어 묶는 밧줄과 같고 시퍼런 칼날을 밟는 것과 같다. 애욕은 험한 가시덤불에 들어가는 것 같고, 성난 독사를 건드리는 것 같으며, 더러운 시궁창과 같은 것이다. 모든 부처님은 애욕을 떠남으로써 도를 깨닫고 열반의 경지에 들어간 것이다.

수딘나가 어리석어 잘못을 저지르고 말았으니 이제부터는 계율을 제정하여 지키게 해야겠다. 여기에는 열 가지 뜻이 있다. 첫째는 교단의 질서를 잡기 위해서요, 둘째는 대중을 기쁘게 하기 위해서요, 셋째는 대중을 안락하게 하기 위해서요, 넷째는 믿음이 없는 이를 믿게 하기 위해서요, 다섯째는 이미 믿은 이를 더 굳세게 하기 위해서요, 여섯째는 다루기 어려운 이를 잘 다루기 위해서요, 일곱째는 부끄러운 줄 알고 뉘우치는 이를 안락하게 하기 위해서요, 여덟째는 현재의 실수를 없애기 위해서요, 아홉째는 미래의 실수를 막기 위해서요, 열째는 바른 법을 오래가게 하기 위해서다. 계를 말하려는 사람은 이와 같이 말하라. 어떤 비구가 부정한 행을 범하고 음행을 범하면 그는 빠라지까(pārājika)[1]이다. 함께 살지 못한다."

부처님께서는 이와 같이 비구들에게 쁘라띠목샤(Prātimokṣa)의 첫째 조문을 제정하고 널리 알렸다. 이것은 교단이 생긴 지 다섯 해 만의 일이다. 이때부터 때와 곳을 따라 비구들의 잘못을 보실 때마다 널리 가려내어 말씀하셨다. 그래서 비구는 이백오십계, 비구니는 삼백사십팔계가 마련되었다.

—『사분율四分律』1

---

1 승단 축출.

제2장

오계五戒와 십계十戒

1. 신도의 계율

부처님께서 성도成道하신 후, 바라나시의 녹야원에서 다섯 수행자를 귀의시킨 다음 부유한 상인의 아들 야사도 출가시키셨다. 야사의 부모는 집을 나간 외아들이 돌아오지 않는 것을 걱정하던 끝에 사방에 사람들을 놓아 아들을 찾게 했다. 아버지 자신도 아들을 찾아 나섰다. 강변에 이르러 야사가 벗어 놓은 듯한 황금빛 신을 발견했다. 강 건너 수행자들이 사는 녹야원에 가지 않았을까 하는 생각에 곧 강을 건넜다. 찾아간 곳은 부처님께서 계신 처소였다.

부처님께서는 그를 위해 여러 가지 방편으로 설법을 하셨다. 야사의 아버지는 그 자리에서 마음이 열려 신도가 되기를 원했다. 부처님께서는 그를 위해 삼귀의三歸依와 오계五戒를 차례대로 말씀하셨다.

"진리를 깨달으신 부처님께 의지합니다. 올바른 가르침에 의지합니다. 가르침을 수행하는 승단에 의지합니다."

이와 같이 삼귀의를 외게 한 다음 오계를 일러 주셨다.

"첫째, 살아 있는 목숨을 죽이지 마라.

둘째, 남의 것을 훔치지 마라.

셋째, 그릇된 음행을 하지 마라.

넷째, 거짓말을 하지 마라.

다섯째, 술을 마시지 마라."

부처님께서 야사의 아버지에게 "지킬 수 있습니까?" 하고 물으시니, 야사의 아버지는 "이 목숨 다할 때까지 지키겠습니다." 하고 맹세했다. 이렇게 해서 야사의 아버지는 부처님의 가르침 아래서 처음으로 삼귀의와 오계를 받은 신도가 되었다.

―『우바새오계상경優婆塞五戒相經』

2. 사미십계

부처님께서 까삘라의 니그로다 동산에 계실 때였다. 공양 때가 되어 밥을 빌고 돌아오는데, 출가 전의 아내 야쇼다라는 라훌라를 데리고 높은 누각에 올라가 부처님께서 오시는 모습을 보고 있었다. 여인은 어린 아들에게 말했다.

"저기 오시는 분이 너의 아버지시다."

이 말을 들은 라훌라는 달려 내려가 부처님께 절을 했다. 부처님께서는 라훌라의 머리를 쓰다듬은 뒤 그를 데리고 니그로다 동산으로 가셨다. 그리고 사리뿟따를 불러 말씀하셨다.

"이 라훌라에게 계를 일러 주어라."

사리뿟따는 라훌라의 머리를 깎아 가사를 입히고 꿇어앉아 합장하게 한 다음 삼귀의를 세 번 외게 하고 사미십계沙彌十戒를 일러 주었다.

"첫째, 살아 있는 목숨을 죽이지 마라. 부처님과 성인과 스님을 비롯하여 날아다니고 기어다니는 보잘것없는 곤충에 이르기까지 목숨이 있는 것은 무엇이건 내 손으로 죽이거나 남을 시켜 죽이거나 죽이는 것을 보고 좋아하지 마라.

벌레가 있는 물은 걸러 먹고 등불을 가리며 고양이를 기르지 마라. 은혜를 베풀고 가난한 사람을 구제하여 편히 살게 하며, 죽이는 것을 볼 때에는 자비심을 내라. 이 사미의 계를 범하면 사미가 아니다.

둘째, 훔치지 마라. 금과 은이나 바늘 한 개, 풀 한 포기까지라도 주어지지 않은 것은 가지지 마라. 사찰 재산이나 보시하는 사람의 물건이나 대중의 것, 나라의 것, 개인 소유물을 빼앗거나 훔치거나 속여 가지지 마라. 세금을 속이거나 찻삯 뱃삯을 안 내는 것은 모두 훔치는 행위이다. 옛날 어떤 사미는 대중이 공양할 떡 두 개를 훔쳐 먹고 지옥에 떨어진 일이 있다. 차라리 손을 끊을지언정 옳지 못한 물건은 가지지 말아야 한다. 이 사미의 계를 범하면 사미가 아니다.

셋째, 음행하지 마라. 일반 신도의 오계五戒에서는 그릇된 음행만 못하게 했으나 집을 나온 수행자의 십계十戒에서는 음행은 모두 끊어야 한다. 세상 사람들도 음욕으로 인해 몸을 망치고 집안을 망하게 하는데, 세속을 떠난 수행자가 어찌 음욕을 범할 것인가. 나고 죽는 근본은 음욕이니, 음란하게 사는 것은 청정하게 죽는 것만 못하다. 이 사미의 계를 범하면 사미가 아니다.

넷째, 거짓말하지 마라. 거짓말에는 네 가지가 있다. 하나는 허황된 말이니, 옳은 것을 그르다 하고 그른 것을 옳다 하며, 본 것을 못 보았다 하고 못 본 것을 보았다 하여 진실하지 않은 것이다. 둘은 비단결 같은 말이니, 구수한 말을 늘어놓으며 애끓는 정열로 하소연하여 음욕으로 이끌고, 슬픈 정을 돋우어 남의 마음을 방탕하게 하는 것이다. 셋은 나쁜 말이니, 추악한 욕지거리로 남을 꾸짖는 것이다. 넷은 두 가지로 하는 말이니, 이 사람에게는 저 사람 말을 하고 저 사람에게는 이 사람 말을 하여, 두 사람 사이를 이간하고 싸움 붙인다. 처음에는 칭찬하다가 나중에는 비방하며, 만나서는 옳다 하고 딴 데서는 그르다 한다. 거짓 증거로 벌을 받게 하거나 남의 결점을 드러내는 말들은 모두 거짓말이다.

범부로서 성인의 자리를 깨달아 증득했다고 하는 것은 큰 거짓말이다. 그 죄는 가장 중하다. 남의 급한 재난을 건지기 위해 자비심으로 방편을 써서 하는 거짓말은 죄가 되지 않는다. 옛날 어떤 사미는 늙은 비구의 경 읽는 소리를 비웃어 개 짖는 소리 같다고 했다. 그 비구는 아라한이므로 사미를 불러 곧 참회하게 했다. 그래서 겨우 지옥은 면했으나 다음 생에 개 몸을 받았다. 사람의 입에는 도끼가 있어 나쁜 말 한마디로 몸을 찍는다. 이 사미의 계를 범하면 사미가 아니다.

다섯째, 술을 마시지 마라. 술은 사람을 취하게 하는 독약이다. 한 방울도 입에 대지 말고 냄새도 맡지 말며 술집에 머물지도 말고 남에게 술을 권하지도 마라. 어떤 신도는 술을 마시고 다른 계율까지 범한 일도 있지만, 출가 수행자가 술을 마시는 것은 말할 수 없는 허물이다. 술 한 번 마시는 데에 서른여섯 가지 허물이 생기니 작은 죄가 아니다. 술을 즐기는 사람은 죽어 똥물지옥에 떨어지며 날 때마다 바보가 되어 지혜의 씨가 없어진다. 차라리 구정물을 마실지언정 술은 마시지 마라. 이 사미의 계를 범하면 사미가 아니다.

여섯째, 꽃다발을 사용하거나 향을 바르지 마라. 꽃다발과 화려한 옷과 여러 가지 패물로 장식하거나 향수나 연지나 분 같은 것을 바르지 마라. 세속에서도 청렴하고 결백한 사람들은 사치를 싫어하는데, 하물며 세속을 떠난 사람이 어찌 화려한 사치를 즐길 것인가. 수수하게 물들인 누더기로 몸을 가리는 것이 마땅하다. 이 사미의 계를 범하면 사미가 아니다.

일곱째, 노래하고 춤추거나 악기를 사용하지 말며 가서 구경하지도 마라. 부처님께 공양하고 중생을 교화하는 음악도 있기는 하지만, 지금 생사 문제의 해결을 위해 세속을 버리고 출가한 신분으로 어찌 올바른 공부는 하지 않고 노래 같은 것을 즐길 것인가. 옛날 어떤 신선은 여자들이 아름다운 목소리로 노래하는 것을 듣다가 신통력을 잃어버렸다 한다. 구경만 해도 그렇거늘 몸소 부른다면 오죽하랴. 장기·바둑이나 윷 놀고 노름하는 것도 해서는 안 된다. 모두 수도하는 마음을 어지럽히고 허물을 만드는 것이다. 이 사미의 계를 범하면 사미가 아니다.

　여덟째, 높고 넓은 큰 평상에 앉지 마라. 높고 넓은 큰 평상에 앉는 것은 거만한 것이니 복을 감소시키고 죄보를 불러들이게 된다. 비단으로 만든 휘장이나 이부자리 같은 것도 사용하지 말아야 한다. 풀로 자리를 만들고 나무 밑에 사는 생활을 해야 할 텐데, 어찌 높고 넓은 큰 평상에 앉아 허망한 이 육신을 편하게 할 것인가. 이 사미의 계를 범하면 사미가 아니다.

　아홉째, 제때 아니면 먹지 마라. 천신들은 가볍고 맑아 아침에 먹고, 짐승은 둔탁해서 오후에 먹으며, 귀신은 겁이 많아 밤에 먹는다. 그러나 부처님 법은 중도中道이니 정오에 먹는다. 많이 먹으려 하지 말고 맛을 탐해 먹으려고도 하지 마라. 오후에 먹지 않으면 여섯 가지 복이 생긴다. 아귀들은 항상 주려 발우 소리만 들어도 목구멍에서 불이 일어난다는데 어찌 제때도 아닌데 먹을 것인가. 이 사미의 계를 범하면 사미가 아니다.

열째, 금은보석을 가지지 마라. 금은보석은 모두 탐심을 기르고 도를 방해하는 물건이다. 손에 쥐지도 말아야 할 텐데 수행자가 이런 것을 탐해서 될 것인가. 이웃의 가난을 생각하고 항상 보시를 해야 한다. 돈을 벌려고 하지 말며 모아 두지도 말고 장사하지 말며, 보물 같은 것으로 기구를 장식해서는 안 된다. 이 사미의 계를 범하면 사미가 아니다."

―『사미십계법沙彌十戒法』

3. 팔관재계八關齋戒

어느 때 부처님께서 사왓티 동쪽으로 가시다가 한 신도의 집에 들렀다. 유야라고 하는 신도는 여러 부인과 같이 목욕재계하고 부처님께 예배드린 후 지극한 마음으로 설법해 주시기를 청했다. 부처님께서는 여러 사람에게 큰 복이 되고 좋은 공덕이 될 여덟 가지 재계齋戒의 법을 설하셨다. 하룻밤 하룻낮 동안만이라도 번뇌가 없는 아라한처럼 생활하라고 말씀하신 것이다.

"첫째, 산목숨을 죽이지 마시오. 아라한은 산목숨을 죽이려는 생각이 없습니다. 자비로 중생을 사랑하여 원망하는 마음이 없고 모든 생명에 대해 내 몸처럼 여깁니다.

둘째, 남의 것을 훔치지 마시오. 아라한은 탐하고 아끼는 생각이 없습니다. 항상 깨끗하고 공경하는 마음으로 보시하기를 좋아하며, 무엇이든지 주면서도 바라는 마음이 없습니다.

셋째, 음행하지 마시오. 아라한은 음란한 마음이 없습니다. 이성에 대해 부정한 생각을 내는 일이 없고 청정한 마음으로 항상 정진을 즐깁니다.

넷째, 거짓말하지 마시오. 아라한은 거짓말을 하지 않습니다. 생각이 항상 진실하여 조용히 하는 말은 그 마음과 같이 법에 맞으며 거룩한 말에는 거짓이 없습니다.

다섯째, 술을 마시지 마시오. 아라한은 술을 마시지 않습니다. 그 마음에는 어지러운 일이 없고, 생각에는 게으름이 없으며, 밝고 바른 뜻에는 술을 생각지도 않습니다.

여섯째, 몸에 패물을 달거나 화장하지 말며 노래하고 춤추지 마시오. 아라한은 생각을 방종하게 하지 않습니다. 좋은 의복이나 패물로 호사하거나 연지와 분을 발라 화장하지 않으며, 노래하고 춤추고 악기를 쓰는 일이 없으며 오락이라면 구경도 하지 않습니다.

일곱째, 높고 넓은 큰 평상에 앉지 마시오. 아라한은 몸을 편히 하기 위해 높은 평상이나 좋은 자리에 앉거나 눕지 않습니다. 비단으로 된 이부자리 같은 것은 쓰지 않으며, 낮고 허술한 자리에 앉고 쉬며, 올바른 가르침을 생각합니다.

여덟째, 제때 아니면 먹지 마시오. 아라한은 법답게 먹는 시간을 지켜 정오에 한 때만 식사하며, 양에 맞추어 적게 먹고 정오가 지나면 먹지 않습니다.

이 여덟 가지 계법戒法은 온갖 나쁜 짓을 막는 문이며 한량없는 공덕을 얻게 하는 길입니다. 출가 수행승이 되어 도를 닦는 이들은 평생을 지키지만, 세속에 있는 신도로서는 그렇게 할 수 없으므로 하룻낮 하룻밤 동안만을 지키는 것입니다. 삼장재월三長齋月인 일월, 오월, 구월 달에나 육재일六齋日인 여드레, 열나흘, 보름, 스무사흘, 스무아흐레, 그믐날만이라도 깨끗하게 받아 지키면 그 복덕은 열여섯 나라의 보물을 모두 한곳에 쌓아 두고 혼자서 수용하는 것보다 더 클 것입니다. 모든 하늘의 선신善神들이 항상 보호하므로 온갖 재앙은 저절로 없어질 것이며, 지혜의 길은 장엄하여 한량없는 공덕을 얻게 될 것입니다."

―『재경齋經』

제3장

보살계

1. 보름마다 외워라

　석가모니 부처님께서 보리수 아래 앉아 크게 깨달으시고 보살의 계戒를 제정하셨다. 그것은 부모와 스승과 삼보三寶에 대하여 효도하는 길이고 바른 도에 대하여 효순孝順하는 법이다. 효순하는 것을 계戒라 하고 제지制地라고도 한다. 부처님께서 입으로 한량없는 광명을 내시며 말씀하셨다.

　"나는 보름마다 여러 부처님의 계법을 외운다. 너희 보살들도 따라 외워라. 계의 광명이 입에서 나온 것은 연緣만 있고 인因이 없이 나는 것이 아니다. 광명은 푸른 것도 아니고 누런 것도 아니며, 붉은 것도 아니고 흰 것도 아니며 또한 검은 것도 아니다. 빛깔도 아니고 마음도 아니며, 있는 것도 아니고 없는 것도 아니며 인과법因果法도 아니다. 모든 여래의 근본이고 보살도를 행하는 근본이며 모든 불자佛子들의 근본이다. 그러므로 불자들은 받아 지켜야 하고 외워야 하며 잘 배워야 한다.

불자들은 잘 들어라. 한 나라의 왕으로부터 짐승에 이르기까지 법사法師의 말을 알아들을 수 있는 이는 신분의 높고 낮음을 막론하고 모두 이 계를 받을 것이니, 계를 받음으로써 가장 청정한 자가 될 것이다.

불자들이여, 나는 이제 보살의 열 가지 중한 계를 말하겠다."

— 『범망경梵網經』

2. 열 가지 중한 계(十重大戒)

"첫째, 살아 있는 것을 죽이지 마라. 온갖 목숨 있는 것을 죽이거나 남을 시켜 죽이거나, 수단을 써서 죽이거나 칭찬하여 죽게 하거나, 죽이는 것을 보고 기뻐하거나 주문을 외워 죽여서는 안 된다. 즉 죽이는 인因과 죽이는 연緣과 죽이는 방법과 죽이는 업業으로 목숨 있는 것을 죽여서는 안 된다. 보살은 항상 자비스런 마음과 공손한 마음으로 중생을 구원해야 하는데, 도리어 방자한 생각과 통쾌한 마음으로 산 것을 죽인다면 큰 죄가 된다.

둘째, 주지 않는 것을 훔치지 마라. 주인이 있는 물건이든 도둑이 훔친 것이든 바늘 한 개, 풀 한 포기라도 훔치거나 남을 시켜 훔치거나 수단을 써서 훔쳐서는 안 된다. 보살은 항상 자비스런 마음과 공손한 마음으로 모든 중생을 도와 복되고 즐겁게 해야 하는데, 도리어 남의 물건을 훔친다면 큰 죄가 된다.

셋째, 음행하지 마라. 음행하거나 남을 시켜 음행하게 하지 말며, 몸의 어느 부분에든지 음란한 짓은 하지 마라. 보살은 항상 공손한 마음으로 모든 중생을 제도하여 청정한 법을 일러 주어야 하는데, 도리어 음란한 마음을 내어 가까운 친척도 가리지 않고 음행을 하여 자비한 마음이 없어진다면 큰 죄가 된다.

넷째, 거짓말하지 마라. 거짓말하거나 남을 시켜 거짓말을 하게 하거나 수단을 써서 거짓말해서는 안 된다. 보살은 항상 올바른 말을 하고 올바른 견해를 가져야 하며, 모든 중생에게 올바른 말을 하게 하고 올바른 견해를 갖게 해야 한다. 그런데 도리어 중생에게 옳지 못한 말과 옳지 못한 소견과 옳지 못한 업을 일으킨다면 큰 죄가 된다.

다섯째, 술을 팔지 마라. 술을 팔거나 남을 시켜 팔아서도 안 된다. 술은 허물을 짓는 인연이 된다. 보살은 항상 모든 중생에게 밝고 빛나는 지혜를 내게 해야 하는데, 도리어 뒤바뀐 마음을 내게 한다면 큰 죄가 된다.

여섯째, 사부대중四部大衆의 허물을 말하지 마라. 출가한 보살과 집에 있는 보살과 비구와 비구니의 허물을 제 입으로 말하거나 남을 시켜 말하게 해서는 안 된다. 보살은 만약 나쁜 사람들이 바른 법에 대해서 법이 아니고 율律이 아니라고 말하는 것을 들으면, 자비스런 마음으로 그들을 교화하여 대승大乘에 대한 신심을 내게 해야 한다. 그런데 도리어 자신이 바른 법에 대한 허물을 말한다면 큰 죄가 된다.

일곱째, 자기를 칭찬하거나 남을 비방하지 마라. 자기를 칭찬하고 남을 비방하거나, 남을 시켜 자기를 칭찬케 하고 다른 사람을 헐뜯게 해서는 안 된다. 보살은 모든 중생을 대신해서 남의 비방과 욕을 달게 받으며, 나쁜 일은 제게 돌리고 좋은 일은 남에게 돌려주어야 한다. 그런데 자기 공덕을 드러내고 남의 잘한 일을 숨겨 다른 사람에게 비방을 받게 한다면 큰 죄가 된다.

여덟째, 제 것을 아끼려고 남을 욕하지 마라. 아끼거나 남에게 제 것을 아끼게 해서는 안 된다. 보살은 가난한 사람이 와서 달라 하면 무엇이든지 주어야 한다. 보살이 나쁜 마음과 성낸 마음으로 돈 한 푼, 바늘 한 개라도 주지 않고, 법을 구하는 사람에게 법문 한 구절, 게송 한마디라도 일러 주지 않으며, 도리어 나쁜 말로 욕한다면 큰 죄가 된다.

아홉째, 성내지 말고 참회를 잘 받아라. 성내거나 남을 성내게 해서는 안 된다. 보살은 끝없는 자비심으로 모든 중생을 화평하게 하며 자비한 마음과 공손한 마음을 내게 해야 한다.

그런데 도리어 나쁜 욕지거리를 하여 주먹이나 작대기나 칼로 치고도 화가 풀리지 않아, 그 사람이 진심으로 참회하여도 받지 않는다면 큰 죄가 된다.

열째, 삼보를 비방하지 마라. 삼보를 비방하거나 남을 시켜 비방케 해서는 안 된다. 보살은 외도나 나쁜 사람들로부터 삼보를 비방하는 한마디의 말이라도 들으면 삼백 자루의 창으로 가슴을 찔린 듯해야 할 텐데 하물며 제 입으로 비방할 것인가. 신심과 공손한 마음을 내는 대신 도리어 잘못된 소견을 가진 자들과 어울려 삼보를 비방한다면 큰 죄가 된다.

어진 불자들이여, 이것이 보살의 열 가지 쁘라띠목샤이다. 마땅히 배워 이 중에 한 가지라도 범해서는 안 된다. 만약 이것을 범하면 이 몸으로 보리심을 내지 못하며, 온갖 공덕을 다 잃어버리고 삼악도에 떨어질 것이다. 보살은 지금 배우고 장차도 배울 것이며 이미 배운 것이니, 이 열 가지 계를 잘 배워 공경하는 마음으로 받아 지켜라."

—『범망경梵網經』

3. 마흔여덟 가지 계(四十八輕戒)

"이미 열 가지 쁘라띠목샤를 말했으니 이제는 마흔여덟 가지 계를 말하겠다.

첫째, 스승과 벗을 공경하라. 보살계를 받은 이는 스승과 벗을 보거든 공경하는 마음으로 일어나 맞고 문안해야 한다. 보살이 교만하거나 게으르고 어리석고 성내는 마음에서 일어나 맞지 않고 예배하지 않고 법답게 공양供養하지 않으면 어찌될 것인가. 만약 공양거리(供養具)가 없으면 제 몸을 팔아서라도 스승과 벗을 공양해야 한다. 그렇지 않으면 죄가 된다.

둘째, 술 마시지 마라. 술 때문에 생기는 과오가 한량이 없다. 술잔을 남에게 권하기만 하고도 오백 생 동안 손이 없는 과보를 받았다는데 어찌 몸소 마실 것인가. 보살은 이웃에게 술을 마시지 않도록 권유해야 할 것이다. 그러므로 보살이 술을 마시거나 남에게 마시게 하면 죄가 된다.

셋째, 고기를 먹지 마라. 고기를 먹으면 자비의 종자가 끊어지고, 중생이 그를 보고는 달아난다. 그러므로 보살이 고기를 먹어서는 안 된다. 일부러 먹으면 죄가 된다.

넷째, 냄새나는 채소를 먹지 마라. 마늘·부추·파·달래와 같이 악취가 나는 채소는 무슨 음식에나 넣어 먹지 마라. 먹으면 죄가 된다.

다섯째, 계를 범한 사람은 참회시켜라. 오계五戒와 십계十戒, 이 밖에 다른 금계禁戒를 범한 사람을 보거든 참회시켜야 한다. 보살이 이런 사람을 참회시키지 않고 함께 지내면서 이양利養을 같이 받으며, 대중이 모인 자리에서 계를 말해 주면서 그 죄를 들어 참회시키지 않으면 죄가 된다.

여섯째, 법사法師에게 공양하고 법을 청하라. 법을 가르치는 스승을 만나거든 일어나 맞아들이고 예배 공양해야 한다. 음식과 앉을 자리와 약과 소용될 물건을 공양하고, 법을 위해서는 몸도 잊어버리고 간절한 마음으로 설법해 주기를 청하라. 그렇지 않으면 죄가 된다.

일곱째, 설법하는 곳에 찾아가 들어라. 경이나 계율 혹은 바른 법을 말하는 곳이 있거든 나무 아래나 숲속이나 절을 가릴 것 없이 몸소 찾아가 들어라. 불자로서 가서 듣지 않고 묻지 않으면 죄가 된다.

여덟째, 대승법을 그릇되게 여기지 마라. 대승경전과 율을 부처님 말씀이 아니라고 하면서, 소승의 교법과 외도의 사견邪見으로 만든 학설만을 배우는 것은 죄가 된다.

아홉째, 환자를 잘 보살펴라. 보살이 환자를 보거든 부처님처럼 잘 받들어 공양해야 한다. 여덟 가지 복밭 가운데 간호하는 일이 으뜸가는 복밭이다. 보살이 병든 사람을 보고도 간호하지 않으면 죄가 된다.

열째, 살생하는 도구를 가지고 있지 마라. 사람을 죽이는 무기나 짐승을 잡는 기구는 무엇이건 마련해 두지 마라. 보살은 자기 부모를 죽인 사람에게도 원수를 갚지 않는데 하물며 중생을 죽일 것인가. 그러므로 그런 도구를 마련해 두면 죄가 된다.

열한째, 국가의 사신使臣이 되지 마라. 어떤 이익을 바라는 나쁜 생각에서 나라의 사신이 되어 적국과 통하거나 전쟁을 일으켜 많은 중생을 죽게 하지 마라. 보살은 군대와 어울려 다니지도 않는데 하물며 자기 이익을 위해 나라를 해롭게 해서 될 것인가. 그러므로 그런 일을 하면 죄가 된다.

열두째, 나쁜 마음으로 장사하지 마라. 사람이나 가축을 사고팔지 말며, 관棺 장사 같은 일을 하지 마라. 제가 하지도 않는데 남을 시켜 할 것인가. 제가 팔거나 남을 시켜 팔면 죄가 된다.

열셋째, 비방하지 마라. 나쁜 마음으로 남을 까닭 없이 비방하면서 그가 무슨 죄를 지었다고 말하지 마라. 남을 해롭게 하여 좋지 못한 곳에 들어가게 하면 죄가 된다.

열넷째, 불을 놓지 마라. 나쁜 생각으로 불을 놓아 산과 들을 태우거나, 생물이 번성할 때 땅 위에 불을 놓지 마라. 남의 집이나 절, 혹은 전답이나 숲에 불을 놓아 태우면 죄가 된다.

열다섯째, 다른 법으로 교화하지 마라. 보살은 누구에게나 항상 대승경전과 대승 계율을 가르쳐 보리심을 내게 해야 한다. 그런데 보살이 만약 나쁜 마음과 미워하는 생각으로 소승의 경과 율이나 외도의 그릇된 학설만을 가르치면 죄가 된다.

열여섯째, 이익을 탐내지 말고 바르게 가르쳐라. 보살은 좋은 마음으로 대승의 위의와 경과 율을 먼저 배우고 그 뜻을 잘 해석해야 한다. 새로 발심한 보살이 멀리서 와서 대승의 경과 율을 배우고자 하면 법대로 온갖 고행을 일러 줄 것이고, 그

다음에 바른 법을 차례대로 말해 마음이 열리고 뜻이 통하게 해야 한다. 보살이 어떤 이익을 위해 대답할 것을 대답하지 않거나 잘못 일러 주어 앞뒤가 틀리게 하여 삼보三寶를 비방하면 죄가 된다.

열일곱째, 세력을 믿고 무엇을 얻으려 하지 마라. 보살이 왕이나 관리들을 가까이 사귀어 그들의 힘을 믿고 재물을 달라고 하면 죄가 된다.

열여덟째, 아는 것 없이 스승이 되지 마라. 보살은 경전을 배우고 계를 지켜 그 뜻과 여래의 성품까지도 잘 알아야 한다. 경 한 구절, 게송 한마디도 알지 못하고 계율의 인연도 모르면서 아는 체하는 것은 저를 속이고 남을 속이는 짓이다. 모든 법을 두루 알지 못하면서 남의 스승이 되어 계를 일러 주는 것은 죄가 된다.

열아홉째, 두 가지로 말하지 마라. 나쁜 생각으로 이간을 붙여 화합을 깨뜨리거나 어진 이를 비방하는 일은 죄가 된다.

스무째, 산목숨을 놓아 주고 죽게 된 것을 구제하라. 보살은 자비스런 마음으로 산 것을 놓아 주어야 한다. 따지고 보면 육도六道 중생이 모두 내 아버지요, 어머니이다. 짐승을 잡아먹는 것은 곧 내 부모를 죽이고 내 옛 몸을 먹는 일이 된다. 누가 짐승을 죽이려고 하거든 방편으로 구원하여 액난에서 벗어나게 해 줄 것이며, 보살계를 일러 주고 교화하여 중생을 제도할 것이다. 부모와 형제의 제삿날에는 법사를 청해 보살계와 경전을 읽어 죽은 이의 명복을 빌 것이니 그러지 않으면 죄가 된다.

스물한째, 성내고 때려 원수 갚지 마라. 보살은 마주 성내거나 때려서는 안 된다. 설사 부모 형제가 남에게 맞아 죽었더라도 원수를 갚지 마라. 산목숨을 죽여 원수를 갚는 것은 효도에 맞는 일이 아니다. 출가한 보살이 자비심이 없어 원수를 갚는 것은 죄가 된다.

스물두째, 교만한 생각을 버리고 법문을 청하라. 처음 출가하여 아무것도 알지 못하면서 총명한 재주를 믿거나, 지위·나이·문벌·재산 같은 것을 믿고 교만한 생각으로 먼저 배운 법사에게 경과 율 배우기를 싫어하지 마라. 법사가 비록 나이 젊고 신분이 보잘것없고 용모가 온전치 못하더라도, 학덕이 있고 경과 율을 잘 안다면 그 법사에게 배워야 한다. 처음 배우는 보살이 법사의 문벌이나 따지면서 법을 배우지 않으면 죄가 된다.

스물셋째, 교만한 생각으로 잘못 일러 주지 마라. 보살계를 받으려 해도 천 리 안에 법을 설해 줄 법사가 없을 때에는 불보살 형상 앞에서 서원을 세우고 지극하게 기도하면서 복되고 길한 일을 보아야 한다. 법사가 경과 율과 대승법을 잘 안다는 것을 내세워 처음 배우는 보살이 경과 율을 묻는데도 교만한 생각으로 하나하나 잘 일러 주지 않으면 죄가 된다.

스물넷째, 여래의 가르침을 잘 배우라. 보살이 여래의 경과 율과 대승법이 있어도 배우지 않고 어찌 소승과 외도의 잘못된 학설이나 세속 학문을 배울 것인가. 이와 같은 일은 부처님의 성품을 끊는 것이고 도에 장애되는 것이며 보살의 할 일이 아니다. 일부러 그런 짓을 하면 죄가 된다.

스물다섯째, 대중을 잘 통솔하라. 법사가 되거나 교단의 책임자가 되거나 절의 주지가 되거나 어떤 일의 책임을 맡거든, 다투는 대중을 자비심으로 화해시키고 삼보의 재산을 수호하여 함부로 쓰지 말아야 한다. 만약 대중의 질서를 어기거나 삼보의 물건을 함부로 쓰면 죄가 된다.

스물여섯째, 혼자만 이양利養을 받지 마라. 어떤 절이나 여럿이 모인 곳에 객스님이 오거든 먼저 있던 대중이 일어나 맞아들이고 보낼 것이며, 음식을 공양하고 방과 이부자리와 평상과 방석 등 소용되는 것을 마련해 주어야 한다. 신도가 와서 대중을 초대하거든 객스님도 공양받을 몫이 있으므로 절 책임자는 객스님도 함께 보내야 한다. 만약 먼저 있던 사람들만 초대를 받고 객스님을 따돌린다면 절 책임자는 한량없는 죄를 지은 것이며 그는 짐승과 다를 것이 없다. 그런 사람은 사문이 아니며 불제자가 아니다. 이런 일은 죄가 된다.

스물일곱째, 따로 초대받지 마라. 따로 초대를 받아 자기만 이양을 취해서는 안 된다. 이런 이양은 대중들이 똑같이 받을 것인데, 만약 혼자서만 초대를 받으면 이것은 대중들의 몫을 저 혼자 독차지하는 것이나 다름이 없다. 이런 일은 죄가 된다.

스물여덟째, 스님을 따로 초대하지 마라. 출가한 보살이나 집에 있는 보살이나 신도가 스님을 초대하려거든 먼저 절에 가서 일 보는 사람에게 그 뜻을 말하라. 그러면 일 보는 사람은 '스님들을 차례대로 초대하는 것이 모든 거룩한 스님들을 모시는 것이 됩니다.'라고 해야 한다. 세상 사람들이 오백 아라한이나 보살들만을 따로 초대하는 것은 차례대로 보통 스님 한 분을 초대하는 것만 못하다. 따로 초대하는 것은 외도들이나 하는 풍습이고 여래의 가르침에는 따로 초대하는 법이 없다. 스님을 일부러 따로 초대하면 죄가 된다.

  스물아홉째, 나쁜 직업으로 살지 마라. 어떤 이익을 위해 매음행위를 하거나 관상 보고 점치거나 해몽을 하거나 주문과 술법을 쓰거나 독약 같은 것을 만들지 마라. 이런 행위는 자비스런 마음과 공손한 마음이 아니니 일부러 범하면 죄가 된다.

  서른째, 재일齋日을 공경하라. 나쁜 마음으로 삼보를 비방하면서도 겉으로는 섬기는 체하며, 행위는 유有에 걸려 있으면서 입으로는 공空하다고 말해서는 안 된다. 세속 사람들과 사귀기를 좋아하고 그들에게 음란한 짓을 하게 하여 속박을 지어서는 안 된다. 육재일六齋日과 삼장재월三長齋月에 산 것을 죽이거나 도둑질하여 재를 깨뜨리고 계를 범하면 죄가 된다.

  서른한째, 재난을 보거든 구해 내라. 불상이나 경전을 나쁜 사람들이 도둑질하여 팔거나, 스님과 발심한 보살들이 욕을 당하는 것을 보거든, 자비한 마음으로 어떤 방편을 쓰든지 구해 내야 한다. 만약 구해 내지 않으면 죄가 된다.

서른두째, 중생을 손해 보게 하지 마라. 산 것을 해치는 데에 쓰는 무기를 팔지 말며, 속이는 저울과 적게 드는 말(斗)을 마련해 두지 마라. 권력을 의지해 남의 것을 빼앗거나 다 된 일을 깨뜨리지 말며, 고양이나 돼지나 개 같은 가축을 기르지 마라. 그런 짓을 하면 죄가 된다.

서른셋째, 나쁜 짓은 보고 듣지도 마라. 방일한 마음으로 남녀의 싸움이나 전쟁이나 도둑들끼리 싸우는 것을 구경하지 마라. 노래하고 춤추는 것을 구경하지 말며, 투전이나 바둑 장기를 두지 말고, 도둑의 심부름을 하지 마라. 이런 짓을 하면 죄가 된다.

서른넷째, 잠시라도 마음을 놓지 마라. 불자는 계율을 금강석과 같이 알고 바다를 건네게 해 주는 부낭浮囊같이 여기라. 나는 아직 이루지 못한 부처요, 여래는 이미 이룬 부처임을 명심하고 보리심을 내어 잠시라도 잊어버려서는 안 된다. 만약 잠시라도 소승이나 외도의 마음을 내면 죄가 된다.

서른다섯째, 원을 발하라. 부모와 스승에게 은혜 갚기를 원하며, 어진 도반과 함께 공부할 선지식 만나기를 원하며, 마음이 환히 열려 법대로 수행하기를 원하며, 계율을 굳게 지켜 잠시라도 마음이 흐트러지지 않기를 원해야 할 것이니, 이런 원을 발하지 않으면 죄가 된다.

서른여섯째, 서원을 세우라. 불자는 계율을 지키면서 다음과 같은 서원을 세워야 한다.

 '차라리 이 몸을 훨훨 타오르는 불구덩이나 날카로운 칼날 위에 던질지언정 삼세 부처님의 계율을 어겨 여인들과 부정한 짓을 하지 않겠습니다. 차라리 뜨거운 쇠그물로 이 몸을 얽을지언정 파계한 몸으로 신심 있는 신도가 주는 옷을 입지 않겠습니다.

 차라리 이 입으로 벌겋게 단 쇳덩이를 삼킬지언정 파계한 입으로 신심 있는 신도의 음식을 먹지 않겠습니다. 차라리 이 몸을 뜨거운 철판 위에 누일지언정 파계한 몸으로 신심 있는 신도가 주는 의자나 방석을 받지 않겠습니다. 차라리 이 몸이 삼백 자루 창에 찔릴지언정 파계한 몸으로 신심 있는 신도가 주는 약을 받지 않겠습니다. 차라리 이 몸이 끓는 가마솥에 들어가 있을지언정 파계한 몸으로 신심 있는 신도가 베푼 방이나 집이나 절을 쓰지 않겠습니다.

 차라리 쇠망치로 이 몸을 부수어 머리에서 발끝까지 가루를 만들지언정 파계한 몸으로 신심 있는 신도의 예배를 받지 않겠습니다. 모든 중생이 다 같이 부처님이 되어지이다.'

 보살이 만약 이와 같은 서원을 세우지 않으면 죄가 된다.

 서른일곱째, 위험한 곳에 다니지 마라. 불자는 봄가을 두타행頭陀行을 할 때나 여름 겨울 참선할 때나 안거할 때에 항상 다음 열여덟 가지를 지녀야 한다. 칫솔·비누·가사·물병·발우·방석·지팡이·물 긷는 주머니·수건·주머니칼·성냥·쪽

집게·노끈·의자·경전·율문·불상·보살상 등. 보살은 백 리 천 리를 가더라도 이 열여덟 가지는 반드시 지니고 다녀야 한다. 이 물건이 몸에서 떠나지 않게 하기를 마치 새의 두 날개와 같이 할 것이다. 새로 발심한 보살은 보름마다 대중이 모인 자리에서 계본戒本을 외워라. 불보살 형상 앞에서 열 가지 중한 계와 마흔여덟 가지 계를 외워야 한다. 두타행을 할 때에 험난한 곳에는 가지 마라. 적국의 국경, 악독한 왕이 있는 곳, 초목이 무성한 곳, 사자나 호랑이 등 맹수가 사는 곳, 화재나 수재 폭풍이 있는 곳, 도둑이 들끓는 외딴 곳, 독사가 많은 곳에는 가지 마라. 두타행을 할 때나 안거安居할 때에 이런 위험한 곳에 가는 것은 죄가 된다.

서른여덟째, 높고 낮은 차례를 어기지 마라. 불자佛子는 바른 법과 같이 높고 낮은 차례를 따라 앉되 먼저 계 받은 이가 위에 앉고 나중에 계 받은 이가 아래에 앉아야 한다. 나이 많고 적음이나 신분을 묻지 말고 계 받은 차례대로 앉아라. 어리석은 외도들처럼 나이 많은 이나 적은 이나 앞뒤도 없이 함부로 앉지 마라. 만약 보살이 차례대로 찾아 앉지 않으면 죄가 된다.

서른아홉째, 복과 지혜를 닦게 하라. 중생을 널리 교화하여 절과 탑을 세우게 하고, 온갖 재난을 당했을 때도 대승경전과 대승 율문律文을 말하여 복과 지혜를 골고루 닦도록 해야 한다. 새로 된 보살이 이와 같이 하지 않으면 죄가 된다.

마흔째, 계를 가려서 일러 주지 마라. 남에게 계를 일러 줄 때는 그 신분을 가리지 말고 누구나 받게 하라. 다만 살인자는 제외한다. 옷은 검박하게 물들여 법에 맞게 입어라. 비구의 옷은 일반인의 옷과 달라야 한다. 출가한 사람은 국왕이나 부모나 친척들에게 절하지 않으며 귀신을 위하지도 않는다. 멀리서 와서 계법戒法을 구하는 이에게 보살인 법사가 나쁜 마음으로 누구나 받을 수 있는 계를 일러 주지 않으면 죄가 된다.

　마흔한째, 이익을 위해 스승이 되지 마라. 열 가지 큰 계를 범한 사람은 불보살 형상 앞에서 참회시켜 복되고 길한 일을 보도록 하고, 마흔여덟 가지 계를 범한 사람은 법사에게 참회하면 허물이 소멸된다. 계를 일러 주는 법사는 이와 같은 법과 대승 경률經律의 가볍고 큰 것과 옳고 그른 것을 잘 알아야 한다. 명예와 이양을 위해서나, 제자를 탐내어 여러 가지 경과 율을 아는 체하면 이것은 저를 속이고 남을 속이는 것이니 죄가 된다.

　마흔두째, 계 받지 않은 이에게 포살布薩하지 마라. 포살할 때에 이양을 위해 보살계를 받지 않은 외도나 그릇된 소견을 가진 자 앞에서 모든 부처님께서 말씀하신 큰 계를 설해서는 안 된다. 만약 이런 사람들 앞에서 계를 말하면 죄가 된다.

　마흔셋째, 계 범할 생각을 내지 마라. 불자가 신심에서 출가하여 부처님의 바른 계를 받은 뒤에는 일부러 파계한 자는 신도들의 공양을 받지 못하며, 그 나라 땅으로 다니지 못하며, 그 나라 물도 마시지 못할 것이다. 오천 귀신들이 항상 앞을 가로막고 큰 도둑이라 하면서 그 발자국을 쓸어 버릴 것이며, 세상 사람들은 불법의 도둑이라 꾸짖을 것이고, 중생은 그를 보기 싫어할 것이다. 바른 계를 깨뜨리는 이는 죄가 된다.

　마흔넷째, 경전에 공양하라. 불자는 한결같은 마음으로 대승경전과 율을 읽고 외우며 정성을 다해 써야 할 것이고 함函을 만들어 모시고 꽃과 향으로 공양해야 한다. 이와 같이 법답게 공양하지 않으면 죄가 된다.

　마흔다섯째, 중생을 항상 교화하라. 불자는 자비심을 일으켜 중생을 보거든 삼보에 귀의시켜 열 가지 큰 계를 받들도록 할 것이며, 짐승을 대하면 보리심을 내라고 속으로 생각하고 입으로 말해야 한다. 보살은 산이나 숲, 강이나 들에 갈 때에도 여러 중생에게 보리심을 내게 해야 할 것인데, 만약 중생 교화할 생각을 내지 않으면 죄가 된다.

　마흔여섯째, 법답게 설법하라. 불자는 남을 교화할 때 가엾이 여기는 마음을 가져야 하며, 여럿이 모인 대중 앞에서 법을 말할 때에는 반드시 높은 자리에 앉아 법답게 설법해야 한다. 듣는 대중들은 아랫자리에 앉아 향과 꽃으로 공양하며 부모와 스승을 공양하듯 해야 할 것이다. 법을 말할 때 법답게 하지 않으면 죄가 된다.

　마흔일곱째, 옳지 못한 법으로 제한하지 마라. 국왕이나 관리들이 자기들의 세력을 믿고 불교를 파괴할 목적으로 제한하는 법을 만들어서는 안 된다. 출가하여 도 닦는 일을 못하게 하거나 불상과 탑과 경전과 절을 만들지 못하게 하는 등 온갖 옳지 못한 처사로 교단의 자유를 구속해서는 안 된다. 여러 사람을 교화할 보살이 어찌 관리들의 시중꾼이 된단 말인가. 국왕이나 관리들이 신심으로 부처님 계를 받았거든 삼보를 파괴하는 일은 하지 말아야 한다. 불교를 파괴하는 일을 하면 죄가 된다.

마흔여덟째, 바른 법을 파괴하지 마라. 신심에서 출가한 불자가 명예와 이익을 위해 국왕이나 관리들과 결탁하여 비구 비구니나 계 받은 불자들을 구속하고 죄인처럼 다룬다면, 그것은 마치 사자의 몸에서 생긴 벌레가 사자의 살을 먹는 것과 같을 것이다. 보살은 여래의 계를 비방하고 모욕하는 소리를 들으면 삼백 자루 창으로 심장을 찔린 듯해야 할 것이다. 그런데 스스로 여래의 계를 깨뜨리거나 남을 시켜 파괴하는 인연을 지을 것인가. 계를 받은 이는 바른 법 보호하기를 외아들 사랑하듯 하고 부모 섬기듯 하여 파괴되지 않도록 해야 한다.

불자들이여, 이 마흔여덟 가지 계를 받아 지켜라. 과거의 보살들이 이미 배웠고, 미래의 보살들도 장차 배울 것이며, 현재의 보살들이 지금 배우고 있다. 이 보살계를 받은 이는 읽고 외우고 해석하고 써서 중생에게 널리 펼쳐 교화가 그치지 않게 하라."

―『범망경梵網經』

제4장

화합의 법문

1. 파계에 대한 시비

부처님께서 꼬삼비(Kosambi)에 계실 때였다. 어떤 비구가 자기 생각에는 계를 범하지 않았는데, 다른 비구들이 주장하기를, 계를 범했으니 법대로 처벌받아야 한다는 것이었다. 그래서 범했느니 범하지 않았느니 서로 시비를 하다가 범하지 않았다고 주장하던 비구가 마침내 대중에서 쫓겨났다.

그러나 그 비구는 오랫동안 수행해 왔기 때문에 교리와 계율에 밝고 도에 대한 마음이 견고했다. 그는 친한 비구와 신도를 많이 알고 있어 그들을 찾아가 자기의 억울함을 말했다. 그를 동정한 비구들은 한 무리가 되어 앞의 대중들과 더욱 큰 시비를 벌였다. 그들은 서로 비방하고 헐뜯으며 욕지거리를 했다. 이 소식을 전해 들은 부처님께서는 '이 어리석은 자들이 마침내 교단의 화합을 깨뜨리는구나.' 하시고, 비구를 쫓아낸 대중에게 가서 말씀하셨다.

"너희들은 다른 비구의 허물을 눈앞의 것만을 가지고 그를 미워한 끝에 쫓아내서는 안 된다. 오랫동안 수행하여 교리와 계율에 밝고 도에 대한 마음이 견고한 비구일 경우에는 더욱 그렇다. 너희들의 할 일이라고 해서 비구를 쫓아내야 한다고 생각하는 것은 잘못이다."

이와 같이 말씀하시고 나서 이번에는 쫓겨난 비구 쪽에 가서 말씀하셨다.

"너는 죄를 범하고 있으면서도 뉘우치지 않고, 나는 죄가 없으니 참회할 필요가 없다고 생각해서는 안 된다. 설사 어떤 허물이 없다 할지라도 자기 한 사람의 일로 교단에 불화가 생기고 싸움이 일어난다면, 대중의 화합이 깨뜨려질 것을 두려워하고 다른 사람들의 신앙을 위해서라도 대중의 결정된 뜻에 따르는 것이 옳다."

―『사분율四分律』43

2. 여섯 가지 화합

부처님께서 다시 여러 비구들을 모이게 한 다음 여섯 가지 화합和合하는 법을 말씀하셨다.

"여기 기억하고 사랑하고 존중해야 할 여섯 가지 화합하는 법이 있다. 이 법에 의지하여 화합하고 다투는 일이 없도록 하라. 첫째, 같은 계율을 같이 지켜라. 둘째, 의견을 같이 맞춰라. 셋째, 받은 공양을 똑같이 수용하라. 넷째, 한 장소에 같이 모여 살아라. 다섯째, 항상 서로 자비롭게 말하라. 여섯째, 남의 뜻을 존중하라."

부처님께서는 이튿날 아침 꼬삼비에 들어가 걸식을 마치고 비구들을 불러 말씀하셨다.

"대중이 화합하지 못할 때에는 저마다의 행동을 더욱 삼가야 한다. 법답지 못하고 친절하지 못한 일이 있을 때에는 참고 견디며, 자비스런 마음으로 법답고 친절한 일이 행해지도록 힘써야 한다. 물과 젖이 합한 것처럼 한자리에 화합해서 한 스승의 법을 배우면서 안락하게 지내야 할 것이다.

비구들이여, 너희들은 여래의 계율을 따라 머리를 깎고 출가한 사문이 아닌가. 아무쪼록 잘 참고 견디며 자비에 의해 밝게 화합해야 한다. 부디 다투지 마라. 이 이상 화합을 깨뜨리지 마라."

부처님의 이와 같은 간곡한 가르침에도 어떤 비구는 말했다.

"부처님, 걱정 마시고 가만히 계십시오. 부처님께서는 법의 왕이십니다. 저희들의 다툼은 저희들끼리 알아서 하겠습니다."

"아니다. 서로 싸우고 비방하면서 시비를 가리려 하지 마

라. 물과 젖이 합한 것처럼 화합하여 살면서 한 스승에게 같이 배우면 여래의 법 안에서 이익을 얻고 안락하게 될 것이다."

  부처님께서 이와 같이 몇 번이고 거듭 말씀하셨으나 꼬삼비 비구들은 끝내 싸움을 그치지 않았다. 부처님께서는 '이같이 어리석게 겉모양에만 마음을 팔고 있으니 어쩔 수 없구나.' 하시고, 가르치던 대중이나 공양 올리던 신도들에게도 아무 말씀 없이 훌쩍 꼬삼비를 떠나셨다. 그리고 사왓티에 돌아와 어느 조용한 숲속에서 홀로 고요함을 즐기셨다. 마치 큰 코끼리가 많은 새끼 코끼리들을 떠나 번거로움 없이 즐기듯 하셨다.

—『사분율四分律』 43

3. 양쪽 말을 들어 보라

  이때 꼬삼비의 신도들은 부처님께서 아무 말씀 없이 사왓티 쪽으로 떠나셨다는 말을 듣고 서운해하고 슬퍼했다. 그리고 비구들이 시비를 그치지 않기 때문에 가신 거라고 그들을 원망했다. 신도들은 모임을 열고, 오늘부터 꼬삼비에 있는 비구들에게는 공양도 올리지 말고 예배하지도 말고 아는 체도 하지 말자고 결의했다. 공양을 받을 수 없게 되자 비구들은 하는 수 없이 '부처님께 찾아가 이 싸움을 끝맺자.' 하고, 행장을 꾸려 사왓티로 길을 떠났다.

꼬삼비의 시비꾼들이 사왓티로 온다는 소문을 듣고 사리뿟따는 여러 비구와 함께 부처님께 가서 말씀드렸다.

"꼬삼비 비구들은 싸우면서 서로 비방하고 욕지거리를 하는데 그 입이 마치 칼날 같다고 합니다. 그들이 이곳으로 온다는데 저희들은 어떻게 하면 좋겠습니까?"

부처님께서 사리뿟따에게 말씀하셨다.

"두 무리의 말을 들어 보아라. 그래서 법답게 말하는 비구가 있거든 그의 말을 받아들여 칭찬하고 그의 편이 되어 주어라."

"어떻게 그 비구의 말이 법답고 법답지 못한 줄을 알 수 있습니까?"

"대중이 서로 화합하지 못하는 것은 다음 열여덟 가지를 바로 보지 못하기 때문이다. 즉 계율과 계율 아닌 것, 법과 법 아닌 것, 범하고 범하지 않은 것, 가볍고 무거운 것, 여지가 있고 여지가 없는 것, 추악하고 추악하지 않은 것, 할 것과 하지 않을 것, 막을 것과 막지 않을 것, 말할 것과 말하지 않을 것이다.

사리뿟따여, 네가 이런 말을 관찰하면 그 비구가 법답게 말하는지 아닌지를 알 수 있을 것이다. 이와 같은 것들은 제자리에 두지 않고 서로 뒤바꾸어 알고 해석함으로써 온갖 시비가 생기고 대중의 화합이 깨뜨려지는 것이다."

부처님께서 사왓티에 있는 비구와 꼬삼비에서 온 비구들을 한데 모아 놓고 말씀하셨다.

"내가 지금까지 제정하여 놓은 모든 계율은 곧 너희들의 보호자요, 스승이다. 바로 너희들이 믿고 의지하며 목숨이 다하도록 지켜야 할 것이다. 하나라도 범하게 되면 법대로 다스림을 받고 참회해야 한다. 이와 같은 계율은 오로지 교단의 화합을 위하고 대중이 안락하게 수행하도록 하기 위해서 있는 것임을 알아라. 그러므로 많은 계율 가운데서 중요한 것을 제하고, 그 나머지 사소한 계율에 대해서는 너무 고집하여 범하고 범하지 않은 것을 캐냄으로써 시비를 일삼지 않도록 하라. 이치에 어긋나지 않도록 두루 살펴 삼가하며, 윗사람을 공경하고 아랫사람을 사랑하여 서로서로 화합하고 예의와 법도에 맞도록 해야 할 것이다. 이것이 곧 출가하여 수행하는 사람들이 공경하고 순종할 법이다."

꼬삼비에서 온 비구들은 부처님의 말씀을 듣고 자신들의 허물을 뉘우쳐 참회하고 다시 화합을 이루었다.

―『사분율四分律』 43

제5편
조사어록

내 마음의 중생이 수없이 많아도 모두 건지리이다.
내 마음의 번뇌가 다함이 없어도 모두 끊으리이다.
내 마음의 법문이 한없어도 모두 배우리이다.
내 마음의 불도佛道가 위없이 높아도 마침내 이루리이다.

- 『육조단경六祖壇經』-

제1장

마음 닦는 법

1. 불타는 집

 삼계三界[1]의 뜨거운 번뇌가 마치 불타는 집과 같은데, 어째서 거기 머물러 긴 고통을 달게 받을 것인가. 윤회를 면하려면 부처를 찾아야 한다. 부처는 곧 이 마음인데, 마음을 어찌 먼 데서 찾으랴. 마음은 이 몸을 떠나 따로 있는 것이 아니다. 육신은 거짓이어서 생生이 있고 멸滅이 있지만, 참마음은 허공과 같아서 끊어지지도 않고 변하지도 않는다. 그러므로 "뼈와 살은 무너지고 흩어져 흙이나 바람으로 돌아가지만 마음은 신령스러워 하늘과 땅을 덮는다."고 한 것이다.

---

[1] 생사에 유전하는 미혹한 중생의 세계를 나누어 욕망의 세계를 욕계欲界, 물질적인 현상계를 색계色界, 정신적인 세계를 무색계無色界라 함.

슬프다! 요즘 사람들은 어리석어서 자기 마음이 참 부처인 줄 알지 못하고 자기 성품이 참 법인 줄을 모르고 있다. 법을 멀리 성인들에게서만 구하려 하고, 부처를 찾고자 하면서도 자기 마음을 살피지 않는다. 만약 '마음 밖에 부처가 있고, 성품 밖에 법이 있다.'고 굳게 고집하여 불도를 구한다면, 이와 같은 사람은 비록 티끌처럼 많은 세월이 지나도록 몸을 태우고 뼈를 두드려 골수를 내며, 피를 뽑아 경전을 쓰고 밤낮으로 눕지 않으며, 하루 한 끼만 먹고 팔만대장경을 줄줄 외며 온갖 고행을 닦는다 할지라도, 모래로 밥을 짓는 것과 같아서 보람도 없이 수고롭기만 할 것이다. 자기 마음을 알면 수많은 법문法門과 한량없는 진리를 구하지 않아도 저절로 얻게 될 것이다.

그러므로 부처님께서 말씀하시기를 "모든 중생을 두루 살펴보니 여래의 지혜와 덕을 갖추고 있다." 하시고, "모든 중생의 갖가지 허망한 생각이 다 여래의 원각묘심圓覺妙心[2]에서 일어난다."고 하셨으니, 이 마음을 떠나 부처를 이룰 수 없음을 알아야 한다. 과거의 모든 부처님도 이 마음을 밝힌 분이며, 현재의 모든 성현도 이 마음을 닦은 분이며, 미래의 배울 사람들도 또한 이 법을 의지해야 할 것이다. 그러므로 수행하는 사람들은 결코 밖에서 구하지 말 것이다. 마음의 바탕은 오염

---

2 원만한 깨달음의 경지인 청정한 본심.

되지 않아서 본래부터 스스로 원만히 이루어진 것이니, 그릇된 인연을 떠나면 곧 의젓한 부처이다.

— 보조普照,[3] 『수심결修心訣』

2. 불성은 어디에

"만약 불성佛性이 이 몸에 있다고 한다면, 이미 몸 가운데 있으면서 범부를 벗어나지 못한 것이니, 저는 어째서 지금 불성을 보지 못합니까?"

"네 몸 안에 있는데도 네가 스스로 보지 못하는 것이다. 그러면 배고프고 목마른 줄 알며, 차고 더운 줄 알며, 성내고 기뻐하는 것이 무슨 물건인가? 또 이 육신은 지地·수水·화火·풍風의 네 가지 요소(四大)가 모인 것이므로, 그 바탕이 미련해 지각하고 느끼는 작용을 하지 못하는데 어떻게 보고 듣고 깨달아 알겠는가. 보고 듣고 깨달아 아는 그것이 바로 너의 불성이다."

그러므로 임제臨濟[4] 스님이 말씀하기를 "사대四大로 이루어

---

3 (1158~1210) 법명은 지눌知訥, 호는 목우자牧牛子. 순천 송광사에서 11년간 머물면서 수선사修禪社를 마련, 정혜定慧로써 제자들을 가르쳤다. 저서 『절요節要』, 『진심직설眞心直說』, 『수심결修心訣』 등.

4 (?~867) 법명은 의현義玄. 당대唐代 임제종의 개조開祖. 황벽 희운黃蘗希

진 이 몸뚱이는 법을 설할 줄도 들을 줄도 모르고, 허공 또한 그러하여 네 눈앞에 뚜렷이 홀로 밝을 뿐인데 형상 없는 그것이 비로소 법을 설하고 들을 줄 안다."고 했다. 여기에서 말한 형상 없는 것이란 모든 부처님의 법인法印[5]이며, 너의 본래 마음이다. 즉 불성이 네 안에 버젓이 있는데 어찌 그것을 밖에서 찾느냐. 네가 믿지 못하겠다면 옛 성인의 도道에 든 인연 몇 가지를 들어 의심을 풀어 줄 테니 진실인 줄 믿어라.

옛날 이견왕異見王이 바라제 존자께 물었다.

"어떤 것이 부처입니까?"

존자는 이렇게 대답했다.

"성품을 보는 것이 부처입니다."

"스님은 성품을 보았습니까?"

"그렇습니다, 나는 불성을 보았습니다."

"성품이 어느 곳에 있습니까?"

"성품은 작용作用하는 데에 있습니다."

"그 무슨 작용이기에 나는 지금 보지 못합니까?"

"지금 버젓이 작용하는데도 왕이 스스로 보지 못합니다."

"내게 있단 말입니까?"

運의 법을 이어 '덕산의 봉棒, 임제의 할喝'이라 불릴 만큼 참선 수행자에게는 신랄했다. 그의 언행言行을 제자들이 엮어 『임제록臨濟錄』이라 했다.
5 불교의 표치. 인印은 진실해서 부동불변하고 왕인王印처럼 어디서나 통용되어 증명이 된다는 뜻.

"왕이 작용한다면 볼 수 있지만, 작용하지 않는다면 그 체體도 보기 어렵습니다."

"만일 작용할 때에는 몇 군데로 출현합니까?"

"출현할 때에는 여덟 군데로 합니다."

왕이 그 여덟 군데를 말해 달라고 하자 존자는 다음과 같이 가르쳐 주었다.

"태 안에 있으면 몸이라 하고, 세상에 나오면 사람이라 하며, 눈에 있으면 보고, 귀에 있으면 듣고, 코에 있으면 냄새를 맡으며, 혀에 있으면 말을 하고, 손에 있으면 붙잡고, 발에 있으면 걸어다니며, 두루 나타나서는 온 누리를 다 싸고, 거두어들이면 한 티끌에 있습니다. 아는 사람은 이것이 불성인 줄 알고, 모르는 사람은 정혼精魂이라 부릅니다."

왕은 이 말을 듣고 곧 마음이 열렸다.

또 어떤 스님이 귀종歸宗 화상께 물은 적이 있었다.

"어떤 것이 부처입니까?"

화상은 이렇게 말했다.

"내 이제 그대에게 일러 주고 싶지만 그대가 믿지 않을까 걱정이다."

"큰 스님의 지극한 말씀을 어찌 감히 믿지 않겠습니까."

"그것은 곧 너니라."

"어떻게 닦아 가야(保任) 합니까?"

"한 꺼풀 가리는 것이 눈에 있으니 헛꽃(空華)이 어지러이지는구나."

 그 스님은 이 말 끝에 알아차린 바가 있었다. 옛 성인의 도에 드신 인연이 이와 같이 명백하고 간단하여 힘들지 않았다. 이 법문으로 말미암아 알아차린 것이 있다면, 그는 옛 성인과 더불어 손을 마주 잡고 함께 갈 것이다.

— 보조普照,『수심결修心訣』

3. 신통변화

 "앞에 말씀하신 견성見性이 참으로 견성이라면 그는 곧 성인입니다. 신통변화神通變化를 나타내어 보통 사람과는 다른 데가 있어야 할 텐데, 어째서 요즘 수도인들은 한 사람도 신통변화를 부리지 못합니까?"

 "허튼소리 함부로 하지 마라. 바른 것(正)과 그릇된 것(邪)을 분간하지 못하는 것은 어리석어 뒤바뀐 때문이다. 요즘 도를 배우는 사람들이 입으로는 곧잘 진리를 말하지만 마음에 게으른 생각을 내어 자격지심에 떨어지는 수가 있으니, 다 네가 의심하는 것과 같은 데 있다. 도를 배워도 앞뒤를 알지 못하고, 진리를 말하지만 본말本末을 가리지 못하는 것은 그릇된 소견이지 수학修學이라 할 수 없다. 이 그릇된 소견은 자기뿐 아니라 남까지도 그르치게 하니 어찌 삼가지 않을 것인가.

대체로 도에 이르는 문은 많으나 크게 나누어 돈오頓悟와 점수漸修[6] 두 문이 있을 뿐이다. 비록 돈오점수가 가장 으뜸가는 근기根機의 길이라 하지만, 과거를 미루어 본다면 이미 여러 생을 두고 깨달음을 의지해 닦아 점점 훈습해 왔으므로, 금생에 이르러 듣자마자 곧 깨달아 일시에 단박 마치게 된 것이다. 사실, 이것도 먼저 깨닫고 나서 닦는 근기이므로, 이 돈頓과 점漸 두 가지 문은 모든 성인들의 길이다. 예전부터 모든 성인들이 먼저 깨닫고 뒤에 닦아, 이 닦음으로 말미암아 증득하게 된 것이다. 이른바 신통변화는 깨달음을 의지해 닦아서 점점 훈습해 나타난 것이요, 깨닫자마자 바로 나타나는 것은 아니다.

　경에 말씀하기를 '이치는 단박 깨닫는 것이므로 깨달음을 따라 번뇌를 녹일 수 있지만, 현상은 단번에 제거될 수 없으므로 차례를 따라 없애는 것이다.'라고 했다.

　그러므로 규봉圭峯[7] 스님이 먼저 깨닫고 나서 닦는 뜻을 깊이 밝혀 다음같이 이른 것이다. '얼음 못이 모두 물인 줄은 알지만 햇볕으로써 녹일 수 있고, 범부가 곧 부처인 줄은 깨달

---

6 단박 깨침과 점차 닦아 감.
7 (780~840) 징관澄觀의 제자로 중국 화엄종의 제5조. 화엄학을 깊이 연구했고 선禪에도 조예가 깊어 『선원제전집禪源諸詮集』을 지어 선교일치를 주장. 『화엄경華嚴經』, 『원각경圓覺經』의 주석서 이외에도 30여 부의 저서가 있음.

으나 법력法力으로써만 훈수薰修[8]할 수 있다. 얼음이 녹아 물이 흘러야만 씻을 수 있고, 망상이 다해야만 마음이 신령스레 통하여 신통과 광명 작용을 나타낼 수 있다.'

그러므로 알아라. 현상의 신통변화는 하루에 이루어지지 않고 점점 닦아 감으로써 나타난다. 그렇더라도 신통이 자재한 사람의 경지로는 오히려 요괴스런 짓이고, 성인의 분수에는 하찮은 일이다. 비록 나타날지라도 요긴하게 쓰지 않을 것인데, 요즘 어리석은 무리들은 말하기를, '한 생각 깨달을 때 한량없는 묘용妙用과 신통변화를 나타낸다.' 하니, 이와 같은 생각은 앞뒤를 분간하지 못하고 본말本末을 알지 못한 것이다. 앞뒤와 본말을 알지 못하고 불도를 찾는다면 모가 난 나무를 가지고 둥근 구멍에 맞추려는 것과 같으리니, 어찌 큰 잘못이 아니겠는가. 방편을 모르기 때문에 미리 겁을 먹고 스스로 물러나 부처의 종성種性을 끊는 사람이 적지 않다. 자신이 밝지 못하기 때문에, 남의 깨달음을 믿지도 않아 신통 없는 이를 보고 업신여긴다. 이는 성현을 속이는 것이니 참으로 슬픈 일이다."

— 보조普照, 『수심결修心訣』

---

[8] 덕화를 받아서 하는 수행.

4. 돈오와 점수

"돈오頓悟와 점수漸修 두 문이 모든 성인의 길이라 말씀하셨는데, 깨달음이 이미 단박 깨달음이었다면 왜 점수를 빌리며, 닦음이 점차 닦는 것이라면 어째서 돈오라 합니까? 돈과 점의 두 가지 뜻을 거듭 말씀하여 의심을 풀어 주십시오."

"범부가 미혹할 때는 사대四大로 몸을 삼고 망상으로 마음을 삼아, 자성自性이 참 법신法身인 줄 모르고, 마음 밖에서 부처를 찾아 헤매다가 문득 선지식의 가르침을 만나, 한 생각에 마음의 빛을 돌이켜 자기 본성을 보게 된다. 이 성품의 바탕에는 본래부터 번뇌가 없는 지혜 성품(無漏智性)이 저절로 갖추어져 있어 모든 부처님과 조금도 다르지 않다. 이것을 돈오라 한다.

그러나 비록 본성이 부처와 다름없음을 깨달았으나, 끝없이 익혀 온 관습(習氣)을 갑자기 없애기란 어려운 일이다. 그러므로 깨달음을 의지해 닦아 점점 훈습薰習하여 공이 이루어지고 성인의 모태母胎 기르기를 오래하면 성聖을 이루게 되므로 점수라 한다. 이를테면, 어린애가 처음 태어났을 때에 모든 기관이 갖추어 있음은 어른과 다름이 없지만, 그 힘이 충실치 못하기 때문에 얼마 동안의 세월을 지낸 뒤에야 비로소 어른 구실을 하는 것과 같다."

"그러면 무슨 방편을 써야 한 생각에 문득 자성을 깨닫겠습니까?"

"다만 네 스스로의 마음(自心)이다. 이 밖에 무슨 방편을 쓰겠는가. 만일 방편을 써 앎을 구한다면, 마치 어떤 사람이 자기 눈을 보지 못하고 눈이 없다면서 다시 보고자 하는 것과 같다. 이미 자기 눈인데 어떻게 다시 보겠는가. 없어지지 않은 줄 알면 곧 눈을 보는 것이다. 다시 또 보고자 하는 마음도 없는데, 어떻게 보지 못한다는 생각이 있겠는가. 자기의 영지靈知[9]도 이와 같아서 이미 자기 마음인데 무엇 하러 또 앎을 구할 것인가. 만약 앎을 구하고자 한다면 문득 알지 못할 것이다. 다만 알지 못한 줄 알면 이것이 곧 견성見性이다."

— 보조普照,『수심결修心訣』

5. 본래면목

"상상上上의 근기는 들으면 쉽게 알지만, 중하中下의 근기는 의혹이 없지 않을 것입니다. 다시 방편을 말씀하여 어리석은 이로 하여금 알아듣게 해 주십시오."

"도는 알고 모르는 데 있지 않다. 네가 어리석어 깨닫기를 기다리니 그 생각을 쉬고 내 말을 들어라. 모든 법이 꿈과 허

---

9 생멸이 사라진 고요한 상태에서도 화두에 어둡지 않은 것.

깨비와 같으므로 번뇌망상이 본래 고요하고, 티끌세상도 어둡지 않다. 그러므로 아무런 실체도 없이 텅 비어 있고(空寂) 신령스럽게 아는 마음이 너의 본래면목이다. 이는 삼세 제불三世諸佛과 역대 조사歷代祖師와 천하 선지식이 은밀히 서로 전한 법인法印인 것이다.

이 마음을 깨달으면 과정을 거치지 않고 참으로 바로 부처님의 경지에 올라가, 걸음걸음이 삼계를 벗어나서 집에 돌아가 단박에 의심을 끊게 된다. 인간과 천상의 스승이 되고 자비와 지혜가 서로 도와 자리自利 이타利他를 갖추게 되며, 인간과 천상의 공양을 받을 만하다. 네가 이와 같다면 참 대장부이니 평생에 할 일을 마친 것이다."

"제 분수대로 보면 어떤 것이 공적영지空寂靈知의 마음입니까?"

"네가 지금 내게 묻는 것이 너의 공적영지 마음인데, 왜 돌이켜 보지 않고 밖으로만 찾느냐? 내 이제 네 분수를 따라 바로 본심을 가리켜 깨닫게 할 테니 너는 마음을 비우고 내 말을 들어라. 아침부터 저녁에 이르도록 보고 들으며 웃고 말하고, 성내고 기뻐하며 옳고 그른 온갖 행위를 무엇이 그렇게 하는지 어디 말해 보아라. 만일 육신이 그렇게 한다면, 왜 사람이 한 번 명을 마치면 눈은 스스로 보지 못하느냐? 어째서 귀는 들을 수 없고, 코는 냄새를 맡을 수 없고, 혀는 말하지 못하며, 몸은 움직이지 못하고, 손은 잡지 못하며, 발은 걷지를 못하느냐?

　그러므로 알아라. 보고 듣고 움직이는 것은 반드시 너의 본심이지 육신이 아니다. 이 육신을 이루고 있는 네 가지 요소의 성질이 공하여 마치 거울에 비친 형상과 같고 물에 비친 달과 같다. 그런데 어떻게 항상 분명히 알며 어둡지 않고 한량없는 묘용妙用을 통달할 것인가. 그러므로 말하기를 '신통과 묘용이여, 물을 긷고 나무를 나름이라.'고 한 것이다. 또 이치에 들어가는 데는 길이 많으나, 너에게 한 문을 가리켜 근원에 들어가게 하겠다. 네가 까마귀 울고 까치 지저귀는 소리를 듣느냐?"

　"듣습니다."

　"듣는 성품을 돌이켜 보아라. 얼마나 많은 소리가 있느냐?"

　"이 속에 이르러서는 모든 소리와 온갖 분별을 할 수 없습니다."

　"참으로 기특하다! 이것이 관세음보살께서 진리에 드신 문이다. 내가 다시 너에게 물어보겠다. 네가 말하기를, 이 속에 이르러서는 모든 소리와 온갖 분별을 할 수 없다고 했는데, 할 수 없다면 그때는 허공이 아니겠느냐?"

　"본래 공하지 않으므로 환히 밝아 어둡지 않습니다."

　"그럼 어떤 것이 공하지 않은 체體인가?"

　"모양이 없으므로 말로 할 수도 없습니다."

　"이것이 바로 모든 부처님과 조사祖師들의 생명이니 다시 의심하지 마라."

— 보조普照, 『수심결修心訣』

6. 이 몸 이때 못 건지면

　과거 윤회의 업을 따라 생각하면, 몇 천겁을 흑암지옥에 떨어지고 무간지옥에 들어가 고통을 받았을 것인가. 불도를 구하고자 해도 선지식을 만나지 못하고 오랜 세월 생사에 빠져, 깨닫지 못한 채 갖은 악업을 지은 것이 그 얼마일 것인가. 때때로 생각하면 긴 슬픔을 깨닫지 못한 것이니, 게을리 지내다가 다시 그전 같은 재난을 받지는 말아야겠다. 그리고 누가 나에게 지금의 인생을 만나 만물의 영장이 되어 도 닦는 길을 어둡지 않게 한 것인가. 참으로 눈먼 거북이 나무를 만남[10]이요, 겨자씨가 바늘에 꽂힌 격이다. 그 다행함을 어찌 다 말할 수 있으랴.

　내가 만약 물러설 마음을 내거나 게으름을 부려, 항상 뒤로 미루다가 그만 목숨을 잃고 지옥에라도 떨어져 온갖 고통을 받을 때, 한마디 불법을 들어 믿고 받들어 괴로움을 벗고자 한들 어찌 다시 얻게 될 것인가. 위태롭게 되고 나서는 뉘우

---

10 맹구우목盲龜遇木 : 만나기 어려운 기회를 뜻하는 말.

쳐도 소용없다. 바라건대 도 닦는 사람들은 게으르지 말고 탐욕과 음욕에 집착하지 말며, 머리에 타는 불을 끄듯 하여 돌이켜 살필 줄을 알아야 한다. 무상無常이 빨라 몸은 아침 이슬과 같고 목숨은 저녁노을과 같다. 오늘은 있을지라도 내일은 기약하기 어려우니 간절히 뜻에 새겨 둘 일이다. 이 몸을 금생에 건지지 않으면 다시 어느 생을 기다려 건질 것인가. 지금 닦지 않는다면 만겁萬劫에 어긋나 등질 것이요, 힘써 닦으면 어려운 행도 점점 어렵지 않게 되어 수행이 저절로 이루어질 것이다. 어허! 요즘 사람들은 배고파 음식을 대하고도 입을 벌릴 줄 모르며, 병들어 의사를 만나고서도 약을 먹을 줄 모르니, 아 어찌할 것인가, 어찌할 것인가. 따르지 않는 사람은 나도 어쩔 수 없구나.

슬프다! 우물 안 개구리가 어찌 창해滄海의 광활함을 알며, 여우가 어찌 사자의 소리를 내랴. 그러므로 말세에 이 법문을 듣고 희귀한 생각을 내어 받아 가지는 사람은 이미 한량없는 겁에 모든 성인을 섬기어 갖가지 착한 일을 하였고, 깊이 지혜의 바른 인연을 맺은 으뜸가는 그릇(根性)임을 알아라. 『금강경金剛經』에 말씀하기를 '이 글귀에 신심을 내는 이는 한량없는 부처님들께 귀의하여 온갖 착한 일을 하였음을 알아야 한다.'고 했고, 또 '위없는 도를 향하는(大乘) 이를 위해 설하며, 가장 밝고 높은 마음을 내는(最上乘) 이를 위해 설한다.'고 했다. 원컨대 도를 구하는 사람은 미리 겁내지 말고 용맹한 마음을 낼 것이다. 만일 수승함을 믿지 않고 하열下劣함을 달게 여겨 어렵다는 핑계를 대어 닦지 않으면, 비록 숙세宿世의 선근이 있을지라도 이제 그것을 끊게 되므로 더욱 어려운 데로 멀어질 것이다. 이미 보배가 있는 곳에 이르렀으니 빈손으로 돌아가지 마라.

한번 사람 몸을 잃으면 만겁에 돌이키기 어려우니, 바라건대 마땅히 삼갈 것이다. 지혜로운 이가 보배 있는 곳을 알면서도 구하지 않고 어찌 외롭고 가난함을 원망할 것인가. 보배를 얻으려면 가죽주머니[11]를 잊어버려야 한다.

― 보조普照, 『수심결修心訣』

---

[11] 육신을 가리킴.

제2장

마음을 살피는 일

1. 모든 것의 근본

제자 혜가慧可가 물었다.
"불도를 얻고자 하면 어떤 법을 수행하는 것이 가장 요긴하겠습니까?"
달마 스님은 대답했다.
"오직 마음을 살피는(觀) 한 법이 모든 행을 다 거두어들이는 것이니 이 법이 가장 간결하고 요긴하다."
"어째서 마음을 살피는 한 법이 모든 행을 거두어들인다 하십니까?"
"마음이란 모든 것(萬法)의 근본이므로 모든 현상은 오직 마음에서 일어난다. 그러므로 마음을 깨달으면 만 가지 행을 다 갖추는 것이다. 여기 큰 나무가 있다고 하자. 그 나무의 가지나 잎이나 열매는 모두 뿌리가 근본이다. 나무를 가꾸는 사람은 뿌리를 북돋울 것이고, 나무를 베고자 하는 사람도 그 뿌리를 베야 할 것이다. 수행자도 그와 같아서, 마음을 알고 도를 닦으면 많은 공을 들이지 않고도 쉽게 이룰 것이다. 그러나 마음을 알지 못하고 수도한다면 부질없이 헛된 공만 들이게 된다. 그러므로 모든 법이 자기 마음에서 일어나는 것임을 알아야 한다. 도를 마음 밖에서 따로 구할 수는 없다."

"마음을 살피는 것이 어떻게 마음을 아는 것이라 하십니까?"

"보살이 반야바라밀다般若波羅蜜多[1]를 행할 때 사대四大와 오온五蘊[2]이 본래 공하여 실체가 없음을 밝게 알며, 또 자기 마음을 쓰는 데 두 가지 차별이 있음을 분명히 본다. 두 가지란 맑은 마음(淨心)과 물든 마음(染心)이다. 맑은 마음이란 번뇌가 없는 진여眞如의 마음이요, 물든 마음이란 번뇌가 있는 무명無明의 마음이다. 이 두 마음은 본래부터 갖추어 있어 비록 인연 따라 화합하기는 하지만 새로 생기는 것은 아니다. 맑은 마음은 항상 착한 인연을 즐기고, 물든 마음은 악한 업을 생각한다. 만약 진여의 마음을 깨쳐 그것이 물들거나 때 묻지 않는

---

1 지혜의 완성, 도피안到彼岸.
2 몸의 구성요소인 지지·수水·화火·풍風을 사대라 하고, 육신과 정신작용을 오온이라 함.

것인 줄 깨달으면 이 사람은 성인이다. 그는 모든 괴로움에서 벗어나 열반의 즐거움을 누릴 것이다. 그러나 물든 마음을 따라 악한 짓을 하면 온갖 괴로움과 어둠이 몸에 감기고 덮이게 되니 이를 범부라 한다. 범부는 항상 삼계三界에 빠져 갖가지 괴로움을 받으니, 그것은 물든 마음으로 말미암아 진여의 마음이 가려졌기 때문이다.

『십지경十地經』에 말하기를 '중생의 몸 가운데 금강석처럼 굳은 불성佛性이 있어 해와 같이 밝고 원만하며 광대무변하지만, 오온의 검은 구름에 덮여 마치 항아리 속에 있는 불빛이 밖을 비추지 못하는 것과 같다.'고 하였고, 또『열반경涅槃經』에 말하기를 '일체 중생에게 모두 불성이 있으나 무명에 덮여서 해탈을 얻지 못한다.'고 했다. 불성이란 깨침이다. 스스로 깨치고 깨친 지혜가 밝아 번뇌에서 벗어나면 이것이 곧 해탈이다. 그러므로 모든 선善은 깨침이 근본임을 알아야 한다. 그러므로 근본이 뿌리가 되어 모든 공덕의 나무가 무성하고 열반의 열매가 여문다. 이와 같이 마음을 살피는 것을 마음을 알았다고 한다."

— 달마達磨,[3]「관심론觀心論」

---

[3] (?~528?) 중국 선禪의 개조開祖. 인도의 브라만 아들로 태어나 520년경 중국에 들어와 낙양洛陽의 동쪽 숭산崇山 소림사少林寺에서 9년 동안 면벽관심面壁觀心, 마음이 본래 청정함을 깨닫기를 주장. 양나라 무제와의 선문답은 유명하다. 그의 법을 혜가慧可가 이어받았다.

2. 삼독

"진여 불성眞如佛性의 모든 공덕은 깨침이 근본이 된다는 것은 알았으나 무명인 마음과 온갖 악은 무엇을 근본으로 삼습니까?"

"무명인 마음에는 팔만 사천의 번뇌와 정욕이 있어 악한 것들이 한량없으니 이름하여 탐욕과 성냄과 어리석음이라 한다. 이 세 가지의 삼독심에 모든 악한 것이 갖추어져 있다. 마치 큰 나무가 뿌리는 하나이나 가지는 수없이 많은 것처럼, 삼독의 뿌리는 하나이지만 그 속에 한량없는 많은 악업이 있어 무엇으로 비교할 수도 없다. 이와 같은 삼독은 본체에서는 하나이나 저절로 삼독이 되어 이것이 육근六根에 작용하면 육적六賊이 된다. 육적은 곧 육식六識이다. 육식이 육근을 드나들며 온갖 대상에 탐착심을 일으키므로 악업을 지어 진여를 가리게 된다. 물질(色)·소리(聲)·냄새(香)·맛(味)·촉감(觸)·의식의 대상(法) 등은 중생의 수행을 방해하며 번뇌를 일으키므로 여섯 도적이라 부른다.

중생은 이 삼독과 육적으로 말미암아 몸과 마음이 어지러워지고 생사의 구렁에 빠져 육도六道에 윤회하면서 온갖 고통을 받는다. 이를테면 강물이 원래 조그마한 샘물에서 시작하여 끊이지 않고 흐르면 시내를 이루고 마침내는 만경창파를 이루게 되나, 어떤 사람이 그 물줄기의 근원을 끊으면 모든 흐름이 다 쉬게 된다. 이와 같이 해탈을 구하는 사람도 삼독을 돌이켜 삼취정계三聚淨戒[4]를 이루고, 육적을 돌이켜 육바라밀六波羅蜜을 이루면 저절로 모든 고뇌에서 벗어나게 될 것이다."

"삼독과 육적이 광대무변한데 마음만을 보고 어떻게 한없는 고뇌에서 벗어날 수 있겠습니까?"

"삼계에 태어남은 오로지 마음으로 되는 것이니 만약 마음을 깨달으면 삼계에 있으면서 곧 삼계에서 벗어나게 된다. 삼계라는 것은 곧 삼독이다. 탐내는 마음이 욕계欲界가 되고, 성내는 마음이 색계色界가 되며, 어리석은 마음이 무색계無色界가 된다. 삼독심이 갖가지 악을 짓고 맺어 업을 이루고 육도에 윤회하게 되니 이것을 삼계라 한다. 또 삼독이 짓는 무겁고 가벼운 업을 따라 과보를 받는 것도 같지 않아 여섯 곳으로 나뉘게 되니 이것을 육도라 한다. 그러나 악업은 오로지 자기 마음에서 일어난다는 것을 알아야 한다. 그러므로 마음을 잘 거둬 그릇되고 악한 것을 버리면 삼계와 육도를 윤회하는 괴로움은 저절로 소멸되고, 모든 고뇌에서 벗어나게 될 것이니 이것을 해탈이라 한다."

— 달마達磨, 『관심론觀心論』

---

[4] 부처님께서 제정한 규칙을 지켜 악을 막는 섭률의계攝律義戒, 자진해서 착한 일을 하는 섭선법계攝善法戒, 중생을 교화하고 그들의 이익을 위해 힘쓰는 섭중생계攝衆生戒.

3. 삼 아승기겁

 "부처님께서는 삼 아승기겁阿僧祇劫을 부지런히 수행하여 불도를 이루었다 하셨는데, 스님께서는 어찌하여 오직 삼독을 제하면 곧 해탈이라 하십니까?"

 "부처님의 말씀은 진실하다. 아승기(asaṃkhya)는 곧 삼독심이다. 아승기는 셀 수 없다는 뜻이다. 마음 가운데에는 강가강의 모래와 같이 많은 악한 생각이 있고 그 하나하나의 생각 가운데 다 일 겁씩 있으니, 삼독의 악한 생각이 강가강의 모래와 같이 많으므로 셀 수 없다고 말한다. 범부는 진여의 성품이 삼독에 덮였으니, 강가강의 모래와 같이 많은 악한 생각에서 벗어나지 않으면 어떻게 해탈이라 할 수 있겠느냐. 탐욕과 성냄과 어리석음의 삼독심만 제거해 버리면 이것이 곧 삼 아승기겁을 지낸 것이다. 말세 중생이 어리석고 둔하여 부처님의 깊고 묘한 삼 아승기겁이라는 말씀의 뜻을 알지 못하고 한량없는 겁을 지내야만 성불한다고 알고 있다. 이것이 어찌 말세에 수행하는 사람으로 하여금 이 뜻을 잘못 알고 의심을 내어 보리도菩提道에서 물러나게 함이 아니겠느냐."

— 달마達磨, 『관심론觀心論』

4. 정념正念

"보살이 삼취정계를 가지고 또한 육바라밀을 행하여야 불도를 이룬다 하셨는데, 수행자가 오직 마음만 살피고 계행戒行을 닦지 않는다면 어떻게 성불할 수 있겠습니까?"

"삼취정계란 곧 삼독심을 다스리는 것이니, 일독을 제하면 무량한 선善이 이루어진다. 취聚란 모았다는 뜻인데 삼독을 다스리면 곧 세 가지 한량없는 선을 이루게 된다. 널리 선을 마음에 모았으므로 삼취정계라 한다. 또 육바라밀이란 곧 육근六根을 맑게 하는 것이니 바라밀이란 피안彼岸에 이른다는 뜻이다. 육근이 청정하여 번뇌에 물들지 않으면 곧 번뇌에서 벗어나 피안에 이르게 되므로 육바라밀이라 한다."

"경에 말씀하기를 '지극한 마음으로 염불하면 서방정토西方淨土에 왕생한다.' 하셨으니 이 묘문妙門으로 성불할 것인데 어째서 마음을 살펴 해탈을 구하라 하십니까?"

"염불하는 자는 반드시 정념正念을 닦아야 한다. 참된 뜻을 분명히 알면 정正이 되고, 참된 뜻에 분명하지 못하면 사邪가 되니, 정념은 반드시 서방정토를 얻지만 사념邪念으로는 피안에 이를 수 없다.

불佛이란 깨쳤다는 뜻이니 몸과 마음을 살펴 악한 것이 일어나지 않게 하는 것이고, 염念이란 생각하는 것이니 계행을 생각하여 부지런히 힘쓰는 것을 잊지 않음이다. 이와 같이 아는 것이 정념이다. 그러므로 염이란 마음에 있는 것이지 말에 있지 않다.

고기를 그물로 잡지만 잡고 나서는 그물 생각은 잊어버리듯이, 말에 의지하여 뜻을 알지만 뜻을 알았으면 말을 잊어야 한다. 이와 같이 이미 부처님의 명호를 부르고자 한다면 반드시 염불의 실체를 행해야 한다. 염불한다 하면서 진실한 뜻을 모르고 입으로만 공연히 부처님 명호를 외운다면 헛된 공만 들이는 것이니 무슨 이익이 있겠는가. 외운다는 것과 생각한다는 것은 말과 뜻이 다르다. 외운다는 것은 입으로 하는 것이요, 생각한다는 것은 마음으로 하는 것이다. 그러므로 생각은 마음에서 일어나는 것이니 깨달아 행하는 문임을 알아야 한다. 외우는 것은 입으로 하는 것이니 곧 음성의 모양이다. 마음에 없이 입으로만 명호를 외운다면 그것은 모양에 집착하여 복을 구하는 것이니 그릇된 짓이다."

― 달마達磨, 『관심론觀心論』

5. 해탈의 나루터

달마 스님이 말했다.

"경[5]에 말씀하기를 '무릇 상相이 있는 것은 모두 다 허망하다. 또 형상으로 나를 보거나 음성으로 나를 찾는다면 이 사람은 그릇된 도를 행하는 것이니 여래를 보지 못한다.'고 하지 않았던가. 이와 같이 사물이나 형체는 진실이 아님을 알 것이다. 그러므로 옛부터 모든 성인들이 닦으신 공덕을 말씀하실 때는 한결같이 밖에서 구하는 것이 아니라고 하면서 마음을 강조했다. 마음은 모든 성인의 근원이며 일만 가지 악의 주인이다. 열반의 즐거움도 자기 마음에서 오는 것이요, 삼계 윤회의 괴로움도 자기 마음에서 일어난다. 마음은 곧 세간을 뛰어넘는 문이고 해탈로 나아가는 나루터이다. 문을 알면 나아가지 못할까 걱정할 것이 없고, 나루터를 알면 저 기슭에 이르지 못할 것을 어찌 근심하겠는가.

가만히 살피건대, 요즘 사람들은 아는 것이 얕아 겉모양만으로 공덕을 삼으려 한다. 힘써 공을 들여 자기도 손해 보고 남도 또한 미혹하게 하며, 이러고서도 부끄러운 줄 알지 못하니 어느 때에나 깨칠 것인가. 세간의 덧없는 유위법有爲法을 보고는 아득하여 알지 못한다. 그러면서 세간의 조그마한 즐거움을 탐착하고 다가올 큰 괴로움은 깨닫지 못하니, 이와 같이 공부해서는 헛되이 스스로를 피로하게 할 뿐 도무지 이익이 없을 것이다.

다만 마음을 잘 거두어 안으로 돌이켜 깨치면 보는 것이 항상 맑아, 탐욕과 성냄과 어리석음의 삼독심은 끊어져 사라지

---

5 『금강경 金剛經』.

고 육적이 드나들 문은 닫혀 침범하지 못하게 될 것이다. 이때 비로소 한량없는 공덕의 갖가지 장엄과 무량 법문을 낱낱이 다 성취하여 순식간에 범부를 벗어나 성인의 경지에 오르게 될 것이다. 깨침은 잠깐 사이에 있는 것인데 어찌 머리가 희기를 기다리랴. 참된 법문의 심오한 뜻을 어찌 갖추어 말할 수 있으랴. 여기서는 마음 살피는 것만을 말하며 나머지 세밀한 일을 짐작케 하려는 것이다."

— 달마達磨, 『관심론觀心論』

6. 이심전심以心傳心

달마 스님이 말했다.

"삼계가 어지럽게 일어나는 것은 모두 한마음으로 돌아가니 전불前佛 후불後佛이 이심전심하시고 문자를 세우지 않으셨다."

제자가 물었다.

"만약 문자를 세우지 않는다면 무엇으로 마음을 삼습니까?"

"네가 나에게 묻는 것이 곧 네 마음이며, 내가 너에게 대답하는 이것이 내 마음이다. 만약 내가 마음이 없다면 무엇으로 너에게 대답하겠으며, 네가 마음이 없다면 무엇으로 나에게 물을 수 있겠느냐. 나에게 묻는 것이 곧 너의 마음이다. 시작 없는 옛적부터 지금까지 전해 오는 모든 말과 행동과 장소와 시간이 다 네 본심이며 너의 본분이니 마음이 곧 부처라는 것도 이와 같은 말이다. 그러므로 이 마음을 버리고 따로 부처를 구할 수 없으며, 이 마음을 떠나서 보리나 열반을 찾는다면 옳지 않다. 자성自性은 진실하여 인因도 아니고 과果도 아니며, 법은 곧 마음이니 자기 마음 이것이 보리요 열반이다.

만약 마음 밖에 부처나 보리가 따로 있다면 옳지 않으니 마음 밖에 부처와 보리가 어디에 있다고 하더냐. 비유해 말하면, 어떤 사람이 손으로 허공을 잡는다고 할 때 허공은 다만 이름이 있을 뿐 모양이 없으니 잡을 수도 없고, 버릴 수도 없는 것이다. 이와 같이 마음 밖에서 부처를 찾는다는 것도 있을 수 없는 일이다."

— 달마達磨,『혈맥론血脈論』

7. 대장경을 외울지라도

달마 스님이 말했다.

"누구나 부처를 찾고자 하면 반드시 견성見性을 해야 한다. 만약 견성하지 못했으면 염불을 하거나 경을 외우거나 계戒를 지켜도 별로 이익이 없다. 염불하면 인과를 얻고, 경을 외우면 총명을 얻고, 계를 가지면 천상에 태어나고, 보시를 하면 복된 과보를 얻기는 하나 부처가 될 수는 없기 때문이다. 자기를 밝게 깨닫지 못했으면 반드시 선지식善知識을 찾아 생사 윤회의 근본 원인을 깨달아야 할 것이다. 선지식은 견성한 사람이니 견성하지 못했으면 선지식이라 할 수 없다. 비록 대장경을 설하더라도 역시 생사를 면치 못해 삼계에 윤회하며 괴로움을 벗어날 기약이 없을 것이다. 옛날 선성善星비구가 대장경을 다 외었어도 윤회를 면치 못한 것은 견성하지 못한 까닭이었다. 선성비구도 그러했는데, 요즘 사람들이 경론經論을 서너 권 배워 가지고 불법으로 삼는다는 것은 참으로 어리석은 일이다. 진실로 자기 마음을 알지 못하면 한가롭게 문서나 외워도 아무 쓸모가 없는 것이다."

— 달마達磨, 『혈맥론血脈論』

8. 스승을 찾아라

달마 스님이 말했다.
"한 물건도 얻을 것이 없으나, 만약 알지 못한다면 반드시 선지식을 찾아가 간설하게 힘써 구해야 하다. 생사가 큰일이니 헛되이 지내지 않도록 하라. 돌이켜 보아라. 비록 보배가 산과 같이 쌓이고 권속이 강가강의 모래처럼 많다 하더라도 눈을 뜨면 보이지만 눈을 감고는 볼 수 없다. 유위법有爲法은 모두 꿈과 같으며 꼭두각시와 같은 것이다.

스승을 찾아가라. 급히 스승을 구하지 않으면 일생을 헛되이 보내게 된다. 불성은 본래 스스로 있는 것이지만, 스승을 인연하지 않고는 바르게 알지 못하는 것이니 스승 없이 깨친 자는 만의 하나도 드물다. 검고 흰 것도 분별하지 못하면서 망녕되이 부처님의 가르침을 편다고 하면, 이것은 부처를 비방하고 법을 어지럽히는 짓이다. 이와 같은 무리들은 설법하기를 비 오듯이 하더라도 모두가 마군의 말이요 부처님의 말씀이 아니다. 그 스승은 마왕이요 제자는 마왕의 권속인데, 어리석은 사람들은 그의 지도로 인해 생사고해에 떨어지게 되는 것을 알지 못한다.

견성見性하면 부처요, 견성하지 못하면 중생이다. 그러나 불성이 중생의 성품을 떠나지 않았다. 중생의 성품을 떠나 따로 불성이 있다면 부처가 이제 어느 곳에 있겠느냐. 중생의 성품이 곧 불성이다. 성품 밖에 부처가 없고, 부처는 곧 성품이니, 이 성품을 버리고 따로 부처가 없으며 부처 밖에 성품도 없다."

제자가 물었다.

"견성하지 못했더라도 염불하고 경을 외우며 보시하고 계를 지녀 부지런히 복된 일을 지으면 성불成佛하지 않겠습니까?"

"못한다!"

"어째서 못합니까?"

"조그마한 법이라도 얻은 것이 있다면 그것은 유위법이며 인과因果에 얽매인 법이므로 과보를 받고 윤회를 받게 될 것이다. 생사도 면치 못했으면서 어떻게 성불할 수 있겠느냐. 성불은 반드시 먼저 견성을 해야 한다. 견성하지 못하면 인과를 얻는 법 같은 것도 모두가 외도들의 법이다. 법을 구하고자 하는 자라면 어찌 외도법을 배우겠느냐.

또 어떤 사람이 인과를 무시하고 부지런히 악한 업을 지으면서 망녕되이 말하기를 '본래 공한 것이다. 악한 일을 하더라도 허물이 없다.'고 하면 그는 무간지옥에 떨어져 영영 나올 기약이 없을 것이니, 지혜로운 사람이라면 어찌 이런 소견을 가지겠느냐."

— 달마達磨, 『혈맥론血脈論』

9. 이 몸이 곧 법신

제자가 달마 스님에게 물었다.

"이미 사람의 모든 말이나 행동과 그 밖의 모든 것이 본신이라면 이 몸이 허물어질 때 사람들은 어째서 본심을 보지 못합니까?"

"본심은 항상 나타나 있건만 네가 스스로 보지 못하는 것이다."

"마음이 있는데 어째서 보지 못합니까?"

"네가 꿈을 꾼 일이 있느냐?"

"있습니다."

"네가 꿈을 꿀 때 그것은 네 몸이냐, 아니냐?"

"제 몸입니다."

"꿈속의 네 말이나 모든 행동이 너와 같으냐, 다르냐?"

"다르지 않습니다."

"이미 다르지 않다면 그 몸이 곧 너의 본 법신法身이며 그 법신이 곧 너의 본심이다. 이 마음은 시작 없는 옛적부터 지금까지 너와 떨어진 적이 없고, 생멸이 없으며 늘어나거나 주는 일도 없고 때 묻거나 깨끗하지도 않다. 좋거나 나쁘지도 않고 오고 가지도 않으며 옳고 그른 것도 없다. 마치 허공과 같아 취할 수도 없고 버릴 수도 없다. 이 마음은 빛깔이나 모양이 없으니 극히 미묘하여 보기 어렵다. 사람들이 모두 보고자 하여 이 광명 가운데서 손을 놀리고 발을 움직이는 이가 무수히 많지만, 물음 앞에서는 아무 말도 하지 못해 마치 나무 등신 같구나. 딱하다, 모두 자기가 쓰고 있는 물건인데 어찌하여 모르는가.

부처님께서 말씀하시기를 '중생이 모두 미혹해 있으므로 업을 짓고, 생사 바다에 빠져, 나오고자 하여도 도리어 빠진다.'

하셨으니, 이것은 오직 견성하지 못한 때문이다. 중생이 미혹하지 않았다면 어째서 그중에 한 사람도 아는 사람이 없는가. 제 몸을 움직여 쓰는 것을 왜 모르는가."

― 달마達磨, 『혈맥론血脈論』

10. 백정도 성불할 수 있다

제자가 달마 스님에게 물었다.

"가정을 가진 사람은 음욕淫慾을 버릴 수 없는데 어떻게 성불할 수 있겠습니까?"

"이 법은 오직 견성을 말할 뿐 음욕을 말하지 않는다. 이 범부는 오직 견성하지 못했기 때문에 음욕이 문제가 되지만, 견성만 하면 음심과 욕심이 본래 아무런 실체도 없이 텅 비어서(空寂) 끊거나 버리기 위해 힘쓸 필요가 없다. 그렇다고 거기에 빠지지도 않으니 비록 버릇이 남았더라도 해로울 것이 없다. 왜냐하면 성품은 본래 청정하여 비록 색신 가운데 있더라도 물들거나 더러워질 수 없기 때문이다. 법신法身[6]은 본래 받는 것이 없고 주리고 목마름도 없으며 춥고 더운 것도 없다. 본래 한 물건도 얻어 볼 것이 없으나 다만 색신色身[7]으로 인해

---

6 생멸 변화하지 않는 진리의 몸.

주리고 목마르며 춥고 더운 것이 있으니, 속지 않으려거든 곧 정신 차려 정진해야 한다. 생사에 자재自在를 얻어 일체법一切法을 굴려 걸림이 없게 되면 어느 곳이든 편안할 것이다. 그러나 만약 터럭 끝만큼이라도 의심이 있으면 결코 일체 경계境界에 자재하지 못해 윤회를 면치 못하게 될 것이다. 그러므로 견성만 하면 백정일지라도 성불할 수 있다."

— 달마達磨,『혈맥론血脈論』

---

7 물질로 이루어진 육신.

제3장

본원 청정심

1. 부처란 마음이다

　모든 부처님과 일체 중생은 오직 한마음이다. 이 마음은 시작 없는 옛날부터 생기거나 없어지거나 한 적도 없고, 푸르거나 누르지도 않으며, 정해진 틀이나 모습도 없고, 있고 없음 등으로써 분별되지도 않는다. 모든 이름과 말과 자취와 상대적 관계를 초월한 본체가 곧 마음이다. 그러므로 생각을 잠깐 움직였다 하면 곧 어긋나 버리니, 마음은 마치 허공과 같아 끝이 없으며 재거나 헤아릴 수도 없다.

　이 한마음이 곧 부처이다. 부처와 중생이 결코 다르지 않지만, 중생이 모습(相)에만 집착하여 밖에서 부처를 찾으니, 찾으면 찾을수록 부처를 더욱 잃게 된다. 부처에게 부처를 찾게 하고 마음으로 마음을 찾게 한다면 아무리 오랜 세월을 두고 몸이 다하도록 애써도 도를 이루지 못할 것이다. 오직 생각만 쉬면 부처가 스스로 앞에 나타나는데 중생이 이를 모른다. 이 마음이 곧 부처이며 부처는 곧 중생이다. 그러므로 중생이라 해서 마음이 줄지 않고 부처라 해서 마음이 늘지 않는다. 나아가 육도만행六度萬行[1]과 강가강의 모래만큼 많은 공덕이 마음의 본체 안에 모두 갖추어져 있으니 수행하여 다시 보탤 필요가 없다. 인연을 만나면 베풀고 인연이 사라지면 고요히 쉴 뿐이다. 이것이 부처임을 확실히 믿지 못하고, 겉모습(相)에 집착하여 수행함으로써 효과를 바란다면 망상에 빠져 버려 도道와는 크게 어긋난다.

이 마음이 곧 부처이다. 다시 다른 부처가 없으며 다른 마음이 없다. 이 마음은 허공처럼 맑고 깨끗하여 어떤 모습도 가지지 않는다. 만약 한 생각이라도 움직인다면 곧 법체法體와는 어긋나서 모습에 집착하게 되니, 일찍이 이와 같은 모습에 집착한 부처는 없다. 또한 육도만행을 닦아 성불하고자 한다면 이것은 다른 방법을 찾는 것이니, 아주 옛적부터 부처가 되는 길에는 다른 방법이 없으며 오직 한마음을 깨달으면 다시 더 얻을 법이 없으니 이 마음이 곧 참 부처이다.

부처와 중생은 이 한마음뿐이요 조금도 다르지 않다. 마치 허공과 같아서 더럽히거나 무너뜨릴 수 없으며, 온 누리를 비

---

[1] 육바라밀의 실천 수행.

추는 해와 같다. 해가 온 세상을 비춰 밝음이 천하에 퍼지더라도 허공은 일찍이 밝은 적이 없고, 해가 져서 어둠이 천하를 덮더라도 허공은 어두웠던 적이 없다. 이렇게 밝고 어둠이 뒤바뀌더라도 허공의 성질은 조금도 변함이 없으니, 부처와 중생의 마음도 이와 같다. 만약 부처를 생각할 때 청정한 광명과 자재 해탈의 거룩한 모양으로 보고, 중생 보기를 때 묻고 어둑하고 생사에 시달리는 혼탁한 것으로 생각한다면, 수많은 세월을 수행해도 끝내 도道를 이루지 못할 것이다. 왜냐하면 그는 모습에 집착해 부처와 중생을 분별하기 때문이다. 이 마음은 털끝만 한 것이라도 다시 얻을 것이 없으니 이 마음 그대로가 부처이다. 요즘 도를 배우는 사람들은 마음의 본체를 깨닫지 못하고 마음 위에 마음을 내어서 밖을 향해 부처를 구하며 모습에 집착하여 수행한다. 이런 것은 모두가 그릇된 방법이요 깨달음의 길(菩提道)이 아니다.

— 황벽黃檗,[2] 『전심법요傳心法要』

---

2 (?~850) 당대唐代 남악南嶽 아래에서 수행하던 선승. 백장 회해百丈懷海를 스승으로 섬김. 황벽산에 살면서 종풍을 드날리다. 문하에서 임제가 배출됨.

2. 무심無心

　시방세계의 모든 부처님께 공양供養하는 것보다 한 사람의 무심도인無心道人에게 공양하는 게 더 낫다. 무심이란 분별 망상 없는 마음이기 때문이다. 있는 그대로의 본체가 안으로는 목석과 같아 동요함이 없고, 밖으로는 허공과 같아 막힘이 없으며, 주체와 객체도 없고 방향과 위치도 없고 모양도 없으며, 얻을 것도 잃을 것도 없다. 수행인이 이 법에 들어오지 못하는 것은 공空에 떨어져 머물 곳이 없는 것을 두려워하기 때문이다. 그리하여 멀리서 강 건너 기슭만 바라보고는 스스로 물러서서 아는 것을 구하니, 아는 것을 구하는 이는 쇠털과 같이 많고 도를 깨닫는 이는 쇠뿔과 같이 드물다.
　오늘날 수행인들이 자기 마음 가운데서 깨닫고자 하지 않고 마음 밖의 모습에 집착하여 대상을 취하니 모두 도道와는 어긋난다. 이 마음은 곧 무심無心인 마음이며 모든 모습(相)을 떠난 것이다. 중생과 부처가 다시 차별이 없으니 무심하기만 하면 이것이 곧 궁극의 경지(究竟)이다. 도를 배우는 사람이 무심하지 않으면 몇 겁을 수행해도 끝내 이루지 못할 것이다. 성문, 연각, 보살이라는 삼승三乘의 수행에 얽혀 해탈을 얻지 못할 것이다. 그러나 이 마음을 깨닫는 데는 더디고 빠름이 있다. 이 법을 듣고 한 생각에 무심한 이도 있고 여러 과정을 거쳐서 무심한 이도 있으니, 어느 것이든 마침내는 무심해야만 도를 얻는 법이다. 이 법은 다시 닦거나 얻을 것이 없지만 진실하여 허황하지도 않다. 한 생각에 얻은 이나 여러 과정을 거쳐 얻은 이나 그 결과는 같으며 깊고 얕은 차이가 없다.

    무심을 모르는 선행이나 악행은 모두 모습에 집착한 것이다. 그러므로 악을 행해 괴로운 윤회를 받고 선을 행해 부질없이 수고하니, 모두가 자기의 무심한 마음을 보는 것만 같지 못하다.

— 황벽黃檗, 『전심법요傳心法要』

3. 본원 청정심

    이 법은 곧 마음이므로 마음 밖에 법이 없으며, 이 마음은 곧 법이므로 법 밖에 마음이 없다. 마음은 스스로 무심하여 다시 무심한 것도 없으니, 만약 마음으로 무심코자 한다면 도리어 유심有心이 될 것이다.

    이 도리는 모든 생각과 헤아림이 끊어졌으므로 언어로 표현할 수 없으며 마음으로 생각할 수도 없다. 이 마음이 본래 청정한 부처이므로 사람마다 다 있는 것이다. 고물거리는 미물 중생으로부터 불보살에 이르기까지 본래 한 몸이요 다를 것이 없는데, 망상으로 분별하기 때문에 가지가지로 업을 짓고 과보를 받게 된다. 비록 업을 짓고 과보를 받으나 본불本佛

밖에는 한 물건도 없으니, 텅 비어 일체에 통하며 또 고요하여 밝고 미묘하고 안락할 뿐이다.

　스스로 깊이 깨달아 들어가면 바로 그 자리이니 다시 더 한 물건이라도 보태는 것이 아니다. 여기에 이르러 이제까지 지내온 여러 겁 동안의 많은 수행을 돌이켜 보면 모두 꿈속의 헛된 장난임을 알 것이다. 그러므로 여래께서는 '내가 무상정각無上正覺에서 실로 얻은 것이 없으니 만약 얻은 것이 있었다면 연등불께서 내게 수기授記하지 않으셨을 것이다.' 하셨으며, 또 말씀하시기를 '이 법이 평등하여 높고 낮음이 없으며 이것을 이름하여 무상정각이라 한다.'고 하셨다. 이와 같이 보면 이 본원 청정심本源淸淨心[3]이 중생이나 부처님이나 두루 평등하여 너와 내가 없이 항상 스스로 밝아 널리 비추고 있음을 알 수 있다.

　이마에 구슬이 박힌 힘센 장사가 자기에게 구슬이 박힌 것을 모르고 밖으로만 찾아 두루 다녀도 얻지 못하다가, 지혜 있는 사람이 이마에 구슬이 박힌 것을 가르쳐 주면 당장에 구슬을 찾는다. 수행인이 자기 본심이 부처임을 알지 못하고 밖을 향해 찾아다니면서 갖가지 공을 닦아 점차로 깨닫고자 하지만, 만겁을 지내어도 영영 도는 이루지 못할 것이다.

— 황벽黃檗,『전심법요傳心法要』

3　청정해서 물들지 않는 본심.

4. 목마르기 전에 샘을 파라

그대들이 만약 미리 칠통漆桶[4]을 철저히 깨뜨리지 않으면 섣달 그믐날[5]을 당해도 정신 차리지 못할 것이다. 어떤 사람들은 남이 참선參禪하는 것을 보고 '아직도 저러고 있나?' 하고 비웃는다. 그러나 내 그런 사람에게 물으리라. "문득 죽음이 닥치면 그대는 어떻게 생사를 대적하겠는가?"

평상시에 힘을 길러 놓아야 급할 때 조금이라도 힘을 쓸 수 있는데, 목마르기를 기다려 샘을 파는 어리석은 짓을 하지 마라. 죽음이 박두하면 이미 손발을 쓸 수가 없으니, 앞길이 망망하여 어지러이 갈팡질팡할 뿐이다. 평시에 구두선口頭禪만 익혀 선禪을 말하고, 도道를 말하며, 부처를 꾸짖고 조사祖師를 욕해 제법 다해 마친 듯하다가 여기에 이르러서는 아무 쓸모가 없게 된다. 평시에 남들은 속여 왔지만 이때를 당해 어찌 자기마저 속일 수 있으랴. 권하나니, 육신이 건강할 동안에 이 일을 분명히 판단해 두라. 이 일은 풀기가 그리 어려운 것도 아닌데, 힘써 정진하려고는 하지 않고 어렵다고만 하니, 진정한 대장부라면 어찌 그럴 수 있겠는가.

화두話頭[6]는 다음과 같이 생각해야 한다. 어떤 스님이 조주

---

4 무명無明 번뇌.
5 임종할 때.

趙州[7] 스님에게 묻기를 "개도 불성이 있습니까?" 하자 답하기를 "없다."라고 했다. 어째서 없다고 했는지, 없다는 그 뜻을 참구參究해야 한다. 밤이나 낮이나 가나오나 앉으나 서나 생각 생각 끊이지 않고 정신을 차려 참구하라. 날이 가고 해가 지나 정진이 여물어지면 마음 빛이 활짝 열려 불조佛祖의 기틀을 깨달아, 문득 천하 노화상老和尙의 혀끝에 속지 않고 스스로 큰소리치게 될 것이다. 알고 보면 달마가 서쪽에서 왔다는 것도 바람이 없는데 파도를 일으킨 것이요, 부처님께서 꽃을 들어 보이신 것도 오히려 허물이라 할 것이다. 여기에 이르러서는 일천 성인이 오히려 열지 못하는데 어찌 염라대왕을 말할 것인가? 여기에 신기한 도리가 있다고 생각하는가? 그런 생각 하지 마라. 일이란 마음 있는 사람을 두려워한다.

— 황벽黃檗, 『시중示衆』

---

6 참선할 때의 과제. 스승의 말에서 이루어진, 참선자가 참구해야 할 문제. 공안公案이라고도 함.
7 (778~897) 당나라 때의 선승. 남전 보원南泉普願의 법제자. 그의 무자無字는 선가禪家의 사활死活이 달릴 만큼 널리 알려진 화두다. 백스무 살에 입적.

제4장

참선에 대한 경책

1. 못 깨치더라도 다른 길 찾지 마라

 선사 고봉高峯 화상은 항상 학인에게 이와 같이 말씀하셨다. "오직 화두話頭를 마음속 깊이 간직하고, 다닐 때도 이렇게 참구하고 앉을 때도 이렇게 참구하라. 깊이 궁구窮究하여 힘이 미치지 못하고 생각이 머무를 수 없는 곳에 이르러 문득 타파打破하여 벗어나면 성불한 지 이미 오래임을 알 것이다."
 참선하여 깨치지 못더라도 부디 다른 방법을 찾지 마라. 오직 마음이 다른 인연에 이끌리지 않도록 할 것이며, 또 모든 망념을 끊고 힘써 화두를 들고 앉아라. 목숨을 떼어 놓고 용맹스럽게 정진한다면 백 번 죽더라도 상관없으리라. 만약 철저히 깨치지 못했거든 결코 쉬지 마라. 이런 결심만 있으면 큰일 마치지 못할 걱정이 없다.

병중 공부에는 용맹 정진도 필요 없고 눈을 부릅뜨고 억지 힘을 쓸 것도 없다. 다만 너의 마음을 목석과 같게 하고 뜻을 불 꺼진 재와 같이 하여, 꼭두각시 같은 이 몸을 세계 밖으로 던져 버려라. 누가 와서 돌보아 주거나 말거나, 설사 백스무 살을 산다 할지라도, 혹은 죽어 숙세宿世의 업에 끌려 지옥에 떨어져도 그만이라고 생각하라. 어떤 환경에도 흔들림이 없이, 다만 간절하게 저 아무 맛도 없는 화두를 가지고 병석에 누운 채 묵묵히 궁구하고 놓아 지내지 마라.

— 중봉中峯,[1] 「시중示衆」

2. 장 서방이 마시고 이 서방이 취하는 도리

삼 년, 오 년을 정진해도 힘을 못 얻으면 참구해 오던 화두를 내버리는 일이 있는데, 이것은 길을 가다가 중도에서 그만두는 것과 같다. 이제까지 쌓은 허다한 공부가 참으로 아깝다. 뜻이 있는 이면 산수山水 좋고 조용한 승당僧堂에서 맹세코 삼 년만 문을 나서지 말아 보라. 반드시 열릴 날이 있을 것

---

[1] (1263~1323) 원元나라 스님. 어려서 출가, 고봉 원묘高峯原妙를 찾아 심요心要를 묻고 『금강경』을 독송, 샘물이 솟아나오는 것을 보고 깨침. 저서 『광록廣錄』 30권.

이다.

어떤 사람은 공부하다가 마음이 좀 맑아져 약간의 경계가 나타나면 문득 게송偈頌을 읊으며 스스로 큰일을 다 마친 사람이라 자처하고 혓바닥이나 즐겨 놀리다가 일생을 그르치고 만다. 세 치 혓바닥의 기운이 다하면 장차 무엇으로써 감당할 것인가. 생사를 벗어나려면 반드시 참다워야 하고 깨침 또한 실다워야 한다.

화두가 면밀하여 끊임없고, 몸이 있는 줄도 알지 못하면, 이것은 '나'라는 집착은 없어졌으나 법에 대한 집착은 아직 없어지지 않은 것이다. 몸을 잊고 있다가 문득 다시 몸을 생각하게 되면, 꿈속에 만 길 낭떠러지에서 미끄러져 떨어질 때 살려고 발버둥 치다가 마침내 깨어나는 것과 같이, 이 경지에 이르거든 오로지 화두만을 단단히 들고 가라. 문득 화두를 따라 일체를 잊어버리면 주관인 나와 객관인 법이 모두 없어질 것이다.

불 꺼진 재에서 콩이 튀어야 비로소 장 서방이 마시고 이 서방이 취하는 도리를 알게 될 것이다. 바로 이때 반야 문하般若門下에 와서 방망이를 맞도록 하라.[2]

― 반야般若,[3]『시중示衆』

---

2 자기에게 와서 점검받으라는 뜻.
3 중국 홍주洪州의 절학 세성絕學世誠 선사, 남악南嶽의 20세世.

3. 보고 듣는 놈은 어디에 있는가

어떤 사람은 입만 열면 나는 선객禪客이라고 한다. 그러다가 '어떤 것이 선인가?' 하고 물으면 어름어름하다가 마침내 입을 다물고 마니, 이 어찌 딱한 일이 아니며 굴욕이 아니랴. 버젓하게 불조佛祖의 밥을 얻어먹고 본분사本分事를 까맣게 알지 못하면서 다투어 말귀나 세속 지식을 가지고 이러쿵저러쿵 떠들며 부끄러운 줄 모른다. 또 어떤 사람은 부모에게서 낳기 전 본래면목은 찾으려 하지 않고, 두툼한 방석 위에 앉아 부질없는 품팔이 방아[4]나 찧으면서 복이 되기를 바라며 업장을 참회한다 하니, 도하고는 참으로 십만 팔천 리十萬八千里[5]이다.

어떤 사람은 마음을 한곳으로 굳히고 생각을 거두어 사물을 보고 공空으로 돌리며 생각이 일어나면 곧 눌러 막는다. 이런 견해는 공에 떨어진 외도外道이며 혼이 돌아오지 않는 산송장이다. 어떤 사람은 망령되이 성내고 기뻐하면서 보고 듣는 사물로써 명백히 알아 마친 것을 삼고 일생 공부 마쳤다 하니, 내 잠깐 그런 사람에게 묻겠다. "문득 죽음이 닥쳐와 불구덩이 속의 한줌 재가 되면, 성내고 기뻐하고 보고 듣는 놈은

---

4 졸고 있다는 표현.
5 아득하게 멀다는 뜻, 즉 어긋난다는 말.

어느 곳에 있는가?"

— 초석楚石,『시중示衆』

4. 조용한 환경에 탐착하지 마라

　참선하는 데는 무엇보다 고요한 환경에 탐착하지 말아야 한다. 고요한 환경에 빠지게 되면 사람이 생기가 없고 고요한 데 주저앉아 깨치지 못하게 된다. 대개 사람들은 시끄러운 환경은 싫어하고 고요한 환경을 좋아한다. 수행하는 사람이 항상 시끄럽고 번거로운 곳에서 지내다가 한번 고요한 환경을 만나면 마치 꿀이나 엿을 먹는 것과 같이 탐착하게 되니 이것이 오래가면 스스로 곤하고 졸음에 취해 잠자기만 좋아하니 어찌 깨치기를 바라랴.

　공부하는 사람은 머리를 들어도 하늘을 보지 못하고 머리를 숙여도 땅을 보지 못하며, 산을 보아도 산이 아니요 물을 보아도 물이 아니다.

　가도 가는 줄 모르고 앉아도 앉은 줄 모르며, 천 사람 만 사람 가운데 있어도 한 사람도 보지 못해야 한다. 몸과 마음이 오로시 한 개의 의단疑團[6]뿐이니 의단을 부수지 않고는 쉬지

---

6 화두에 대한 의심.

말아야 한다.

— 박산博山,[7] 『선경어禪警語』

5. 고양이 쥐 잡듯이

참선할 때는 죽기를 두려워 말고 살기도 바라지 말라. 살기만 하고 죽지 못할까 걱정해야 한다. 진실로 의정疑情[8]과 더불어 한곳에 매여 있기만 하면 거친 환경은 쫓지 않아도 저절로 물러갈 것이요, 망령된 마음은 맑히기를 힘쓰지 않아도 스스로 맑아질 것이다. 육근六根의 문턱이 자연히 텅 비고 넓어져 손만 들면 곧 잡히고 부르면 즉시 대답하는데 어찌 살지 못할 것을 걱정할 것인가.

화두를 들 때는 반드시 화두가 뚜렷하고 분명해야 한다. 마치 고양이가 쥐를 잡을 때와 같이 해야 한다. 그렇지 않으면 귀신 굴에 주저앉아 혼혼침침昏昏沈沈하여 일생을 허송하게 될 것이니 무슨 이익이 있겠는가. 고양이가 쥐를 잡을 때는 두 눈을 부릅뜨고 네 다리를 딱 버티고, 어떻게 하면 쥐를 잡아

---

7 (1575~1630) 명明나라 조동종 무이無異 스님. 저서 『무이원래선사광록無異元來禪師廣錄』 등.
8 의단疑團과 같은 말, 즉 화두에 대한 의심.

먹을까만을 생각한다. 비록 곁에 닭이나 개가 있더라도 눈 한 번 팔지 않는다. 참선하는 사람도 이와 같이 분연히 이 도리를 밝히고야 말겠다 하고, 어떠한 역경이 닥쳐오더라도 한 생각도 움직이지 말아야 한다. 만약 조금이라도 딴생각을 일으키면 쥐만 놓칠 뿐 아니라 고양이 새끼마저 놓치게 될 것이다.

― 박산博山, 『선경어禪警語』

6. 문자나 말에 팔리지 말라

참선할 때 조사의 공안을 생각으로 헤아려 짐작해서는 안 된다. 설사 해석하여 하나하나 알았다 하더라도 본분本分과는 아무 상관이 없는 것이다. 조사의 말 한마디, 글 한 구절은 마치 큰 불무더기와 같아, 가까이 갈 수도 만질 수도 없는 것인데 어찌 그 가운데 앉고 누울 수 있으랴. 더욱 그 가운데 주저앉아 크고 작은 것을 따지고 좋고 나쁜 것을 가린다면 목숨을 잃지 않는 사람이 없을 것이다.

참선하는 사람은 문자를 찾거나 신기한 말에 팔리지 말아야 한다. 이런 것들은 이익이 없을 뿐만 아니라 공부에 장애가 되고 망상이 된다. 생각의 길이 끊어진 곳을 얻으려 하면서 말꼬리나 더듬는다면 아무것도 되지 않는다. 공부할 때 공안公案을 진실하게 참구하여 깨뜨리지는 않고 다른 것과 비교하여 알고자 하는 것을 가장 꺼린다. 마음에 머무름이 있으면 도道와는 더욱더 멀어진다. 그와 같이 정진한다면 비록 미래불未來佛이 출현할 때까지 할지라도 소득이 없을 것이다. 참으로 의정疑情이 문득 일어난 사람이라면 은산철벽銀山鐵壁에서 오로지 살길만을 찾으려고 애쓰는 것과 같다. 만약 살아날 길을 찾지 못했다면 어찌 편안하게 앉아만 있겠는가. 참선하는 사람이 이와 같이 정진한다면 어느덧 시절이 다가와 스스로 깨칠 것이다.

— 박산博山, 『선경어禪警語』

7. 간절한 마음으로 정진하라

참선하는 데에 가장 요긴한 것은 간절한 마음이니 간절해야만 힘이 된다. 간절하지 않으면 게으른 생각이 나고 게으른 생각이 나면 방종 방일하여 그르치게 된다. 만약 간절하게 마음을 쓰면 방일이나 게으름이 아예 생길 수 없다. 간절한 이 한 생각만 잊지 않으면 조사의 경지에 이르지 못할까 근심하거나 생사를 깨뜨리지 못할까 걱정할 것 없다. 이 간절한 생각은 당장에 선악의 허물을 뛰어넘는다. 화두가 간절하면 망상도 졸음도 없다.

— 박산博山, 『선경어禪警語』

8. 깨치기를 기다리면 깨치지 못한다

참선하는 데 깨치기를 기다려서는 안 된다. 어떤 사람이 집에 간다면서 도중에 앉아 가지는 않고, 집에 닿기만을 기다린다면 그는 끝내 나그네 신세를 면치 못할 것이다. 집을 향해 가야 집에 이를 것이다. 이와 같이 마음으로 깨닫기만을 기다린다면 깨치지 못할 것이다. 오로지 화두를 잡아 힘쓸 뿐 깨치기를 기다려서는 안 된다.

정진에 진취가 없다고 걱정할 것은 없다. 진취가 없거든 더욱 힘쓰는 이것이 공부다. 향상向上이 없다 해서 머뭇거린다면 비록 백겁 천생을 기다린다 할지라도 누가 어떻게 해 줄 것인가. 의정이 일거든 놓지 않는 것이 향상이다. '생사' 두 글자를 이마에 붙인 듯 생각하고 마치 범에게 쫓기듯이 쉬지 말고 정진하라. 범에게 쫓기게 되어 안전한 곳에 피신하지 못하면 잡아먹히고 말 것이니, 어찌 다리가 아프다고 도중에서 쉴 수 있으랴.

— 박산博山,『선경어禪警語』

9. 화두로 병을 물리쳐라

내 나이 스물에 이 일 있음을 알고 서른둘에 이르도록 열일고여덟 분의 장로長老[9]를 찾아가 법문을 듣고 정진했으나 도무지 확실한 뜻을 알지 못했다. 후에 완산皖山 장로를 뵈오니 '무無'[10] 자를 참구하라 하시며 이렇게 말씀하셨다. "스물네 시간 동안 생생한 정신으로 정진하되, 고양이가 쥐를 잡을 때와 같이 하고 닭이 알을 품은 듯이 하여 끊임없이 하라. 투철히 깨치지 못했다면 쥐가 나무 궤를 쏠듯이 결코 화두를 바꾸지 말고 꾸준히 정진하라. 이와 같이 하면 반드시 밝혀 낼 시절이 있을 것이다."

그로부터 밤낮을 가리지 않고 부지런히 참구하였더니 십팔 일이 지나서 한번은 차를 마시다가 문득 부처님께서 꽃을 들어 보이심에 까샤빠가 미소한 도리를 깨치고 환희를 이기지 못했다. 서너 명의 장로를 찾아 결택決擇[11]을 구했으나 아무도 말씀이 없더니, 어떤 스님이 말하기를 "다만 해인삼매海印三昧로 일관하고 다른 것은 모두 상관하지 마라." 하시기에 이 말을 그대로 믿고 두 해를 보냈다.

경정景定 오년 유월에 사천泗川 중경重慶에서 극심한 이질병에 걸려 죽을 지경에 빠졌으나 아무 의지할 힘도 해인삼매도 소용없었다. 종전에 좀 알았다는 것도 아무 쓸데가 없어, 입

---

9 학덕이 높고 나이 많은 스님.
10 조주趙州의 무자 화두. 어떤 스님이 조주 스님에게 묻기를 "개에게도 불성佛性이 있습니까?" 하니 "없다."라고 했다. 부처님 말씀에는 꿈틀거리는 벌레까지도 불성이 있다고 했는데 어째서 개에게는 불성이 없다는 것일까?
11 바르게 일러 줌.

도 달싹할 수 없고 손도 꼼짝할 수 없으니 남은 길은 오직 죽음뿐이었다. 업연業緣의 경계가 일시에 나타나 두렵고 떨려 갈팡질팡할 뿐 어찌할 도리가 없고 온갖 고통이 한꺼번에 닥쳐왔다. 그때 내 억지로 정신을 가다듬어 가족[12]에게 후사를 말하고 향로를 차려 놓고 좌복을 높이 고이고 간신히 일어나 좌정하고 삼보와 천신에게 빌었다.

'이제까지의 모든 착하지 못한 짓을 진심으로 참회합니다. 바라건대 이 몸이 이제 수명이 다하였거든 반야般若의 힘을 입어 바른 생각대로 태어나 일찍이 출가하여지이다. 혹 병이 낫게 되거든 곧 출가 수행하여 크게 깨쳐서 널리 후학을 제도하게 하여지이다.'

이와 같이 하고 '무' 자를 들어 마음을 돌이켜 스스로를 비추고 있으니 얼마 아니하여 장부臟腑가 서너 번 꿈틀거렸다. 그대로 두었더니 또 얼마 있다가는 눈꺼풀이 움직이지 않으며, 또 얼마 있다가는 몸이 없는 듯 보이지 않고 오직 화두만이 끊이지 않았다. 밤늦게서야 자리에서 일어나니 병이 반은 물러간 듯했다. 다시 앉아 삼경 사점에 이르니 모든 병이 씻은 듯이 없어지고 심신이 평안하여 아주 가볍게 되었다.

—『몽산[13]법어蒙山法語』

---

12 이때는 몽산 스님이 출가하기 전.
13 (1231~1308?) 원나라 덕이德異 스님. 그의 『법어法語』는 조선 세조 때 번역되어 우리에게는 널리 알려졌다.

10. 물에 비친 달처럼

팔월에 강릉으로 가서 삭발하고 일 년 동안 있다가 행각行脚에 나섰다. 도중에 밥을 짓다가 생각하기를, 공부는 모름지기 단숨에 해 마칠 것이지 끊일락 이을락 해서는 안 되겠다 하고, 황룡黃龍에 이르러 당堂으로 돌아갔다. 첫 번째 졸음(睡魔)이 닥쳐왔을 때는 자리에 앉은 채 정신을 바짝 차려 힘 안 들이고 물리쳤고, 다음에도 역시 그와 같이 하여 물리쳤다. 세 번째 수마가 심하게 닥쳐왔을 때는 자리에서 내려와 불전佛前에 예배하여 쫓아 버리고 다시 자리로 돌아와 앉았다.

이미 방법을 얻었으므로 그때그때 방편을 써서 수마를 물리치며 정진했다. 처음에는 목침을 베고 잠깐 잤고 뒤에는 팔을 베었고, 나중에는 아주 눕지를 않았다. 이렇게 이삼일이 지나니 밤이고 낮이고 심히 피곤했다. 한번은 발바닥이 땅에 닿지 않고 공중에 둥둥 뜬 듯하더니, 홀연 눈앞의 검은 구름이 활짝 걷히는 듯하고 마치 금방 목욕탕에서라도 나온 듯 심신이 상쾌했다. 마음에는 화두에 대한 의단疑團이 더욱더 성하여 힘들이지 않아도 순일하게 지속되었다. 모든 바깥 경계의 소리나 빛깔이나 오욕이 들어오지 못해 청정하기가 마치 은쟁반에 흰 눈을 듬뿍 담은 듯하고 청명한 가을 공기 같았다.

그때 돌이켜 생각하니 정진의 경지는 비록 좋으나 결택決擇할 길이 없었다. 자리에서 일어나 승천承天의 고섬孤蟾 화상에게 갔다. 다시 선실에 돌아와 스스로 맹세하기를 '확연히 깨치지 못하면 내 결코 자리에서 일어나지 않으리라.' 하고 배겨냈더니 달포 만에 다시 정진이 복구되었다. 그 당시 온몸에 부스럼이 났는데도 불구하고 목숨을 떼어 놓은 맹렬한 정진 끝에 힘을 얻었다.

재齋에 참례하려고 절에서 나와 화두를 들고 가다가 재가齋家를 지나치는 것도 알지 못했다. 이렇게 하여 다시 동중공부動中工夫[14]를 쌓아 얻으니, 이때 경지는 마치 물에 비친 달과도 같아 급한 여울이나 거센 물결 속에 부딪쳐도 흩어지지 않으며 놓아 지내도 또한 잊혀지지 않는 활발한 경지였다.

—『몽산법어蒙山法語』

11. 파도가 곧 물이로다

삼월 초엿새 좌선 중에 바로 '무' 자를 들고 있는데, 어떤 수좌가 선실에 들어와 향을 사르다가 향합을 건드려 소리가 났다. 이 소리를 듣고 '악!' 하고 외마디 소리를 치니, 드디어 자기 면목을 깨달아 마침내 조주를 깨뜨렸던 것이다. 그때 게송을 지었다.

---

14 일상 동작 속에서 하는 공부.

어느덧 갈 길 다하였네
밟아 뒤집으니 파도가 곧 물이로다
천하를 뛰어넘는 늙은 조주여
그대 면목 다만 이것뿐인가.

그해 가을 임안臨安에서 설암雪巖, 퇴경退耕, 석범石帆, 허주虛舟 등 여러 장로를 뵈었다. 허주 장로가 완산皖山 장로께 가뵙기를 권하시어 완산 장로를 찾아뵈었다. 그때 장로가 물으셨다.

"'광명이 고요히 비쳐 온 법계에 두루 했네.'라고 한 게송은 어찌 장졸수재張拙秀才가 지은 것이 아니냐?"

내가 대답하려 하자 벽력 같은 할喝[15]로 쫓아내셨다.

이때부터 앉으나 서나 음식을 먹으나 아무 생각이 없더니 여섯 달이 지난 다음 해 봄, 하루는 성 밖에서 돌아오는 길에 돌층계를 올라가다가 문득 가슴속에 뭉쳤던 의심덩어리가 눈 녹듯 풀렸다. 이 몸이 길을 걷고 있는 줄도 알지 못했다. 곧 완산 장로를 찾았다. 또 먼젓번 말을 하시는 것을 말이 채 끝나기도 전에 선상禪床을 들어 엎었고, 다시 종전부터 극히 까다로운 공안公案을 들이대시는 것을 거침없이 알았던 것이다.

---

15 선가에서 하는 일종의 지도 방법으로서 말과 글로 표현할 수 없는 도리를 표시하는 소리.

참선은 모름지기 자세히 해야 한다. 산승山僧이 만약 중경에서 병들지 않았던들 아마 평생을 헛되이 마쳤을 것이다. 참선에 요긴한 일을 말한다면, 먼저 바른 지견知見을 가진 사람을 만나는 일이다. 그러므로 옛사람들은 조석으로 찾아가 심신을 결택하고, 쉬지 않고 간절히 이 일을 구명했던 것이다.

—『몽산법어蒙山法語』

제5장

육조의 법문

1. 반야

　보리菩提와 반야般若의 성품은 사람마다 본래 가지고 있지만, 마음이 어두워 스스로 깨닫지 못한다. 그러므로 선지식의 가르침을 받아 자성自性을 보아야 할 것이다. 어리석은 사람이나 지혜로운 사람의 불성佛性은 본래 차별이 없으나 막히고(迷) 트임(悟)이 같지 않으므로 어리석음과 지혜로움이 있게 된 것이다. 내 이제 마하반야바라밀의 법을 말해 그대들에게 저마다 지혜를 얻게 하리니 지극한 마음으로 자세히 들어라.
　세상 사람들이 입으로는 반야를 말하면서도 자성반야自性般若는 알지 못하니, 마치 먹는 이야기를 아무리 해 봐도 배부를 수 없는 것과 같다. 입으로만 공空을 말한다면 만겁을 지나더라도 견성見性할 수 없다.

마하반야바라밀은 '큰 지혜로 피안에 이른다.'는 뜻이다. 입으로만 외우고 마음으로 행하지 않으면 허깨비와 같이 허망할 뿐이다. 입으로 외우고 마음으로 반드시 행하면 마음과 입이 서로 상응하게 된다. 보리, 반야, 자성, 불성과 같은 본래의 성품이 곧 부처요 성품을 떠나서는 부처가 없다.

마하摩訶란 크다는 뜻이니, 심량心量의 광대함이 허공과 같아 끝이 없다는 말이다. 모나거나 둥글지도 않으며, 크거나 작지도 않다. 또한 푸르고 누르고 붉고 흰 빛깔과 상관없으며, 위아래와 길고 짧음도 없고, 성내고 기뻐할 것도 없으며, 옳고 그름과 선하고 악함도 없다. 머리도 꼬리도 없어서, 모든 부처님의 세계가 다 허공과 같다. 사람들의 미묘한 성품이 본래 공空해서 한 법도 얻을 것이 없다. 자성自性이 참으로 공하다 하는 말은 바로 이런 뜻이다.

그러나 내가 지금 공에 대해 이야기하는 것을 듣고 공에 집착하지 마라. 만약 아무 생각 없이 멍청히 앉아만 있으면 곧 무기공無記空[1]에 떨어질 것이다. 허공은 모든 것을 포함하므로 해와 달과 별, 산과 풀과 나무, 악인·선인·천당·지옥, 그리고 큰 바다나 수미산도 다 허공 안에 있는 것이다. 사람들의 성품이 공한 것도 이와 같다.

자성이 모든 법을 포함하기 때문에 크다고 하는 것이다. 만

---

1 고요한 선정에 매료되어 화두를 놓치고 몽롱한 상태가 되는 것.

법은 사람들의 성품 속에 있다. 만약 남의 선악을 보더라도 취하고 버리는 분별이 없이 거기 물들지 않으면 마음이 허공과 같을 것이다. 이것이 큰 것이다. 어리석은 사람은 입으로만 말하지만 지혜로운 사람은 마음으로 행한다. 어리석은 사람이 마음을 비우고 아무 생각도 없이 고요히 앉아 스스로 크다고 일컫는다면, 이런 사람과는 더불어 말할 수 없다. 왜냐하면 그는 그릇된 소견을 가지고 있기 때문이다.

마음은 넓고 커서 법계法界에 두루해 있다. 쓰면 아주 분명하고, 응용에 따라 일체를 알아서 일체가 곧 하나요 하나가 곧 일체이며, 가고 옴에 자유로워 마음에 걸림이 없으니 이것이 곧 반야다. 모든 반야지般若智는 자성에서 나오는 것이지 밖에서 들어오지 않는다. 마음을 쓸 때 잘못이 없으면 참된 성품을 스스로 쓴다(眞性自用)고 한다. 하나가 참될 때 모든 것이 참되다.

반야는 지혜이니 언제 어디서나 생각 생각이 어리석지 않아, 항상 지혜롭게 행동하면 이것이 곧 반야행般若行이다. 한 생각 어리석으면 반야가 끊어지고, 한 생각 슬기로우면 반야가 일어난다.

사람들이 어리석어 반야를 보지 못하고 입으로만 말하는데 마음은 노상 어리석다. 반야는 형상이 없으니 슬기로운 마음이 곧 반야다.

바라밀은 피안에 이른다는 말로서 생멸生滅을 떠난다는 뜻이다. 대상에 집착하면 생멸이 일어나 물에 있는 물결과 같으니 이것이 차안此岸이요, 대상에 걸림이 없으면 생멸이 없어 물이 자유롭게 흐르는 것과 같으니 이것이 피안彼岸이다. 그러므로 범부가 곧 부처이며, 번뇌가 곧 보리菩提다. 눈앞에 보이는 현상만을 주목하면 범부가 되지만, 마음을 오롯이 모아 내면의 주시자인 공을 깨달으면 곧 부처가 된다. 집중하는 마음이 대상에 집착하면 번뇌가 일어나지만, 그것이 대상을 떠나면 곧 보리에 이른다.

마하반야바라밀은 가장 높고 귀해 으뜸가는 경지다. 가는 것도 오는 것도 또한 머무는 것도 아니지만, 삼세의 모든 부처님이 여기서 나오신다.

—『육조[2]단경六祖壇經』「반야품般若品」

2. 정혜

내 법문은 정혜定慧를 근본으로 삼는다. 그러므로 정정과 혜慧가 다르다 하지 마라. 정과 혜는 하나요 둘이 아니다. 정

---

[2] (638~713) 중국 스님, 선종의 제6조 혜능慧能. 5조 홍인弘忍의 법을 받았다. 남쪽에 가서 법을 폈기 때문에 이를 남종선南宗禪이라 했다. 문하에는 회양懷讓, 행사行思 등 뛰어난 제자가 많았다. 저서『육조단경六祖壇經』.

은 혜의 본체요, 혜는 정의 작용이다. 혜 안에 정이 있고 정 안에 혜가 있으니, 만약 이 뜻을 알면 정과 혜를 함께 배울 수 있다. 도를 배우는 사람들은 먼저 정이 있고서야 혜가 나온다거나, 혜가 있은 뒤 정이 나온다거나 하여 서로 다르다고 생각하지 마라. 이런 소견을 가지는 사람은 법에 두 모양을 두는 것이다. 입으로는 착한 말을 하면서 마음은 착하지 않은 것이다.

스스로 깨달아 닦아 나감에는 말다툼이 있을 수 없다. 만약 앞뒤를 다툰다면 어리석은 사람과 같으므로 승부가 끝이 없어, 도리어 아我와 법法만 늘어서 사상四相[3]을 버리지 못할 것이다.

정과 혜의 관계는 등燈과 불빛의 관계와 같다. 등이 있으면 불빛이 있고, 등이 없으면 불빛이 없다. 등은 불빛의 본체이고 불빛은 등의 작용이므로 등과 불빛의 이름은 다르나 본체는 하나인 것처럼, 정과 혜도 그와 같다.

—『육조단경六祖壇經』「정혜품定慧品」

---

[3] 내가 자아라는 생각(我相), 내가 개별적 존재라는 생각(人相), 내가 살아 있는 존재라는 생각(衆生相), 내가 영원할 거라는 생각(壽者相).

3. 일행삼매

일행삼매一行三昧란 어느 곳 어느 때(行住坐臥)나 항상 곧은 마음을 쓰는 일이다. 그러므로 『유마경維摩經』에 말씀하기를 "곧은 마음이 도량이며, 곧은 마음이 정토淨土다."라고 한 것이다. 마음으로는 아첨하고 굽은 짓을 하면서 입으로는 곧은 체하거나, 입으로는 일행삼매를 말하면서 마음은 곧지 않게 하지 마라. 곧은 마음으로 행하여 모든 것에 집착하지 않아야 한다. 어리석은 사람은 법상法相[4]에 집착하여 일행삼매를 가리켜 말하기를, 가만히 앉아 마음을 망령되이 일으키지 않는 것이라고 한다. 이는 생명이 없는 것과 같아서 오히려 도道를 막는 인연이 된다.

도는 반드시 통하여 흐르게 해야 하는데 어찌 도리어 막히게 할 것인가. 마음이 법에 집착하지 않으면 도가 통해 흐를 테지만, 마음이 법에 집착하면 스스로를 얽어매는 일이다. 앉아서 움직이지 않는 것을 옳다고 한다면, 저 사리뿟따가 숲속에 가만히 앉아 있다가 유마힐維摩詰에게 꾸중을 들은 일과 같을 것이다.[5]

---

4 법은 진리라는 뜻. 진리에 집착하여 그것을 고집하는 생각.
5 고요한 곳에 앉아 있는 것만 좌선이 아니라고, 유마힐이 사리뿟따에게 한 『유마경維摩經』의 말씀.

어떤 사람은 "앉아서 고요히 마음을 살펴 움직이거나 일어나지 않게 하면 이것이 좋은 수행이다."라고 가르친다. 이렇게 되면 어리석은 사람은 제대로 알지 못하고 여기 집착해서 뒤바뀐 수행을 하게 된다. 이런 사람들이 적지 않으니, 이와 같이 서로 가르치는 것은 크게 그릇된 것이다.

—『육조단경六祖壇經』「정혜품定慧品」

4. 무념 무상 무주

본래 바른 가르침에는 돈頓과 점漸이 없다. 사람의 바탕에 총명하고 우둔함이 있어 우둔한 사람은 차츰 닦아 가고 총명한 사람은 단박 깨닫는다. 그러나 스스로 본심을 알고 본성本性을 보면 차별이 없다. 그러므로 돈이니 점이니 하는 것은 헛이름(假名)을 붙인 것이다.

내 법문은 부처님 이래 역대 조사들의 가르침에 따라 먼저 무념無念을 세워 종宗을 삼고, 무상無相으로 체體를 삼고, 무주無住로 본本을 삼았다. 무념이란 염念에서 염이 없음이요, 무상이란 상相에서 상을 떠남이요, 무주란 사람의 본성이 선하거나 악하거나 밉거나 원수거나 간에, 서로 말을 주고받거나 좋지 못한 수작을 걸어오더라도 모두 다 헛것으로 돌려, 대들거나 해칠 것을 생각하지 않는 것이니, 생각이 연이어 일어날 때는 앞쪽 생각에 사로잡혀 휘둘리지 않는 것이다. 만약 지난 생각과 지금 생각과 뒷생각이 잇따라 끊어지지 않으면 이것이 얽매임이다. 모든 존재에 생각이 머물지 않으면 곧 얽매임이 없는 것이니, 이것이 무주無住로써 근본을 삼는다는 뜻이다. 밖으로 모든 상相을 떠나면 이것이 무상無相이니, 상에서 떠나기만 하면 곧 법체法體가 청정하므로 이것이 무상으로 체를 삼는다는 뜻이다. 모든 대상에 마음이 물들지 않으면 이것이 무념無念이니, 제 생각에 항상 모든 대상을 떠나서 대상에 마음을 내지 말 것이다. 그러나 만약 아무것도 생각하지 않고 모든 생각을 아주 없애 버리면, 한 생각이 끊어지면서 곧 죽어 다른 곳에 태어나니, 이것은 큰 착오이므로 배우는 사람은 명심해야 한다. 만약 법의 뜻을 알지 못하면 자기만 잘못되지 않고 남까지도 잘못되게 한다. 또 자기가 어두워 보지 못하면서 부처님 말씀을 비방하기까지 한다. 이것이 내가 무념을 세워 종宗을 삼은 까닭이다. 무념으로 종을 삼은 이유는 무엇인가. 어리석은 사람은 입으로만 견성했다 하면서 대상에 생각을 두고, 생각 위에 문득 삿된 소견을 일으켜 온갖 지저분한 망상을 낸다. 자성自性은 본래 한 법도 얻을 것이 없는데 얻은 것이 있다 하여 망령되어 화복禍福을 말하면 이것이 곧 지저분한 삿된 소견이다. 그러므로 이 법문은 무념을 세워서 종을 삼은 것이다.

 그러면 무無란 무엇을 없앰이며, 염念이란 무엇을 생각함인

가. 무란 두 가지 모양이 없고 모든 쓸데없는 망상이 없는 것이며, 염이란 진여眞如의 본래 성품을 생각함이다. 진여란 곧 염의 본체이며 염은 진여의 작용이므로 진여의 자성이 생각을 일으키는 것이고, 눈·귀·코·혀가 생각하는 것이 아니라, 진여에 성품이 있으므로 생각이 일어나는 것이다. 그러므로 진여가 없다면 눈과 귀와 소리와 물질이 곧 없어질 것이다.

진여의 자성에서 생각을 일으키면 육근六根이 비록 보고 듣고 깨닫고 알더라도, 모든 대상에 물들지 않고 참 성품이 항상 그대로 있을 것이다. 그러므로 『유마경』에 이르기를 "모든 법상法相을 잘 분별하되 가장 으뜸가는 뜻은 움직임이 없다."고 한 것이다.

—『육조단경六祖壇經』「정혜품定慧品」

5. 좌선과 선정

좌선坐禪은 마음에 집착해서도 안 되고 깨끗한 것에 집착해서도 안 된다. 또한 고요히 앉아 움직이지 않는 것도 올바른 방법이 아니다. 만약 마음에 집착한다고 말하면 마음이 본래 허깨비(幻)와 같아 실체가 없는 것이니 집착하려 해도 집착할 수 없다. 만약 깨끗한 것에 집착한다고 말하면 사람의 성품이 본래 깨끗하므로 망념妄念 때문에 진여가 파묻히게 된다. 망념만 없으면 성품이 깨끗하다는 것이 저절로 드러난다. 공연히 마음을 일으켜 깨끗하게 하려고 집착하면 그것이 곧 망념이다. 망념이란 본래 없는 것이다. 집착하는 순간 만들어지는 게 망념이다. 깨끗함 역시 따로 존재하는 실체가 아니다. 깨끗하다는 생각을 세워서 그것을 좌선 공부라 말한다면 이런 사람은 자기 본성을 막아 깨끗하다는 생각에 결박당한다.

만약 움직이지 않는 것을 좌선수행이라고 한다면 모든 사람들을 대할 때 남의 시비와 선악의 허물을 보지 않는 것을 뜻하며, 이것은 곧 자성이 움직이지 않는다는 말이기도 하다. 어리석은 사람들은 몸은 비록 움직이지 않으나 입을 열면 남의 시비 장단과 좋고 나쁨을 말하게 되니 이것은 도를 등지는 짓이다. 마음에 집착하거나 깨끗함에 집착하면 도리어 도에 장애가 된다.

그러면 어떤 것을 좌선이라 하는가. 이 법문 중에 걸리고 막힘이 없어서 밖으로 일체 선악의 환경에 마음과 생각이 일어나지 않는 것을 좌坐라 하고, 안으로 자성을 보아 움직이지 않는 것을 선禪이라 한다. 무엇을 선정禪定이라 하는가. 밖으로 상相을 떠남이 선이며, 안으로 어지럽지 않음이 정定이다. 만약 밖으로 상에 걸리면 안으로 마음이 어지럽고, 밖으로 상을 떠나면 마음도 따라서 어지럽지 않다. 본 성품은 저절로 청정하며 스스로 안정 상태를 유지하지만, 대상만을 보고서 대상을 생각하면 곧 어지럽게 된다. 만약 모든 대상을 보되 마음이 어지러워지지 않는다면 이것이 참된 정정定이다. 밖으로 상을 떠나면 선禪이며, 안으로 어지럽지 않으면 정정定이니, 외선外禪과 내정內定이 바로 선정이다.

『보살계경菩薩戒經』에 이르기를 "내 본 성품이 본래 깨끗하다." 하였으니, 생각 생각마다 본성의 깨끗함을 보아, 스스로 닦고 행하여 스스로 불도를 이루도록 해야 한다.

—『육조단경六祖壇經』「좌선품坐禪品」

6. 오분법신향

이 일은 모름지기 자성自性 가운데서 일어나는 것이니, 어느 때든지 순간순간 그 마음을 밝혀 스스로 닦고 스스로 행하면 자기의 법신을 보고 자기 마음의 부처를 보아 스스로 제도하고 경계할 것이다. 먼저 자성의 오분법신향五分法身香을 전할까 한다. 첫째는 계향戒香이니, 자기 마음속에 그릇됨이 없고 악독함이 없고 질투와 탐욕과 성냄이 없는 것을 말한다. 둘째는 정향定香이니, 여러 가지 선악의 환경을 보더라도 마음이 어지럽지 않은 것이다. 셋째는 혜향慧香이니, 자기 마음에 거리낌이 없어 항상 지혜로써 제 성품을 비춰 보고, 악한 일을 하지 않고 착한 일을 할지라도 자랑스런 마음이 없으며, 손위를 공경하고 손아래를 생각하며 외롭고 가난한 이를 가엾이 여기는 것이다. 넷째는 해탈향解脫香이니, 자기 마음에 인연을 일으키는 바가 없어서 선도 생각하지 않고, 악도 생각하지 않으며, 자유자재하여 거리낌이 없는 것이다. 다섯째는 해탈지견향解脫知見香이다. 마음은 선과 악에 거리낌이 없더라도 공空에 빠져 고요함만을 지키면 옳지 않다. 널리 배우고 많이 들어 자기 본심을 알고 부처의 이치를 통달하여 법신과 하나가 되면 나와 남이 없어 뒤바뀜이 없는 지혜의 참다운 성품에 이른다. 이와 같은 향은 저마다 자기 안에서 그윽하게 피울 것이지 밖에서 찾을 것이 아니다.

—『육조단경六祖壇經』「참회품懺悔品」

7. 무상참회

이제 너희에게 무상참회無相懺悔를 주어 삼세의 죄과를 없애고 몸과 말과 생각의 세 가지 업을 깨끗하게 할 것이니 나를 따라 이와 같이 부르라.

"제가 순간순간마다 미련하고 어리석은 데에 빠지지 않게 하소서. 이전부터 지어 온 나쁜 짓과 미련한 죄를 모두 참회하오니 단번에 소멸하여 다시는 일어나지 않게 하소서. 제가 순간순간마다 교만하고 진실치 못한 데에 물들지 않게 하소서. 이전부터 지어 온 나쁜 짓과 교만하고 진실치 못한 죄를 모두 참회하오니 단번에 소멸하여 다시는 일어나지 않게 하소서. 제가 순간순간마다 질투에 물들지 않게 하소서. 이전부터 지어 온 나쁜 짓과 질투한 죄를 모두 참회하오니 단번에 소멸하여 다시는 일어나지 않게 하소서."

이것이 무상참회다. 참회란 무엇인가? 참懺이란 지나간 허물을 뉘우침이다. 전에 지은 악업인 어리석고 교만하고 허황하고 시기 질투한 죄를 다 뉘우쳐 다시는 더 일어나지 않도록 하는 것이다. 회悔란 이 다음에 오기 쉬운 허물을 조심하여 그 죄를 미리 깨닫고 아주 끊어 다시는 짓지 않겠다는 결심이다. 범부들은 어리석어 지나간 허물을 뉘우칠 줄 알면서도 앞으로 있을 허물은 조심할 줄 모른다. 그러기 때문에 지나간 죄도 없어지지 않고 새로운 허물이 잇따라 생기게 되니, 이것을 어찌 참회라 할 것인가.

—『육조단경六祖壇經』「참회품懺悔品」

8. 사홍서원

이미 참회하였으니 이제는 사홍서원四弘誓願을 마음에서 일으켜야 한다.

"내 마음의 중생이 수없이 많아도 모두 건지리이다. 내 마음의 번뇌가 다함이 없어도 모두 끊으리이다. 내 마음의 법문이 한없어도 모두 배우리이다. 내 마음의 불도佛道가 위없이 높아도 마침내 이루리이다."

　중생을 건진다는 것은 내가 그대들을 건진다는 것과 같은 뜻이 아니다. 마음속의 중생이란 삿되고 어두운 생각, 망령되고 진실하지 못한 생각, 착하지 못한 생각, 질투하는 생각, 악독한 생각, 이와 같은 생각이 모두 중생인 것이다. 저마다 자기 마음을 스스로 건지는 게 중생 구제의 참뜻이다. 그러면 어떻게 해야 자기 마음을 스스로 건질 수 있을까. 자기 마음속의 그릇된 소견과 번뇌와 무지를 바른 견해로써 건진다. 바른 견해는 지혜로 하여금 어리석음을 깨뜨리고 스스로 건지게 한다. 그릇됨이 오면 올바름으로, 미혹迷惑이 오면 깨달음으로, 어리석음이 오면 지혜로, 악이 오면 선으로 건지는 것이 스스로가 스스로를 건지는 참된 건짐이다. 번뇌를 끊는다는 것은 자성의 지혜로 허망한 생각을 없애는 것이고, 법문을 배운다는 것은 스스로 성품을 보아 항상 바른 법을 행하는 것이다. 불도를 이룬다는 것은 마음을 낮추어 참되고 바르게 행동하며, 미혹도 버리고 깨달음에서도 떠나 항상 지혜를 내며, 참된 것도 내치고 망령된 것도 내쳐서 불성佛性을 바로 보는 것이다.

―『육조단경六祖壇經』「참회품懺悔品」

9. 삼귀의

네 가지 큰 서원을 일으킨 사람은 불佛·법法·승僧의 자성삼보自性三寶에 귀의하라. 불이란 깨달음이고 법이란 올바름이며 승이란 깨끗함이다. 마음이 깨달음에 귀의하여 삿되고 미혹한 것이 일어나지 않고 적은 욕심으로 만족할 줄 알아서 재물과 여색을 떠나면 이것이 양족존兩足尊이다. 마음이 올바름에 귀의하여 삿된 소견이 없고 남과 나를 따지는 일이나 탐욕과 애욕에 빠지는 일이 없게 되면 이것이 이욕존離欲尊이다. 그리고 마음이 깨끗함에 귀의하여 온갖 지저분한 것과 애욕에 물들지 않으면 이것이 중중존衆中尊이다.

이와 같은 수행이 스스로 귀의하는 것인데, 범부들은 이것을 알지 못하고 밤낮으로 삼귀계三歸戒를 받는다고 한다. 만약 부처에게 귀의한다면 그 부처는 어디에 있는가. 부처를 보지 못한다면 무엇을 의지해 돌아갈 것인가. 그러니 귀의歸依한다는 말이 우습지 아니한가. 그러므로 자신의 부처에게 돌아가지 않으면 의지할 곳이 없다. 이제 스스로 깨달았다면 저마다 제 마음의 삼보에 귀의하라. 안으로 심성心性을 고르게 하고 밖으로 남을 공경하는 것이 스스로에게 귀의하는 것이다.

―『육조단경六祖壇經』「참회품懺悔品」

10. 마음이 밝아야 경을 알 수 있다

법달法達은 홍주洪州 사람인데, 일곱 살에 출가하여 항상 『법화경法華經』을 읽었다. 어느 날 조사祖師에게 와서 절하는데 머리가 땅에 닿지 않았다. 조사가 꾸짖어 말했다.

"그렇게 머리 숙이기가 싫으면 절을 왜 하느냐? 네 마음속에 필시 무엇이 들어 있는 모양인데 무엇을 익혀 왔느냐?"

법달이 대답했다.

"『법화경』을 삼천 번 외었습니다."

"네가 설사 만 번을 외어 경전의 뜻에 통달했다 할지라도 그것을 자랑으로 여긴다면 도리어 허물이 된다는 걸 모르는구나. 내 게송을 들어보아라."

절한다는 건 본래 '나'를 낮추는 것
어째서 머리가 땅에 닿지 않는가?
'나'라는 생각이 있으면 허물이 생기고
제 공덕 잊으면 복이 한량없는 것을.

조사가 다시 말했다.
"네 이름이 무어냐?"
"법달法達이라 합니다."
"네 이름이 법달이라니 어떻게 그리 일찍이 법을 통달했느냐?" 하며 다시 게송을 읊었다.

네가 방금 법달이라 했는데
그동안 얼마나 힘써 외웠나?
허투루 외는 것은 소리만 좇을 뿐
마음을 밝혀야 보살이 된다.

네가 이제 인연이 있으니
내가 너를 위해 말해 주겠다.
부처님이 말이 없음을 믿으면
입에서 연꽃이 저절로 피리라.

법달이 게송을 듣고는 깊이 뉘우치며 말했다.
"앞으로는 반드시 모든 것을 공경하겠습니다. 제가 『법화경』을 외우긴 했으나 뜻을 알지 못해 항상 의심이 있습니다. 스님께서는 크신 지혜로 경의 뜻을 말씀해 주십시오."
"법달이여, 너는 법을 통달했을지 모르나 네 마음을 모르는구나. 경은 본래 의심할 것이 없는데 네 마음이 스스로 의심하는구나. 너는 이 경의 주제를 무엇이라고 생각하느냐?"
"제가 어둡고 둔해 다만 겉으로 글자나 읽었을 뿐이니 어찌 그 뜻을 알겠습니까."
"그러면 나는 글자를 알지 못하니 어디 그 경을 한 번 읽어 보아라. 듣고서 풀이해 주겠다."

법달이 소리 높이 읽어 가다가 「비유품」에 이르자, 조사는 그만 그치라 하고 다음 같이 말했다.

"이 경은 본래 인연출세因緣出世로 주제를 삼은 것이니, 비록 여러 가지 비유를 들어 말했을지라도 거기에서 벗어나지 않는다. 경에 말하기를 '모든 부처님께서 한 가지 큰 인연(一大事因緣)으로 세상에 출현하셨다 하였으니, 큰 인연이란 부처님의 지견知見이다. 세상 사람들이 밖으로 미혹하여 상相에 집착하고 안으로 미혹하여 공空에 집착하는데, 만약 상에서 상을 떠나고 공에서 공을 떠나면 안과 밖에 함께 미혹되지 않을 것이다. 이 법을 깨달으면 한 생각에 마음이 열리리니 이것이 곧 부처님 지견을 얻는 길이다.

부처란 깨달음이라는 뜻이다. 깨달음의 단계를 자세히 나누면 네 가지가 된다.[6] 깨달음의 지견을 열고, 깨달음의 지견

---

6 사불지견四佛知見이다. 중생의 마음은 본래 부처님과 다르지 않지만 먼 과거로부터 쌓인 업業에 의해 번뇌에 싸여 있어 그 번뇌만 떨쳐 버리면 불성이 자연히 드러난다. 이것을 열린다(開佛知見)고 한다. 이렇게 드러난 성품을 통해 모든 사물도 똑같은 성품이 있음을 알게 된다. 이것을 본다(示佛知見)고 한다. 또한 안팎으로 그 성품이 있으며 그것으로 인해 모든 사물이 존재하게 됨을 알아차린다. 이것을 깨닫는다(悟佛知見)고 한다. 이러한 깨달음을 생각과 이해만으로 접근하지 않고 그 도리를 자유자재하게 체득한다. 이것을 들어간다(入佛知見)고 한다. 즉 열고, 보고, 깨닫고, 들어가는 과정이 깨달음의 네 가지 단계이다.

을 보이며, 깨달음의 지견을 깨닫게 하고, 깨달음의 지견에 들게 하는 것이다. 열어 보임을 직접 체험해서 문득 깨달아 들어가면 곧 깨달음의 지견인 본래의 참 성품이 나타날 것이다. 네가 경의 뜻을 잘못 알아서 '열고, 보고, 깨닫고, 들어가게 한다.'고 한 구절에 대하여, 이것은 부처님의 지견이지 우리들에게는 없다고 생각하지 마라. 그것은 부처님을 헐뜯고 경전을 비방하는 일이 된다. 너는 이제 부처님 지견이란 네 자신의 마음이요, 따로 부처가 없다는 것을 믿어야 한다. 네가 그동안 경전 외운 것을 대단하게 여겨 그것으로 자랑삼는 다면 이우犛牛[7]가 제 꼬리를 사랑하는 것과 무엇이 다르겠느냐?"

"그러면 뜻만 알면 수고스럽게 외우지 않아도 좋습니까?"

"경에 무슨 허물이 있어서 너보고 외우지 못하게 하겠느냐. 다만 미혹함과 깨달음이 사람에게 있고 손해와 이익이 자기에게 달렸으니 입으로 외우며 실제로 행하면 이것이 곧 경을 제대로 읽는 것이다. 입으로 외우지만 실제로 행하지 아니하면 이것은 오히려 경에게 읽히는 것이다."

법달은 이 말 끝에 크게 깨달았다.

―『육조단경六祖壇經』「기연품機緣品」

---

[7] 길고 칼 같은 꼬리를 핥다가 스스로 죽는다는 전설의 소.

제6장

상단법어 上壇法語

1. 주리면 먹고 고단하면 잔다

스님은 법상에 올라가 이렇게 설법했다.

"검소한 데서 사치스런 데로 들어가기는 쉬워도, 사치한 데서 검소한 데로 나오기는 어렵다. 아침부터 저녁까지 생각 생각에 부처가 나타나고 걸음걸음에 미륵보살이 탄생하며, 물건마다 일마다 티끌 같은 세계를 두루 나타내고, 말마다 글귀마다 대장경의 부처님 말씀을 완전히 펼친다 할지라도 이것은 대수롭지 않은 예삿일이니, 거기서 무엇을 드러내려고 해서는 안 된다. 배고프면 밥 먹고 목마르면 물 마시며, 한가로우면 앉아 있고 고단하면 잠을 잔다. 불법佛法이니 몸이니 마음이니 하는 생각이 전연 없고 태평스러운 풍월에도 상관하지 않는다. 이것은 어떤 사람의 경지인가?"

한참을 말이 없다가 "그도 방망이를 면하지 못할 것이다." 하고 주장자柱杖子를 세웠다.

— 『진각[1]어록眞覺語錄』

2. 바로 이것

스님은 법상에 올라가 또 이렇게 설법했다.
"'바로 이것'을 무엇이라 불러야 할까? 위나 아래 어디에도 배치하지 못하고, 대승과 소승 그 어느 경전의 해설로도 아우르지 못하거늘 어떻게 진여眞如니 반야般若니 보리菩提니 열반涅槃이니 하며, 또한 어떻게 부처님이 이 세상에 나투신 목적과 달마대사가 인도로부터 온 까닭을 말할 수 있겠는가. 복잡한 말은 끊어 버리고 지금 당장 '바로 이것'을 만나라."
주장자를 한 번 내리치고는 "재빠르게 한층 높이 눈을 붙이고 바라보라."고 했다.

— 『진각어록眞覺語錄』

---

1 (1178~1234) 고려 때 스님. 법명은 혜심慧諶. 보조普照의 제자. 저서『심요心要』,『선문강요禪門綱要』,『선문염송禪門拈頌』등.

3. 정월 초하루

스님은 정월 초하룻날 아침에 법상에 올라가 이렇게 설법했다.

"오늘 아침에 그대들을 위해 시절인연時節因緣을 들어 말하겠다. 새해가 되면 어린이는 한 살을 더 먹고 늙은이는 일 년을 까먹는다. 그러나 늙음과 젊음에 좌우되지 않는 사람은 더 먹지도 않고 까먹지도 않는다. 더 먹었거니 까먹었거니 하는 분별을 한쪽에 놓아 버려라. 말해 보라. 놓아 버린 뒤에는 어떻게 해야 할까?

누가 이 세상에 신선이 없다 했는가. 모름지기 술항아리 속에 별천지[2]가 있음을 믿어라."

―『진각어록眞覺語錄』

4. 일 없는 사람

스님은 법상에 올라가 이렇게 설법했다.

---

2 술항아리는 비유적인 표현이다. 사유분별로는 알 수 없는 세계로서 궁극적인 경지를 말한다. 별천지의 신선은 자신의 본분을 알아차린 선사를 상징하며, 그가 목격한 본분의 경계는 일상을 벗어난 별다른 세계가 아니라 바로 그가 서 있는 그 자리를 뜻한다.

"구름과 연기가 사라지고 흩어지면 둥근 달이 저절로 밝아지고, 모래와 자갈을 일어 추려 버리면 순금純金이 저절로 드러난다. 이 일[3]도 그와 같아서 미친 생각 쉬는 곳이 바로 보리菩提다. 성품이 깨끗하고 미묘하게 밝음은 남에게서 얻은 것이 아니다. 그러므로 크게 깨달으신 부처님께서도 처음 이 일을 깨친 뒤 지혜의 눈으로 시방세계를 두루 살피고 나서 감탄하신 것이다.

"신기하구나. 내가 보건대 모든 중생은 여래의 지혜와 덕을 갖추고 있으면서도 망상과 집착 때문에 깨닫지를 못한다. 그러니 망상과 집착을 버리면 스승 없이 얻은 지혜, 자연의 지혜, 걸림이 없는 지혜가 드러날 것이다."

대중들이여, 부처님께서는 진실로 말씀하시는 분인데 어찌 우리를 속이시겠는가. 그 말씀을 믿고 그 경지를 향해 들어가 당장 한 칼로 두 동강을 내어 망상과 집착을 끊어 버린다면, 그것은 일마다 분명하고 물건마다 역력하게 나타날 것이다. 그러나 그도 별 사람은 아니다. 그 경지에 이르면 벗어나야 할 생사도 없고 찾아야 할 열반도 없어, 다만 일 없는 사람(閑道人)이 될 것이다.

—『진각어록眞覺語錄』

---

[3] 어리석음을 버리고 깨달음을 얻기 위해 닦는 수행.

5. 크게 치면 크게 울린다

 "구름을 잡고 안개를 움켜쥐는 살아 있는 용이 어찌 썩은 물에 잠겨 있겠으며, 해를 쫓고 바람을 따르는 용맹스런 말이 어찌 마른 동백나무 밑에 엎드려 있겠는가. 슬프다, 한갓 침묵만 지키는 어리석은 선정은 기왓장을 갈아 거울을 만들려는 격이고, 문자만을 찾는 미친 지혜는 바다에 들어가 모래를 세는 격이니, 그것은 모두 걸림 없는 기틀과 자재하고 미묘한 작용을 모르는 것이다.
 종은 크게 치면 크게 울리고 작게 치면 작게 울린다. 거울은 되놈이 오면 되놈을 비추고 왜놈이 오면 왜놈을 비춘다. 그들은 이런 이치를 전혀 모른다. 그러나 비록 그와 같이 엎치고 날치는 수단을 얻었다 할지라도 아직 생사의 기슭을 떠나지 못한 것이다. 그러면 말해 보라. 필경 어떤 것인가를. 깊숙한 암자 안의 주인은 암자 밖의 일을 관계하지 않는다."

—『진각어록眞覺語錄』

6. 하늘에 구름이 깨끗하니

 스님은 법상에 올라가 이렇게 설법했다.
 "결박하는 것도 남이 결박하는 게 아니고, 결박을 푸는 것도 남이 푸는 게 아니다. 풀거나 결박하는 것이 남이 아니므로 모름지기 스스로 깨달아야 한다. 스스로 깨닫는 요긴한 법에는 다른 방법이 없다. 얻고 잃음과 옳고 그름을 한꺼번에 놓아 버리되 놓아 버릴 것이 없는 데까지 이르고, 놓아 버릴 것이 없는 그것까지도 다시 놓아 버려야 한다.

그 경지에 이르면 위로는 우러러 잡을 것이 없고, 아래로는 제 몸마저 없어져 청정한 광명이 앞에 나타날 것이다. 천 길 벼랑에서 마음대로 붙잡고 기회를 따라 움직이되 조금도 움직이는 일이 보이지 않는 이라야 비로소 안락하고 해탈한 사람이라 할 수 있다. 안락한 해탈의 경지를 어떻게 표현할까?

> 온 바다의 물결이 잠잠하니 용은 편안히 잠들고,
> 하늘에 구름이 깨끗하니 학이 높이 나는구나."

— 『진각어록眞覺語錄』

7. 시든 꽃잎

스님이 입적하시던 날 법상에 올라 이렇게 설법했다.

"봄은 깊고 절 안은 깨끗하여 티끌 하나 없는데,
시든 꽃잎 시나브로 푸른 이끼 위에 떨어지누나.

누가 일러 소림少林[4]의 소식이 끊어졌다 하는가.
저녁 바람이 이따금 그윽한 향기를 보내 오는데."

— 『진각어록眞覺語錄』

8. 최 상서崔尙書 우구瑀에게 보낸 글

 주신 글에 법어를 청했으므로 몇 가지 인연을 적어 청에 답할까 합니다. 부처님의 경전 밖에 따로 전한 것으로서 바로 근원을 끊는 그 하나는, 기틀(機)을 마주 대면하고 말을 마치자 당장 마음이 확 트이는 일입니다. 이때에는 대장경도 그 주석에 지나지 않습니다. 그러나 한마디 말에 알아듣지 못하고, 다시 머리를 돌리고 골수를 굴리며, 눈을 들고 치켜올리고, 속으로 헤아리고 생각하며, 입을 열고 혀를 움직인다면 그것은 생사의 근본입니다.

 정승 배휴裵休가 어느 절에 들어가 벽화를 보고 그 절 원주院主에게 물었습니다. "이것은 무엇입니까?" 원주는 이렇게 대답했습니다. "고승입니다." "얼굴은 그럴듯하군. 이 고승이 지금 어디 있습니까?"

---

4 달마 스님이 수도하던 숭산崇山 소림사. 여기에서는 장소를 가리키는 말이 아니고, 마음이 곧 부처라고 하는 선가禪家의 종풍宗風을 말함.

원주가 대답이 없자 배휴는 "이 절에 선승禪僧은 없습니까?" 하고 물었습니다. 이때 대중 가운데 황벽 희운黃檗希運 선사가 있었으므로 원주는 황벽 스님을 소개해 주었습니다. 배휴는 황벽 스님에게 조금 전 이야기를 들어 물었습니다. 황벽 스님은 아까처럼 다시 물어보라고 했습니다.

　배휴는 "얼굴은 그럴듯한데 그 고승은 지금 어디 있습니까?" 하고 물었습니다. 이때 황벽 스님은 큰 소리로 "배 정승!" 하고 불렀습니다. 배휴는 깜짝 놀라 "예." 하고 대답했습니다. 황벽 스님이 "어디 있는고?" 하고 물었을 때 배휴는 당장 그 뜻을 깨달았습니다. 그러나 이 산승山僧은 그렇게 하지 않겠습니다. 그가 고승은 지금 어디 있느냐고 묻는다면, 나는 배휴를 불러 그가 대답하자마자 "악!" 하겠습니다.

　또 우적于迪 정승이 자옥紫玉 화상에게 불도의 지극한 이치를 묻고 그 스님에게 한 말씀을 청했습니다. 자옥 스님은 "불도의 지극한 이치는 인정과 예의를 버리는 데 있습니다." 하고 말했습니다. 이때 우적이 "스님은 인정과 예의를 버리셨습니까?" 하고 물었습니다. "우적 정승!" "예." "다시 따로 구하지 마십시오." 하고 스님은 말했습니다.

　그 후 약산藥山 스님이 이 말을 전해 듣고 "애석하구나, 우적. 자옥산 밑에서 생매장을 당했구나."라고 말했습니다. 우적은 이 말을 듣고 약산 스님을 찾아갔습니다. "어떤 것이 부처입니까?" "우적 정승!" "예." "이것이 무엇이오?"라고 물었을 때 우적은 깨달은 바가 있었습니다.

초경招慶은 이 화두話頭를 들어 말했습니다. "이 답은 매우 뛰어나 천지의 차가 있다. 한결같은 것이 도道다." 그러나 이 산승은 그렇게 말하지 않겠습니다. 그의 대답을 기다려 "머리를 돌려라."라고 하겠습니다.

『수능엄경首楞嚴經』에 말했습니다. "수행자들이 최상의 보리를 이루지 못하고 따로 성문聲聞이나 연각緣覺을 이루고, 외도와 마군의 괴수나 그 권속이 되는 것은 두 가지 근본을 알지 못하고 어지럽게 닦아 익히기 때문이다. 그것은 마치 모래를 삶아 음식을 만들려는 것과 같아 무량겁을 지나더라도 되지 않을 것이다. 두 가지란 무엇인가. 첫째는 본래부터 있는 생사의 근본이니, 즉 네가 지금 중생과 관계하고 있는 그 마음을 제 성품이라고 생각하는 것이다. 둘째는 본래부터 있는 보리 열반의 청정한 실체이니, 즉 지금의 네 알음알이가 원래 밝아 모든 인연을 지어 그 인연 때문에 벌어진 것이다. 중생이 이 본래의 밝음을 버리기 때문에 종일 움직이면서도 그것을 깨닫지 못하고 온갖 세계로 드나든다."

그러나 산승은 그렇게 말하지 않겠습니다. 누가 어떤 것이 생사의 근본이냐고 묻는다면, "네가 이미 드러내 보였다."라고 대답하겠습니다. 또 어떤 것이 보리 열반의 본래 청정한 실체인가고 묻는다면, 한 번 할喝을 하겠습니다.

이상에서 들어 보인 몇 개의 화두가 결국 어디로 돌아가는

지 자세히 참구해 보십시오. 무릇 남의 지시를 받거나 혹은 스스로 공부하여 재미있고 자신 있는 곳을 얻더라도, 문으로 들어온 것은 집안의 보배라 생각지 말고, 한꺼번에 놓아 버리되 놓아 버릴 것이 없는 데서 다시 놓아 버려야 합니다. 통 밑이 빠져 한 방울의 물도 없이 말라 터진 뒤에야 깨침이 있고 들어갈 곳이 있습니다. 이때 비로소 마음과 뜻과 알음알이가 끊어져, 자기 집안의 재산을 꺼내어 이리저리 마음대로 쓸지라도 다함이 없을 것입니다. 자취를 남기지도 않고 어느 한 끝에 떨어지지도 않아 꼭대기에서 바닥까지 확 트여 걸림이 없어야 생사의 바다에 마음대로 드나들면서 중생을 건질 수 있을 것입니다. 힘쓰고 힘쓰십시오.

―『진각어록眞覺語錄』

9. 방산 거사方山居士에게 보낸 글

편지에 "생각이 잠깐 일어날 때에 그 화두를 드니 이 공공이 더욱 미묘합니다."라고 하셨습니다. 옛 스님이 말하기를 "생각이 일어난다는 것은 두렵지 않으나 더디게 깨닫는 것이 두렵다."고 했습니다. 또 "생각이 일어나거든 곧 깨달아라. 깨달으면 곧 없어질 것이다."라고도 했으며, "생각은 모든 환경을 반연하는데 마음은 분별을 아주 끊는다."고 했습니다. 그

러므로 검고 흰 것을 잘 분별하고 이익과 손해를 살펴 그 구경
究竟에 이르면 다행이겠습니다.

주신 편지에 청하신 뜻이 못내 간절하여 다시 번거롭게 말
합니다. 생각이 일어나고 생각이 사라지는 것을 생사라 합니
다. 생사에 다달아 반드시 힘을 다해 화두를 드십시오. 화두
가 순일해지면 일어나고(生) 사라짐(滅)이 없어질 것입니다. 일
어나고 사라짐이 없어진 곳을 고요함(寂)이라 하고, 고요한 속
에서 화두가 없어진 것을 무기無記라 하며, 고요한 곳에서도
화두에 어둡지 않은 것을 영지靈知라 합니다.

이 텅 비고 고요한 영지는 무너지지도 않고 난잡하지도 않
습니다. 이와 같이 공을 들이면 머지않아 공을 이룰 것입니
다. 몸과 마음이 화두와 함께 한 덩이가 되어 의지하는 곳이
없고 마음의 가는 곳이 없으면, 그때는 다만 방산 거사方山居
士 하나뿐일 것입니다. 그런데 거기서 다른 생각을 일으키면
반드시 그림자의 유혹을 받을 것입니다. 거기서 자세히 살펴
보십시오. 방산이 어디에 있는가를.

조주趙州 스님의 '없다'고 말한 뜻이 무엇인가를 완전히 붙
들면 새삼스레 벌일 필요도 없어질 것입니다. 물을 마시는 사
람이 차고 더움을 스스로 알듯이, 천만 가지 의심이 한꺼번에
깨어질 것입니다. 혹시 완전히 깨치지 못하더라도 어떻게 할
까 하는 생각을 버리고, 화두가 끊어지지 않고 계속하도록 간
절히 붙들어야 합니다. 움직이거나 가만히 있거나 말하거나

침묵하거나 모든 행동에서 한결같이 어둡지 않고, 그저 또록 또록하고 분명하게 화두를 들되 하루에 몇 번이나 끊어지는가를 때때로 점검해 보십시오.

그래서 끊어지는 때가 있거든 다시 용맹스런 마음을 내고 공력을 더 들여 끊임이 없게 하십시오. 하루에 한 번도 끊임이 없게 되었다면 정력定力을 더욱 기울여 때때로 점검하되 날마다 끊임없이 해야 합니다. 만약 사흘 동안 순일하게 끊임이 없으면 움직이거나 가만히 있을 때에도 한결같고 말하거나 침묵할 때에도 한결같아 화두가 항상 앞에 나타날 것입니다. 흐르는 여울의 달빛처럼 부딪혀도 흩어지지 않고 헤쳐도 없어지지 않으며, 휘저어도 사라지지 않고 자나 깨나 한결같으면 크게 깨칠 때가 가까워진 것입니다.

그때에는 부디 남에게 캐어물으려 하지 말고, 또 일 없는 사람과 이야기하지도 마십시오. 그저 스물네 시간 일상생활 가운데서 어리석은 사람이나 벙어리처럼 행동하고, 몸과 마음을 모두 버려 죽은 사람같이 하십시오. 안에서 내어놓지도 말고 밖에서 들이지도 마십시오. 거기서 화두를 잊어버리면 그것은 큰 잘못이니, 큰 의심을 깨뜨리기 전에는 화두에 어둡지 말고 내 말대로 하십시오.

그 경지에 이르면 어느새 무명이 깨어지고 홀연히 크게 깨칠 것입니다. 깨친 뒤에는 부디 본분종사本分宗師[5]를 찾아가 마지막 인가印可[6]를 받아야 합니다. 만약 그와 같은 종사宗師

를 만나지 못하면 열 개에 다섯 쌍이 모두 마군이 될 것입니다. 조심하기를 진심으로 빌고 빕니다.

—『태고[7]어록太古語錄』

10. 화두 참구하는 법

스님은 어느 날 대중을 모아 놓고 일상의 정진을 낱낱이 물은 다음 이와 같이 말했다.

"모름지기 대장부의 마음을 내고 결정된 뜻을 세워, 평생에 깨치거나 알려고 한 모든 법과 문장과 어언삼매語言三昧를 싹 쓸어 큰 바닷속에 던져 버리고 다시는 집착하지 마시오. 한번 앉으면 그 자리에서 팔만 사천의 온갖 생각을 끊고, 본래부터 참구參究하던 화두話頭를 한번 들면 놓지 마시오. '모든 법이 하나로 돌아가는데 그 하나는 어디로 돌아가는가?' '어떤 것이 본래면목인가?' '어떤 것이 내 성품인가?' '어째서 개에게 불성이 없다고 했을까?' 이런 화두를 들되, 마지막 한마디를 힘을

---

5 마음을 바로 깨달은 스님.
6 스승이 제자의 깨달음을 인정함.
7 (1301~1382) 고려 말기 스님. 법명은 보우普愚. 1346년에 중국에 가서 석옥 청공石屋淸珙의 법을 잇고, 우리나라 임제종臨濟宗의 초조가 되었다. 공민왕의 왕사王師.

다해 드시오.

　화두가 앞에 나타나면 들지 않아도 저절로 들려 고요한 곳에서나 시끄러운 곳에서나 한결같을 것이오. 이 경지에 이르면 다니거나 멈추거나 앉거나 눕거나 옷 입을 때나 밥 먹을 때나 언제 어디서나 온몸은 하나의 의심덩이가 됩니다. 의심하고 또 의심하며, 부딪치고 또 부딪쳐 몸과 마음을 한 덩이로 만들어 그것을 똑똑히 참구하시오. 화두 위에서 그 뜻을 헤아리거나 어록語錄이나 경전에서 그것을 찾으려 하지 말고, 단박 깨뜨려야 비로소 집 안에 들어가게 될 것이오. 만약 화두가 들어도 들리지 않아 냉담하고 아무 재미가 없으면, 낮은 소리로 서너 번 연거푸 외워 보시오. 문득 화두에 힘이 생기게 됨을 알 수 있을 것이오. 그런 경우에 이르면 더욱 힘을 내어 놓치지 않도록 하시오.

　여러분이 저마다 뜻을 세웠거든 정신을 차리고 눈을 비비면서, 용맹정진하는 가운데에서도 더욱더 용맹정진하면 갑자기 탁 터져 백 천 가지 일을 다 알게 될 것이오. 그런 경지에 이른 사람은 이십 년이고 삼십 년이고 묻지 말고 물가나 나무 밑에서 성태聖胎[8]를 기르시오. 그러면 그는 금강권金剛拳도 마음대로 삼켰다 토했다 하며, 가시덤불 속도 팔을 저으며 지나갈 것이고, 한 생각 사이에 시방세계를 삼키고 삼세의 부처를

---

8 성인聖人이 될 수 있는 요인.

토해 낼 것이오.

 이와 같은 경지에 이르러야 그대들은 비로소 법신불法身佛의 갓을 머리에 쓸 수 있고, 보화불報化佛의 머리에 앉을 수 있을 것이오. 그렇지 못하면 밤낮을 가리지 말고 방석 위에 우뚝 앉아 눈을 바로 하고 '이 무엇인가?'의 도리를 참구하시오."

—『나옹⁹어록懶翁語錄』

11. 기슭에 닿았거든 배를 버려라

 재齋를 올린 뒤 스님은 법상에 올라 한참을 잠잠히 있다가 말문을 열었다.

 "불자들이여, 알겠소? 여기서 당장 빛을 돌이켜 한번 보시오. 지옥·아귀·축생·아수라·인간·천상 등은 본지풍광本地風光을 밟을 수 있는가. 그렇지 못하면 조그만 갈등을 말하겠으니 자세히 듣고 똑똑히 살피시오.

 사대四大가 모일 때에도 이 한 점의 신령스런 밝음은 그에 따라 생기지 않았고, 사대가 흩어질 때에도 그것은 무너지지

---

9 (1320~1376) 고려 때 스님. 법명은 혜근惠根. 중국 원나라에 가서 지공指空에게서 깨달아 법의法衣와 불자拂子를 받고, 1371년에 왕사王師가 됨.

않소. 나고 죽음과 생기고 무너짐은 허공과 같거니 원친冤親의 묵은 업이 지금 어디 있겠소. 이미 없어진 것이라 찾아도 자취가 없고 트이어 걸림 없음이 허공과 같소. 세계와 티끌마다 미묘한 본체요, 일마다 물건마다 모두가 주인공이오. 소리와 모양이 있으면 분명히 나타나고 모양도 소리도 없으면 그윽이 통합니다. 때를 따라 당당히 나타나고 예로부터 지금까지 오묘하고 오묘합니다. 자유로운 그 작용이 다른 물건 아니고 때를 죽이고 살림이 모두 그것의 힘이오. 불자들이여, 알겠소? 만약 모르겠다면 이 산승이 불자들을 위해 알도록 하겠소."

죽비로 탁자를 치면서 한 번 할喝을 한 다음 이와 같이 말했다.

"여기서 단박 밝게 깨쳐 현관玄關[10]을 뚫고 지나가면, 삼세의 부처님과 역대 조사祖師와 천하 선지식들의 골수를 환히 보고, 그분들과 손을 마주 잡고 함께 다닐 것이오."

또 한 번 죽비로 탁자를 친 뒤 말을 이었다.

"이로써 많은 생의 부모와 여러 겁의 원친冤親에서 벗어나고, 세세생생世世生生에 함부로 자식이 되어 어머니를 해치고 친한 이를 원망한 일에서 벗어나시오. 이로써 저승과 이승에서의 온갖 원친에서 벗어나고, 지옥의 갖가지 고통받는 무리

---

10 깊고 묘한 이치에 들어가는 관문關門.

에서 벗어나시오. 이로써 괴로워하는 축생의 무리에서 벗어나고, 성내는 아수라의 무리에서 벗어나시오. 이로써 인간의 교만한 무리에서 벗어나고, 천상의 쾌락에 빠져 있는 무리에서 벗어나시오."

죽비를 내던지고 이렇게 말을 맺었다.

"기슭에 닿았으면 배를 버릴 것이지 무엇 하러 다시 나루터 사람에게 길을 묻는가?"

—『나옹어록懶翁語錄』

12. 공부 열 가지

첫째, 세상 사람들은 모양을 보면 그 모양에서 벗어나지 못하고, 소리를 들으면 그 소리에서 벗어나지 못한다. 어떻게 하면 모양과 소리에서 벗어날 수 있을까?

둘째, 이미 모양과 소리에서 벗어났으면 반드시 공부를 시작해야 한다. 어떻게 바른 공부를 시작할 것인가?

셋째, 이미 공부를 시작했으면 그 공부를 익혀야 하는데 공부가 익은 때는 어떤가?

넷째, 공부가 익었으면 다시 거친 콧김(자취)을 없애야 한다. 자취를 없앤 때는 어떤가?

다섯째, 자취가 없어지면 냉담하고 재미가 없으며, 기력이 없고 의식이 분명치 않으며 마음도 활동하지 않는다. 또 그때는 그 허망한 몸이 인간에 있는 줄을 모른다. 그런 경지에 이르면 그때는 어떤 시절인가?

여섯째, 공부가 지극해지면 움직이고 조용함에 틈이 없고, 자고 깸이 한결같아 부딪쳐도 흩어지지 않고 움직여도 잃지 않는다. 마치 개가 기름이 끓는 솥을 보고 핥으려 해도 핥을 수 없고, 버리려 해도 버릴 수 없는 것과 같다. 그때에는 어떻게 해야 하는가?

일곱째, 갑자기 백이십 근이나 되는 짐을 내려놓은 것 같아 단박 꺾이고 단박 끊긴다. 그때에는 어떤 것이 그대의 자성自性인가?

여덟째, 이미 자성을 깨쳤으면 자성의 작용은 인연을 따라 맞게 쓰이는 것을 알아야 한다. 본래의 작용에 맞게 쓰이는 것은 무엇인가?

아홉째, 이미 자성의 작용을 알았으면 생사를 초월해야 하는데, 눈빛이 땅에 떨어질 때(죽을 때) 어떻게 벗어날 것인가?

열째, 이미 생사를 벗어났으면 그 가는 곳을 알아야 한다. 사대는 뿔뿔이 흩어져 어디로 가는가?

―『나옹어록懶翁語錄』

13. 병문안

그대의 병이 중하다고 들었다. 그것은 무슨 병인가? 몸의 병인가, 마음의 병인가. 몸의 병이라면 몸은 지地·수水·화火·풍風의 네 가지 요소가 잠시 모여 이루어진 것, 그 네 가지는 저마다 주인이 있는데 그럼 어느 것이 그 병자인가? 만약 마음의 병이라면 마음은 꼭두각시와 같은 것, 비록 거짓 이름은 있으나 그 실체는 실로 공한 것이니 병이 어디에서 일어났는가? 그 일어난 곳을 추궁해 본다면 난 곳이 없을 것이다. 그럼 지금의 그 고통은 어디에서 오는 것인가? 또 고통을 아는 그것은 무엇인가?

이와 같이 살피고 살펴보면 문득 크게 깨칠 것이다. 이것이 내 병문안이다.

—『나옹어록懶翁語錄』

제7장

선가의 거울

1. 한 물건

여기 한 물건이 있는데, 본래부터 한없이 밝고 신령하여 일찍이 나지도 죽지도 않았다. 이름 지을 길 없고 모양 그릴 수 없다. 한 물건이란 무엇인가? 옛 어른은 이렇게 노래했다.

옛 부처 나기 전에
의젓한 동그라미
샤까(釋迦)도 알지 못한다 했는데
어찌 까샤빠(迦葉)가 전하랴.

이것이 한 물건의 나지도 않고 죽지도 않으며, 이름 지을 길도 모양 그릴 수도 없는 연유다. 육조六祖 스님이 대중에게 물었다. "내게 한 물건이 있는데 이름도 없고 모양도 없다. 너희들은 알겠느냐?" 신회神會 선사가 대답하기를 "모든 부처님의 근본이요, 신회의 불성입니다." 하였으니, 이것이 육조의 서자庶子[1]가 된 연유다. 회양懷讓 선사가 숭산崇山으로부터 와서 법자 육조 스님이 묻기를 "무슨 물건이 이렇게 왔는고?" 할 때에 회양은 어쩔 줄 모르고 쩔쩔매다가 팔 년 만에야 깨치고 나서 말하기를 "가령 한 물건이라 하여도 맞지 않습니다." 하였으니, 이것이 육조의 맏아들이 된 연유다.

부처님과 조사祖師가 세상에 출현하심은 마치 바람도 없는데 물결을 일으킨 격이다. 세상에 출현한다는 것은 대비심大悲心으로 근본을 삼아 중생을 건지는 것을 말한다. 그러나 한 물건으로써 따진다면, 사람마다 본래면목이 저절로 갖추어졌는데 어찌 남이 연지 찍고 분 발라 주기를 기다릴 것인가. 그러므로 부처님께서 중생을 건진다는 것도 공연한 짓인 것이다.

억지로 여러 가지 이름을 붙여 마음이니 부처니 중생이니 하지만, 이름에 얽매여 분별을 낼 것이 아니다. 다 그대로 옳은 것은 아니다. 한 생각이라도 움직이면 곧 어긋난다.

— 서산西山, 『선가귀감禪家龜鑑』

---

[1] 직계가 아닌 방계傍系.

2. 선과 교

부처님께서 세 곳에서 마음을 전한 것(三處傳心)이 선지禪旨가 되고, 평생 말씀하신 것이 교문敎門이 되었다. 그러므로 선禪은 부처님의 마음이요, 교敎는 부처님의 말씀이다. 세 곳이란 다자탑多子塔 앞에서 자리를 절반 나누어 앉음이 하나요, 영산회상靈山會上에서 꽃을 들어 보임이 둘이요, 샬라(śāla)나무 아래에서 관 밖으로 두 발을 내어 보임이 셋이니, 이른바 까샤빠 존자가 선禪의 등불을 따로 받았다는 것이 이것이다.

그러므로 선과 교의 근본은 부처님이고, 선과 교의 갈래는 까샤빠 존자와 아난다 존자다.

말 없음으로써 말 없는 데 이르는 것은 선이요, 말로써 말 없는 데 이르는 것은 교다. 또한 마음은 선법이요 말은 교법이다. 법은 비록 한맛이라도 뜻은 하늘과 땅만큼 아득히 떨어진 것이다.

— 서산西山, 『선가귀감禪家龜鑑』

3. 일 없는 도인

생각 끊고 반연 쉬고 일없이 우두커니 앉아 있으니, 봄이 오매 풀이 저절로 푸르구나. 생각 끊고 반연을 쉰다는 것은 마음에서 얻은 것을 가리킴이니, 이른바 일 없는 도인(閑道人)이다.

어디에나 얽매임 없고 애당초 일 없어서, 배고프면 밥을 먹고 고단하면 잠을 잔다. 녹수청산에 마음대로 오고 가며, 어촌과 주막에 걸림 없이 지나가리. 세월이 가나오나 내 알 바 아니지만 봄이 오니 예전처럼 풀잎이 푸르구나.

— 서산西山, 『선가귀감禪家龜鑑』

4. 격 밖의 선지

부처님께서는 활같이 말씀하시고 조사들은 활줄같이 말씀하셨다. 부처님께서 말씀하신 걸림 없는 법이란 바로 한맛(一味)에 돌아감이다. 이 한맛의 자취마저 떨쳐 버려야 비로소 조사가 보인 한마음을 드러내게 된다. 그러므로 '뜰 앞에 잣나무'란 화두는 용궁의 장경에도 없다고 말한 것이다. 활같이 말씀했다는 것은 곧다는 뜻이며, 용궁의 장경이란 용궁에 모셔둔 대장경이다. 어떤 스님이 조주趙州 스님에게 물었다. "달마대사가 서쪽에서 온 뜻이 무엇입니까?" 대답하기를, "뜰 앞에 잣나무이다." 하였으니, 이것이 이른바 격 밖의 선지(格外禪旨)다.

— 서산西山, 『선가귀감禪家龜鑑』

5. 간절한 마음

자기가 참구하는 공안公案에 대해서는 간절한 마음으로 공부해야 한다. 마치 닭이 알을 안은 것과 같이 하고, 고양이가 쥐를 잡을 때와 같이 하며, 주린 사람이 밥 생각하듯 하고, 목마른 사람이 물 생각하듯 하며, 어린애가 어머니 생각하듯 하면 반드시 꿰뚫을 때가 있을 것이다.

조사들의 공안이 일천칠백 가지나 있는데, '개가 불성이 없다.'라든지 '뜰 앞에 잣나무'라든지 '삼 서 근(麻三斤)', '마른 똥 막대기' 같은 것들이다. 닭이 알을 안을 때는 더운 기운이 지속되며, 고양이가 쥐를 잡을 때는 마음과 눈이 움직이지 않게 한다. 주릴 때 밥 생각하는 것과 목마를 때 물을 생각하는 것이나 어린애가 어머니를 생각한 것들은, 모두 진심에서 우러난 것이고 억지로 지어서 내는 마음이 아니므로 간절한 것이다. 참선하는 데에 이렇듯 간절한 마음이 없이 깨친다는 것은 도저히 있을 수 없는 일이다.

참선에는 반드시 세 가지 요긴한 것이 있어야 한다. 첫째는 큰 신심이고, 둘째는 큰 분심이며, 셋째는 큰 의심이다. 만약 이 중에 하나라도 빠지면 다리 부러진 솥과 같아서 소용없이 되고 말 것이다. 부처님께서 말씀하시기를 "성불하는 데에는 믿음이 뿌리가 된다." 하셨고, 영가永嘉 스님은 "도를 닦는 사람은 먼저 뜻을 세워야 한다."고 하였으며, 몽산夢山 스님은

"참선하는 이가 화두를 의심하지 않는 것이 큰 병통이다."라고 하면서 "크게 의심하는 데서 크게 깨친다."고 했다.

— 서산西山, 『선가귀감禪家龜鑑』

6. 화두의 열 가지 병

화두는 들어 일으키는 곳에서 알아맞히려 하지도 말고, 생각으로 헤아리지도 말며, 또한 깨닫기를 기다리지도 마라. 더 생각할 수 없는 곳까지 나아가 생각하면, 마음으로 더 갈 곳이 없어서 마치 늙은 쥐가 쇠뿔 속으로 들어가다가 잡히듯 할 것이다. 이런가 저런가 따지고 맞혀 보는 것이 식정識情이며, 생사를 따라 굴러다니는 것이 식정이며, 무서워하고 갈팡질팡하는 것도 또한 식정이다. 요즘 사람들은 이 병통을 알지 못하고 다만 이 속에서 빠졌다 솟았다 하고 있을 뿐이다.

화두를 참구하는 데에 열 가지 병이 있다. 분별로써 헤아리는 것, 눈썹을 오르내리고 눈을 끔적거리기를 그치지 않는 것, 말길(語路)에서 살림살이를 짓는 것, 글에서 끌어다 증거를 삼으려는 것, 들어 일으키는 곳에서 알아맞히려는 것, 모든 것을 다 날려 버리고 일없는 곳에 들어앉아 있는 것, 있다는 것이나 없다는 것으로 아는 것, 참으로 없다는 것으로 아는 것, 도리가 그렇거니 하고 알음알이를 짓는 것, 조급하게 깨치기를 기다리는 것들이다. 이 열 가지 병을 떠나 화두에만 정신을 모아서 '무슨 뜻일까?' 하고 의심할 일이다.

이 일은 마치 모기가 무쇠로 된 소에게 덤벼드는 것과 같아서, 함부로 주둥이를 댈 수 없는 곳에 목숨을 떼어 놓고 한번 뚫어 보면 몸뚱이째 들어갈 것이다.

공부는 거문고 줄을 고르듯 하여 팽팽하고 느슨함이 알맞아야 한다. 너무 애쓰면 병나기 쉽고, 잊어버리면 무명無明에 떨어지게 된다. 성성하고 역력하게 하면서도 차근차근 끊임없이 해야 한다. 거문고 타는 사람이 말하기를, 그 줄의 느슨하고 팽팽함이 알맞아야 아름다운 소리가 제대로 난다고 했다. 공부하는 것도 이와 같아서 조급히 하면 혈기를 올리게 될 것이고, 잊어버리면 흐리멍덩하게 된다. 느리지도 않고 빠르지도 않게 되면 오묘한 이치가 그 속에 있을 것이다.

— 서산西山, 『선가귀감禪家龜鑑』

7. 일상의 점검

참선하는 이는 항상 이와 같이 돌이켜 보아야 한다. 네 가지 은혜가 깊고 높은 것을 알고 있는가? 네 가지 요소(四大)로 이루어진 더러운 이 육신이 순간순간 썩어 가는 것을 알고 있는가? 사람의 목숨이 숨 한 번에 달린 것을 알고 있는가? 일찍이 부처님이나 조사를 만나고서도 그대로 지나치지 않았는가? 높고 거룩한 법을 듣고 기쁘고 다행한 생각을 잠시라도 잊어버리지는 않았는가? 공부하는 곳을 떠나지 않고 도인다운 절개를 지키고 있는가? 곁에 있는 사람들과 쓸데없는 잡담이나 하며 지내지 않는가? 분주히 시비를 일삼고 있지나 않는가? 화두가 어느 때나 똑똑히 들리고 있는가? 남과 이야기하고 있을 때에도 화두가 끊임없이 되는가? 보고 듣고 알아차릴 때에도 한 생각을 이루고 있는가? 제 공부를 돌아볼 때 부처님과 조사를 붙잡을 만한가? 금생에 꼭 부처님의 지혜를 이을 수 있을까? 앉고 눕고 편할 때에 지옥의 고통을 생각하는가? 이 육신으로 윤회를 벗어날 자신이 있는가? 이런 것이 참선하는 이들의 일상생활 속에서 때때로 점검되어야 할 도리이다. 옛 어른이 말하기를 "이 몸 이때 못 건지면 다시 언제 건지랴!" 하지 않았는가.

— 서산西山, 『선가귀감禪家龜鑑』

8. 제 성품을 더럽히지 마라

중생의 마음을 버릴 것 없이 다만 제 성품을 더럽히지 마라. 바른 법을 찾는 것이 곧 바르지 못한 일이다. 버리는 것이나 찾는 일이 다 더럽히는 일이다.

모름지기 마음속을 비우고 스스로 비추어 보아, 한 생각 인연 따라 일어나는 것이 사실은 일어남이 없다는 것임을 믿어야 한다. 죽이고 도둑질하고 음행하고 거짓말하는 것이 모두 한마음에서 일어나는 것임을 자세히 살펴보아라. 그 일어나는 곳이 곧 비어 없는데 무엇을 다시 끊을 것인가. 여기에서는 성품과 형상을 함께 밝힌 것이다.

경에 말하기를 "무명을 아주 끊는다는 것은 한 생각도 일으키지 않는 것이다." 하였고, 또한 "생각이 일어나면 곧 깨달아라."라고 했다.

— 서산西山, 『선가귀감禪家龜鑑』

9. 참선과 계행

음란하면서 참선하는 것은 모래를 쪄서 밥을 지으려는 것 같고, 살생하면서 참선하는 것은 제 귀를 막고 소리 지르는 것 같으며, 도둑질하면서 참선하는 것은 새는 그릇에 물이 가득 차기를 바라는 것 같고, 거짓말하면서 참선하는 것은 똥으로 향을 만들려는 것과 같다. 이런 것들은 비록 많은 지혜가 있더라도 마군의 길을 이룰 뿐이다.

만약 계행戒行이 없으면 비루먹은 여우의 몸도 받지 못한다 했는데, 하물며 청정한 지혜의 열매를 바랄 수 있겠는가. 계율 존중하기를 부처님 모시듯 한다면, 부처님이 늘 계시는 거나 다를 게 없다. 모름지기 풀에 매여 있고[2] 거위를 살리던 옛일[3]을 본보기로 삼아야 할 것이다.

생사에서 벗어나려면 먼저 탐욕을 끊고 애욕의 불꽃을 꺼버려야 한다. 애정은 윤회의 근본이 되고, 정욕은 몸을 받는 인연이 된다. 부처님께서 말씀하시기를 "음란한 마음을 끊지 못하면 티끌 속에서 벗어날 수 없다." 하셨고, 또 "애정이 한번 얽히게 되면 사람을 끌어다 죄악의 문에 처넣는다."고 하셨다. 애욕의 불꽃이란 애정이 너무 간절하여 불붙듯 함을 말한 것이다.

— 서산西山, 『선가귀감禪家龜鑑』

10. 자비와 인욕

가난한 이가 와서 구걸하거든 분수대로 나누어 주라. 한몸처럼 두루 가엾이 여기면 이것이 참 보시이며, 나와 남이 둘 아닌 것이 한몸이다. 빈손으로 왔다가 빈손으로 가는 것이 우

---

[2] 옛날 인도에서 도적을 만난 어떤 비구가 옷을 빼앗기고 풀에 묶여 있었으나, 풀이 끊어질까 봐 떠나지 않았다고 함.
[3] 구슬을 먹은 거위를 보고도 거위의 생명을 아껴 도적의 누명을 쓰고 곤욕을 당한 이야기.

리들의 살림살이 아닌가.

　누가 와서 해롭게 하더라도 마음을 거두어 성내거나 원망하지 말아야 한다. 한 생각 성내는 데에 온갖 장애가 벌어진다. 번뇌가 비록 한량없다 하지만 성내는 것이 그보다 더하다. 『열반경』에 이르기를 "창과 칼로 찌르거나 향수와 약을 발라 주더라도 두 가지에 다 무심하라."고 했다. 수행자가 성내는 것은 흰 구름 속에서 번갯불이 번쩍이는 것과 같다. 참을성이 없다면 보살의 행도 이루어질 수 없을 것이다. 닦아 가는 길이 한량없지만 자비와 인욕忍辱이 근본이 된다. 참는 마음이 꼭두각시의 꿈이라면 욕보는 현실은 거북의 털과 같다.

― 서산西山, 『선가귀감禪家龜鑑』

11. 첫째가는 정진

　본바탕 천진한 마음을 지키는 것이 첫째가는 정진이다. 만약 정진할 생각을 일으킨다면 이것은 망상이요 정진이 아니다. 그러므로 옛 어른이 말하기를 "망상 내지 마라, 망상 내지 마라."고 한 것이다. 게으른 사람은 늘 뒤만 돌아보는데 이런 사람은 스스로 자기를 포기하고 있는 것이다. 경을 보되 자기 마음속으로 돌이켜 봄이 없다면 비록 팔만대장경을 다 보았다

한들 무슨 소용이 있겠는가. 이것은 어리석게 공부함을 깨우친 것이니, 마치 봄날에 새가 지저귀고 가을밤에 벌레가 우는 것처럼 아무 뜻도 없는 것이다. 규봉 선사圭峯禪師가 이르기를 "글자나 알고 경을 보는 것으로는 원래 깨칠 수 없다. 글귀나 새기고 말뜻이나 풀어 보는 것으로는 탐욕이나 부리고 성을 내며 못된 소견만 더 일으키게 된다."고 했다.

 수행이 이루어지기 전에 남에게 자랑하려고, 한갓 말재주나 부려 서로 이기려고만 한다면 변소에 단청하는 것이 되고 말 것이다. 말세에 어리석게 수행하는 것을 일깨우는 말이다. 수행이란 본래 제 성품을 닦는 것인데, 어떤 사람들은 남에게 보이기 위해 하고 있으니 이 무슨 생각일까.

— 서산西山, 『선가귀감禪家龜鑑』

12. 출가행

 출가하여 스님 되는 것이 어찌 작은 일이랴. 편하고 한가함을 구해서가 아니며, 따뜻이 입고 배불리 먹으려고 한 것도 아니며, 명예나 재물을 구하려는 것도 아니다. 오로지 나고 죽음을 벗어나려는 것이며, 번뇌를 끊으려는 것이고, 부처님의 지혜를 이으려는 것이며, 삼계三界에서 벗어나 중생을 건지려는 것이다.

이름과 재물을 따르는 납자衲子[4]는 풀 속에 묻힌 야인野人만도 못하다. 제왕의 자리도 침 뱉고 설산에 들어가신 것은 부처님이 천 분 나실지라도 바뀌지 않을 법칙인데, 말세에 양의 바탕에 범의 껍질을 쓴 무리들이 염치도 없이 바람을 타고 세력에 휩쓸려 아첨을 하고 잘 보이려고만 애쓰니, 아, 그 버릇을 어쩔 것인가. 마음이 세상 명리에 물든 사람은 권세의 문에 아부하다가 풍진에 부대끼어 도리어 세속 사람의 웃음거리만 되고 만다. 이런 납자를 양의 바탕에 비유한 것은 그럴 만한 여러 가지 행동이 있기 때문이다.

― 서산西山,『선가귀감禪家龜鑑』

13. 한 개의 숫돌

불자여, 그대의 한 그릇 밥과 한 벌 옷이 곧 농부들의 피요 직녀들의 땀인데, 도의 눈이 밝지 못하고야 어찌 삭여 낼 것인가. 그러므로 말하기를 "털을 쓰고 뿔을 이고 있는 것이 무엇인 줄 아는가? 그것은 오늘날 신도들이 주는 것을 공부하지 않으면서 거저먹는 그런 부류들의 미래상이다."라고 했다.

---

[4] 누더기를 입은 수행자. 선가에서는 수행승을 가리킴. 운수납자雲水衲子의 준말.

그런데 어떤 사람들은 배고프지 않아도 또 먹고, 춥지 않아도 더 입으니 무슨 심사일까? 참으로 딱한 일이다. 눈앞의 쾌락이 후생에 고통인 줄을 생각지 않는구나.

그러므로 도를 닦는 이는 한 개의 숫돌과 같아서, 장 서방이 와서 갈고 이 생원이 갈아 가면, 남의 칼은 잘 들겠지만 내 돌은 점점 닳아 없어지게 될 것이다. 그럼에도 어떤 사람들은 도리어 남들이 와서 내 돌에 칼을 갈지 않는다고 걱정하고 있으니 참으로 딱한 일이 아닌가.

— 서산西山, 『선가귀감禪家龜鑑』

14. 네 마리 독사

우습다, 이 몸이여. 아홉 구멍에서는 항상 더러운 것이 흘러나오고, 백 천 가지 부스럼 덩어리를 한 조각 엷은 가죽으로 싸 놓았구나. 가죽주머니에는 똥이 가득 담기고 피고름 뭉치이므로 냄새나고 더러워 조금도 탐하거나 아까워할 것이 없다. 더구나 백 년을 잘 길러 준대도 숨 한 번에 은혜를 등지고 마는 것을.

모든 업이 이 몸 때문에 생긴 것이다. 이 몸은 애욕의 근본이므로 그것이 허망한 줄 알게 되면 애욕도 저절로 사라질 것이다. 이를 탐착하는 데서 한량없는 허물과 근심 걱정이 일어나기 때문에 여기 특별히 밝혀 수행인의 눈을 틔워 주려는 것이다.

　네 가지 요소(四大)로 이루어진 이 몸에는 주인 될 것이 없으므로 네 가지 원수가 모였다고도 하고, 네 가지 은혜를 등지는 것들이므로 네 마리 독사를 기른다고도 한다. 내가 허망함을 깨닫지 못하기 때문에 남의 일로 화도 내고 깔보기도 하며, 다른 사람도 또한 허망함을 깨닫지 못해 나로 인해 성내고 깔보는 것이다. 이것은 마치 두 귀신이 한 송장을 가지고 싸우는 것이나 다를 것 없다.

— 서산西山,『선가귀감禪家龜鑑』

15. 대장부의 기상

　죄가 있거든 곧 참회하고, 잘못된 일이 있으면 부끄러워할 줄 아는 데에 대장부의 기상氣像이 있다. 그리고 허물을 고쳐 스스로 새롭게 되면 그 죄업도 마음을 따라 없어질 것이다.
　참회란 먼저 지은 허물을 뉘우쳐 다시는 짓지 않겠다고 맹세하는 일이다. 부끄러워한다는 것은 안으로 자신을 꾸짖고 밖으로 허물을 드러내는 일이다. 마음이란 본래 비어 고요한 것이므로 죄업罪業이 붙어 있을 곳이 없다.
　수행인은 마땅히 마음을 단정히 하여 검소하고 진실한 것으로써 근본을 삼아야 한다. 표주박 한 개와 누더기 한 벌이면 어디를 가나 걸릴 것이 없다.

부처님께서 말씀하시기를 "마음이 똑바른 줄과 같아야 한다."고 했으며, "바른 마음(直心)이 곧 도량道場이다."라고 하셨다. 이 몸에 탐착하지 않는다면 어디를 가나 거리낌이 없을 것이다.

범부들은 눈앞 현실에만 따르고, 수행인은 마음만을 붙잡으려 한다. 그러나 마음과 바깥 현실 두 가지를 다 내버리는 이것이 참된 법이다. 현실만 따르는 것은 목마른 사슴이 아지랑이를 물인 줄 알고 찾아가는 것 같고, 마음만을 붙잡으려는 것은 원숭이가 물에 비친 달을 잡으려는 것과 같다. 바깥 현실과 마음이 비록 다르다 할지라도 병통이기는 마찬가지다.

― 서산西山, 『선가귀감禪家龜鑑』

16. 자유인

누구든지 임종할 때에는 이렇게 관찰해야 한다. 즉 오온五蘊은 빈 것이어서 이 몸에는 '나'라고 내세울 것이 없고, 참마음은 모양이 없어 가는 것도 아니며 오는 것도 아니다. 날 때에도 성품은 난 바가 없고 죽을 때에도 성품은 가는 것이 아닌 까닭에 지극히 맑고 고요해 마음과 대상은 둘이 아니다. 이와 같이 관찰하여 단박 깨치면 삼세와 인과에 얽매이거나 이끌리지 않게 될 것이니, 이런 사람이야말로 세상에서 뛰어난 자유인이다. 부처님을 만난다 할지라도 따라갈 마음이 없고, 지옥을 보더라도 무서운 생각이 없어야 한다. 그저 무심하게만 되면 법계法界와 같이 될 것이다.

대장부는 부처나 조사 보기를 원수같이 해야 한다. 만약 부처에게 매달려 구하는 것이 있다면 그는 부처에게 얽매인 것이고, 조사에게 매달려 구하는 것이 있다면 또한 조사에게 얽매여 있는 것이다. 무엇이든지 구하는 것이 있으면 모두 고통이므로 일없는 것만 같지 못하다.

이 문안에 들어오려면 알음알이를 두지 마라.

— 서산西山, 『선가귀감禪家龜鑑』

제8장

출가 사문에게 보내는 글

1. 그대 어째서 아직도

많은 부처님 법 안에서 도를 이루었는데, 그대는 어째서 아직도 고해苦海에서 헤매고 있는가. 그대는 시작 없는 옛적부터 금생에 이르도록 깨달음을 등지고 티끌에 묻혀 어리석은 생각에 빠져 있구나. 항상 악업을 지어 삼악도에 떨어지고 착한 일은 하지 않으니 생사의 바다에 빠진 것이 아닌가. 몸은 여섯 도둑[1]을 따라 악도惡道에 떨어지니 고통이 극심하고, 마음은 일승법一乘法[2]을 등지니 사람으로 태어나도 부처님 나시

---

1 물질(色)·소리(聲)·냄새(香)·맛(味)·촉감(觸)·의식의 대상(法), 즉 육경六境을 말한다. 중생의 수행을 방해하며 번뇌를 일으키므로 도적에 비유.

기 전이거나 그 후일 수밖에 없다. 이제 다행히 인간으로 태어나기는 했지만 부처님이 안 계신 말세이니 슬프다. 이것이 누구의 허물인가.

그러나 그대가 이제라도 반성하여 애욕을 끊고 출가하여 티끌세상에서 벗어나는 진리를 배운다면 마치 용이 물을 만난 듯, 범이 산에 의지한 듯, 그 뛰어난 도리는 말로 다할 수 없으리라. 사람에게는 과거와 현재가 있으나 법은 멀고 가까움이 없고, 사람은 어리석고 지혜로움이 있으나 도道는 성하고 쇠함이 없다. 설사 부처님 생존 시에 태어났더라도 부처님의 가르침을 따르지 않으면 무엇이 이로우며, 말세를 만났더라도 부처님의 교법을 받들어 행한다면 무엇을 걱정할 것인가.

부처님께서는 이렇게 말씀하셨다. '나는 의사와 같아 병에 따라 약을 주지만 먹고 안 먹는 것은 의사의 허물이 아니다. 듣고도 가지 않는 것은 길잡이의 허물이 아니다. 자기를 이롭게 하고 남도 이롭게 하는 방법이 모두 갖추어졌으니, 설령 내가 오래 살아 있더라도 별 달리 도움이 되지 않을 것이다. 이제부터 내 제자들이 차례차례로 받들어 행하면, 여래의 법신은 항상 머물러 없어지지 않을 것이다.' 이런 이치를 안다면 자신이 도를 닦지 않는 것을 한탄할지언정 어찌 말세라고 걱정할 것인가.

---

2 부처님의 교법. 모든 중생이 다 부처가 된다고 하는 최고의 가르침.

간절히 바라노니, 그대는 모름지기 굳은 뜻을 세워 활짝 열린 마음으로 여러 가지 반연을 쉬고 뒤바뀐 생각을 버려라. 참으로 죽고 사는 이 큰일을 위해 조사祖師의 화두를 자세히 탐구하라. 그래서 철저하게 깨닫는 것으로 근본을 삼아야 한다. 자기는 감당할 수 없는 일이라 하여 물러서서는 안 된다.

이 말세에 부처님이 떠나신 지가 오래되니 마군은 강하고 불법은 약하며 옳지 않은 사람이 많아, 남을 이롭게 하는 이는 적고 잘못되게 하는 이가 많으며, 지혜로운 이는 드물고 어리석은 이가 많다. 스스로 도를 닦지 않으면서 남까지 시끄럽게 하니, 수행을 방해하는 일을 말로는 다할 수 없다. 그대가 길을 잘못 들까 하여, 내 조그만 소견으로 열 가지를 마련하여 경책하니, 반드시 믿고 그대로 행하여 한 가지도 어기지 말라.

어리석어 안 배우면 교만만 늘고
어둔 마음 닦지 않으니 너와 나만 크네.
빈속에 뜻만 크니 굶은 범 같고
지식 없이 방탕함은 미친 원숭이.

삿된 말 나쁜 소리는 곧잘 들으면서
성현들의 가르침은 모른 체하니
착한 일에 인연 없어 누가 건지랴.

나쁜 세상 헤매면서 고생할 밖에.

— 야운野雲, 『자경문自警文』

2. 초발심 수행자의 생활규범

첫째, 좋은 옷과 맛있는 음식을 받지 마라. 밭 갈고 씨 뿌리는 일에서 먹고 입기까지 소와 사람의 수고는 물론, 벌레들이 죽고 상한 것은 한량없을 것이다. 남을 수고롭게 하여 내 몸을 이롭게 하는 것도 옳지 못한데, 하물며 남의 생명을 죽여 내가 살려는 일을 어떻게 할 것인가. 농사짓는 사람들도 늘 헐벗고 굶주리는 고통이 있고 길쌈하는 아낙네도 몸 가릴 옷이 없는데, 나는 항상 두 손을 놀려 두면서 어찌 춥고 배고픔을 싫어하랴. 좋은 옷과 맛있는 음식은 사실 빚만 더하는 것이지 도에는 손해되는 것이다. 해진 옷과 나물밥은 은혜를 줄이고 음덕을 쌓는다. 금생에 마음을 밝히지 못하면 한 방울 물도 소화하기 어려울 것이다.

풀뿌리와 나무열매로 주린 배를 달래고
송낙초 누더기로 이 한 몸 가리네.
허공을 나는 학과 흰 구름으로 벗을 삼아
높은 산 깊은 골에서 남은 세월 보내리.

둘째, 내 것을 아끼지 말고 남의 것을 탐내지 마라. 삼악도의 고통을 가져오는 데는 탐욕이 으뜸이요, 여섯 가지 바라밀다에는 보시가 제일이다. 아끼고 탐내는 것은 선한 길을 막고 자비로 보시함은 나쁜 길을 방비한다. 가난한 사람이 와서 빌거든 아무리 구차하더라도 인색하지 마라. 올 때도 빈손으로 왔고 갈 때도 빈손으로 가는 것이 아니냐. 내 재물도 아끼는 마음이 없는데 어찌 남의 것에 마음을 두랴. 아무것도 가져가지 못하고 평생에 지은 업만 이 몸을 따를 것이다. 사흘 닦은 마음은 천 년의 보배요, 백 년 탐낸 물건은 하루아침 티끌이다.

어찌하여 괴로운 삼악도가 생겼는가.
오랜 세월 익혀 온 탐욕 탓이다.
부처님의 가사 발우 이대로 살 만한데
무엇 하러 쌓고 모아 무명 기르나.

셋째, 말을 적게 하고 행동을 가벼이 하지 마라. 몸을 가벼이 움직이지 않으면 산란한 마음이 가라앉아 선정禪定을 이루고, 말이 적으면 어리석음을 돌이켜 지혜를 이룰 것이다. 진실한 본체는 말을 떠난 것이고, 진리는 어떠한 일에도 흔들림이 없다. 입은 화를 당할 문이니 반드시 엄하게 지켜야 하고, 몸은 재앙의 근본이니 가벼이 움직이지 말아야 한다. 자주 나는 새는 그물에 걸리기 쉽고, 가벼이 날뛰는 짐승은 화살에 맞을 위험이 있다. 그러므로 부처님께서는 육 년을 설산에 앉아 움직이지 않으셨고 달마 스님은 소림굴에서 구 년을 말이 없었다. 후세에 참선하는 이가 어찌 이 일을 본받지 않을 것인가.

> 몸과 마음 선정에 들어 옴짝 않고
> 토굴 속에 홀로 앉아 오가지 마라.
> 잠잠하고 고요하여 아무 일 없이
> 내 마음속 부처님께 귀의하리라.

넷째, 좋은 벗은 친하고 나쁜 이웃은 멀리하라. 새가 쉴 때에는 숲을 가려 앉듯이 사람도 배우려면 스승을 잘 택해야 한다. 좋은 숲을 찾으면 편히 쉴 수 있고 훌륭한 스승을 만나면 학문이 높아진다. 그러므로 좋은 벗은 부모처럼 섬기고 나쁜 이웃은 원수처럼 멀리해야 한다. 학은 까마귀와 벗할 생각이 없는데 붕새인들 어찌 뱁새와 짝할 마음이 있겠는가. 소나무 숲에서 자라는 칡은 천 길이라도 올라가지만 잔디 속에 선 나무는 석 자를 면할 수 없다. 어리석은 소인배는 그때마다 멀리하고, 뜻이 크고 높은 사람은 항상 가까이하라.

> 가고 오고 어느 때나 선지식 모셔
> 마음속의 가시덤불 베어 버리라.

그리하여 앞길이 활짝 트이면
걸음마다 그 자리가 뚫린 관문[3]이어라.

다섯째, 삼경三更이 아니면 잠자지 마라. 끝없이 오랜 세월을 두고 수도를 방해하는 것은 졸음보다 더한 것이 없다. 하루 종일 어느 때나 맑은 정신으로 의심을 일으켜 흐리지 말고, 앉거나 서거나 가만히 마음을 살펴보아라. 한평생을 헛되이 보낸다면 두고두고 한이 될 것이다. 덧없는 세월은 찰나와 같으니 나날이 놀랍고 두려우며 목숨은 잠깐이라 한때라도 보증할 수 없다. 조사의 관문을 뚫지 못했다면 어찌 편안하게 잠들 수 있겠는가.

졸음 뱀이 구름 끼니 마음달 흐려
도 닦는 이 여기 와서 갈 바를 모르네.
이 속에서 비수검 빼어 들면
구름이란 간데없고 달빛 밝으리.

여섯째, 잘난 듯이 뻐기거나 남을 업신여기지 마라. 어진 행동을 닦는 데는 겸양이 근본이고, 벗을 사귀는 데는 공경과 믿음이 으뜸이 된다. 나니 너니 하고 교만이 높아지면 삼악도

---

3 진리에 들어가는 문. 주로 선가禪家에서 쓰는 말.

의 고해가 더욱 깊어진다. 밖으로 나타난 위의는 존귀한 듯하지만 안은 텅 비어 썩은 배와 같다. 벼슬이 높을수록 마음을 낮게 가지고 도가 높을수록 뜻을 겸손히 하라고 하지 않았는가. 나다 남이다 하는 집착이 없어지는 곳에 도는 저절로 이루어지며, 마음이 겸손한 사람에게는 온갖 복이 저절로 돌아온다.

> 교만한 티끌 속에 지혜 묻히고
> 나다 너다 하는 산에 번뇌 자라니
> 잘난 체 안 배우고 늙어진 뒤에
> 병들어 신음하니 한탄뿐이네.

일곱째, 재물이나 여색은 바른 생각으로 대하라. 몸을 해치는 것은 여색女色보다 더한 것이 없고 도를 잃게 하는 것은 재물에 미칠 것이 없다. 그러므로 부처님께서 계율을 제정하여 재물과 여색을 엄금하신 것이다. '여인을 보거든 독사와 호랑이처럼 여기고, 금이나 옥을 대하거든 나무나 돌같이 보라.' 비록 어두운 방에 홀로 있더라도 큰 손님을 대한 듯이 하고, 남이 볼 때나 안 볼 때나 한결같이 해서 안과 밖을 달리하지 마라. 마음이 깨끗하면 선신善神이 수호하고, 여색을 생각하면 천신들이 용서하지 않을 것이다. 선신이 수호하면 험난한 곳에서도 편안하고, 천신들이 용서하지 않으면 편안한 곳이라도 불안이 따른다.

　　탐욕은 염라왕의 지옥문이고
　　청정은 아미타불의 연화대로다.
　　고랑 차고 지옥 가면 고통이 천 가지
　　배로 가는 극락세계 기쁨이 만 가지.

　여덟째, 세속 사람과 사귀어서 미움받지 마라. 미움 속에서 애정을 끊어 버린 이를 사문沙門이라 하고, 세상일을 그리워하지 않는 것을 출가出家라 한다. 이미 애정을 끊고 세상을 떠났는데 무엇 하러 세상 사람과 다시 사귈 것인가. 세속을 그리워하고 못 잊어 하면 도철饕餮이라 한다. 도철은 본래부터 도의 마음이 없기 때문이다. 인정이 짙으면 도의 마음이 멀어지니 인정에 사로잡히지 마라. 출가한 뜻을 등지지 않으려면 명산을 찾아가 깊은 뜻을 연구하라. 가사와 발우로 인정을 끊고 주리고 배부른 데에 무심하면 저절로 도는 높아질 것이다.

　　나와 남 위하는 일 착하다 해도
　　모두가 생사윤회의 씨가 되나니
　　솔바람 칡덩굴 달빛 아래서
　　그릇됨 없는 조사선을 닦으라.

아홉째, 남의 허물을 말하지 마라. 칭찬하고 헐뜯는 말을 듣더라도 마음에는 흔들림이 없어야 한다. 잘한 일 없이 칭찬을 받는 것은 참으로 부끄러운 일이요, 허물이 있어 시비를 듣는 것은 기쁜 일이다. 기뻐하면 잘못을 고치게 되고, 부끄러워하면 도 닦는 데 채찍질이 될 것이다. 남의 허물을 말하지 마라. 마침내는 그 허물이 내게로 돌아올 것이다. 남을 해치는 말을 들으면 부모를 헐뜯는 말과 같이 여겨야 한다. 세상은 오늘 남의 허물을 말하지만 내일은 다시 내 허물을 말할 것이다. 모든 일이 다 허망한데, 비방과 칭찬에 어찌 걱정하고 기뻐할 것인가.

종일토록 잘잘못을 시비하다가
밤이 되면 흐리멍덩 잠에 빠진다.
이 같은 출가는 빚만 늘어서
삼계에서 벗어나기 더욱 어려워.

열째, 대중과 함께 살 때에 마음을 평등하게 가져라. 애정을 끊고 부모를 하직한 것은 온 세상을 평등하게 보기 때문이다. 만일 가깝고 먼 것이 있다면 마음이 평등하지 못한 것이니 그렇다면 출가하여 무슨 덕이 있겠는가. 마음에 사랑하고 미워하는 분별이 없다면 어찌 이 몸에 괴롭고 즐거운 성쇠盛衰가 있으랴. 평등한 성품에는 나와 남이 없고, 큰 거울에는 멀고 가까움이 없다. 삼악도에 드나드는 것은 사랑하고 미워하는 마음이 있기 때문이요, 육도六道에 오르내리는 것은 친하고 성긴 업으로 이루어진다. 마음이 평등하면 가지고 버릴 것이 없으니, 가지고 버릴 것이 없다면 생사가 어디 있겠는가.

위없는 보리도를 성취하려면
언제나 평등심을 굳게 가지라.
사랑하고 미워하는 차별 있으면
도는 더욱 멀고 업만 깊으리.

그대가 사람으로 태어난 것은 눈먼 거북이 나무 구멍을 만난 것처럼 아주 어려운 일이다. 한평생이 얼마나 된다고 닦지 않고 게으름만 피우느냐. 사람으로 태어나기도 어렵지만, 불법 만나기는 더욱 어려운 일이다. 금생에 놓쳐 버리면 만겁을 지내도 다시 만나기는 힘들다. 이 열 가지 계법戒法을 지키고 부지런히 닦아 물러나지 말고 속히 정각正覺을 이루어 중생을 제도해야 한다. 내가 바라는 것은 그대 혼자만 생사의 바다에서 벗어나는 것이 아니라 모든 중생을 건지라는 것이다. 왜냐하면 그대가 끝없는 옛적부터 금생에 이르도록 생사에 오락가락할 때 번번이 부모를 의지했을 것이니, 그 끝없는 세월에 부모 되었던 이가 얼마나 많을 것인가. 이와 같이 생각하면 육도 중생이 그대의 부모 아닌 이가 하나도 없을 것이다. 이러한 중생이 모두 악도에 떨어져 견디기 어려운 고통을 밤낮으로 받고 있으니, 그들을 제도하지 않는다면 어느 때 벗어날 것인가. 가슴을 도리는 듯 애달프고 슬픈 일이 아닌가.

천만 번 바라노니, 그대는 어서 큰 지혜를 밝히고 신통 변화를 갖추며, 자유자재한 방편으로 거친 파도에 지혜의 배가 되어, 탐욕의 기슭에서 헤매는 미혹의 중생을 제도하라. 그대는 아는가, 삼세 부처님과 역대 조사들이 우리와 같은 범부였다는 사실을. 그도 장부요 나도 장부이니, 하지 않아서 그렇지 할 수 없는 것은 아니다.

옛사람의 말에 '도가 사람을 멀리하는 것이 아니라 사람들이 스스로 도를 멀리한다.'고 하였으며, 또 '내가 착하려고 하면 착한 것이 스스로 따라온다.'고 하였으니, 진실로 옳은 말씀이다. 만일 믿는 마음만 물러서지 않는다면 누가 자성自性을 깨쳐 부처를 이루지 못하겠는가. 이제 삼보를 모시고 낱낱이 그대에게 경계했으니, 만일 잘못인 줄 알면서 일부러 범한다면 산 채로 지옥에 떨어질 것이다. 어찌 삼가지 않겠는가.

옥토끼[4] 뜨고 지니 늙음은 잠깐
금까마귀[5] 들락날락 세월만 가네.

---

4 달을 비유한 말.
5 해를 가리킴.

명예와 재물은 아침의 이슬
영화롭고 괴로운 일 저녁연기라.

간절히 도 닦기를 권하나니
어서어서 부처 되어 중생 건지라.
이생에 나의 말을 듣지 않으면
오는 생에 반드시 한탄하리라.

— 야운野雲,「자경문自警文」

3. 수행자에게 보내는 글

 부처님께서 열반의 세계에 계시는 것은 오랜 세월 동안 욕심을 끊고 고행하신 결과요, 중생이 불타는 집에서 윤회하는 것은 끝없는 세상에 탐욕을 버리지 못한 탓이다. 누구도 막지 않는 천당이지만 가는 사람이 적은 것은 삼독三毒의 번뇌를 자기의 재물인 양 여기기 때문이며, 유혹이 없는데도 나쁜 세계에 들어가는 이가 많은 것은 네 마리 독사[6]와 다섯 가지 욕락을 그릇되게 마음의 보배로 삼기 때문이다. 그 누군들 산

---

6 우리 몸을 구성하고 있는 사대四大, 즉 지地·수水·화火·풍風 네 가지를 독사에 비유함.

중에 들어가 도 닦을 생각이 없으랴만, 저마다 그렇지 못함은 애욕에 얽혀 있기 때문이다. 비록 산에 들어가 마음을 닦지 못할지라도 자기의 능력에 따라 착한 일을 하라. 세상 욕락을 버리면 성현처럼 공경받을 것이요, 어려운 일을 참고 이기면 부처님과 같이 존경받을 것이다.

재물을 아끼고 탐하는 것은 악마의 권속이요, 자비스런 마음으로 베푸는 것은 부처님의 제자이다. 높은 산 험한 바위는 지혜로운 이의 거처할 곳이요, 푸른 소나무가 들어선 깊은 골짜기는 수행자가 살아갈 곳이다. 주리면 나무열매로 그 창자를 달래고 목마르면 흐르는 물을 마셔 갈증을 풀어라. 맛있는 음식을 먹어도 이 몸은 언젠가 죽을 것이고, 비단옷으로 감싸 보아도 목숨은 마침내 끊어지고 만다.

메아리 울리는 바위굴로 염불당을 삼고, 슬피 우는 기러기로 마음의 벗을 삼으라. 예배하는 무릎이 얼음같이 시려도 불을 생각하지 말고, 주린 창자가 끊어질 듯해도 먹을 것을 생각지 말아야 한다. 백 년이 잠깐인데 어찌 배우지 아니하며, 일생이 얼마이기에 닦지 않고 놀기만 하겠느냐. 마음속의 애욕을 버린 이를 사문이라 한다. 수행하는 이가 비단옷을 입는 것은 개가 코끼리 가죽을 쓴 격이고, 도 닦는 사람이 애정을 품는 것은 고슴도치가 쥐구멍에 들어간 것과 같다.

아무리 재주가 있더라도 마을에 사는 사람은 부처님께서 그를 가엾이 여기시고, 설사 도행道行이 없더라도 산중에 사는 이는 성현들이 그를 기쁘게 여기신다. 재주와 학문이 많더라도 계행이 없으면 보배 있는 곳에 가려고 하면서 길을 떠나지 않는 것과 같고, 수행을 부지런히 하여도 지혜가 없는 이는 동쪽으로 가려고 하면서 서쪽을 향하는 것과 같다.

지혜로운 이가 하는 일은 쌀로 밥을 짓는 격이고, 어리석은 이가 하는 짓은 모래를 삶아 밥을 지으려는 격이다. 사람마다 밥을 먹어 주린 창자를 달랠 줄은 알면서도 불법佛法을 배워 어리석은 마음을 고칠 줄은 모르는구나. 행동과 지혜가 갖추어짐은 수레의 두 바퀴와 같고 자기도 이롭고 남도 이롭게 하는 것은 새의 두 날개와 같다.

죽을 받고 축원을 하면서도 그 뜻을 알지 못한다면 보시하는 사람에게 수치스런 일이며, 밥을 얻고 심경心經을 외울 때에 그 이치를 모른다면 불보살께 부끄럽지 아니하랴. 사람들이 구더기를 더럽게 여기듯이 성현들은 사문으로서 깨끗하고 더러움을 분별하지 않는 것을 걱정하신다. 세간의 시끄러움을 벗어 버리고 천상으로 올라가는 데는 계행戒行이 사다리가 된다. 그러므로 계행을 깨뜨린 이가 남의 복밭이 되려는 것은 마치 죽지 부러진 새가 거북을 업고 하늘을 날아가려는 것과 같다.

제 허물도 벗지 못한 사람이 어떻게 남의 죄를 풀어 줄 수 있겠는가. 그러므로 계행을 지키지 못하면 남의 공양을 받을 수 없다.

계행이 없는 살덩이는 아무리 길러도 이익이 없고, 덧없는 목숨은 아무리 아껴도 보전하지 못한다. 덕이 높은 큰스님이 되기 위해서는 끝없는 고통을 참아야 하고, 사자좌[7]에 앉으려거든 세상의 향락을 영원히 버려야 한다. 수행자의 마음이 깨끗하면 천신들이 모두 찬탄하고, 수행자가 여색을 생각하면 착한 신들도 그를 버린다.

사대四大는 곧 흩어지는 것이어서 오래 살기를 보증할 수 없으며, 오늘이라 할 때 벌써 늦은 것이니 아침부터 서둘러야 할 것이다. 세상의 향락이란 고통이 뒤따르는 것인데 무엇을 그토록 탐하며, 한번 참으면 길이 즐거울 텐데 어찌 닦지 않는가. 도인으로서 탐욕을 내는 것은 수행인의 수치요, 출가한 사람이 재산을 모으는 것은 세상의 웃음거리다. 방패막이 할 말이 끝이 없는데 어찌 그리 탐착하며, 다음 다음 하면서도 애착을 끊지 못하는구나. 이 일이 한이 없는데 세상일을 버리지 못하며, 핑계가 끝이 없는데 끊을 마음을 내지 않는구나. 오늘이 끝이 없는데 나쁜 짓은 날마다 늘어 가고, 내일이 끝이 없는데 착한 일 하는 날은 많지 못하며, 금년 금년 하면서 번뇌는 한량없고, 내년이 끝이 없는데 깨달음은 얻지 못한다. 시간이 지나가 어느새 하루가 흐르고 어느덧 한 달이 되

---

[7] 부처님의 지위. 짐승 중에는 사자가 제일인 것처럼 부처님은 중생의 사자라는 뜻.

며, 한 달 두 달이 흘러 문득 한 해가 되고, 한 해 두 해가 바뀌어 어느덧 죽음에 이르게 된다. 부서진 수레는 구르지 못하고 늙은 사람은 닦을 수 없다. 누워서는 게으름만 피우고 앉으면 생각만 어지러워진다. 몇 생을 닦지 않고 세월만 보냈으며, 그 얼마를 헛되이 살았으면서 한평생을 닦지 않는가. 이 몸은 죽고야 말 것인데 내생은 어떻게 할 것인가. 이 어찌 급하고 급한 일이 아닌가.

— 원효元曉, 『발심수행장發心修行章』

찾아보기

ㄱ

가마니(Gāmaṇi) / 170, 172
가야성 / 520, 522
가장 높고 바른 깨달음(無上正等正覺) / 69, 361, 362, 365, 380
가피加被 / 584
각수覺首보살 / 568, 569
간다리 / 123
갈애渴愛 / 374
강가(Gaṅgā)강 / 53, 105, 149, 368, 462, 463, 480, 683, 689, 696
건달바(Gandharva) / 193
게송偈頌 / 263, 425, 639, 644, 705, 715, 716, 733, 734
견고堅固 / 122, 124
견성見性 / 668, 672, 688, 690, 693, 694, 718, 725
결택決擇 / 712, 714, 717
계戒 / 425
계율 / 93, 98, 108, 115, 116, 120, 134, 135, 143, 145, 177, 183, 190, 191, 210, 214, 217, 218, 225~227, 230, 231, 235, 278, 281, 310, 312, 313, 316, 334, 587, 588, 621~623, 625, 631, 642, 643, 649, 654~656, 658, 659
계·정·혜 / 117
계향戒香 / 728
고苦 / 348, 375
고귀덕왕高貴德王보살 / 550, 551, 553, 555
고따마(Gotama) / 68, 69, 121, 166, 209, 210, 214, 222
고봉高峯 화상 / 703
고섬孤蟾 화상 / 714
고집멸도苦集滅道 / 546
공空 / 370~372, 374~378, 381, 383, 387, 395, 397, 400, 406, 408, 409, 413, 417, 422, 423, 439, 486, 515, 517, 519, 544, 556, 586, 589, 698, 706, 718, 721, 735
공덕림功德林보살 / 584, 585, 602
공덕천功德天 / 541, 542

공삼매空三昧 / 579
공안公案 / 709, 716, 760
공적영지空寂靈知 / 673
관세음보살 / 529, 530
관자재보살 / 383
광엄光嚴(Prabhāvyūha) 동자 / 396
광원光遠여래 / 435
교계통敎誡通 / 122, 123
구경究竟 / 382, 458, 602, 747
구두선口頭禪 / 701
구족계具足戒 / 210
귀종歸宗 화상 / 667
규봉圭峯 스님 / 669, 767
극락 / 440, 450, 451, 781
근본계根本戒 / 540
금강권金剛拳 / 750
금강당金剛幢보살 / 602
금강신金剛神 / 263
금강장金剛藏보살 / 498
금빛 사슴왕 / 260~262
급고독給孤獨 장자長者 / 294
기바천 사당 / 480
기원정사祇園精舍 / 80, 82, 83, 102, 159, 162, 173, 180, 186, 195, 197, 361
까삘라(Kapila) / 23~29, 39, 45, 49, 53, 54, 56, 57, 65, 70, 76, 86~90, 93~97, 104, 146, 193, 628
까샤빠(Kāśyapa) / 75, 77, 118, 119, 121, 192, 193, 388, 389, 412, 416, 418, 421, 511, 531~535, 537, 539~541, 544, 545, 562, 712, 756, 758
까쉬미르(Kashmir) / 354, 355
까시(Kāsi) / 37
까짜야나(Kaccāyana) 478
깐타까(Kanthaka) / 49
깔라시(Kalasi) / 354
깔란다까(Kalandaka) / 622, 623
깜마사담마(Kammāsadamma) / 152
꼬살라(Kosala) / 24, 28, 104, 222
꼬삼비(Kosambī) / 654, 656~659
꼰단냐(Koṇḍañña) / 312, 487
꼴리야(Koliya) / 24, 93, 94, 116
꾸루(Kuru) / 152
꾸시나가라(Kusinagara) / 106, 107
끄샨띠데와(Kṣantideva) / 38

ㄴ

나가세나(Nāgasena) / 324~333, 338, 342, 343, 346~348, 350, 351, 353~357

나라연(Nārāyaṇa)보살 / 408
나찰羅刹 / 251~254, 529, 539, 540, 545
난다(Nanda) / 90, 91, 93, 95, 96, 199, 200
날란다(Nālandā) / 122
납자衲子 / 768
내법內法 / 456
네 가지 진리(四聖諦) / 155, 156, 169, 541
네란자라(Nerañjarā)강 / 59, 61, 62, 64, 67, 75, 619
녹야원鹿野苑 / 62, 67, 68, 71, 118, 155, 156, 189, 312, 487, 627
녹자모鹿子母 강당講堂 / 135, 176
뇌천雷天보살 / 408
눈·귀·코·혀·몸 / 314
니간타(Niganthā) / 144
니그로다(Nigrodha) / 121
니그로다 동산 / 628, 629
니그로다 사슴 / 246, 247
니그로다 정사 / 90, 96

ㄷ

다니야(Dhaniya) / 202~204
다라니문陀羅尼門 / 490
단멸斷滅 / 416, 461, 493
달마 스님 / 678, 685, 687~689, 691, 693, 702, 738, 778
대보살 / 527
대비大悲 / 548
대비심大悲心 / 595, 601, 757
대사大捨 / 548
대세지大勢至보살 / 488
대승大乘 / 388, 406, 430, 492, 507, 538, 539, 546, 639, 643
대승경전 / 650, 652
대승법 / 510, 513, 519, 642
대승보살大乘菩薩 / 432, 507
대자大慈 / 548
대자대비 / 463, 550
대제석군大帝釋軍 / 260
대혜大慧보살 / 452, 455, 458, 460, 461, 463
대희大喜 / 548
덕수德守보살 / 407, 572
덕장德藏보살 / 409
데와닷따(Devadatta) / 93, 99~101, 104, 445, 448
도솔천 / 392
도철饕餮 / 781
독각獨覺 / 389, 415, 432, 458, 461, 502, 503, 523, 609, 610, 612

독각승獨覺乘 / 506
돈오頓悟 / 669, 671
동중공부動中工夫 / 715
두타頭陀 / 193
두타행頭陀行 / 649, 650
드로노다나(Droṇodana)왕 / 193

ㄹ

라와나(Rāvaṇa)왕 / 452, 453
라자그리하(Rājagṛha) / 53~56, 76~79, 86, 88, 95, 101, 113, 121, 124, 137, 178, 182, 184, 192, 221, 288, 412, 445
라홀라(Rāhula) / 45, 88, 91~93, 95, 96, 391, 628, 629
람마까(Rammaka) / 172, 173
랑까(Laṅka)성 / 452
로히니강 / 93, 94
룸비니(Lumbinī) 동산 / 24

ㅁ

마가다(Magadha) / 53, 59, 74, 76, 79, 86, 99, 102, 124, 142, 199, 208, 221, 565

마니가 / 123
마야 왕비(Māyādevī) / 24, 93
마하나마(Mahānāma) / 146, 148, 149
마하반야바라밀 / 718, 719, 721
마하빠자빠띠(Mahāpajāpatī) / 26, 29, 42, 44, 90, 93, 96~99
마하살 / 376, 377
마하와나(Mahāvana) 정사 / 97
마히 강변 / 202
만다(Manda)나무 / 619
말라야(Malaya)산 / 452
말라족 / 107
말룽꺄(Mālunkyā) 존자 / 173, 175
말리까(Malika) 부인 / 427
망고나무 / 336
맹구우목盲龜遇木 / 675
목갈라나(Moggallāna) / 79, 100, 103, 155, 176~179, 192, 194, 195, 386, 446, 448, 563, 620
목수目首보살 / 573
몽산夢山 스님 / 760
묘비妙臂보살 / 407
무간지옥 / 540
무기無記 / 747
무기공無記空 / 719
무념無念 / 724, 725
무념무상無念無想 / 56

무량광불無量光佛 / 440
무량수불無量壽佛 / 440, 441
무루법無漏法 / 456
무명無明 / 162, 219, 245, 279,
　280, 305, 322, 333, 374, 398,
　408, 460, 483, 484, 490, 491,
　498, 501, 557, 602, 679, 681,
　762, 764
무사지無師智 / 506
무상無常 / 348, 375, 535, 556,
　557, 676
무상無相 / 371, 417, 423, 544,
　724, 725
무상삼매無相三昧 / 579
무상참회無相懺悔 / 729, 730
무색계無色界 / 403, 404, 524, 682
무생법인無生法忍 / 489
무아無我 / 348, 375, 397, 406,
　408, 413, 417, 420, 486, 550,
　556
무원無願 / 371, 417, 423, 544
무위법無爲法 / 299, 365, 456
무주無住 / 724, 725
무진의無盡意보살 / 528
문수보살 / 397, 398, 401, 404,
　405, 411, 445, 490, 517, 568,
　570~574, 576, 577, 579
미륵보살 / 379, 392, 394, 500,
　519, 520, 522, 523, 526, 737
밀린다(Milinda)왕 / 324~327, 329,
　330, 332, 333, 336, 338~340,
　342, 343, 346~348, 350, 351,
　353~357

ㅂ ▬▬▬

바드리까(Bhadrika) / 192, 194,
　195
바라나시(Vārāṇasī) / 62, 67, 73,
　74, 155, 246, 260, 312, 627
바라드와자(Bhāradvāja) / 135,
　208~210
바라밀波羅蜜 / 369, 397, 432, 433,
　490, 503, 684, 720
바라제 존자 / 666
바이샤 / 25
박가와(Bhaggavā) / 51, 52
반야般若 / 713, 718, 720, 738
반야바라밀般若波羅蜜 / 369~375,
　377~383, 679
반연攀緣 / 395, 400, 472, 495,
　746, 758, 775
방산 거사方山居士 / 747
배휴裵休 / 743, 744
백천만억 나유따(nayuta) 겁 / 523

범천梵天(Brahmā) / 25, 135, 136, 213, 354, 355, 448, 458, 579
법달法達 / 733, 736
법륜法輪 / 312, 402
법명法名 / 515
법상法相 / 723, 726
법성法性 / 533
법수法首보살 / 574, 575
법신法身 / 425, 433, 441, 462, 463, 474, 534, 538, 567, 577, 671, 692, 693, 728, 729, 774
법신불法身佛 / 751
법인法印 / 666, 673
법자재法自在보살 / 407
법장法藏비구 / 435~440
베사갈라(Bhesakaḷā) 숲 / 167, 169
벨루와(Beluva) 마을 / 105
변재천辯才天 / 573
변재천녀辯才天女 / 606
보광普光여래 / 428
보리菩提 / 306, 371, 406, 429, 472, 484, 490, 499, 500, 531, 534, 588, 609, 615, 688, 718, 719, 721, 738, 740, 745, 783
보리수 / 26, 62, 66, 73, 565, 611, 636
보리심菩提心 / 380, 391, 396, 414, 427, 450, 559, 592, 593, 600, 603, 607, 613, 640, 643, 648
보살마하살 / 367
보수普守보살 / 408
보수寶首보살 / 571
보시布施 / 194, 195, 250, 252, 254, 284, 293, 303, 332, 362, 368, 389, 396, 422, 424, 429, 458, 526, 548, 549, 576, 580, 586, 602, 611, 623, 633, 634, 689, 765, 777, 787
보시布施바라밀 / 369, 375, 426, 433, 459, 549
보안普眼보살 / 494
보인수寶印手보살 / 410
보현보살 / 492, 605, 616
보화불報化佛 / 751
복전福田보살 / 409
본분사本分事 / 706
본분종사本分宗師 / 748
본원 청정심本源淸淨心 / 700
본지풍광本地風光 / 751
부동不動 / 493
부정법不淨法 / 141
불국토佛國土 / 367, 412, 414, 432, 436~438, 440, 441, 449~451, 465, 497, 515, 566, 576, 577, 593, 594, 597, 601, 603, 606, 607, 610

불료의경不了義經 / 537, 538
불사밀 / 195~197
불선법不善法 / 155, 161, 162, 456
불성佛性 / 556~558, 560~563, 665~667, 680, 681, 690, 702, 712, 718, 719, 731, 735, 749, 757
불지佛智 / 506
브라만 / 25, 75, 115, 119, 121, 123, 124, 135~138, 148, 159~161, 166, 170, 172, 177, 196, 208, 210~214, 216, 257, 258, 264, 265, 270, 291, 293, 518, 543, 594, 612, 619
브라만교 / 209
브라흐마닷따(Brahmadatta)왕 / 246, 247
비구比丘 / 73, 99, 106, 113, 122, 123, 127, 129~133, 135, 140~142, 144, 152, 155, 161~164, 166, 169, 172, 173, 175, 177, 179, 180, 182, 184, 189, 191, 199, 201, 261, 262, 312, 318, 319, 320, 322, 326, 328, 342, 361, 391, 412, 505, 512, 514, 525, 533, 562, 620, 623, 625, 626, 631, 639, 653~658

비구니 / 132, 505, 533, 639, 653
비사문야차왕毘沙門夜叉王 / 567
비상비비상처非想非非想處 / 58, 64
비식鼻識 / 456
비자(Bīja, 種子) / 624
빔비사라(Bimbisāra)왕 / 53~55, 76~78, 100, 221, 222, 446, 449
빠딸리뿌뜨라(Pāṭaliputra) / 113, 115
빠라지까(pārājika) / 626
빠삐만(Pāpīmant) / 205
빠세나디(Pasenadi)왕 / 195, 197, 198, 249, 250, 427, 478, 479
빠와(Pāvā) / 106, 144
빠와리깜바(Pāvārikamba) 동산 / 122
빠찌나(Pācīna) 숲 / 167
빤다와(Pāṇḍava)산 / 54, 222
뽀딸리야(Potaliya) / 149
뿌르나(Pūrṇa) / 446, 514, 515
쁘라띠목샤(Prātimokṣa) / 313, 626, 640
삘린다왓사(Pilinda-vatsa) 487
삡빨라(Pippala)나무 / 62

ㅅ

사깔라(Sakala) / 330
사념처四念處 / 152, 155
사대四大 / 306, 491, 495, 665, 671, 679, 751, 762, 770, 788
사리舍利 / 379, 609
사리뿟따(Sāriputta) / 79, 92, 102, 103, 144, 145, 155, 156, 161, 162, 369~374, 381~383, 385, 402, 450, 451, 503~506, 563, 621, 622, 629, 658, 723
사마타(samatha) / 471, 472
사마타행 / 494
사무량심四無量心 / 575, 579
사문沙門 / 36~38, 42, 43, 47, 48, 54, 59, 60, 67~71, 79, 82, 88, 89, 91, 96~98, 119, 121, 123, 134~136, 138, 139, 151, 160, 161, 166, 192, 194, 196, 200, 208, 210, 212, 216, 291, 293, 299, 302, 304, 305, 308, 310, 311, 421~424, 536, 583, 594, 624, 781, 786, 787
사미沙彌 / 518, 629~633
사미십계沙彌十戒 / 629
사부대중四部大衆 / 132, 514, 517, 638
사불지견四佛知見 / 735
사상四相 / 722
사왓티(Sāvatthi) / 80, 81, 85, 135, 173, 176, 189, 195, 211, 249, 294, 361, 428, 619, 633, 657, 658
사자師子보살 / 407
사자좌 / 788
사자후師子吼보살 / 556, 558, 560, 562, 563
사홍서원四弘誓願 / 730
산자야(Sañjaya) / 79, 478
삼계三界 / 385, 401, 415, 423, 484, 506, 507, 524, 525, 582, 663, 680, 682, 686, 687, 767, 782
삼귀의三歸依 / 627, 628
삼독三毒 / 438, 581, 582, 681~684, 785
삼독심三毒心 / 77, 683
삼매三昧 / 61, 117, 191, 366, 373, 438, 456, 462, 475~477, 489, 503, 504, 521, 556
삼보三寶 / 143, 370, 388, 409, 439, 450, 544, 559, 581~585, 592, 595, 602, 636, 640, 644, 646, 647, 652, 653, 713, 784
삼세三世 / 496, 585, 587, 593,

597, 600, 649, 721, 729, 750, 752, 772, 784
삼승三乘 / 507, 508, 514, 698
삼악도三惡道 / 115, 189, 437, 440, 604, 640, 773, 777, 783
삼업三業 / 579, 580, 593
삼장재월三長齋月 / 635, 647
삼천대천세계三千大天世界 / 365, 511, 523
삼취정계三聚淨戒 / 682, 684
색色 / 370, 371, 375, 383
색계色界 / 63, 403, 524, 682
색신色身 / 693
생로병사 / 48, 63, 65, 175, 187, 322, 372, 433, 445
생사生死 / 408, 457, 464, 472, 475, 480, 483~485, 491, 497, 499~501, 513, 550, 557~559, 576, 577, 588, 590, 601, 613, 616, 632, 691, 692, 697, 701, 710, 711, 743, 745, 747, 754, 761, 765, 773, 783
생사윤회 / 689, 781
샤꺄(Śākya)족 / 23, 28, 40, 87, 90, 93, 97, 104, 137, 146, 222, 520, 522
샤꺄무니(Śakyamuni) / 23, 137, 522

샬라(Śāla)나무 / 26, 106, 107, 312, 758
석범石帆 / 716
선근善根 / 415, 419, 424, 425, 429, 431, 451, 473, 521, 525, 526, 602~604, 677
선법善法 / 161, 162, 169, 456
선의善意보살 / 408
선재동자善財童子 / 605, 616
선정禪定 / 406, 433, 436, 455, 458, 504, 507, 526, 544, 552, 566, 576, 579, 581~583, 592, 595, 602, 621, 727, 777, 778
선정禪定바라밀 / 369, 375, 426, 459
선지식善知識 / 303
설식舌識 / 456
설암雪巖 / 716
성문聲聞 / 182, 389, 407, 415, 432, 440, 441, 458, 461, 483, 499, 502, 503, 515, 517, 523, 527, 533, 534, 536, 557, 558, 609, 610, 612, 698, 745
성문승聲聞乘 / 506, 538
성태聖胎 / 750
세간世間 / 408, 410, 458
세간법世間法 / 456, 593, 597
세자재왕世自在王 부처님 /

435~437
소나(Soṇa) 비구 / 182~184
소림굴 / 778
소승小乘 / 510, 512, 518, 519, 524, 538, 642, 643, 646, 648, 738
소승법小乘法 / 510, 512, 519
수기授記 / 250, 393, 394, 428, 700
수드라 / 25
수딘나(Sudinna) / 622~625
수라세나(Surasena) / 325
수미산須彌山 / 128, 190, 367, 607, 611
수밧다(Subhadda) / 107, 108, 312
수부띠(Subhūti) / 361~366, 368, 372~374, 376, 378~380, 508, 563
수자따(Sujātā) / 62
수자따 동자童子 / 255, 256
수자상壽者相 / 362, 364~366, 374, 416, 586
순다리(Sundarī) / 90, 91
숭산崇山 / 757
숫도다나(Śuddhodana)왕 / 23, 29, 32, 37~39, 43, 44, 86, 87, 90, 91, 93, 95, 104
스리말라데위(Srimaladevi) / 427~432, 434

시기대범천왕尸棄大梵天王 / 566
시비(Śibi)왕 / 267
시하세나(Sihasena) / 325
식정識情 / 761
신식身識 / 456
신족통神足通 / 122
신회神會 선사 / 757
십계十戒 / 630, 641
십선十善 / 531
십이연기十二緣起 / 552
싯다르타(Siddhārtha) / 26, 28~65, 68, 88, 91, 93, 95
싱갈라(Siṅgala) / 288, 289, 293

○

아그니(Agni) / 75
아난다(Ānanda) / 93, 96~99, 102, 103, 105~108, 115~117, 125, 132~134, 172, 250, 435, 437, 439~441, 448, 467~473, 475, 481~486, 562, 758
아난따까야(Anantakāya) / 330
아노마(Anoma)강 / 47
아누삐야(Anupiya) 망고숲 / 47
아니룻다(Aniruddha) / 167, 168, 186~189, 192, 193, 562

아라한(arahant) / 73, 123, 183, 302, 366, 406, 487, 488, 535, 613, 624, 631, 633~635, 647
아뢰야식阿賴耶識 / 456
아릿타(Ariṭṭha) / 162
아마라 열매 / 535, 562
아만我慢 / 162
아미타불阿彌陀佛 / 440, 449, 451, 781
아빠나(Āpaṇa) / 149
아상我相 / 362, 364~366, 373, 416, 586
아쇼까(Aśoka)나무 / 24, 26
아승기(asaṃkhya) / 683
아승기겁阿僧祇劫 / 515, 525, 683
아시따(Aasita) 선인仙人 / 27, 28, 31, 34, 43
아요디야(Ayodhya)국 / 427, 428
아자따삿뚜(Ajātasattu) / 99, 100, 124, 138, 139, 142, 143, 445~447
아지따와띠(Ajitavatī)강 / 172
아타르와웨다(Atharva-veda) / 231
아힘사까(Ahiṁsaka, 不害) / 83~85
안냐타 / 487
안식眼識 / 456
알라라 깔라마(Āḷāra Kālāma) / 53, 56, 58, 67

알음알이 / 484, 745, 746, 772
암바(amba) 동산 / 138
앙가국 / 149
앙굴리말라(Aṅgulimāla) / 81~85
야사(Yasa) / 72, 73, 627, 628
야쇼다라(Yaśodharā) / 40~42, 44, 46, 48, 88~90, 92, 93, 99, 628
야차(Yakṣa) / 193
약산藥山 스님 / 744
약왕藥王보살 / 516
양족존兩足尊 / 732
여래장如來藏 / 457, 491
여섯 도둑 / 773
연각緣覺 / 440, 533, 534, 557, 558, 698, 745
연기緣起 / 397, 579
연등불 / 523, 700
연화장蓮華藏 / 568
열반涅槃 / 61, 65, 105~109, 128, 133, 134, 168, 178, 179, 188, 191, 199, 200, 219, 253, 312, 322, 326, 339, 355, 356, 362, 364, 376, 377, 383, 386, 400, 401, 405, 408, 410, 420, 423, 430, 441, 455, 458, 463, 466, 472, 478, 484, 485, 490, 497, 499, 507, 511, 517, 522, 524~527, 533, 534, 537, 538,

546, 550, 551, 553, 556~558, 561, 563, 586, 588, 590~592, 600, 610, 612, 614, 680, 686, 688, 738, 745
열반법 / 512
염불삼매念佛三昧 / 488
영가永嘉 스님 / 760
영지靈知 / 672, 747
영취산 / 101, 121, 124, 182, 288, 412, 445, 446, 448, 527,
오계五戒 / 531, 627, 628, 630, 641
오관 / 314
오분법신향五分法身香 / 728
오온五蘊 / 114, 128, 156, 327, 329, 382, 383, 538, 679, 771
오욕五欲 / 142, 150, 314, 321, 545, 580, 587, 588, 714
오욕락五欲樂 / 261, 272, 280, 282, 512, 525, 546
옥야玉耶 / 294, 295, 297, 298
와셋타(Vāsettha) / 135, 136
왁깔리(Vakkali) / 184~186
완산晥山 장로 / 712, 716
왓지(Vajjī)국 / 124~127
왓지족 / 105
외법外法 / 456
요실樂實보살 / 410
요업광명천왕樂業光明天王 / 566
요의경了義經 / 537, 538
요자나(yojana) / 354, 512
욕계欲界 / 403, 524, 682
욕락 / 785
우다이(Udāyī) / 87
우담바라꽃 / 505
우루웰라(Uruvela) / 59, 75
우바새 / 132, 505
우바이 / 132, 505
우빠까(Upaka) / 67
우빨리(Upāli) / 93, 99, 389, 390
우사雨舍 / 124, 125, 127
우적于迪 / 744, 745
우하강 / 338
웃다까 라마뿟따(Uddaka-Rāmaputta) / 58, 59, 64, 67
웃따라꾸루(Uttarakuru) / 620
원각圓覺 / 490, 491, 493, 496~499, 501, 502
원각묘심圓覺妙心 / 664
월광月光 부인 / 260, 261
월광月光여래 / 435
월상月上보살 / 410
웨다(Veda) / 25, 38, 177, 213, 447
웨데히(Vedehī) / 446, 448, 449
웨란쟈(Verañjā) / 619
웨살리(Vesāli) / 97, 105, 106, 385, 386, 391, 396, 622

위라세나(Virasena) / 325
위루다까(Virūḍhaka) / 104
위슈와미뜨라(Viśvāmitra) / 38
유루법有漏法 / 456
유마힐(Vimalakīrti) / 385, 386, 388, 390, 392, 394~398, 401, 402, 404, 405, 407, 411, 723
유아有我 / 417
유위법有爲法 / 130, 456, 487, 563, 686, 690, 691
육근六根 / 495, 681, 684, 708, 726
육도六道 / 457, 460, 644, 681, 682, 783
육도만행六度萬行 / 696
육바라밀六波羅蜜 / 376, 377, 380, 426, 439, 458, 575, 579, 602, 682, 684
육식六識 / 681
육재일六齋日 / 635, 647
육적六賊 / 681, 682, 687
육조六祖 스님 / 756, 757
육진六塵 / 387, 495
윤회輪廻 / 114, 115, 117, 118, 204, 217, 353, 357, 358, 381, 413, 423, 467, 473, 483, 484, 491, 498, 499~501, 601, 613, 616, 663, 675, 681, 682, 686, 691, 699, 763, 765, 785

의意 / 456
의단疑團 / 707, 714
의정疑情 / 708, 710
이견왕異見王 / 666
이승二乘 / 513
이식耳識 / 456
이욕존離欲尊 / 732
이우犁牛 / 736
익찬띠까(icchantika) / 471
인가印可 / 748
인과因果 / 420, 443, 444, 450, 474, 688, 691, 772
인상人相 / 362, 364~366, 373, 416, 586
인욕忍辱 / 406, 433, 458, 526, 576, 602, 766
인욕忍辱바라밀 / 369, 375, 426, 459
일광천자日光天子 / 567
일불승一佛乘 / 508, 514
일승一乘 / 576
일승법一乘法 / 773
일체지一切智 / 305, 378, 379, 506, 592
일행삼매一行三昧 / 723
임제臨濟 / 665

ㅈ

자리自利 / 673
자비慈悲 / 405, 406, 415, 450, 464~466, 471, 481, 494, 559, 603, 614, 634, 638, 639, 641, 647, 777
자비심 / 549, 550, 593, 613, 631, 646, 652
자성自性 / 303, 370, 371, 373~375, 417, 419, 569, 578, 593, 671, 688, 718, 719, 725, 727, 728, 731, 754, 784
자성반야自性般若 / 718
자성삼보自性三寶 / 732
자연지自然智 / 506
자옥紫玉 화상 / 744
자이나교도 / 144
자재천自在天 / 159, 160
잠부나무 / 30, 62
장로長老 / 361, 412, 711
장생長生 / 263, 265, 266
장수왕長壽王 / 263, 264, 266
장엄莊嚴 / 438
재계齋戒 / 633
재수財首보살 / 570
적근寂根보살 / 409
적멸寂滅 / 394, 403, 497, 545, 551, 581, 601
적정무위寂靜無爲 / 320
적정행 / 366
전륜성왕轉輪聖王(cakravartin) / 26~28, 44, 54, 612
점수漸修 / 669, 671
정定 / 425
정광여래錠光如來 / 435
정념正念 / 684
정진精進 / 406, 433, 458, 487, 526, 576, 590, 602, 611, 634, 711, 714, 715, 766
정진精進바라밀 / 369, 375, 426, 459
정토淨土 / 445, 450, 489, 555
정향定香 / 728
정혜定慧 / 721
정혼精魂 / 667
제석천帝釋天 / 251, 254, 257, 258, 320, 377, 378, 448
제지制地 / 636
조주趙州 / 702, 715, 747, 759
종자존자種子尊者 / 624
좌선坐禪 / 726, 727
주장자柱杖子 / 738
주정왕珠頂王보살 / 410
죽림정사竹林精舍 / 78, 99, 182, 184

중경重慶 / 712
중도中道 / 70, 416, 417, 554, 556, 557, 632
중생상衆生相 / 362, 364~373, 416, 586
중중존衆中尊 / 732
지견知見 / 484, 491, 492, 503, 506, 552, 553, 717, 735, 736
지계持戒 / 433, 458, 526, 602
지계持戒바라밀 / 369, 426, 459
지수智首보살 / 575, 579
지승智勝 / 424
지와까(Jīvaka) / 138, 187, 447
지혜智慧 / 433, 458, 576, 602
지혜智慧바라밀 / 426, 460, 526
진수進首보살 / 574
진여眞如 / 393, 394, 457, 459, 461, 490, 679, 683, 726, 738
짠드라쁘라바(Candraprabha, 月光) / 447
쭌다(Cunda) / 102, 103, 106, 133

ㅊ

차안此岸 / 721
찬다까(Chandaka) / 47~49, 133, 134
찬달라(Chandala) / 213, 447
찬드라(Chandra) / 427
참구參究 / 702, 704, 709, 712, 746, 749, 760, 761
참선參禪 / 649, 666, 701~703, 707~711, 717, 760~764, 778
천안통天眼通 / 193, 536
초경招慶 / 745
초선初禪 / 63, 168
초일월광初日月光 부처님 / 488
출세간出世間 / 408, 458
출세간법出世間法 / 456, 593, 597
취사取捨 / 409
찟타 비구 / 193

ㅋ

크샤트리아 / 25

ㅌ

타라이(Tarai) / 23
타심통他心通 / 122, 123
탐진치貪瞋癡 / 77
탓사 / 340
퇴경退耕 / 716

ㅍ

팔리국 / 620
팔정도八正道 / 70, 172, 190, 545
포살布薩 / 651
피안彼岸 / 203, 204, 227, 432,
  684, 720, 721

ㅎ

할喝 / 716, 745, 752
해탈解脫 / 61, 66, 115, 117, 137,
  145, 151, 154, 166, 183, 184,
  186, 203, 220, 313, 322, 410,
  423, 445, 484, 486, 492, 504,
  507, 511, 529, 532, 552, 554,
  558, 563, 574, 578, 588, 601,
  602, 604, 615, 682, 683, 686,
  697, 742
해탈지견향解脫知見香 / 729
해탈향解脫香 / 729
행각行脚 / 714
향광장엄香光莊嚴 / 489
향상向上 / 711
향엄동자香嚴童子 / 487
허주虛舟 / 716
현관玄關 / 752
현수賢首보살 / 576, 577
혜慧 / 425
혜가慧可 / 678
혜향慧香 / 728
홍주洪州 / 733
화두話頭 / 701, 703~705, 708,
  710~715, 745~750, 761, 763,
  775
화엄華嚴보살 / 409
황벽 희운黃檗希運 / 744
회양懷讓 선사 / 757
회향廻向 / 379, 380, 415, 424,
  602~605, 614, 615
훈수薰修 / 670
흑암천黑暗天 / 542

출전 찾아보기

『과거현재인과경過去現在因果經』 2 / 53
『관무량수경觀無量壽經』 / 447, 449, 450
『근본설일체유부비나야약사根本說一切有部毘奈耶藥事 12』 / 251
『근본설일체유부비나야파승사根本說一切有部毘奈耶破僧事 5』 / 263
『금강경金剛經』 / 363, 364, 367, 369
『나옹어록懶翁語錄』 / 751, 753, 754, 755
『능가경楞伽經』
　「나파나왕권청품羅婆那王勸請品」 / 453, 455
　「오법문품五法門品」 / 461
　「차식육품遮食肉品」 / 466
　「찰나품刹那品」 / 457, 460
　「항하사품恒河沙品」 / 463
달마達磨, 『관심론觀心論』 / 680, 682, 683, 685, 687
달마達磨, 『혈맥론血脈論』 / 688, 689, 691, 693, 694
『담마빠다(Dhammapada)』 / 236, 241, 245
『대반열반경大般涅槃經』 / 110
『대반열반경大般涅槃經』 14 / 254
『대지도론大智度論』 4 / 268
『대품반야경大品般若經』
　「금강품金剛品」 / 377
　「산화품散化品」 / 3/9
　「상행품相行品」 / 374
　「수희품隨喜品」 / 380

「습응품習應品」/ 371
「탄정품歎淨品」/ 382
「환학품幻學品」/ 376
『디가 니까야(Dīgha Nikāya) 8』/ 121
『디가 니까야(Dīgha Nikāya) 사만냐팔라숫따(Sāmañña-phalasutta)』/ 139, 140, 144
『맛지마 니까야(Majjhima Nikāya) 뽀딸리야숫따(Potaliya-sutta)』/ 151
『맛지마 니까야(Majjhima Nikāya) 알라갓두빠마숫따(Alagaddūpama-sutta)』/ 164, 167
『몽산법어蒙山法語』/ 713, 715, 717
『무량수경無量壽經』/ 438, 439, 441, 445
『밀린다빵하(Milindapañha)』/ 325, 329, 330, 332, 333, 335, 338, 339, 340, 342, 343, 346, 347, 349, 351, 353, 354, 355, 356, 357, 358
박산博山, 『선경어禪警語』/ 708, 709, 710, 711
반야般若, 『시중示衆』/ 705
『반야심경般若心經』/ 384
『백유경百喩經』/ 270, 271, 273, 275, 276, 277, 278, 280, 281, 282, 284, 285, 286, 287
『범망경梵網經』/ 637, 640, 653
『법화경法華經』
　「관세음보살보문품觀世音菩薩普門品」/ 530
　「방편품方便品」/ 504, 506
　「법사품法師品」/ 517
　「분별공덕품分別功德品」/ 527
　「비유품譬喩品」/ 508
　「신해품信解品」/ 510
　「안락행품安樂行品」/ 519
　「약초유품藥草喩品」/ 512

「여래수량품如來壽量品」/ 526

「오백제자수기품五百弟子受記品」/ 515

「종지용출품從地涌出品」/ 522

「촉루품囑累品」/ 528

「화성유품化城喩品」/ 514

『보적경寶積經』

   「가섭품迦葉品」/ 416, 417, 421, 423

   「대승방편품大乘方便品」/ 426

보조普照, 『수심결修心訣』/ 665, 668, 670, 672, 675, 677

『불본행집경佛本行集經』

   「가섭삼형제품迦葉三兄弟品」/ 81

   「난타출가인연품難陀出家因緣品」/ 95

   「문아라라품問阿羅邏品」/ 59

   「사궁출가품捨宮出家品」/ 49

   「상식납비품常飾納妃品」/ 45

   「성무상도품成無上道品」/ 66

   「수하탄생품樹下誕生品」/ 28

   「습학기예품習學技藝品」/ 39

   「이모양육품姨母養育品」/ 32

   「전묘법륜품轉妙法輪品」/ 73

   「출봉노인품出逢老人品」/ 37

『불설구담미기과경佛說瞿曇彌記果經』/ 99

『불수반열반약설교계경佛垂般涅槃略說教誡經』/ 314, 315, 316, 317, 318, 319, 320, 322, 323

『사미십계법沙彌十戒法』/ 633

『사분율四分律』1 / 622, 626

『사분율四分律』43 / 655, 657, 659

『사십이장경四十二章經』/ 300, 301, 302, 303, 304, 305, 306, 307, 309,

310, 311
서산西山, 『선가귀감禪家龜鑑』 / 757, 758, 759, 761, 762, 763, 764, 765, 766, 767, 768, 769, 770, 771, 772
『수능엄경首楞嚴經』1 / 471, 477
『수능엄경首楞嚴經』2 / 480, 483
『수능엄경首楞嚴經』5 / 486, 489
『숫따니빠따(Sutta-Nipāta)』 / 205, 208, 211, 214, 216, 218, 220, 223, 225, 226, 227, 229, 231
『승만경勝鬘經』
  「섭수정법장攝受正法章」 / 434
  「여래진실의공덕장如來眞實義功德章」 / 429, 431
『쌍윳다 니까야(Samyutta Nika-ya) 왁깔리경(Vakkali-Sutta)』 / 186
『아미타경阿彌陀經』 / 451
야운野雲, 『자경문自警文』 / 776, 785
『열반경涅槃經』
  「고귀덕왕보살품高貴德王菩薩品」 / 551, 553, 554, 556
  「범행품梵行品」 / 548, 550
  「사의품四依品」 / 536, 539
  「사자후보살품師子吼菩薩品」 / 558, 560, 562, 564
  「성행품聖行品」 / 541, 544, 546
  「장수품長壽品」 / 533, 535
『옥야녀경玉耶女經』 / 298
『우바새오계상경優婆塞五戒相經』 / 628
『원각경圓覺經』
  「금강장보살장金剛藏菩薩章」 / 500
  「문수보살장文殊菩薩章」 / 492
  「미륵보살장彌勒菩薩章」 / 502
  「보안보살장普眼菩薩章」 / 497

「보현보살장普賢菩薩章」/ 493
원효元曉, 『발심수행장發心修行章』/ 789
『유교경遺敎經』/ 314, 315, 316, 317, 318, 319, 320, 322, 323
『유마경維摩經』
　「관중생품觀衆生品」/ 405, 406
　「문질품問疾品」/ 401, 402
　「보살품菩薩品」/ 394, 395, 397
　「부사의품不思議品」/ 404
　「불이법문품不二法門品」/ 411
　「제자품弟子品」/ 386, 388, 389, 391, 392
『육도집경六度集經』/ 266
『육도집경六度集經 1』/ 258
『육방예경六方禮經』/ 291, 294
『육조단경六祖壇經』
　「기연품機緣品」/ 736
　「반야품般若品」/ 721
　「정혜품定慧品」/ 722, 724, 726
　「좌선품坐禪品」/ 728
　「참회품懺悔品」/ 729, 730, 731, 732
『자따까(Jātaka) 12』/ 248
『자따까(Jātaka) 252』/ 256
『자따까(Jātaka) 352』/ 260
『잡아함雜阿含 불박경佛縛經』/ 181
『잡아함雜阿含 순타경純陀經』/ 105
『잡아함雜阿含 이십억이경二十憶耳經』/ 184
『장아함長阿含 견고경堅固經』/ 124
『장아함長阿含 반니원경般泥洹經』/ 116, 118, 129, 132, 134
『장아함長阿含 소연경小緣經』/ 137

『장아함長阿含 유행경遊行經』/ 127, 135
『장아함長阿含 중집경衆集經』/ 145
『재경齋經』/ 635
중봉中峯,『시중示衆』/ 704
『중아함中阿含 가미니경伽彌尼經』/ 172
『중아함中阿含 고음경苦陰經』/ 149
『중아함中阿含 도경度經』/ 162
『중아함中阿含 라마경羅摩經』/ 173
『중아함中阿含 분별성제경分別聖諦經』/ 159
『중아함中阿含 산수목건련경算數目犍連經』/ 179
『중아함中阿含 염처경念處經』/ 155
『중아함中阿含 전유경箭喩經』/ 176
『중아함中阿含 팔념경八念經』/ 170
『증일아함경增壹阿含經』
　「마혈천자문팔정품馬血天子問八政品」/ 201
　「방우품放牛品」/ 102
　「사의단품四意斷品」/ 198
　「성문품聲聞品」/ 195
　「역품力品」/ 86, 189
　「팔난품八難品」/ 191
『진각어록眞覺語錄』/ 738, 739, 740, 741, 742, 743, 746
초석楚石,『시중示衆』/ 707
『태고어록太古語錄』/ 749
『화엄경華嚴經(40권본)』
　「입부사의해탈경계보현행원품入不思議解脫境界普賢行願品」/ 605, 607, 608, 609, 610, 611, 612, 614, 615, 616
『화엄경華嚴經(60권본)』
　「공덕화취보살십행품功德華聚菩薩十行品」/ 585, 587, 588, 590, 591,

592, 594, 596, 597, 600, 602
「금강당보살십회향품金剛幢菩薩十廻向品」/ 604
「보살명난품菩薩明難品」/ 569, 571, 572, 573, 574, 575, 576, 577, 578
「세간정안품世間淨眼品」/ 568
「정행품淨行品」/ 584
황벽黃檗,『시중示衆』/ 702
황벽黃檗,『전심법요傳心法要』/ 697, 699, 700

불교성전편찬회

편찬위원장	이운허
편찬위원	박벽안, 채벽암, 오법안
	고광덕, 김동익, 김달진, 서돈각, 김서운
	유월탄, 이기영, 이동림, 김영태, 김월운
	김인홍, 김일타, 김자운, 김탄허, 김홍교
	목철우, 박경훈, 서경보, 서정주, 신정균
	원의범, 이민용, 이재창, 이종익, 이지관
	이항녕, 정연희, 정정담, 황산덕, 홍정식
책임편찬	법정

재개정판 불교성전편찬회

편찬위원장	혜거
편찬위원	자광
	성우, 성월, 돈관, 정문, 원명, 우송, 호산,
	덕문, 경우, 원명, 일화, 김기유, 정충래,
	이은기, 민병덕, 김정훈
	윤성이, 이영경, 채석래, 종호, 곽채기, 김관규
	진명, 정도, 김화석, 이진영, 윤찬호
	황순일, 김용현, 소종섭, 백승권, 박은주,
	신미숙, 지정학, 어현경
	박기련, 김성우, 심종섭, 김정은, 김창현, 고제선
책임편찬	윤재웅

불교성전

1972년 11월 30일 초판　　1쇄 발행
1999년 8월 15일 초판　　50쇄 발행
2000년 3월 15일 개정판　1쇄 발행
2019년 9월 18일 개정판　30쇄 발행
2021년 2월 18일 재개정판 1쇄 발행
2024년 2월 5일 재개정판 6쇄 발행

지은이 불교성전편찬회
펴낸이 박기련
펴낸곳 동국역경원

출판등록 제1964-000001호
주소 04626 서울시 중구 퇴계로36길2 신관1층 105, 106호
　　　(필동2가, 동국대학교 충무로영상센터)
전화 02-2264-4714
팩스 02-2268-7851
Homepage http://dgpress.dongguk.edu
E-mail abook@jeongjincorp.com

ISBN 978-89-5590-468-0 03220

값 36,000원

이 책의 무단 전재나 복제 행위는 저작권법 제98조에 따라 처벌받게 됩니다.